2019上海房地产年鉴

华　伟　主编
《上海房地产年鉴》编纂委员会　编

线装书局

图书在版编目（CIP）数据

上海房地产年鉴. 2019 / 华伟主编 ;《上海房地产年鉴》编纂委员会编. -- 北京 : 线装书局, 2020.7
ISBN 978-7-5120-4062-5

Ⅰ. ①上… Ⅱ. ①华… ②上… Ⅲ. ①房地产业—上海—2019—年鉴 Ⅳ. ①F299.275.1-54

中国版本图书馆CIP数据核字(2020)第124471号

上海房地产年鉴（2019）

主　　编：华　伟
编　　者：《上海房地产年鉴》编纂委员会
责任编辑：程俊蓉
出版发行：线装书局
地址：北京市丰台区方庄日月天地大厦B座17层（100078）
电话：010-58077126（发行部）010-58076938（总编室）
网址：www.zgxzsj.com
经　　销：新华书店
印　　刷：上海长鹰印刷厂
开　　本：890mm×1240mm　1/16
印　　张：19
字　　数：490千字
版　　次：2020年7月第1版　第1次印刷
印　　数：0001-3000册

定　　价：680.00元

线装书局官方微信

《上海房地产年鉴》编纂委员会

《上海房地产年鉴》编辑部

上海市住房和城乡建设管理委员会领导（最新）

黄永平　上海市住房和城乡建设管理委员会主任
裴　晓　上海市住房和城乡建设管理委员会副主任
王　桢　上海市住房城乡建设管理委副主任
　　　　市房屋管理局局长、党组书记
张　政　上海市住房和城乡建设管理委员会副主任
马　韧　上海市住房和城乡建设管理委员会副主任
金　晨　上海市住房和城乡建设管理委员会副主任
朱剑豪　上海市住房和城乡建设管理委员会副主任
刘千伟　上海市住房和城乡建设管理委员会总工程师

上海市规划和自然资源局领导（最新）

徐毅松　上海市规划和自然资源局局长
韩志强　上海市规划和自然资源局局党组书记、副局长
史家明　上海市规划和自然资源局局党组副书记、一级巡视员
王训国　上海市规划和自然资源局副局长
杨联萍　上海市规划和自然资源局局党组成员、副局长
许　健　上海市规划和自然资源局局党组成员、副局长
郑佐利　中共上海市纪律检查委员会、上海市监察委员会驻上海市规划和
　　　　自然资源局纪检监察组组长，党组成员
白雪茹　上海市规划和自然资源局局总工程师
林　驹　上海市规划和自然资源局局二级巡视员
任芝浩　上海市规划和自然资源局局二级巡视员

上海实用房产指南

厉无畏

全国政协原副主席　厉无畏

蓝天绿水楼市旺

安居乐业奔小康

庄晓天

二〇〇四年六月

上海市原副市长　庄晓天

上海市房地产经济学会原会长　桑荣林

规范房地产市场
造福于人民群众

陈正兴
2004.7

上海市政协原副主席　陈正兴

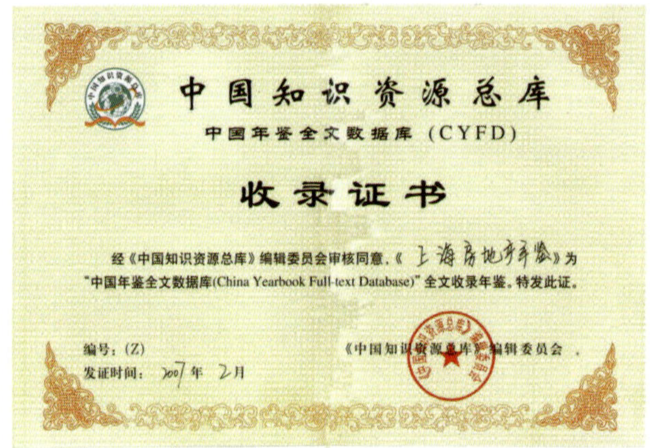
中国知识资源总库
中国年鉴全文数据库（CYFD）

收录证书

经《中国知识资源总库》编辑委员会审核同意，《上海房地产年鉴》为“中国年鉴全文数据库(China Yearbook Full-text Database)”全文收录年鉴，特发此证。

编号：(Z)
发证时间：2007年 2月

《中国知识资源总库》编辑委员会

《上海房地产年鉴》被收录进“中国知识资源总库”

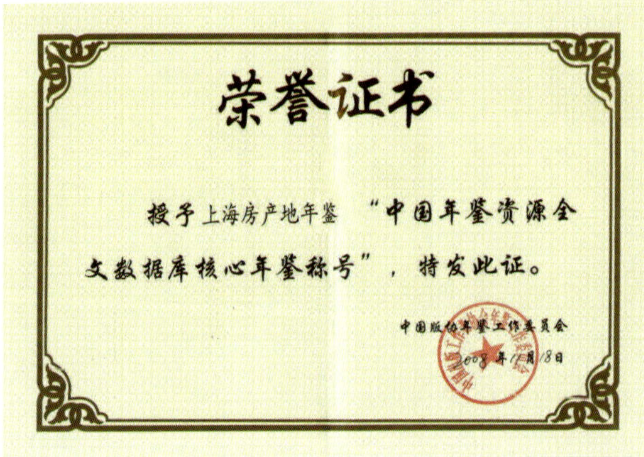
荣誉证书

授予上海房产地年鉴 “中国年鉴资源全文数据库核心年鉴称号”，特发此证。

中国版协年鉴工作委员会
2008年11月18日

《上海房地产年鉴》被中国版协年鉴工作委员会
授予“中国年鉴资源全文数据库核心年鉴称号”

1 2018年5月，住建部节能科技司领导带队对我市建筑节能、绿色建筑和装配式建筑工作开展情况进行了专项检查。

2 2018年5月，自然资源部自然资源开发利用司郑凌志司长一行赴松江区开展调研，实地考察了库卡机器人项目和漕河泾松江园区节约集约利用土地情况副本。

1 2018年6月9日，本市组织2018年住宅小区房屋维修应急暨防台防汛演练活动。

2 2018年6月，本市第六批共有产权保障住房摇号排序工作圆满完成。

3 2018年7月，松江永丰街道三个旧街坊整体改造项目。

1 崇明长兴郊野公园

2 嘉定区嘉北郊野公园

3 闵行区浦江郊野公园

4 青浦区青西郊野公园

5 松江区松南郊野公园

申杰让环境更美好

申杰环境发展（上海）有限公司

申杰环境发展（上海）有限公司（原名上海申杰保洁管理有限公司）成立于1993年，主营业务为各类清洗保洁服务，涉及商务、商业、居住及综合性高档楼宇和文化体育、休闲娱乐等公共场所。公司拥有一支由资深的技术人才和熟练员工组成的强大的专业队伍，装备有精良齐全的专用设备，常年保洁业务量达900多万平方米。

公司董事长

申杰公司起步于高雅的淮海中路，活跃在蓬勃兴起的大上海清洗保洁市场。在20年的企业成长历程中，形成了以内保洁为基础，包括外立面清洗、有害生物防治、中央空调通风系统和水循环系统清洗、装饰装潢、大型公共场所保洁等特色服务项目，为新天地、日月光购物中心、香港新世界大厦K11、世博滨江区域等一大批地标性建筑、以及和世界500强企业在沪机构提供长年服务，形成了稳定的合作关系。

作为行业内的一家知名企业，申杰公司拥有上海市市容环境卫生行业协会首批会员单位和建构筑物清洗专业委员会副主任单位等专业资格；持有上海市保洁企业资质证书（建构筑物内保洁一级、建构筑物外立面清洗保洁一级）等涉及保洁服务的齐全的专业资质和许可；获得了国际质量管理体系、国际环境管理体系认证、国际职业健康安全管理体系认证评定；还荣获了全国工人先锋号、上海市文明单位、上海名牌等众多的荣誉。

在企业发展过程中，申杰公司坚持合法经营，诚信为先，积极承担社会责任。公司一贯严格履行合同要约，诚实经营，自觉维护行业经营秩序。公司严格遵守劳动法规，保障员工合法权益，为员工提供稳定的工作岗位和发展空间。公司积极参与社区慈善帮困活动，大力吸纳各类就业困难人员，为社会稳定作出应有的贡献。

科学管理创品牌，规范服务求发展。申杰公司的经营目标是以先进的技术和优质的服务提升市场竞争能力，实现客户、公司和员工的利益共赢。申杰人的使命是让你的物业保值增值，与上海的环境发展和谐共荣。愿我们的专业服务，使您漂亮的楼宇更加洁净高雅。

高新科教环境❀书香文韵之脉

位于上海市闵行区东南部的紫竹国家高新技术产业开发区，由大学校区、研发基地和紫竹配套区三部分组成。从2002年奠基至今，已成功发展为集教育、科研、人才、资本、产业等优势于一体的新型高科技产业园区，为世界500强等高精尖企业提供全方位优质服务。

实景图

优教氛围❀梦想起飞

紫江集团携手闵行教育局及华东师范大学，共建包含幼儿园、小学、中学在内的紫竹基础教育园区，毗邻百年名校交大和华师大，文脉书香，伴您成长。与国内外知名高校签约合作共建紫竹国际教育园区，着重在文化创意管理、影视创作、工商管理、生态与科技等学科领域积极引进学位教育项目， 打造多领域、多层次、多学制的中外合作办学项目。

示意图

示意图

示意图

滨水原生态❀有氧舒居

紫竹半岛位于高新区东南角，总规划面积约324万方。社区外270°黄浦江湾绵延近7公里原生态滨江绿地；社区景观以约40万方竹湖（规划中，暂定名）为核心，盈盈水间，让紫竹半岛的业主愉悦领略四季美景，创造健康有氧润泽的舒居生活。

实景图

精彩纷呈❀时尚生活配套

规划打造集休闲购物、生活便利、运动健身为一体的休闲商业街，目前H3健身会所、上岛咖啡、象王洗衣以及罗森便利店等商家已经入驻，为紫竹居民提供五彩斑斓的生活选择。

实景图　示意图　示意图

多维交通❀便捷归家之路

毗邻轨交5号线、15号线（在建）、23号线（规划中），紧靠S4沪金高速、虹梅南路隧道和高架快速干道，连通中环、内环，快速抵达上海主要区域。

上海欧鼎物业管理有限公司

欧鼎物业

公司成立于2005年，注册资本500万元人民币，隶属于成都合达联行（集团）有限公司，于2012年取得国家物业服务行业一级资质。公司凭借科学的运作机制、完善的内部管理程序及严格的规章制度， 于2013年11月通过ISO9001：2000认证，2014年12月通过了ISO14001、ISO18001等质量体系认证。

欧鼎物业

公司拥有一支专业化、高素质、高效率、严纪律的物业管理队伍，现有员工200余人，物业管理类型包括：住宅小区、工业园区、政府机构、办公楼等，管理面积超过260万平方米。

欧鼎物业

公司以“服务创造价值”的经营理念，积极引进先进的物业管理模式，以高标准、专业化的企业管理、经营体制和操作规范，实行量化管理，以“忠诚、守信”作为欧鼎物业人工作宗旨，秉承“为您想得更多，为您做得更好”的服务理念，不断完善和超越现有的服务标准，为业主提供更好的物业服务。

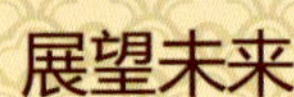

展望未来

公司将不断提高服务品质、更新服务理念，按照行业创优要求，实行量化管理，以“忠诚、守信”作为欧鼎物业全体员工的工作宗旨， 以“为您想得更多，为您做得更好”作为欧鼎物业全体员工的服务理念，竭诚奉献“百分之百的客户喜悦”，不断完善和超越现有的服务标准，力求最大限度地为业主提供尽善尽美的服务，并以不懈的努力和勇于创新的精神，使我公司管理的物业成为业户们安全、文明、舒适的家园。

公司荣誉

欧鼎物业公司历年来获得的部分荣誉和奖项

匠心铸造海派建筑 非凡开启水岸生活

上海建工海玥瑄邸绽放申城

作为上海建工房产“海玥”品牌在上海的开篇之作，上海建工房产周康航区域公司团队始终秉承上海建工的工匠精神，以最人性化的设计理念、最先进的施工技术献礼海玥瑄邸，展现出一份难得的社会责任，更是不负城市建造者的一份匠心。

海玥瑄邸项目位于浦东新区宣桥镇，东至宣乐路，西至南六公路，北至项文路，总建筑面积为31.4万平方米，包含16栋高层、9栋多层、31栋别墅以及1栋综合楼等57栋单体。其中，4号楼为钢结构形式住宅单体，这是上海建工集团投资、开发、设计、建造的第一栋装配式钢结构住宅，地上14层，高43.6米。

享熟生活配套 未来发展可期

海玥瑄邸紧邻5A景区——上海野生动物园，野生动物园不仅为区域丰富了自然生态资源，其大量的绿化更有净化周边空气，提升空气质量，过滤尘埃的作用，营造了从呼吸上就能感受到区别的清新居住体验。另一方面，通过野生动物园与迪士尼国际旅游度假区、海昌海洋动物园、上海天文馆、冰雪之星等稀缺大型旅游资源的强化组团式发展，该区域形成了亚洲最大的旅游目的地集群，未来发展可期，潜力无限。

同时，该项目坐落于传统别墅区内，距离轨交16号线上海野生动物园站仅约1.5公里；2公里内有欧尚超市、禹洲商业广场、茂德广场等商业配套，可满足基本生活所需；三灶实验小学、三灶实验中学、南汇大学城、三灶学校等优质教育资源环绕；医疗方面，也有上海浦东医院、上海市浦东新区光明中医医院、上海市浦东新区南华医院等医疗机构入驻，板块生活配套成熟，生活所需皆近在咫尺。

此外，项目所处的宣桥板块受迪士尼旅游度假区、浦东大飞机制造基地和张江高科等产业辐射，在这三大产业的带动下，伴随着大量人口的外溢，对支撑宣桥板块的发展和推动楼盘价值有着重要的意义。除了现有的三大产业的助力，上海东站的规划和重磅级自贸区临港新片区的规划让宣桥未来发展更有巨大的空间。

融入自主创新 技术优势明显

精装修住宅是未来发展的趋势，质量控制就显得尤为重要。项目团队发扬上海建工工匠精神，采用了多项由上海建工集团自主研发的创新建筑施工体系，力求打造出更为卓越的品质。

国内首创PCTF装配式体系。该项目采用预制叠合保温外挂墙板技术，实现夹心无机保温与结构同寿命，彻底解决传统外墙保温易脱易燃弊病。采用门窗工厂预埋技术，预制板连接处施加三道防水，杜绝住宅外墙渗漏的通病。

国内首创高层建筑无外脚手施工技术。该项目实现了无外模板、无外粉刷施工，让室外总体可与主体结构同步施工，打造了真正意义上的花园式工地。

国内首创预制剪力墙螺栓连接技术。该技术安全可靠、安装快捷、易于检测，并获得国家发明专利。

此外，上海建工缔造的“海玥”品牌蕴含海纳百川、兼容并蓄的大家风范，整体建筑立面采用石材、仿砖涂料、真石漆，经久耐用。

原创海派风格 尊享理想人居

上海建工房产秉承先锋创新精神，将旧上海的复古摩登与新上海的魔幻迷离相结合，构建原创海派建筑风格，以极具辨识度的原创作品，翻开属于上海新时代的海派建筑的崭新篇章，彰显海派传承，描绘“海玥”蓝图。

同时，作为在上海为数不多的滨河生态社区，该项目利用景观河道这一天然优势，着重进行了水系景观的规划设计，通过亲水平台、游园小品、绿化组团的形成，让居住于此的业主更多地亲近大自然，提供社区邻里交流的良好平台，同时充分利用中心绿化景观，辅以组团绿化，形成自由形态的绿化空间，让建筑与绿化相得益彰。在集中绿地进行细部设计，使得建筑的美感在人造环境中得以延伸，充满情趣，整体呈现出以滨河为主题景观的海派生活社区。

海玥瑄邸规划涵盖高层、花园洋房、叠加、联排四大类产品。其户型设计均从居者视角出发，真正做到以人为本，优越布局让每一平方米空间承载起多重功能定位；科学合理的收纳系统预留位置，全面释放居住空间，让生活井井有条；动静分离，客、餐、厨一体化设计，南北通透，一年四季洒满阳光；并有卧室飘窗，观景阳台等高附加值产品细节打造；臻选国际大牌，汇聚高仪、柏丽、科勒、西门子、斯米克、新晃、新多、莱茵阳光等国际一线品牌阵容，轻奢全装交付，礼赞美好生活。

居住改变生活。海玥瑄邸由获得詹天佑大奖的上海建工房产周康航区域公司团队精心打造，依托上海建工全产业链优势，采用上海建工自主研发的长效节能装配式建筑体系，融入卓越工艺，造就极具辨识度的崭新产品，将多元的文化及更多创新工艺细节融入作品，独特的原创“新海派风格建筑”让业主在体验上海风情的同时尊享理想人居。

营销中心联系电话：021-61657588。地址：浦东新区项文路339号。

上海市卢湾公房资产经营管理有限公司

LU WAN GONG FANG ZI CHAN JING YING

公房公司是上海永业企业（集团）有限公司的全资子公司，注册资本5000万元，公司及所属公司员工近500人，部分员工拥有中高级专业技术职称，承担了原卢湾区域近240万平方米直管公房、售后公房、代管产等产业的物业管理任务。

公房公司在落实政府每年10万平方米政府实事项目的基础上，建立了房屋专业查抢险队伍，每年对区域内8000余幢房屋安全普查二次，对旧里房屋及区房管局委托的805幢私房安全检查，确保公房和受委托私房不发生责任性坍塌事故。通过完善物业社区共建机

制，全面推进“卢湾公房物业”微信管理平台建设，逐步形成集投诉处理、违章查询、查抢险、保安保洁保绿保修“四保”巡视、公房租金收缴等公房信息一体化管理平台，不断提升公房信息化管理水平。

改造前

改造后

公房公司始终以解决直管公房居民最关心、最直接、最现实的问题，以不断满足居民日益增长的美好生活需要为出发点，开展创建“美丽家园”工作，让老旧小区居民有了更多的获得感。多年来，先后获得市、区重大工程、市住宅建设实事立功竞赛先进集体，黄浦区文明单位、上海市和谐劳动关系达标企业等荣誉称号。

2018年，公房管辖内的金谷村小区、振华里小区作为全市直管公房唯有的老旧住宅项目，获评“上海市物业管理优秀示范项目”，打造了全市直管公房精细化管理新标杆。

改造前

改造后

改造前

改造后

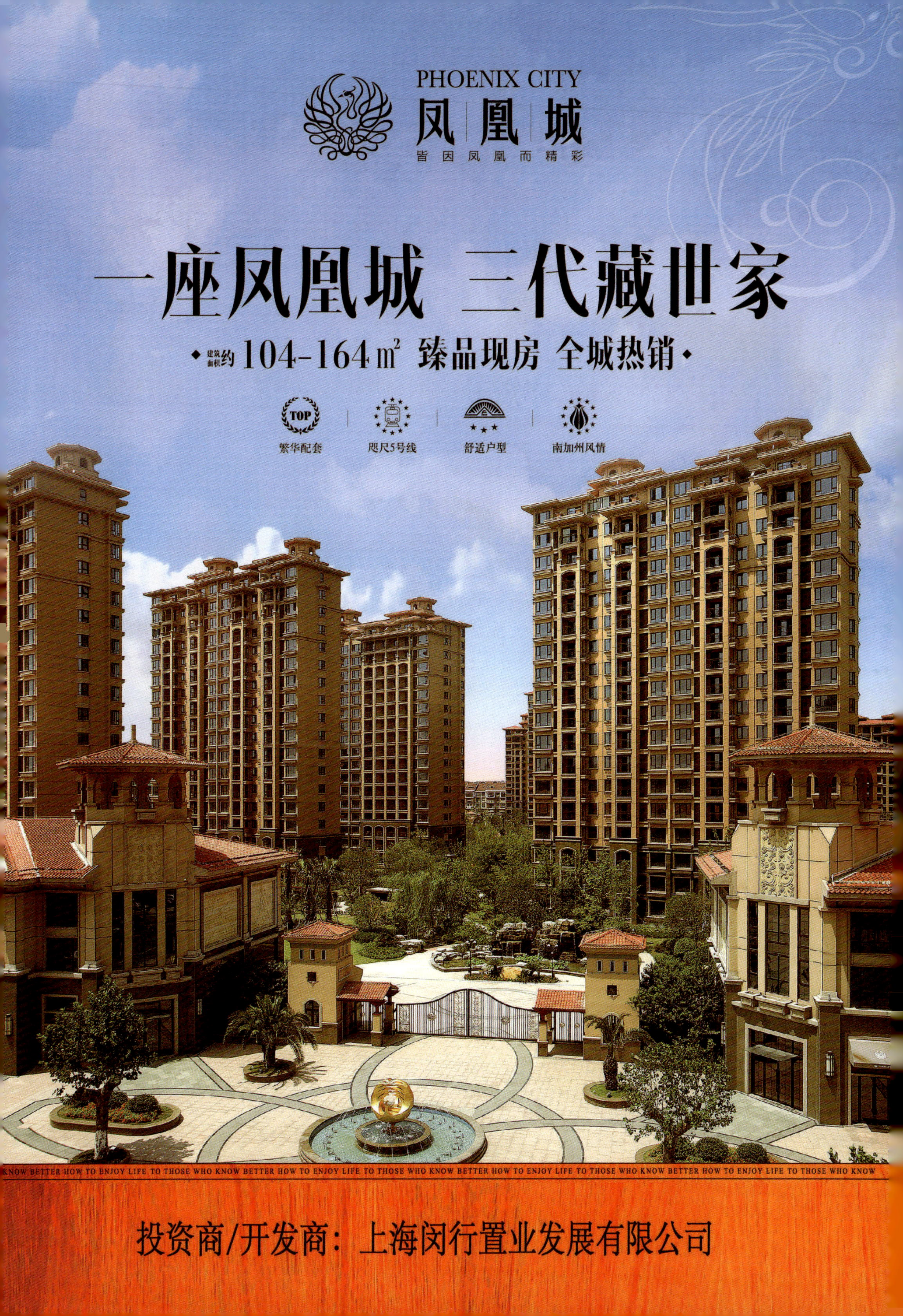
PHOENIX CITY
凤凰城
皆因凤凰而精彩
一座凤凰城 三代藏世家
建筑面积约104-164㎡ 臻品现房 全城热销
TOP
繁华配套
咫尺5号线
舒适户型
南加州风情
KNOW BETTER HOW TO ENJOY LIFE TO THOSE WHO KNOW BETTER HOW TO ENJOY LIFE TO THOSE WHO KNOW BETTER HOW TO ENJOY LIFE TO THOSE WHO KNOW BETTER HOW TO ENJOY LIFE TO THOSE WHO KNOW
投资商/开发商：上海闵行置业发展有限公司

延吉物业
YANJI PROPERTY

上海延吉物业管理有限公司

上海延吉物业管理有限公司成立于1993年，经过企业转制、收购等运作。企业自有资产2
公司坚持“精益求精、重信守诺、服务入微、优质高效”的服务理念，提升传统物业管理品质，
过“多元化、集团化”的管理探索物业管理新模式。公司具有国家一级物业管理资质。2013年进
中国物业行业综合实力200强，名列第121位，2015年进入行业百强。是上海市物业管理协会常
理事单位和中国物业管理协会会员单位。

公司服务的物业类型既有为政府排忧解难的公房、售后房，又有高级写字楼、政府办公楼、
学校园、教学楼、留学生公寓以及大规模高品质的商品住宅和高速公路等。公司管理的物
总面积超过500万平方米。其中非住宅项目近270万平方米，员工接近4000人。

目前公司独资、投资公司共计17家，其中外地分公司、海外公司各2家；非民办社团养老机
1所；接受政府委托运营上海市房地产热线962121和上海市城市管理服务热线962151。公司
分重视企业文化的塑造和对社会效益的贡献，公司连续10届被评为上海市文明单位。

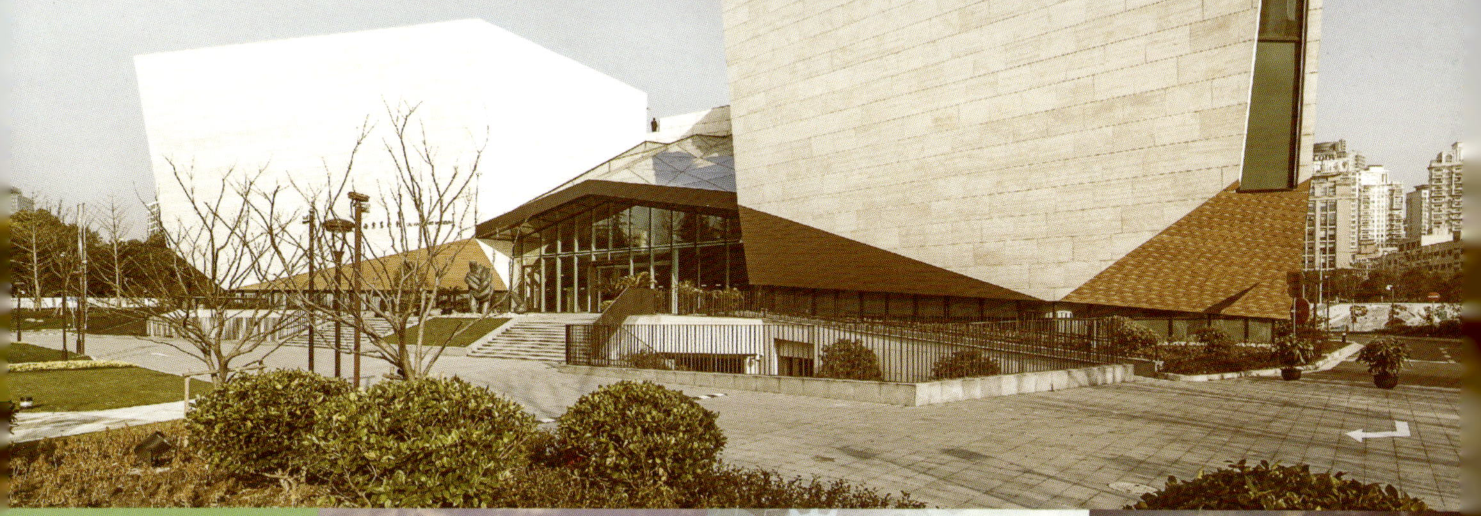

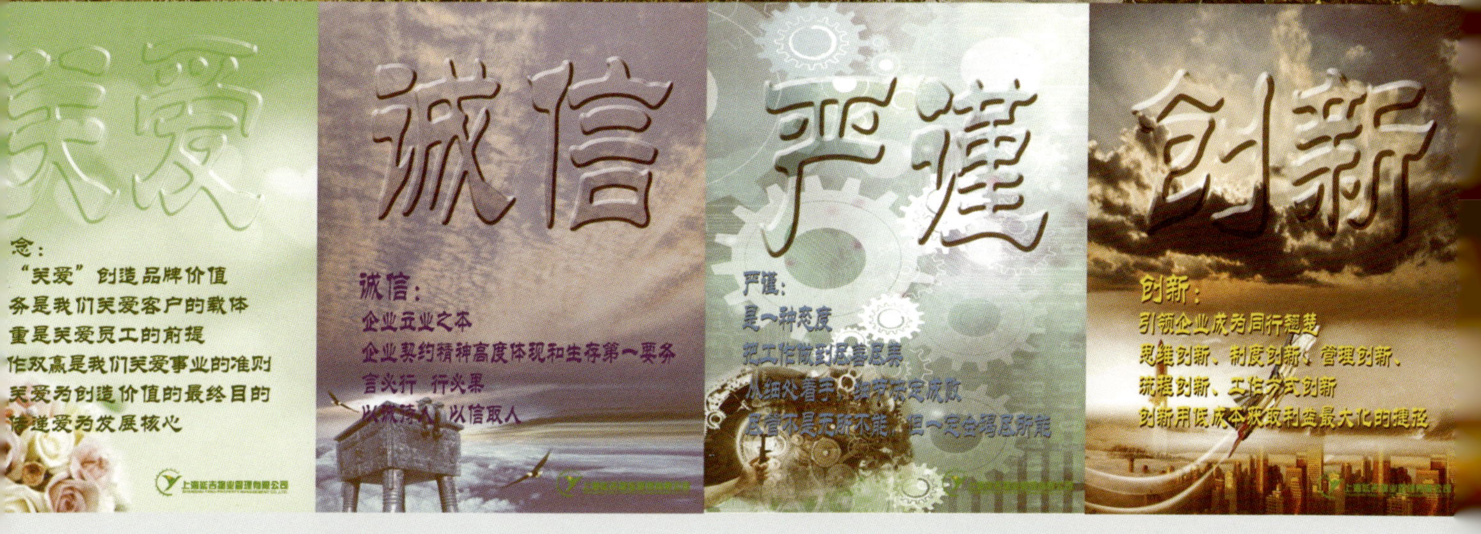

上海新松江置业公司

上海新松江置业（集团）有限公司为区管重点国有企业，公司于1997年3月成立，是原松江县房管局与原松江县土地局合并后，将上述两局中的企业及未合并单位整合而成。根据区委区政府有关指示精神，2006年11月上海新松江置业（集团）有限公司迎来了第一次重组与和上海城凯置业有限公司合并（合署办公）归属于建交委。

2008年12月上海新松江置业（集团）有限公司第二次重组，将上海城凯置业有限公司、上海广源房地产开发有限公司、上海松江茸城动拆迁有限公司划归集团。

2014年经区国资委批准为经营性公司。

2016年12月，上海松江公共租赁住房投资运营有限公司股权划入集团，2017年3月集团重组并经区国资委批准为功能性公司，并迎来第三次重组。

目前集团公司下属共有3家二级公司，上海松江公共租赁住房投资运营有限公司、上海市松江第一房屋征收服务事务所有限公司（上海松江茸城动拆迁有限公司），上海广源房地产开发有限公司，其中集团总部具有房地产开发二级资质。

上海宏阳物业有限公司
公司是一家由上海虹房（集团）有限公司国有资本注入参股的混合型综合企业，成立于1995年，注册资金600万元，建设部核批的原一级物业资质企业。不仅是虹房集团内第一家引入ISO9001质量管理体系的物业企业，而且从2006年起已成为中国物业管理协会理事单位、上海物业管理行业协会常务理事单位、上海市物业管理行业诚信承诺AAA级企业，上海市物业服务企业综合能力四星级企业，上海市百强物业企业之一。
公司现有管理项目已从单一的住宅物业扩展至别墅、学校、商办综合楼等69个物业项目，物业管理面积达203.04万平方米，并备有一支配备齐全的具有丰富实践经验的管理团队。
公司秉承“执着、追求、诚信、责任”的企业精神在现代化管理进程中不断追求完美，完善品牌，力求管理一流，服务一流，员工素质一流，社会效益一流。
品　牌：宏阳物业，满意的服务。
精　神：合力奋进，勇于超越。
理　念：精诚致远，绳子理论，弹性理论，时间观，人才观，市场观。
目　标：为客户提供物有所值/物超其值的物业管理服务，创造客户满意的品牌物业。
常务理事单位
理事单位
荣誉证书
荣誉证书

上海众众房地产开发有限公司

上海众众房地产开发有限公司于1998年联合行业同仁共同组建，注册资金2000万元，房地产开发二级资质，是1996年8月26日成立的上海众众实业发展有限公司在房地产领域的子公司。

公司成立以来，先后开发“众众家园”一期、二期、三期，建造小高层达6.8万平方米，获上海市最佳优秀房型奖、工程质量优质奖，并获建设系统“闵行杯”奖杯；开发“众众德尚世嘉”住宅小区，建筑面积达16多万平方米，总投资约10亿人民币，获上海“四高小区”等称号；开发“众昌金城”酒店公寓约3.6万平方米，上海市莘庄工业区“众众工业园”。2014年完成“众众德尚世嘉”小区东区都市府邸的项目；奉贤区南桥镇光明工业区10万平方米项目，首期已完成2万平方米工业标准厂房的建设。

2016年适逢母公司成立20周年。公司在20年的发展中始终秉承“人、建筑、环境、自然和谐的统一”追求，坚持“有序、节拍、时效、创新”的经营理念，不断发展成长。目前总资产达3亿元，现有员工29人，大专及以上学历占80%，其中中高级人才占53%。公司荣获上海市工商局2002—2012年首批认定的企业合同信用等级A级单位；2003年被推荐为上海市房地产行业协会理事单位；2004年获国家工商行政管理总局、商标局批准公司司标和开发、资本投资商标注册证，并获批续展至2024年；2005年成为中国工商业联合会会员单位，2005年被行业确认为上海市首批诚信守诺120家企业之一；2009年中国房地产诚信品牌企业；2010年“百强”地产杰出贡献企业；2011年11月—2015年12月诚信创建“五星”级企业，2015年上海市房地产开发企业诚信承诺先进单位。

上海公惠置业有限公司

公司成立于2007年12月26日，位于虹口区中山北二路1800号，是上海市总工会海鸥控股（集团）有限公司所属的全资子公司，承担上海市总工会委托的相关资产经营、机关大楼和商业管理的物业管理工作。公司管辖上海市总工会机关大楼、上海工会管理职业学院干部培训中心、劳动报社、上海市工人疗养院、海鸥商务大厦、银发大厦等楼宇物业项目，管理总面积近10万平方米。

2013年5月，公司成为上海市物业管理行业协会会员。

2014年8月，公司获得《上海市物业管理企业三级资质证书》。

2015年6月，公司所管辖的海鸥商务大厦被上海市物业管理行业协会选定为上海市65家“优秀大厦物业管理示范交流点”之一。

2016年10月，经上海市物业管理行业协会专家考评组复审通过，公司所管辖的海鸥商务大厦再次保持“上海市物业管理优秀大厦”荣誉称号。

2017年2月，公司成为上海市物业管理行业协会理事单位。

2018年8月，海鸥商务大厦荣获2018年度“上海市物业管理优秀示范项目”称号。

2018年8月，公司获得“上海市治安安全合格单位”荣誉称号。

公司通过多年物业管理工作的实践与历练，培养了一个具备“专业、高效、规范”的物业和资产经营团队，成为了机关单位、商业客户心目中的优秀大管家。

公司将进一步聚焦做强做大物业板块的战略思路，秉承“同舟共济、心系客户、保值增值、打造品牌”的企业文化，秉承绿色、环保、高效的工作理念，推进现代企业制度改革，提高管理效率和服务质量，为广大客户提供优质的服务。

上海公司成立于1995年，是招商局物业管理有限公司旗下重要的大型全资子公司，国家物业管理一级资质，在行业内率先通过了ISO9001、ISO14001、OHSAS18001国际质量标准认证，是上海市物业管理协会常任理事单位。在管项目40余个，管理面积超650万平方米，服务范围辐射上海、苏州、杭州、宁波、太仓、桐乡、南通等长三角经济发达区域。

招商局上海中心

上海公司拥有专业的服务团队及丰富的人才储备，服务覆盖“智能化楼宇”“产业、工业、物流园区”“中高档住宅”“豪华别墅群”“城市综合体”等多个产品线；业务涉及FMC设施设备管理、安全服务、环境服务、会务服务及房产经纪等。历经二十余年的发展，上海公司集优秀的经营管理与实践经验，获得了各方肯定，先后荣获上海名牌、上海市巾帼文明岗、上海市标准化示范单位、虹口区区长质量奖等30余项省市级荣誉。其中在管的“招商局大厦”和“招商局广场”先后被评为“全国物业示范大厦项目”。

物业管理中心

“百年诚信成就金花绽放，至尊服务赢得市场先机”。上海公司在招商物业总部的带领下，持续践行“人本文明 ”“绿色文明”的双文明特色基础服务，打造“标准化”“招商通”双工具，立志成为房地产价值链全程综合服务商。

招商局轮船总局

仪仗队

上海招商局物业管理有限公司

北外滩

上海北外滩物业管理有限公司

SHANGHAI BEI WAITAN WUYE GUANLI YOUXIANGONGSI

公司成立于1995年11月，是房管转制物业管理企业，上海市物业管理协会会员单位、国家二级资质物业管理企业。ISO9001质量管理体系、ISO14001环境管理体系、OHSAS18001职业健康安全管理体系认证企业。

北外滩，约3.66平方公里，是上海也是中国最早向世界开放的地区之一，海派文化的重要发源地，北外滩丰厚的历史文化底蕴，深深地影响和激励着北外滩物业人。北外滩物业共管理过各类物业总面积1307803.35平方米，其中多层住宅898934.28平方米，高层住宅229264.05平方米，办公楼、工业厂房及其他物业179605.02平方米。目前现有员工135人，拥有一批经验丰富的物业管理人员及专业技术娴熟的维修人员，提供24小时专业、快捷的服务。作为地区性的物业管理公司，虽然多年来接受上级委托管理着七十多万平方的公房，但为适应北外滩开发的需求，领先一步，从九十年代末起就开始商品房的管理服务，二十多年来承接了荣胜公寓、宏惠花苑、紫虹嘉苑、东方都市景苑、鸿旭豪苑、名江七星城、浏河锦绣天城、南通晏园南岸等项目，商品房管理面积曾经达到330716.84平方米，多次被评为虹口区文明单位。

不断前进中的北外滩物业，在董事长朱长斌同志的带领下从未因曾经取得的荣誉而停滞，“抓住机遇，迎接挑战，勇于改革，敢为人先”永远是北外滩人的风格和气度！

创全工作清清除乱停车

冒雨现场居民接待工作

风貌保护街坊改造项目

直管公房面积测量

目 录

第一篇 专论

第二篇 环境

第三篇 行业

第四篇 类型

第五篇 区域

第六篇 附录

第一篇　专论

第一章　综述

第一节　从“房”字来源说起

尹伯成

“房”字来源从文字学来说，可能有会意和形声两方面意思。“房”者，户下一方，既是每户人家下面要有一居室，又是与方同样韵。用现在话说，房子本来就是造给人住的。但是在市场经济中房子也成为商品，既有消费功能，也有投资增值的属性。

我国改革开放以前住房一概统一分配，不得买卖。改革开放后，住房允许买卖了。长期计划经济时期形成的房价很低，一旦放开，房价就持续上涨。例如，上海市中心区域本来三千多一平方的房子不几年就上涨到三四万一平方。后来继续不断上涨。不少人看到好机会，利用房贷专门从事炒房，大发其财。于是政府逐步出台政策措施，从多方面对房地产投资加以限制，虽然取得一些效果，但炒房之风仍然难以解决。

商品房价格高企，危害很大。一是一些居民住房有困难的无法购房，造成很大民生问题；二是社会上逐步形成无独立婚房的青年找不到对象、结婚难的所谓“丈母娘要房”的现象，使几代人筹钱完成“首付”购房，然后小夫妻按时向银行还贷款，严重影响他们消费能力；三是房价上涨推动房租上涨，形成广大外面来的务工人员巨大生活压力；四是企业为了维持职工生存，不得不随租金上涨而提高工资，使社会用工成本上升，不但形成整个物价上升，还使企业经营日益困难；五是会造成“创新”能力不足，因为各种高端人才要来城市工作，必须解决他们住房问题；六是严重影响城市旧区改造，因为拆迁成本越来越高。如此等等，还可以说有许许多多，这都是炒房惹的祸，其结果可以总结为一句话：严重影响我国经济从高速度增长向高质量发展转变。

党的十八大以后，中央根据社会经济发展情况，明确提出要求我国经济从高速度增长向高质量转变，提出了“创新、协调、绿色、共享”的五大发展新理念。党的十九大进一步明确我国进入了一个中国特色社会主义发展新时代，社会主要矛盾发生了变化。在这种大背景下，习近平主席进一步在房地产领域提出“房子是用来住的，不是用来炒的”，并且从各方面实施了严格限制炒房的政策措施，要求建立起一套房地产发展的长效机制。

可能有人要问，为什么我国至今还没有实施国际上通行的房产持有税，为什么这个问题只听楼梯响，不见人下来？我认为也许正好与当前遇到了这一场大疫情带来的经济大困难有关。在当前情况下，如果再出台房产持有税，就可能使当前经济雪上加霜。当然，正如乌云不会永远不去一样，等到经济一直正常以后，房产持有税出台时机就会自然到来。

当前，十分重要的是搞好旧区改造，加强保障房建设。这既是最大民生工程，也是经济发展需要。做好这项工作，既要政府动手，也离不开开发商作用。在这里，对开发商要有一个正确认识。开发商在过去房地产大爆发时期，确实曾经获得暴利，但那是时代的产物，并不都是他们的问题。开发商是企业家，不是慈善家，无论要求他们做什么事，都应当给予合理利润，否则那个人肯来从事这一行业？市场经济应当按市场经济规律办事。

房地产业除了住宅以外，还有其他许多方面。现在值得注意的是，必须根据时代和情况变化做科学规划和发展，求得一个协调发展。例如，现在上海市除了核心区域以外，写字楼有大量空置，商业大楼也有空置，造成很大浪费。当然，各地情况并不完全一样，如上海虹口区北外滩，由于不少经济总部落户，近来就开发了几个地块。

总之，房子不管是供人住，还是作为其他用，都不是用来炒的。“炒”，就是投机性买进卖出获利，而买了出租用的投资，不能叫“炒”。要反对“炒”，不能反对正当的房地产投资。

第二节　房地产市场回顾

2018 年，上海市认真贯彻国家“因城施策”的房地产调控要求，加快建立多主体供应、多渠道保障、租购并举的住房制度，坚持“房子是用来住的、不是用来炒的”定位，坚持“两个不是权宜之计”不动摇，因地制宜，精准施策，保持房地产调控政策的连续性和稳定性，确保本市房地产市场平稳健康发展。

在全国房地产调控从紧基调不变的背景下，本市加强市场监管，实施了规范企业购买商品住房等精细化调控措施，投资投机性购房需求得到有效抑制，楼市预期进一步回归理性，市场运行总体平稳。房地产市场呈现开发投资低位增长、房屋新开工面积小幅增加、销售面积略有回升的态势。

一、房地产开发投资状况

2018 年，上海市房地产开发投资低位增长，完成开发投资 4 033.18 亿元，比上年增长 4.6%。房地产开发投资占全市固定资产投资比重为 52.9%，同比下降 0.3 个百分点。从全年走势看，房地产开发投资呈现总体平稳、低位波动态势。1～2 月的投资增速(10.1%)为全年最高点，此后总体保持平稳，增速在 3.0%～5.3%区间波动(见图 1-1)。

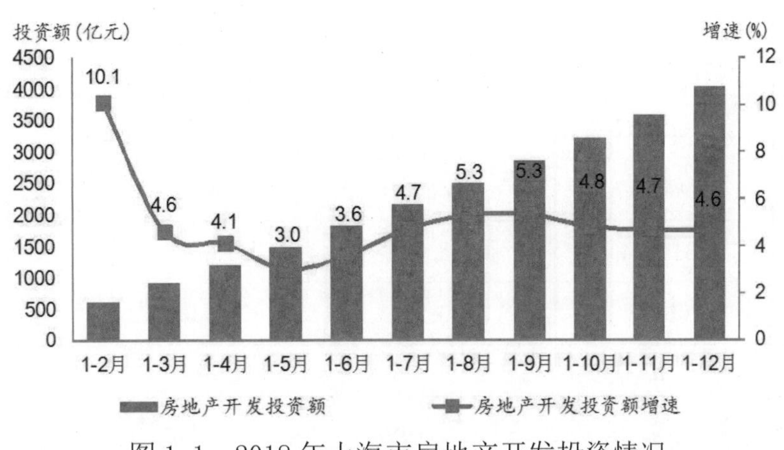

图 1-1　2018 年上海市房地产开发投资情况

从房屋类型看，住宅和办公楼投资小幅增长，商业营业用房投资下降。2018 年，上海市住宅投资 2 225.92 亿元，比上年增长 3.4%，占房地产开发投资的 55.2%，比重下降 0.6 个百分点；办公楼投资 692.71 亿元，增长 7.9%，占 17.2%；商业用房投资 461.42 亿元，下降 8.9%，占 11.4%(见表 1-1)。

表 1-1　上海房地产开发投资情况　　　　　　　　　　　　　单位：亿元、万平方米

年份	房地产开发投资		住宅开发投资		商品房新开工面积		住宅新开工面积	
	数值	同比（%）	数值	同比(%)	数值	同比（%）	数值	同比（%）
2018 年	4 033	4.6	2 226	3.4	2 687	2.6	1 473	5.0
2017 年	3 857	4.0	2 152	9.5	2 618	-7.8	1 403	-2.3
2016 年	3 709	6.9	1 965	8.4	2 841	9.1	1 436	-8.0
2015 年	3 469	8.2	1 813	5.1	2 605	-6.4	1 560	0.8
2014 年	3 206	13.7	1 725	6.8	2 782	2.8	1 547	-5.8

注：2018 年以来，国家统计局规定各省市固定资产投资统计对外只发布增速数据，本篇章涉及固定资产投资的指标均为增速（%）数据。

从投资结构看，土地购置费快速增长、占比提升，建安工程投资下降。2018 年，上海市房地产开发投资中的土地购置费 1 846.14 亿元，比上年增长 21.2%，占全部房地产开发投资的 45.8%，比重提高 6.3 个百分点；建安工程投资 1 971.77 亿元，下降 6.3%，占 48.9%。

二、房地产建设状况

2018 年，房屋在建规模略有下降，房屋施工面积 14 672.37 万平方米，比上年下降 4.5%。其中，住宅施工面积 7 520.39 万平方米，下降 6.2% 。商品房新开工面积 2 687.17 万平方米，比上年增长 2.6%。其中，住宅新开工面积 1 473.17 万平方米，增长 5.0%；商办新开工面积 517.77 万平方米，下降 22.3%，连续两年出现两位数下降。商品房竣工面积 3 115.76 万平方米，比上年下降 8.0%。其中，住宅竣工面积 1 730.27 万平方米，下降 7.1%（见表 1-2）。

表 1-2　2018 年上海市房屋新开工及竣工情况

指 标	新开工面积		竣工面积	
	（万平方米）	增速（%）	（万平方米）	增速（%）
全部房屋	2 687.17	2.6	3 115.76	-8.0
#住宅	1 473.17	5.0	1 730.27	-7.1
办公楼	310.84	-15.7	413.46	-7.1
商业营业用房	206.93	-30.5	341.05	-12.0

三、房地产市场交易状况

2018 年，房地产市场销售略有回升。上海市房地产市场保持调控政策的连续性和稳定性，从限购、

限贷、价格监管到规范企业购房、加强摇号监管，充分体现了中央“房住不炒”的调控决心。在中央决定坚决遏制房价上涨后，市场短期预期有所转变，观望情绪有所增强。但在经历了 2017 年的楼市交易低迷、成交量大幅萎缩后，销售略有回升。

2018 年，新建房屋销售面积小幅增长。上海市新建商品房销售面积 1 767.01 万平方米，比上年增长 4.5%。其中，住宅销售面积 1 333.29 万平方米，下降 0.6%(见图 1-2)。随着上海市对“类住宅”项目分类施策、清理整顿工作的推进落实，商办销售逐步恢复正常化。全市办公楼销售面积 147.08 万平方米，比上年增长 18.5%；商业营业用房销售面积 101.75 万平方米，增长 28.3%。

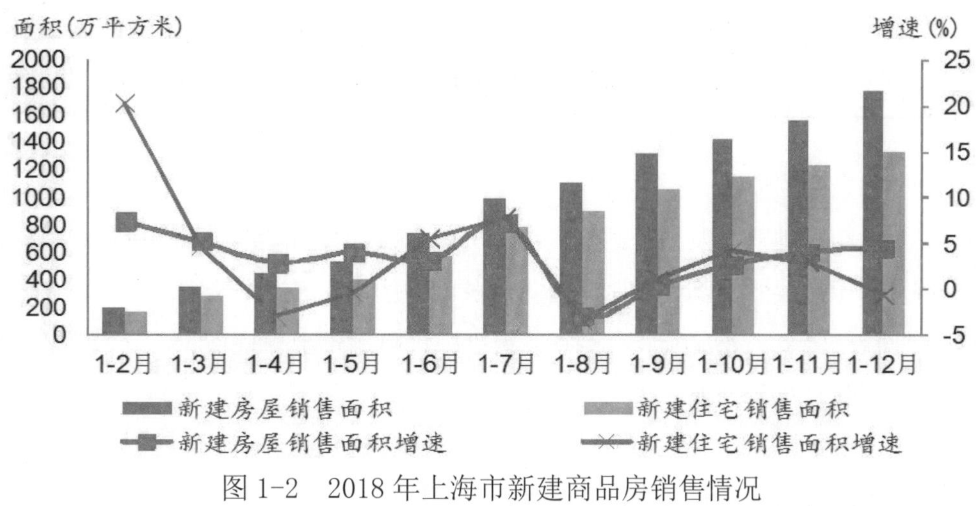

图 1-2　2018 年上海市新建商品房销售情况

2018 年，存量房销售低位盘整。据上海市房地产交易中心统计，上海市存量房网签面积 1 513.46 万平方米，比上年增长 0.2%。其中，存量住宅网签面积 1 229.65 万平方米，增长 4.3%。伴随新房市场供应明显增加、交易量的回升，带动了部分置换型需求“卖旧买新”，存量房市场成交量小幅增长。但成交水平依然处于历年低位，甚至低于楼市较为低迷的 2012 年和 2014 年(见图 1-3)。

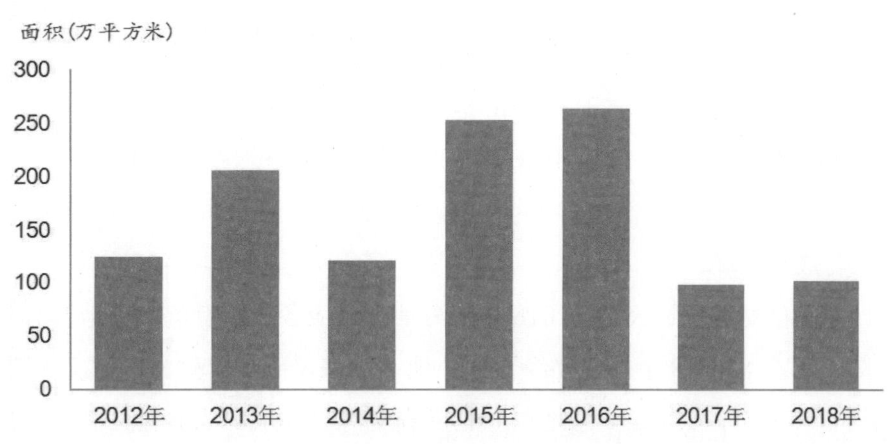

图 1-3　2012～2018 年本市存量住宅网签月均成交量

2018 年，楼盘销售出现分化。市场化新建住宅销售出现了“冷热不均”的现象。中心城区项目多以改善为主，因其兼具了地段、配套、价格等多方面的优势，且综合性价比高，受到购房者青睐，认筹率较高。而郊区尤其是一些地理位置偏远的项目则少人问津，楼盘呈现销售疲软状态，去化速度较慢。随着下半年供应量的持续上升，购房者可选范围扩大，前期积压需求得到释放，项目销售分化情况日趋加剧，下半年起市中心项目的销售情况也开始出现一定分化。

四、商品住宅价格状况

2018 年，上海市新建住宅销售均价 28 981 元/平方米。从区域均价看：内环线以内 107 730 元/平方米，内外环线之间 54 150 元/平方米，外环线以外 20 151 元/平方米。

剔除征收安置住房和共有产权保障住房等保障性住房后，市场化新建住宅的区域均价分别为：内环线以内 108 155 元/平方米，内外环线之间 74 694 元/平方米，外环线以外 37 298 元/平方米。

五、房地产资金到位情况

2018 年，上海市房地产开发项目到位资金 5 330.46 亿元，比上年下降 1.0%。从资金来源渠道看，受新建房屋销售面积持续低位以及房地产行业金融监管严格、房企融资渠道收窄影响，项目建设资金更加依赖于企业自筹资金。开发项目本年到位资金中仅自筹资金保持增长，且增幅超两成，其他各类到位资金则均呈下降态势（见表 1-3）。

表 1-3　2018 年上海市房地产开发项目本年到位资金情况

指　标	资金（亿元）	比上年增长（%）	比重（%）
本年到位资金	5 330.46	-1.0	100.0
#国内贷款	1 326.02	-4.9	24.9
自筹资金	1 896.42	22.4	35.6
其他资金	2 107.91	-13.5	39.5
#定金及预付款	1 566.41	-4.9	29.4

截至 2018 年底，上海市到位资金 5 330.46 亿元，比上年下降 1.0%。其中，国内贷款 1 326.02 亿元，下降 4.9%；自筹资金 1 896.42 亿元，增长 22.4%；其他资金 2 107.91 亿元，下降 13.5%。

六、土地供应与成交状况

根据上海市规划和自然资源局公告，2018 年上海计划供应各类国有建设用地 2 600 万平方米，全年完成计划供应量的 92% 。2018 年共出让经营性用地 267 宗，出让总建面 2 327.4 万平方米，土地供应量较 2017 年上涨 28.7%。其中，249 宗地块以底价成交，仅 18 宗土地出现溢价，平均溢价率 0.79%，上下半年平均溢价率分别为 2.26%和 0.34%。

全年商住用地共成交 175 宗，较 2017 年增加了 8 幅；成交总建面 1 546.4 万平方米，同比增长 9.4%，增幅较上年收窄 30.5 个百分点，虽然成交量仍在上涨，但土拍市场逐步回归理性。其中，住宅用地 127 宗，成交总建面 1 092.9 万平方米，同比下降 6.4%，成交均价 10 641 元/平方米，溢价率 0.02%。住宅用地中，居住用地供应 428.1 万平方米，同比上涨 11.9%，供应开始增长，主要分布在宝山、奉贤、金山等区域；成交 374.1 万平方米，同比增长 3.6%，成交均价 26 847 元/平方米，溢价率 0.03%。租赁住房用地成交 35 宗，较上年多出 14 宗，成交总建面 205.2 万平方米，同比增长 43.0%。整体来看，2018 年上海土地市场延续上年“招挂复合”出让方式，开发商拿地门槛依旧很高；土地市场明显降温，底价成交和低溢价成为常态，甚至出现流拍现象。与此同时，租赁住房用地供应力度明显提速，上海租赁住房市场正快速发展。

商住和工业用地成交大幅增长，住宅用地保持低位。2018 年全年出让经营性用地有所回升，同比增长 28.7%；其中，住宅用地成交同比下降 6.4%，商办用地成交同比增长 84.4%，工业用地成交同比增长 81.0%。商办和工业用地大幅增长致住宅用地成交占比从 2017 年的 64.6%下滑至 47.0%。

住宅用地中，居住用地成交小幅上涨 3.6%，动迁用地同比下降 22.5%，租赁用地同比增长 43.0%。租赁用地成交大幅增长足见上海发展住房租赁市场的坚定决心（见图 1-4）。

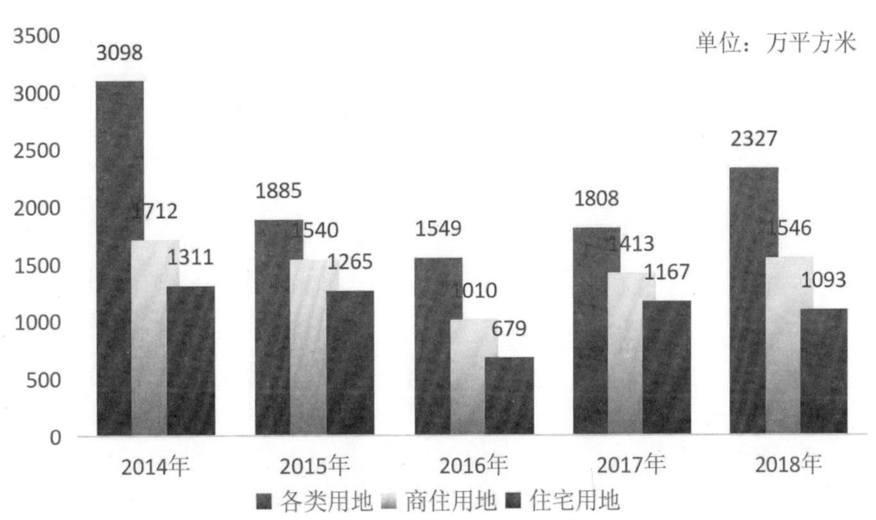

图 1-4　2014～2018 年上海土地市场年度成交走势

底价成交和低溢价已成常态，房企拿地态度趋于谨慎。在土拍市场招挂复合、租购并举、需用自有资金等多重限制条件的情况下，住宅用地未出现供过于求的局面，成交楼面价稳中有升，同比增长 17.5%；平均溢价率为 0.02%，在 127 宗出让住宅用地中，仅 4 宗出现溢价，但其溢价率也均低于 0.1%，底价成交成为土拍主流（见图 1-5）。

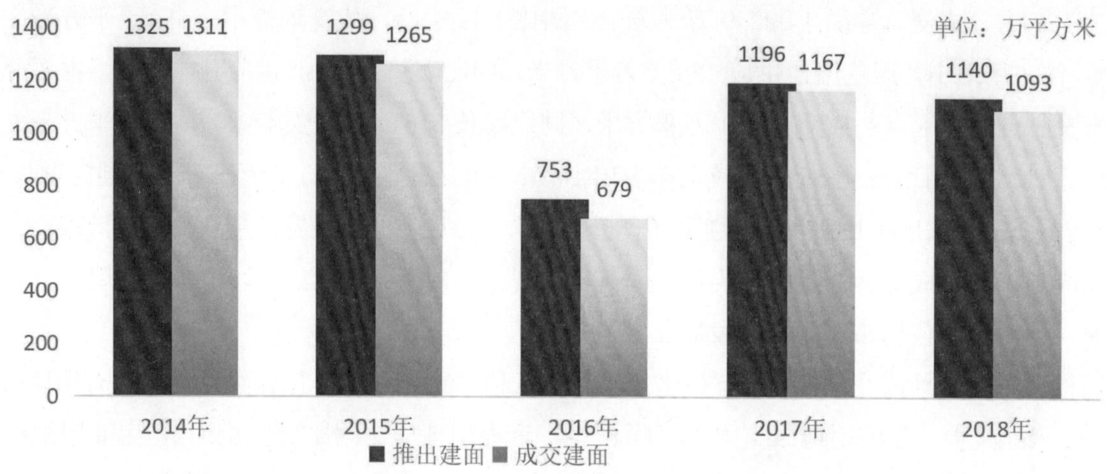

图 1-5　2014～2018 年上海住宅土地供求走势

第二章　2018 年上海市国民经济和社会发展统计公报

2018 年，全市在以习近平同志为核心的党中央坚强领导下，以习近平新时代中国特色社会主义思想为指导，深入学习贯彻落实习近平总书记考察上海重要讲话精神，全面贯彻落实党的十九大和十九届二中、三中全会精神，坚决贯彻落实党中央、国务院和中共上海市委、市政府的决策部署，按照当好新时代全国改革开放排头兵、创新发展先行者的要求，坚持稳中求进工作总基调，全面贯彻新发展理念，落实高质量发展要求，坚持以供给侧结构性改革为主线，开拓创新，克难奋进，坚决打好三大攻坚战，加快实施新一轮城市总体规划，加快提升城市能级和核心竞争力，全市经济社会发展总体平稳、稳中有进、稳中向好，经济发展的韧性、活力和包容性增强，呈现结构更优、效益更好、更趋协调、更可持续的高质量发展态势。

一、综 合

初步核算，全年实现上海市生产总值(GDP)32 679.87 亿元，比上年增长 6.6%(见图 2-1)，继续处于合理区间。其中，第一产业增加值 104.37 亿元，下降 6.9%；第二产业增加值 9 732.54 亿元，增长 1.8%；第三产业增加值 22 842.96 亿元，增长 8.7%。第三产业增加值占上海市生产总值的比重为 69.9%，比上年提高 0.7 个百分点。按常住人口计算的上海市人均生产总值为 13.50 万元。

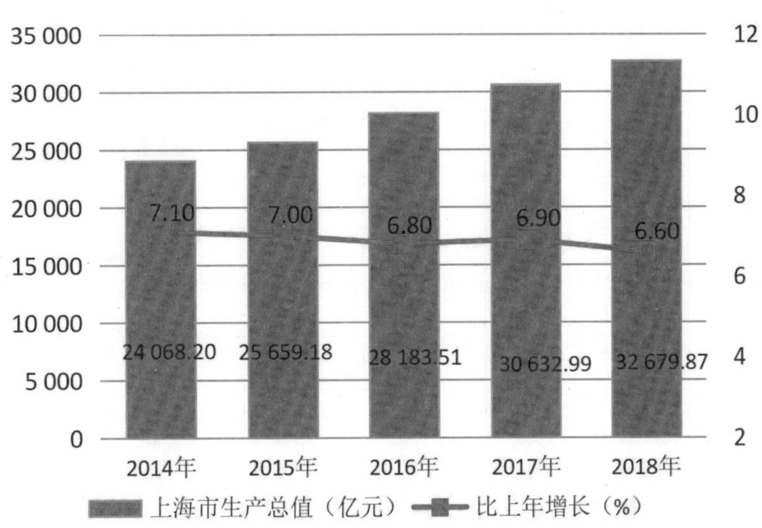

图 2-1　2014～2018 年上海市生产总值及其增长速度

在上海市生产总值中，公有制经济增加值 15 896.97 亿元，比上年增长 6.6%；非公有制经济增加值 16 782.90 亿元，增长 6.5%。非公有制经济增加值占上海市生产总值的比重为 51.4%。

全年战略性新兴产业增加值 5 461.91 亿元，比上年增长 8.2%。其中，工业增加值 2 377.60 亿元，增长 4.2%；服务业增加值 3 084.31 亿元，增长 11.3%(见表 2-1)。战略性新兴产业增加值占上海市生产总值的比重为 16.7%，比上年提高 0.3 个百分点。

表 2-1　2018 年战略性新兴产业增加值及其增长速度

指 标	绝对值 （亿元）	比上年增长 （%）
战略性新兴产业增加值	**5 461.91**	**8.2**
工　业	2 377.60	4.2
服务业	3 084.31	11.3

全年经工商登记新设立各类市场主体 39.99 万户，比上年增长 13.2%。其中，内资企业(不含私营企业)7 985 户，增长 42.4%；外商投资企业 8742 户，增长 9.0%；私营企业 31.28 万户，增长 12.3%；个体工商户 6.99 万户，增长 15.2%。

全年地方一般公共预算收入 7 108.15 亿元，比上年增长 7.0%；非税收入占全市一般公共预算收入比重为 11.6%。地方一般公共预算支出 8 351.54 亿元，增长 10.7%(见表 2-2)。全年税务部门组织的税收收入完成 13 823.77 亿元(不含关税及海关代征税)，增长 7.7%。

表 2-2　2018 年地方一般公共预算收支及其增长速度

指 标	绝对值 （亿元）	比上年增长 （%）
地方一般公共预算收入	**7 108.15**	**7.0**
#增值税	2 624.82	6.7
个人所得税	770.21	11.2
企业所得税	1 518.71	8.3
契　税	284.95	4.9
地方一般公共预算支出	**8 351.54**	**10.7**
#一般公共服务支出	367.16	14.5
公共安全支出	412.13	15.7
教育支出	917.99	5.0
社会保障和就业支出	933.39	-12.0
医疗卫生与计划生育支出	470.11	14.1
节能环保支出	233.39	3.9
城乡社区支出	2 088.33	36.4

全年全社会固定资产投资总额比上年增长 5.2%。其中，第二产业投资增长 17.2%；非国有经济投资增长 7.0%(见表 2-3)。

表 2-3　2018 年全社会固定资产投资及其增长速度

指 标	比上年增长（%）
全社会固定资产投资总额	**5.2**
按经济类型分	
国有经济	1.0
非国有经济	7.0
#私营经济	26.7
股份制经济	7.2
外商及港澳台经济	-10.9
按产业分	
第一产业	209.1
第二产业	17.2
第三产业	3.2
按行业分	
#工　业	17.7
交通运输、仓储和邮政业	9.6
金融业	12.6
教育	31.1
卫生和社会工作	41.9

以上年价格为 100，全年居民消费价格指数为 101.6。其中，食品烟酒类价格指数为 102.3，居住类价格指数为 100.2，医疗保健类价格指数为 102.4(见表 2-4)；固定资产投资价格指数为 105.6；工业生产者出厂价格指数为 101.7，工业生产者购进价格指数为 105.2。

以上年 12 月价格为 100，新建商品住宅销售价格指数为 100.4，二手住宅价格指数为 97.3；以上年价格为 100，全年新建商品住宅销售价格指数为 99.8，二手住宅销售价格指数为 98.2。

表 2-4　2018 年居民消费价格指数

指 标	指 数（以上年价格为 100）
居民消费价格指数	**101.6**
食品烟酒	102.3
衣　着	98.3
居　住	100.2
生活用品及服务	101.4
交通和通信	104.0

教育文化和娱乐	103.1
医疗保健	102.4
其他用品和服务	102.4

二、农　业

全年全市实现农业总产值 282.48 亿元，比上年下降 4.4%。其中，种植业 147.54 亿元，下降 2.1%；林业 15.26 亿元，下降 3.6%；牧业 46.34 亿元，下降 17.9%；渔业 55.90 亿元，下降 4.5%；农林牧渔服务业 17.44 亿元，增长 125.4%。

全年全市农作物播种面积 28.53 万公顷，比上年减少 0.2%。其中，粮食播种面积 12.99 万公顷，减少 2.5%。粮食产量 103.74 万吨，比上年增长 4.0%；生牛奶产量 33.44 万吨，下降 8.1%；水产品产量 30.85 万吨，增长 4.4%(见表 2-5)。

至年末，全市有 1 701 家企业、6 396 个产品获得“三品一标”农产品认证。其中，无公害农产品证书使用企业 1 342 家，产品 5 824 个；绿色食品证书使用企业 350 家，产品 536 个；有机农产品生产企业 9 家，产品 22 个；农产品地理标志 14 个。

至年末，全市累计建成设施粮田面积 8.65 万公顷，市级蔬菜标准园 177 家，农业产业化龙头企业 378 家，具有一定经营能力的农民专业合作社 2 865 家，经农业主管部门认定的家庭农场 4 434 户。

表 2-5　2018 年主要农副产品产量

产品名称	单 位	全市产量	比上年增长（%）
粮　食	万吨	103.74	4
蔬　菜	万吨	284.73	1
生猪出栏	万头	148.86	-21.5
生牛奶	万吨	33.44	-8.1
家禽出栏	万羽	983.95	-22.7
水产品	万吨	30.85	4.4

三、工业和建筑业

全年实现工业增加值 8 694.95 亿元，比上年增长 1.9%。全年完成工业总产值 36 451.84 亿元，增长 1.3%。其中，规模以上工业总产值 34 841.84 亿元，增长 1.4%。在规模以上工业总产值中，国有控股企业总产值 13 588.42 亿元，增长 1.1%。

全年节能环保、新一代信息技术、生物、高端装备、新能源、新能源汽车、新材料等工业战略性新兴产业完成工业总产值 10 659.91 亿元，比上年增长 3.8%，增速快于规模以上工业总产值 2.4 个百分点，占全市规模以上工业总产值比重达 30.6%。

全年六个重点工业行业完成工业总产值 23 870.77 亿元，比上年增长 1.4%，占全市规模以上工业总产值的比重为 68.5%(见表 2-6)。

表 2-6 2018 年六个重点行业工业总产值及其增长速度

指 标	绝对值（亿元）	比上年增长（%）
六个重点行业工业总产值	**23 870.77**	**1.4**
电子信息产品制造业	6 450.23	1.9
汽车制造业	6 832.07	0.8
石油化工及精细化工制造业	4 006.76	-1.5
精品钢材制造业	1 233.42	-6.5
成套设备制造业	4 171.70	4.8
生物医药制造业	1 176.60	9.8

全年规模以上工业产品销售率为 99.8%。全年燃料油产量 195 909 吨，比上年增长 50.8%；金属切削机床 5 990 台,增长 12.4%；智能手机产量 4 711.44 万台，增长 4.5%；3D 打印设备产量 578 台，增长 12.5%(见表 2-7)。

表 2-7 2018 年主要工业产品产量及其增长速度

产品名称	单 位	产 量	比上年增长（%）
燃料油	吨	195 909	50.8
钢 材	万吨	1 983.32	-3.5
合成橡胶	万吨	94 959	30.2
金属切削机床	台	5 990	12.4
汽 车	万辆	297.76	2.2
运动型多用途乘用车(SUV)	万辆	82.77	8.5
3D 打印设备	台	578	12.5
金属集装箱	万立方米	864.24	22.4
电力电缆	万千米	167.47	8.6
智能手机	万台	4 711.44	4.5
集成电路圆片	万片	597	2.1
电站用汽轮机	万千瓦	2 538.69	20.1
智能电视	万台	137.66	12.7

全年规模以上工业企业实现利润总额 3 350.44 亿元，比上年增长 4.3%；实现税金总额 1 972.63 亿元，下降 5.4%。规模以上工业企业亏损面为 20.4%。

全年实现建筑业总产值 7 072.21 亿元，比上年增长 10.0%；房屋建筑施工面积 47 577.35 万平方米，增长 15.5%；竣工面积 7 960.06 万平方米，下降 1.3%。

四、批发和零售业

全年实现批发和零售业增加值 4 581.49 亿元，比上年增长 3.3%。

全年实现商品销售总额 11.95 万亿元，比上年增长 5.6%。其中，批发销售额 10.79 万亿元，增长 5.3%。

全年实现社会消费品零售总额 12 668.69 亿元，比上年增长 7.9%(见表 2-8)。其中，无店铺零售额 1 925.99 亿元，增长 13.8%。网上商店零售额 1 506.70 亿元，增长 15.8%，占社会消费品零售总额的比重为 11.9%。

表 2-8　2018 年社会消费品零售总额及其增长速度

指 标	绝对值 (亿元)	比上年增长 (%)
社会消费品零售总额	**12 668.69**	**7.9**
#批发零售贸易业	11 568.83	8.2
住宿餐饮业	1 099.86	4.2
#国 有	126.55	3.6
私 营	29.13	5.8
股份有限公司	49.96	-0.1
港澳台商投资	536.52	0.1
外商投资	3 248.04	3.3
#无店铺零售额	1 925.99	13.8
#网上商店零售额	1 506.70	15.8

全年完成电子商务交易额 28 938.2 亿元，比上年增长 19.3%。其中，B2B 交易额 18 552.6 亿元，增长 14.1%，占电子商务交易额的 64.1%；网络购物交易额(含服务类交易)10 385.6 亿元，增长 29.7%，占 35.9%。

至年末，全市已开业城市商业综合体达 256 家。其中，商场商业建筑面积 10 万平方米以上的有 63 家。全年全市城市商业综合体实现营业额达 1 777.02 亿元，比上年增长 16.7%。

全年全市新集聚商业零售品牌首店 835 家，其中，国际品牌首店 300 余家，国际零售商集聚度升至全球城市第二位。境外旅客购物离境退税销售额占全国总量的 75%。

五、交通、邮电和旅游

全年实现交通运输、仓储和邮政业增加值 1 533.36 亿元，比上年增长 10.4%。

全年各种运输方式完成货物运输量 107 386.82 万吨，比上年增长 10.4%。旅客发送量 21 496.62 万人次，增长 3.1%(见表 2-9)。

表 2-9　2018 年货物运输量与旅客发送量及其增长速度

指 标	单 位	绝对值	比上年增长（%）
货物运输量	**万吨**	**107 386.82**	**10.4**
铁　路	万吨	468.38	-0.7
水　运	万吨	66 905.87	18.2
公　路	万吨	39 595.00	-0.4
航　空	万吨	417.57	-1.3
旅客发送量	**万人次**	**21 496.62**	**3.1**
铁　路	万人次	12 266.67	5.6
水　运	万人次	158.01	-10.8
公　路	万人次	3 151.00	-7.8
航　空	万人次	5 920.94	4.9

全年上海港口货物吞吐量 73 047.94 万吨，比上年下降 2.7%；集装箱吞吐量 4 201.02 万国际标准箱，增长 4.4%。集装箱水水中转比例达 46.8%，其中，国际中转比例为 8.8%。上海浦东、虹桥两大国际机场全年共起降航班 77.16 万架次，比上年增长 1.5%；进出港旅客 11 763.43 万人次，增长 5.1%。其中，国内航线进出港旅客 7 665.00 万人次，增长 3.7%；国际及地区航线进出港旅客 4 098.43 万人次，增长 8.0%。

全年上海港接待国际邮轮靠泊 406 艘次。其中，以上海为母港的邮轮 378 艘次。邮轮旅客吞吐量 275.29 万人次，比上年下降 7.4%。邮轮母港旅客吞吐量占比 97.7%。

年内轨道交通 5 号线和 13 号线延伸段实现开通运行。至年末，全市轨道交通运营线路长度达到 704.91 公里，运营车站 415 个。至年末，公交运营车辆 1.75 万辆，运营线路 1 543 条，线网长度 8 813.80 公里；运营出租车 4.13 万辆。全年市内公共交通客运量 58.56 亿人次，日均 1 605 万人次，比上年增长 1.2%。其中，轨道交通客运量 37.10 亿人次，增长 4.9%；公共汽电车客运量 20.65 亿人次，下降 4.4%。

至年末，全市拥有各类民用汽车 393.42 万辆，比上年增长 9.0%。其中，私人汽车 302.17 万辆，增长 10.1%。

全年完成邮政业务总量 820.62 亿元，比上年增长 15.3%；电信业务总量 1 432.00 亿元，增长 1.1 倍。邮政业全年完成邮政函件业务 5.74 亿件、包裹业务 221.4 万件、快递业务 34.86 亿件；快递业务收入 1 020.28 亿元。

全年实现旅游产业增加值 2 078.64 亿元，比上年增长 8.1%。

至年末，全市星级宾馆 206 家，旅行社 1 639 家，A 级旅游景区（点）113 个，红色旅游基地 34 个（见表 2-10）。

表 2-10　2018 年旅游设施情况

指 标	单位	绝对值
星级宾馆	**家**	**206**
#五星级	家	72
四星级	家	65
旅行社	**家**	**1 639**
#经营出境旅游业务的旅行社	家	292
A 级旅游景区（点）	**个**	**113**
#5A 级景区（点）	个	3
4A 级景区（点）	个	59
红色旅游基地	**个**	**34**
#全国红色旅游基地	个	12
旅游咨询服务中心	**个**	60
旅游集散中心站点	**个**	**6**

全年接待国际旅游入境者 893.71 万人次，比上年增长 2.4%(见图 2-2)。其中，入境外国人 685.9 万人次，增长 2.2%；港、澳、台同胞 207.81 万人次，增长 3.0%。在国际旅游入境者中，过夜旅游者 742.04 万人次，增长 3.2%。全年接待国内旅游者 33 976.87 万人次，增长 6.7%。其中，外省市来沪旅游者 16 209.12 万人次，增长 4.4%。全年入境旅游外汇收入 73.71 亿美元，增长 8.2%；国内旅游收入 4 477.15 亿元，增长 11.2%。

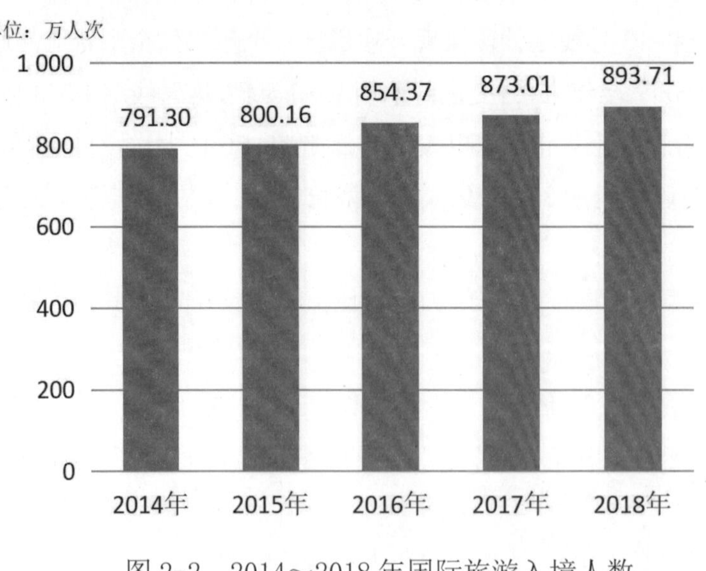

图 2-2　2014～2018 年国际旅游入境人数

六、金融和保险

全年实现金融业增加值 5 781.63 亿元，比上年增长 5.7%。

至年末，全市中外资金融业深化改革创新，实现平稳发展。上海国际金融中心建设步伐加快，上海金融法院获批成立，原油期货成功上市，中国人寿上海总部、建信金融科技等总部型功能性机构落户，人民币跨境使用范围进一步拓展。

金融机构本外币各项存款余额 121 112.33 亿元，比年初增加 8 654.40 亿元；贷款余额 73 272.35 亿元，比年初增加 5 736.67 亿元(见表 2-11)。

表 2-11　2018 年中外资金融机构本外币存贷款情况

指 标	绝对值（亿元）	比年初增减额（亿元）
各项存款余额	**121 112.33**	**8 654.40**
#住户存款	28 569.24	2 803.68
非金融企业存款	53 643.49	4 291.70
广义政府存款	15 880.38	769.41
非银行业金融机构存款	17 096.22	-104.75
各项贷款余额	**73 272.35**	**5 736.67**
#住户贷款	22 274.95	2 545.75
非金融企业及机关团体贷款	46 673.17	3 016.37
非银行业金融机构贷款	342.84	56.14
#人民币个人消费贷款	19 962.69	1 803.43
#住房贷款	13 314.01	593.12
汽车消费贷款	4 139.05	505.71

全年金融市场交易总额达到 1 645.78 万亿元，比上年增长 15.2%。上海证券交易所总成交额 264.62 万亿元，比上年下降 13.6%。其中，债券成交额 216.95 万亿元，下降 12.3%；股票成交额 40.32 万亿元，下降 21.1%。全年通过上海证券市场股票筹资 6 113.96 亿元，比上年减少 19.3%；发行公司债 17 780.87 亿元，增长 19.0%。至年末，上海证券市场上市证券 14 069 只，比上年末增加 1 850 只。其中，股票 1 494 只，增加 54 只。

全年上海期货交易所总成交金额 81.54 万亿元，比上年下降 9.3%。中国金融期货交易所总成交金额 26.12 万亿元，增长 6.2%。银行间市场总成交金额 1 262.83 万亿元，比上年增长 26.6%。上海黄金交易所总成交金额 10.66 万亿元，增长 9.2%。

全年保险公司原保险保费收入 1 405.79 亿元，比上年下降 11.4%。其中，财产险公司原保险保费收入 582.10 亿元，增长 20.6%；人身险公司原保险保费收入 823.69 亿元，下降 25.4%。全年保险赔付支出 581.56 亿元，增长 5.9%。其中，财产险赔款支出 271.62 亿元，增长 16.2%；寿险给付 207.93 亿元，下降 12.3%；健康险赔款给付 82.20 亿元，增长 30.8%；意外险赔款支出 19.81 亿元，增长 30.5%。

七、对外经济

全年上海口岸货物进出口总额85 317.0亿元，比上年增长7.7%。其中，进口36 403.1亿元，增长8.8%；出口48 913.9亿元，增长6.9%。全年上海关区货物进出口总额64 064.29亿元，比上年增长7.3%。其中，进口26 965.19亿元，增长9.2%；出口37 099.10亿元，增长6.0%。

全年上海市货物进出口总额34 009.93亿元，比上年增长5.5%。其中，进口20 343.08亿元，增长6.4%；出口13 666.85亿元，增长4.2%(见表2-12)。高新技术产品出口占全市比重为42.0%。按市场分，对欧盟进口4 635.49亿元，增长3.3%；出口2 432.99亿元，增长4.5%；对美国进口1 935.18亿元，下降6.6%；出口3 134.44亿元，下降0.4%；对东盟进口2 525.88亿元，下降4.4%；出口1 696.06亿元，增长6.3%；对日本进口2 377.44亿元，增长6.8%；出口1 417.74亿元，增长8.3%(见表2-13)。与“一带一路”沿线国家和重要节点城市建立经贸合作伙伴关系，货物贸易额占全市比重达到20.6%。

表2-12　2018年上海市货物进出口总额及其增长速度

指标	绝对值（亿元）	比上年增长（%）
上海市货物进出口总额	**34 009.93**	**5.5**
上海市货物进口总额	**20 343.08**	**6.4**
#国有企业	3 594.03	17.4
外商投资企业	13 070.95	2.7
私营企业	3 527.52	9.6
#一般贸易	11 308.7	7.1
加工贸易	2 261.97	5.5
#机电产品	9 539.76	2.9
#高新技术产品	5 820.95	1.9
上海市货物出口总额	**13 666.85**	**4.2**
#国有企业	1 532.84	-1.0
外商投资企业	8 870.67	1.3
私营企业	3 156.5	16.2
#一般贸易	6 336.06	9.7
加工贸易	5 241.73	-2.2
#机电产品	9 481.19	2.1
#高新技术产品	5 742.22	0.8

表2-13　2018年上海对主要国家和地区货物进、出口总额及其增长速度

国家和地区	出口额（亿元）	比上年增长（%）	进口额（亿元）	比上年增长（%）
美　国	3 134.44	-0.5	1 935.18	-6.6

欧　盟	2 432.99	4.5	4 635.49	3.3
东　盟	1 696.06	6.3	2 525.88	-4.4
日　本	1 417.74	8.3	2 377.44	6.8
中国香港	1 321.17	8.5	112.78	319.4
韩　国	453.78	5.6	1 309.38	4.0
中国台湾	509.90	8.8	1 289.39	6.4
俄罗斯	187.43	15.5	151.71	10.8
"一带一路"沿线国家	3 144.90	6.7	3 848.40	5.5

全年新设外商直接投资项目 5 597 项，比上年增长 41.7%；合同金额 469.37 亿美元，增长 16.8%；全年外商直接投资实际到位金额 173 亿美元，增长 1.7%。全年制造业外商直接投资实际到位金额 17.84 亿美元，增长 1.2 倍，占全市实际利用外资比重为 10.3%；第三产业外商直接投资实际到位金额 154.55 亿美元，下降 4.3%，占比为 89.3%。"一带一路"沿线国家在沪投资合同金额占全市比重达 10.9%。至年末，在上海投资的国家和地区达 182 个，在上海落户的跨国公司地区总部累计达 670 家。其中，亚太区总部 88 家；投资性公司 360 家；外资研发中心 441 家。年内新增跨国公司地区总部 45 家。其中，亚太区总部 18 家；投资性公司 15 家；外资研发中心 15 家。

全年备案和核准对外直接投资项目 792 项，比上年增长 30.3%；对外直接投资中方投资额 168.7 亿美元，增长 57.0%。签订对外承包工程合同金额 119 亿美元，增长 9.6%；实际完成营业额 75.4 亿美元，下降 24.1%；派出人员 8 764 人次，下降 37.0%。对外劳务合作派出人员 9 808 人次，下降 48.2%。

全年举办各类展览会项目 1 032 个，总展出面积 1 879.55 万平方米，比上年增长 6.2%。其中，国际展览会项目 300 个，展出面积 1 415.30 万平方米，增长 6.5%；国内展览会项目 732 个，展出面积 464.25 万平方米，增长 5.3%。

成功举办首届中国国际进口博览会。共有 172 个国家、地区和国际组织参会，3617 家境外企业参展，展览总面积达 30 万平方米。按一年计累计意向成交 578.3 亿美元。

八、中国(上海)自由贸易试验区建设

中国(上海)自由贸易试验区建设五年来，先后推进实施了 1.0 版、2.0 版、3.0 版等三个总体方案，按照"三区一堡"的目标要求，大力推动投资、贸易、金融和事中事后监管等领域的制度创新，着力营造法治化、国际化、便利化的营商环境，以改革促发展、促转型，区域经济发展总量规模稳步提升，区域经济转型发展步伐不断加快。

投资环境逐步优化。市场准入管理新体制初步建立。外商投资负面清单管理制度经过多轮修订完善，负面清单由 190 条缩减到 45 条，90%左右的国民经济行业对外资实现了准入前国民待遇，并且负面清单管理模式已向全国其他自贸试验区和近 400 个国家级开发区复制推广。服务"一带一路"的桥头堡作用逐步发挥。目前，浦东新区企业在新加坡、捷克等 30 个"一带一路"沿线国家投资近 200 个项目，中方投资额达 46.8 亿美元。

贸易服务体系不断完善。目前，上海自贸区保税片区进出境时间较全关水平缩短 78.5%和 31.7%，物流成本平均降低 10%，进出口通关无纸化率达 95.6%。建成上海“国际贸易”单一窗口 3.0 版，覆盖 23 个口岸和贸易监管部门，口岸货物申报和船舶申报 100%通过单一窗口办理，服务企业超过 27 万家，企业申报数据项在船舶申报环节缩减 65%，在货物申报环节缩减 24%，累计为企业节省成本超过 20 亿元。

金融市场体系日益完备。自由贸易账户功能不断拓展，实现本外币一体化管理，成为境外融资、结售汇便利化等许多重要金融改革的基础。截至 12 月底，累计开立 FT 账户 13.6 万个，全年跨境人民币结算总额 25 518.88 亿元，比上年增长 83.9%，占全市 35.3%；跨境双向人民币资金池收支总额 4 826 亿元，增长 1.8 倍。

政务服务更加高效透明。商事登记制度改革持续深化，率先开展企业名称登记改革，推出可选用名称库，推进企业名称全程电子化，80%企业名称通过网络申报，企业名称核准时间提速 40%。“六个双”政府综合监管机制不断完善，已实现全区所有 21 个监管部门和所有 108 个行业领域的全覆盖。

表 2-14　2018 年中国(上海)自由贸易试验区主要经济指标及其增长速度

指 标	单位	绝对值	比上年增长（%）
税收总额	亿元	2 680.20	12.1
一般公共预算收入	亿元	648.16	12.0
外商直接投资实际到位金额	亿美元	67.70	-3.5
全社会固定资产投资总额	亿元	638.07	-6.2
规模以上工业总产值	亿元	4 965.00	-0.7
社会消费品零售额	亿元	1 515.67	1.4
商品销售总额	亿元	40 874.86	7.2
服务业营业收入	亿元	5 723.97	11.8
外贸进出口总额	亿元	14 600.00	4.1
#出口额	亿元	4 542.50	8.3
期末监管类金融机构数	个	887	4.5

九、城市基础设施和房地产

全年城市基础设施建设投资比上年增长 9.3%。其中，公用事业投资增长 51.8%；交通运输投资增长 12.3%；电力建设投资增长 11.6%(见表 2-15)。

表 2-15　2018 年城市基础设施投资及其增长速度

指 标	比上年增长（%）
城市基础设施投资	9.3

电力建设	11.6
交通运输	12.3
邮电通信	-2.0
公用事业	51.8
市政建设	-3.5

至年末，全市公交专用道路达到363.70公里。完成黄浦江两岸20公里岸线、4座跨江大桥景观灯光提升改造。完成116公里架空线入地及合杆整治，拆除有安全隐患、违法违规的广告招牌3.9万块。

全市自来水供水能力为1 250万立方米/日，比上年增加66万立方米/日。全年供水总量为30.55亿立方米，下降1.5%；售水总量为24.35亿立方米，下降0.7%。其中，工业用水量、生活用水量分别为4.33亿立方米、20.02亿立方米，分别比上年下降4.3%和增长0.1%。全年全市用电量1 566.66亿千瓦时，增长2.6%（见表2-16）。至年末，全市家庭液化气用户240万户，比上年下降14.7%；家庭天然气用户699.6万户，增长3.6%。

表2-16　2018年公用事业主要指标及其增长速度

指　标	单 位	绝对值	比上年增长(%)
自来水日供水能力	万立方米	1 250	5.6
自来水供水总量	亿立方米	30.55	-1.5
自来水售水总量	亿立方米	24.35	-0.7
#工业用水	亿立方米	4.33	-4.3
用电量	亿千瓦时	1 566.66	2.6
#城乡居民生活用电	亿千瓦时	243.55	6.5
液化气销售总量	万 吨	30	-13.8
天然气销售总量	亿立方米	85	10.1

全年完成房地产开发投资额比上年增长4.6%。其中，住宅投资增长3.4%；办公楼投资增长7.9%；商业营业用房投资下降8.9%。商品房施工面积14 672.37万平方米，下降4.5%；竣工面积3 115.76万平方米，下降8.0%。商品房销售面积1 767.01万平方米，增长4.5%。其中，住宅销售面积1 333.29万平方米，下降0.6%。全年商品房销售额4 751.5亿元，增长18.0%。其中，住宅销售额3 864.03亿元，增长15.8%。全年存量房买卖登记面积1 547.11万平方米，下降1.1%。

加大租赁房建设力度，新建和转化租赁房源21.2万套，新增代理经租房源14.60万套。全年新增供应各类保障房8万套。完成中心城区二级旧里以下房屋改造42.7万平方米、受益居民2.2万户；完成1 046万平方米旧住房综合改造、受益居民17万户；完成110万平方米里弄房屋修缮保护。

十、城市信息化

全年实现信息产业增加值 3 508.30 亿元，比上年增长 13.7%。其中，信息服务业增加值 2 387.87 亿元，增长 18.5%。

加快部署新型城域物联专网，至年末，神经元感知节点数量超过 35 万。全市千兆光纤用户覆盖总量达 900 万户，比上年末增加 495 万户。家庭光纤用户数达 644 万户，比上年末增加 65 万户。家庭宽带用户平均接入带宽达 139M，固定宽带用户感知速率达 31.86Mbps，移动通信用户感知速率达 25.63Mbps。至年末，第四代移动通信网络(4G)用户数达 3 252 万户，比上年末增加 863 万户。年内完成 5G 百站规模试验网建设，组建上海 5G 创新发展联盟。开展 i-Shanghai 服务优化升级，按新标准新增 600 处场所，累计开通 2 600 处。至年末，城域网出口带宽 1 6092GB，比上年末增加 4 780GB；互联网国际出口带宽 3 565GB,比上年末增加 1 548GB。IPTV 用户数达 397 万户，比上年末增加 80 万户。

健全市公用信用信息服务平台“1+6+N”总体架构，启动二期项目建设，完善信用联合奖惩子系统、政务诚信子平台，输出公共信用产品，加大公共信用信息向社会开放力度。至年末，市信用平台累计对外提供查询 5 473 万次。其中，法人信用信息被查询 2 310 万次；自然人信用信息被查询 3 163 万次。96 家单位确认向市信用平台提供 39 796 项信息事项。其中，涉及法人信息事项 24 798 项，涉及自然人信息事项 14 998 项。平台可查询数据 3.2 亿条。其中，法人数据 1 130 万条；自然人数据 3.09 亿条。

至年末，市信用平台已建 24 个子平台，除市信用平台服务大厅外，已设立 19 家服务窗口。

十一、教育和科学技术

至 2018 学年末，全市共有普通高等学校 64 所，普通中等学校 913 所，普通小学 721 所，特殊教育学校 30 所。普通高等学校在校生数有所增加，毕业生数有所减少，中等专业学校的在校生和毕业生数均有所减少(见表 2-17)。全市共有 49 家机构培养研究生，全年招收全日制研究生 5.27 万人，在校全日制研究生 15.85 万人，毕业全日制研究生 4.31 万人。九年义务教育入学率保持在 99.9%以上，高中阶段新生入学率达 99.4%。

至 2018 学年末，全市共有民办普通高校 19 所，在校学生 11.03 万人；民办普通中学 131 所，在校学生 8.37 万人；民办小学 111 所，在校学生 10.66 万人。全市共有成人中高等学历教育学校 26 所，成人职业技术培训机构 631 所，老年教育机构 290 所。全市共有校外教育机构 23 所。其中，青少年活动中心(含少年宫)19 所,少年科技站 3 所,少年之家 1 所。

表 2-17　2018 学年各级各类学校学生情况及其增长速度

类 别	在校学生数（万人）	比上学年增长（%）	毕业学生数（万人）	比上学年增长（%）
普通高等学校	51.78	0.6	13.25	-1.3
普通中等学校	67.93	2.7	16.56	-3.7

普通中学	59.07	3.5	13.62	-3.5
高 中	15.82	-0.4	5.19	1.2
初 中	43.25	5.1	8.43	-6.2
中等专业学校	5.98	-5.2	2.07	-3.3
职业学校	1.99	0.5	0.61	-12.9
技工学校	0.89	9.9	0.26	0.24
普通小学	80.02	1.9	15.03	5.0
特殊教育学校	0.44	2.3	0.07	-12.5

全年用于研究与试验发展(R&D)经费支出相当于上海市生产总值的比例为4.00%左右(见图2-3)。

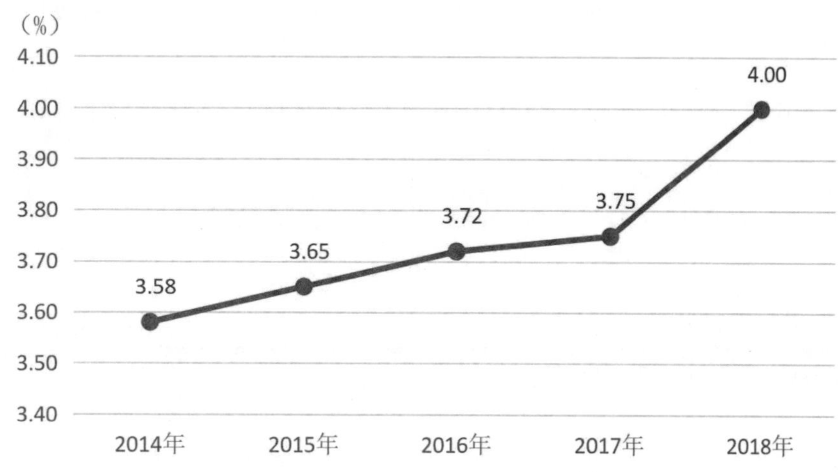

图2-3 2014～2018年R&D经费支出相当于上海市生产总值的比例

全市科技小巨人和科技小巨人培育企业共1 798家，技术先进型服务企业305家(含2018年向国家备案认定技术先进型服务企业12家)。年内共认定高新技术企业3 653家，全市2016至2018年有效期内高新技术企业总数达到9 206家，净增长1 564家。全年共落实高新技术企业减免所得税额160.97亿元，享受企业数3 310家。落实技术先进型企业减免所得税额5.12亿元，享受企业数174家。全年共认定高新技术成果转化项目656项，比上年增长33.1%，认定数量创5年新高。其中，电子信息、生物医药、新材料等重点领域项目占86.3%。至年末，共认定高新技术成果转化项目12 118项。

全年专利申请量150 233件，比上年增长14.0%。其中，发明专利申请62 755件，增长14.9%；实用新型专利申请69 564件，增长14.2%；外观设计专利申请17 914件，增长10.7%。全年专利授权量92 460件，比上年增长27.0%。其中，发明专利授权量21 331件，增长3.1%；实用新型专利授权量55 581件，增长39.2%；外观设计专利授权量15 548件，增长27.6%。全年PCT国际专利申请量2 500件，比上年增长19.1%。至年末，全市有效发明专利达114 966件，比上年末增长14.5%，有效发明专利五年以上维持率为78.6%；每万人口发明专利拥有量达47.5件，比上年增长14.5%。全年经认定登记的各类技术交易合同21 630件，比上年增长0.3%；合同金额1 303.20亿元，增长50.2%。

十二、文化、卫生和体育

年内成功举办第三十五届“上海之春”国际音乐节、第二十届中国上海国际艺术节、第三届上海艾萨克　斯特恩国际小提琴比赛、上海国际电影电视节、第六届市民文化节等重大文化活动。全年市民参与文化活动人数3 255万人次。继续实施新一轮公共文化从业人员“三年万人培训”项目，年内参训1万余人次。历史博物馆、国际乒联博物馆、中国证券博物馆、广富林文化遗址公园、海昌海洋公园等建成开放。至年末，全市有市、区级文化馆、群众艺术馆25个，艺术表演团体329个，市、区级公共图书馆23个，档案馆49个，博物馆131个。全市共有公共广播节目22套，公共电视节目25套。至年末，全市共有有线电视用户804万户，有线数字电视用户736万户。全年生产电视剧51部，共2 190集；动画电视8 388分钟。全年共出版报纸8.17亿份、各类期刊0.85亿册、图书4.80亿册；摄制完成86部影片。

至年末，全市共有医疗卫生机构5 298所，卫生技术人员20.65万人(见表2-18)。全年全市医疗机构共完成诊疗人次2.76亿人次；上海地区婴儿死亡率3.52‰；孕产妇死亡率1.15/10万,其中，户籍人口孕产妇死亡率1.10/10万；全市常住人口出生性别比为107。

表2-18　2018年卫生机构基本情况

指 标	单 位	绝对值
卫生机构数	**所**	**5 298**
#医院	所	364
门诊部	所	917
社区卫生服务中心	所	246
疾病预防控制中心	所	19
卫生监督所	所	17
卫生技术人员数	**万人**	**20.65**
#执业（助理）医生	万人	7.49
#医院执业（助理）医生	万人	4.71
注册护士	万人	9.35

注：卫生机构数中含医疗卫生机构的分支机构。

继续推进家庭医生“1+1+1”签约服务，至年末，签约居民666.30万人，常住居民签约率为30%。其中，60岁以上老年人签约373.59万人，重点人群签约377.03万人。签约医疗机构组合内就诊率70.58%，签约社区就诊率46.51%。

全年向7.25万计划生育特殊对象发放特别扶助金5.66亿元，27.68万人领取了农村计划生育家庭奖励扶助金 4.3 亿元。21.83 万人领取了年老退休时一次性计划生育奖励费，共计 11.19 亿元。继续推进“60 岁以上老人接种肺炎疫苗”项目，累计接种 142 万余剂次。持续推进第三轮社区大肠癌筛查工作，截至年底，完成初筛 571 638 人，初筛阳性 121 417 例，初筛阳性率 21.2%。

持续推进儿科医疗联合体建设，年内新增 62 家签约医疗机构。至年末，全市提供儿科诊疗服务的医疗机构增加到 234 家。儿科联合体五家牵头医院普通儿内科门诊量比 2017 年下降。加快 28 家综合医院儿科示范门急诊建设。全年累计抢救危重孕产妇 657 例、危重新生儿 4 352 例，抢救成功率分别为 99.7%和 87.4%。

年内新增社区综合为老服务中心 80 家、老年人日间服务中心 81 家、养老床位 7 103 张、完成 1 194 张失智老人照护床位、44 家农村薄弱养老机构改造。继续推进“新建医疗急救分站”市政府实事项目，新建“7 个医疗急救分站”，全市急救分站合计 164 个，平均服务半径缩短为 3.5 公里，急救平均反应时间缩短至 14 分钟。在全国率先开通“962 120”热线，开展非急救转运业务，试运营以来共服务近 5 万人次。全年招录全科住院医师规范化培训 400 人(含中医全科 48 人)，为历年之最；通过住院医师规范化培训合格的全科医生 249 人(含中医全科 55 人)，其中 231 人到本市基层就业。

年内成功举办国际国内重大赛事 175 次。成功举办 F1 中国大奖赛、ATP1000 网球大师赛、环球马术冠军赛、上海国际马拉松赛等品牌赛事。上海城市业余联赛共开展赛事活动 6 186 个，参与市民近 250 万人次。成功举办上海市第十六届运动会，共有约 220 万人次参与。共有 76 名上海体育健儿在雅加达亚运会上共获得 19 人次金牌。年内全市共新建 89 条市民健身步道、新建改建 72 片市民球场、342 个市民益智健身苑点。

十三、人口和就业

至年末，全市常住人口总数为 2 423.78 万人。其中，户籍常住人口 1 447.57 万人,外来常住人口 976.21 万人。全年常住人口出生 17.4 万人，出生率为 7.2‰；死亡 13 万人，死亡率为 5.4‰；常住人口自然增长率为 1.8‰。全年户籍常住人口出生 9.6 万人，出生率为 6.6‰；死亡 12.2 万人，死亡率为 8.4‰；户籍常住人口自然增长率为-1.8‰。

全市户籍人口平均期望寿命达到 83.63 岁。其中，男性 81.25 岁，女性 86.08 岁。

全年新增就业岗位 58.17 万个(其中战略性新兴产业 19.37 万个)(见图 2-4)。全年新安置就业困难人员 49 280 人，新消除零就业家庭 372 户。全年帮扶引领成功创业 11 583 人，其中，青年大学生 7 029 人；帮助 8 777 名长期失业青年实现就业创业。全年共完成职业培训 105.83 万人。其中，农民工职业培训 46.26 万人。高技能人才占技能劳动者比例达到 33.03%。至年末，全市城镇登记失业人员 19.41 万人，城镇登记失业率为 3.57%。

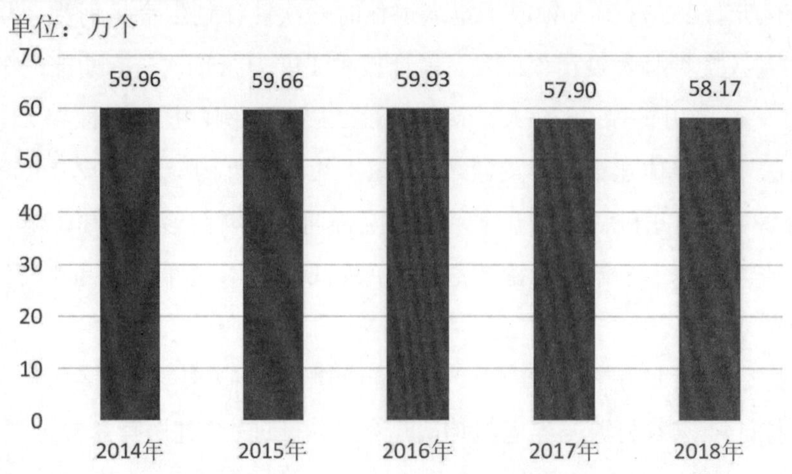

图 2-4 2014～2018 年新增就业岗位情况

十四、人民生活和社会保障

据抽样调查，全年全市居民人均可支配收入 64 183 元，比上年增长 8.8%，扣除价格因素，实际增长 7.1%。其中，城镇常住居民人均可支配收入 68 034 元，增长 8.7%，扣除价格因素，实际增长 7.0%；农村常住居民人均可支配收入 30 375 元，增长 9.2%，扣除价格因素，实际增长 7.5%。全市居民人均消费支出 43 351 元，比上年增长 8.9%。其中，城镇常住居民人均消费支出 46 015 元，增长 8.8%；农村常住居民人均消费支出 19 965 元，增长 10.4%。

至年末，全市共有 1 573.37 万人(包括离退休人员)参加城镇职工基本养老保险，有 78.70 万人参加城乡居民基本养老保险。最低生活保障标准从上年的每人每月 970 元提高到 1 070 元，增长 10.3%。月最低工资标准从 2 300 元提高到 2 420 元，小时最低工资标准从 20 元提高到 21 元。

至年末，全市共有 1 524.82 万人(包括离退休人员)参加职工基本医疗保险，有 342.76 万人参加城乡居民基本医疗保险。

至年末，全市民政部门共有各类提供住宿的收养性社会服务机构 830 个，床位 15.08 万张。其中，养老机构 712 家，床位 14.41 万张。在全市养老机构中，由社会投资开办的 352 家，床位 6.31 万张。全市建有社区老年人日间服务中心 641 家，社区老年人助餐服务点 815 家。

全年各级政府支出城镇居民最低生活保障金 18.23 亿元，农村居民最低生活保障金 3.04 亿元，特困供养金 0.66 亿元，粮油帮困 0.83 亿元，医疗救助金 4.58 亿元。

十五、环境保护

全年全社会用于环境保护的资金投入 989.19 亿元，相当于上海市生产总值的比例为 3%左右。

全年环境空气质量(AQI)优良率为 81.1%，比上年上升 5.8 个百分点。二氧化硫年日均值 10 微克/立方米，比上年下降 16.7%；可吸入颗粒物(PM10)年日均值 51 微克/立方米，下降 7.3%；细颗粒物(PM2.5)年日均值 36 微克/立方米，下降 7.7%；二氧化氮年日均值 42 微克/立方米，下降 4.5%；一氧化碳年日均值 0.67 毫克/立方米，下降 11.8%；臭氧日最大 8 小时滑动平均值达标率 90.1%，上升 4.6 个百分点。

至年末，城市污水处理厂日处理能力达817.7万立方米，比上年末下降1.0%，城镇污水处理率达到94.7%。全市生活垃圾末端处理能力达28 650吨/日，其中，焚烧13 300吨/日。全年清运生活垃圾984.31万吨，生活垃圾无害化处理率达100%。大力推进生活垃圾全程分类，建成再生资源回收点3 374个，开工建设15个垃圾资源化利用设施。

全年完成新建绿地1 307公顷，新建林地7.55万亩，新建城市绿道224公里，新建立体绿化40万平方米，启动建设市级重点生态廊道17条(片)。全市森林覆盖率达16.9%。至年末，人均公园绿地面积达到8.2平方米，湿地保有量46.46万公顷。继续推进崇明世界级生态岛建设，成功申办第十届中国花卉博览会。

十六、生产安全和食品药品安全

全年共发生生产安全事故503起、死亡485人，分别比上年上升12.3%和11.2%。其中，工矿商贸事故250起，死亡220人，分别上升23.8%和14.6%；生产经营性道路交通事故224起，死亡219人，分别与上年持平和上升1.0%；生产经营性火灾事故13起，死亡10人，分别上升85.7%和25.0%；水上交通事故10起、死亡34人，分别下降9.1%和上升161.5%；铁路事故2起、死亡1人；农业机械事故1起(无死亡)；渔业船舶事故3起，死亡1人。全年亿元生产总值生产安全事故死亡人数为0.014人，工矿商贸企业从业人员10万人死亡率为1.653/10万，道路交通事故万车死亡率为1.5人/万车。

全市食品安全风险监测总体合格率为97.8%，同比提高0.3个百分点。全年共报告发生10人以上集体性食物中毒2起，中毒人数43人(无死亡)，中毒发生率为0.18例/10万人。全年共立案查处食品药品安全违法案件8 292件，罚没金额逾1.91亿元；移送食品药品涉嫌犯罪案件127起，侦破食品药品犯罪案件310起，抓获犯罪嫌疑人603人。促进食品安全社会共治，受理并办理市民食品安全投诉、举报、咨询信息12.28万件。

上海市统计局
国家统计局上海调查总队
2019年3月1日

说明：

1.本公报数据为初步统计数。

2.上海市生产总值、各产业增加值和总产值绝对数按当年价格计算，增长速度按可比价格计算。2018年上海市生产总值数据执行国家统计局2012年制定的《三次产业划分规定》。

3.公有制经济增加值按国有经济、集体经济以及国有或集体控股的混合所有制经济口径计算。

4.战略性新兴产业包含工业战略性新兴产业和服务业战略性新兴产业两个部分，是本市根据国家制定的战略性新兴产品目录进行的行业划分。其中，工业战略性新兴产业增加值和总产值均为规模以上口径。

5.城市商业综合体是指以区域为中心、以购物中心为主导，融合了商业零售、餐饮、休闲养生、娱乐、文化、教育等多项城市主要功能活动，面向各类消费人群，提供综合性服务的大型建筑综合体。城市商业综合体(购物中心)需同时满足以下条件：(1)由企业有计划地管理运营，有统一的名称，如XX中心、XX广场、XX城等；(2)涵盖超市、百货店、专业店、专卖店等商品零售业态，以及餐饮、文化、娱乐、健身、游艺、培训等两项及以上主要服务业态；(3)营业面积一般不少于1万平方米、独立开展经营活动的商户一般不少于50个。

6.电信业务总量按2015年不变价格计算。

7.旅游产业和信息产业的增加值是依据若干行业的有关资料进行跨行业核算的，不能将其与上海市生产总值中其他行业的增加值进行简单加总，否则会造成重复计算。

8.银行间市场成交额包括银行间本币市场和外汇市场成交额。自2017年起，各市场成交额按单边计算(2016年公报中上海黄金交易所成交额按双边计算，为17.44万亿元)。

9.学年是指教育年度，即从第一年的9月1日(学年初)至第二年的8月31日(学年末)。

10.2012年四季度，国家统计局实施了城乡一体化住户调查改革，统一了城乡居民收入名称、分类和统计标准，在上海选取6 000宅(户)城乡居民家庭，直接开展调查。2015年起，发布城乡可比的新口径全市居民人均可支配收入以及城乡常住居民人均可支配收入。

11.环境空气质量优良率(AQI)是国家发布的新环境空气质量评价标准。AQI监测体系包括二氧化硫、二氧化氮、可吸入颗粒物(PM10)、细颗粒物(PM2.5)、一氧化碳和臭氧六项污染物指标。

数据来源：

本公报中新设企业数据来自上海市市场监督管理局；财政数据来自上海市财政局；农业企业和农产品认证、设施粮田、市级蔬菜标准园、龙头企业、农民专业合作社和家庭农场数据来自上海市农业农村委员会；邮政数据来自上海市邮政公司和上海市邮政管理局；星级宾馆、旅行社、A级旅游景点、红色旅游基地、接待国内外游客和旅游收入、文化活动、公共图书馆、文化馆、博物馆、艺术表演团体、广播电视电影数据来自上海市文化和旅游局；存贷款数据来自中国人民银行上海总部；证券数据来自上海证券交易所；期货数据来自上海期货交易所；金融期货数据来自上海金融期货交易所；银行间市场数据来自中国外汇交易中心暨全国银行间同业拆借市场；黄金数据来自上海黄金交易所；保险数据来自中国保险监督管理委员会上海监管局；货物进出口数据来自上海海关；电子商务、城市商业综合体、外商直接投资、跨国公司、对外直接投资、国际经济合作、对外承包工程、派遣劳务和展览会数据来自上海市商务委员会；中国(上海)自由贸易区数据来自浦东新区统计局；航运、轨道交通、民用汽车数据来自上海市交通委员会；黄浦江两岸岸线、商品房开发、销售、存量房交易、规范房地产市场、居民居住、旧区改造、燃气数据来自市住房和城乡建设管理委员会；自来水数据来自上海市水务局；城市信息化数据来自上海市经济和信息化委员会；教育数据来自上海市教育委员会；科技数据来自上海市科学技术委员会；档案馆数据来自上海市档案局；出版数据来自上海市新闻出版局；医疗卫生数据来自上海市卫生和健康委员会；体育数据来自上海市体育局；就业、养老保险、最低工资数据来自上海市人力资源和社会保障局；医疗保险数据来自上海市医疗保障局；收养性社会服务机构、养老机构、低保数据来自上海市民政局；环保投入、空气质量、城市污水处理数据来自上海市生态环境局；城市绿化建设、市容管理、生活垃圾处理数据来自上海市绿化和市容管理局；生产安全和食品药品安全数据来自上海市应急管理局和上海市市场监督管理局；其他数据来自上海市统计局、国家统计局上海调查总队。

第二篇　环境

第一章 政策制度环境

第一节 房地产市场政策制度环境

2018年，全国房地产政策在“房子是用来住的，不是用来炒的”基调下继续构建长短结合的制度体系。中央层面，注重深化基础性关键制度改革，强化金融监管和风险防控，加快住房租赁体系建设，保障居民合理自住需求；地方层面，深入推进住房制度改革，优化住房和土地供应结构，完善居民基本住房制度体系，加快建立健全长效机制。全年“限购、限售、限贷、限价、限商”贯穿始终，年底个别城市出现了“松动”的迹象。根据统计，截至12月中旬，全国一共出台的地产调控政策合计高达444次，是历年发布房地产调控政策次数最多的一年。在楼市政策严格执行的背景下，全国大部分地区已经基本结束了增长势头。前三季度，中央层面坚持调控目标不动摇、力度不松劲：3月，两会重申“房住不炒”；7月，政治局会议提出“坚决遏制房价上涨”；8月，住建部要求地方政府落实稳地价、稳房价、稳预期的主体责任。在这个大背景下，各地根据自身情况，实行“因城施策”的差别化调控，四限政策持续发力，过去没有调控的城市也陆续加入，调控范围逐渐由一二线向三四线城市扩容，多省市全面整治市场秩序。货币政策方面，2018年继续实施稳健的货币政策，央行采取了一系列逆周期措施，通过四次降准，增量开展中期借贷便利（MLF）等方式提供了充裕的中长期流动性。

上海认真贯彻国家“因城施策”的房地产调控要求，加快建立多主体供应、多渠道保障、租购并举的住房制度，坚持“房子是用来住的、不是用来炒的”定位，坚持“两个不是权宜之计”不动摇，因地制宜，精准施策，保持房地产调控政策的连续性和稳定性，确保本市房地产市场平稳健康发展，针对上海房地产市场的具体情况，加强了对企业购房、销售秩序和住房租赁市场的调控力度。7月2日，出台“企业购买商品住房新规”，规范了企业购房行为；9月10日，出台“房地产市场秩序专项整治规定”，规范房地产市场行为；10月6日，出台“规范本市代理经租企业及个人‘租金贷’相关业务规定”，规范“租金贷”相关业务。

一、土地政策制度

土地政策制度一般是指：中央或地方政府、行政机构，为调整土地关系（包括人地关系与人与人之间的利益关系），实现土地的合理利用及其所代表的社会阶级集团的经济利益而制定的行为准则。

2018年，新的自然资源部成立，中央在原国土资源部、海洋局、测绘地信局、地质调查局、林草局等基础上，根据“两统一”职责，将第一个“统一”设计为自然资源调查监测、自然资源确权登记、自然资源所有者权益和自然资源开发利用4个关键环节；将第二个“统一”设计为国土空间规划、国土空间用途管制和国土空间生态修复3个关键环节，设立了一批部委历史上没有过的新的司局，履行新的职责任务。新的自然资源部按照中央深改委的统一部署，认真听取各方面意见，深入调查研究，牵头起草了《关于建立国土空间规划体系并监督实施的若干意见》《关于统筹推进自然资源资产产权制度改革的指导意见》《关于建立以国家公园为主体的自然保护地体系指导意见》等。同时，也启动开展了全国围填海现状调查等基础性工作和第三次全国国土调查等重要工作。新成立的自然资源部努力把习近平总书记强调的“节约优先、保护优先、自然恢复为主”的方针转化成有效工作机制。在严控围填海的问题上，除国家重大战略项目外，停止一般性的新增围填海项目审批，因为有存量可以用；积极稳妥处理历史遗留问题，最大限度地减少围填海对海洋动力系统、海洋生物多样性等带来的影响。具体政策详见下表（见表 3-1）。

表 3-1　2018 年国家土地方面的主要政策制度

土地政策制度	颁布日期	颁布机构
关于印发《土地储备资金财务管理办法》的通知	2018～01～17	财政部、原国土资源部
国土资源部关于全面实行永久基本农田特殊保护的通知	2018～03～23	原国土资源部
国土资源部办公厅关于印发《国有建设用地使用权出让地价评估技术规范》的通知	2018～03～09	原国土资源部办公厅
国务院关于积极有效利用外资推动经济高质量发展若干措施的通知	2018～06～10	国务院
自然资源部关于健全建设用地“增存挂钩”机制的通知	2018～06～25	自然资源部
国务院关于加强滨海湿地保护严格管控围填海的通知	2018～07～14	国务院
自然资源部关于实施跨省域补充耕地国家统筹有关问题的通知	2018～07～26	自然资源部
自然资源部关于做好占用永久基本农田重大建设项目用地预审的通知	2018～07～30	自然资源部
自然资源部关于印发《城乡建设用地增减挂钩节余指标跨省域调剂实施办法》的通知	2018～08～08	自然资源部

2018 年，上海对标卓越全球城市，严守建设用地总量，加强空间布局引导，优化用地结构，聚焦规划土地政策，合理提高土地开发强度，进一步加强土地全生命周期管理，提升单位土地的经济密度和产出水平，打造高质量的发展空间。着力向存量要空间，推动城市有机更新，拓宽存量土地盘活路径，实施低效用地治理和退出，加大建设用地减量化力度，引导土地资源合理流动和高效配置。在守牢城市安全和空间品质的前提下，创新规划政策供给，深化土地供给侧改革，优化规划土地领域营商环境。统筹整体和局部、当前和长远，创新利益共享机制，调动各方积极性，推动高质量利用土地。在严格的政策管控下，上海土地市场“地王”频出的现象已成为历史，宅地零溢价成交几乎成为“标配”。上海共出让了 34 幅（含）宅地，无宅地流拍，除了 3 幅宅地外，其余 31 幅均为零溢价成交。上海市最近五年来相关的土地政策制度根据时间顺序可归纳为(见表 3-2)。

表 3-2 上海市现行的主要土地政策制度

土地政策制度	颁布日期	颁布机构
上海市人民政府关于印发本市全面推进土地资源高质量利用若干意见的通知	2018～11～15	上海市人民政府
上海市人民政府办公厅转发市规划国土资源局关于推进本市乡村振兴做好规划土地管理工作实施意见（试行）的通知	2018～11～01	上海市人民政府办公厅
关于印发《上海市国土资源违法案件查处办法》的通知	2018～08～31	上海市规划和国土资源管理局
关于印发《上海市土地违法案件查处现场勘测工作规定》的通知	2018～08～31	上海市规划和国土资源管理局
关于优化本市营商环境进一步完善土地出让前征询工作的通知	2018～04～27	上海市规划和国土资源管理局
上海市社会投资项目审批改革工作领导小组关于印发《进一步深化本市社会投资项目竣工验收改革实施办法》的通知	2018～03～19	上海市社会投资项目审批改革工作领导小组
关于印发《在签订〈国有土地使用权出让合同〉时同步领取〈建设用地规划许可证〉的操作办法》的通知	2018～03～01	上海市规划和国土资源管理局
上海市人民政府办公厅转发市水务局（市海洋局）等四部门关于本市滩涂有偿使用若干意见的通知	2018～01～03	上海市人民政府办公厅
关于支持本市休闲农业和乡村旅游产业发展的规划土地政策实施意见	2017～11～29	上海市规划和国土资源管理局
上海市城市更新规划土地实施细则	2017～11～17	上海市规划和国土资源管理局
关于加快培育和发展本市住房租赁市场的规划土地管理细则（试行）	2017～11～01	上海市规划和国土资源管理局
关于贯彻实施《上海市征收集体土地房屋补偿暂行规定》的若干意见的通知	2017～07～29	上海市规划和国土资源管理局
上海市征地房屋补偿争议协调和处理试行办法	2017～09～29	上海市住房和城乡建设管理委员会、上海市物价局
上海市土地调查实施办法	2017～06～29	上海市规划和国土资源管理局
关于加强本市经营性用地出让管理的若干规定	2017～03～31	上海市规划和国土资源管理局
关于全面开展 2017 年违法用地综合整治行动的通知	2016～12～29	上海市规划和国土资源管理局
国土资源部关于修改《建设项目用地预审管理办法》的决定	2016～11～29	国土资源部
市政府批转市国资委等七部门关于推进市属国有企业改制重组和清理调整中划拨土地使用权处置意见的通知	2016～08～01	上海市人民政府
关于进一步完善设施农用地管理支持设施农业健康发展的通知	2016～04～01	上海市规划和国土资源管理局、上海市农业委员会、上海市林业局
上海市人民政府办公厅转发市规划国土资源局制订的《关于加强本市工业用地出让管理的若干规定》的通知	2016～03～30	上海市人民政府办公厅
上海市人民政府办公厅转发市规划国土资源局制订的《关于本市盘活存量工业用地的实施办法》的通知	2016～03～30	上海市人民政府办公厅

上海市市级土地整治项目和资金管理办法	2015～11～30	上海市规划和国土资源管理局
上海市土地交易市场监督管理办	2015～11～23	上海市规划和国土资源管理局
上海市国有建设用地使用权出让预申请管理办法	2015～11～23	上海市规划和国土资源管理局
上海市征地房屋补偿争议协调和处理试行办法	2015～09～30	上海市规划和国土资源管理局
关于遏制“投机种植”牟取法外高额征地补偿问题的若干意见	2015～06～01	上海市规划和国土资源管理局
上海市国有建设用地土地核验管理规定	2015～05～07	上海市规划和国土资源管理局
上海市农用地转用、土地征收、使用集体土地和土地供应报批程序	2015～04～30	上海市规划和国土资源管理局
关于国有建设用地使用权招标拍卖挂牌出让投标竞买保证金专户管理有关问题的通知	2015～04～29	上海市规划和国土资源管理局
上海市外商投资企业土地使用管理办法实施中若干问题的说明与规定	2015～04～29	上海市规划和国土资源管理局
上海市房屋立面改造工程规划管理规定	2014～12～17	上海市规划和国土资源管理局
上海市征收集体土地房屋补偿评估管理规定	2014～05～05	上海市规划和国土资源管理局

二、房地产税费政策

房地产税费政策是调节房地产各经济利益主体经济利益的主要手段，主要包括房地产各阶段需要发生的各种税收及费用。

2018 年，为进一步完善房产税制度，建立房地产调控长效机制，从根本上解决房地产结构性等长期问题，国家正加快推进房地产税相关政策举措。12 月 22 日，国务院发布《个人所得税专项附加扣除暂行办法》，明确纳税人本人或者配偶单独或者共同使用商业银行或者住房公积金个人住房贷款为本人或者其配偶购买中国境内住房，发生的首套住房贷款利息支出，在实际发生贷款利息的年度——允许进行住房贷款利息抵扣。为了合理利用土地资源，加强土地管理，保护耕地，第十三届全国人民代表大会常务委员会通过《中华人民共和国耕地占用税法》。详见下表（见表 3-3）。

表 3-3 国家房地产税费方面的主要政策制度

房地产税费政策制度	颁布日期	颁布机构
中华人民共和国耕地占用税法	2018～12～29	第十三届全国人民代表大会常务委员会
个人所得税专项附加扣除暂行办法	2018～12～22	国务院
关于易地扶贫搬迁税收优惠政策的通知	2018～11～29	财政部、国家税务总局
关于去产能和调结构房产税 城镇土地使用税政策的通知	2018～09～30	财政部、国家税务总局
关于继续实施企业改制重组有关土地增值税政策的通知	2018～05～16	财政部 税务总局

2018 年，上海市为进一步完善房产税制度，严格落实国家税费政策，合理调节居民收入分配，正确引导住房消费，有效配置房地产资源，推进税费改革。上海市最近五年来相关的房地产税费政策制度根据时间顺序可归纳为（见表 3-4）。

表 3-4 上海市现行的有关房地产税费政策方面的相关政策制度

房地产税费政策制度	颁布日期	颁布机构
关于转发《财政部 税务总局关于去产能和调结构房产税城镇土地使用税政策的通知》的通知	2018～12～11	上海市财政局 国家税务总局上海市税务局
关于《上海市人民政府关于印发<上海市开展对部分个人住房征收房产税试点的暂行办法>的通知》继续有效的通知	2018～11～28	上海市人民政府
关于转发《财政部 国家税务总局关于大型客机和大型客机发动机整机设计制造企业房产税城镇土地使用税政策的通知》的通知	2017～03～15	上海市财政局、上海市地方税务局
关于印发《上海市开展对部分个人住房征收房产税试点的暂行办法》的通知	2017～01～03	上海市人民政府
关于转发《财政部 国家税务总局和住房城乡建设部关于调整房地产交易环节契税 营业税优惠政策的通知》的通知	2016～03～17	上海市财政局 上海市地方税务局 上海市住房和城乡建设管理委员会
关于调整个人住房转让营业税政策的通知	2015～03～30	上海市财政局、上海市地方税务局
关于调整本市普通住房标准的通知	2014～11～13	上海市住房保障和房屋管理局、上海市财政局、上海市地方税务局

三、开发政策制度

房地产开发是相当复杂的管理过程，涉及规划、计划、建筑等方面的各种管理政策制度。

2018 年，国家继续促进建立房地产市场平稳健康发展长效机制，因城施策，紧紧把握“房子是用来住的、不是用来炒的”的定位，引导投资行为向长期租赁、住宅和人才公寓方向发展。中央和地方持续推进租赁住房、政策性住房建设。租赁住房方面，国土部和住建部联合发函同意沈阳、南京、杭州、合肥、厦门、郑州、武汉、广州、佛山、肇庆、成都等 11 个城市利用集体建设用地建设租赁住房试点实施方案后，各地持续发力集体建设用地建设租赁住房。北京、上海、深圳、广州、南京、重庆、成都、杭州、厦门、合肥、郑州、武汉、佛山等城市相继加大了租赁住房供应力度。在政策性支持住房方面，北京提出将限价房中可售住房销售限价与评估价比值不高于 85%的，收购转化为共有产权住房，从供给端增加共有产权住房的规模；深圳着力构建长周期住房供应体系，明确商品房、人才住房和安居型商品房、租赁住房比例分别为 40%、40%、20%。部分城市房地产市场出现过热苗头，投机炒作有所抬头，住房城乡建设部发布《住房城乡建设部关于进一步做好房地产市场调控工作有关问题的通知》，坚持调控政策的连续性稳定性，认真落实稳房价、控租金，降杠杆、防风险，调结构、稳预期的目标任务，支持刚性居住需求，坚决遏制投机炒房，因地制宜，精准施策，确保房地产市场平稳健康发展。（见表 3-5）。

表 3-5　近五年国家房地产开发方面的主要政策制度

房地产开发政策制度	颁布日期	颁布机构
住房城乡建设部关于进一步做好房地产市场调控工作有关问题的通知	2018～05～19	住房城乡建设部
关于进一步引导和规范境外投资方向的指导意见	2017～08～18	国家发展改革委、商务部、人民银行、外交部
利用集体建设用地建设租赁住房试点方案	2017～08～28	国土资源部、住房城乡建设部
关于规范推进特色小镇和特色小城镇建设的若干意见	2017～12～04	国家发展改革委、国土资源部、环境保护部、住房城乡建设部
国务院关于深入推进新型城镇化建设的若干意见	2016～02～06	国务院
国务院办公厅关于加快培育和发展住房租赁市场的若干意见	2016～06～03	国务院办公厅
关于优化 2015 年住房及用地供应结构促进房地产市场平稳健康发展的通知	2015～03～25	国土资源部、住房城乡建设部
国家新型城镇化规划（2014～2020 年）	2014～03～16	国务院

2018 年，上海响应中央房地产政策部署，加强对房地产的调控，大幅增加住房土地供应规模，增加政策性支持住房及租赁住宅的土地供应。印发修订以后的《上海市新建住宅交付使用许可规定实施细则》，进一步加强住宅交付使用的管理。最近 5 年来上海市相关的房地产开发政策制度根据时间顺序可归纳为（见表 3-6）。

表 3-6　上海市现行的有关房地产开发方面的相关政策制度

房地产开发政策制度	颁布时间	颁布机构
关于延长《关于印发（上海市政府投资房屋建筑、市政基础设施和公路工程建设项目检测收费管理规定）的通知》	2018～03～05	上海市住房和城乡建设管委员会
关于印发《上海市普通地下室使用备案 管理实施细则》的通知	2018～06～27	上海市住房和城乡建设管委员会
关于印发《上海市住宅工程质量分户验收管理办法》的通知	2018～07～04	上海市住房和城乡建设管委员会
关于印发修订后的《上海市新建住宅交付使用许可规定实施细则》的通知	2018～07～11	上海市房屋管理局
关于开展商业办公项目清理整顿工作的意见	2017～05～17	上海市住房和城乡建设管委员会

坚决稳妥推进商业办公项目清理整顿工作，依法督促开发商整改，切实维护购房人权益	2017～06～12	上海市住房和城乡建设管委员会
上海市住房发展“十三五”规划	2017～07～06	上海市人民政府
关于加强商品住宅及其附属地下车库(位)等设施销售监管的通知》	2017～07～21	上海市住房和城乡建设管委员会、上海市物价局
上海市共有产权保障住房管理办法	2016～03～16	上海市人民政府
市住房城乡建设管理委、市规划国土资源局关于进一步加强本市房地产市场监管促进房地产市场平稳健康发展的意见	2016～10～08	上海市住房和城乡建设管委员会、上海市规划和国土资源管理局
市物价局等关于开展上海市商品房销售明码标价专项检查的通知	2016～11～14	上海市物价局、上海市住房和城乡建设管理委员会
上海市人民政府关于印发《上海市城乡建设和管理“十三五”规划》的通知	2016～10～17	上海市人民政府
海市人民政府关于《上海市人民政府关于印发<上海市开展对部分个人住房征收房产税试点的暂行办法>的通知》继续有效的通知	2014～12～11	上海市人民政府
关于调整本市普通住房标准的通知	2014～11～13	上海市住房保障和房屋管理局 、上海市规划和国土资源管理局、上海市财政局、上海市地方税务局

四、拆迁与租赁政策制度

拆迁与租赁政策制度主要涉及房屋拆迁的管理、租赁管理、廉租房相关政策。

2018 年，中央继续大力发展房屋租赁市场。4 月 25 日，中国证监会、住房城乡建设部在总结前期工作的基础上联合印发《关于推进住房租赁资产证券化相关工作的通知》，将重点支持住房租赁企业发行以其持有不动产物业作为底层资产的权益类资产证券化产品，推动多类型具有债权性质的资产证券化产品，试点发行房地产投资信托基金（ＲＥＩＴｓ），并对开展住房租赁资产证券化的基本条件、政策优先支持领域、资产证券化开展程序以及资产价值评估方法等予以明确。这是住房租赁资产证券化领域的首份政策落地文件。随着资产证券化的落地，进一步助推住房租赁市场快速发展（见表 3-7）。

表 3-7　2018 年国家有关房屋拆迁与租赁方面的主要政策制度

拆迁与租赁政策制度	颁布时间	颁布机构
关于推进住房租赁资产证券化相关工作的通知	2018～04～24	中国证券监督管理委员会、住房和城乡建设部

2018 年，为贯彻《上海市住房发展“十三五”规划》，促进上海市代理经租企业规范经营，切实防范个人“租金贷”及相关业务风险，确保住房租赁市场健康发展，上海市多部门联合出台《关于加快培育和发展本市住房租赁市场的实施意见》，共推出 10 条具体监管举措，明确了开展个人“租金贷”业务条件、代理经租企业须提示风险、加强风险管理、银行业金融机构的主体责任、建立并严格

执行面谈制度等要求（见表 3-8）。

表 3-8 上海市现行的有关房屋拆迁与租赁的相关政策制度

拆迁与租赁政策制度	颁布时间	颁布机构
关于进一步规范本市代理经租企业及个人“租金贷”相关业务的通知	2018～09～29	上海市住房城乡建设管理委，市房屋管理局，市金融办，人民银行上海分行，上海银监局
关于公共租赁住房租赁总年限期满退出相关政策口径的通知	2018～03～16	上海市房屋管理局
关于印发《上海市旧住房拆除重建项目实施管理办法》的通知	2018～01～10	上海市房屋管理局
关于调整本市廉租住房部分政策标准的通知	2017～12～20	上海市人民政府
关于坚持留改拆并举深化城市有机更新进一步改善市民群众居住条件的若干意见	2017～11～28	上海市人民政府
关于明确本市自持租赁住房建设规范和相关管理要求的通知	2017～11～01	市住房城乡建设管理委、市规划国土资源局、市房屋管理局
关于加快培育和发展本市住房租赁市场的实施意见	2017～09～15	上海市人民政府办公厅
上海市廉租住房申请审核实施细则	2016～12～16	上海市住房保障和房屋管理局、上海市民政局
上海市廉租住房保障家庭复核管理试行办法	2016～12～16	上海市住房保障和房屋管理局
上海市公共租赁住房房地产登记技术规定	2015～01～08	上海市住房保障和房屋管理局 上海市规划和国土资源管理局
关于房管系统集中开展打非治违专项行动的通知	2014～08～22	上海市住房保障和房屋管理局

五、交易政策制度

房地产交易政策制度主要有以下两个部分：房地产登记制度与政策及房地产销售管理政策制度。

2018 年，中央进一步整顿和规范房地产市场秩序，健全房地产市场监管机制，切实维护人民群众合法权益，针对房地产市场乱象，通过部门联合执法，重点打击房地产交易中的投机炒房行为和房地产“黑中介”，治理房地产开发企业违法违规行为和虚假房地产广告，出台《关于在部分城市先行开展打击侵害群众利益违法违规行为治理房地产市场乱象专项行动的通知》（见表 3-9）。

表 3-9 最近五年国家房地产交易方面的主要政策制度

房地产交易政策制度	颁布日期	颁布机构
关于在部分城市先行开展打击侵害群众利益违法违规行为治理房地产市场乱象专项行动的通知	2018～06～25	中华人民共和国住房和城乡建设部、中国共产党中央委员会宣传部、中华人民共和国公安部、中华人民共和国司法部、国家税务总局、国家市场监督管理总局、中国银行保险监督管理委员会

关于对房地产领域相关失信责任主体实施联合惩戒的合作备忘录	2017～06～23	国家发展改革委、人民银行、住房城乡建设部、中央组织部、中央宣传部、国土资源部等 31 部
关于房屋交易与不动产登记衔接有关问题的通知	2017～09～11	国土资源部、住房城乡建设部
关于开展商品房销售价格行为联合检查的通知	2017～10～25	国家发展改革委、住房城乡建设部
关于加强房地产中介管理促进行业健康发展的意见	2016～08～16	住房城乡建设部、国家发改委、工业和信息化部、人民银行、税务总局、工商总局、银监会
建立和实施不动产统一登记制度专项督查方案	2016～06～14	国土资源部
不动产登记暂行条例实施细则	2016～01～20	国土资源部
关于规范房地产市场外资准入和管理的意见	2015～08～19	中华人民共和国住房和城乡建设部和国家发展和改革委员会
关于做好不动产登记信息管理基础平台建设工作的通知	2015～08～06	国土资源部
不动产登记暂行条例	2014～11～24	中华人民共和国国务院
关于印发《商品房买卖合同示范文本》的通知	2014～04～09	中华人民共和国住房和城乡建设部、中华人民共和国国家工商行政管理总局

2018 年 9 月 10 日，上海市住房和城乡建设管理委员会联合房屋管理局等九部门印发《关于开展 2018 年房地产市场秩序专项整治的通知》，整治“发布虚假信息、投机炒作、房产经纪违法违规以及商品房销售违法违规”四大违法违规行为。此次政策把之前的零散的市场秩序整治要点进行了整合，对交易秩序进行了规范和理顺。受市场关注的是，《通知》明确，通过提供“首付贷”或者采取“分期首付”等形式违规为炒房人垫付或者变相垫付首付款被认定为投机炒作行为。上海市最近 5 年来相关的房地产交易政策制度根据时间顺序可归纳为（见表 3-10）。

表 3-10　上海市最近五年颁布的有关房地产交易的相关政策制度

房地产交易政策制度	颁布时间	颁布者
关于贯彻《住房城乡建设部关于进一步规范房地产估价机构管理工作的通知》的实施意见	2018～12～29	上海市房屋管理局
关于印发《上海市国有土地上房屋征收评估报告鉴定若干规定》的通知	2018～12～29	上海市房屋管理局
关于印发修订后的《<上海市新建住宅交付使用许可规定>实施细则》的通知	2018～07～11	上海市房屋管理局
关于印发《上海市国有土地上房屋征收评估技术规范》的通知	2018～07～04	上海市房屋管理局
关于印发《上海市住宅工程质量分户验收管理办法》的通知	2018～07～04	上海市住房和城乡建设管理委员会
关于印发《关于规范企业购买商品住房的暂行规定》的通知	2018～07～02	上海市住房和城乡建设管理委员会、上海市房屋管理局

关于开展2018年房地产市场秩序专项整治的通知	2018～09～10	上海市住房城乡建设管理委、市房屋管理局、市委宣传部、市公安局市司法局、市税务局、市工商局市物价局、银监局
关于进一步加强本市房地产市场监管规范商品住房预销售行为的通知	2017～05～04	上海市住房和城乡建设管委员会
关于贯彻商品住房项目销售采取公证摇号排序有关问题的实施意见	2017～06～29	上海市住房和城乡建设管委员会
关于加强商品住宅及其附属地下车库(位)等设施销售监管的通知	2017～07～21	上海市住房和城乡建设管委员会
关于建立上海市促进房地产市场健康发展联席会议制度的通知	2017～09～20	上海市人民政府办公厅
上海市人民政府办公厅转发市住房城乡建设管理委等四部门关于进一步完善本市住房市场体系和保障体系促进房地产市场平稳健康发展若干意见的通知	2016～03～24	上海市人民政府办公厅
关于开展房地产估价管理工作检查的通知	2015～09～21	上海市住房保障和房屋管理局
关于区县年度房屋征收计划上报备案的通知	2015～03～12	上海市住房保障和房屋管理局
关于调整本市普通住房标准的通知	2014～11～13	上海市住房保障和房屋管理局、上海市规划和国土资源管理局、上海市财政局、上海市地方税务局

六、物业管理政策制度

物业管理政策制度是指为规范物业管理活动，维护业主和物业服务企业的合法权益，改善人民群众的生活和工作环境而制定的相关政策制度。

上海市最近五年来相关的物业管理政策制度根据时间顺序可归纳为(见表3-11)。

表3-11　上海市近五年颁布的有关物业管理的相关政策制度

物业管理政策制度	颁布日期	颁布机构
关于印发《上海市物业服务企业和项目经理失信行为记分规则》的通知	2018～09～18	上海市房屋管理局
关于印发《上海市住宅物业服务规范》的通知	2018～03～30	上海市房屋管理局
关于加强本市住宅物业管理监督检查工作的通知	2018～03～09	上海市房屋管理局
上海市住宅物业消防安全管理办法	2017～07～18	上海市人民政府
关于加强商品住宅及其附属地下车库(位)等设施销售监管的通知	2017～07～21	上海市住建委、上海市物价局
关于延长《上海市住宅物业保修金管理暂行办法》有效期的通知	2017～12～30	上海市人民政府办公厅
市政府批转市住房城乡建设管理委关于进一步贯彻实施《上海市住宅物业管理规定》若干意见的通知	2016～11～24	上海市发展和改革委员会

关于推进本市住宅物业使用领域信用信息管理工作若干问题的通知	2015～04～24	上海市住房保障和房屋管理局 上海市征信管理办公室
关于加强住宅小区烟花爆竹燃放管控的紧急通知	2015～02～17	上海市住房保障和房屋管理局
关于调整公有住宅售后小区物业服务收费标准的通知	2014～12～26	上海市住房保障和房屋管理局 上海市物价局

七、住房保障政策制度

住房保障政策，是指有关社会保障性质的住房相关政策制度，保障性住房主要包括两限商品住房、经济适用住房、政策性租赁住房以及廉租房等方面。

近年来，各地认真贯彻党中央、国务院决策部署，加快政府职能转变，推进供给侧结构性改革，积极推行政府购买服务，完善公租房运营管理机制，吸引企业和其他机构参与公租房运营管理，不断提高公租房运营管理专业化、规范化水平，不断提升保障对象满意度和获得感。各地鼓励人才落户安置，2018 年全国范围有吉林、辽宁、山东、海南、四川、浙江 6 省，25 城市和 4 区（县）出台约 40 条人才引进政策 9 其中，3 省 18 城市降低落户门槛，1 省 21 城市提供住房保障，3 省 13 城市给予高额人才奖励，3 省 7 城市解决引进人才的子女人学问题；此外，海南、新余和漳平等城市保障引进人才配偶的就业安置。在国家“新型城镇化道路”的战略部署下，许多城市经济发展迅速，十分需要高质量高水平人口提高的城市“软实力”，让城市和文化两方面共同发展，丰富城市原有的阶层结构，为城市发展注入新的活力。国家继续推进棚改建设，全年全国棚改已开工 600 万套左右，完成投资 15 000 多亿元。（见表 3-12）。

表 3-12　近五年国家住房保障方面的主要政策制度

住房保障政策制度	颁布日期	颁布机构
关于印发推行政府购买公租房运营管理服务试点方案的通知	2018～09～14	住房和城乡建设部、财政部
关于提前下达 2018 年中央财政农村危房改造补助预算指标的通知	2017～12～09	财政部
关于支持北京市、上海市开展共有产权住房试点的意见	2017～09～14	住房和城乡建设部
住房城乡建设部 财政部关于做好城镇住房保障家庭租赁补贴工作的指导意见	2016～12～08	住房和城乡建设部、财政部
住房城乡建设部办公厅 国家发展改革委办公厅 财政部办公厅关于印发《棚户区改造工作激励措施实施办法（试行）》的通知	2016～12～19	住房和城乡建设部办公厅、发展和改革委员会办公厅、财政部办公厅
国务院关于进一步做好城镇棚户区和城乡危房改造及配套基础设施建设有关工作的意见	2015～06～25	国务院
关于运用政府和社会资本合作模式推进公共租赁住房投资建设和运营管理的通知	2015～04～21	财政部、国土资源部、住房和城乡建设部中国人民银行、国家税务总局、中国银行业监督管理委员会

关于《城镇住房保障条例（征求意见稿）》公开征求意见的通知	2014～03～28	国务院法制办公室

上海市继续推进各类住房保障政策，1 月 18 日，出台《上海市共有产权保障住房申请户选房工作规则》，规范本市共有产权保障住房申请户选房工作管理。9 月 26 日，上海出台《关于进一步完善本市共有产权保障住房工作的实施意见》扩大共有产权保障住房保障人群范围，将向非上海户籍常住人口开放申请资格。非上海户籍常住人口申请条件是持有《上海市居住证》且积分达到规定标准分值（120 分）、已婚、在上海无住房、在上海连续缴纳社会保险或个人所得税满 5 年、符合共有产权保障住房收入和财产准入标准。相关的住房保障政策制度根据时间顺序可归纳为（见表 3-13）。

表 3-13　上海市近五年颁布的有关住房保障的相关政策制度

住房保障政策制度	颁布时间	颁布者
转发市住房城乡建设管理委等九部门《关于进一步完善本市共有产权保障住房工作的实施意见》的通知	2018～09～26	上海市人民政府办公厅
关于延长《关于公有居住房屋承租人户口迁离本市或死亡的确定房屋征收补偿协议签订主体的通知》有效期的通知	2018～06～29	上海市房屋管理局
关于印发《上海市住房租赁合同网签备案试行办法》的通知	2018～03～30	上海市住房城乡建设管理委、市房屋管理局
关于印发《上海市共有产权保障住房申请户选房工作规则》的通知	2018～01～18	上海市房屋管理局
关于延长《上海市共有产权保障住房（经济适用住房）和廉租住房申请家庭经济状况核对实施细则》有效期的通知	2017～12～26	上海市民政局、上海市住房保障和房屋管理局
上海市共有产权保障住房管理办法	2016～04～11	上海市人民政府
关于调整本市住房公积金个人贷款政策的通知	2016～11～28	上海市住房公积金管理委员会
关于大型居住社区商业配套用房房地产交易与登记相关问题的通知	2015～07～28	上海市住房保障和房屋管理局
关于公有住宅售后维修资金列支物业服务费有关问题的通知	2015～07～27	上海市住房保障和房屋管理局、上海市公积金管理中心
关于做好提取住房公积金支付房屋租赁费用 申请人房屋状况查询比对的通知	2015～04～27	上海市住房保障和房屋管理局、上海市公积金管理中心
关于调整本市普通住房标准的通知	2014～11～13	上海市住房保障和房屋管理局 上海市规划和国土资源管理局 上海市财政局 上海市地方税务局

八、 金融政策制度

房地产金融政策制度是指为调节房地产市场健康发展，降低金融风险，中央或地方政府所采取的包括银行信贷、信托、证券、债券、保险等政策制度。

2018 年初，中央多次表态，将防范化解金融风险工作提到更高层次。两会提出将防范金融风险作为今后三年三大攻坚战之一，加强金融机构风险内控，进一步完善金融监管。对于金融领域一些违法违规行为或者规避风险的行为，监管部门要主动出手、果断处理。3 月，《国务院机构改革方案》将银监会和保监会的职责进行整合，组建中国银行保险监督管理委员会，银行业与保险业重要法规草案和审慎监管基本制度的职责划归央行。中央全面深化改革委员会第一次会议对规范金融机构资产管理业务、加强非金融企业投资金融机构监管作了进一步强调。4 月，中央财经委员会第一次会议强调打好防范化解金融风险攻坚战，要以结构性去杠杆为基本思路，努力实现宏观杠杆率稳定和逐步下降。央行、中国银保监会、证监会、外汇管理局联合印发《关于规范金融机构资产管理业务的指导意见》，提出统一同类资产管理产品监管标准，有效防控金融风险，引导社会资金流向实体经济，更好地支持经济结构调整和转型升级。

在此背景下，房地产整体融资环境不佳，融资成本和融资难度显著增加。2018 年 5 月国家发展改革委、财政部联合发文，要求严格防范外债成为地方政府债务的风险源，政府已开始高度关注外债情况。随着国内房企境外发债量的扩大，监管机构可能会采取控制外债发行节奏和规模的措施，以保障债务的安全性。12 月 5 日国家发改委印发《关于支持优质企业直接融资进一步增强企业债券服务实体经济能力的通知》，对于满足相关条件的优质企业发行债券将加快和简化审核程序，其中 3A 评级的房地产企业，属于支持的优质企业范围。个人住房信贷政策继续遵照“因城施策”的原则，强化房地产金融宏观审慎管理，引导商业银行个人住房贷款合理增长，抑制居民杠杆率过快上涨（见表 3-14）。

表 3-14　近五年国家房地产金融方面的主要政策制度

房地产金融政策制度	颁布日期	颁布机构
关于完善市场约束机制严格防范外债风险和地方债务风险的通知	2018～05～11	国家发展改革委、财政部
关于支持优质企业直接融资进一步增强企业债券服务实体经济能力的通知	2018～12～05	国家发展改革委
关于维护住房公积金缴存职工购房贷款权益的通知	2017～12～26	住房和城乡建设部、财政部、中国人民银行、国土资源部
国务院关于印发降低实体经济企业成本工作方案的通知	2016～08～22	国务院
关于调整个人住房贷款政策有关问题的通知	2016～02～01	中国人民银行、中国银行业监督管理委员
关于进一步发挥住宅专项维修资金在老旧小区和电梯更新改造中支持作用的通知	2015～10～17	住房和城乡建设部办公厅财政部办公厅
关于个人住房贷款政策有关问题的通知	2015～03～30	中国人民银行、住房城乡建设部、中国银行业监督管理委员会
于贯彻落实住房公积金基础数据标准的通知	2014～12～09	住房和城乡建设部办公厅
关于发展住房公积金个人住房贷款业务的通知	2014～10～09	住房和城乡建设部、财政部、人民银行
中国银行业监督管理委员会关于进一步做好住房金融服务工作的通知	2014～09～29	人民银行、银监会

2018年，上海房贷利率经历了从上行到平稳的过程。5月底，上海大部分银行停止实施房贷9折的利率折扣，仅剩的几家提供9折优惠的银行审批也特别严格，并且上海地区股份制银行的房贷利率普遍高于国有大行，首套利率上浮10%以上，整体利率不断走高，但到年末房贷利率“见顶”上行动力减弱。为培育和发展本市住房租赁市场，支持和方便具有真实租赁行为的职工提取住房公积金支付房租，4月1日印发《关于本市提取住房公积金支付房租通过住房租赁公共服务平台核验租赁信息的通知》。为进一步发挥住房公积金制度作用，支持缴存职工异地购房需求，出台《上海市住房公积金异地个人住房贷款管理暂行办法》并于9月1日起实施。外省市缴存职工在本市购买首套住房或者第二套改善型住房的，且符合本市其他公积金贷款条件的，可以在本市申请公积金贷款。（见表3-15）。

表3-15　上海市近年颁布的有关房地产金融的政策制度

房地产金融政策制度	颁布日期	颁布机构
上海市住房公积金异地个人住房贷款管理暂行办法	2018～09～01	上海市公积金管理中心
关于印发《上海市降低住房公积金缴存比例或缓缴住房公积金管理办法》的通知	2018～06～26	上海市公积金管理中心
关于调整2018年度上海市住房公积金缴存比例的补充通知	2018～06～20	上海市公积金管理中心
关于2018年度上海市调整住房公积金缴存基数、比例以及月缴存额上下限的通知	2018～04～13	上海市公积金管理中心
关于本市提取住房公积金支付房租通过住房租赁公共服务平台核验租赁信息的通知	2018～04～01	上海市公积金管理中心
关于进一步加强住房公积金提取审核工作的通知	2017～02～09	上海市公积金管理中心
上海市城镇个体工商户及其雇用人员、自由职业者缴存、提取和使用住房公积金实施办法	2016～09～21	上海市公积金管理中心
关于2016年度上海市调整住房公积金缴存基数、比例以及月缴存额上下限的通知	2016～06～24	上海市公积金管理中心
关于印发《上海市降低住房公积金缴存比例或缓缴住房公积金操作细则》的通知	2016～07～15	上海市公积金管理中心
关于在沪工作的外籍人员、获得境外永久（长期）居留权人员和台湾香港澳门居民参加住房公积金制度若干问题的通知	2015～09～24	上海市公积金管理中心
关于开展2015年度全市住房公积金缴存情况执法检查的通知	2015～04～08	上海市公积金管理中心
关于试行上海住房公积金网上缴存跨行支付业务的通知	2015～03～20	上海市公积金管理中心
《上海市低收入经济困难职工家庭提取住房公积金支付物业服务费实施办法》操作细则	2014～09～22	上海市公积金管理中心
《上海市提取住房公积金支付房屋租赁费用实施办法》操作细则	2014～09～22	上海市公积金管理中心
上海市住房公积金账户封存管理办法实施细则	2014～04～22	上海市公积金管理中心
上海市住房公积金信息公开办法（试行）	2014～04～18	上海市住房公积金管理委员会

第二节　房地产市场法律环境构成

根据宪法规定，省、自治区、直辖市的人民代表大会及其常务委员会，在不同宪法、法律、行政法规相抵触的前提下，可以制定地方性法规，报全国人民代表大会常务委员会和国务院备案。地方性法规是地方人民代表大会及其常务委员会制定和发布的规范性文件。地方性法规只能在本地方范围内有效，其法律效力低于宪法、法律和行政法规。

行政法规是指最高国家行政机关国务院根据宪法和法律制定的有关行政管理活动的规范性文件。国务院所属的各部委在各部门权限内，发布具有规范性的规章，指示和命令等，属于广义的行政管理法规，其地位低于国务院的行政法规和其他规范性文件，但高于地方性法规。

对与房地产有关的法律和行政法规的归纳如下。

一、国家法规

房地产相关的国家法规按时间顺序可归纳为（见表 3-16）。

表 3-16　近些年来有关房地产市场的国家法规

时间	名称
2018～12～22	国务院发布《个人所得税专项附加扣除暂行办法》
2017～02～04	国务院印发《全国国土规划纲要（2016-2030 年）》
2016～04～12	国务院办公厅关于印发互联网金融风险专项整治工作实施方案的通知
2015～08～19	关于调整房地产市场外资准入和管理有关政策的通知
2014～11～24	不动产登记暂行条例
2013～02～26	关于继续做好房地产市场调控工作的通知
2012～11～28	中华人民共和国土地管理法修正案（草案）
2011～01～21	国有土地上房屋征收与补偿条例
2010～12～25	中华人民共和国水土保持法

二、部门职能及相关法规

（一）住房和城乡建设部

根据第十一届全国人民代表大会第一次会议批准的国务院机构改革方案和《国务院关于机构设置的通知》（国发[2008]11 号），设立住房和城乡建设部，为国务院组成部门。将原建设部的职责划入住房和城乡建设部。

1．住房和城乡建设部的主要职责

住房和城乡建设部的职责主要包括：

（1）承担保障城镇低收入家庭住房的责任。拟订住房保障相关政策并指导实施。拟订廉租住房规划及政策，会同有关部门做好中央有关廉租住房资金安排，监督地方组织实施。编制住房保障发展规划和年度计划并监督实施。

（2）承担推进住房制度改革的责任。拟订适合国情的住房政策，指导住房建设和住房制度改革，拟订全国住房建设规划并指导实施，研究提出住房和城乡建设重大问题的政策建议。

（3）承担规范住房和城乡建设管理秩序的责任。起草住房和城乡建设的法律法规草案，制定部门规章。依法组织编制和实施城乡规划，拟订城乡规划的政策和规章制度，会同有关部门组织编制全国城镇体系规划，负责国务院交办的城市总体规划、省域城镇体系规划的审查报批和监督实施，参与土地利用总体规划纲要的审查，拟订住房和城乡建设的科技发展规划和经济政策。

（4）承担建立科学规范的工程建设标准体系的责任。组织制定工程建设实施阶段的国家标准，制定和发布工程建设全国统一定额和行业标准，拟订建设项目可行性研究评价方法、经济参数、建设标准和工程造价的管理制度，拟订公共服务设施（不含通信设施）建设标准并监督执行，指导监督各类工程建设标准定额的实施和工程造价计价，组织发布工程造价信息。

（5）承担规范房地产市场秩序、监督管理房地产市场的责任。会同或配合有关部门组织拟订房地产市场监管政策并监督执行，指导城镇土地使用权有偿转让和开发利用工作，提出房地产业的行业发展规划和产业政策，制定房地产开发、房屋权属管理、房屋租赁、房屋面积管理、房地产估价与经纪管理、物业管理、房屋征收拆迁的规章制度并监督执行。

（6）监督管理建筑市场、规范市场各方主体行为。指导全国建筑活动，组织实施房屋和市政工程项目招投标活动的监督执法，拟订勘察设计、施工、建设监理的法规和规章并监督和指导实施，拟订工程建设、建筑业、勘察设计的行业发展战略、中长期规划、改革方案、产业政策、规章制度并监督执行，拟订规范建筑市场各方主体行为的规章制度并监督执行，组织协调建筑企业参与国际工程承包、建筑劳务合作。

（7）研究拟订城市建设的政策、规划并指导实施，指导城市市政公用设施建设、安全和应急管理，拟订全国风景名胜区的发展规划、政策并指导实施，负责国家级风景名胜区的审查报批和监督管理，组织审核世界自然遗产的申报，会同文物等有关主管部门审核世界自然与文化双重遗产的申报，会同文物主管部门负责历史文化名城（镇、村）的保护和监督管理工作。

（8）承担规范村镇建设、指导全国村镇建设的责任。拟订村庄和小城镇建设政策并指导实施，指导村镇规划编制、农村住房建设和安全及危房改造，指导小城镇和村庄人居生态环境的改善工作，指导全国重点镇的建设。

（9）承担建筑工程质量安全监管的责任。拟订建筑工程质量、建筑安全生产和竣工验收备案的政策、规章制度并监督执行，组织或参与工程重大质量、安全事故的调查处理，拟订建筑业、工程勘察设计咨询业的技术政策并指导实施。

（10）承担推进建筑节能、城镇减排的责任。会同有关部门拟订建筑节能的政策、规划并监督实施，组织实施重大建筑节能项目，推进城镇减排。

（11）负责住房公积金监督管理，确保公积金的有效使用和安全。会同有关部门拟订住房公积金政策、发展规划并组织实施，制定住房公积金缴存、使用、管理和监督制度，监督全国住房公积金和其他住房资金的管理、使用和安全，管理住房公积金信息系统。

（12）开展住房和城乡建设方面的国际交流与合作。

（13）承办国务院交办的其他事项。

2．住房和城乡建设部颁发的与房地产相关的法规（见表 3-17）。

表 3-17　住房和城乡建设部（包括原建设部）近年来颁发的与房地产相关的法规

时间	名称
2018～06～25	关于在部分城市先行开展打击侵害群众利益违法违规行为治理房地产市场乱象专项行动的通知
2018～05～19	住房城乡建设部关于进一步做好房地产市场调控工作有关问题的通知
2017～05～19	住房租赁和销售管理条例（征求意见稿）
2017～05～17	关于开展商业办公项目清理整顿工作的意见
2016～12～19	关于印发《棚户区改造工作激励措施实施办法（试行）》的通知
2015～03～27	关于优化 2015 年住房及用地供应结构促进房地产市场平稳健康发展的通知
2014～04～09	关于印发《商品房买卖合同示范文本》的通知
2013～12～02	关于公共租赁住房和廉租住房并轨运行的通知
2012～07～19	关于进一步严格房地产用地管理巩固房地产市场调控成果的紧急通知
2011～01～20	房地产经纪管理办法

（二）自然资源部

1．自然资源部的职责

根据党的十九届三中全会审议通过的《中共中央关于深化党和国家机构改革的决定》、《深化党和国家机构改革方案》和第十三届全国人民代表大会第一次会议批准的《国务院机构改革方案》，制定本规定。自然资源部是国务院组成部门，为正部级，对外保留国家海洋局牌子。自然资源部贯彻落实党中央关于自然资源工作的方针政策和决策部署，在履行职责过程中坚持和加强党对自然资源工作的集中统一领导。主要职责是：

（1）履行全民所有土地、矿产、森林、草原、湿地、水、海洋等自然资源资产所有者职责和所有国土空间用途管制职责。拟订自然资源和国土空间规划及测绘、极地、深海等法律法规草案，制定部门规章并监督检查执行情况。

（2）负责自然资源调查监测评价。制定自然资源调查监测评价的指标体系和统计标准，建立统一规范的自然资源调查监测评价制度。实施自然资源基础调查、专项调查和监测。负责自然资源调查监测评价成果的监督管理和信息发布。指导地方自然资源调查监测评价工作。

（3）负责自然资源统一确权登记工作。制定各类自然资源和不动产统一确权登记、权籍调查、不动产测绘、争议调处、成果应用的制度、标准、规范。建立健全全国自然资源和不动产登记信息管理基础平台。负责自然资源和不动产登记资料收集、整理、共享、汇交管理等。指导监督全国自然资源和不动产确权登记工作。

（4）负责自然资源资产有偿使用工作。建立全民所有自然资源资产统计制度，负责全民所有自然资源资产核算。编制全民所有自然资源资产负债表，拟订考核标准。制定全民所有自然资源资产划拨、出让、租赁、作价出资和土地储备政策，合理配置全民所有自然资源资产。负责自然资源资产价值评估管理，依法收缴相关资产收益。

（5）负责自然资源的合理开发利用。组织拟订自然资源发展规划和战略，制定自然资源开发利用标准并组织实施，建立政府公示自然资源价格体系，组织开展自然资源分等定级价格评估，开展自然资源利用评价考核，指导节约集约利用。负责自然资源市场监管。组织研究自然资源管理涉及宏观调控、区域协调和城乡统筹的政策措施。

（6）负责建立空间规划体系并监督实施。推进主体功能区战略和制度，组织编制并监督实施国土空间规划和相关专项规划。开展国土空间开发适宜性评价，建立国土空间规划实施监测、评估和预警体系。组织划定生态保护红线、永久基本农田、城镇开发边界等控制线，构建节约资源和保护环境的生产、生活、生态空间布局。建立健全国土空间用途管制制度，研究拟订城乡规划政策并监督实施。组织拟订并实施土地、海洋等自然资源年度利用计划。负责土地、海域、海岛等国土空间用途转用工作。负责土地征收征用管理。

（7）负责统筹国土空间生态修复。牵头组织编制国土空间生态修复规划并实施有关生态修复重大工程。负责国土空间综合整治、土地整理复垦、矿山地质环境恢复治理、海洋生态、海域海岸线和海岛修复等工作。牵头建立和实施生态保护补偿制度，制定合理利用社会资金进行生态修复的政策措施，提出重大备选项目。

（8）负责组织实施最严格的耕地保护制度。牵头拟订并实施耕地保护政策，负责耕地数量、质量、生态保护。组织实施耕地保护责任目标考核和永久基本农田特殊保护。完善耕地占补平衡制度，监督占用耕地补偿制度执行情况。

（9）负责管理地质勘查行业和全国地质工作。编制地质勘查规划并监督检查执行情况。管理中央级地质勘查项目。组织实施国家重大地质矿产勘查专项。负责地质灾害预防和治理，监督管理地下水过量开采及引发的地面沉降等地质问题。负责古生物化石的监督管理。

（10）负责落实综合防灾减灾规划相关要求，组织编制地质灾害防治规划和防护标准并指导实施。组织指导协调和监督地质灾害调查评价及隐患的普查、详查、排查。指导开展群测群防、专业监测和预报预警等工作，指导开展地质灾害工程治理工作。承担地质灾害应急救援的技术支撑工作。

（11）负责矿产资源管理工作。负责矿产资源储量管理及压覆矿产资源审批。负责矿业权管理。会同有关部门承担保护性开采的特定矿种、优势矿产的调控及相关管理工作。监督指导矿产资源合理利用和保护。

（12）负责监督实施海洋战略规划和发展海洋经济。研究提出海洋强国建设重大战略建议。组织制定海洋发展、深海、极地等战略并监督实施。会同有关部门拟订海洋经济发展、海岸带综合保护利用等规划和政策并监督实施。负责海洋经济运行监测评估工作。

（13）负责海洋开发利用和保护的监督管理工作。负责海域使用和海岛保护利用管理。制定海域海岛保护利用规划并监督实施。负责无居民海岛、海域、海底地形地名管理工作，制定领海基点等特殊用途海岛保护管理办法并监督实施。负责海洋观测预报、预警监测和减灾工作，参与重大海洋灾害应急处置。

（14）负责测绘地理信息管理工作。负责基础测绘和测绘行业管理。负责测绘资质资格与信用管理，监督管理国家地理信息安全和市场秩序。负责地理信息公共服务管理。负责测量标志保护。

（15）推动自然资源领域科技发展。制定并实施自然资源领域科技创新发展和人才培养战略、规划和计划。组织制定技术标准、规程规范并监督实施。组织实施重大科技工程及创新能力建设，推进自然资源信息化和信息资料的公共服务。

（16）开展自然资源国际合作。组织开展自然资源领域对外交流合作，组织履行有关国际公约、条约和协定。配合开展维护国家海洋权益工作，参与相关谈判与磋商。负责极地、公海和国际海底相关事务。

（17）根据中央授权，对地方政府落实党中央、国务院关于自然资源和国土空间规划的重大方针政策、决策部署及法律法规执行情况进行督察。查处自然资源开发利用和国土空间规划及测绘重大违法案件。指导地方有关行政执法工作。

（18）管理国家林业和草原局。

（19）管理中国地质调查局。

（20）完成党中央、国务院交办的其他任务。

（21）职能转变。自然资源部要落实中央关于统一行使全民所有自然资源资产所有者职责，统一行使所有国土空间用途管制和生态保护修复职责的要求，强化顶层设计，发挥国土空间规划的管控作用，为保护和合理开发利用自然资源提供科学指引。进一步加强自然资源的保护和合理开发利用，建立健全源头保护和全过程修复治理相结合的工作机制，实现整体保护、系统修复、综合治理。创新激励约束并举的制度措施，推进自然资源节约集约利用。进一步精简下放有关行政审批事项、强化监管力度，充分发挥市场对资源配置的决定性作用，更好发挥政府作用，强化自然资源管理规则、标准、制度的约束性作用，推进自然资源确权登记和评估的便民高效。

2. 自然资源部近年颁布的与房地产相关的法规（见表 3-18）。

表 3-18 自然资源部颁发的与房地产相关的法规

时间	名称
2018～03～23	国土资源部关于全面实行永久基本农田特殊保护的通知
2018～03～09	国土资源部办公厅关于印发《国有建设用地使用权出让地价评估技术规范》的通知
2018～01～17	关于印发《土地储备资金财务管理办法》的通知
2017～05～08	土地利用总体规划管理办法
2017～02～28	关于修改《建设项目用地预审管理办法》的决定
2016～11～16	关于印发《国土资源部立案查处国土资源违法行为工作规范（试行）》的通知
2015～07～10	关于做好不动产统一登记与房屋交易管理衔接的指导意见
2014～05～07	国土资源行政处罚办法
2012～12～27	土地复垦条例实施办法

2012～06～01	闲置土地处置办法
2011～12～21	闲置土地处置办法（修订草案）
2011～06～03	国有土地上房屋征收评估办法

（三）财政部

1. 财政部的主要职责

财政部是中华人民共和国国务院的组成部门，是国家主管财政收支、财税政策、国有资本金基础工作的宏观调控部门. 其在房地产方面的调控职责有：

(1) 拟订财税发展战略、规划、政策和改革方案并组织实施，分析预测宏观经济形势，参与制定各项宏观经济政策，提出运用财税政策实施宏观调控和综合平衡社会财力的建议，拟订中央与地方、国家与企业的分配政策，完善鼓励公益事业发展的财税政策。

(2) 起草财政、财务、会计管理的法律、行政法规草案，制定部门规章，组织涉外财政、债务等的国际谈判并草签有关协议、协定。

(3) 承担中央各项财政收支管理的责任。负责编制年度中央预决算草案并组织执行。受国务院委托，向全国人民代表大会报告中央、地方预算及其执行情况，向全国人大常委会报告决算。组织制订经费开支标准、定额，负责审核批复部门(单位)的年度预决算。完善转移支付制度。

(4) 负责政府非税收入管理，负责政府性基金管理，按规定管理行政事业性收费。管理财政票据。制定彩票管理政策和有关办法，管理彩票市场，按规定管理彩票资金。

(5) 组织制定国库管理制度、国库集中收付制度，指导和监督中央国库业务，按规定开展国库现金管理工作。负责制定政府采购制度并监督管理。

(6) 负责组织起草税收法律、行政法规草案及实施细则和税收政策调整方案，参加涉外税收谈判，签订涉外税收协议、协定草案，制定国际税收协议和协定范本，研究提出关税和进口税收政策，拟订关税谈判方案，参加有关关税谈判，研究提出征收特别关税的建议，承担国务院关税税则委员会的具体工作。

(7) 负责制定行政事业单位国有资产管理规章制度，按规定管理行政事业单位国有资产，制定需要全国统一规定的开支标准和支出政策，负责财政预算内行政机构、事业单位和社会团体的非贸易外汇和财政预算内的国际收支管理。

(8)负责审核和汇总编制全国国有资本经营预决算草案，制定国有资本经营预算的制度和办法，收取中央本级企业国有资本收益，制定并组织实施企业财务制度，按规定管理金融类企业国有资产，参与拟订企业国有资产管理相关制度，按规定管理资产评估工作。

(9) 负责办理和监督中央财政的经济发展支出、中央政府性投资项目的财政拨款，参与拟订中央建设投资的有关政策，制定基本建设财务制度，负责有关政策性补贴和专项储备资金财政管理工作。负责农业综合开发管理工作。

(10) 会同有关部门管理中央财政社会保障和就业及医疗卫生支出，会同有关部门拟订社会保障资金(基金)的财务管理制度，编制中央社会保障预决算草案。

（11）拟订和执行政府国内债务管理的制度和政策，编制国债余额限额计划，依法制定地方政府性债务管理制度和办法，防范财政风险。负责统一管理政府外债，制定基本管理制度。代表我国政府参加有关的国际财经组织，开展财税领域的国际交流与合作。

（12）负责管理全国的会计工作，监督和规范会计行为，制定并组织实施国家统一的会计制度，指导和监督注册会计师和会计师事务所的业务，指导和管理社会审计。

（13）监督检查财税法规、政策的执行情况，反映财政收支管理中的重大问题，负责管理财政监察专员办事处。

（14）承办国务院交办的其他事项。

2．财政部颁发的与房地产相关的法规（见表 3-19）。

表 3-19　财政部颁发的与房地产相关的法规

时间	名称
2018～09～14	关于印发推行政府购买公租房运营管理服务试点方案的通知
2017～06～22	关于支持农村集体产权制度改革有关税收政策的通知
2016～06～18	关于进一步明确全面推开营改增试点有关再保险、不动产租赁和非学历教育等政策的通知
2015～01～28	关于放宽提取住房公积金支付房租条件的通知
2014～10～17	城镇保障性安居工程贷款贴息办法
2013～12～02	关于棚户区改造有关税收政策的通知
2012～09～03	关于农产品批发市场农贸市场房产税城镇土地使用税政策的通知
2011～05～04	关于进一步推进公共建筑节能工作的通知
2011～04～26	关于购房人办理退房有关契税问题的通知

（四）国家税务总局

1．国家税务总局的职责

国家税务总局的主要职责主要包括：

（1）具体起草税收法律法规草案及实施细则并提出税收政策建议，与财政部共同上报和下发，制订贯彻落实的措施。负责对税收法律法规执行过程中的征管和一般性税政问题进行解释，事后向财政部备案。

（2）承担组织实施中央税、共享税及法律法规规定的基金（费）的征收管理责任，力争税款应收尽收。

（3）参与研究宏观经济政策、中央与地方的税权划分并提出完善分税制的建议，研究税负总水平并提出运用税收手段进行宏观调控的建议。

（4）负责组织实施税收征收管理体制改革，起草税收征收管理法律法规草案并制定实施细则，制定和监督执行税收业务、征收管理的规章制度，监督检查税收法律法规、政策的贯彻执行，指导和监督地方税务工作。

（5）负责规划和组织实施纳税服务体系建设，制定纳税服务管理制度，规范纳税服务行为，制定和监督执行纳税人权益保障制度，保护纳税人合法权益，履行提供便捷、优质、高效纳税服务的义务，组织实施税收宣传，拟订注册税务师管理政策并监督实施。

（6）组织实施对纳税人进行分类管理和专业化服务，组织实施对大型企业的纳税服务和税源管理。

（7）负责编报税收收入中长期规划和年度计划，开展税源调查，加强税收收入的分析预测，组织办理税收减免等具体事项。

（8）负责制定税收管理信息化制度，拟订税收管理信息化建设中长期规划，组织实施金税工程建设。

（9）开展税收领域的国际交流与合作，参加国家（地区）间税收关系谈判，草签和执行有关的协议、协定。

（10）办理进出口商品的税收及出口退税业务。

（11）对全国国税系统实行垂直管理，协同省级人民政府对省级地方税务局实行双重领导，对省级地方税务局局长任免提出意见。

（12）承办国务院交办的其他事项。

2．国家税务总局颁发的与房地产相关的法规（见表3-20）。

表3-20 国家税务总局颁发的与房地产相关的法规

时 间	名 称
2018～11～29	关于易地扶贫搬迁税收优惠政策的通知
2018～09～30	关于去产能和调结构房产税 城镇土地使用税政策的通知
2017～11～26	关于简化建筑服务增值税简易计税方法备案事项的公告
2017～07～11	关于建筑服务等营改增试点政策的通知
2016～11～24	关于纳税人转让不动产缴纳增值税差额扣除有关问题的公告
2015～03～30	关于调整个人住房转让营业税政策的通知
2014～08～11	关于促进公共租赁住房发展有关税收优惠政策的通知
2014～06～16	关于房地产开发企业成本对象管理问题的公告
2013～08～02	关于房改房用地未办理土地使用权过户期间城镇土地使用税政策的通知
2013～06～20	关于进一步做好土地增值税征管工作的通知
2012～01～20	于物流企业大宗商品仓储设施用地城镇土地使用税政策的通知
2011～08～30	关于房屋 土地权属由夫妻一方所有变更为夫妻双方共有契税政策的通知
2011～08～17	关于纳税人转让土地使用权或者销售不动产同时一并销售附着于土地或者不动产上的固定资产有关税收问题的公告
2011～04～26	关于购房人办理退房有关契税问题的通知
2011～01～27	关于调整个人住房转让营业税政策的通知

2010～12～24	关于房地产开发企业注销前有关企业所得税处理问题的公告
2010～09～29	关于调整房地产交易环节契税 个人所得税优惠政策的通知
2010～09～27	关于支持公共租赁住房建设和运营有关税收优惠政策的通知
2010～05～25	关于加强土地增值税征管工作的通知
2010～03～09	关于首次购买普通住房有关契税政策的通知

（五）中国人民银行

1．中国人民银行的职责

（1）拟订金融业改革和发展战略规划，承担综合研究并协调解决金融运行中的重大问题、促进金融业协调健康发展的责任，参与评估重大金融并购活动对国家金融安全的影响并提出政策建议，促进金融业有序开放。

（2）起草有关法律和行政法规草案，完善有关金融机构运行规则，发布与履行职责有关的命令和规章。

（3）依法制定和执行货币政策；制定和实施宏观信贷指导政策。

（4）完善金融宏观调控体系，负责防范、化解系统性金融风险，维护国家金融稳定与安全。

（5）负责制定和实施人民币汇率政策，不断完善汇率形成机制，维护国际收支平衡，实施外汇管理，负责对国际金融市场的跟踪监测和风险预警，监测和管理跨境资本流动，持有、管理和经营国家外汇储备和黄金储备。

（6）监督管理银行间同业拆借市场、银行间债券市场、银行间票据市场、银行间外汇市场和黄金市场及上述市场的有关衍生产品交易。

（7）负责会同金融监管部门制定金融控股公司的监管规则和交叉性金融业务的标准、规范，负责金融控股公司和交叉性金融工具的监测。

（8）承担最后贷款人的责任，负责对因化解金融风险而使用中央银行资金机构的行为进行检查监督。

（9）制定和组织实施金融业综合统计制度，负责数据汇总和宏观经济分析与预测，统一编制全国金融统计数据、报表，并按国家有关规定予以公布。

（10）组织制定金融业信息化发展规划，负责金融标准化的组织管理协调工作，指导金融业信息安全工作。

（11）发行人民币，管理人民币流通。

（12）制定全国支付体系发展规划，统筹协调全国支付体系建设，会同有关部门制定支付结算规则，负责全国支付、清算系统的正常运行。

（13）经理国库。

（14）承担全国反洗钱工作的组织协调和监督管理的责任，负责涉嫌洗钱及恐怖活动的资金监测。

（15）管理征信业，推动建立社会信用体系。

（16）从事与中国人民银行业务有关的国际金融活动。

（17）按照有关规定从事金融业务活动。

（18）承办国务院交办的其他事项。

2．中国人民银行颁发的与房地产相关的法规（见表3-21）。

表3-21　中国人民银行颁发的与房地产相关的法规

时　间	名　称
2017～12～26	关于维护住房公积金缴存职工购房贷款权益的通知
2016～02～02	关于调整个人住房贷款政策有关问题的通知
2012～06～20	关于鼓励民间资本参与保障性安居工程建设有关问题的通知
2008～12～08	廉租住房建设贷款管理办法
2004～09～02	商业银行房地产贷款风险管理指引
2002～04～01	中国农业银行住房按揭贷款流程
2002～04～01	中国农业银行个人住房抵押贷款流程
2002～04～01	中国农业银行个人营业用房贷款流程
2002～04～01	中国农业银行公积金贷款流程

第二章　经济社会环境[1]

第一节　经济运行情况

一、总体状况

2018 年，上海市全年实现生产总值(GDP)32 679.87 亿元，比上年增长 6.6%。其中，第一产业增加值 104.37 亿元，较上年下降 6.9%；第二产业增加值 9 732.54 亿元，较上年增长 1.8%；第三产业增加值 22 842.96 亿元，较上年增长 8.7%。第三产业增加值占上海市生产总值的比重为 69.9%，比上年提高 0.7 个百分点。按常住人口计算的上海市人均生产总值为 13.50 万元。（见表 4-1）。

表 4-1　2018 年上海市经济状况表

指　标	2017 年	2018 年	2018 年比 2017 年增长(%)
上海市生产总值(亿元)	30 632.99	32 679.87	6.6
第一产业增加值	110.78	104.37	-6.9
第二产业增加值	9 330.67	9 732.54	1.8
第三产业增加值	21 191.54	22 842.96	8.7
全社会固定资产投资总额(亿元)	7 246.60	7 623.42	5.2
地方财政收入(亿元)	6 642.26	7 108.15	7.0
工业总产值(亿元)	8 392.84	8 694.95	1.9
外贸进出口总额（亿美元）	4 761.23	5 156.49	8.3
社会消费品零售总额(亿元)	11 745.96	12 668.69	7.9

二、社会经济主要指标占全国比重

表 4-2　2018 年上海社会经济主要指标占全国比重

指　标	全　国	上　海	上海占全国比重(%)
生产总值（亿元）	900 309.50	32 679.87	3.6
第一产业增加值	64 734.00	104.37	0.2
第二产业增加值	366 000.90	9 732.54	2.7
第三产业增加值	469 574.60	22 842.96	4.9
港口货物吞吐量（亿吨）	133	7.30	5.5

[1]本章所有数据均来自：2019 年《上海统计年鉴》，2018 年《上海统计公报》，2018 年《国家统计公报》。

全社会固定资产投资总额（亿元）	645 675	7 623.42	1.2
社会消费品零售总额（亿元）	380 986.90	12 668.69	3.3
外商直接投资实际到位金额（亿美元）	1 349.70	173.00	12.8

三、生产总值增长情况

表 4-3 主要年份上海市生产总值比上年增长（按三次产业分）

指 标	2017 年	2018 年	2018 年比 2017 年增长（%）
上海市生产总值	30 632.99	32 679.87	6.6
第一产业	110.78	104.37	-6.9
第二产业	9 330.67	9 732.54	1.8
工 业	8 392.84	8 694.95	1.9
建筑业	970.79	1 071.75	1.1
第三产业	21 191.54	22 842.96	8.7
交通运输、仓储和邮政业	1 344.54	1 533.36	10.4
信息传输、计算机服务和软件业	1 862.27	-	-
批发和零售业	4 393.36	4 581.49	3.3
住宿和餐饮业	412.33	421.46	-2.8
金融业	5 330.54	5 781.63	5.7
房地产业	1 873.05	1 992.52	4.8

四、吸收外资

2018 年上海市合同利用外资达到 469.37 亿美元，同比增长 16.8%，实际利用外资 173 亿美元，同比增长 1.7%。2018 年上海市政府批准外商直接投资合同项目 5 597 项，比上年增长 41.7%。其中，第三产业实际吸收外资金额 154.55 亿美元，同比下降 4.3%，占比为 89.3%。“一带一路”沿线国家在沪投资合同金额占全市比重达 10.9%。至年末，在上海投资的国家和地区达 182 个，在上海落户的跨国公司地区总部累计达 670 家。其中，亚太区总部 88 家；投资性公司 360 家；外资研发中心 441 家。年内新增跨国公司地区总部 45 家。其中，亚太区总部 18 家；投资性公司 15 家；外资研发中心 15 家。

第二节 居民收入与消费水平结构

2018 年全年全市居民人均可支配收入 64 183 元,比上年增长 8.8%,扣除价格因素,实际增长 7.1%。其中,城镇常住居民人均可支配收入 68 034 元,增长 8.7%,扣除价格因素,实际增长 7.0%;农村常住居民人均可支配收入 30 375 元,增长 9.2%,扣除价格因素,实际增长 7.5%。全市居民人均消费支出 43 351 元,比上年增长 8.9%。其中,城镇常住居民人均消费支出 46 015 元,增长 8.8%;农村常住居民人均消费支出 19 965 元,增长 10.4%。

一、从业人员收入

表 4-4 2018 年上海市城镇单位就业人员平均工资 单位:元

指 标	2018 年
城镇非私营单位就业人员平均工资	140 270
城镇私营单位就业人员平均工资	57 056
城镇单位就业人员平均工资	105 176

二、城市居民家庭活基本情况

表 4-5 2018 年上海城市居民家庭生活基本情况表

项 目	年 份	
	2017	2018
调查户数(户)	1 000	1 000
平均每户家庭人口(人)	2.69	2.53
平均每一就业者负担人数 (人)	2.16	2.13
平均每人可支配收入(元)	58 988	64 183
平均每人消费支出(元)	39 792	43 351
可支配收入比上年增长 (%) (按当年价格)	8.6	8.9

三、城市居民家庭消费支出及其构成

表 4-6 2017～2018 年上海城市居民家庭消费支出及其构成 单位:元

指 标	2017 年	百分比 (%)	2018 年	百分比 (%)
消费支出	39 792	100	43 351	100

食品烟酒	10 006	25.1	10 728	24.7
衣着	1 733	4.4	2 037	4.7
生活用品及服务	1 825	4.6	2 096	4.8
医疗保健	2 602	6.5	3 070	7.1
交通和通信	4 058	10.2	4 881	11.3
教育文化娱乐服务	4 686	11.8	5 049	11.6
居住	13 709	34.5	14 209	32.8
其他商品和服务	1 173	2.9	1 281	3.0

四、农村居民家庭生活基本情况

表 4-7　2018 年上海农村居民家庭生活基本情况

项　　目	2017 年	2018 年
平均每人可支配收入(元)	27 825	30 375
平均每人生活消费总支出(元)	18 090	19 965

五、居民消费水平

表 4-8　2018 年上海城乡居民人均消费支出

居民消费支出（元/人）	2017 年	2018 年
农村居民	18 090	19 965
城镇居民	42 304	46 015

第三节　固定资产投资

一、固定资产投资概况

2018 年全年完成全社会固定资产投资总额 7 623.42 亿元，比上年增加 5.2%。其中，第三产业投资占全社会固定资产投资总额的比重为 84.1%；非国有经济投资占全社会固定资产投资总额的比重为 70.9%。从投资主体看，国有经济、非国有经济、私营经济、联营经济、股份制经济和其他经济与 2017 年相比有所增长，集体经济、港澳台经济和外商经济与 2017 年相比有所下降，其中集体经济下降幅度较大。

表 4-9 2018 年上海市固定资产投资概况

指 标	2018 年（亿元）	2018 年比 2017 年增长(%)	占全社会固定资产投资总额(%)
从产业投向看			
第一产业	3.35	209.1	0.04
第二产业	1 211.36	17.2	15.89
第三产业	6 410.19	3.2	84.1
#房地产业	4 033.18	4.6	53.9
从投资主体看			
国有经济	2 214.24	1.0	29.0
非国有经济	5 408.08	7.0	70.9
集体经济	16.01	-73.9	0.21
私营经济	1 446.74	26.7	19.0
联营经济	0.78	9.9	0.01
股份制经济	3 034.54	7.2	39.8
港澳台经济	540.01	-16.1	11.8
外商经济	360.79	-1.7	4.73
其他经济	10.87	22.1	0.14

二、固定资产投资构成

2018 年上海市固定资产投资结构发生略有变化，全社会固定资产投资总额比上年增加 490.72 亿元。二、三产业投资继续保持增长势头，第一产业投资减少，较上年投资下降 60.9%。房地产投资占第三产业比重较大，占整个固定资产投资一半还多，其中房屋施工面积呈增长势头，增长比率为 4.8%，住宅施工面积增长-3.4%，房屋竣工和住宅竣工面积均有所增长。

表 4-10 2018 年上海市固定资产投资的构成情况 单位：亿元

指 标	2017 年	2018 年	2018 年比 2017 年增加（%）
投资总额	**7 246.60**	**7 623.42**	**5.2**
按隶属关系分			
中央项目	715.52	993.14	38.8
地方项目	6 531.08	6 629.05	1.5
按构成分			
建筑安装工程	3 965.68	3 846.71	-3.0
设备、工具、器具购置	885.17	1 206.49	36.3

其他费用	2 395.75	2 570.64	7.3
按建设性质分			
# 新　建	2 117.92	1 965.43	-7.2
扩　建	382.28	416.30	8.9
改　建	486.20	627.20	29.0
单纯购置	383.03	563.05	47.0
按产业分			
第一产业	1.60	4.95	209.1
第二产业	1 033.58	1 211.36	17.2
第三产业	6 211.42	6 410.19	3.2
按经济类型分			
国有经济	2 192.32	2 214.24	1.0
非国有经济	5 054.28	5 408.08	7.0
集体经济	61.35	16.01	-73.9
私营经济	1 141.86	1 446.74	26.7
联营经济	0.71	0.78	9.9
股份制经济	2 830.73	3 034.54	7.2
港澳台经济	643.71	540.07	-16.1
外商经济	367.03	360.79	-1.7
其他经济	8.90	10.87	22.1
新增固定资产	**3 957.64**	**3 599.51**	9.9
固定资产交付使用率　(%)	54.60	47.2	15.7
房屋建筑面积　(万平方米)			
施工面积	18 587.63	18 757.71	-0.9
# 住　宅	8 083.44	7 615.04	6.2
竣工面积	3 832.45	3 790.92	1.1
# 住　宅	1 895.64	1 765.79	7.4

注：按建设性质分中不包括房地产开发投资和农户投资。

2018 年以来，国家统计局规定各省市固定资产投资统计对外只发布增速数据，本篇章涉及固定资产投资的指标均为增速（%）数据。

第四节 人口总量与结构

至2018年末，全市常住人口总数为2 423.78万人。其中，户籍常住人口1 447.57万人,外来常住人口976.21万人。全年常住人口出生17.4万人，出生率为7.2‰；死亡13万人，死亡率为5.4‰；常住人口自然增长率为1.8‰。全年户籍常住人口出生9.6万人，出生率为6.6‰；死亡12.2万人，死亡率为8.4‰；户籍常住人口自然增长率为-1.8‰。

一、人口主要构成情况

表4-11 2018年上海市户籍人口主要构成情况

指 标	年末数（万人）	比重（%）
全市总人口	1 462.38	100.0
其中：男性	724.14	49.5
女性	738.23	50.5
其中： 0-17岁	176.50	12.1
18-34岁	247.43	16.9
35-59岁	536.42	36.7
60岁及以上	502.03	34.3

二、家庭户规模及户籍人口期望寿命

2018年，全市共有家庭户551.95万户，持较慢增长趋势。平均每个家庭的人口为2.65人，户籍人口期望寿命83.63岁，男性为81.25岁，女性为86.08岁，略有提升。

三、在校学生数

表4-12 2018年上海市在校学生数 单位：万人

指 标	2017年	2018年	2018年比2017年增加（%）
普通高等学校	51.49	51.78	0.56
普通中等学校	66.15	67.97	2.75
其中：中等专业学校	6.31	5.98	-5.23
普通中学	57.06	59.07	3.52
职业学校	1.97	1.99	1.02
技工学校	0.81	0.93	14.81

普通小学	78.49	80.02	1.95
特殊教育学校	0.43	0.44	2.33

四、人口迁移

表 4-13 2018 年上海市户籍人口迁移情况

年 份	迁 入		迁 出		机械增长	
	人口（万人）	迁入率（‰）	人口（万人）	迁出率（‰）	人口（万人）	增长率（‰）
2017 年	11.85	8.16	4.17	2.87	7.68	5.29
2018 年	13.75	9.43	3.92	2.69	9.83	6.74

五、各区县人口数和人口密度

表 4-14 2018 年上海各区县人口数和人口密度

地 区	土地面积（平方公里）	年末常住人口（万人）	其 中	人口密度（人/平方公里）
			外来人口	
全 市	**6 340.50**	**2 423.78**	**976.21**	**3 823**
浦东新区	1 210.41	555.02	235.84	4 585
黄浦区	20.46	66.38	17.43	31 955
徐汇区	54.76	108.44	26.70	19 803
长宁区	38.30	69.40	17.70	18 120
静安区	36.88	106.28	26.88	28 818
普陀区	54.83	128.19	33.98	23 380
虹口区	23.48	79.70	15.26	33 944
杨浦区	60.73	131.27	27.33	21 615
闵行区	370.75	254.35	125.00	6 860
宝山区	270.99	204.23	83.71	7 536
嘉定区	464.20	158.89	90.18	3 423
金山区	586.05	80.50	27.22	1 374
松江区	605.64	176.22	106.11	2 910
青浦区	670.14	121.90	71.27	1 819
奉贤区	687.39	115.20	57.68	1 676
崇明区	1 185.49	68.81	13.92	580

第五节 建筑业主要指标

一、建筑业宏观情况

表 4-15 2018 年上海建筑业宏观主要指标

类 别	企业数（个）	年末从业人员（万人）	竣工产值（亿元）	总产值（亿元）	其 中		房屋建筑面积（万平方米）	
					# 建筑工程	# 安装工程	施工面积	竣工面积
总 计	**2 779**	**58.28**	**3 601.50**	**7 112.32**	**5 987.24**	**959.49**	**47 436.20**	**7 886.31**
按登记注册类型分								
内 资	2 670	56.70	3 532.76	6 937.08	5 898.60	886.95	47 251.11	7 832.00
# 国 有	9	0.07	5.68	6.46	6.40		4.98	
集 体	20	0.85	12.84	17.15	12.23	4.75	76.65	45.17
股份合作	13	0.05	4.58	5.12	4.64	0.41		
联 营	3	0.04	1.46	1.46	1.46		8.38	6.18
有限责任公司	607	21.46	2 203.79	4 750.50	4 125.42	520.72	35 844.85	5 075.60
股份有限公司	48	3.13	242.50	376.39	305.52	69.04	3 812.88	631.03
私 营	1 970	31.10	1 061.91	1 780.00	1 442.93	292.04	7 503.38	2 074.03
港澳台商投资	58	0.62	24.31	78.13	30.15	40.69	51.38	
外商投资	51	0.96	44.43	97.10	58.49	31.84	133.70	54.31
按行业分								
房屋建筑业	790	31.47	2 254.58	3 850.17	3 517.91	225.91	46 397.78	7 665.99
土木工程建筑业	607	11.45	662.62	1 937.64	1 732.77	179.31	956.90	166.48
建筑安装业	671	7.42	327.90	634.40	104.55	503.96	49.83	22.34
建筑装饰和其他建筑业	711	7.94	356.40	690.10	632.01	50.31	31.68	31.51
按资质标准分								
施工总承包	1 380	45.03	3 049.36	5 956.52	5 209.99	604.19	47 112.95	7 744.46
专业承包	1 399	13.25	552.14	1 155.80	777.25	355.30	323.25	141.85

表 4-16　上海建筑业主要指标(2009～2018)

年　份	年末从业人员（万人）	总产值（亿元）	房屋竣工面积（万平方米）	平均每个职工房屋竣工面积（平方米/人）	全员劳动生产率（按总产值计算）（元/人）
2009	88.88	3 830.53	5 719.93	64.36	312 360
2010	96.09	4 300.19	6 217.15	64.70	344 720
2011	96.86	4 586.28	5 984.74	61.79	359 232
2012	88.08	4 843.44	6 476.07	73.52	451 564
2013	81.54	5 102.84	6 274.25	76.95	417 313
2014	77.65	5 499.94	7 580.77	97.63	416 002
2015	69.19	5 652.47	7 258.69	104.91	445 768
2016	65.45	6 046.19	7 481.15	114.30	477 994
2017	60.07	6 426.42	8 066.54	134.29	531 442
2018	58.28	7 112.32	7 886.31	135.36	577 007

二、建筑业区县情况

表 4-17　2018 年上海各区、县建筑业主要指标

地　区	企业数（个）	年末从业人员（万人）	总产值（亿元）	房屋施工面积（万平方米）	房屋竣工面积（万平方米）	其　中 # 住宅房屋
总　计	**2 779**	**58.28**	**7 112.32**	**47 436.20**	**7 886.31**	**4 274.48**
浦东新区	523	11.98	1 863.92	16 185.96	2 255.10	880.35
黄浦区	128	2.33	245.16	326.33	74.90	46.09
徐汇区	182	4.73	724.68	807.51	161.05	39.18
长宁区	136	2.33	317.13	3 781.55	637.19	451.05
静安区	165	6.12	787.80	2 094.50	386.78	302.83
普陀区	182	3.94	455.47	3 701.12	777.39	621.72
虹口区	120	2.81	468.88	3 274.07	793.66	553.56
杨浦区	195	3.11	267.25	554.60	139.63	84.21
闵行区	189	3.88	504.53	7 413.60	871.67	528.47
宝山区	222	5.81	773.86	6 144.96	915.75	280.34
嘉定区	167	2.17	153.83	981.66	392.53	332.77
金山区	120	1.85	104.22	248.99	63.59	37.48
松江区	150	2.66	154.97	603.01	184.34	52.87
青浦区	66	1.32	108.18	228.89	84.81	28.06

奉贤区	172	2.69	145.49	1 024.06	123.84	35.50
崇明区	62	0.57	36.93	65.38	24.08	

三、建筑业签订合同、承包工程完成情况

表 4-18 2018 年上海建筑业签订合同情况 单位：亿元

类 别	签订的合同额	上年结转合同额	本年新签合同额
总 计	**22 881.78**	**11 210.94**	**11 670.83**
按经济类型分			
内 资	22 393.20	10 995.80	11 397.40
# 国 有	16.75	1.98	14.77
集 体	30.41	9.84	20.57
股份合作	5.48	0.31	5.17
联 营	2.23	1.29	0.94
有限责任公司	17 394.36	8 638.64	8 755.72
股份有限公司	1 837.26	1 029.05	808.21
私 营	3 106.72	1 314.68	1 792.03
港澳台商投资	213.5	70.22	143.29
外商投资	275.07	144.93	130.14
按隶属关系分			
# 中央属	10 181.95	5 006.14	5 175.80
地方属	6 273.54	3 240.72	3 032.82
其他属	6 426.29	2 964.08	3 462.21
按资质等级分			
# 特 级	13 382.16	6 718.55	6 663.61
一 级	6 744.84	3 309.98	3 434.86
二 级	1 777.80	773.38	1 004.43
三 级	959.06	402	557.06
按行业类别分			
房屋建筑业	13 550.68	6 542.18	7 008.50
土木工程建筑业	6 892.20	3 729.93	3 162.27
建筑安装业	1 411.81	597.94	813.87
建筑装饰和其他建筑业	1 027.08	340.89	686.19

按资质标准分			
施工总承包	21 131.41	10 586.65	10 544.76
专业承包	1 750.36	624.29	1 126.07

表 4-19　2018 年上海建筑业承包工程完成情况

类　别	直接从建设单承揽工程完成产值	自行完成施工产值	分包出去工程的产值	从建设单位外承揽工程完成产值
总　计	**7 376.32**	**6 372.91**	**1 003.41**	**739.4**
按经济类型				
内　资	7 141.85	6 219.24	922.61	717.84
# 国　有	9.98	5.95	4.03	0.5
集　体	16.68	16.37	0.31	0.78
股份合作	4.98	4.83	0.14	0.29
联　营	1.97	1.46	0.51	
有限责任公司	4 972.95	4 322.6	650.35	427.91
股份有限公司	471.79	273.89	197.9	102.5
私　营	1 663.50	1 594.14	69.36	185.9
港澳台商投资	81.09	71.7	9.39	6.43
外商投资	153.37	81.97	71.4	15.13
按隶属关系				
# 中 央 属	2 673.46	2 593.04	80.42	75.6
市　属	1 882.19	1 211.89	670.29	252.95
区（县）属	2 820.68	2 567.98	252.7	410.84
按资质等级				
# 特　级	3 162.87	2 578.18	584.69	203.38
一　级	2 788.79	2 517.16	271.63	388.96
二　级	945.77	854.52	91.26	99.53
三　级	466	410.3	55.7	45.16
按行业类别				
房屋建筑业	4 066.88	3 381.12	685.76	469.05
土木工程建筑业	2 043.19	1 851.35	191.83	86.28
建筑安装业	674.25	566.44	107.81	67.96
建筑装饰和其他建筑业	592	574	18	116.1

按资质标准				
施工总承包	6 398.51	5 431.28	967.23	525.24
专业承包	977.81	941.64	36.18	214.16

第六节　金融业主要指标

一、个人贷款总额

表 4-20　个人消费贷款及公积金贷款年末余额　　单位：亿元

指　标	2016 年	2017 年	2018 年
中外金融机构人民币个人消费贷款余额	**15 038.05**	**18 159.18**	**19 962.69**
# 个人住房贷款	11 141.86	12 720.89	13 314.01
汽车消费贷款	2 596.32	3 633.34	4 139.05
个人住房贷款占金融机构人民币个人消费贷款额比重（%）	74.1	70.1	66.7
公积金贷款余额	**3 257.77**	**3 531.01**	**3 921.96**

二、金融机构贷款年末余额

表 4-21　中外金融机构贷款年末余额　　单位：亿元

指　标	2018 年	比 2018 年初增加
各项贷款余额	**73 272.35**	**5 736.67**
境内贷款	69 290.97	5 618.26
住户贷款	22 274.95	2 545.75
短期贷款	2 437.90	760.97
中长期贷款	19 837.05	1 784.78
非金融企业及机关团体贷款	46 673.17	3 016.37
# 短期贷款	15 477.06	63.31
中长期贷款	23 505.43	1 601.37
票据融资	3 570.16	1 112.49
非银行业金融机构贷款	342.84	56.14
境外贷款	3 981.39	118.41

三、主要年份主要要素市场交易情况和资金拆借情况

表 4-22 主要金融市场成交概况 单位：亿元

指 标	2016 年	2017 年	2018 年
上海证券交易所成交额	2 838 724.47	3 063 862.43	2 646 248.80
上海期货交易所成交额	849 774.90	899 310.35	815 417.14
中国金融期货交易所成交额	182 191.10	245 921.99	261 222.97
银行间市场成交额	9 601 511.38	9 977 729.01	12 628 336.81
上海黄金交易所成交额	174 413.43	97 608.46	106 587.70

注:银行间市场成交额包括银行间本币市场和外汇市场成交额。本表数据中 2016 年上海黄金交易所成交额按双向计算，其他成交额数据均按单向计算。

第三章　土地市场

第一节　城市空间布局规划

上海市城市规划落实国家战略，突出区域协同，以城市群为主体构建大中小城市和小城镇协调发展的城镇格局。优化城乡体系，形成“网络化、多中心、组团式、集约型”的空间结构。明确分类、分层、分级的空间指引策略，夯实“规土融合”的空间政策平台。

一、区域协同发展

（一）协同发展要求

1. 发挥上海在“一带一路”建设和长江经济带发展中的先导作用　提升上海国际枢纽地位，强化上海在金融、贸易、航运、文化和科技创新等方面的功能引领性，增强上海对区域的辐射带动，推动在环境保护、产业布局、人文交流、信息共享、海外市场拓展等方面的协作，充分发挥长江经济带龙头城市和“一带一路”建设桥头堡作用。

2. 强化上海对长三角城市群的引领作用　共守生态安全，共享基础设施，创新治理模式，推动长三角城市群成为具经济活力的资源配置中心、具有全球影响力的科技创新高地、全球重要的现代服务业和先进制造业中心、亚太地区重要国际门户和美丽中国建设示范区。

3. 以都市圈承载国家战略和要求　发挥上海作为都市圈中心城市的辐射带动作用，依托交通运输网络推动 90 分钟通勤范围内，与上海在产业分工、文化认同等方面关系紧密的近沪地区及周边协同形成同城化都市圈格局。完善区域功能网络，加强基础设施统筹，推动生态环境共建共治，形成多维度的区域协同治理模式。

（二）区域生态环境

共同维护区域生态基底，共同完善长江口、东海海域、环太湖、环淀山湖、环杭州湾等生态区域的保护，严格控制滨江沿海及杭州湾沿岸的产业岸线，严格限制沿江新增钢铁、重化等高耗能与污染型工业，完善污染企业的退出机制；加强长江生态廊道、滨海生态保护带、黄浦江生态廊道、吴淞江生态廊道等区域生态廊道的相互衔接；推动区域（流域）大气、水环境、土壤污染与地面沉降的联防联治，协调长江、太湖流域水污染防治政策，共享区域、流域环境和污染源监测数据，推进船舶排放联合控制，建立区域资源与环境保护合作平台。

（三）区域交通设施

区域航空机场群联动：推动无锡硕放、南通兴东、嘉兴等周边机场共同支撑以浦东国际机场、虹桥国际机场为核心的上海国际航空枢纽建设。扩展集疏运通道容量，构建空铁联运体系，建设北沿江城际、沪杭城际等机场群联络通道。加强通用机场的统一布局。

区域港口功能布局：加强上海港与宁波至舟山港、苏州港、南通港、嘉兴港等长江下游及杭州湾地区港口的分工合作，提升国际枢纽功能，成为支撑“一带一路”和长江经济带战略的国际航运中心。强化上海港与沿海、沿江港口的水水中转，发展江海联运与沿海近洋中转。加强以长江黄金水道为骨架的区域内河航运系统建设，提升苏申、杭申线等高等级航道和外高桥等重要内河港区支撑作用，培育内河支流集疏运体系，构筑区域航运联动格局。

国家综合运输通道布局：强化南京、杭州、南通、宁波、湖州等 5 个主要联系方向上国家铁路干线与高速公路通道的布局；提升沪宁、沪杭、沿江、沪通、沪湖、沿湾、沪甬等 7 条区域综合运输走廊的服务效率、能级和安全可靠性，构建以高速铁路、城际铁路和高速公路为骨干，多种方式综合支撑的区域城际交通网络。

（四）区域市政基础设施

区域水资源统筹：提升长江与太湖流域水质及水量供给水平，协同保护各长江口与环太湖水源保护区，扩大长江流域水源地供水能力。建设沿长江与太湖地区清水走廊，协同推进太浦河后续工程建设，合理布局排水口与取水口，严格控制入河湖污染物总量，改善供水水质，统筹区域水资源分配，研究流域跨境引水方案。

区域市政廊道衔接：统筹上海电网衔接华北、华东、华中（三华）特高压电网、西南水电东送、华东 500 千伏电网的高压电力走廊布局；统筹上海天然气管网衔接西气东输、川气东输、LNG 二期、中俄东线等天然气管网，以及东海气田的天然气走廊布局。统筹以上海为核心的区域高速信息廊道布局。

区域基础设施协调：重点协调垃圾处理厂、污水处理厂、变电站、危险品仓库等基础设施布局。

区域信息通讯协作：搭建信息资源共享交换平台和公益性服务平台，探索数据中心服务的跨省市合作途径。

区域综合防灾体系共建：统筹流域防洪工程和重点水系布局，加快吴淞江工程等重大水利工程建设，提升防洪除涝减灾能力，完善现代区域防汛保障体系；协调区域救援通道、疏散通道、避难场所等疏散救援空间建设，以及区域应急交通、供水、供电、医疗、物资储备等应急保障基础设施布局。

（五）区域文化网络

推进环淀山湖地区古镇和环太湖古镇群联动开发，打造世界级水乡古镇文化休闲区和生态旅游度假区，适时申请世界文化遗产，共同促进江南地方文化和中国历史文化的传承与创新，提升区域文化交流水平与文化软实力。

（六）重点战略协同区

1. 东部沿海战略协同区　以中国（上海）自由贸易试验区为引领，充分发挥区域组合港的集聚效应，提升国际航运枢纽、贸易服务功能，形成沿海全面开放的国际门户。促进临港、舟山等滨海地区分工协作发展，积极引入战略性新兴产业，发展现代远洋渔业，并加强生态环境治理，整体保护长江口、近海生态型岛屿、滩涂湿地等，合理利用滨水岸线和水土资源。

2. 杭州湾北岸战略协同区　推进奉贤、金山、平湖等沿湾地区协作发展，形成集产业、城镇和休闲功能于一体的战略空间。重点推动重化工产业布局优化和转型升级，强化战略性产业和创新型产业集聚，推进杭州湾海洋环境修复，统筹协调沿湾各城市共同保护生态岸线以及生活岸线。

3. 长江口战略协同区　推动崇明世界级生态岛建设。促进宝山、崇明、海门、启东，嘉定、昆山、太仓等跨界地区的协作发展。优化长江口地区产业布局，严格保护沿江各城市水源地，推进沿江自然保护区与生态廊道建设。

4. 环淀山湖战略协同区 促进青浦、昆山等环淀山湖地区协同发展，保护生态环境和江南水乡历史文化与自然风貌，以建设世界级湖区为目标，加强水乡古镇等文化旅游资源的整体开发利用，形成融合文化、生态、休闲等功能的战略空间。

二、市域空间格局

（一）空间布局原则

1. 强化生态基底硬约束 构筑“双环、九廊、十区”多层次、成网络、功能复合的生态空间格局。

双环：外环绿带和近郊绿环。在市域双环之间通过生态间隔带实现中心城与外围以及主城片区之间生态空间互联互通。

九廊：宽度 1 000 米以上的嘉宝、嘉青、青松、黄浦江、大治河、金奉、浦奉、金汇港、崇明等 9 条生态走廊，构建市域生态骨架。

十区：宝山、嘉定、青浦、黄浦江上游、金山、奉贤西、奉贤东、奉贤至临港、浦东、崇明等 10 片生态保育区，形成市域生态基底。

2. 突出交通骨架引导 形成“枢纽型功能引领、网络化设施支撑、多方式紧密衔接”的交通网络，引导城镇空间布局。

以区域交通廊道引导空间布局：沿沪宁、沪杭、沪湖廊道，提升嘉定、松江、青浦等地区城镇的综合性服务功能和对近沪地区的辐射服务能力；沿沪通、沿江、沿湾、沪甬廊道，优化外高桥、空港、临港等地区的产业功能，增强奉贤新城、南汇新城的综合性功能和门户作用。

以公共交通提升空间组织效能：构建城际线、市区线、局域线等多层次的轨道交通网络，以公共交通为主导，实现上海市域 1 小时交通出行可达。10 万人以上新市镇轨道交通站点的覆盖率达到 95% 左右，轨道交通站点 600 米用地覆盖率主城区达到 40%，新城达到 30%。

构建三级对外交通枢纽体系：提升浦东、虹桥和洋山枢纽等国际（国家）级枢纽功能，结合浦东国际机场新增铁路东站（祝桥）。完善沪宁、沪杭、沿江等交通廊道上的区域级枢纽，突出长距离客货交通联系功能。依托区域城际铁路、市域轨道快线，设置城市级客运枢纽。沿沪通、沿湾和沪宁、沪杭廊道设置城市级货运枢纽。

（二）空间布局结构 形成“一主、两轴、四翼；多廊、多核、多圈”的市域总体空间结构。

1. “一主、两轴、四翼” 以中心城为主体，强化黄浦江、延安路至世纪大道“十字形”功能轴引导，形成以虹桥、川沙、宝山、闵行 4 个主城片区为支撑的主城区，承载上海全球城市的核心功能。

2. “多廊、多核、多圈” 强化沿江、沿湾、沪宁、沪杭、沪湖等重点发展廊道，培育功能集聚的重点发展城镇，构建公共服务设施共享的城镇圈，实现区域协同、空间优化和城乡统筹。

（三）市域城乡体系 形成“主城区-新城-新市镇-乡村”的市域城乡体系。

1. 主城区 主城区包括中心城、主城片区，以及高桥镇和高东镇紧邻中心城的地区，范围面积约 1 161 平方公里，规划常住人口规模约 1 400 万人。

中心城：为外环线以内区域，范围面积约 664 平方公里，规划常住人口规模约 1 100 万人。强化上海全球城市功能能级，推进城市有机更新，增加公共空间和公共绿地，提升公共服务水平、地区就业水平和城市空间品质。

主城片区：规划虹桥、川沙、宝山、闵行等4个主城片区，范围面积约466平方公里，规划常住人口规模约300万人。主城片区与中心城共同发挥全球城市功能作用，以强化生态安全、促进组团发展为空间优化的基本导向，围绕轨道交通枢纽促进空间紧凑发展，完善公共服务设施。加快产业转型和空间调整，适当增加就业岗位，促进产城融合。

2. 新城　重点建设嘉定、松江、青浦、奉贤、南汇等新城，培育成为在长三角城市群中具有辐射带动能力的综合性节点城市，按照大城市标准进行设施建设和服务配置，规划常住人口约385万人。

嘉定新城：沪宁廊道上的节点城市，以汽车研发及制造为主导产业，具有独特人文魅力和科技创新力，辐射服务长三角的现代化生态园林城市。规划人口约70万人。

松江新城：沪杭廊道上的节点城市，以科教和创新为动力，以服务经济、战略性新兴产业和文化创意产业为支撑的现代化宜居城市，具有上海历史文化底蕴、自然山水特色的休闲旅游度假胜地和区域高等教育基地。规划人口约110万人。

青浦新城：沪湖廊道上的节点城市，以创新研发、商务贸易、旅游休闲功能为支撑，具有江南历史文化底蕴的生态型水乡都市和现代化湖滨城市。规划人口约65万人。

奉贤新城：滨江沿海发展廊道上的节点城市，杭州湾北岸辐射长三角的综合性服务型核心城市，具有独特生态禀赋、科技创新能力的智慧、宜居、低碳、健康城市。规划人口约75万人。

南汇新城：滨江沿海发展廊道上的节点城市，以先进制造、航运贸易、海洋产业为支撑的滨海城市，以自贸区制度创新、产业科技创新、智慧文化创新为动力的改革开放先行试验区。规划人口约65万人。

金山滨海地区、崇明城桥地区，提升地方性服务功能，发展形成功能完善、产城融合、用地集约、生态良好的门户型节点城市。

3. 新市镇　突出新市镇统筹镇区、集镇和周边乡村地区的作用，根据功能特点和职能差异，分为核心镇、中心镇和一般镇。

核心镇：主要指位于金山滨海地区的金山卫镇和山阳镇，以及崇明城桥地区的城桥镇。强化联动发展和区域带动能力，规划高等级文化、教育、体育、医疗等设施，按照不低于中等城市标准进行建设和服务配置，加强对长三角区域以及周边镇乡地区的服务。

中心镇：主要指郊区位于发展廊道，且发展基础良好的城镇。包括罗店、安亭、南翔、江桥、朱家角、浦江、佘山、九亭、枫泾、朱泾、亭林、海湾、奉城、周浦、康桥、唐镇、曹路、惠南、祝桥、长兴、陈家镇等。中心镇按照中等城市标准进行设施建设和服务配置，强化综合服务、特色产业功能，突出公共交通对城镇发展的引导作用，强化土地节约集约利用和紧凑布局，提升对区域的带动能力。其中，中心城周边的中心镇重点完善公共服务与交通设施配置，提升建成区环境品质，强化空间管控，维护生态底线，控制人口增长，形成组团化的城镇空间格局。

一般镇：包括城镇化水平较低的独立型城镇。满足周边城乡居民的基本公共服务和就业需求，按照小城市标准进行设施建设和服务配置。

4. 乡村　建设美丽乡村，引导农村居民集中居住。加强村庄发展的分类引导，改善农村人居环境，保护传统风貌和自然生态格局，全面完善农村骨干基础设施和公共服务设施，完善乡村供水、排水、垃圾处理、道路交通、电力、通讯等设施，合理配置乡村教育、医疗、商业服务等设施网点。

保护村庄：重点保护 40 个以上具有历史文化底蕴和风貌特色的村庄。明确核心资源要素，加强村庄特色风貌保护，合理布局公共服务设施。适度发展休闲旅游、创意等产业，提高农民收入。

保留村庄：保留整体空间格局、资源、环境、规模、产业、历史文化要素等综合评价较高的村庄。适当引导紧凑组团式发展，优化生产生活布局，就近依托城镇配套公共服务设施，提升基本公共设施和市政基础设施服务水平，开展农村人居环境整治行动。

按照节约集约用地导向，引导农民进城入镇。有序迁并环境差、规模小、分布散的村庄。优先安排受环境影响严重的村庄居民迁移，包括位于生态敏感区、水源保护地内以及受高压线、高速公路和高速铁路影响严重的村庄。

（四）公共活动中心体系　构建“城市主中心（中央活动区）-城市副中心-地区中心-社区中心”的公共活动中心体系。

1. 城市主中心（中央活动区）规划范围约 75 平方公里，包括小陆家嘴、外滩、人民广场、南京路、淮海中路、西藏中路、四川北路、豫园商城、上海不夜城、世博—前滩-徐汇滨江地区、徐家汇、衡山路-复兴路地区、中山公园、虹桥开发区、苏河湾、北外滩、杨浦滨江（内环以内）、张杨路等区域，作为全球城市核心功能的重要承载区，重点发展金融服务、总部经济、商务办公、文化娱乐、创新创意、旅游观光等功能，加强历史城区内文化遗产和风貌的整体保护。

2. 城市副中心 规划 9 个主城副中心、5 个新城中心和 2 个核心镇中心，作为面向市域的综合服务中心，兼有全球城市的专业中心职能。中心城内提升江湾-五角场、真如、花木-龙阳路 3 个主城副中心的功能，新增金桥、张江 2 个主城副中心。在虹桥、川沙、宝山、闵行 4 个主城片区内分别设置虹桥、川沙、吴淞、莘庄主城副中心。嘉定、松江、青浦、奉贤、南汇等 5 个新城内分别设置新城中心，在金山滨海地区和崇明城桥地区设置核心镇中心，强化面向长三角和市域的综合服务功能，承载全球城市部分功能。

3. 地区中心 结合地区人口规模与发展需求，实现公共服务与就业岗位均衡化布局，在主城区、新城以及部分新市镇结合轨道交通站点和枢纽设置地区中心。

4. 社区中心 将生活圈作为社区公共资源配置和社会治理的基本单元。在每个生活圈内，规划形成社区服务中心，实现基本服务设施 15 分钟步行可达，保障市民享有便捷舒适的社区级公共服务设施，提升生活品质。

三、空间分区管制

（一）生态空间　全市生态空间总面积不小于 5 465 平方公里（规划范围内 3 739 平方公里），其中长江口及近海海域面积 2 432 平方公里（规划范围内 706 平方公里），陆域面积 3 033 平方公里。生态空间分四类进行差异化管控，建立健全建设引导、生态补偿和动态调整机制。

1. 一类、二类生态空间　以改善生态环境质量为核心，以保障和维护生态功能为主线，划定并严守生态保护红线。一类生态空间包括崇明东滩鸟类国家级自然保护区、九段沙湿地国家级自然保护区的核心范围，总面积 626 平方公里（均为长江口及近海海域面积，其中规划范围内 256 平方公里）；

二类生态空间包括国家级自然保护区非核心范围、市级自然保护区、饮用水水源一级保护区、森林公园核心区、地质公园核心区、山体和重要湿地，总面积639平方公里（其中规划范围内长江口及近海海域面积155平方公里，陆域面积71平方公里）。将一类和二类生态空间作为禁止建设区，总面积1 265平方公里（其中规划范围内长江口及近海海域面积411平方公里，陆域面积71平方公里），禁止影响生态功能的开发建设活动。

将其中具有特殊重要生态功能、必须强制性严格保护的区域，包括生态功能重要区域和生态环境敏感脆弱区域划入生态保护红线，实现一条红线管控重要生态空间。

2.其他生态空间　将城市开发边界外除一类、二类生态空间外的其他重要结构性生态空间划定为三类生态空间，包括永久基本农田、林地、湿地、湖泊河道、野生动物栖息地等生态保护区域，以及饮用水水源二级保护区、近郊绿环、生态间隔带、生态走廊等生态修复区域，总面积不小于4 096平方公里（其中规划范围内长江口及近海海域面积295平方公里，陆域面积2 858平方公里）；将三类生态空间划入限制建设区予以管控，禁止对主导生态功能产生影响的开发建设活动，控制线性工程、市政基础设施和独立型特殊建设项目用地。

将城市开发边界内结构性生态空间划定为四类生态空间，包括外环绿带、城市公园绿地、水系、楔形绿地等，面积不小于104平方公里（均为陆域面积），严格保护并提升生态功能。

（二）农业空间　农业空间内坚持永久基本农田保护，促进永久基本农田集中成片，以农用地多功能利用促进都市现代农业发展，推进低效工业用地和农村宅基地减量。在严守建设用地总规模的前提下，安排其他建设用地仅用于交通市政设施、特殊用地、农村民生项目和旷地型旅游设施。其他建设用地区内不得新增居住和工业项目，以旷野型开发为导向，严格控制开发建设强度和高度。

1.划定永久基本农田保护红线　将布局集中、用途稳定、具有良好水利设施的高产、稳产、优质耕地划定为永久基本农田保护红线。优先划入城镇周边易被占用的耕地，并将位于生态间隔带、近郊绿环及生态走廊内具有重要生态功能的耕地划定为永久基本农田。2020年，全市永久基本农田保护任务为249万亩。2035年，全市永久基本农田保护任务为150万亩。将永久基本农田保护红线纳入三类生态空间。

对划定的永久基本农田实行管控性保护、建设性保护和激励性保护。任何单位和个人不得擅自占用永久基本农田或改变其用途。通过土地综合整治、高标准永久基本农田建设和耕作层土壤剥离再利用等措施，实现永久基本农田“数量、质量、生态”三位一体提升。

2.促进永久基本农田集中成片　按照市-区-镇三级，建立永久基本农田集中区-保护区-保护地块管理体系，促进永久基本农田集中成片，逐层落实耕地保护任务，实现永久基本农田精细化管理和刚性管控。

全市层面，划定永久基本农田集中区15片，促进永久基本农田集中成片，区内永久基本农田保护面积不低于全市总量的60%；区级层面，划定永久基本农田保护区，作为永久基本农田特殊保护和管理的区域，区内永久基本农田保护面积不低于全市总量的80%，探索保护区内永久基本农田增加与保护区外永久基本农田调整挂钩联动的机制；镇乡级层面，划定永久基本农田保护地块，完善永久基本农田保护责任机制。

3.大力发展多功能都市现代农业　稳固都市现代农业的生产功能、凸显生态功能、丰富生活文化功能，推进都市现代农业与二、三产业融合发展。坚持主要农产品低保有量制度，保障城市蔬菜自给率，确保供应安全。以崇明三岛、黄浦江上游、杭州湾北岸和城市周边地区为主体，优化农业生产布局。在划定永久基本农田的基础上，建设80万亩粮食生产功能区，控制重要农产品生产保护区，成为高效、生态都市现代农业示范基地。加强农业空间复合利用，推广立体种养模式。全面加强农业面源污染防控，建立全程可追溯、互联共享的农产品质量信息平台，加强农产品质量安全分类、分级管理。推进农村环境综合治理，构建乡村新型功能体系，保护传承农村传统文化。

（三）城镇空间

1. 城市开发边界　以规划建设用地总量锁定为前提，根据全市城乡空间格局划示城市开发边界，其范围涵盖建成区和规划期内拟拓展的建设用地，包括主城区、新城、新市镇镇区、集镇社区、产业园区和特定大型公共设施等规划城市集中建设区。在全市层面，规划城市开发边界范围面积控制在2 800平方公里以内（其中建设用地约2 600平方公里）；在各区、镇乡层面，深化城市开发边界，落实规划建设用地规模控制，优化建设用地布局，明确管控要求。

引导城市建设集中布局，集约紧凑发展。至2035年，城市开发边界内建设用地在全市建设用地总规模中的比例达到80%以上；城市开发边界外建设用地由现状868平方公里减少到600平方公里。

2. 限制建设区　在禁止建设区外，将长江口及近海海域、城市开发边界外的市域陆域空间以及城市开发边界内的规划非建设用地，划入限制建设区，总面积约5 438平方公里（其中规划范围内长江口及近海海域面积约295平方公里，陆域面积约4 162平方公里）。严格限制除市政、交通、水利基础设施以外的其他新增建设用地。

（四）文化保护控制线

1. 分类划定文化保护控制线　包括历史文化遗产、自然（文化）景观和公共文化服务设施等要素的保护和控制范围。建立文化保护控制线的定期评估与更新机制。根据文化发展要求，逐步增补保护对象，拓展文化保护范围。历史文化遗产：根据相关法律法规和保护规划，划定城乡各类历史文化遗产的保护和控制范围，严格保护历史文化遗产及其环境。

自然（文化）景观：包括历史公园、古树名木等带有人文要素的自然景观的保护和控制范围，重点保护自然地形地貌、景观环境、生态系统与文化遗存。

公共文化服务设施：涵盖城市中公共文化体育设施较为集聚、对城市文化发展具有重要作用的区域，确保以公共文化服务为主导功能，不得擅自改变用地性质，严格控制文体功能空间规模占比下限，强化对公共服务空间的保护和管控。

2. 实施严格的文化保护制度　严格按照相关法律法规，对文化保护控制线实施分级管控，将历史文化遗产的保护范围划入紫线，实施严格的保护制度。

四、空间发展策略

（一）中心城

1. 打造高品质的中央活动区　以外滩-陆家嘴地区为核心，进一步集聚国际金融、贸易、航运和总部商务等全球城市功能。重点打造世博-前滩-徐汇滨江地区的文化功能核心区，引领创新、创意、文化等全球城市功能集聚。促进黄浦江、苏州河沿线用地转型，打通滨江、滨河公共空间通道，彰显世界级滨水区品质和活力。

2. 促进功能提升和布局优化　在提升江湾-五角场、真如、花木-龙阳路 3 个主城副中心功能的基础上，在浦东新区促进金桥、张江 2 个主城副中心的规划建设。中心城北部强化大宁、桃浦、共康、控江路等地区中心，浦东新区培育森兰、金杨、金科、御桥、高青路等地区中心，中心城西部强化真北、古北、南站-漕河泾等地区中心。推进张江、金桥、外高桥、市北、漕河泾等地区产业功能转型升级。

3. 提高公共交通服务水平　中心城确立公共交通在机动化出行中的主导地位，至 2035 年，公共交通占全方式出行的比例达到 50%以上，绿色交通出行比例达到 85%。其中，中央活动区作为低碳出行实践区，公共交通出行比例达到 60%以上，个体机动化交通出行比例降低至 15%以下。加强轨道交通网络支撑，确保主城副中心均有至少 2 条轨道交通线路直接服务。研究新增线路预留快慢线功能的可行性。至 2035 年，中心城轨道交通站点 600 米用地覆盖率达到 60%。

4. 改善居住和公共服务品质　对于就业岗位集聚的地区，鼓励存量住房改造、企业投资建设、政府回购等多种方式，进一步提高租赁住房比例。控制规划新增住宅用地规模，提高新增住房中的租赁性和中小套型住房比例。推进各类高等级公共服务设施布局，重点在杨浦、虹口、普陀、静安的苏州河以北地区以及浦东新区东部地区，结合公共活动中心体系，增加市级与地区级体育、医疗、文化等公共服务设施。结合 15 分钟社区生活圈的优化完善，推进基本公共服务的均等化，提高社区级文化、体育、医疗等设施的服务效率和水平。

5. 织密绿地网络　加快实施桃浦、三岔港、东沟、张家浜、北蔡、三林、吴中路等 7 片楔形绿地，拓展大场楔形绿地，在吴淞江沿线及吴淞工业区新增 2 片楔形绿地。结合重要转型地区，增加若干个面积 100 公顷以上的城市公园；按照地区公园（不小于 4 公顷）2 公里、社区公园（不小于 0.3 公顷）500 米的服务半径推进公园建设，构建完善的绿地系统。沿骨干河道两侧 20 米构筑连续开放的公共空间，形成以黄浦江、苏州河、川杨河、淀浦河、蕰藻浜等为骨架的 13 条滨水廊道。至 2035 年，中心城新增公园绿地 30 平方公里以上，人均公园绿地面积从 3.8 平方米提高到 7.6 平方米。

（二）主城片区

1. 虹桥片区　东至外环路，南至 G50 沪渝高速，西至 G15 沈海高速，北至 G2 京沪高速，即虹桥商务区范围，片区面积 86 平方公里，规划人口规模约 50 万人。

培育虹桥主城副中心，聚焦枢纽、会展、商贸功能。形成虹桥商务区主功能区（核心区）总部经济、东虹桥临空地区航空服务、西虹桥徐泾地区贸易会展、南虹桥华漕地区医疗教育、北虹桥江桥地区电子商务文体创意等功能组团。控制和建设 G15 沈海高速、G50 沪渝高速两侧绿带，加快推进吴淞江两侧的生态空间建设。拓展虹桥枢纽交通疏解通道，增设机场联络线、嘉闵线等，增加南北向轨道交通线路，提高轨道交通站点 600 米用地覆盖率至 40%左右。打造新虹桥医学中心、会展、文化等高等级公共服务集聚区，适度新增高等级文体和教育设施。新增中小套型住房占比约 80%，大幅度提高租赁性住房比例。

2. 川沙片区　东至浦东运河，南至下盐公路，西至 S3 沪奉高速，北至川杨河，包括川沙老镇区、上海国际旅游度假区、张江科学城及其周边地区，片区面积 97 平方公里，规划人口规模约 50 万人。

培育川沙主城副中心，促进张江、川沙、上海国际旅游度假区各板块的联动发展，强化科技创新、文化、旅游等功能。推进张江科学城建设成为综合性国家科学中心，加快创新产业高端化和集群化发展，进一步集聚高校、科研机构和科技企业。结合外环绿带建设形成大型绿地空间。规划控制机场联络线和迪士尼枢纽，优化迪士尼接驳线，新增轨道交通线，加强片区与中心城、浦东枢纽的交通衔接，提高轨道交通站点 600 米用地覆盖率至 30%左右。提高路网密度，加强南北向道路交通联系。依托张江科学城、川沙镇区和上海国际旅游度假区，适度增加高等级教育、医疗卫生和文体设施数量。多途径提供多样化住宅产品，重点在张江科学城增加租赁性住房。

3. 宝山片区　外环路至 G1501 绕城高速之间的宝山南部地区，片区面积 84 平方公里，规划人口规模约 65 万人。

打造吴淞主城副中心，重点培育航运、商贸、科教研发等核心功能，预留大型文化体育设施空间。促进顾村工业区转型升级，加强顾村、杨行、吴淞组团间的南北向绿化隔离，完善长江滨江绿地建设。适当增加跨外环路通道，提高慢行交通的连通性，增加南何支线、宝嘉线等轨道城际线，沿客流走廊增加轨道交通线路。完善组团内部轨道接驳系统，提高轨道交通站点 600 米用地覆盖率至 40%左右。重点新增高等级医疗卫生和文体设施，严格控制规划新增住宅用地，新增中小套型住房占比约 80%，增加租赁性住房的规模。

4. 闵行片区　外环路以外闵行南部地区，片区面积 199 平方公里，规划人口规模约 135 万人。

强化莘庄主城副中心建设，结合轨道交通枢纽提升商贸综合服务功能。促进闵行经济技术开发区、莘庄工业区产业转型提升，与紫竹国家高新技术产业开发区共同形成产业创新单元，强化科技创新的核心功能，培育颛桥、江川等地区中心。推动吴泾地区产业转型和空间留白，预留大型文化体育设施空间。新增黄浦江滨江生态空间，建设吴泾、沪宁、申嘉湖等多条生态间隔带。新增轨道交通线路，加强闵行南部与中心城的联系，构建片区内部中运量轨道交通网络，提高轨道交通站点 600 米用地覆盖率至 40%左右。适当新增医疗卫生等高等级公共服务设施。严格控制规划新增住宅用地，新增中小套型住房占比约 80%。对于颛桥和江川路等就业岗位较为集中的产业园区，适度增加租赁性住房的规模。

（三）城镇圈

以城镇圈作为郊区空间组织和资源配置的基本单元，强化交通网络支撑，共享公共服务设施，城镇圈内通勤出行时间控制在 30-40 分钟。规划形成 24 个城镇圈，包括 16 个综合发展型城镇圈、4 个整合提升型城镇圈和 4 个生态主导型城镇圈。针对跨行政区的城镇圈，促进区域协同发展。

1. 综合发展型城镇圈　由新城、核心镇和中心镇引领，重点加强公共服务和资源配置，促进产城融合，引导人口向新城、核心镇和中心镇集中。推进跨区域综合交通设施对接和公共服务设施共享。

嘉定、青浦、松江、奉贤、南汇等新城引领的城镇圈，加强人口集聚，着力导入市级公共服务设施，提升产业科技创新能力，培育区域性就业和服务中心，构建城镇圈快速路系统。金山滨海地区和崇明城桥地区的城镇圈，促进人口集聚，完善高等级公共服务设施，强化对外交通建设，形成区域性特色产业。

长兴、枫泾、朱泾、安亭、亭林、奉城、海湾、惠南、罗店等中心镇引领的城镇圈，适当集聚人口，在城镇圈内各新市镇间统筹配置高等级公共服务设施。

2. 整合提升型城镇圈　由中心城周边新市镇组成的城镇圈，着重体现生态宜居功能。包括南翔-

江桥、九亭-泗泾-洞泾-新桥、浦江-周浦-康桥-航头、唐镇曹路-合庆等城镇圈。严格控制规划新增住宅用地，完善地区级公共服务设施，合理配置高等级服务资源。推动存量工业用地转型升级，形成区域性的就业核心。结合生态间隔带与近郊绿环建设大型公园，构建组团开敞的空间格局。构建组团内部轨道接驳系统，提高慢行连通性。

3. 生态主导型城镇圈　由生态功能主导的新市镇组成的城镇圈，着重体现城乡服务、生态保育、休闲游憩功能。包括陈家镇、东平、新海、朱家角等城镇圈，加强整体生态基底保护，培育生态农业与旅游度假产业，加快郊野公园与休闲旅游度假区建设。严格控制规划新增住宅用地，提升地区公共交通网络和慢行交通环境。

4. 跨行政区协调机制　临近上海市域边界城镇圈（嘉定安亭-青浦白鹤-江苏昆山花桥、金山枫泾-松江新浜-浙江嘉善-浙江平湖新埭、崇明东平-江苏海门海永-江苏启东启隆），促进规划共同研究编制，建立生态环境共保共治机制，加强基础设施对接，实现功能布局融合、基础设施统筹、公共服务资源共享，推动上海和近沪地区一体化发展。

市域范围内跨行政区的城镇圈（浦江-周浦-康桥-航头、亭林-叶榭、朱泾-泖港-吕巷-廊下等），重点完善跨行政区的高等级公共服务设施配置、交通衔接和生态保护等机制，实现公共服务高效供给和出行低碳便捷。

（四）战略预留区

1. 预控战略留白空间　在城市开发边界内划示战略留白空间，预控总规模约 200 平方公里。留白空间主要包括规划市级重点功能区及周边拓展地区、现状低效利用待转型的成片工业区以及规划交通区位条件发生重大改善的地区等。重点聚焦可能面临重大转型机遇的战略空间地区，主要用于重大事件、重大功能项目建设。

2. 预控城市重大事件的用地选址　预留大型综合性国际赛事场馆选址，带动城市更新和地区发展。结合战略留白空间，对其他专业性国际体育赛事场馆在空间上进行预控。

第二节　土地资源利用和保护“十三五”规划

一、指导思想和基本原则

（一）指导思想

全面贯彻党的十八大和十八届三中、四中、五中、六中全会和中央城市工作会议精神，统筹推进“五位一体”总体布局和协调推进“四个全面”战略布局，牢固树立创新、协调、绿色、开放、共享的发展理念，坚守人口、土地、生态、安全四条底线，积极服务供给侧结构性改革，以提高资源配置的质量和效益为中心，大力推进低效建设用地转型增效，实现土地利用方式改革创新，为 2020 年形成具有全球影响力的科技创新中心基本框架，基本建成“四个中心”和社会主义现代化国际大都市提供有力的用地保障。

（二）基本原则

1.坚持底线思维。严格控制人口规模，到2020年，常住人口控制在2 500万人以内。突出“生态优先”，落实规划建设用地“负增长”，划定永久基本农田保护红线、生态保护红线和城市开发边界（后简称“新三线”），加强郊野公园、水环境综合整治等重点领域的生态建设和修复，强化农地复合利用，完善田、林、水协调建设政策，锚固城市生态基底，优化土地利用空间结构。

2.聚焦结构优化。突出广域、立体、复合、有机的土地利用新理念，按照扩大生态用地、优化生活用地、控制生产用地的要求，优化“三生”用地结构，保障生产空间集约高效、生活空间宜居适度、生态空间水绿交融目标实现。新增建设用地着力保障基础设施用地和民生、公益类项目用地，重点加强优化存量建设用地的布局、结构和功能，确保“十三五”期间土地供应流量不减少。

3.注重功能提升。以提高城市功能、活力和品质为目标，积极探索渐进式、可持续的城市有机更新，主要以存量用地的更新利用来满足城市未来发展的空间需求，倒逼土地利用方式由外延粗放式扩张向内涵增长效益提升转变。强化土地利用综合功能和绩效，将土地的经济、社会、环境等功能指标和要求纳入全生命周期管理。

4.强化实施机制。把握存量规划特征，充分注重各方利益主体诉求，综合考虑利益平衡和引导，围绕规划落地实施，创新土地收储、土地出让等各个环节的利益平衡政策机制，强化市场决定性作用和政策调控保障作用。在具体政策设计上，强调土地利用绩效提升和利益共享，建立起兼顾国家、集体、个人的土地增值收益分配机制。

二、主要目标和指标

“十三五”期间，土地资源利用和保护的总体目标是：主动适应经济发展新常态，坚持实施“五量调控”土地利用基本策略，更加注重生态环境保护、更加注重资源节约集约、更加注重利益统筹平衡，科学合理配置生产、生活、生态用地，构建空间资源配置合理、利用效能综合全面、运行机制有序高效的土地管理“三位一体”新格局。具体目标包括：

（一）土地利用结构布局不断优化

到“十三五”期末，全市建设用地总规模不突破3 185平方公里，其中工业用地比重降低到17%左右，优化住房供应结构，增加中小套型商品住房供应，建立完善购租并举的住房体系；耕地保有量不低于282万亩，永久基本农田不低于249万亩。

（二）土地节约集约利用水平持续提高

推进低效建设用地减量化，倒逼城市发展转型，“十三五”期间，实现低效建设用地减量50平方公里，其中工业用地40平方公里；不断完善节约集约用地制度建设，促进土地利用绩效水平不断提高，单位GDP建设用地使用面积比“十二五”期末下降20%。

（三）生态环境建设不断加强

坚持绿色发展，突出底线约束。到“十三五”期末，生态用地面积达到3 500平方公里，占全市陆域面积不低于50%，全市森林覆盖率不低于18%，维持自然湿地面积不减少，耕地质量稳中有升；推进水环境综合治理，河湖水面率不低于10.1%；全市年平均地面沉降量持续控制在6毫米以下。

三、重点任务

（一）优化整合——深化“两规合一”的规划引领

结合新一轮总规编制工作，实现区、镇乡层面城乡规划和土地利用总体规划成果合一，并以“新三线”作为“两规合一、多规融合”的空间管控载体予以锁定，优化全市用地结构，锚固市域空间布局。

1. 划定永久基本农田保护红线，保障城市粮食和生态安全　锁定和聚焦上海的粮食、蔬菜生产空间，落实 249 万亩永久基本农田保护任务，将布局集中、用途稳定、具有良好水利和水土保持设施的粮田、菜地划定为永久基本农田，实行最严格保护。划定基本农田保护区，探索实施保护区内基本农田增加与保护区外基本农田调整挂钩的联动机制，实现“数量确保、质量可靠、用途稳定、集中成片”的基本农田保护目标。强化永久基本农田生态维护功能，对标国际标准，大力调整减少化肥农药使用量，实施基本农田休耕轮作制度，提高农业生产的可持续性。

对永久基本农田以外的其他农用地，积极推进农林水复合利用，提高综合生态价值，提升农用地生态休闲、观光旅游价值。进一步完善设施农用地管理，支持设施农业健康有序发展，促进农业现代化建设、适度规模经营和产业结构调整。编制完成全市养殖业布局规划，统筹全市养殖业发展，实现全市养殖业总量减少、布局优化、转型提质；进一步加大对不规范和不符合规划的养殖场的整治力度，落实整治措施，确保规划目标实现，为“十三五”期间上海整建制建设国家现代农业示范区奠定规划基础。

2. 划定生态保护红线，锚固城市生态空间　在全面评估全市现状各类生态要素基础上，划定多层次、成网络、功能复合的生态空间。形成以生态保育区、生态走廊等生态战略保障空间为基底，以市域双环、生态间隔带为锚固，以楔形绿地和大型公园为主体的市域环形放射状生态空间格局，确保耕地、园林地、水面、公共绿地等生态用地占全市陆域面积达到 50%以上。实施生态空间分级分类管控。将市级层面严格控制和管理的空间划定为全市生态保护红线范围，并作为禁止建设区予以管控，包括一类、二类生态空间；将城市开发边界外除一类、二类生态空间外的其他重要结构性生态空间划定为三类生态空间，作为限制建设区予以管控，禁止对主导生态功能产生影响的开发建设活动，控制线性工程、市政基础设施和独立型特殊建设项目用地；将城市开发边界内结构性生态空间划定为四类生态空间，严格保护并提升生态功能。

加快推进“十三五”造林任务空间落地，优先考虑“十三五”期间全市重点生态环境综合治理地区和“十三五”重点滨水沿路两侧各 50 米的生态廊道空间，实现 2020 年森林覆盖率不低于 18%的目标。“十三五”期间，继续推进首批 6 个郊野公园的二期建设，新增启动 7 至 8 个规划郊野公园建设，推进滨水沿路生态廊道和大型林地建设。切实保护河道水系，推进水环境综合治理，河湖水面率不低于 10.1%。

3. 划定城市开发边界，优化完善城乡空间格局　在生态基底硬约束的基础上划定城市开发边界，确保全市建设用地规模控制在 3 185 平方公里以内。以“严控总量、优化结构，突出民生、保障发展”为导向，合理使用有限的新增建设用地计划。40 平方公里建设用地增量空间中，预留约 25 平方公里作为市统筹新增建设用地，优先保障三类项目，一是轨道交通、保障性住房等市重大基础设施和社会事业工程；二是由市级部门共同认定的市级重大产业项目；三是特定地区基础设施建设，包括临港、长兴、化工区、虹桥商务区和国际旅游度假区等地区。此外，预留约15平方公里用于保障区级市政公益等民生项目建设。加强立体空间开发利用的规划引导，以轨道交通换乘枢纽、公共活动中心等区域为重点，强化地上地下开发联动，形成功能适宜、布局合理的地下空间总体结构，积极推进地下空间有效利用。

（二）管护宜耕——强化耕地和基本农田保护

深化耕地资源保护，全面树立空间、质量、资源、生态、景观“五位一体”耕地综合保护新理念，确立耕地空间和资源并重的管护方式，推动农用地复合利用水平显著提升。

1. 加强耕地保护责任落实制度建设　强化耕地责任目标考核，切实落实政府责任；完善本市生态补偿机制，加大市级财政对耕地和永久基本农田的补偿力度，提高区政府积极性；通过调整征地补偿标准等措施，显化耕地资源价值，提高占用耕地成本，加大对农村地区资金投入；健全、完善全社会耕地保护共同责任机制。

2. 加强耕地质量建设，提高耕地保护水平　优化耕地质量等别更新与监测工作机制，建立和完善土地整治新增耕地质量等别评定制度。做好低效建设用地减量后复垦耕地质量评价，探索耕地质量等别评定成果应用路径。完善耕地质量监测网络，优化监测指标，按照耕地环境质量实施分类管理，探索土壤修复和治理新方法。对于耕地的土壤环境风险应突出预防为主，重点聚焦“四旁”（工业区、大型市政基础设施、骨干河道和交通干道）耕地的土壤环境风险，对耕地面积和范围进行预控调整，优先转化为生态用地。落实建设占用耕地耕作层剥离和再利用制度，探索耕地质量等级折算，推动耕地保护由数量保护向数量、质量并重转变，由空间保护向土壤资源、空间保护并重的内涵式保护转变。

3. 推进基本农田建档、立册、入库　通过建档、立册、入库，实现划定后的永久基本农田落地到户，明确保护责任。做好日常管理维护工作，完善“新三线”管控机制，严防永久基本农田随意被建设占用，确保划定的永久基本农田实现永久保护、永续利用。

（三）集约高效——强化土地节约集约利用

在坚持发挥市场配置资源决定性作用的同时，完善政府引导机制。以资源、效能、机制“三位一体”的土地全生命周期管理体系为依托，全面加强土地市场管理，创新土地复合利用政策，构建紧凑型节约型用地标准，深化完善具有上海特色的土地节约集约利用制度体系。

1. 全面深化土地全生命周期管理　落实土地全生命周期监管。建立全市统一的土地全生命周期管理信息平台，通过多部门信息共享、动态监测，切实按“谁提出、谁负责、谁监管”的原则，落实合同履约情况监管。优化提升全覆盖、全要素、全过程的土地全生命周期管理要求。根据土地节约集约利用和城市发展方式转变要求的明确和深化，以土地出让合同为平台，从资源规模和强度控制、社区开放共享、生态环境改善、智慧绿色城市建设、城市文化提升等方面，进一步优化全生命周期管理要求。

2. 进一步推进土地供给侧结构性改革　完善优化土地储备机制，增强土地市场政府调控能力。以实施土地全生命周期管理为抓手，进一步优化土地和住房供应结构。在增加商品住房用地供应规模的同时，明确商品住房用地的中小套型住房比例和商品住宅物业持有要求，进一步增加中小套型商品住房供应比例，促进购租并举的住房体系建设；鼓励开发企业持有部分商业办公物业用于持续经营，促进建筑品质和运营管理水平的提升，引导开发企业成为城市共建、共治、共享的责任主体。同时，加强土地出让规划评估工作，结合经营性用地供应逐步完善公共开放空间、公益性配套服务设施，增强城市活力，构建15分钟社区生活圈。

3. 推进土地复合利用和立体开发　在自贸试验区开展综合用地规划和土地管理试点的基础上，全面推开全市土地复合利用，建立弹性、协调、绿色、开放、共享的土地复合利用理念，促进本市“四新”经济发展，完善区域功能和配套设施，推进产城融合发展和城市有机更新。进一步鼓励综合开发利用地下空间，继续全面实施经营性地下建设用地使用权有偿使用制度，引导综合开发利用地下空间建设市政基础设施。大力推进轨道交通场站及周边土地综合开发，建立符合上海发展实际的轨道交通场站及周边地区综合开发利用模式。

4. 建立节约紧凑建设用地标准　按照“规土融合、土地复合、产城融合”的原则，完善覆盖城乡和各类产（行）业的上海建设用地节约集约标准体系，进一步发挥建设用地标准在规划编制、用地预审和土地利用管理中的控制引导作用。同时，形成用地标准实施评估、定期更新工作机制。

（四）挖潜活力——推进城市有机更新

以存量建设用地作为城市发展空间的主要来源，在城市建成区，通过城市有机更新，不断促进功能完善、环境改善、品质提升，积极探索渐进式、可持续的有机更新模式，更新规模不少于50平方公里。重点结合中心城“多心、开敞”布局优化导向，推进桃浦地区、三林地区、吴淞地区、南大地区、高化地区、吴泾地区等重点转型地区的功能更新和调整升级。

1. 创新“四个一”的城市更新推进机制　制定一套完善的标准规范。根据《上海市城市更新实施办法》，制定印发《上海市城市更新规划土地实施细则》等配套文件。探索一套成熟的工作机制。研究城市更新工作中市级部门、区级部门、市场主体、技术支持团体“四位一体”相互协作的工作机制。创新一批有效的实施政策。以规划土地政策创新推进政策资源整合，加强土地、财政、税收等城市有机更新多元政策机制衔接，实现多策并举。规划和土地管理率先结合更新需求，针对不同地区、不同情形，制定适度的规划土地鼓励政策，激发市场动力，切实保障项目操作落地。推广一批具有示范意义的更新试点案例。以更新试点项目为基础，市、区联动，共同探索，形成一批具有示范作用的优秀更新实施案例，以点带面，在更大范围内推广借鉴运用，全面推进城市更新工作。

2. 积极推动“四大行动计划”　分别针对社区服务、创新经济、历史传承、慢行生活等市民关注焦点和城市功能短板，以项目为依托，由市、区两级共同推进共享社区计划、创新园区计划、魅力风貌计划和休闲网络计划等城市更新“四大行动计划”实施。“十三五”期间，积极推动城市更新进入全口径、全市域、全社会参与的工作阶段，把城市更新理念有机融入规划管理、土地管理和其他城市管理等各个层面。

（五）提质增效——实施低效建设用地减量化与土地整治

重点聚焦低效工业仓储用地和农村宅基地，作为“十三五”期间土地资源利用和转型的主要对象。创新土地整治模式，以郊野单元规划为统筹平台，发挥农地综合效益，引导郊野地区有序、内生发展。稳步推进农村土地整治和滩涂围垦工作，预计实现补充耕地总量10万亩。

1. 推进工业用地转型升级，促进低效工业用地减量化　到2020年，全市工业用地总规模控制在550平方公里左右（占建设用地17%左右）。优化“104”工业区块、“195”区域和“198”区域工业发展空间转型升级路径和差别化管理策略。在新增工业用地供应和存量工业用地盘活过程中，开展对土壤和地下水地质环境质量监测和评估，强化合理利用土地约束机制，确保土地资源绿色、可持续利用。

“104”工业区块，以空间优化、结构调整、绩效提高和能级提升为主，着力构建战略性新兴产业引领、先进制造业支撑、生产性服务业协同的新型工业体系，巩固提升工业园区产业集聚优势，增强城市综合功能。“195”区域，推进存量工业用地整体转型，转型方向以研发用地、住宅用地、公共服务用地和公共绿地为主，或开展零星开发试点工作，促进存量工业用地盘活利用。建立和完善低效工业用地认定标准，进行全面调查和分类评价，推进低效用地的再开发利用。“198”区域，大力推进现状低效工业用地减量化。到2020年，减量40平方公里，优先考虑二级水源保护区、生态廊道和永久基本农田内的工业用地；通过土地节约集约利用评价，对“三高一低”（高耗能、高污染、高危险、低效益）工业用地进行减量，减量化后的土地根据水土质量情况作为生态用地或耕地。

2.有序推进农村宅基地撤并退出，优化用地结构和布局　根据各区村庄布点规划，编制农民集中居住专项规划，有序推进村庄撤并，鼓励引导农民进城进镇集中居住。稳妥推进农村宅基地减量，重点聚焦“三高”沿线、生态敏感地区、水源保护区、环境整治地区以及纯农地区的宅基地。对于位于纯农地区10户以下自然村的宅基地，按照农民意愿，有序推进农民集中居住。

3.创新土地整治模式，发挥农地综合效益　推进低效建设用地减量化和农用地集中连片整治，完善土地整治管理，形成政府主导、多方参与的土地整治资金保障体系和产业化土地整治模式，建立健全行业管理基本制度。开展郊野公园建设，按照“宜耕则耕、宜林则林”的原则，促进农业生产与观光、休闲、旅游功能相结合，进一步拓展城市休闲游憩空间。结合郊野公园建设、滩涂造地和生态造林消纳无害渣土物质，同时加大渣土资源化利用力度，减少渣土处置量。

加大市级整治资金投入力度，在基本农田保护区、经济薄弱村等重点地区，安排示范性的市级土地综合整治项目。结合“198”区域减量化、基本农田保护、水源保护区治理、郊野公园建设和重点区域生态环境综合整治，推进土地综合整治项目实施，预计新增耕地7至10万亩。推进滩涂围垦成陆土地开发，预计新增耕地3至4万亩。通过市、区两级的土地整治工作，确保满足本市新增建设用地的耕地占补平衡需求。

（六）科学精细——有效保障城市地质安全

强化地质环境监测网络，提升综合监测能力。落实《土壤污染防治行动计划》（“土十条”），全面提高土地质量调查精度与监测水平，土壤环境质量总体保持稳定。深化地面沉降防治综合研究与应用，提升地面沉降和地下水资源综合管理能力，确保全市年平均地面沉降量控制在6毫米以下，重点减少差异地面沉降。构建海陆一体地质资源环境基础数据云平台，不断提高信息化建设水平，全面提升城市安全保障综合能力。

1.完善地质环境监测网络，强化日常监测，全面提升地质环境监控能力　完善优化地面沉降、土壤质量和地下水监测网络，初步建成海岸带地质环境、浅层地温能等监测网络，初步形成海陆一体的地质环境监测体系，开展全市土壤质量和地下水环境质量状况分级监测，提高地质环境监测综合能力。加强地面沉降及地质环境日常监测，掌握动态变化规律，全面提升区域地面沉降及重大基础设施沿线地面沉降监测综合能力。开展海岸带地质环境监测工作，综合评价滩涂资源潜力，为后备土地资源储备提供技术依据。

2. 深化地面沉降调查研究，强化研究成果应用，提升地面沉降防治综合能力　加强全市中大比例尺地面沉降精细化调查，开展江浙沪省界区域和浦东沿江沿海、崇明东滩、横沙东滩等新成陆地区地面沉降调查及沉降机理研究。强化地面沉降和地下水采灌分区管控研究成果的应用，深化深基坑工程性地面沉降防治研究与应用，建立地面沉降分区管控综合体系；提升地面沉降防治综合能力。到“十三五”期末，地下水开采量持续控制在800万立方米/年以内，地下水回灌量保持在2300万立方米/年以上，进一步优化地下水开采和人工回灌格局；进一步完善重大市政工程沿线地面沉降监测预警机制，持续提高地面沉降防治工作服务于重大市政工程安全预警的基础保障能力。进一步健全地质环境监测与地面沉降防治技术标准体系，为城市地质安全提供技术保障与决策依据。

3. 构建海陆一体地质资源环境基础数据云平台，全面提升地质信息保障城市发展、维护城市安全的服务能力　基于“地质大数据”理念，建成城市地质资源环境数据中心；建设海陆一体、多应用服务支持的地质资源环境信息分析评价平台，整体提升地质资源环境信息的采集与管理、分析与预警、决策与处置能力；研究建立跨部门、跨行业的信息共享机制，构建地质资源环境信息一体化综合服务平台，提升对政府决策支持、专业科学研究和社会公众需求的全方位服务能力。

（七）创新长效——稳妥推进土地制度改革

完善“三挂钩”土地供应机制，倒逼城市发展转型；全面实施不动产统一登记，推进农村地籍更新调查工作；谋划开展本市第三次全国土地调查，进一步夯实国土资源管理基础。创新农村土地管理制度，盘活集体建设用地资源，优化农村地区土地利用，全面提升城乡土地管理水平。

1. 实施“三挂钩”土地供应机制　完善新增建设用地计划与减量化指标的挂钩机制。“十三五”期间，按照“以拆定增”的原则，全面实现新增经营性用地和减量化指标挂钩，区经营性用地和一般工业用地新增的建设用地必须挂钩使用规划集中建设区外低效建设用地减量化形成的指标。建立经营性用地出让与公共绿地、应急避难场所等基础设施（各类公共产品）建设的挂钩机制。结合城市更新，不断完善土地供应机制，优化土地利用结构，提升城市品质和功能。坚持新增用地出让和闲置土地处置的挂钩机制。切实加大闲置土地处置力度，强化区政府主体责任，坚持闲置土地处置和新增用地出让挂钩的机制。

2. 全面实施不动产统一登记　全面完成市、区两级不动产登记职责和机构整合，深化完善不动产登记信息系统。整合房屋、土地、农地、林地、海洋等各类不动产登记业务，完成不动产登记资料移交；印发配套工作文件，建立完善的不动产统一登记政策文件体系；优化登记工作流程，提升对外服务质量；建设规格一致、标识统一的不动产登记受理窗口，打造一支高素质的不动产登记队伍，全面稳妥实施不动产统一登记。有计划、有步骤、分阶段全面完成浦东新区和各郊区的农村地籍更新调查工作，逐步建立和完善城乡一体的地籍调查成果动态更新机制，为不动产统一登记奠定坚实基础。

3. 推进农村土地制度改革　有序推进集体经营性建设用地入市试点。根据国土资源部要求，按照“封闭运行、风险可控”的原则，按程序、分步骤审慎稳妥推进松江区集体经营性建设用地入市试点工作。在符合规划和用途管制的前提下，探索完善出让、租赁、入股等多种形式的农村集体经营性建设用地入市试点，形成兼顾国家、集体经济组织、农民的土地增值收益分配机制和公共利益平衡制度，逐步建立城乡统一的建设用地市场。完善全市农村宅基地管理。修订《上海市农村村民住房建设管理办法》，切实加强建房管理，促进农村村民居住向城镇集中、个人建房向集体建房转变。积极引导存量宅基地自愿和有偿退出，对历史原因形成的超标准占用宅基地和“一户多宅”，以及非集体经济组织成员通过继承房屋等占有的宅基地，探索实行有偿使用。

四、保障措施

（一）规范管理，提高效能

强化土地利用年度计划、建设项目用地预审管理，科学编制和严格实施土地利用年度计划、土地供应计划和土地储备计划；严格落实耕地和基本农田保护责任；采取“拆除复垦、现状确认、手续补办、土地储备”等方式，稳妥推进历史遗留用地分类处置，并将其纳入全生命周期管理；开展郊区违法违规用地专项整治行动，实施违法用地综合整治三年行动计划，规范土地使用；开展“新三线”合规性技术审查，完善以土地利用总体规划为基本依据进行农转用和土地征收的规划审查制度，加强批后监管工作力度；以提质增效为目标、简政放权为手段，推进行政审批制度改革，实现规划国土资源管理工作减负、质量提高、效能提升。

（二）完善制度，健全机制

建立基本农田保护区、片、块的管控机制，制定生态保护红线管理制度，完善耕地和基本农田共同责任机制，建立健全土壤环境保护和治理修复责任制度及投入机制，同时健全经济补偿机制，提高保护主体的积极性与主动性；探索研究差别化的综合支持政策，综合运用财税、环保、安监、信用等措施，形成奖惩引逼机制，促进低效用地转型升级和盘活利用；建立激励机制，通过农村宅基地退出机制、城乡建设用地增减挂钩机制和农村集体经营性建设用地流转政策机制，进一步盘活存量建设用地；制定差别化的土地利用政策，提高土地利用计划的针对性和有效性。

（三）夯实基础，构建平台

按照国家统一部署，谋划开展本市第三次全国土地调查工作，全面查清土地利用状况，进一步发挥年度变更调查对全面性调查的支撑作用；以“两规合一”成果为主体，建立各类规划协调一致的“多规”衔接平台，结合用地需求，构建“规土合一”的用地标准体系；充分发挥城市空间信息在支持政府决策、服务社会公众以及促进城市发展中的基础性作用，以建立本市不动产统一登记与城市空间基础信息平台为中心，运用“大云平移”（大数据、云计算、平台、移动互联网）等新一代信息技术和理念，提高土地管理工作效率。

（四）拓宽渠道，公众参与

加强土地管理相关政策法规的宣传和普及，结合全国土地日、世界地球日、世界湿地日、世界森林日、世界水日、世界城市日的宣传活动，充分利用微信、微博等平台，强化依法依规、节约集约用地意识，引导公众自觉保护和合理利用土地资源；健全规划公示制度，强化公众参与，构建规划编制、管理、实施、监督的全过程公众参与机制，搭建多方参与规划实施的平台，引导公众共同参与规划监督，共同维护规划实施成果。

第三节 土地交易

2018 年上海土地市场延续了 2017 年以来的平稳行情，低溢价成主流，尤其宅地基本都以底价成交。土地出让面积同比增加，住宅用地地价同比回升；租赁用地供应继续增加，全年成交 35 幅。根据上海统计局数据，全年上海市土地使用权出让地块共为 298 幅，同比下降 5.99%；2018 年上海市土地出让面积为 1 316.10 万平方米，同比上升 10.95%；住宅用地（包括租赁用地）出让 150 幅，出让面积 672.29 万平方米。（见表 5-1）

表 5-1 土地使用权出让情况（2018）

指 标	出让地块（幅）	出让面积（万平方米）
总 计	**298**	**1 316.10**
商业服务	47	138.96
住 宅	150	672.29
工业仓储	92	459.04
公共建筑	9	45.81

一、土地供应情况

2018 年上海全年供应土地 1 200 万平方米，比上年供应量增加 14%。其中，供应居住用地 522 万平方米，同比减少 11%（65 万平方米），供应商办用地 222 万平方米，同比增加 66%（66 万平方米），供应工业用地 426 万平方米，同比增加 56%（153 万平方米），供应科研用地 29 万平方米，同比减少 14%（4.8 万平方米）。2018 年供应土地幅数略有减少，单幅土地面积增加显著。供应土地的平均容积率进一步提高，供应土地规划建筑面积达到 2 333 万平方米，比上年增加 20%（381 万平方米）。增加的供应集中在商办和工业物业。在整体控制的背景下，产业用地（包括商办和工业用地）供应大开绿灯，影响未来土地供应潜力。土地开发强度进一步提高，有利于提高土地利用效率和产业经济密度，新增的商办土地供应普遍存在自持要求，但进一步加剧商办市场供应过剩的趋势仍将不可避免。（见图 5-1）

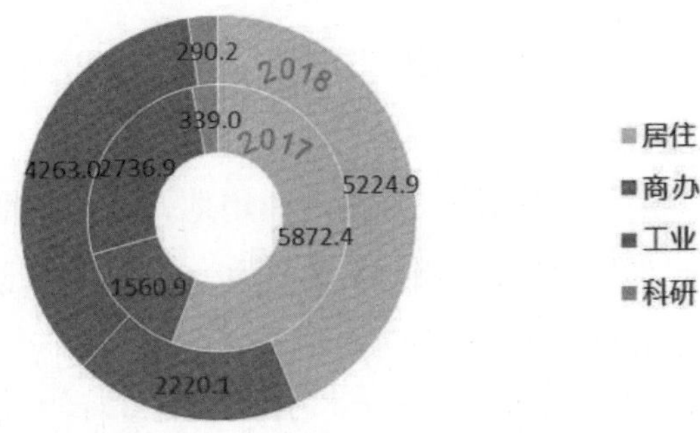

图 5-1 2017～2018 年上海土地供应情况统计（千平方米）

二、土地交易情况

2018年度居住用地流拍4块，商办和工业地块各流拍3块，总体流拍率4%，处于正常范围内，甚至略低于10年来的平均水平。2017年商办地块流拍5块，流拍率达到10%，2018年流拍率减半，恢复到正常水平。成交价格方面，2018年土拍总体价格稳定，居住用地全部底价成交，商办用地总体溢价率2%，显著低于往年。2018年溢价率高于80%的商办地块大多位于非中心区域（崇明、松江、普陀和闵行），上海人口和消费能力由区域中心向外溢出的趋势更为显著。2018年中一二线城市一系列土地流拍、撤拍事件引起了局部市场恐慌，但就全年整体来看，流拍率并未出现异常，可能的原因包括政府对市场的管控效果和一线城市房地产市场的吸引力在市场下行期更为显著。上海内环住宅用地流拍事件影响更多地表现为开发商在市场流动性降低背景下的风险偏好和对住宅市场价格预期的降低，不应将此市场信号作用视作实际市场表现。

住宅用地供应结构调整，价格回调。2018年商品住宅用地成交133万平方米，同比减少25%（45万平方米）；租赁住宅用地成交89万平方米，同比增加40%（26万平方米）；动迁安置房用地成交278万平方米，同比减少18%（59万平方米）；规划住宅建筑面积超过90%的混合用地面积成交26万平方米，同比减少18%（6万平方米）。商品住宅供应量看似减少，实际是以商住混合功能用地的形式供应，由于统计口径的缘故，计入商办用地，实际减少的幅度在17万平方米左右。混合功能用地增加反映了居住用地配套水平的提升和15分钟生活圈建设项目的落地。价格方面，全年商品住宅用地平均楼板价为25249元/平方米，较上年增长30%。2018年商品住宅用地成交面积区域差别较大，宝山、青浦成交面积超20万平方米，嘉定、松江、奉贤和浦东新区成交面积在10万至20万平方米之间，闵行和金山的成交面积也有近10万平方米。中心城区的静安（原闸北区域）、普陀和徐汇成交面积均不足5万平方米。房住不炒基调不变，房价决定地价（见图5-2）。

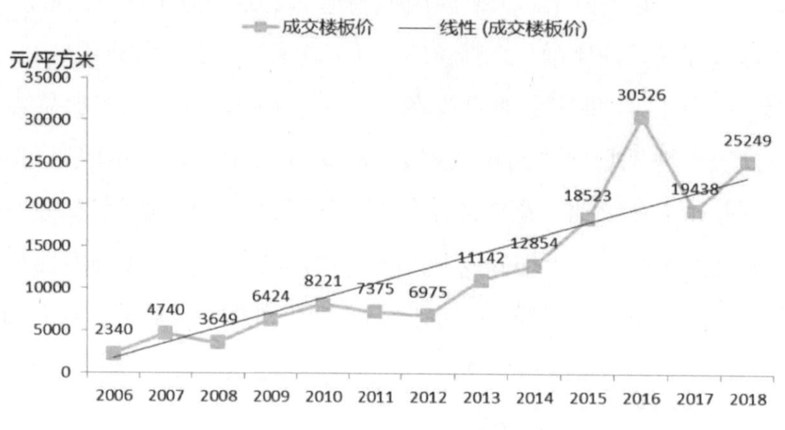

图5-2　2006～2018年商品住宅用地成交价格情况

商办用地供应结构显著调整。商办用地细分为商业用地、办公用地、商业办公混合用地、含旅馆酒店的商办用地、含文体娱乐（C3）的商业用地、含居住（R类）用地的商办用地、加油站和其他商业用地共8类。2018年度商办用地的成交结构发生显著改变，纯商业用地成交63万平方米，显著高于2017年的6.1万平方米。办公用地成交4.3万平方米，显著低于2017年的17万平方米。商业办公混合用地成交48万平方米，同比增加43%（14.4万平方米）。含旅馆酒店的商办用地成交面积仅为上年的1/4，为13.6万平方米。含文体娱乐的商业用地成交面积33.7万平方米，同比增加180%。

含居住用地的商办用地成交面积 45.5 万平方米，同比增加 153%。地价方面，由于普陀、黄浦和徐汇出让的几块地王拉高了平均价，2018 年平均楼板价小幅提高至 15 798 元/平方米（2017 年为 15 233 元/平方米），排除这几块地王的影响，平均楼板价为 12 871 元/平方米。随着“四大品牌”口号的提出，上海的商业能级进一步提高，只有将商业辐射人口扩大，才能消化过剩的商业空间。商业运营方也开始进行差异化竞争，通过增加文体娱乐等功能，不断拓展商业综合体的边界。

工业用地供应结构显著调整，紧跟产业政策导向。2018 年度工业用地成交 415 万平方米，较 2017 年增长 58%（152 万平方米），但成交幅数较 2017 年减少 7 幅，工业项目的集中化、规模化趋势更加显著。最受人瞩目的案例当属特斯拉临港地块，出让面积达 86 万平方米，投资强度 1 085 万元/亩，这是上海工业用地出让历史上面积第二大的地块，仅次于 2010 年出让的宝钢地块（土地面积 97 万平方米，投资强度 230 万元/亩）。工业用地投资强度总体呈增加趋势，平均投资强度由 2007 年的 235 万元/亩增长到 2018 年的 795 万元/亩。不同地块间投资强度的差异也日趋显著，2007 年投资强度最高地块与最低地块之间的差异为 256 万元/亩，2018 年已达到 3 429 万元/亩。近年来，投资强度较高的地块数量越来越多，主要集中在化学原料和化学制品制造业，计算机、通信和其他电子设备制造业，仪器仪表制造业这三个行业中。土地供给充足是政策文件中鼓励新材料、智能设备、新能源汽车和其他高新技术产业开发的具体体现。这些行业的资本密集属性也越来越明显。装卸搬运和仓储业是上海历史受让土地最多的行业，目前仍在土地市场中占据一席之地。装备制造业、医药制造业以及计算机、通信和其他电子设备制造业逐渐成为土地受让较多的行业。上海累计受让工业用地总面积超过 100 万平方米的行业共有 19 个，受新能源汽车驱动，汽车制造业是近年来土地受让最多的行业之一，计算机、通信和其他电子设备制造业获取的土地也呈逆市上扬的态势。上海园区平台受让工业用地的比例在 2012 至 2014 年间经历了一个低谷之后开始剧增，2017 年达到顶峰。2018 年园区平台受让工业用地的比例开始回落，可能与园区平台开始在二级市场回收土地有关（见图 5-3）。

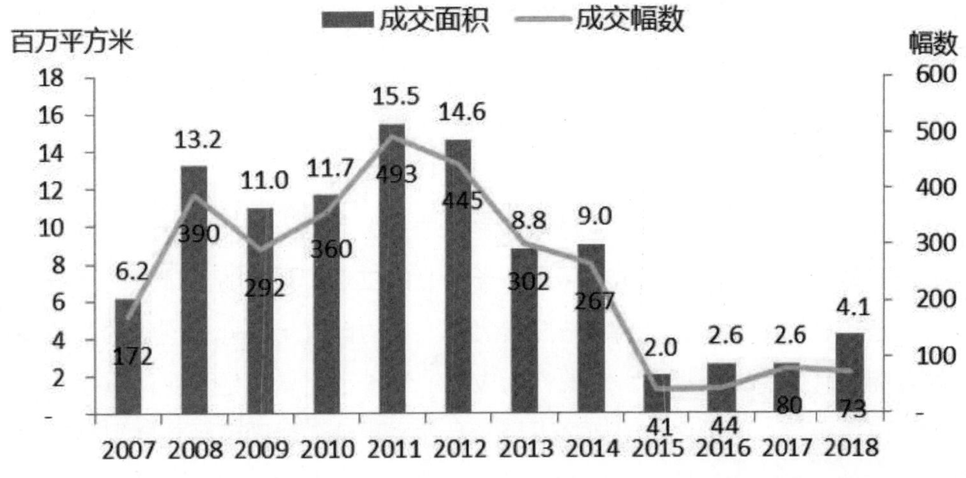

图 5-3 2007～2018 年上海工业用地成交情况

研发用地供应减少不明显，价格升高显著。2012 年上海首次将研发用地（C65）作为单独地类提出，在此之前它都是作为工业用地（M）出让的。研发用地成为单独地类，在一些区域的价格有所提高，但此现象不具有普遍性。供应连续性最好的是浦东新区（含临港新城），2012年前后都保持了每年有成交的记录。崇明则是从2014年起保持了成交的连续性。嘉定、奉贤、青浦、闵行和普陀的成交记录不甚稳定，都出现过连续数年没有成交的情况。宝山、静安（原闸北区域）和金山的研发用地成交都呈“脉冲”状，偶尔有个别成交记录。金山区在2012年以前出让过研发型工业地块，但从未出让过C65研发地块。2012年以前，研发类工业用地的行业类型经历了由集中到多元的发展趋势，2012年以后基本上重现了这一发展过程。与工业用地出让的行业分布类似，受让研发用地的行业也与近年来上海产业政策导向一致，集中在信息技术、新能源汽车和医药制造业，一些传统制造业中科技含量高的细分领域也分得一杯羹（见图5-4）。

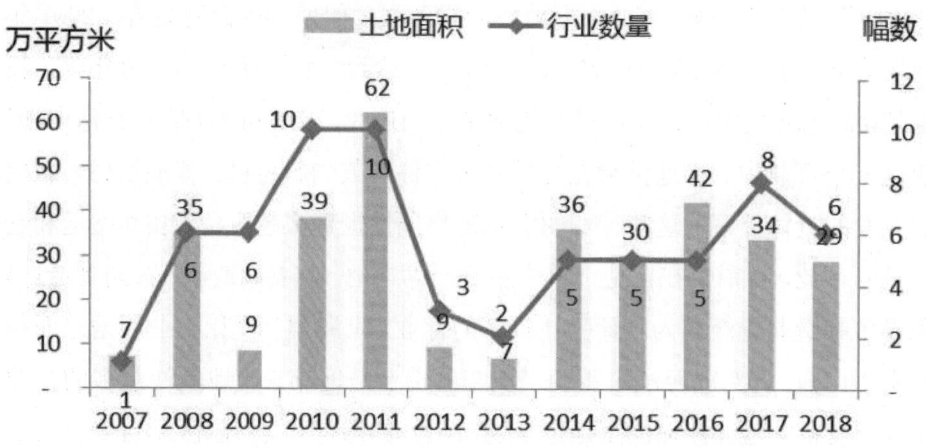

图5-4 2007～2018年上海研发用地出让情况

2018年上海市有一块集体土地入市，开始了集体土地入市的探索。松江区作为全国农村集体土地入市试点区，于2016年至2018年每年出让一块集体土地，2016年和2017年的两块集体土地均位于松江永丰街道，受让人均为区属国资企业，土地用途均为商办用地，因土地面积较小，且以底价成交，所以总体试点步伐较小。2018年成交的集体土地是租赁住宅用地，受让人是华润集团旗下的租赁住宅运营商。2019年1月上旬，已有四块集体租赁住宅用地挂牌，集体土地入市的试点规模和深度都进一步扩大。本次挂牌是否会有非国资主体中标是市场关心的重点。预计随着试点的逐步成熟，集体土地入市将逐步扩大适用范围。集体土地入市是探索集体土地与国有土地同权同价的重要举措，自北京开启集体土地建设租赁住宅的先河以来，它被视为应对一线城市租赁住宅不足的重要手段。在租赁住宅用地推出之初，市场曾担心租赁住宅用地将占用商品住宅用地，加剧商品住宅用地稀缺，进一步推高房价，用集体土地作为租赁住宅用地可以看作是对这一问题的回答。

第四章　房地产金融

第一节　房地产金融概述

一、房地产开发投资

2018 年，上海市认真贯彻国家“因城施策”的房地产调控要求，加快建立多主体供应、多渠道保障、租购并举的住房制度，坚持“房子是用来住的、不是用来炒的”定位，坚持“两个不是权宜之计”不动摇，因地制宜，精准施策，保持房地产调控政策的连续性和稳定性，确保本市房地产市场平稳健康发展。在全国房地产调控从紧基调不变的背景下，2018 年上海市房地产开发投 4 033.18 亿元，比上年增长 4.6%，增速较上年增长 0.6 个百分点。其中住宅投资 2 225.58 亿元，比上年增长 3.4%，占全部房地产开发投资的 55.2%，比重回落 0.6 个百分点；办公楼投资 692.71 亿元，增长 7.9%，占 17.2%；商业用房投资 461.42 亿元，下降 8.9%，占 11.4%。

二、房地产信贷利率

2018 年，由于房地产金融政策导向趋于更为严厉，使得整体融资环境不佳，企业融资成本和融资难度双升。上半年，为了解决国内融资难的问题，部分企业更是寻求海外融资渠道以应急。不过，2018 年末企业债券融资规模回升，又出台相关政策支持企业融资，后面融资环境有所改善。

近年，随着住房公积金的提取使用范围的不断拓展，提取金额不断上升。2018 年上海市住房公积金提取金额为 788.96 亿元，五年内上升了 76.43%，同比增长 7.04%。2018 年，发放个人住房贷款 11.07 万笔 729.68 亿元(含贴息贷款置换 2.61 万笔 166.58 亿元)，同比分别增长 19.29%、24.46%；回收个人住房贷款 338.74 亿元。截至 2018 年底，累计发放个人住房贷款 254.15 万笔，金额 7 788.78 亿元，贷款余额 3 921.96 亿元，同比分别增长 4.55%、10.34%、11.07%。个人住房贷款余额占缴存余额的 95.78%，比上年减少 2.9 个百分点。

表 6-1　金融机构人民币存款基准利率调整情况表（2010～2018）单位：年利率%

调整时间	活期存款	定期存款					
		三个月	半年	一年	二年	三年	五年
2010.10.20	0.36	1.91	2.20	2.50	3.25	3.85	4.20
2010.12.26	0.36	2.25	2.50	2.75	3.55	4.15	4.55
2011.02.09	0.40	2.60	2.80	3.00	3.90	4.50	5.00
2011.04.06	0.50	2.85	3.05	3.25	4.15	4.75	5.25
2011.07.07	0.50	3.10	3.30	3.50	4.40	5.00	5.50
2012.06.08	0.40	2.85	3.05	3.25	4.10	4.65	5.10

2012.07.06	0.35	2.60	2.80	3.00	3.75	4.25	4.75
2014.11.22	0.35	2.35	2.55	2.75	3.35	4.00	——
2015.03.01	0.35	2.10	2.30	2.50	3.10	3.75	——
2015.05.11	0.35	1.85	2.05	2.25	2.85	3.50	——
2015.06.28	0.35	1.60	1.80	2.00	2.60	3.25	——
2015.08.26	0.35	1.35	1.55	1.75	2.35	3.00	——
2015.10.24	0.35	1.10	1.30	1.50	2.10	2.75	——

注：资料来源于中国人民银行网。

表 6-2 金融机构人民币贷款基准利率的历年调整情况表（2010～2018）单位：年利率%

<table>
<tr><th>调整时间</th><th>六个月以内（含六个月）</th><th>六个月至一年（含一年）</th><th>一至三年（含三年）</th><th>三至五年（含五年）</th><th>五年以上</th></tr>
<tr><td>2010.10.20</td><td>5.10</td><td>5.56</td><td>5.60</td><td>5.96</td><td>6.14</td></tr>
<tr><td>2010.12.26</td><td>5.35</td><td>5.81</td><td>5.85</td><td>6.22</td><td>6.40</td></tr>
<tr><td>2011.02.09</td><td>5.60</td><td>6.06</td><td>6.10</td><td>6.45</td><td>6.60</td></tr>
<tr><td>2011.04.06</td><td>5.85</td><td>6.31</td><td>6.40</td><td>6.65</td><td>6.80</td></tr>
<tr><td>2011.07.07</td><td>6.10</td><td>6.56</td><td>6.65</td><td>6.90</td><td>7.05</td></tr>
<tr><td>2012.06.08</td><td>5.85</td><td>6.31</td><td>6.40</td><td>6.65</td><td>6.80</td></tr>
<tr><td>2012.07.06</td><td>5.60</td><td>6.00</td><td>6.15</td><td>6.40</td><td>6.55</td></tr>
<tr><td>2014.11.22</td><td colspan="2">5.60</td><td colspan="2">5.60</td><td>6.15</td></tr>
<tr><td>2015.03.01</td><td colspan="2">5.35</td><td colspan="2">5.75</td><td>5.90</td></tr>
<tr><td>2015.05.11</td><td colspan="2">5.10</td><td colspan="2">5.50</td><td>5.65</td></tr>
<tr><td>2015.06.28</td><td colspan="2">4.85</td><td colspan="2">5.25</td><td>5.40</td></tr>
<tr><td>2015.08.26</td><td colspan="2">4.60</td><td colspan="2">5.00</td><td>5.15</td></tr>
<tr><td>2015.10.24</td><td colspan="2">4.35</td><td colspan="2">4.75</td><td>4.90</td></tr>
</table>

注：资料来源于中国人民银行网。

三、房地产信贷情况

2018 年，各项贷款同比少增，信贷结构有所调整。本外币房地产开发贷款全年增加 616.93 亿元，同比多增 73.91 亿元。本外币住房开发贷款增加 299.79 亿元，同比少增 203.46 亿元，其中保障性住房开发贷款增加 145.80 亿元，同比少增 29.43 亿元；本外币商用房开发贷款增加 356.30 亿元，同比多增 47.61 亿元。

个人贷款增速回落，经营性贷款和其他消费贷款同比多增。12 月末，全市本外币个人贷款余额同比增长 12.5%，增速同比下降 8.5 个百分点。全年本外币个人贷款增加 2 540.61 亿元，占全市贷款增量的 40.31%，增量和占比同比分别少增 981.20 亿元和下降 8.59 个百分点。从贷款投向分，本外币个人住房贷款新增 584.90 亿元，同比少增 943.91 亿元。

四、房地产金融运行特点

2018 年，房地产调控继续 保持严格态势，“因城施策”保持不变，房地产企业的高感性，是的企业融资渠道不畅，融资成本始终维持在较高的位置。随着调控不断深化，和外部环境的恶化，企业面临的经营压力不断增加，行业转产、并购整合进一步扩大，一些龙头企业转行进入其他产业，房地产行业集中度继续提升。

（一）国内融资难度增加　房地产企业因为自己本身作为高杠杆资金密集型企业的特点，融资渠道受到限制，再加上房贷利率不断上调、银行资金成本抬高，房企资金成本的压力始终得不到缓解。随着国内融资难度的持续提升，境外融资成为各大房企融资的重要方式之一。

（二）海外发债成为房企重要融资渠道　相较于国内，海外发债要求相对宽松，企业只需满足基本财务要求、完成信息披露即可，且发债时间短、效率高，流程也较为简便，可有效提高资金募集效率，这对于偿债期不断临近而在国内融不到钱的急需用钱的房企来说就显得尤为关键。不过，2018 年 5 月国家发展改革委、财政部联合发文，要求严格防范外债成为地方政府债务的风险源，可见政府已开始高度关注外债情况。随着国内房企境外发债量的扩大，监管机构可能会采取控制外债发行节奏和规模的措施，以保障债务的安全性。

（三）社会融资规模增速下降，年末企业债券融资规模回升　近三年来，社会融资规模增速呈下降趋势，尤其是社会融资规模存量增速在 2017 年 11 月后极速下滑。政策和监管力度的趋严使得融资渠道收紧、社会融资规模收窄，企业融资难度增加使得企业活期存款量下降，进而引起货币量增速放缓。

（四）居民贷款处于较低水平　由于我国长期以来一直实施审慎住房信贷政策，对首付要求较为严格，近年来更是为了抑制房价过快上涨，政策调控不断收紧，目前全国平均首付比例已达 34% 以上，不过居民部门贷款不良率一直处于较低水平。

第二节　房地产融资渠道

一、房地产融资渠道概述

房地产企业融资渠道主要有两种：一是内部融资渠道。内部融资主要包括自有资金、预收的购房定金或购房款、企业职工内部集资等。二是外部融资渠道。外部融资又可分为债务性融资和权益性融资。其中债务性融资的渠道有：银行贷款、发行企业债券、融资租赁、债务性信托和资产证券化；权益性融资渠道有：合作开发、权益性信托、房地产产业投资基金、房地产企业上市、股权投资等。

当前上海房地产主要的融资渠道主要还是自有资金，商业银行贷款进一步压缩，信托、专业的房地产信托基金（REITS），以及境外的投资银行、基金、境外地产基金、境外直接投资机构等进入中国的房地产领域，房地产企业的融资渠道日渐拓宽，融资渠道也在慢慢实现多元化。多种融资渠道逐步打开，呈现多样化的趋势，这对未来中国房地产企业具有深远的影响。

表 6-3 2015～2018 年上海市房地产资金来源情况表 单位：亿元

指 标	2015 年	2016 年	2017 年	2018 年
资金来源合计	7 483.72	8 255.04	8 099.77	8 127.16
上年末结余资金	1 951.86	1 846.26	2 715.11	2 796.70
本年资金来源小计	5 531.86	6 408.78	5 384.65	5 330.46
国内贷款	1 516.59	1 446.18	1 393.78	1 326.02
利用外资	33.92	2.31	5.22	0.11
# 外商直接投资	32.36	2.31		
自筹资金	1 519.99	1 490.78	1 549.20	1 896.42
其他资金	2 461.36	3 469.51	2 436.45	2 107.91

表 6-4 2018 年上海市房地产企业本到位资金情况

指 标	2017 年资金（亿元）	2018 年资金（亿元）	增长（%）	比重（%）
本年到位资金合计	5 384.65	5 330.46	-1.01	100.00
国内贷款	1 393.78	1 326.02	-4.86	24.88
利用外资	5.22	0.11	-97.89	0.002
自筹投资	1 549.20	1 896.42	22.41	35.58
其他资金	2 436.45	2 107.91	-13.48	39.54

数据来源：上海市统计局。

二、主要房地产融资渠道

（一）内部融资

上海房地产开发商内部融资中，自有资金、预收的购房定金是其资金的一个重要来源，而其中又以预售款最受重视，因为预售款的财务成本很低而监控条件极松。据统计，2018 年，上海房地产投资资金来源合计 5 330.46 亿元，比 2017 年下降 1.01%；上年末结余资金 2 796.70 亿元；自筹资金 1 896.42 亿元，较上年增长 22.41%，占本年到位资金比重 35.58%；其他资金 2 107.91 亿元。

（二）外部融资

1. 国内银行贷款 除了自筹资金和预售款外，银行贷款是仍是房地产融资的另一个重要渠道。不过近年来，受国家宏观调控，2018 年上海房地产开发资金来源中，国内银行贷款为 1 326.02 亿元，较上年下降 4.86%，在本年到位资资金中占比 24.88%，较上一年略有下降。

2. 利用外资 房地产企业利用外资 2018 年却大幅下降，全年利用外资 0.11 亿元，较上年下降 97.89%，在本年到位资资金中占比 0.002%。

3. 其他融资　信托、股票、债权等融资方式成为房地产融资的重要方式。2017 年上海银行融资仍呈下降趋势，其他类融资也步后尘，达 2 107.91 亿元，较上年下降 13.48%，但在所有融资方式中仍占有较高比重达 39.54%。

第三节　住房公积金

一、住房公积金管理机构

上海市住房公积金管理委员会（以下简称“公积金管委会”）为市政府领导下的住房公积金管理的决策机构。主要职责为依据有关法律、法规和政策，制定和调整住房公积金的具体管理措施，并监督实施；拟订住房公积金的具体缴存比例；确定住房公积金的最高贷款额度；审批住房公积金归集、使用计划；审议住房公积金增值收益分配方案；审批住房公积金归集、使用计划执行情况的报告等。

上海市公积金管理中心为直属市政府不以营利为目的的独立的事业单位，主要负责全市住房公积金的缴存、提取、使用以及保值增值和核算。

二、住房公积金缴存情况

受委托办理住房公积金缴存业务的银行 1 家。2018 年全年实缴单位 39.31 万家，实缴职工 861.21 万人，缴存额 1 305.20 亿元，同比增长 15.13%。当年新开户单位 5.66 万家，新开户职工 100.17 万人，净增单位 4.07 万家，净增职工 51.30 万人。截至 2018 年底，缴存总额 9 554.03 亿元，缴存余额 4 094.62 亿元，分别同比增长 15.82%、14.43%。

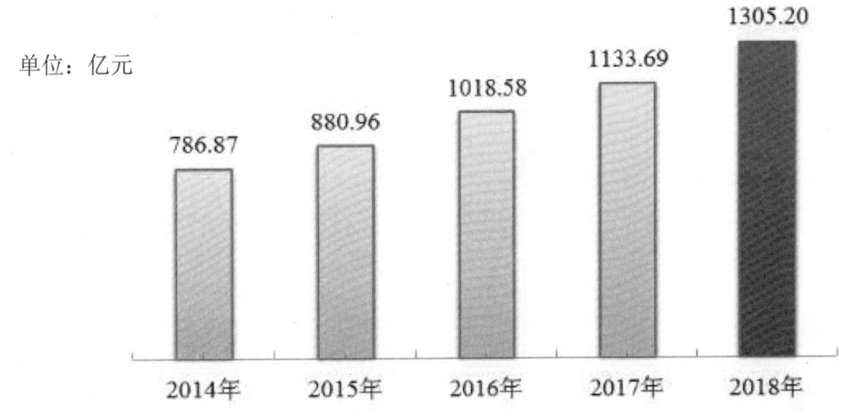

图 6-1　2014～2018 年缴存额情况

三、住房公积金提取情况

2018 年住房公积金提取 788.96 亿元，占当年缴存额的 60.45%，比上年同期减少 4.57 百分点。截至 2018 年底，提取总额 5 459.41 亿元，同比增长 16.89%。

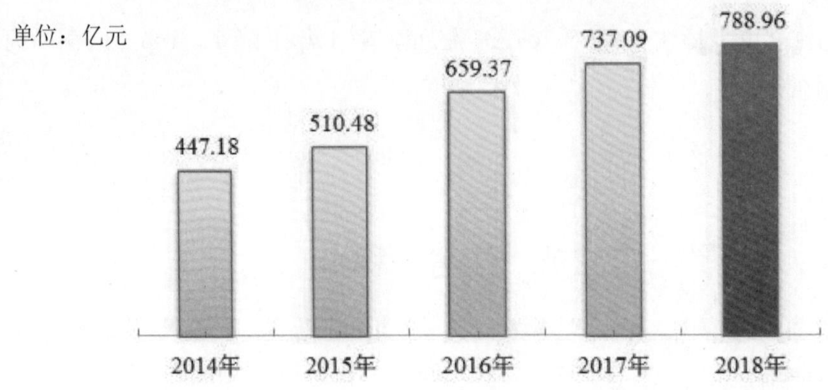

图 6-2 2014～2018 年提取额情况

四、住房贷款

2018 年，发放个人住房贷款 11.07 万笔 729.68 亿元(含贴息贷款置换 2.61 万笔 166.58 亿元)，同比分别增长 19.29%、24.46%；回收个人住房贷款 338.74 亿元。截至 2018 年底，全市累计发放个人住房贷款 254.15 万笔 7 788.78 亿元，贷款余额 3 921.96 亿元，同比分别增长 4.55%、10.34%、11.07%。个人住房贷款余额占缴存余额的 95.78%，比上年减少 2.9 个百分点。

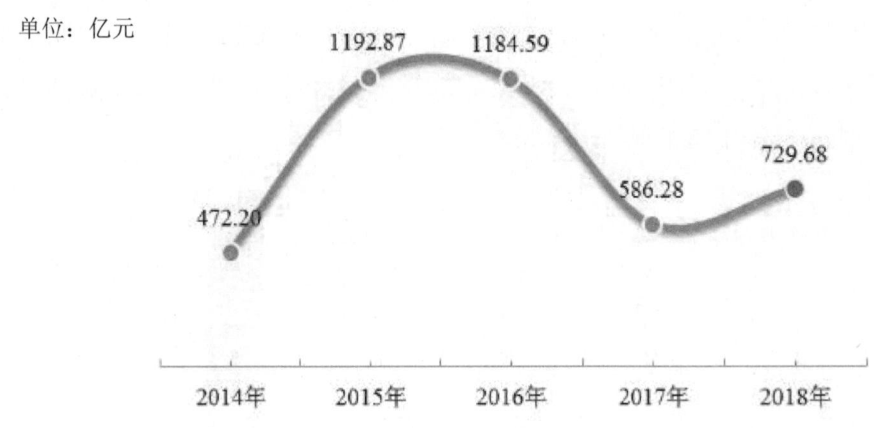

图 6-3 2014～2018 年公积金个人住房贷款发放额情况

全年发放支持保障性住房建设项目贷款 0.46 亿元，回收项目贷款 3.40 亿元。截至 2018 年底，累计发放项目贷款 97.15 亿元，项目贷款余额 4.26 亿元。

五、资金存储

2018 年末，住房公积金存款 205.50 亿元，存款类型为其他(协定、通知、智能存款等)。

六、住房公积金财务情况

（一）业务收入：全年，住房公积金业务收入共计 139.34 亿元，同比增长 13.55%。其中，存款利息 17.01 亿元，委托贷款利息 120.20 亿元，其他收入 2.13 亿元。。

（二）业务支出：全年，住房公积金业务支出共计 67.13 亿元，同比增长 9.62%。其中，支付职工住房公积金利息 58.22 亿元，归集手续费 2.66 亿元，委托贷款手续费 3.32 亿元，其他支出 2.93 亿元（含住房公积金贴息贷款利息支出 2.11 亿元）。

（三）增值收益：2018 年，增值收益 72.21 亿元，同比增长 19.47%。其中，住房公积金增值收益 70.83 亿元，同比增长 17.19%。增值收益率 1.84%，比上年同期增加 0.05 个百分点。

（四）增值收益分配：2018 年，提取贷款风险准备金 42.38 亿元，提取管理费用 1.30 亿元，提取城市廉租住房建设补充资金 28.53 亿元（含当年城市廉租住房建设补充资金增值收益 1.38 亿元）。

2018 年，上交财政管理费用 1.30 亿元。提取城市廉租住房建设补充资金 28.53 亿元（含当年城市廉租住房建设补充资金增值收益 1.38 亿元）。

截至 2018 年年，贷款风险准备金余额 339.57 亿元。累计提取城市廉租住房建设补充资金 211.96 亿元。

管理费用支出:2018 年，管理费用支出 1.32 亿元(含 2017 年预算延期至 2018 年执行的支出)，同比下降 29.79%。其中，人员经费 0.63 亿元，公用经费 0.22 亿元，专项经费 0.47 亿元。

七、社会经济效益

（一）缴存业务:2018 年，实缴单位数、实缴职工人数和缴存额同比分别增长 11.54%、6.33%和 15.13%。实缴职工的构成情况：

按单位性质，国家机关和事业单位占 2.34%，国有企业占 2.01%，城镇集体企业占 1.04%，外商投资企业占 6.29%，城镇私营企业及其他城镇企业占 86.56%，民办非企业单位和社会团体占 0.67%，其他占 1.09%。

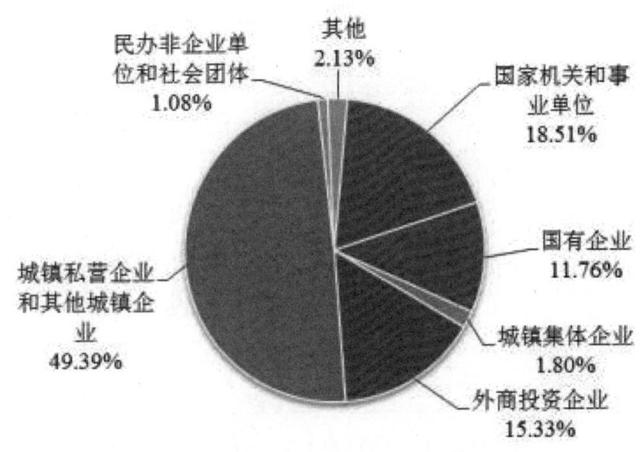

图 6-4　2018 年实缴职工数按所在单位性质分类

按收入水平，中、低收入占 98.19%，高收入占 1.81%。

提取业务:2018 年，全年提取住房公积金 262.22 万笔 788.96 亿元。提取金额中，住房消费提取占 80.96%（偿还购房贷款本息占 67.05%，购买、建造、翻建、大修自住住房占 5.32%，租赁住房占 8.58%，其他占 0.01%）；非住房消费提取占 19.04%（离休和退休提取占 16.44%，完全丧失劳动能力并与单位终止劳动关系提取占 0.01%，户口迁出本市或出境定居占 1.98%，其他占 0.61%）。

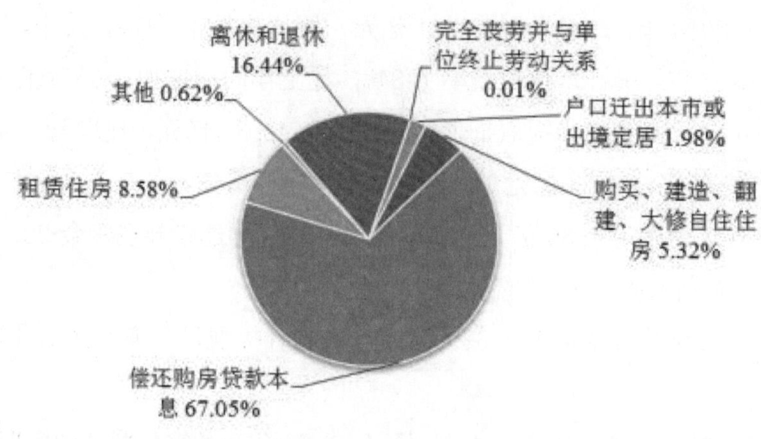

图 6-5 2018 年住房公积金提取额按提取原因分类

（三）贷款业务

1. 个人住房贷款：2018 年，支持职工购建房 870.41 万平方米，年末个人住房贷款市场占有率为 23.08%，比上年增加 1.01 个百分点。当年通过申请住房公积金个人住房贷款，按当时利率水平测算，在贷款合同约定的存续期内可节约职工购房利息支出 153.09 亿元。

职工贷款所购住房套数中，90（含）平方米以下占 62.07%，90～144（含）平方米占 32.48%，144 平方米以上占 5.45%。新房占 28.51%（其中购买保障性住房占 0.75%），购买二手房占 71.49%。

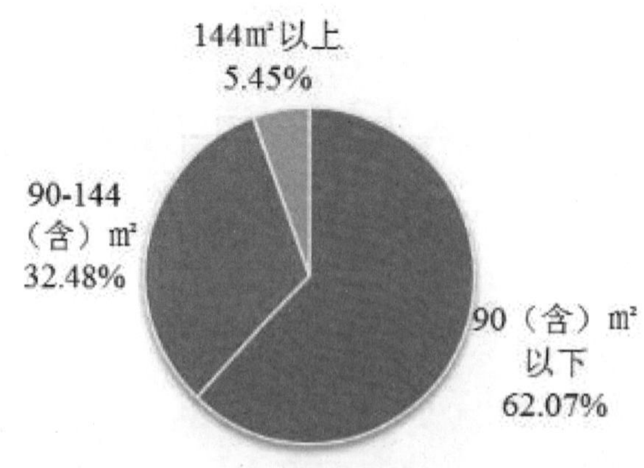

图 6-6 2018 年个人住房贷款所购住房套数按面积分类

贷款职工中，30 岁（含）以下占 31.16%，30～40 岁（含）占 54.59%，40～50 岁（含）占 12.15%，

50 岁以上占 2.10%；首次申请贷款占 84.34%，二次及以上申请贷款占 15.66%；中、低收入占 91.05%，高收入占 8.95%。

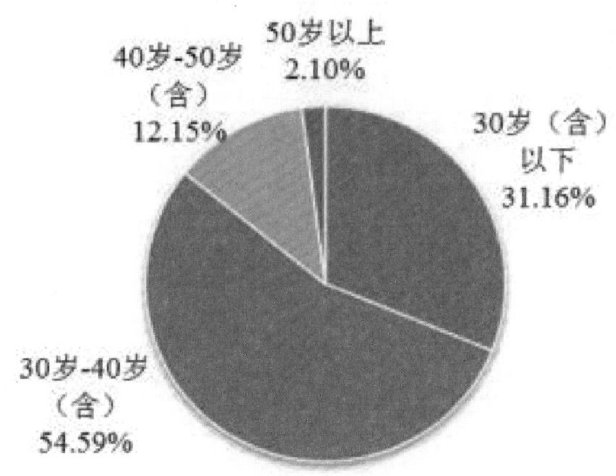

图 6-7 2018 年个人住房住房贷款职工按年龄分类

住房公积金支持保障性住房建设项目贷款：2018 年末，本市共有住房公积金试点项目 15 个，贷款额度 119.82 亿元，建筑面积 229.90 万平方米，可解决 28 061 户中低收入职工家庭的住房保障问题。14 个试点项目贷款资金已发放并还清贷款本息。

（四）住房贡献率：2018 年，个人住房贷款发放额、住房公积金贴息贷款发放额、项目贷款发放额、住房消费提取额的总和与当年缴存额的比率为 104.88%，在房地产市场稳定和租购并举的背景下，比上年减少 9.47 个百分点。

第三篇　行业

第一章　房地产开发

第一节　房地产开发概述

2018年，上海市认真贯彻国家“因城施策”的房地产调控要求，加快建立多主体供应、多渠道保障、租购并举的住房制度，坚持“房子是用来住的、不是用来炒的”定位，坚持“两个不是权宜之计”不动摇，因地制宜，精准施策，保持房地产调控政策的连续性和稳定性，确保本市房地产市场平稳健康发展。全年房地产开发投资4 033.18亿元，比上年增长4.6%，增速较上年增长0.6个百分点；房地产开发投资占全社会固定资产投资比重为52.9%，比上年回落0.3个百分点。按照开发用途来看，2018年，房地产开发投资中住宅投资2 225.58亿元，比上年增长3.4%，占全部房地产开发投资的55.2%；办公楼投资692.93亿元，较上年增长7.9%，占17.2%，比上年提高0.5个百分点。

一、开发投资

（一）固定资产投资

固定资产投资是国民经济再生产活动的一个重要部分。固定资产投资额是以货币形式表现的在一定时期内建造和购置固定资产的工作量以及与此有关的费用总称。它是反映固定资产投资规模、结构和发展速度的综合性指标。按照现行国家统计制度，全社会固定资产投资包括建设改造、房地产开发、城乡集体经济单位、城乡私人建房和其他经济单位投资。

上海市2018年全年完成全社会固定资产投资总额7 623.42亿元，比上年增长5.2%。其中，第一产业投资3.36亿元，增长2.1倍；第二产业投资1 211.36亿元，增长17.2%；第三产业投资6 410.19亿元，增加3.2%。全年完成房地产开发投资4 033.18亿元，比上年增长4.6%，占固定资产投资52.9%。其中，住宅投资2 225.58亿元，占房地产投资55.2%，增长3.4%（见图7-1）。

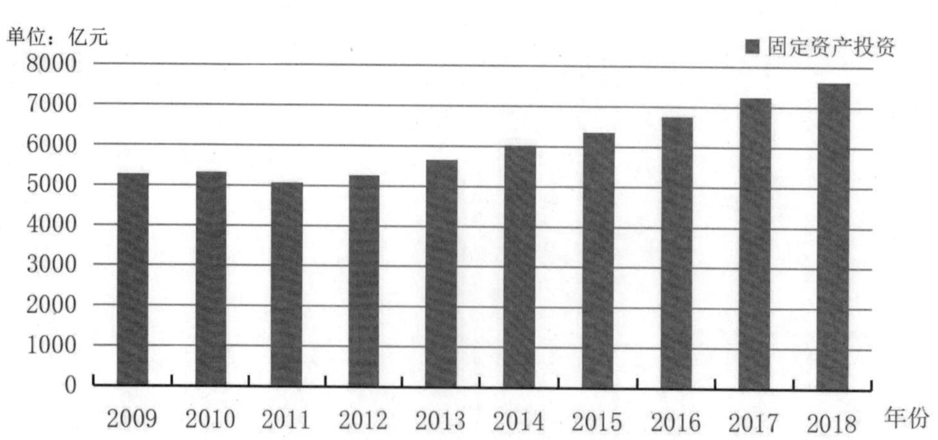

图7-1　2009～2018年上海市固定资产投资总额走势图

房地产开发投资是指各种登记注册类型的房地产开发公司、商品房建设公司及其他房地产开发法人单位和附属于其他法人单位实际从事房地产开发或经营活动的单位统一开发的包括统代建、拆迁还建的住宅、厂房、仓库、饭店、宾馆、度假村、写字楼、办公楼等房屋建筑物和配套的服务设施，土地开发工程（如道路、给水、排水、供电、供热、通讯、平整场地等基础设施工程）的投资；不包括单纯的土地交易活动。

1. 房地产开发投资总额

2009 至 2018 年，上海市房地产开发总额基本呈逐年上升趋势，从 2009 年开始增长速度稍有加快，2013 年较上年暴增 18.4%，2014 年有所放缓，但增幅仍然在两位数上方，达 13.7%，2018 年继续放缓，较上年增长 4.6%。

从固定资产总额和房地产开发总额曲线对比来看，2007 年到 2009 年，房地产开发额占固定资产总额的比例趋于变小，基本建设、更新改造及其它投资等额度占比越来越大。但从 2010 年起，房地产开发总额占固定资产总额的比重变大，2012 年达 45.3%，2013 年更是首次占比超过半数，达到 50.2%，2014 年继续上升，达 53.3%这种发展值得忧虑，2016 年继续扩大到 55.1%，达十年来最高。2018 年，略有调整，达到 52.9%。（见图 7-2，表 7-1）

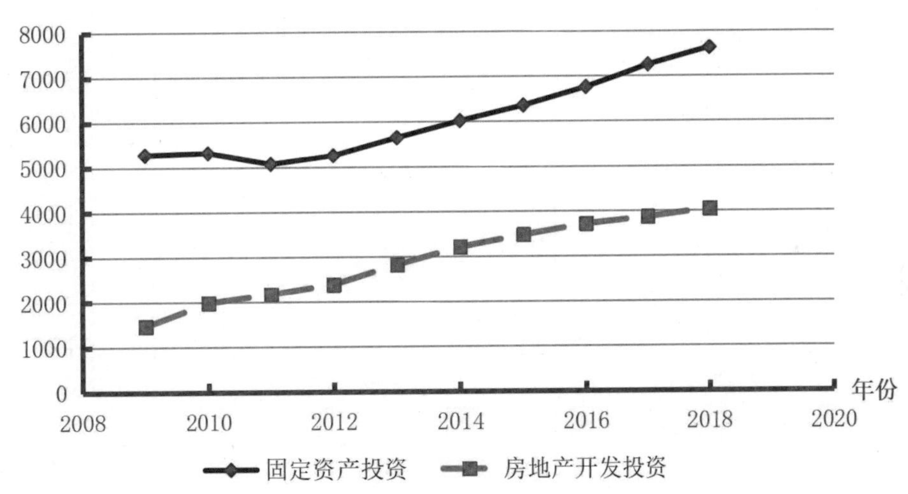

图 7-2　2009～2018 年上海市房地产开发投资总额趋势图（单位：亿元）

表 7-1　2009～2018 年房地产开发总额占全社会固定资产投资总额比率　单位:亿元

年份	固定资产投资总额	房地产开发总额	房地产开发总额占固定资产投资总额比率（%）
2009	5 273.33	1 464.18	27.8
2010	5 317.67	1 980.68	37.2
2011	5 067.09	2 170.31	42.8
2012	5 254.38	2 381.36	45.3
2013	5 647.79	2 835.09	50.2
2014	6 016.43	3 206.48	53.3

2015	6 352.70	3 468.94	54.6
2016	6 755.88	3 720.67	55.1
2017	7 246.60	3 856.53	53.2%
2018	7 623.42	4 033.18	52.9%

2.房地产开发投资各月情况

2018 年，上海房地产开发投资较上年增幅趋缓，全年投资 4 033.18 亿元，从占全社会固定资产投资比重来看，呈现回落趋势，达 52.9%，比上年下降 3 个百分点。（见表 7-2，图 7-3）

表 7-2　上海市 2018 年 1～12 月房地产开发投资额　　单位:亿元

月份	本月	比去年同月增长（%）	本月累计
2018～01	1 月份免报，因此无 2 月当月数		
2018～02	1 月份免报，因此无 2 月当月数		605.44
2018～03	303.95	-4.9	909.39
2018～04	273.00	2.7	1 182.39
2018～05	295.78	-1.2	1 478.17
2018～06	338.74	6.2	1 816.91
2018～07	337.06	10.9	2 153.97
2018～08	337.17	9.8	2 491.14
2018～09	362.52	5.1	2 853.66
2018～10	347.78	0.9	3 201.44
2018～11	372.12	3.9	3 573.56
2018～12	459.62	3.5	4 033.18

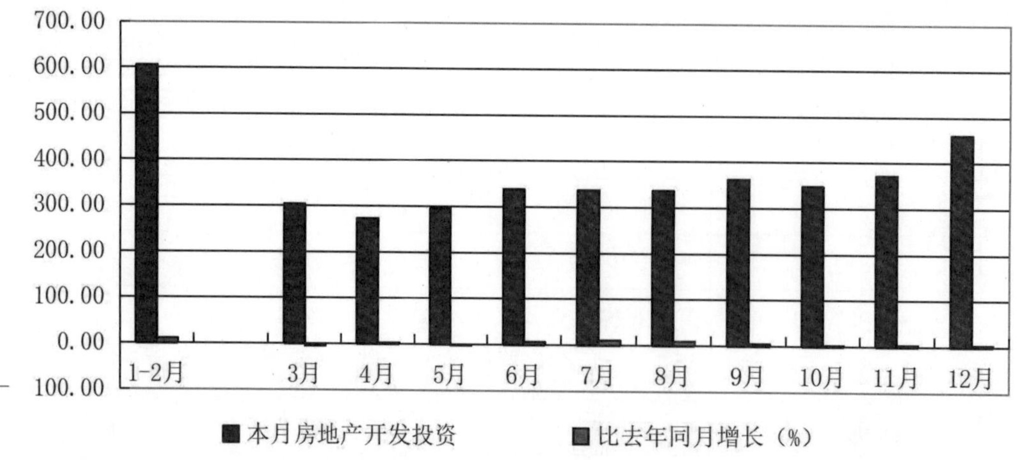

图 7-3　2018 年各月上海市房地产开发投资月度情况（单位：亿元）

其中，2018 年 1～12 月上海市住宅投资额月度情况如表 7-3 所示。

表 7-3 2018 年 1～12 月上海市住宅投资额 单位：亿元

月份	本月投资额	比去年同月增长（%）	本月累计
2018～01	1 月份免报，因此无 2 月当月数		
2018～02	1 月份免报，因此无 2 月当月数		321.18
2018～03	169.82	10.1	491.00
2018～04	155.06	3.1	646.07
2018～05	164.31	-11.2	810.37
2018～06	187.03	-2.6	997.40
2018～07	183.53	-2.7	1 180.94
2018～08	186.16	4.7	1 367.10
2018～09	208.42	4.1	1 575.52
2018～10	187.82	4.4	1 763.34
2018～11	196.22	-7.7	1 959.56
2018～12	266.36	13.2	2 225.92

二、开发规模

（一）土地开发规模

2018 年全年，上海市出让土地共 298 幅，较上年减少 19 块；出让面积为 1 316.10 万平方米，较上年增加 129.93 万平方米（见表 7-4）。

表 7-4 2018 年上海市土地出让权使用情况

指 标	出让地块（幅）	出让面积（万平方米）
总 计	**298**	**1 316.10**
商业服务	47	138.96
住 宅	150	672.29
工业仓储	92	459.04
公共建筑	9	45.81

（二）房地产开发规模

2018 年全年，上海市房地产开发施工面积为 14 672.37 万平方米，竣工 3 115.76 万平方米，建筑面积竣工率为 21.2%。（表 7-5）。

表 7-5 2009～2018 年上海市房地产施工面积与竣工面积

年 份	施工面积（万平方米）	其 中	竣工面积（万平方米）	其 中	建筑面积竣工率（%）	其 中
		# 住 宅		# 住 宅		# 住 宅
2009	13 553.64	6 581.16	2 970.92	1 522.07	21.9	23.1
2010	15 020.76	7 344.07	2 776.21	1 415.44	18.5	19.3
2011	16 553.86	8 423.11	2 913.78	1 568.83	17.6	18.6
2012	16 874.72	8 350.83	2 838.97	1 626.73	16.8	19.5
2013	17 180.27	8 188.56	2 698.35	1 439.20	15.7	17.6
2014	18 010.06	8 573.04	2 682.42	1 549.64	14.9	18.1
2015	17 885.94	8 443.82	2 923.42	1 617.86	16.3	19.2
2016	15111.24	8073.94	2550.64	1532.88	16.9	19.0
2017	15 362.25	8 013.80	3 387.56	1 862.74	22.1	23.2
2018	14 672.37	7 520.39	3 115.76	1 730.27	21.2	23.0

1. 商品房新开工面积

2018 年上海商品房新开工面积全年累计增长 2.6 个百分点。月度具体情况如表 7-6 所示。

表 7-6 2018 年各月上海市商品房新开工面积 单位：万平方米

月 份	本月累计	比去年同期增长（%）
2018～01～02	142.77	-57.3
2018～03	262.82	-50.3
2018～04	552.72	-29.7
2018～05	868.35	-16.1
2018～06	1 129.89	-6.4
2018～07	1 306.44	-5.8
2018～08	1 642.54	0.0
2018～09	1 996.24	10.4
2018～10	2 246.00	7.5
2018～11	2 573.24	9.5
2018～12	2 687.17	2.6

2. 商品房施工面积

施工面积是指报告期内施工的全部房屋建筑面积。包括本期新开工的面积和上期开工跨入本期继续施工的房屋面积，以及上期已停建在本期恢复施工的房屋面积。本期竣工和本期施工后又停缓建的房屋，其建筑面积仍计入本期房屋施工面积中。

2018 年商品房全年累计施工面积较上年呈全线下降趋势（见表 7-7、表 7-8）。

表 7-7　2011～2018 年上海市商品房施工面积情况表　单位：万平方米

指　标	2011 年	2012 年	2013 年	2014 年	2015 年	2016 年	2017 年	2018 年
施工面积	12 983.32	13 249.97	13 516.58	14 690.18	15 095.33	15111.24	15 362.25	14 672.37
住　宅	8 386.26	8 315.68	8 125.74	8 525.85	8 372.12	8073.94	8 013.80	7 520.39
# 别墅、高档公寓	1 682.51	1 425.77	1 448.75	1 575.97	1 647.69	1 632.93	1 748.88	1 575.03
办公楼	1 158.34	1 284.68	1 431.73	1 779.04	1 978.49	2 180.50	2 282.08	2 139.02
商业营业用房	1 365.89	1 449.91	1 500.72	1 751.99	1 944.02	1 990.81	2 016.16	1 876.24
其　他	2 072.83	2 199.69	2 458.39	2 633.30	2 800.70	2 865.99	3 050.22	3 136.72

表 7-8　2018 年上海市各月累计商品房施工面积　单位：万平方米

月　份	本月累计	比去年同期增长（%）
2018～01～02	11 927.34	-3.7
2018～03	12 075.71	-6.1
2018～04	12 414.37	-6.2
2018～05	12 727.18	-5.3
2018～06	12 995.50	-4.9
2018～07	13 181.62	-5.3
2018～08	13 540.72	-4.7
2018～09	13 900.54	-3.5
2018～10	14 169.72	-3.8
2018～11	14 536.33	-3.1
2018～12	14 672.37	-4.5

3. 商品房竣工面积

竣工面积是指在报告期内房屋建筑按照设计要求已经全部完工，达到住人和使用条件，经验收鉴定合格（或达到竣工验收标准），正式移交使用单位的各栋房屋建筑面积的总和。

2018 年上海市商品房全年竣工面积较上年全部回落，全年所有月份竣工面积与 2017 年相比都处于下降趋势，1～2 月份最为明显，比 2017 年同期下降 14 个百分点（见表 7-9、表 7-10）。

表 7-9　2011～2018 年上海市商品房竣工面积情况表

指　　标	2011 年	2012 年	2013 年	2014 年	2015 年	2016 年	2017 年	2018 年
房屋竣工面积（万平方米）	**2 240.62**	**2 305.06**	**2 254.44**	**2 313.29**	**2 647.18**	**2550.64**	**3 387.56**	**3 115.76**
住宅	646.06	1 609.13	1 417.41	1 535.55	1 588.95	1532.88	1 862.74	1 730.27
# 别墅、高档公寓	199.44	275.91	236.40	180.10	340.65	195.82	348.14	392.25
办公楼	118.45	206.87	176.01	165.03	219.23	279.31	444.83	413.46
商业营业用房	137.63	177.65	253.45	208.36	306.45	266.06	387.73	341.05
其他	109.44	311.41	407.57	404.35	532.55	472.39	692.27	630.98
房屋竣工价值（亿元）	**1011.57**	**1 060.07**	**1 052.76**	**1 058.42**	**1 488.32**	**1 472.33**	**2 054.31**	**1 941.04**
住宅	646.06	692.63	610.71	644.47	881.17	839.28	1 020.42	1 019.36
# 别墅、高档公寓	199.44	183.52	125.54	106.73	285.39	176.05	251.84	278.7
办公楼	118.45	135.49	127.12	133.96	174.90	231.21	336.02	307.62
商业营业用房	137.63	106.09	155.00	123.62	176.58	180.78	321.96	291.16
其他	109.44	125.87	159.93	156.37	255.67	221.06	375.90	322.89

表 7-10　2018 年各月上海市商品房竣工面积　　　单位：万平方米

月　　份	本月累计	比去年同期增长（%）
2018～01～02	829.45	-14.0
2018～03	1 088.08	-9.2
2018～04	1 232.94	-2.8
2018～05	1 353.24	-2.2
2018～06	1 588.91	-6.9
2018～07	1 900.07	-1.9
2018～08	2 049.48	-0.1
2018～09	2 194.22	0.7
2018～10	2 344.51	-1.2
2018～11	2 494.31	-4.7
2018～12	3 115.76	-8.0

第二节　房地产开发主体

2018 年，在房地产调控政策依然从紧的背景下，全国商品房成交量增速略有放缓，但销售规模再创新高。优秀房企凭借精准的市场驾驭能力抢抓城市群发展机遇，因城施策把握市场需求，强调高质量产品的打造以及快速去化的营销策略，推动企业发展，房产销售进一步扩大。根据中指研究院监测显示，2018 年共计 156 家房企跨入房地产销售百亿金额企业，较 2017 年增加 12 家，销售额共计 11.4 万亿元，市场份额超 75%，行业集中度加速提升。

一、房地产开发企业的资质

上海市住房和城乡建设管理委员会资料显示，2018 年上海共有 5 757 家房地产开发企业。其中，一级资质企业 41 家，二级资质企业 380 家，三级资质企业 481 家，未定等级企业 4 855 家。资质企业较上年略有增加（见表 7-11）。

表 7-11　2018 年上海一级资质的房地产开发企业的名单

上海城建置业发展有限公司	上海鹏欣房地产开发有限公司
上海陆家嘴金融贸易区开发股份有限公司	经纬置地有限公司
上海城开（集团）有限公司	中邦置业集团有限公司
农工商房地产（集团）股份有限公司	中华企业股份有限公司
上海市漕河泾新兴技术开发区发展总公司	保利置业集团有限公司
上海中房置业股份有限公司	上海永业企业(集团)有限公司
上海瀛通(集团)有限公司	旭辉集团股份有限公司
上海城投置地(集团)有限公司	上海铁路房地产开发经营有限公司
上海景瑞地产（集团）股份有限公司	上海汇成房产经营有限公司
上海安居房产开发有限责任公司	上海静安地产（集团）有限公司
上海顾村房地产开发（集团）有限公司	复地（集团）股份有限公司
上海华丽家族(集团)有限公司	上海中环投资开发（集团）有限公司
上海嘉宝实业（集团）股份有限公司	上海嘉定区房地产（集团）有限公司
上海实业发展股份有限公司	绿地控股集团有限公司
上海祝桥新镇投资发展有限公司	上海万科房地产有限公司
上海绿洲投资控股集团有限公司	上海建工房产有限公司
上海西部企业（集团）有限公司	上海中虹（集团）有限公司
天地源股份有限公司	上海中星（集团）有限公司

上海新黄浦置业股份有限公司	大华（集团）有限公司
上海房地产经营（集团）有限公司	上海金外滩（集团）发展有限公司
上海三湘（集团）有限公司	

二、房地产开发企业 50 强

2018 年，中国房地产业协会、上海易居房地产研究院中国房地产测评中心对全国房地产开发企业进行全面测评，结果显示从近十年 500 强测评活动来看，百强变动相对较大。其中，有 25 家企业连续 10 次进入百强；入百强次数达 9 次的企业数量为 4 家；入百强次数为 8 次的企业数量为 8 家；入百强次数为 7、6、5、4、3、2 次的企业数量分别为 10、11、11、5、8、15 家；另外有 12 家企业首进百强。2018 中国房地产开发企业 500 强中上海前 50 家如下（见表 7-12）。

表 7-12　2018 年中国房地产五百强企业中上海前 50 强

1	绿地控股集团股份有限公司	26	中庚地产实业集团有限公司
2	新城控股集团股份有限公司	27	恒盛地产控股有限公司
3	旭辉集团有限公司	28	上海中星（集团）有限公司
4	世茂房地产控股有限公司	29	郭氏投资集团有限公司
5	正荣地产控股有限公司	30	上海实业城市开发集团有限公司
6	阳光城集团股份有限公司	31	上海大名城企业股份有限公司
7	上海中建东孚投资发展有限公司	32	中锐地产集团
8	中梁控股集团	33	上海城建置业发展有限公司
9	大华（集团）有限公司	34	上海爱家集团
10	融信（福建）投资集团有限公司	35	中华企业股份有限公司
11	红星地产	36	东渡国际集团有限公司
12	厦门中骏集团有限公司	37	上海张江高科技园区开发股份有限公司
13	宝龙地产控股有限公司	38	天地源股份有限公司
14	复地（集团）股份有限公司	39	象屿地产集团有限公司
15	新力地产集团有限公司	40	上海陆家嘴金融贸易区开发股份有限公司
16	东原集团	41	上海上坤置业有限公司
17	景瑞地产（集团）有限公司	42	上海证大房地产有限公司
18	光明房地产集团股份有限公司	43	上置集团有限公司
19	上海建工房产有限公司	44	上海宝华企业集团有限公司
20	上海城投置地（集团）有限公司	45	上海外高桥保税区开发股份有限公司
21	上海升龙投资集团有限公司	46	上海万业企业股份有限公司
22	上海三盛宏业投资（集团）有限责任公司	47	上海新长宁（集团）

23	保集控股集团	48	上海新黄浦置业有限公司
24	协信控股集团	49	中国经纬置地有限公司
25	郑州绿都地产集团股份有限公司	50	上海金桥出口加工区开发股份有限公司

第二章 房地产租售

第一节 房地产销售概述

2018 年，上海市房地产市场保持调控政策的连续性和稳定性，从限购、限贷、价格监管到规范企业购房、加强摇号监管，充分体现了中央“房住不炒”的调控决心。在中央决定坚决遏制房价上涨后，市场短期预期有所转变，观望情绪有所增强，经历了 2017 年的楼市交易低迷、成交量大幅萎缩后，2018 年销售略有回升，全年新建商品房销售面积 1 767.01 万平方米，比上年同期增长 4.5%。

2018 年上海商品住房市场销售出现了“冷热不均”的现象，一二手价差倒挂的市区高端盘和区位、交通配套不佳的远郊刚需盘去化呈两极分化。如中粮前滩海景壹号 4 月 23 日推 437 套房源，共计吸引了 3 127 组客户参与摇号。下半年市场全面降温，整体趋势逐步走低，远郊刚需盘去化情况依旧不佳，市区高端盘热度也逐渐冷却。12 月，大宁金茂府、万科翡翠滨江、仁恒公园世纪等高端盘开盘当天去化率都明显不及预期，仅在 50%左右。

一、商品房销售额

2018 年，上海市商品房销售额为 4 751.5 亿元，比较 2017 年增长 18%。其中，住宅销售额达到 3 864.03 亿元，办公楼销售额为 484.83 亿元，商业营业用房销售额为 269.37 亿元。但在经历了 2017 年的楼市交易低迷、成交量大幅萎缩后，销售略有回升。其中，住宅增长 15.8%，办公楼增长 23%，商业营业用房增长 29.4%。

表 8-1 上海市 2013～2018 年商品房销售额

指标	2013 年	2014 年	2015 年	2016 年	2017 年	2018 年
商品房销售额（亿元）	**3 911.57**	**3 499.53**	**5 093.55**	**6 695.85**	**4 026.67**	**4 751.5**
住宅	3 264.03	2 923.44	4 319.93	5 233.29	3 336.09	3 864.03
# 别墅、高档公寓	908.58	859.54	1 462.81	1 903.48	1 153.49	1 176.74
办公楼	380.85	300.43	488.68	903.17	394.07	484.83
商业营业用房	224.71	226.44	227.89	470.49	208.23	269.37
其他	41.98	49.22	57.05	88.90	88.28	133.27

纵观商品十年来房销售额的变化，2008、2009 年受金融危机影响严重，波动幅度较大。2010、2011、2012 年波动趋缓，2013 年出现爆发式增长，2014 年受政策调控影响，改变上升趋势，2015、2016 年受周围省市的影响，上海房地产销售有较大增长。2017 年后，因政策调整，房地产市场交易冷清，销售增幅趋缓，2018 年，略有回升。

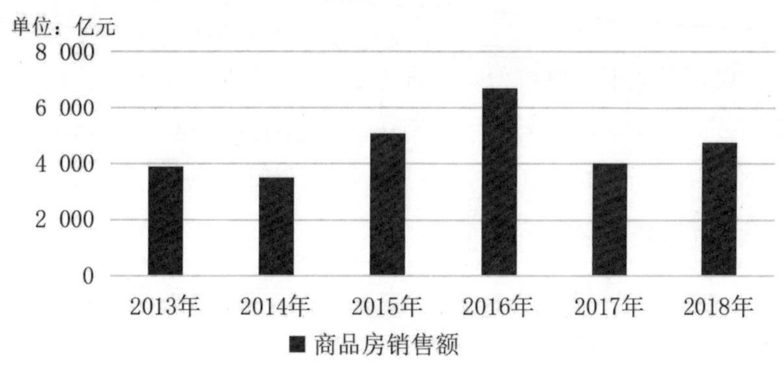

图 8-1　上海市 2013～2018 年商品房销售额

二、商品房销售面积

2018 年上海市商品房实际销售面积共有 1 767.01 万平方米，较 2017 年增长 4.5%。其中住宅销售面积 1 333.29 万平方米，办公楼销售面积 147.08 万平方米，商业营业用房 101.75 万平方米（见表 8-2）。

表 8-2　上海市 2013～2018 年商品房销售面积　　　　单位：万平方米

指标	2013	2014	2015	2016	2017	2018
商品房销售面积	**2 382.20**	**2 084.66**	**2 431.36**	**2 705.69**	**1 691.60**	**1 767.01**
住　　宅	2 015.81	1 780.91	2 009.17	2 019.80	1 341.62	1 333.29
#别墅、高档公寓	314.20	257.24	390.97	445.42	212.04	179.77
办公楼	161.22	120.28	197.41	306.40	124.10	147.08
商业营业用房	116.47	102.86	113.70	205.87	79.33	101.75
其　　他	88.71	80.61	111.08	173.62	146.55	184.89

从销售面积总体走势来看，2013 年呈上升趋势，2014 年销售有所下降，随后继续上升，2017 年，受政策影响明显，商品房销售面积大幅下降，出现了近五年来最低销售水平。2018 年，略有增长。从分类市场来看，主要销售面积的发生均在住宅市场，走势与总体商品房销售量保持一致（见图 8-2）。

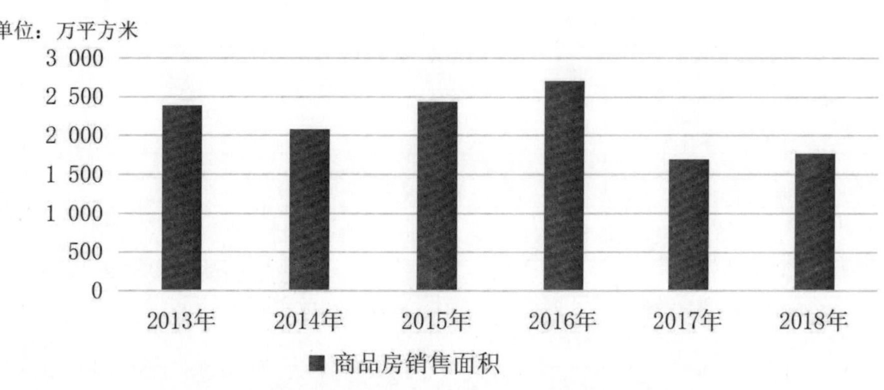

图 8-2　上海市 2013～2018 年商品房销售面积

从全年度来看，2018 年全年多数月份销售面积都较上年略有回升，增速较缓，只有 8 月份有小幅下降，较去年同期下降 3 个百分点，全年累计销售面积相比上年增长 4.5%。（见表 8-3）。

表 8-3　2018 年 1～12 月商品房累积销售面积　　单位：万平方米

月　份	本月累计	比去年同期增长（%）
2018～01～02	204.14	7.4
2018～03	355.44	5.2
2018～04	449.17	2.8
2018～05	528.61	4.0
2018～06	734.18	3.0
2018～07	985.11	7.3
2018～08	1 105.93	-3.0
2018～09	1 310.37	0.3
2018～10	1 426.31	2.6
2018～11	1 561.76	4.0
2018～12	1 767.01	4.5

2018 年上海商品住房市场销售出现了“冷热不均”的现象，下半年市场全面降温，整体趋势逐步走低，到 2018 年年底，比去年同期累计下降 0.6%（见表 8-4）。

表 8-4　2018 年 1～12 月商品住宅销售面积　　单位：万平方米

月　份	本月累计	比去年同期增长（%）
2018～01～02	171.65	20.2
2018～03	278.82	4.7
2018～04	339.38	-3.1
2018～05	401.66	-0.5
2018～06	577.50	5.5
2018～07	788.92	7.8
2018～08	893.39	-3.5
2018～09	1 055.58	1.1
2018～10	1 153.22	4.2
2018～11	1 235.97	3.0
2018～12	1 333.29	-0.6

三、商品房销售价格

2018 年，上海市商品房平均销售价格为 26 890 元/平方米，较 2017 年上升 12.96%。其中，住宅的平均售价为 28 981 元/平方米，比上年上升 16.55%；办公楼为 32 964 元/平方米，商业营业用房为 26 474 元/平方米，别墅、高档公寓和办公楼以及商业营业用房、其他，价格仍然上升（见表 8-5）。

表 8-5　上海市 2013～2018 年商品房平均销售价格　元/平方米

指标	2013	2014	2015	2016	2017	2018
商品房销售价格	16 420	16 787	20 949	24 747	23 804	26 890
住　　宅	16 192	16 415	21 501	25 910	24 866	28 981
# 别墅、高档公寓	28 917	33 414	37 415	42 735	54 400	65 458
办公楼	23 623	24 978	24 755	29 477	31 754	32 964
商业营业用房	19 293	22 014	20 043	22 854	26 249	26 474
其　　他	4 732	6 106	5 136	5 120	6 024	7 208

2018 年，上海市新建住宅销售均价 28 981 元/平方米。从区域均价看：内环线以内 107 730 元/平方米，内外环线之间 54 150 元/平方米，外环线以外 20 151 元/平方米。

四、存量房交易

2018 年上海存量房（二手房）登记面积 1 646.2 万平方米，同比下降 0.81%。其中存量住宅（二手住房）登记面积 1 301.61 万平方米，同比下降 4.81%；成交均价 38 760 元/平方米，同比上升 1%。

2018 年 1～12 月上海二手住房价格指数同比下跌：1 月份涨 0.1%，2 月份跌 0.4%，3 月份跌 0.6%，4 月跌 0.2%，5 月份跌 0.3%，6 月份跌 0.3%，7 月份跌 0.1%，8 月份跌 0.1%，9 月份跌 0.1%，10 月份跌 0.2%，11 月份跌 0.1%，12 月份跌 0.3%，2018 年 12 月比上年同期下跌 2.7%。2018 年上海二手房市场量价平稳的主要原因是，新房市场供量充足及限价原因，一二手房价差不断扩大，大量需求转向了一手房市场，二手房市场有价无市，议价幅度上升。下半年，由于一手市场降温明显，成交量逐月下滑，市场改善型需求减少导致“连环套”式的交易减少，二手房成交随之下滑，价格也相应回落。随着市场的低迷，二手房市场的信心严重不足，买卖双方进入新一轮博弈期。

总体上看，据房地产交易中心网上数据（见图 3），2018 年二手住房呈现出量稳价跌的趋势。1 月份成交 11 383 套；2 月份春节长假期间成交量出现下探，单月仅成交 6 850 套；3 月份成交量迎来明显回升，成交 16 750 套；4 月份一手房市场供应放量，入市新盘价格又低于周边的二手房均价，这分流了部分二手房客户，成交量出现下滑，成交 13 097 套；在政府控预售、稳房价的措施下，二手房市场价格松动，致使购房需求得以一定量的释放，二手房市场逐步回升企稳，5、6 两月分别成交了 15 537 套和 14 975 套；下半年，房企为了冲刺业绩，一手房供应大量增加，一手房限价入市继续分流二手房买家，7、8 两月二手房市场成交量逐月下滑，分别成交 13 615 套、13 119 套；9 月，市场略有反弹，成交回升至 13 660 套；第四季度，一手房市场降温明显，大量需要“连环套”（卖掉二手房买新房）交易的改善型需求暂缓入市，受此影响，二手房市场观望气氛浓郁，成交锐减，10 月份成交量下探至 11 778 套；11、12 月份成交略有反弹，分别成交 13 463 套和 12 604 套。（见图 8-6，表 8-6）

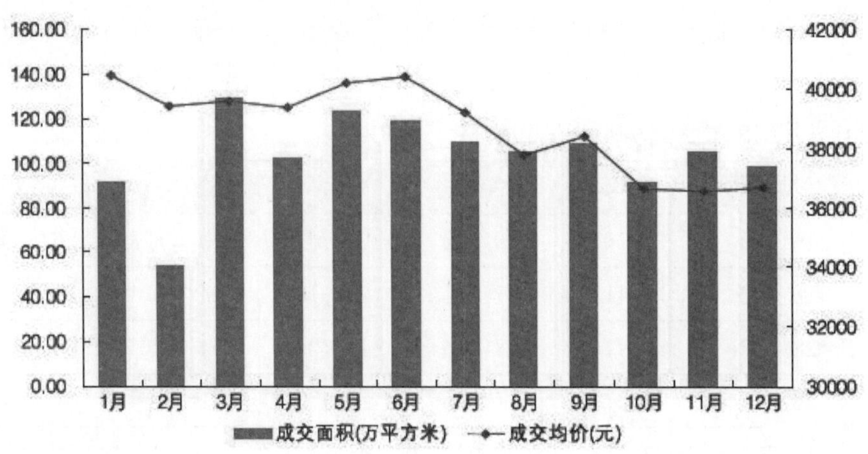

图 8-6　1～12 月上海二手住房成交情况

表 8-6　2009～2018 年存量房交易情况

年 份	成交套数（套）	成交面积（万平方米）	其 中		
			# 住 宅	办公楼	商业营业用房
2009	312 857	2 809.45	2 490.58	48.19	43.59
2010	202 511	1 966.86	1 522.21	68.31	70.61
2011	146 151	1 398.67	1 058.71	62.87	51.21
2012	157 585	1 446.77	1 136.17	57.34	46.71
2013	291 176	2 575.70	2 228.02	65.59	47.18
2014	177 083	1 586.14	1 324.18	52.61	40.90
2015	303 414	2 647.83	2 351.30	52.27	41.62
2016	347 667	3 219.80	2 225.42	450.89	261.04
2017	179 385	1 563.53	1 264.13	80.75	60.26
2018	175 061	1 549.12	1 229.01	77.45	58.47

五、租赁市场情况

2018 年，上海市根据《上海市城市总体规划（2017～2035 年）》，进一步健全可负担、可持续的住房供应体系。考虑到未来家庭小型化的趋势和市民居住条件改善的需要，以及人口总量保持稳定，住宅总量仍较现状有一定的增加，所以上海将保持稳定的居住用地供应。上海将增加中小套型住宅供给，提供人才公寓、国际化社区、适老型住宅不同住房类型。在供应体系上，上海将进一步完善“四位一体”，廉租住房、公共租赁住房、共有产权住房、征收安置房和租售并举的住房保障体系，解决创新创业群体和中低收入阶层的住房问题。同时，上海将通过多渠道增加租赁性住房的比重，加大新建住宅中的租赁性住房的配建比重，在商品房中配建一部分，新增完全租赁性质的租赁住房。鼓励科研院所、医院、产业园区、大型国有企业等单位利用自有土地建设公共租赁房，用于本单位的人才安置，鼓励社会各类机构代理经租闲置住房，盘活存量住房资源，形成稳定的房源用于出租。

全年，上海租赁住宅用地共成交 33 幅，未来至少可以提供 35 077 套租赁用房，总建筑面积 205.0 万平方米，与 2017 年相比，上涨 43.0%。从区域分布来看，杨浦、静安、浦东等市区范围仍是主要成交区。松江、青浦、宝山等外围区域成交逐渐增多，但是这些地块离开轨道交通站点不远。虽然租赁地块质地不错，但从成交价格来看，楼板价多为市场价格的 2 折左右，延续 2017 年低价成交惯例。当然，这些地块最终都被国企和央企瓜分。其中徐汇区推出 7 幅地块，至少 5 827 套；杨浦区推出 6 幅地块，至少 4 657 套；闵行区推出 4 幅地块，至少 9 502 套；松江区推出 4 幅地块，至少 4 013 套；静安区推出 3 幅地块，至少 2 650 套；宝山区推出 2 幅地块，至少 1 123 套；长宁、普陀、浦东、嘉定、青浦、奉贤、崇明区各推出 1 幅。

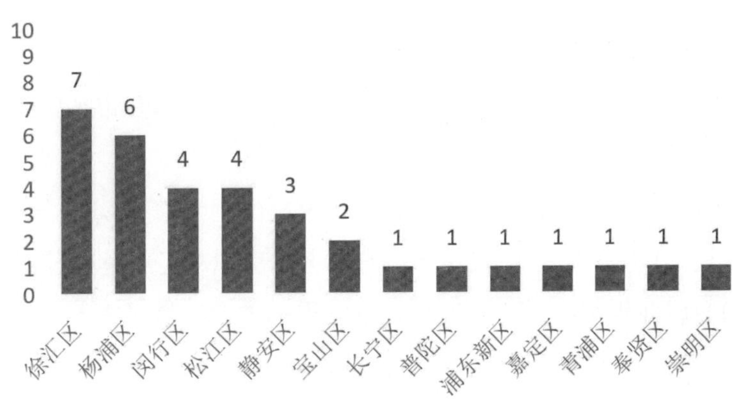

图 8-7　2018 年各区推出租赁用地幅数

2018 年租赁地块竞得人中，上海本土国企占据绝大多数，其中上海城投、上海城开、市北高新，分别以 4 宗、3 宗、3 宗土地位居前三。从单宗地块成交总价来说，排在首位的是上海莘至城置业有限公司竞得闵行区莘庄镇莘庄社区地块，成交金额为 10.2 亿元；其次是上海新黄浦置业竞得闵行区吴泾镇紫竹科学园区地块，成交金额 7.3 亿元。从单总成交楼面价来看，上海徐房竞得徐汇区田林街道 244-14B 地块和绿地竞得徐汇区田林街道 244-13 地块，成交楼面价均为 10 080 元/平方米，平列第一；其次是上海馨伴寓置业竞得徐汇区田林街道 244-19 地块，成交楼面价 10 074 元/平方米。

根据统计局数据，2018 年上海市商品房出租面积为 1 868.11 万平方米，较 2017 年增加 13.47%（见表 8-7）。

表 8-7　2013～2018 年商品房出租情况　　万平方米

指标	2013	2014	2015	2016	2017	2018
商品房出租面积	1 206.37	1 142.46	1 202.42	1 322.51	1 646.30	1 868.11
住　　宅	75.32	72.16	120.59	83.41	110.15	128.60

# 别墅、高档公寓	63.61	60.39	66.26	62.08	55.43	54.91
办公楼	558.19	502.65	501.86	578.44	692.42	753.40
商业营业用房	364.00	373.99	367.02	415.25	542.09	630.83
其　他	208.87	193.66	212.95	245.41	301.63	355.28

第二节　房地产营销主体

房地产市场可以分为一级市场、二级市场以及三级市场。不同的房地产市场具有不同的交易主体和营销主体。在一级市场中，政府是卖方，用地单位是买方；在二级市场中，最重要的交易是新上市商品房的交易，因此主要的营销主体是房地产开发商和代理商；在三级市场中，房地产中介起着信息交流、信用担保等促进交易完成的作用，是市场交易的重要环节，是市场的“催化剂”，因此，三级市场中的主要营销主体是中介公司。

上海房地产经纪行业从无到有，从小到大，从1992年首批12家房地产经纪机构获批成立以来，至今已有上万机构，近10万从业大军。20余年来，上海房地产经纪行业已经成为房地产业的重要组成部分，在提高人们的居住水平和促进经济与社会发展等方面发挥了重要作用。近些年来，随着行业竞争越来越激烈，上海的房地产经纪行业正由传统服务业向现代服务业转变，网络和信息技术得道广泛应用。电商模式，也已在新房销售和楼盘代理中广泛运用。搜房、安居客、新浪、优房网等进入房地产经纪领域，同经纪机构合作，而经纪机构在这样的合作中，也尝到了便捷、高效的甜头。近年来，58同城、房价网、Q房网、房博士、057找房、房多多、爱屋吉屋等网站又从全国各地、某一细分领域进入房地产经纪行业。

网络和信息技术的快速发展，给房地产经纪机构带来了便捷和效率，但随着网络机构之间竞争的激烈和成本的提高，以及经纪机构对网络的依赖度的提升，网络平台使用费用不断上涨，于是经纪机构和网络平台的矛盾便激化了。在同业同盟与网络机构谈判化解矛盾的同时，一些规模较大、实力较强的经纪机构或入股网络结成战略联盟，或成立独立网站。

一、房地产代理公司

房地产代理公司是指专门从事地产领域专业服务的咨询类公司，主要业务范围包括商品房屋的估价、营销、策划、销售等。房地产代理行业出现于20世纪90年代，经历了形成、成长、稳定和整合期等不同阶段，随着我国房地产行业市场化的逐步发展，房地产价格的不断上涨，房地产代理行业也同房地产开发行业一同发展壮大。自2014年以来，“互联网+”的概念逐步向房地产行业渗透，对行业生态产生深远影响。而新房代理行业则在“互联网+”的影响下积极改进以案场为中心、以人力为驱动的粗放代理模式，转向以资源整合为中心、以技术为驱动的营销平台模式。在如移动互联、大数据、人工智能等相关技术的驱动下，新房代理企业逐步打造智慧案场，努力提升客户体验和服务质量及效率，并积极整合产业链条各参与者，逐步搭建营销总包平台。与此同时，新房代理头部企业正致力于探索行业线上线下联动的方法，逐步开拓出线上获客、线下成交的商业运营模式，拓宽服务的广度和深度，在与行业内外企业强强联合的过程中，实现多方的互利共赢。在互联网等新科技的推动下，行业整合逐渐加强，一些管理松散、市场适应能力弱的企业逐渐被淘汰。上海房地产代理行业从高峰期的 6 000 多家企业演变到几十家头部代理销售企业，再到近年少数几家的垄断局面。

二、房地产中介公司

房地产中介公司是主要从事是二手房交易。在过去数年中，我国的二手房存量市场保持着高速增长的态势，截至 2018 年末，我国累计二手房交易金额已经超过 30 万亿元，过去 5 年中国二手房交易体量达 1 557 万套，实现跨越式增长，以一线城市的二手房市场发展最为迅速。过去 20 年，上海二手房交易达到 6.6 万亿元，交易总套数 365 万套，交易量增长 15 倍，增长 250 倍，二手房交易量正逐渐超过新房，房地产市场正步入以二手房交易、租赁为主的存量市场时代。

近年来，随着购房者的需求不断更迭，房地产市场的竞争愈演愈烈，开发商与中介公司开代理始探索房地产二级市场和三级市场之间的合作。“一二手联动”是指开发商企业与房地产中介达成战略合作协议，充分借用对方的渠道与资源，提高双方运作效率的双赢运作模式，是对整个行业资源的一种整合。在这种模式下，一方面开发商得以降低获客成本，并产生让利动机，另一方面，沉淀在经纪公司的客户能够有更多的渠道获得信息做出选择，在满足自身需求的同代理时为经纪公司带来收入。代理“一二手联动”的商业模式使得原本局限于二手房交易市场的经纪公司有机会涉足新房销代理售市场，在拓展自己业务的同时带来整个房地产产业链的整合，提高整个行业的运作效率。目代理前，国内房地产经纪头部企业如链家、我爱我家、房天下等，均涉足“一二手联动”的新房代代理销业务，充分利用自身经纪业务积攒下的流量优势获取收益（详见表 8-9）。

表 8-9　2018 房屋中介企业交易套数前 20 家企业

上海中原物业代理有限公司	上海易成房地产经纪有限公司
上海九间伴房地产经纪有限公司	上海南宏房地产服务有限公司
上海中原物业顾问有限公司	上海兴荣企业有限公司
上海智恒加诚房地产经纪有限公司	上海安廷房地产经纪事务所
上海康健房屋置换有限公司康健新村分公司	上海盛家房地产服务有限公司桂林西街分公司
上海远见房地产经纪有限公司	上海汇成房产置换有限公司
上海先原房地产经纪有限公司	上海虹民房地产经纪有限公司
上海鼎铭房地产经纪有限公司	上海天地行房地产营销有限公司
上海金哲房地产经纪有限公司	上海双宏房地产经纪服务部
德佑房地产经纪有限公司	上海三千石房地产经纪有限公司

三、房地产租赁公司

房屋租赁相比房产买卖具有更高的灵活性，当前中国的房屋租赁市场按业务种类可以分为商业房产租赁、商旅民宿短租以及可用于居住用房的长期租赁（以下简称“长租”）行业，其中长租行业是我国房屋租赁行业的主要内容。从发展历史上来讲，长租行业自1998年初步形成，至今有将近20年的历史，先后经历了初期、淘汰期、系统运营期、快速发展期、加速发展期等五个阶段，从链家、我爱我家等早期房地产经纪玩家入局，到国家出台政策扶持房屋租赁行业，大资本、大地产商纷纷涌入，行业品牌化格局初步形成，长租行业目前已经成长为我国房屋租赁行业的主体组成部分，成为我国房地产市场平稳健康发展长效机制中的重要一环。

目前，我国房屋租赁市场的规模尚存较大增长空间，主要由需求端拉动。一方面，随着我国城镇化率的不断提升，对住房的需求将不断提升，加之目前我国将近2.4亿的流动人口的住房需求，房屋租赁市场的规模与经纪业务的规模必将进一步扩大；另一方面，我国对房地产行业的调控近年来表现出收紧的趋势，各大主要城市均出台相关政策对房地产进行限购、限售，虽然2019年以来出现了政策放松的可能性，但是总体而言我国的房屋交易市场监管与限制仍是较多的，与此同时，一线城市极高的房价与接近1.5%。

从竞争格局的角度看，租赁行业的市场竞争较为激烈，虽然具有链家、我爱我家等头部企业引领行业，但是总体而言并未出现绝对的龙头企业，市场集中度较低，中小型机构多而分散。随着需求的不断增加以及行业的不断发展，行业的竞争格局逐渐明确，业务模式从目前的以撮合交易为主的信息平台导向，转向以服务质量竞争为主的用户服务导向。

第三章　物业管理

第一节　物业管理概述

一、上海物业管理市场情况

（一）物业管理概况

随着国家简政放权步伐不断加快，住房城乡建设部依法取消部分行政审批事项、职业资格事项，优化审批流程，在加强事中事后监管方面作出相关规定。在此背景下，物业管理行业的门槛正在逐步取消，走进了新时代。

2018年，是《上海市住宅小区建设“美丽家园”三年行动计划（2018-2020）》开局之年，围绕着习近平总书记提出的“勇创国际一流城市管理水平”的目标，上海市物业管理行业健全社区共治机制，提升社治理水平；下沉物业管理重心，强化社区管理效能；改善物业市场机制，促进行业健康发展；推进小区基础改善，提升小区宜居品质。

（二）物业管理规模

根据上海市房屋管理局和统计局数据，2018年上海房屋总建筑面积12.69亿平方米，较上年增加0.3亿平方米。从2014年以来，上海市房屋建筑面积逐年增加，增长势头保持平稳（见图9-1）。

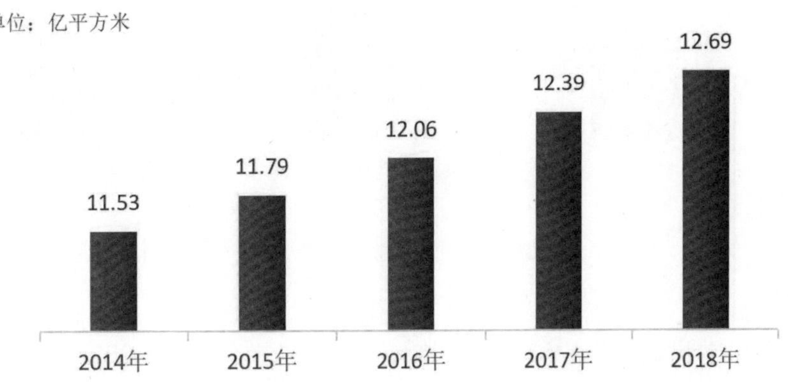

图9-1　2014～2018年上海市房屋总建筑面积

2018年，物业管理总建筑面积10.22亿平方米，较2017年的9.94亿平方米增加0.28亿平方米。其中，住宅类6.58亿平方米，覆盖率97.5%，非住宅类3.64亿平方米，覆盖率61.4%。

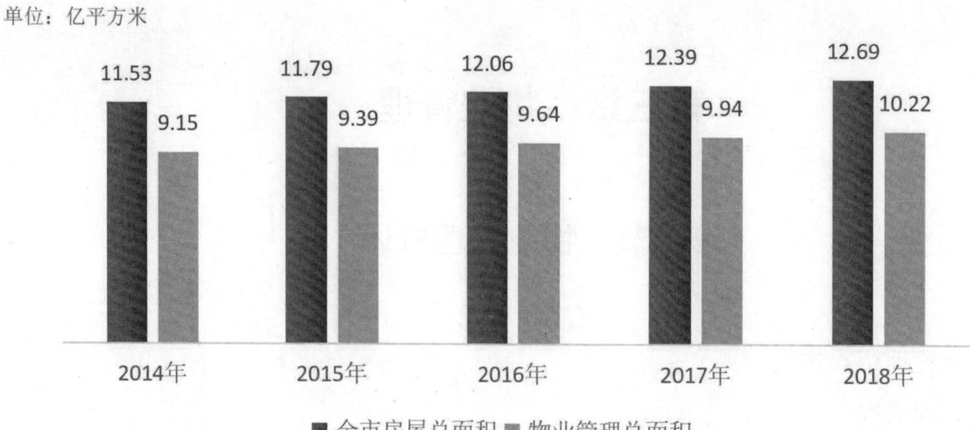

图 9-2　2014～2018 年以来上海市物业管理面积与房屋总面积对比图

（三）物业管理价格

根据物业协会的报告数据，2018 年上海住宅物业按住房类型的平均管理费价格计算，多层住宅单价为 1.62 元/平方米·月，高层住宅单价为 2.57 元/平方米·月，独立式住宅单价为 3.56 元/平方米·月。

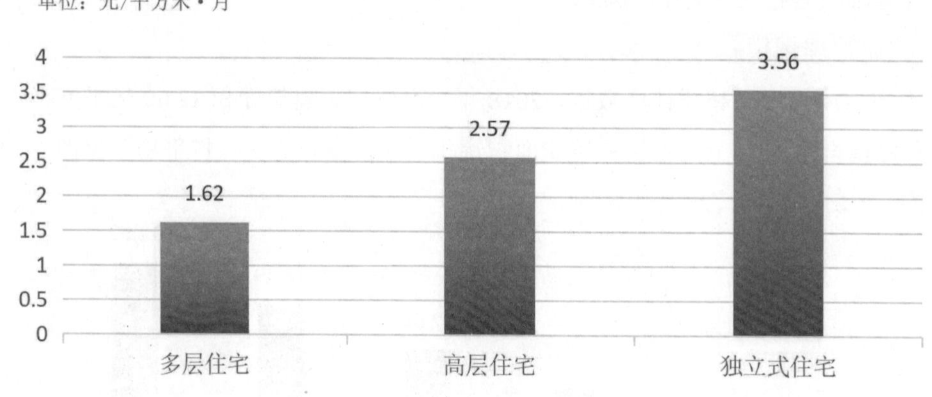

图 9-3　2018 年上海住宅物业平均收费价格情况图

2018 年上海市非住宅物业的平均管理费价格：办公物业单价为 14.95 元/平方米·月，商业物业单价为 9.87 元/平方米·月，园区物业单价为 2.74 元/平方米·月，学校物业单价为 4.91 元/平方米·月，公众物业单价为 2.92 元/平方米·月，医院物业单价为 5.91 元/平方米·月，机关物业单价为 18.27 元/平方米·月。

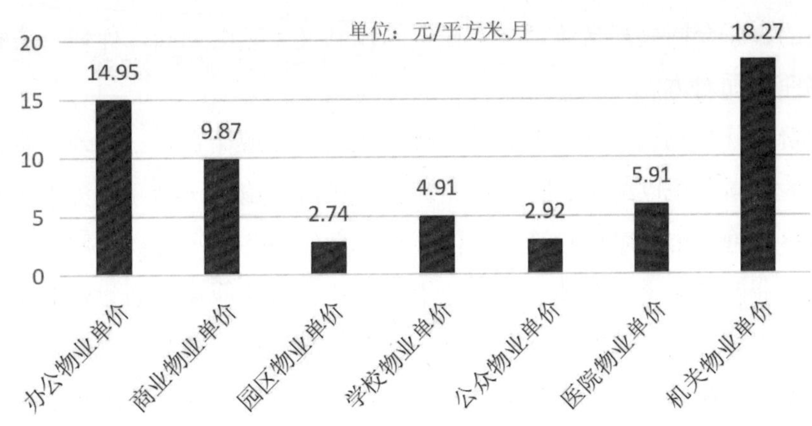

图 9-4 2018 年上海市非住宅物业的平均管理费价格情况图

二、物业管理内容

根据 2018 年 11 月 22 日上海市第十五届人民代表大会常务委员会第七次会议通过的新修订的《上海市住宅物业管理规定》第三章，关于物业管理的规定，明确房屋行政管理部门应当依法对物业服务企业服务活动实施监督检查。物业服务项目经理承接物业管理区域数量和建筑面积的规范，由市房屋行政管理部门制定。市房屋行政管理部门应当根据物业服务合同履行、投诉处理和日常检查等情况，建立物业服务企业信用档案库和物业服务项目经理信用档案库。

选聘物业服务企业前，业主委员会应当拟订选聘方案。选聘方案应当包括拟选聘物业服务企业的信用状况、专业管理人员的配备、管理实绩要求、物业服务内容和收费标准、物业服务合同期限和选聘方式等内容。选聘方案经业主大会会议表决通过后，业主委员会应当在物业管理区域内公告。

明确物业服务企业应当按照物业服务合同的约定，提供相应的服务。物业服务合同可以约定下列服务事项：（一）物业共用部位、共用设施设备的使用管理和维护；（二）共有绿化的维护；（三）共有区域的保洁；（四）共有区域的秩序维护；（五）车辆的停放管理；（六）物业使用中对禁止性行为的管理措施；（七）物业维修、更新、改造和养护费用的账务管理；（八）物业档案资料的保管；（九）业主大会或者业主委托的其他物业服务事项。物业服务企业可以将物业服务合同中的专项服务事项委托给专业性服务企业，但不得将物业服务合同约定的全部事项一并委托给他人。物业服务企业应当在签订物业服务合同之日起三十日内，将物业服务合同报房管机构备案。

物业服务企业提供物业服务，应当遵守下列规定：（一）符合国家和本市规定的技术标准、规范；（二）及时向业主、使用人告知安全合理使用物业的注意事项；（三）定期听取业主的意见和建议，改进和完善服务；（四）配合居民委员会、村民委员会做好社区管理相关工作。物业服务企业应当协助做好物业管理区域内的安全防范工作。

物业服务合同期限届满的三个月前，业主委员会应当组织召开业主大会，作出续聘或者另聘物业服务企业的决定，并将决定书面告知物业服务企业。业主大会决定续聘且物业服务企业接受的，业主委员会与物业服务企业应当在物业服务合同届满前重新签订物业服务合同。物业服务企业决定物业服务合同期限届满后不再为该物业管理区域提供物业服务的，应当提前三个月书面告知业主委员会。物业服务合同期限届满后，业主大会没有作出续聘或者另聘物业服务企业决定，物业服务企业按照原合同继续提供服务的，原合同权利义务延续。在合同权利义务延续期间，任何一方提出终止合同的，应当提前三个月书面告知对方。

物业服务收费实行市场调节价，由业主和物业服务企业遵循合理、公开、质价相符的原则进行协商，并在物业服务合同中予以约定。同一物业管理区域内实施同一物业服务内容和标准的，物业服务收费执行同一价格标准。市房屋行政管理部门应当定期发布住宅小区物业服务标准。物业管理行业协会应当定期发布物业服务价格监测信息，供业主和物业服务企业在协商物业服务费用时参考。物业服务企业应当将服务事项、服务标准、收费项目、收费标准等有关情况在物业管理区域内公告。实行物业服务酬金制收费方式的，物业服务企业应当每年向业主委员会或者全体业主报告经审计的上一年度物业服务项目收支情况，提出本年度物业服务项目收支预算，并在物业管理区域内公告；实行物业服务包干制收费方式的，物业服务企业应当在调整物业服务收费标准前，将经审计的物业服务费用收支情况或者经第三方机构评估的收费标准向业主委员会或者全体业主报告，并在物业管理区域内公告。前款中的公告应当在物业管理区域内显著位置予以公示。

前期物业服务合同生效之日至出售房屋交付之日的当月发生的物业服务费用，由建设单位承担。出售房屋交付之日的次月至前期物业服务合同终止之日的当月发生的物业服务费用，由物业买受人按照房屋销售合同约定的前期物业服务收费标准承担；房屋销售合同未约定的，由建设单位承担。业主应当根据物业服务合同约定，按时交纳物业服务费；业主逾期不交纳物业服务费的，业主委员会应当督促其交纳；物业服务企业可以依法向人民法院起诉。业主转让物业时，应当与物业服务企业结清物业服务费；未结清的，买卖双方应当对物业服务费的结算作出约定，并告知物业服务企业。

物业服务企业应当自物业服务合同终止之日起十日内，向建设单位或者业主委员会移交下列资料和财物：（一）本规定第十一条第一款、第四十七条规定的资料；（二）物业服务期间形成的物业共用部分运行、维修、更新、改造和养护的有关资料；（三）公共收益的结余；（四）采用酬金制计费方式的，产生的物业服务资金结余以及用物业服务资金购置的财物；（五）物业管理用房；（六）应当移交的其他资料和财物。

利用物业共用部分从事广告、商业推广等活动的，应当经业主大会或者共同拥有该物业的业主同意，并在物业管理区域内公告。业主大会可以授权业主委员会同意利用全体业主共用部分从事相关活动。公共收益归全体业主或者共同拥有该物业的业主所有，并应当单独列账。公共收益应当主要用于补充专项维修资金，也可以按照业主大会的决定使用。公共收益主要用于补充专项维修资金的，应当按季度补充专项维修资金，补充比例应当高于百分之五十；剩余部分应当按照业主大会或者共同拥有该收益业主的决定，用于业主大会和业主委员会工作经费、物业管理活动的审计费用、拥有该收益业主的物业维护费用或者物业管理方面的其他需要。

区房屋行政管理部门应当建立临时物业服务企业预选库。物业服务企业退出且业主大会尚未选聘新物业服务企业的，由业主委员会报乡、镇人民政府或者街道办事处在预选库中选定物业服务企业提供临时服务。未成立业主委员会的，经百分之二十以上业主提请，由居民委员会或者村民委员会报乡、镇人民政府或者街道办事处在预选库中选定物业服务企业提供临时服务。临时物业服务期限不超过六个月，费用由全体业主承担。

经专有部分占建筑物总面积过半数的业主且占总人数过半数的业主同意，业主可以自行管理物业，并对下列事项作出决定：（一）自行管理的执行机构以及负责人；（二）自行管理的内容、标准、费用和期限；（三）聘请专业机构的方案；（四）其他有关自行管理的内容。电梯、消防、技防等涉及人身、财产安全以及其他有特定要求的设施设备管理，应当委托专业机构进行维修和养护。业主大会聘请单位或者自然人提供保洁、保安、绿化养护、设施设备保养等服务的，应当与其签订服务合同；聘请自然人的，被聘用人员可以根据约定自行购买意外伤害等保险，费用由业主大会承担。业主自行管理物业需要开具收费票据的，业主委员会可以持房管机构的证明材料，向物业所在地的税务部门申请领取。业主大会可以委托具有资质的中介机构对管理费用、专项维修资金、公共收益等进行财务管理，根据委托财务管理合同开通专项维修资金账户，并应当向业主每季度公布一次自行管理账目。

第二节　物业管理主体

一、物业管理企业发展

物业管理企业是指对建成投入使用的房屋及其附属设备设施、相关场地实施专业化管理，并为业主和使用人提供全方位、多层次的有偿服务及创造良好的生活和工作环境，具有独立法人资格的经济实体。根据是物业管理行业协会相关数据，2018 年上海共有物业服务企业 3 947 家，本市企业 3 807 家，相比 2017 年分别增加 418 家和 334 家。

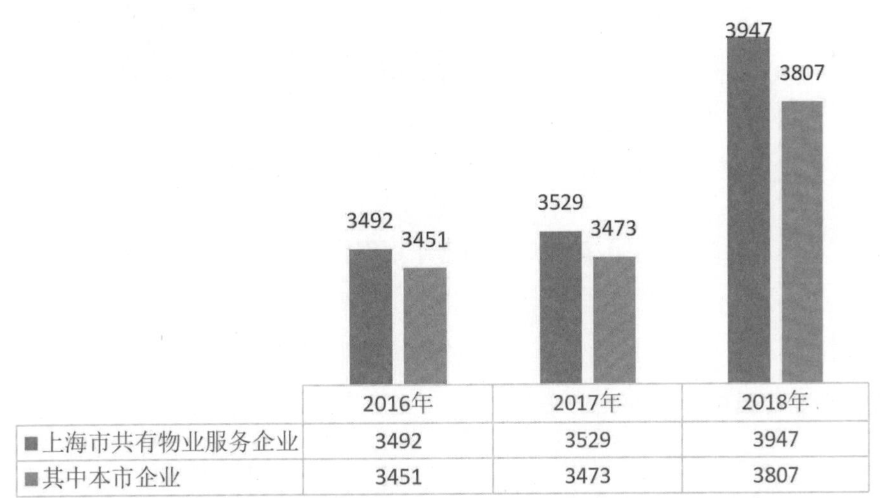

	2016年	2017年	2018年
■上海市共有物业服务企业	3492	3529	3947
■其中本市企业	3451	3473	3807

图 9-5　2016～2018 年上海市物业服务企业变化走势图

物业从业人员共 89 万人。其中管理人员 8.31 万人，占比 9.3%；环境清洁 27.4 万人，占比 30.8%；秩序维护 36.13 万人，占比 40.6%。

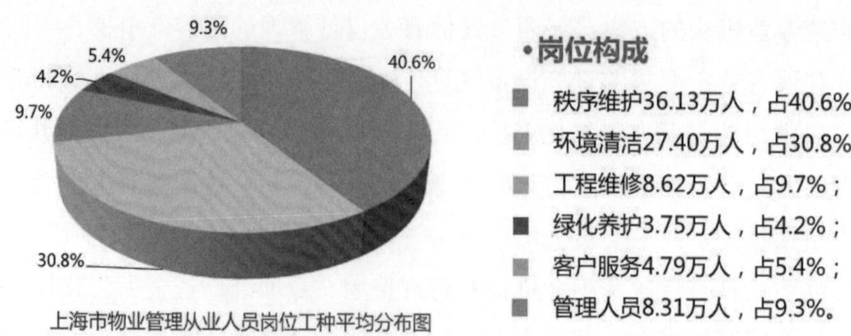

图 9-6　2018 年上海市物业从业人员岗位工种平均分不图

2018 年本市物业管理行业营业总收入约为 978 亿元，同比增加 4.6%，占上海 GDP 总量的 2.99%。其中主营收入 795.36 亿元，同比增加约 2.4%，非主营业务收入 115.24 亿元，同比略有下降。在企业利润方面，全行业的利润总额为 69.02 亿元，占营收总额的 6.91%，实现净利润 52.07 亿元，利润总额及净利润同比均呈下降趋势。

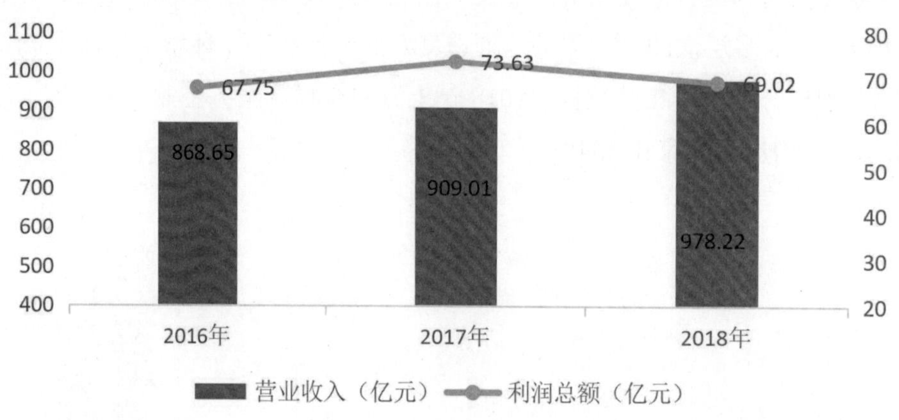

图 9-7　2016～2018 年物业管理行业营收、利润示意图

2018 年上海物业管理企业竞争继续加剧，行业集中度进一步提升，根据上海市物业管理行业数据，上海市物业企业优秀企业各类排名如下表。

二、物业管理企业排名

表 9-1　2018 年上海市物业企业综合前 20 强物业企业

序号	企业名称	序号	企业名称
1	上海科瑞物业管理发展有限公司	11	上海上房物业服务股份有限公司
2	上海东湖物业管理有限公司	12	上海生乐物业管理有限公司
3	上海高地物业管理有限公司	13	第一太平戴维斯物业顾问（上海）有限公司

4	上海明华物业管理有限公司	14	上海复欣物业管理发展有限公司
5	上海上实物业管理有限公司	15	上海锐翔上房物业管理有限公司
6	上海陆家嘴物业管理有限公司	16	上海万科物业服务有限公司
7	上海古北物业管理有限公司	17	狮城怡安（上海）物业管理股份有限公司
8	上海浦江物业有限公司	18	上海复瑞物业管理有限公司
9	上海德律风置业有限公司	19	上海申能物业管理有限公司
10	上海景瑞物业管理有限公司	20	上海益中泰（集团）股份有限公司

表 9-2　2018 年上海市营业收入前 20 强物业企业

序号	企业名称	序号	企业名称
1	上海保利物业酒店管理集团有限公司	11	上海益中亘泰（集团）股份有限公司
2	上海东湖物业管理有限公司	12	上海深长城物业管理有限公司
3	上海陆家嘴物业管理有限公司	13	上海上房物业服务股份有限公司
4	上海高地物业管理有限公司	14	上海浦江物业有限公司
5	上海科瑞物业管理发展有限公司	15	仁恒物业服务管理（中国）有限公司
6	上海永升物业管理有限公司	16	上海上实物业管理有限公司
7	上海至诚环境服务有限公司	17	上海漕河泾开发区物业管理有限公司
8	上海复医天健医疗服务产业股份有限公司	18	仲量联行测量师事务所（上海）有限公司
9	上海吉晨卫生后勤服务管理有限公司	19	上海永绿置业有限公司
10	上海德律风置业有限公司	20	上海明华物业管理有限公司

表 9-3　2018 年上海市净利润前 20 强物业物业企业

序号	企业名称	序号	企业名称
1	上海东湖物业管理有限公司	11	上海上房物业服务股份有限公司
2	上海永升物业管理有限公司	12	上海星海时尚物业经营管理有限公司
3	上海深长城物业管理有限公司	13	上海保利物业酒店管理集团有限公司
4	上海科瑞物业管理发展有限公司	14	上海明华物业管理有限公司
5	上海高地物业管理有限公司	15	上海益中亘泰（集团）股份有限公司
6	上海陆家嘴物业管理有限公司	16	上海东渡物业管理有限责任公司
7	上海复医天健医疗服务产业股份有限公司	17	上海证大物业管理有限公司
8	上海永绿置业有限公司	18	上海安荣物业管理有限公司
9	第一太平戴维斯物业顾问（上海）有限公司	19	上海漕河泾开发区物业管理有限公司
10	上海新世纪房产服务有限公司	20	上海绿地物业服务有限公司

表 9-4　2018 年上海市员工数量前 20 强物业企业

序号	企业名称	序号	企业名称
1	上海科瑞物业管理发展有限公司	11	上海永绿置业有限公司
2	上海益中亘泰（集团）股份有限公司	12	上海润美物业管理有限公司
3	上海陆家嘴物业管理有限公司	13	上海文化银湾物业管理有限公司
4	上海保利物业酒店管理集团有限公司	14	上海锐翔上房物业管理有限公司
5	上海永升物业管理有限公司	15	上海景瑞物业管理有限公司
6	上海德律风置业有限公司	16	上海复医天健医疗服务产业股份有限公司
7	上海高地物业管理有限公司	17	上海古北物业管理有限公司
8	上海上房物业服务股份有限公司	18	上海百联物业管理有限公司
9	上海东湖物业管理有限公司	19	上海上实物业管理有限公司
10	上海吉晨卫生后勤服务管理有限公司	20	上海浦江物业有限公司

表 9-5　2018 年上海市服务质量领先前 20 强物业企业

序号	企业名称	序号	企业名称
1	上海东湖物业管理有限公司	11	上海延吉物业管理有限公司
2	上海古北物业管理有限公司	12	上海安荣物业管理服务有限公司
3	上海陆家嘴物业管理有限公司	13	上海航天实业有限公司
4	上海上实物业管理有限公司	14	上海锦宾物业管理有限公司
5	上海明华物业管理有限公司	15	上海高地物业管理有限公司
6	上海生乐物业管理有限公司	16	上海紫泰物业管理有限公司
7	上海上房物业服务股份有限公司	17	上海汇成物业有限公司
8	上海复欣物业管理发展有限公司	18	上海松开物业管理有限公司
9	上海新世纪房产服务有限公司	19	上海东方大学城物业管理有限公司
10	上海科瑞物业管理发展有限公司	20	上海中星集团申城物业有限公司

表 9-6　2018 年上海市住宅类物业管理前 10 强物业企业（面积）

序号	企业名称
1	上海文化湾物业管理有限公司
2	上海永长虹物业管理有限公司
3	上海锐翔上房物业管理有限公司
4	上海科瑞物业管理发展有限公司
5	上海保利物业酒店管理集团有限公司
6	上海高地物业管理有限公司

7	上海景瑞物业管理有限公司
8	华润置地（上海）物业管理有限公司
9	上海中建东孚物业管理有限公司
10	上海万科物业服务有限公司

表 9-7　2018 年上海市办公类物业管理前 10 强物业企业（面积）

序号	企业名称
1	第一太平戴维斯物业顾问（上海）有限公司
2	上海科瑞物业管理发展有限公司
3	上海高地物业管理有限公司
4	上海永升物业管理有限公司
5	上海东湖物业管理有限公司
6	上海东方航空物业有限公司
7	上海陆家嘴物业管理有限公司
8	上海永绿置业有限公司
9	上海上房物业服务股份有限公司
10	上海德律风置业有限公司

表 9-8　2018 年上海市园区类物业管理前 10 强物业企业（面积）

序号	企业名称
1	上海漕河泾开发区物业管理有限公司
2	上海东湖物业管理有限公司
3	上海安税盟企业服务有限公司
4	上海古北物业管理有限公司
5	上海车城物业管理有限公司
6	上海海鸿福船物业管理有限公司
7	上海复瑞物业管理有限公司
8	上海浦江物业有限公司
9	上海永升物业管理有限公司
10	上海东方航空物业有限公司

表 9-9　2018 年上海市商业类物业管理前 10 强物业企业（面积）

序号	企业名称
1	第一太平戴维斯物业顾问（上海）有限公司

2	上海高地物业管理有限公司
3	港联不动产服务（上海）有限公司
4	上海永升物业管理有限公司
5	上海科瑞物业管理发展有限公司
6	上海复瑞物业管理有限公司
7	上海百联物业管理有限公司
8	上海证大物业管理有限公司
9	上海上房物业服务股份有限公司
10	上海丰诚物业管理有限公司

表 9-10　2018 年上海市医院类物业管理前 10 强物业企业（面积）

序号	企业名称
1	上海益中亘泰（集团）股份有限公司
2	上海吉晨卫生后期服务管理有限公司
3	上海复医天健医疗服务产业股份有限公司
4	上海上房物业服务股份有限公司
5	上海证大物业管理有限公司
6	上海嘉隆物业管理有限公司
7	上海逸思曼企业管理服务有限公司
8	上海西部物业有限公司
9	上海卫事康卫生管理服务有限公司
10	上海复欣物业管理发展有限公司

表 9-11　2018 年上海市机关类物业管理前 10 强物业企业（面积）

序号	企业名称
1	上海东湖物业管理有限公司
2	上海浦江物业有限公司
3	上海申勤物业管理服务有限公司
4	上海新世纪房产服务有限公司
5	上海上勤高级楼宇管理有限公司
6	上海延吉物业管理有限公司
7	上海陆家嘴物业管理有限公司
8	上海世德物业管理有限公司
9	上海诚信中宁物业服务有限公司

10	上海上勤物业管理有限公司

表 9-12 2018 年度上海市物业管理行业诚信承诺 AAA 级企业名单

序号	企业名称	序号	企业名称
1	上海宝房（集团）大楼物业管理有限公司	53	上海春晖物业管理有限公司
2	上海宝矿钻石物业有限公司	54	上海东慧庄原物业管理有限公司
3	上海复瑞物业管理有限公司	55	上海禾泰物业管理有限公司
4	上海高地物业管理有限公司	56	上海和迅物业管理有限公司
5	上海海尚物业管理有限公司	57	上海上工物业发展有限公司
6	大华集团上海物业管理有限公司	58	上海莘旺物业管理有限公司
7	上海安税盟企业服务有限公司	59	上海万科物业服务有限公司
8	上海采林物业管理有限公司	60	上海鑫铭物业管理有限公司
9	上海诚远物业管理有限公司	61	上海阳光工联物业管理有限公司
10	上海锦宾物业管理有限公司	62	第一太平戴维斯物业顾问（上海）有限公司
11	上海绿地物业服务有限公司	63	上海东泰物业管理有限公司
12	上海铭杰物业管理有限公司	64	上海联洋物业服务有限公司
13	上海盛源物业有限公司	65	上海临港新城物业管理有限公司
14	上海仰宏物业管理有限公司	66	上海陆家嘴物业管理有限公司
15	上海芸绮物业管理有限公司	67	上海仁恒物业管理有限公司
16	上海昌悦物业管理有限公司	68	上海同进物业服务有限公司
17	上海金维邦物业管理有限公司	69	上海新涨江物业管理有限公司
18	上海良友物业管理有限公司	70	上海鑫源物业经营管理有限公司
19	上海千亿物业有限公司	71	上海中心大厦置业管理有限公司
20	上海星乐物业管理有限公司	72	上海曹杨物业有限公司
21	上海意晟物业管理有限公司	73	上海东渡物业管理有限责任公司
22	上海永佳物业管理有限责任公司	74	上海沙田物业管理有限公司
23	上海虹达物业管理有限公司	75	上海威斯特物业经营有限公司
24	上海景瑞物业管理有限公司	76	上海新湖绿城物业服务有限公司
25	上海招商局物业管理有限公司	77	上海怡祥物业管理有限公司
26	华润置地（上海）物业管理有限公司	78	上海真如物业有限公司
27	上海丰诚物业管理有限公司	79	上海中环陆家嘴物业管理有限公司
28	上海复欣物业管理发展有限公司	80	上海青浦房物业管理有限公司
29	上海金玉兰物业管理有限公司	81	上海上实物业管理有限公司
30	上海锦江物业管理有限公司	82	上海申勤物业管理服务有限公司

31	上海齐佳物业管理有限公司	83	上海永升物业管理有限公司
32	上海上房物业服务股份有限公司	84	上海智仕物业管理有限公司
33	上海申能物业管理有限公司	85	上海巨垄物业管理有限公司
34	上海顺风物业管理有限责任公司	86	上海乔爱物业管理有限公司
35	上海新电后勤服务有限公司	87	上海松开物业管理有限公司
36	上海遥瞻物业管理有限公司	88	上海新贵盛物业管理有限公司
37	上海豫园旅游商城物业管理有限公司	89	上海孜诚置业有限公司
38	上海国际汽车城物业管理有限公司	90	上海安得物业管理有限公司
39	上海惠乐物业有限公司	91	上海华鑫物业管理顾问有限公司
40	上海嘉隆物业管理有限公司	92	上海申大物业有限公司
41	上海万涓物业有限公司	93	上海创环物业管理有限公司
42	上海枫宇物业管理有限公司	94	上海东方大学城物业管理有限公司
43	上海沪中物业管理有限公司	95	上海海鸿福船物业管理有限公司
44	上海乐居物业管理有限公司	96	上海三湘物业服务有限公司
45	上海农工商旺都物业管理有限公司	97	上海兴桥盛物业有限公司
46	上海宝鼎物业管理有限公司	98	上海保集物业管理有限公司
47	上海诚立物业服务有限公司	99	上海不夜城世缘实业有限公司
48	上海达安物业管理有限公司	100	上海地矿物业管理有限公司
49	上海轻工物业管理有限公司	101	上海恒联物业有限公司
50	上海文广物业管理有限公司	102	上海新市北企业管理服务有限公司
52	上海星海时尚物业经营管理有限公司	103	上海瑞创物业管理有限公司
53	上海中企物业管理有限公司	104	上海新长宁集团仙霞物业有限公司

第四篇　类型

第一章　住宅市场

第一节　住宅市场供给与需求

2018 年上海商品住房受宏观政策影响，市场继续降温，住宅投资小幅上升，销售面积小幅下降，销售金额明显上升，住房价格指数同比微涨，市场化新建商品住房去化周期有所增加。市场总体上呈现“量平价稳”的状态。全年商品住宅投资 2 225.92 亿元，销售总金额 3 864.03 亿元，销售面积 1 333.29 万平方米，销售均价 28 981 元/平方米。

一、住宅投资情况

2018 年，上海市住宅投资 2 225.92 亿元，较上年增加 3.4%，占房地产开发投资的 55.2%，占比下降 0.6 个百分点。自 2013 年以来上海住宅投资额逐年增加（见表 10-1，图 10-1）。

上海市住宅施工面积为 7 520.39 万平方米，较上年下降 6.2%。从统计局数据来看，2014 年上海市住宅施工面积达到高峰，此后逐渐下降（见图 10-2）。

全年新开工面积 1 473.17 万平方米，较上年相比增长 5.0%，改变了以为逐年下降的趋势（见图 10-3）。

全年住宅竣工建筑面积全年为 1 730.27 万平方米，较上年下降 7.1%；住宅建筑面积竣工率为 23.2%，较上年略有下降（见图 10-4）。

表 10-1　2013～2018 年住宅投资情况

指标	2013 年	2014 年	2015 年	2016 年	2017 年	2018 年
投资额(亿元)	1 626.95	1 730.81	1 822.73	1 979.85	2 159.07	2 238.45
施工面积（万平方米）	8 188.56	8 573.04	8 443.82	8 157.21	8 083.44	7 615.04
竣工面积（万平方米）	1 439.20	1 549.64	1 617.86	1 557.98	1 895.64	1 765.79
新开工面积　（万平方米）	1 643.09	1 547.29	1 560.28	1 436.13	1 402.91	1 473.17

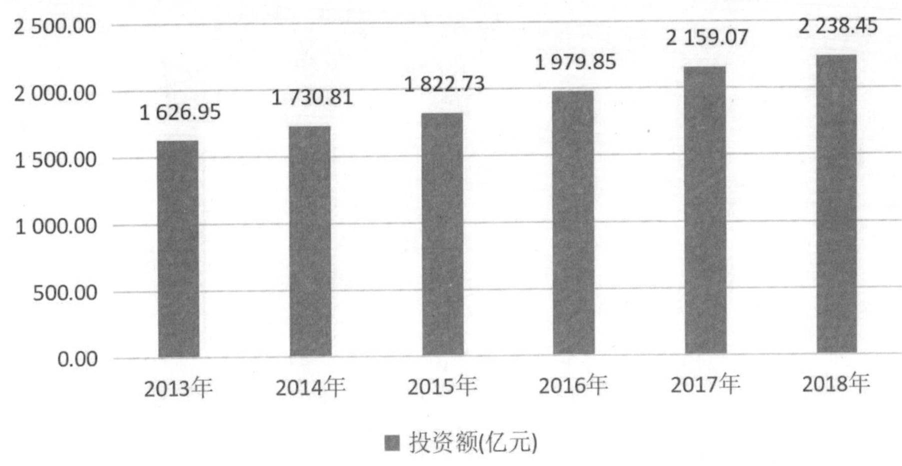

图 10-1　2013～2018 年住宅投资额走势

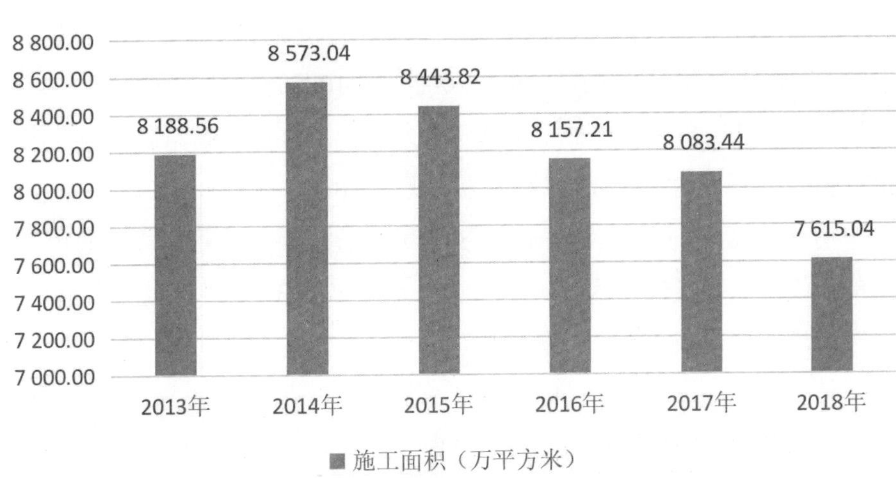

图 10-2　2013～2018 年住宅施工面积走势

图 10-3　2013～2018 年商品住宅新开工面积走势

图 10-4　2013～2018 年商品住宅竣工面积走势

从月度来看，住宅投资 1～2 月份受节日影响，为 321.18 亿元；4 月份住宅投资全年最低，为 155.06 亿元；12 月份住宅投资达到最高值为 266.36 亿元（见表 10-2，图 10-5）。

住宅新开工面积起伏较大，年初、年末受节日影响新开工较少，7 月份受高温影响新开工面积也不高，最高月份在 9 月份，新开工面积达 203.38 万平方米（见图 10-6）。

住宅竣工主要集中在年初和年底，1～2 月份，竣工 486.65 万平方米，12 月份竣工面积最高，为 279.06 万平方米；5 月份住宅竣工面积最低，为 48.41 万平方米；年中 6、7 月份也是个小高峰。一般住宅的竣工时间与房地产市场的销售成正相关（见图 10-7）。

表 10-2　2018 年上海住宅施工和销售各月情况

月份	住宅投资（亿元）	累计施工面积（万平方米）	新开工面积（万平方米）	竣工面积（万平方米）	销售面积（万平方米）
1～2 月	321.18	6 035.70	68.18	486.65	171.65
3 月	169.82	6 103.09	62.27	97.11	107.17
4 月	155.06	6 326.65	181.31	80.97	-
5 月	164.31	6 497.53	171.43	48.41	122.84
6 月	187.03	6 643.18	147.06	173.76	175.84
7 月	183.53	6 748.54	117.36	184.16	211.42
8 月	186.16	6 927.29	166.32	121.79	104.47
9 月	208.42	7 134.35	203.38	87.62	162.19
10 月	187.82	7 298.99	153	88.11	97.64
11 月	196.22	7 464.37	141.17	82.63	82.75
12 月	266.36	7 520.39	61.69	279.06	97.32

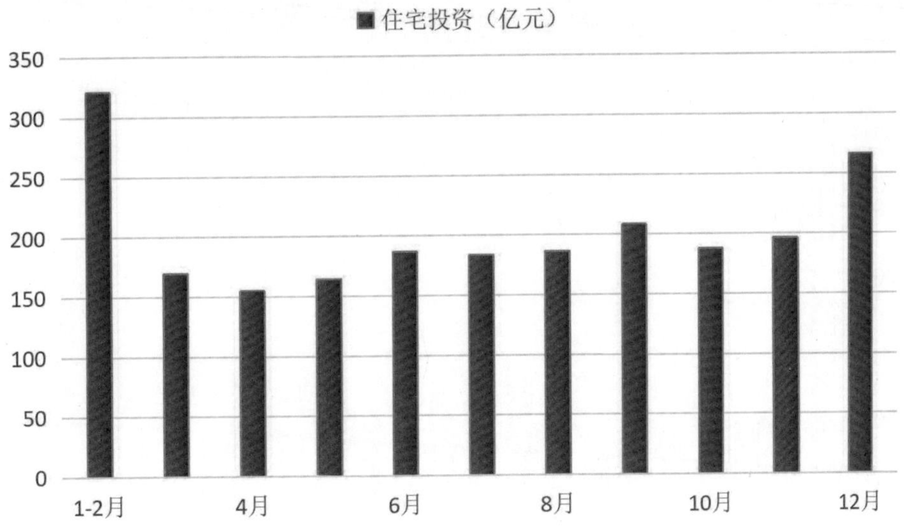

图 10-5　2018 年上海市住宅投资金额月度走势图

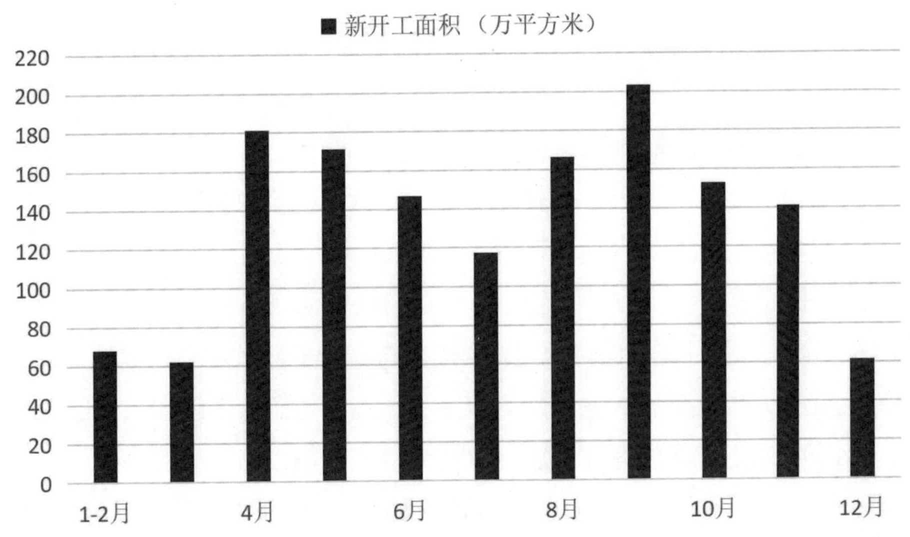

图 10-6　2018 年上海市住宅新开工面积月度走势图

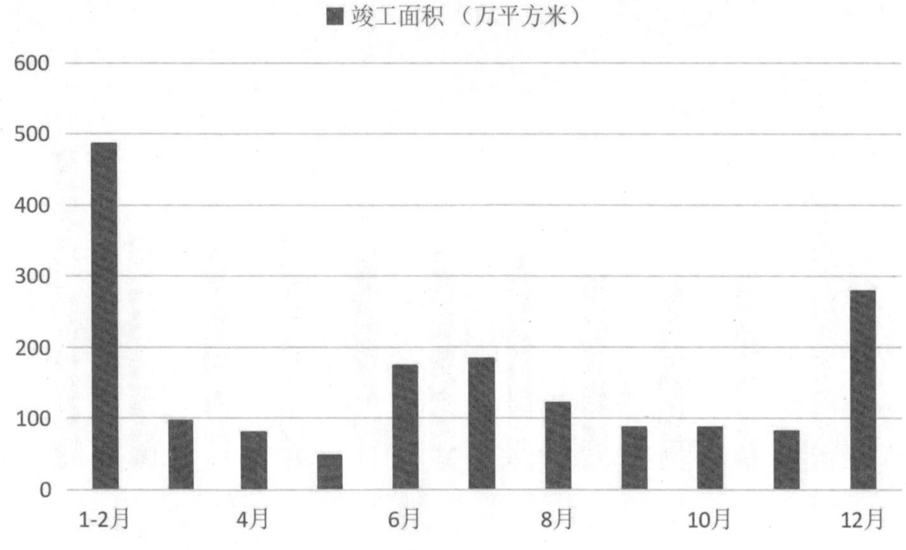

图 10-7　2018 年上海市住宅竣工面积月度走势图

二、住宅销售情况

2018 年，上海商品住房市场销售出现了“冷热不均”的现象，一二手价差倒挂的市区高端盘和区位、交通配套不佳的远郊刚需盘去化呈两极分化。如中粮前滩海景壹号 4 月推 437 套房源，吸引了 3 127 组客户参与摇号。金山某盘推出 456 套房源，均价在两万元以下但仅吸引了 8 组客户前去认筹，认筹率不足 2%；下半年市场全面降温，整体趋势逐步走低，远郊刚需盘去化情况依旧不佳，市区高端盘热度也逐渐冷却。12 月，大宁金茂府、万科翡翠滨江、仁恒公园世纪等高端盘开盘当天去化率都明显不及预期，仅在 50%左右。

2018 年上半年全市网上可售量保持稳定，维持在 550 万平方米左右小幅波动，下半年市场加大供应，但成交却逐月走低，因此库存大幅增加。年底去化周期达到 14.4 个月，比年初增加 4.3 个月。到 12 月 31 日，网上市场化商品住房可售量为 706.17 万平方米，比去年同期增加 45.0%，其中普通商品住房可售量为 105.39 万平方米，比去年同期增加 30.1%。另外，动迁安置住房可售量 2636.5 万平方米，比去年同期增加 4.5%。

根据统计局数据，2018 年上海市商品房批准预售 1 570 万平方米，比上年增长 113%；其中商品住宅批准预售 1 168 万平方米，比上年增长 38.37%。全市商品房销售 1 767.01 万平方米，同比增长 4.5%；其中商品住房销售 1 333.29 万平方米，同比减少 0.6%，销售金额 3 864 亿元，较上年增加 527.94 亿元，销售均价 28 981 元/平方米，较上年有较大提升（见表 10-2，图 10-8、图 10-9）。

表 10-2　2013～2018 年上海市住宅销售情况

指　标	2013 年	2014 年	2015 年	2016 年	2017 年	2018 年
销售额（亿元）	3 264.03	2 923.44	4 319.93	5233.29	3 336.09	3 864.03
销售面积（万平方米）	2 015.81	1 780.91	2 009.17	2019.8	1 341.62	1 333.29
销售均价（元/平方米）	16 192.00	16 415.00	21 501.00	25 910.00	24 866.00	28 981.17

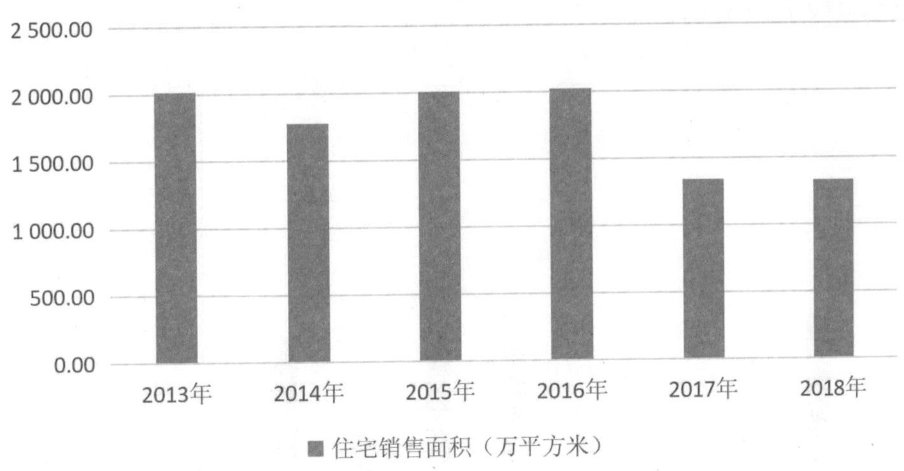

图 10-8　2013～2018 年商品住宅销售面积走势图

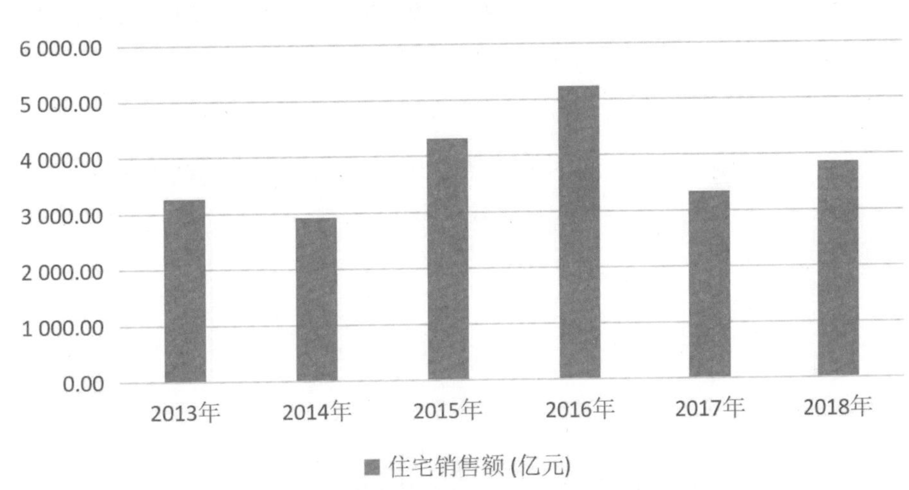

图 10-9　2013～2018 年商品住宅销售额走势图

从全年来看，1 月份市场推盘量有所增加，有 14 个项目拿到预售证，单月成交 43.71 万平方米；2 月份受春节传统淡季影响，成交回落至 17.79 万平方米；3 月开始，上海加快了预售证的发放，市场供应量逐渐增多，带动了市场成交。3 月、4 月、5 月分别成交 45.21 万平方米、41.56 万平方米、49.41 万平方米；6 月份受到住建部约谈 12 个房价过快上涨省市的影响，有关部门再度加强了对预售项目的监管，市场供应量大幅下滑，成交也受其影响出现下滑，回落至 41.34 万平方米。下半年开始，各家房企为完成全年业绩目标选择妥协，以政府的限定价格入市，同时不少楼盘开始降价促销；7、8 两月市场成交活跃，成交量大幅提升，分别成交 68.35 万平方米和 83.1 万平方米。8 月住建部再度要求各地落实调控责任影响了市场预期，加之前两个月需求的过度透支，楼市“金九银十”持续遇冷，供应量环比大幅缩减，市场表现持续萎靡；9、10 两月成交开始回落，分别成交了 65.76 万平方米和 50.5 万平方米。年末两月，虽然房企为了年终冲刺抢收，供应端大幅放量，年末最后一周内更是有

21 个项目集中开盘，但市场依旧成交低迷，成交量继续下滑；11 月、12 月仅成交 48.24 万平方米和 33.96 万平方米（见图 10-10）。

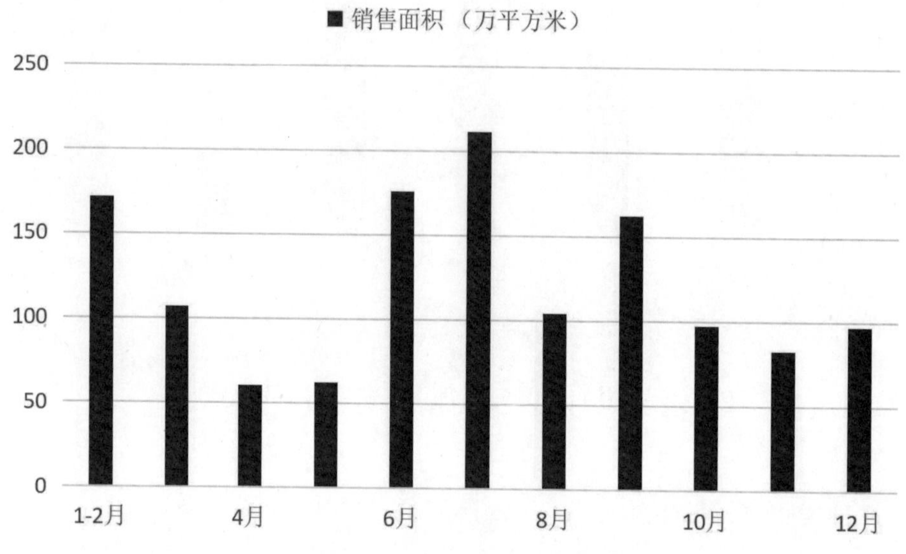

图 10-10　2018 年上海住宅销售面积月度走势图

第二节　住宅价格与租金

一、住宅成交价格

根据上海市统计局数据，2018 年上海市市住宅平均销售价格（含销售型保障房）28 981 元/平方米，比上年上升 16.5%。二手住房平均成交价格 38 760 元/平方米，比上年上涨 1%。根据房地产交易中心网上数据。2018 年上海市场化商品住房（不包括保障性住房）销售面 588.93 万平方米，同比增长 2%；销售均价 44 340 元/平方米，同比上升 0.6%。从走势上看，呈现出两头低，中间高的特点。

从区域均价看：内环线以内 107 730 元/平方米，内外环线之间 54 150 元/平方米，外环线以外 20 151 元/平方米（见图 10-11）。

图 10-11　2013～2018 年上海新建住宅成交均价走势

二、住房租赁市场

2018 年，中央继续推出一系列住房租赁配套政策，地方政府也不断出台相关配套政策。2018 年上海市政府工作报告中提出加大租赁房建设力度，支持专业化、机构化的代理经租企业发展，新建和转化租赁房源 20 万套，新增代理经租房源 9 万套。从 2018 年实际情况看，上海租赁住房用地供应力度依旧保持一定节奏，全年累计公告出让 40 幅租赁住房用地，出让面积 107 公顷，可建建筑面积 228 万平方米。并且，住房租赁公共服务平台上线，住房租赁市场进一步得到规范。

纵观全年，上海市住房租赁市场热度持续，众多开发商、品牌公寓商以及具有国企背景的物业持有企业动作频频，陆续推出自己的租赁住房产品或者发布相关发展计划。2018 年上海共成交住房租赁用地 40 幅，总占地约 107 公顷，总建筑面积达到 228 万平方米。从出让用地的区域分布来看，主要集中在松江、徐汇、杨浦等区，其中松江出让的住房租赁用地幅数最多，达到 9 幅，成为未来上海租赁住房供应的主要区域。徐汇出让的租赁住房用地也比较多，均位于康健、田林板块。未来这些板块也将成为市中心租赁住房较集中的区域（见图 10-12）。

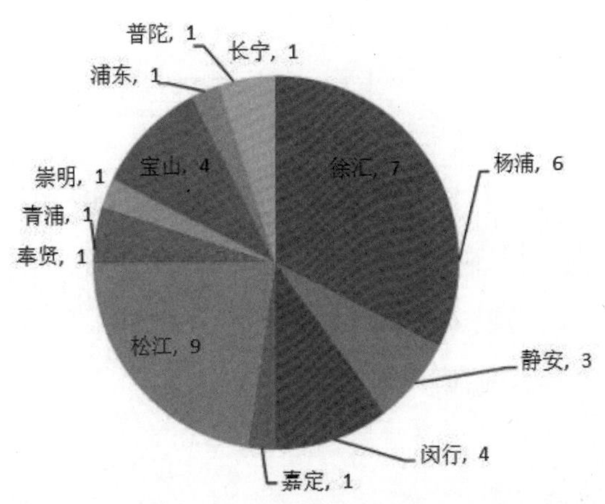

图 10-12　2018 年上海市出让租赁住房用地区域分布数

从 2018 年上海出让的租赁住房用地占地面积段看，占地面积 2～3 万平方米的地块幅数较多，达到 13 幅，主要集中在宝山和松江。所有地块中，面积最小的为松江区九亭镇 SJT00106 单元 10-07A 号（集体土地试点入市）地块，占地仅 2 902.5 平方米，面积最大的为奉贤区海港开发区 65-01 区域地块，占地达到 83 105.9 平方米（见图 10-13）。

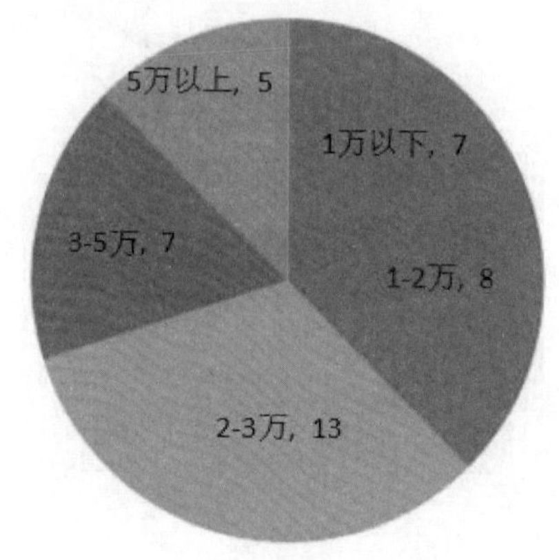

图 10-13　2018 年上海市出让租赁住房用地占地面积段幅数分布图

从租金走势看，上半年上海租赁住房租金单价持续上升，7 月达到顶点后基本呈现逐月回落的态势，一丝跌幅虽有振荡，但基本在-4%至 2%之间，跌幅相对稳定（见图 10-14）。

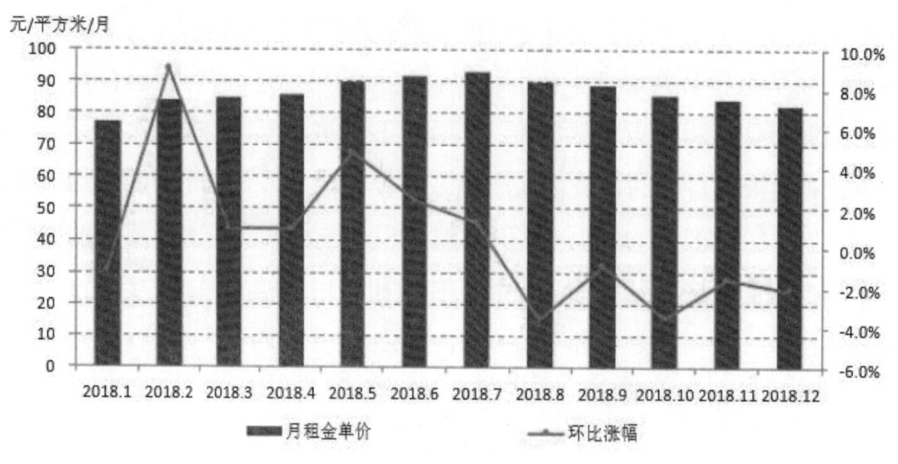

图 10-14　2018 年上海市租赁住房月租金单价及增幅走势

在供应的租赁房源中，超 5 成租赁房源套均月租金在 2 000～6 000 元/月；近 7 成集中在 100 平方米以下的中小户型；近 4 成户型集中在 2 室，目前由于房屋租赁市的房源仍以私人房源为主，因此从房源户型结构看，2 室和 3 室仍较多，未来随着租赁用地建设的推进，专业化租房企业和机构的发展，1 室房源比重将会有所上升（见图 10-15）。

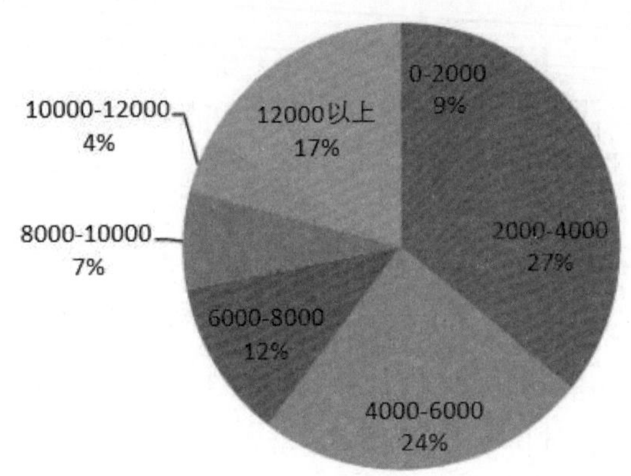

图 10-15　2018 年上海市住宅租赁房源个租金段供给比例（元/套/月）

从上海长租公寓市场情况看，截止 2018 年 12 月，租金在 4 000 元/月以下的房源供应占比近八成;20 平方米以下房源占比近六成,由于 40 平方米以下特别是 20 平方米以下的房源中多为合租房源,虽然能够弥补市场上小户型租赁住房相对缺少的情况，但长租公寓市场占有率相对较小，未来还需要相关开发运营企业在产品设计上多做考虑；长租公寓单间户型占比仅达二成，虽然长租公寓供应的合租房源占据了一定的比例，但从房源户型段看，真正为一室户的房源占比还是较少，需要长租公寓开发和运营企业结合市场需求，未来更多考虑一室户及两室户等小面积产品（见图 10-16）。

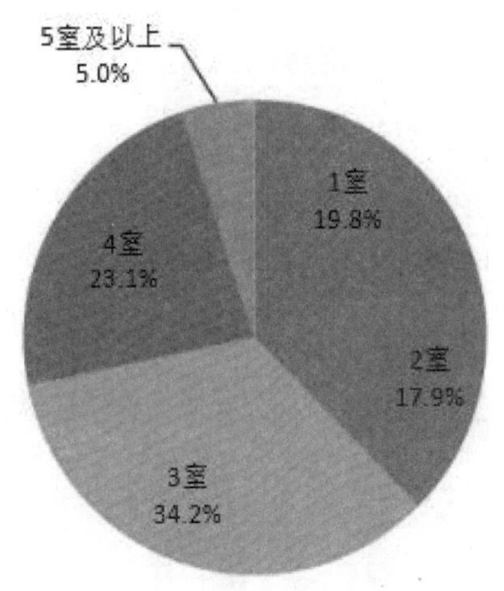

图 10-16　截至 2018 年 12 月上海长租公寓供给户型结构

根据统计局的数据，2018 年上海市所有各类商品住房出租面积为 128.60 万平方米，较上年增加 18.45 万平方米，同比增幅 16.75%。（见表 10-3）。

表 10-3　上海市主要年住宅出租情况

年份（年）	2010	2015	2017	2018
出租面积（万平方米）	85.72	120.59	110.15	128.60

第三节　二手住宅市场

2018 年上海存量房（二手房）登记面积 1 646.2 万平方米，同比下降 0.81%。其中存量住宅（二手住房）登记面积 1 301.61 万平方米，同比下降 4.81%；成交均价 38 760 元/平方米，同比上升 1%。

2018 年 1～12 月上海二手住房价格指数同比下跌：1 月份涨 0.1%，2 月份跌 0.4%，3 月份跌 0.6%，4 月跌 0.2%，5 月份跌 0.3%，6 月份跌 0.3%，7 月份跌 0.1%，8 月份跌 0.1%，9 月份跌 0.1%，10 月份跌 0.2%，11 月份跌 0.1%，12 月份跌 0.3%，2018 年 12 月比上年同期下跌 2.7%。2018 年上海二手房市场量价平稳的主要原因是，新房市场供量充足及限价原因，一二手房价差不断扩大，大量需求转向了一手房市场，二手房市场有价无市，议价幅度上升。下半年，由于一手市场降温明显，成交量逐月下滑，市场改善型需求减少导致“连环套”式的交易减少，二手房成交随之下滑，价格也相应回落。随着市场的低迷，二手房市场的信心严重不足，买卖双方进入新一轮博弈期。

总体上看，据房地产交易中心网上数据（见图 10-17），2018 年二手住房呈现出量稳价跌的趋势。1 月份成交 11 383 套；2 月份春节长假期间成交量出现下探，单月仅成交 6 850 套；3 月份成交量迎来明显回升，成交 16 750 套；4 月份一手房市场供应放量，入市新盘价格又低于周边的二手房均价，这分流了部分二手房客户，成交量出现下滑，成交 13 097 套；在政府控预售、稳房价的措施下，二手房市场价格松动，致使购房需求得以一定量的释放，二手房市场逐步回升企稳，5、6 两月分别成交了 15 537 套和 14 975 套；下半年，房企为了冲刺业绩，一手房供应大量增加，一手房限价入市继续分流二手房买家，7、8 两月二手房市场成交量逐月下滑，分别成交 13 615 套、13 119 套；9 月，市场略有反弹，成交回升至 13 660 套；第四季度，一手房市场降温明显，大量需要“连环套”（卖掉二手房买新房）交易的改善型需求暂缓入市，受此影响，二手房市场观望气氛浓郁，成交锐减，10 月份成交量下探至 11 778 套；11、12 月份成交略有反弹，分别成交 13 463 套和 12 604 套。

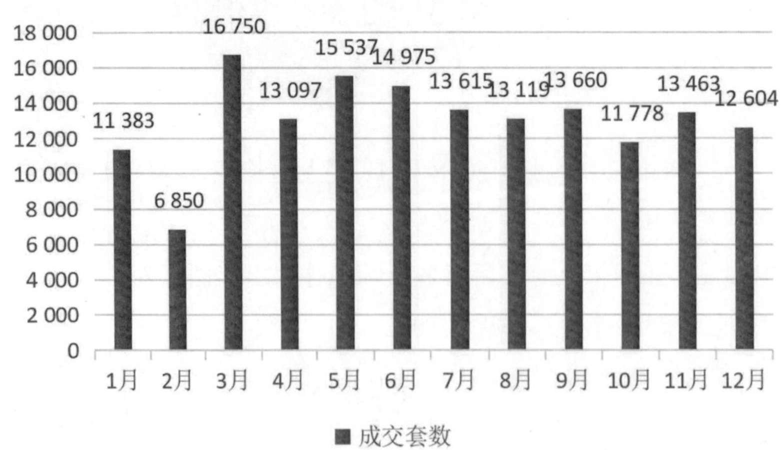

图 10-17　2018 年上海市二手住宅月度成交走势图

从区域来看，浦东、闵行、宝山一直保持成交排名前三，崇明、黄浦成交持续垫底。其他各区交易量变化较大，年内排名起伏不定，如：普陀由年初第四下跌至年末第六、杨浦由第九提高到第七等（见图 10-18）。

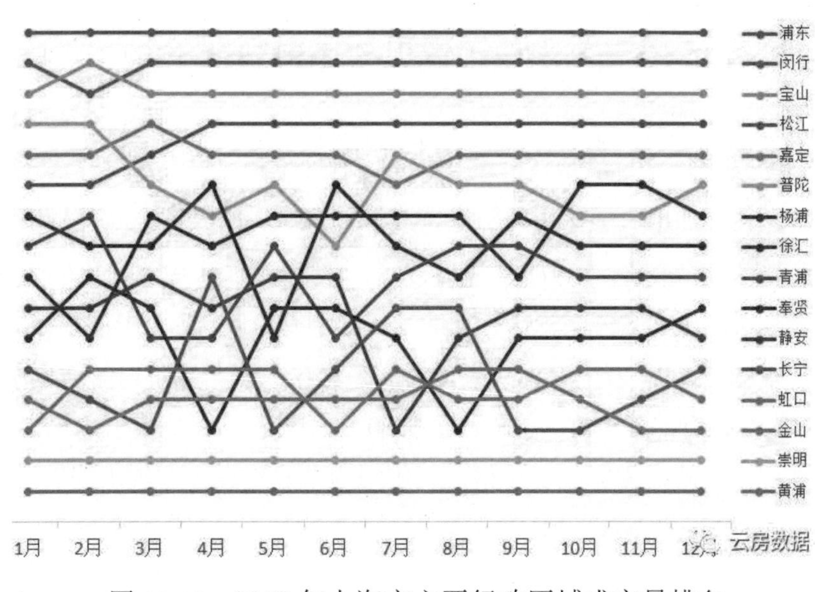

图 10-18　2018 年上海市主要行政区域成交量排名

表 10-4　上海市主要年份存量房交易情况（2009～2018）

年　份	成交套数（套）	成交面积（万平方米）	其　中		
			# 住　宅	# 办公楼	# 商业营业用房
2009	312 857	2 809.45	2 490.58	48.19	43.59
2010	202 511	1 966.86	1 522.21	68.31	70.61
2011	146 151	1 398.67	1 058.71	62.87	51.21
2012	157 585	1 446.77	1 136.17	57.34	46.71
2013	291 176	2 575.70	2 228.02	65.59	47.18
2014	177 083	1 586.14	1 324.18	52.61	40.90
2015	303 414	2 647.83	2 351.30	52.27	41.62
2016	347 667	3 219.80	2 225.42	450.89	261.04
2017	179 385	1 563.53	1 264.13	80.75	60.26
2018	175 061	1 549.12	1 229.01	77.45	58.47

第二章　写字楼市场

第一节　写字楼市场供给与需求

2018 年，上海写字楼市场保持活跃，整体呈现先扬后抑走势，上半年整体去化速度稳健，下半年受到外部经济形势新变化，加上市场供给体量维持高峰，企业观望心态升温，租赁决策周期平均延长 1-2 个月，部分以成本导向的企业，改以续租加联合办公的组合模式，解决短期需求。需求方面呈现多元趋势，自新媒体、新能源、文体娱乐等行业的需求逐渐跃升，与其他国际大都会的租赁结构更加相近。零售物业单体体量超过 10 万平方米的大型商业项目较上一年翻番。全年净吸纳量超历史平均，但同比下降 22%，空置率因而推升至 15.2%，为过去 10 年历史新高。全市平均报价基本持平，项目之间的竞争日趋明显并逐步反映在实际成交价格，全年平均有效租金较去年同期下滑 1.2%。

一、写字楼投资情况

2018 年，上海写字楼开发投资为 692.71 亿元，一改 2017 年投资下降趋势，较上年上升 7.9 个百分点，但仍然未达到 2016 年 695.95 亿的最高值（见表 11-1，图 11-1）。

上海市写字楼施工面积为 2 139.02 万平方米，较上年下降 6.27 %。从统计局数据来看，2017 年上海市写字楼施工面积达到历年来的高峰，2018 年改变了此上升的势头（见图 11-2）。全年新开工面积 310.84 万平方米，较上年下降 15.72%，较上年有较大跌幅（见图 11-3）。全年写字楼竣工建筑面积全年为 413.46 万平方米，较上年下降 7.07%（见图 11-4）。

表 11-1　2013～2018 年写字楼开发投资额

指标	2013 年	2014 年	2015 年	2016 年	2017 年	2018 年
投资额(亿元)	377.18	534.77	654.54	695.95	642.20	692.71
施工面积（万平方米）	1 431.73	1 779.04	1 978.49	2 180.50	2 282.08	2 139.02
竣工面积（万平方米）	176.01	165.03	219.23	279.31	444.83	413.46
新开工面积（万平方米）	264.06	365.25	304.87	384.49	368.84	310.84

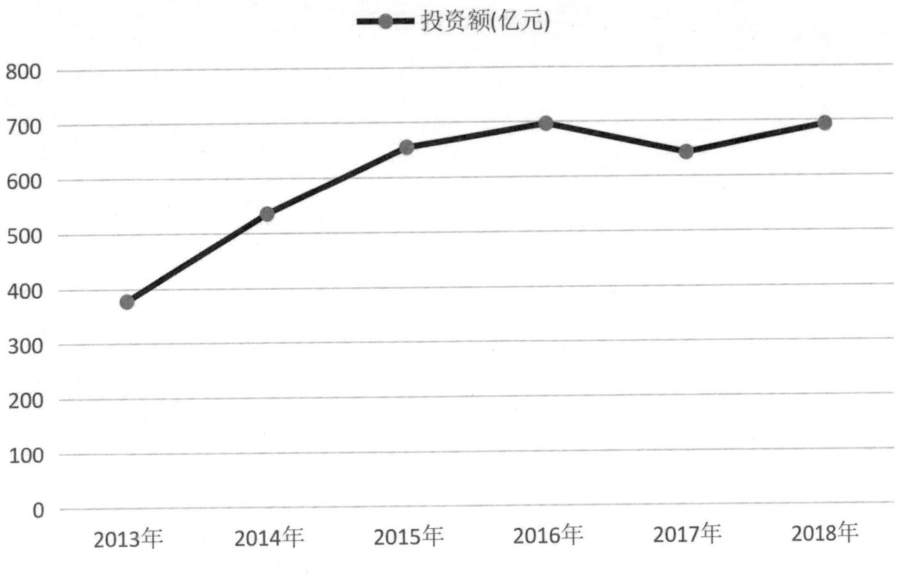

图 11-1　2013～2018 年上海市写字楼投资走势图

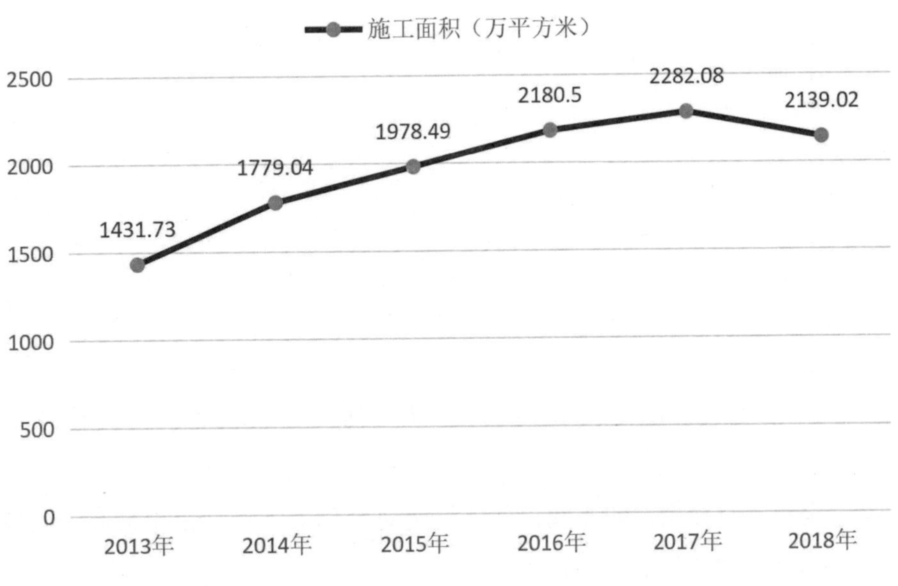

图 11-2　2013～2018 年上海市写字楼施工面积走势图

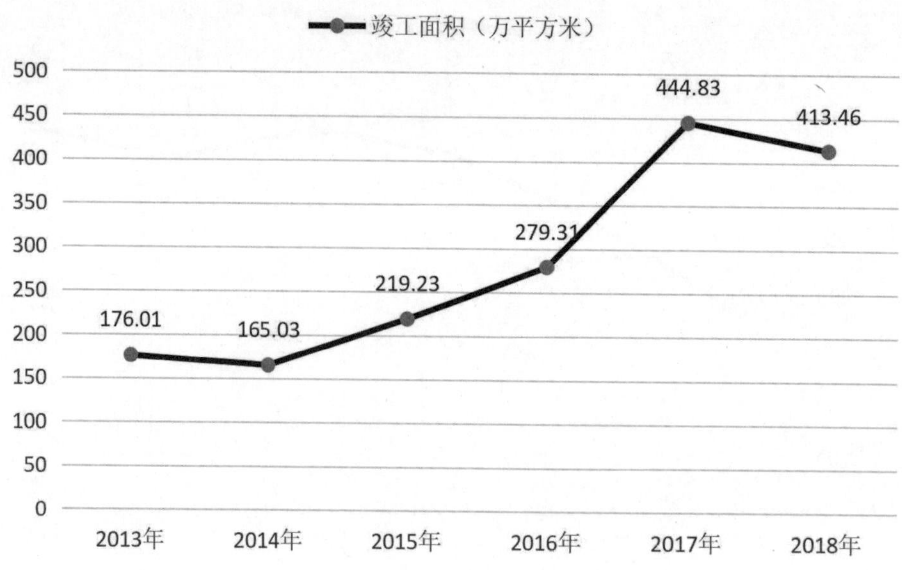

图 11-3　2013～2018 年上海市写字楼竣工面积走势图

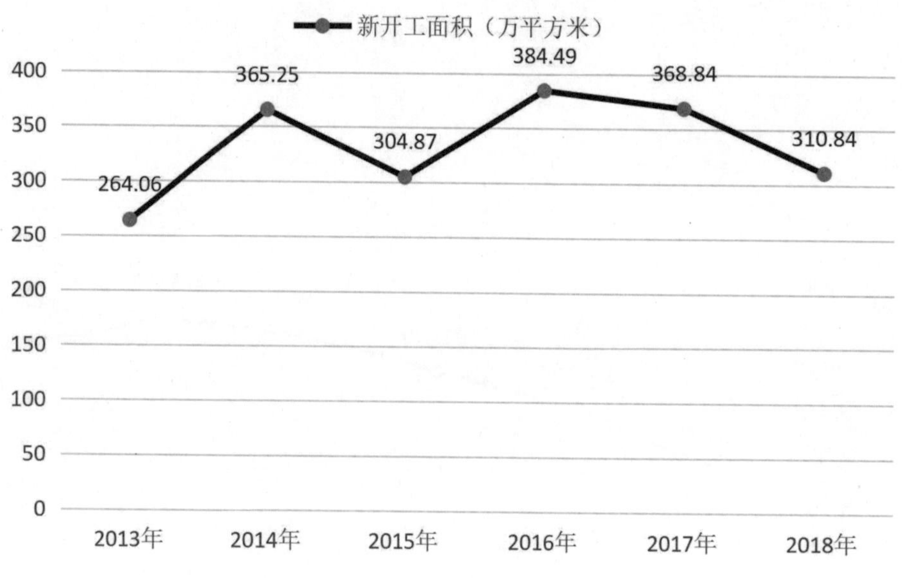

图 11-4　2013～2018 年上海市写字楼新公开面积走势图

从月度来看，全年各月投资比较平稳，总体呈波动上升态势，12 月份最高，达到 82.63 亿元（见表 11-2，图 11-5）。

表 11-2　2018 年各月份写字楼开发投资情况

月　份	开发投资（亿元）	比去年同月增长（%）
1-2	115.14	14.6
3	47.22	-7.8
4	41.16	3.2

5	43.56	-18.7
6	60.52	30.3
7	55.67	36.2
8	55.91	10.8
9	55.87	17.1
10	71.41	3.6
11	63.62	9.8
12	82.63	-2.3

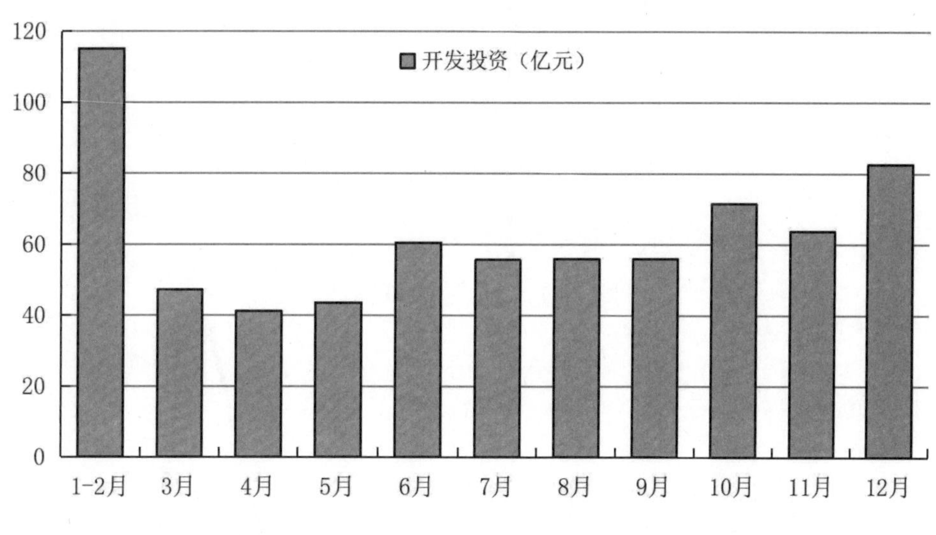

图 11-5 1～12 月上海市写字楼投资走势图

二、写字楼销售情况

经济的稳固增长提升了上海写字楼空间的需求，但尽管需求强劲，大量新项目的竣工入市，致使上海写字楼市场平均空置率上升。2017 年上海市写字楼销售面积急剧下降，由 2016 年的 903.2 万平方米下降至 2017 年的 394.1 万平方米，2018 年上海核心区域写字楼市场总存量为 742 万平方米，新增供应 3.5 万平方米；非核心板块区总存量为 494 万平方米，新增供应 17.9 万平方米。

根据统计局的统计数据，2018 年上海写字楼销售面积为 147.08 万平方米，比去年同期增长 18.52%。销售金额为 484.83 亿元，比去年同期增长 23.03%。其中存量写字楼销售面积 77.45 万平方米，较上年同期减少 4.1%（见表 11-3，图 11-6、图 11-7）。

表 11-3 主要年份写字楼销售情况

指 标	2013 年	2014 年	2015 年	2016 年	2017 年	2018 年
销售面积 （万平方米）	161.22	120.28	197.41	306.40	124.10	147.08
存量交易面积（万平方米）	65.59	52.61	52.27	450.89	80.75	77.45
销售额 （亿元）	380.85	300.43	488.68	903.17	394.07	484.83

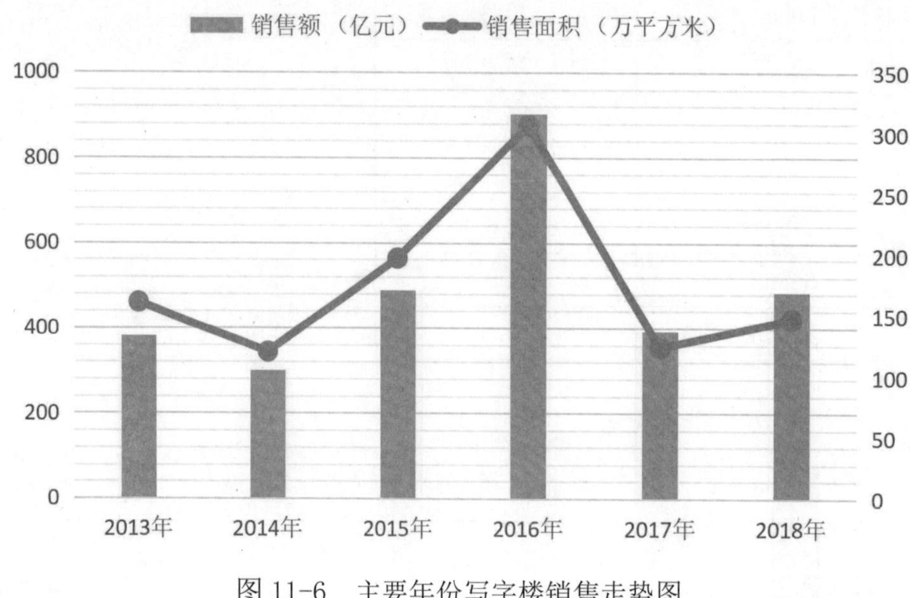

图 11-6　主要年份写字楼销售走势图

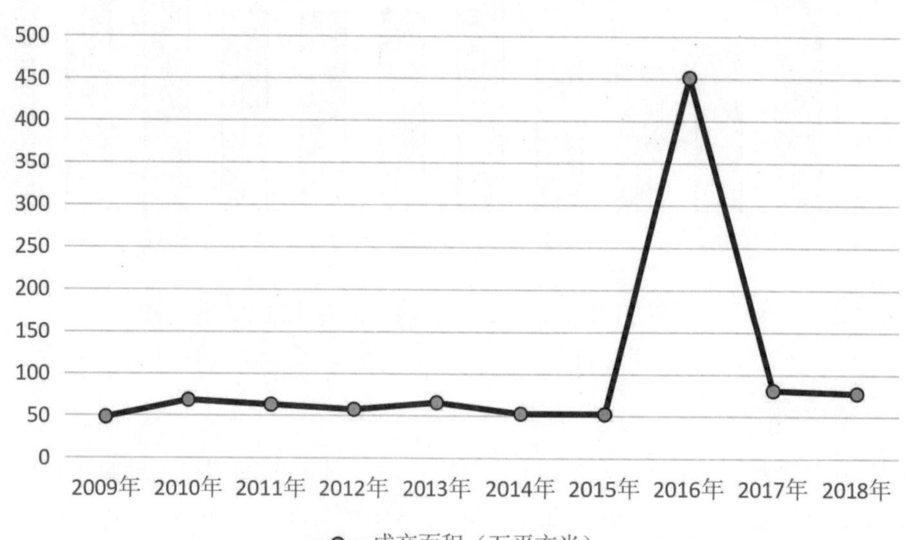

图 11-7　近 10 年存量写字楼销售面积走势图

2018 年，上海优质写字楼供应高峰持续。从需求来看，上海正进入多元化阶段，已逐渐告别过去金融、科技业与制造业三大行业巨头主导的局面，这三大行业占比同比缩小 9%。反之，来自新媒体、新能源、文体娱乐等行业的需求逐渐跃升，与其他国际大都会的租赁结构更加相近。受益于灵活办公、金融以及 TMT 等行业的扩张，2018 年上海核心区写字楼市场全年净吸纳量创新高，达 63.5 万平方米。虽然由于全球经济与贸易的不确定性以及国内去杠杆政策的延续，上海私营企业的设立与扩张于 2018 年下半年有所放缓，从而造成了写字楼市场需求在上半年冲高之后的回落，但全年整体空置率仍同比下降 3.8%至 10.0%，而租金则同比提升 1.2%至人民币 10.35 元/平方米每天。

第二节　写字楼销售价格与租赁

一、写字楼销售价格

尽管 2017 年以来供应量的大幅攀升导致上海写字楼市场的空置率有所上扬，但办公楼销售价格依然持续走强。特别是中环区域的甲级写字楼经过大宗交易、重新包装后，写字楼销售价格反而有上升趋势。根据统计局数据，2018 年上海市写字楼平均销售价格达到 32 963.7 元/平方米，同比 2017 年的 31 754 元/平方米增长 3.8%，销售价格逐年上涨的趋势没有改变（见表 11-4，图 11-8）。

表 11-4　主要年份写字楼销售和出租情况

指　标	2015 年	2016 年	2017 年	2018 年
销售平均价格　（元/平方米）	24 754.57	29 476.82	31 754.23	32 963.69
出租面积　（万平方米）	501.86	578.44	692.42	753.40

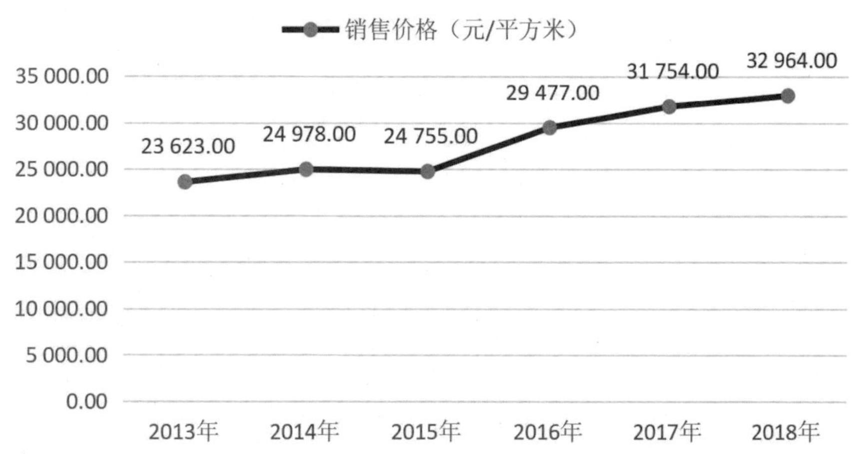

图 11-8　2013～2018 年上海市写字楼平均销售价格

二、写字楼租赁市场

2018 年上海写字楼租赁需求依然强劲，全年出租面积 753.4 万平方米，较上年增加 60.98 万平方米。从 2015 年以来，写字楼出租面积成增加势头。不过，增长势头有减缓的趋势，由于投放量的增加，整体来看，2018 年写字楼的空置率有所增加（见图 11-9）。

从行业属性来看，金融业仍是上海写字楼最大的租户群体，2018 年占比轻微减少，制造业比重提升，尤其是消费品、生物制药等子行业。服务业、TMT 仍然保持重要的位置，占据市场的中坚力量，房地产业对写字楼的需求略有上升。

陆家嘴板块作为传统金融中心，由于金融行业受紧缩政策影响，导致陆家嘴板块写字楼市场受到一定冲击。从另一方面也说明，由于金融企业集中程度较高（将近40%租赁面积），陆家嘴板块的写字楼市场会随着金融行业波动而产生变化，与金融行业的联系性非常紧密。由于一些利好信息的出现，金融行业在未来几年有持续发展的可能，但不确定性与风险性都较高。因此，陆家嘴板块写字楼市场未来租金收益的不确定性也会随之升高。

图11-9 2013～2018年上海市写字楼出租面积

第三章　商业地产市场

第一节　商业地产市场供给与需求

2018 年，上海商业地产在消费分级的态势下延续了增长势头，55 个新商业项目相继亮相，越来越多开发商通过存量改造或商业运营的转型调整来提升运营效率，推动上海商业地产不断创造新的价值。

一、商业地产投资情况

2018 年，上海商业营业房地产投资 461.42 亿元，较上年下降 8.9%；占房地产投资的 11.4%，较上年下降 1.7 个百分点；从月度来看，各月份投资比较平稳，波动不大，10 月份投资最少，为 32.36 亿元。商业营业房产施工面积 1 876.24 万平方米，同比下降 6.9%，新开工面积 206.93 万平方米，竣工面积 341.05 万平方米。（见表 12-1，图 12-1、图 12-2、图 12-3、图 12-4、图 12-5）

表 12-1　主要年份商业营业用房投资情况

指　标	2015 年	2016 年	2017 年	2018 年
投资额（亿元）	467.67	519.41	506.71	461.42
施工面积　（万平方米）	1 944.02	1 990.81	2 016.16	1 876.24
新开工面积　（万平方米）	307.57	401.78	297.68	206.93
竣工面积　（万平方米）	306.45	266.06	387.73	341.05
竣工价值　（亿元）	176.58	180.78	321.96	391.16

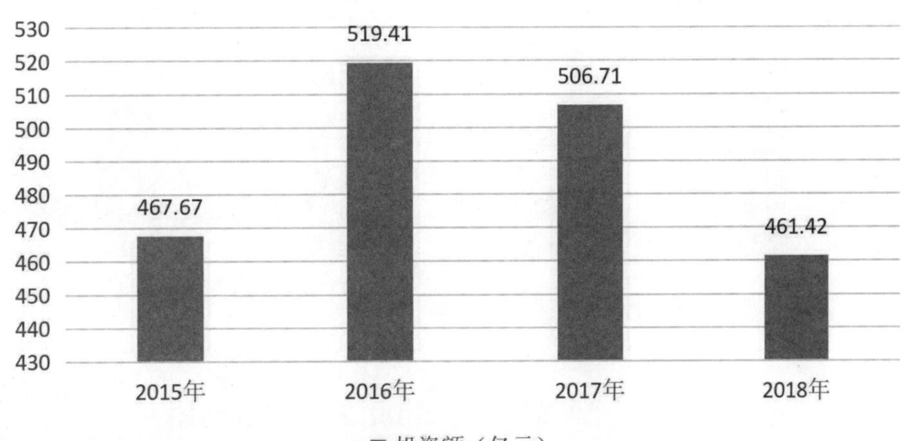

图 12-1　主要年份商业营业用房投资走势图

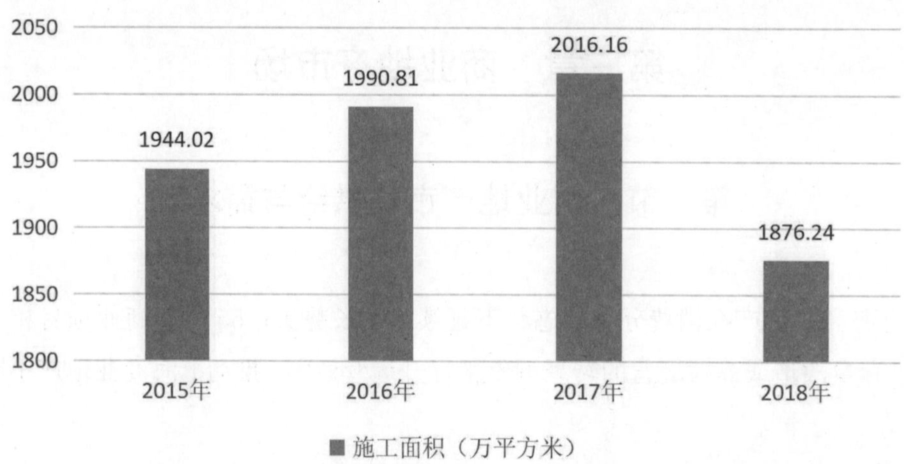

图 12-2　主要年份商业营业用房施工面积走势图

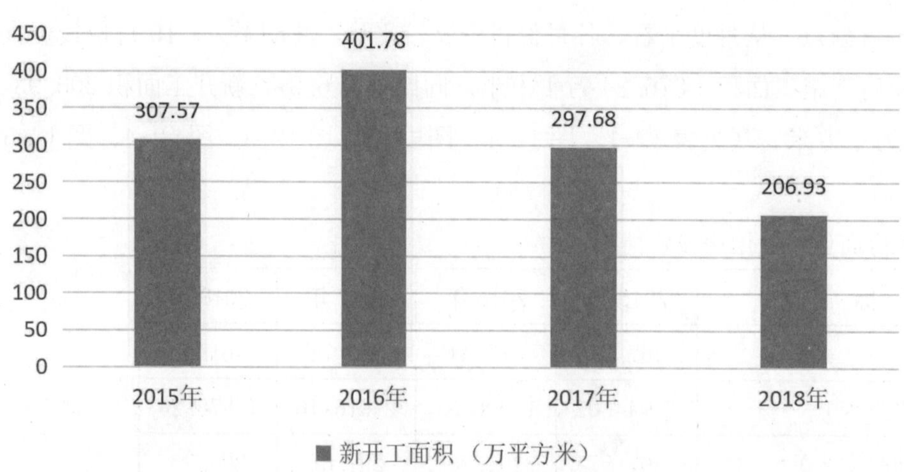

图 12-3　主要年份商业营业用房新公开面积走势图

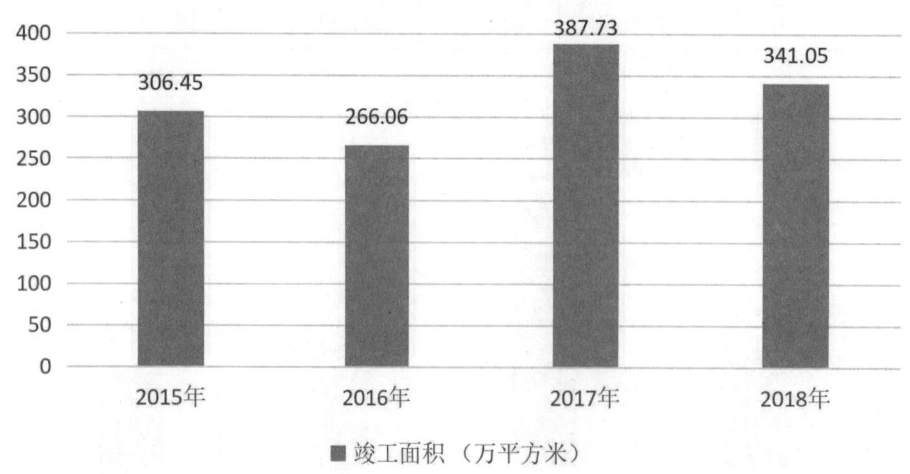

图 12-4　主要年份商业营业用房竣工面积走势图

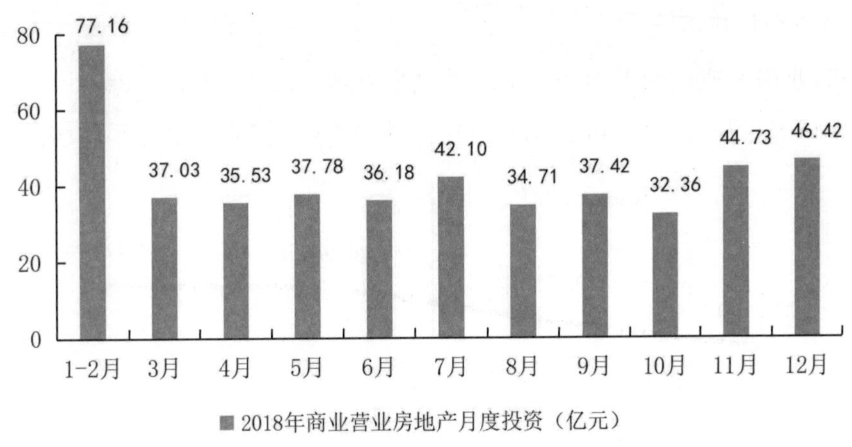

图 12-5 2018 年上海市商业营业用房月度投资

二、商业地产市场销售情况

2018 年，上海商业营业房销售面积、销售金额双双增长。销售面积为 101.75 万平方米，较上年增长 28.3%；销售金额 269.37 亿元，较上年增长 29.4%。其中，存量房销售面积 58.47 万平方米，较上年下降 3.0%（见 表 12-3、表 12-4，图 12-6）。

表 12-2 主要年份商业营业用房销售和出租情况

年 份	2015	2016	2017	2018
销售面积 （万平方米）	113.70	205.87	79.33	101.75
销售额 （亿元）	227.89	470.49	208.23	269.37
出租面积 （万平方米）	367.02	415.25	542.09	630.83

表 12-3 近 10 年存量商业营业用房销售情况 单位：万平方米

年份	2009	2010	2011	2012	2013	2014	2015	2016	2017	2018
成交面积	43.59	70.61	51.21	46.71	47.18	40.9	41.62	261.04	60.26	58.47

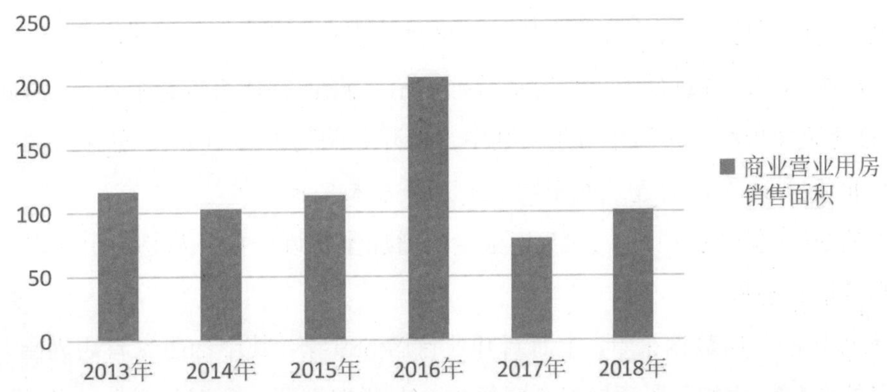

图 12-6 2013～2018 年上海市商业营业用房销售面积 （单位：万平方米）

三、商业地产成交价格情况

2018 年上海商业房产成交均价为 26 473.7 元/平方米，同比 2017 年 26 248.6 元/平方米的均价上升 0.86%。近 5 年来，商业房地产成交均价逐年上涨，但是上涨幅度有逐年放缓的趋势（见图 12-7）。

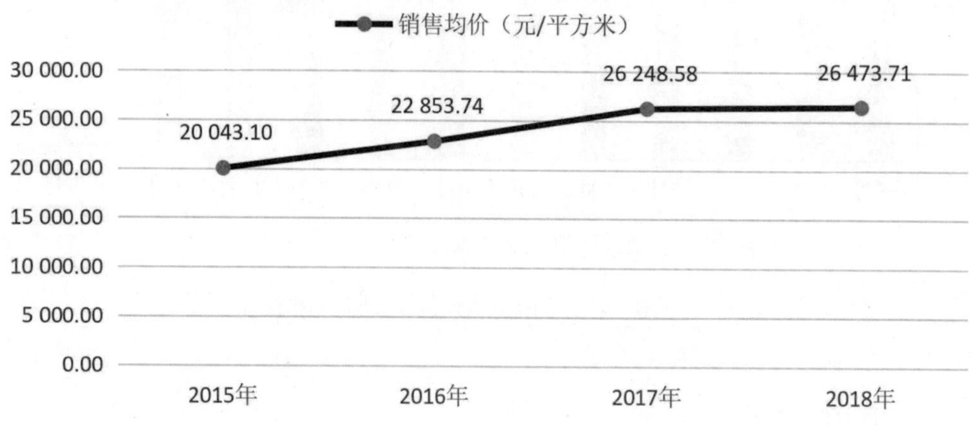

图 12-7　2012～2018 年上海市商业营业用房成交均价走势

第二节　城市商业购物中心市场分析

2018 年，面对国内外经济不确定的形势，上海市区两级政府、商业企业和社会各界共同努力，喊出全力打响“购物品牌”，在购物中心的建设与改造上不遗余力。全年上海新开业购物中心达 81 个，与去年相比，新开业购物中心呈明显增长态势。从购物中心特点上看，存量改造项目比例提升明显，“小而精”的商业体则受到市民青睐。根据中国商业地产研究中心统计，上海首店、新开业项目、存量改造项目数量，均为全国第一。上海以其强劲的经济表现，吸引了众多品牌零售商、知名开发商的青睐。

一、城市商业综合体供应分析

外资开发商仍旧坚守上海等一线城市或新一线城市。新开业项目中有 71%集中在一线城市，储备项目及土地拓展方向仍然以一线和新一线城市为主，占比合计接近 75%。其中上海是新增项目的主战场，前滩太古里、前滩置地广场、LOVE@大都会等项目将在未来几年陆续面市。

根据商业地产机构 RET 睿意德的年终统计数据显示，截至 2018 年 12 月初，上海新开业购物中心数达到 81 个，总建筑面积约 371 万平方米。其中，新开业购物中心 50 个，总建筑面积约 240 万平方米，存量改造开业项目 31 个，总建筑面积约 131 万平方米。

相对于上年的 36 个新开业项目，2018 年数量上增加了将近一倍。从趋势上来看，近三年来上海新开业购物中心持增长态势。

2018 年进入市场的首店数据来看，上海新开业首店 589 家，其中 251 家首店为国内首店。从首店进入来看，上海的新品牌数量和资源依然全国领先；在业态方面，上海新开业的首店中，超过 50%为餐饮，38%为零售，其余为休闲娱乐和生活服务；从分布商圈来看，上海的多商圈、碎片化的特征更为明显，呈现“八仙过海”的明显特征。大批首进中国、首进上海品牌入驻，6 月上海全球新品首发地启动仪式上百联股份与阿迪达斯品牌中心、LCM 置汇旭辉广场与小猪佩奇游乐园全球首店等一批签约活动正式落地；蔓楼兰、达芙妮、别克等一批品牌新品首发。在消费升级的大环境下，年轻消费者不断寻找好玩又新颖的方法来释放每天的社会压力，喜欢看到品牌为他们打造出个性化的产品，还期望通过品牌释放个性，表达自己；其次，随着科技发展，消费者接触到机器学习的各种用途或者如 A I 技术等，期望获得积极的体验。网红店一年以来呈现高速发展，通过对上海已开业和即将开业的喜茶、奈雪的茶、乐乐茶的开店情况进行统计得出，上海新开业网红茶饮 39 家，其中乐乐茶预计年底前还会再开 14 家门店。

二、城市商业购物中心区域分布

2018 年，在数量和区域分布上，上海购物中心不再拘泥于寸土寸金的黄浦、徐汇、静安。有多个购物中心落户浦东、闵行、嘉定、青浦等区域多点开花，郊区商业迎来“爆发式”增长（见图 12-8）。

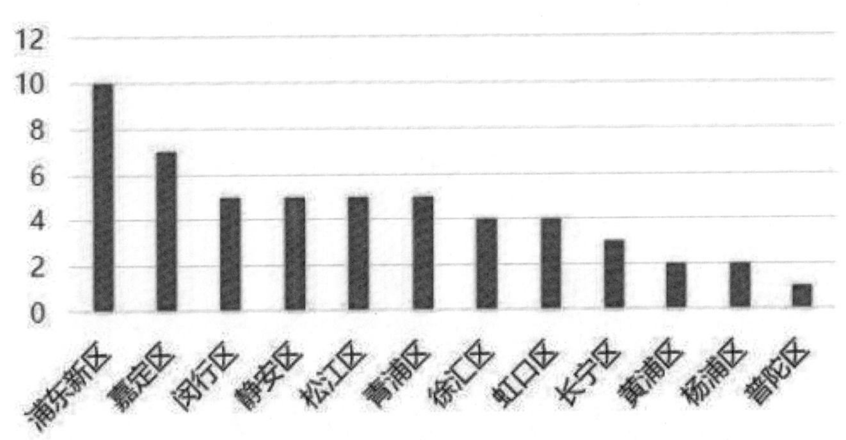

图 12-8　2018 年上海各区新开业项目数量

三、城市商业购物中心特点分析

2018 年，上海存量改造项目迎来增长高峰，且集中在市中心区域。从商业供应增幅来看，有近三分之一的项目（31 个）来自原有商业改造或城市更新，更加鲜明的特征在于，这些存量改造已不再局限于单一楼层或单一项目，而是能带动整体商圈的转型升级。

以南京路、淮海路两大老商圈为例，上海市商务委提出，未来三年，重塑“中华商业第一街南京路”和“百年淮海路”投资将超 100 亿元。新天地广场（原淮海中路太平洋百货）、中海环宇荟、Lu 郦 One 凯德晶萃广场陆续开业，原本热闹的淮海路东西两段，吸客能力更强。而沉寂许久的中段也迎来巨变，百联与锦江国际集联手，将共同打造淮海路中段最大商业体的建设。南京路商圈中，南京东路的第一百货商业中心、上海世茂广场等多个项目均历经长时间的改造，在 11 月陆续开门营业，老店新开的同时，一股从“买买买”转而为“商品+服务”、“消费+体验”的商场购物新势力，正令这条百年名街焕发“第二春”。

从商业体量方面，5 万平方米以下的商业中心占比约 67%，“小而精”，有个性化定位的商业体越来越受到消费者的青睐。 新开业的“新天地广场”定位重点“打造女性社交空间”，商业面积仅 2.7 万平方米，定位却独树一帜。商场从墙面材质到色彩搭配、从空间设计到景观体验，都侧重女性。4-5 楼被特别打造成复合型新零售社交空间，以四季变幻为灵感，划分成春、夏、秋、冬四季“花园”，未来将透过多元业态、创意策划及浸入式场景体验，让女性消费者与最前沿的文化艺术、设计、美食和科技在这里相遇。

上海购物中心的创新水平、技术革新等将成为重要抓手。随着上海消费升级的进一步提升，新零售与 IP 商业成为主流，更多新业态新品牌落户上海，产业格局也将更加多样化。

第四章 别墅、高档住宅市场

2018 年，上海房地产延续上年以来从严的调控政策，并且提高了公司购房及外籍、华侨和港澳台居民购房的资格限制，对此类身份之前在购房时规避限购政策的行为加强了管理，继续积极抑制非理性需求，遏制各类投资投机行为，增加有效供给。在市场的调控下，房地产市场的升温的势头得到遏制，市场重归理性轨道，别墅与高档住宅销售量明显下降，不过价格依然坚挺，再创新高。

全年上海别墅与高档住宅市场销售 179.77 万平方米，相较于 2017 年下降 15.22%，销售均价为 6.55 万元/平方米，较上年上升 20.3%。（见表 13-1）

表 13-1　2013～2018 年上海别墅、高档公寓各项指标

指　标	2013 年	2014 年	2015 年	2016 年	2017 年	2018 年
施工面积　（万平方米）	1 448.75	1 575.97	1 647.69	1 632.93	1 748.88	1 575.03
竣工面积　（万平方米）	236.4	180.1	340.65	195.82	348.14	392.25
开发投资额（亿元）	348.6	360.01	381.48	416.50	540.75	493.63
销售面积　（万平方米）	314.2	257.24	390.97	445.42	212.04	179.77
销售额　（亿元）	908.58	859.54	1 462.81	1 903.48	1 153.49	1 176.74
出租面积　（万平方米）	63.61	60.39	66.26	62.08	55.43	54.91
销售均价（元/平方米）	28 917.25	33 413.93	37 414.9	42 734.5	54 399.6	65 458.1

一、别墅、高档公寓投资情况

2018 年，上海别墅、高档住宅投资 493.63 亿元，较上年下降 8.7%，占整个房地产开发投资 12.2%；施工面积 1 575.03 万平方米，较上年下降 9.9%，其中新开工面积 155.01 万平方米，较上年下降 38.4%；竣工面为 392.25 万立方米，较上年增长 12.7%，竣工价值 278.70 亿元（见图 13-1、图 13-2、图 13-3）。

全年别墅、高档公寓供应为 2 983 套，一手高档公寓成交 3 239 套，供需比为 0.92。供应量的增加进一步加剧二手市场的成交低迷。2018 年全部入市项目 22 个，其中 5 个别墅项目，17 个公寓项目。内环供应量占全部的 82%，且只有一个别墅项目，为世纪珑墅。

从各价格段供应趋势来看，2017 年至 2018 年别墅、高档住宅供应集中在 2 000～2 500 万元之间，2018 年 2 000～2 500 万元的别墅、高档住宅占比在 35.25%，相比 2017 年提升了 18.4 个百分点，价格在 3 000 万元以上的供应量为 655 套，同比增加 652 套，占比为 19%，在 4 000 万元以上的占比为 9%。3 000 万元以上的楼盘共有 7 个，最高套总均价供应盘为翠湖天地，套均总价为 5 178 万元。

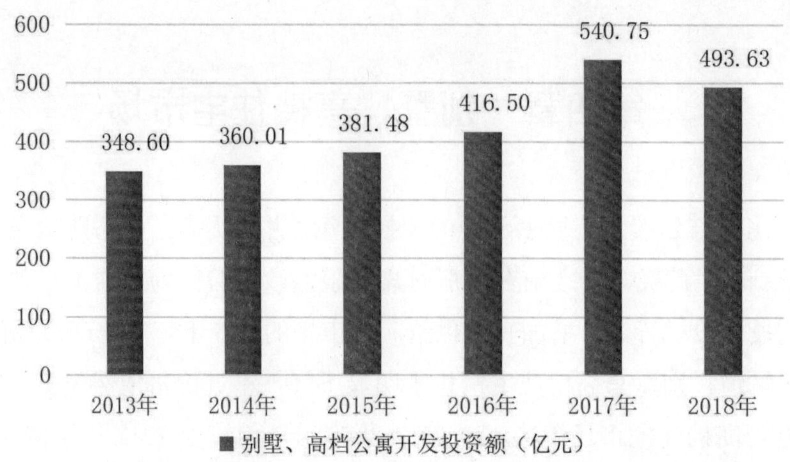

图 13-1　2013～2018 年上海别墅、高档公寓投资额

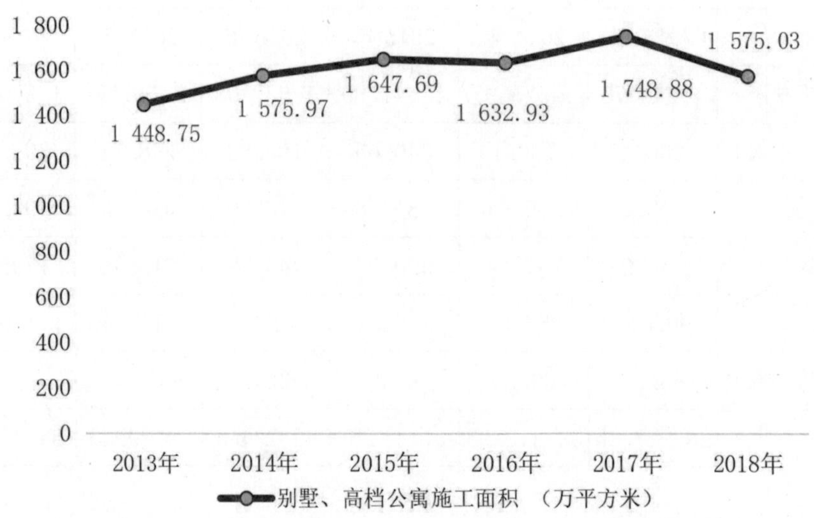

图 13-2　2013～2018 年上海别墅、高档公寓施工面积

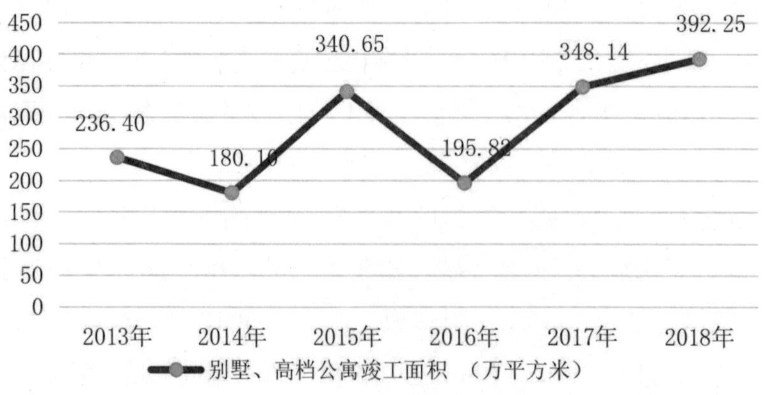

图 13-3　2013～2018 年上海别墅、高档公寓竣工面积

二、别墅、高档公寓销售情况

2018 年上海各类别墅、高档公寓销售面积 179.77 万平方米，相较于 2017 年下降 15.2%；销售金额达 1 176.74 亿元，较上年上升 2.0%。（见图 13-4、图 13-5）。

全年别墅、高档住宅成交 4451 套，其中一手房成交 3 239 套，二手房成交 1 212 套。从成交面积来看，受传统别墅、高档住宅楼盘中小面积高占比影响，150 平方米以下户型占比最高为 40%，250 平方米以上占比为 15%。

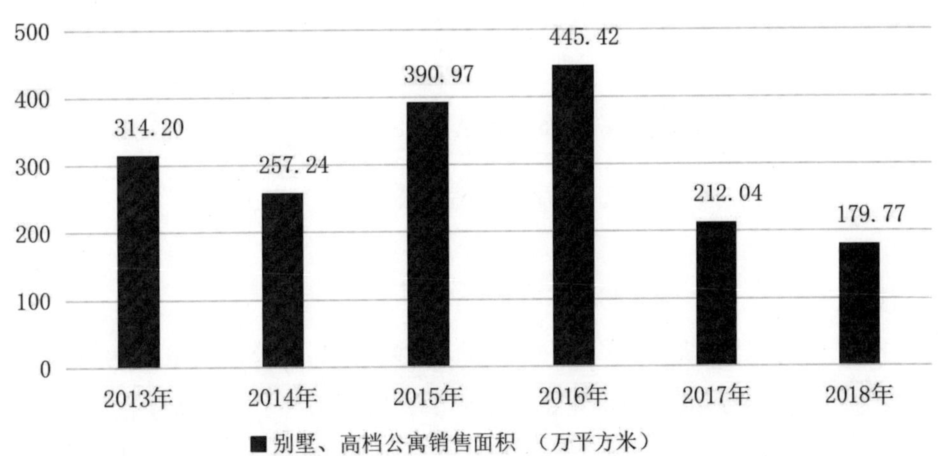

图 13-4　上海别墅、高档公寓销售面积

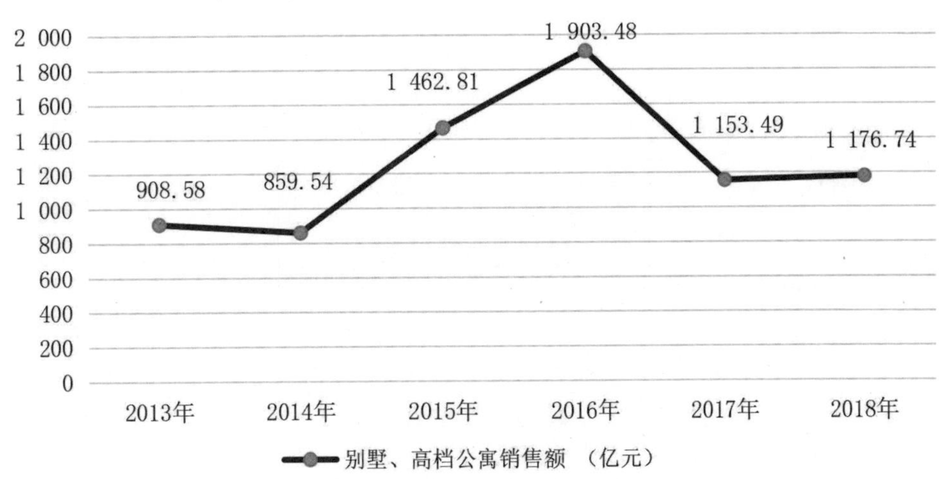

图 13-5　上海别墅、高档公寓销售金额

三、别墅、高档公寓销售价格情况

近五年来，上海别墅、高档住宅销售均价呈逐年递升的趋势。2018 年销售均价为 6.55 万元/平方米，较上年上升 20.33%。从总价来看，成交的别墅、高档住宅中 2 000 万元一下的占比为 56%，3 000 万元以上的占比为 21%，4 000～5 000 万元的有 18 套，5 千万元以上的为 14 套（见图 13-6）。

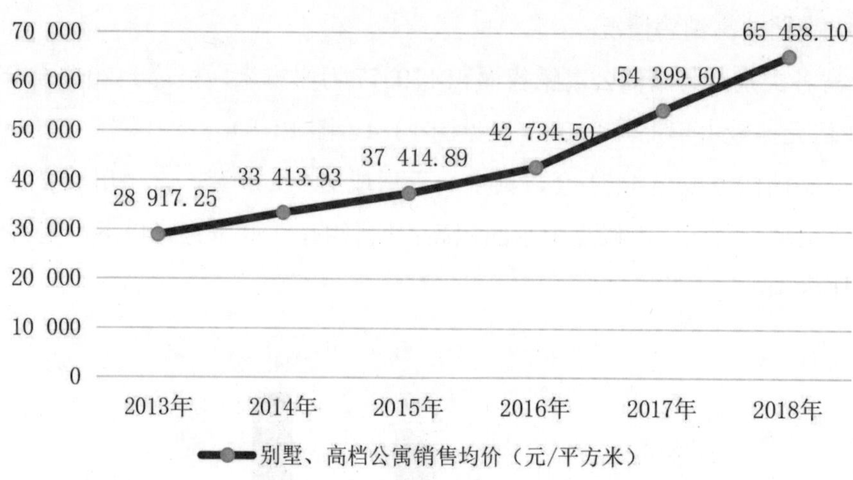

图 13-6　上海别墅、高档公寓销售均价走势图

四、热点楼盘分析

2018 年，上海新房高档公寓随着供应量的逐年减少，高品质公寓越来越受购房者青睐。一手高档住宅热销板块中东外滩板块翡丽甲第全年销售 235 套，博得头筹。大宁板块的大宁金茂府近些年来一直是热销楼盘，全年销售 229 套，紧随翡丽甲第之后。2018 年，成交量比较大的一手别墅都位于外环之外，新房别墅郊区化已经成为趋势。热销别墅中，位于张江板块的东汀玉珑墅全年销售 65 套。在热销板块中，泗泾板块全年销售 376 套，占比 12.6%，成为当年板块销售的第一名。（见表 13-2，表 13-3）

表 13-2　2018 年成交量前十名高档公寓

成交量排名	板块	楼盘	成交量
1	东外滩板块	翡丽甲第	235
2	大宁板块	大宁金茂府	229
3	老西门板块	复兴珑御	153
4	打浦桥板块	融创盛世滨江	139
5	北蔡板块	大华锦绣华城	120
6	淮海中路板块	翠湖天地	118
7	陆家嘴滨江板块	陆家嘴壹号院	118
8	南京西路板块	九龙仓静安壹号	115
9	龙华板块	云锦东方	114
10	陆家嘴滨江板块	九庐	104

表 13-3　2018 年成交量前十名高档别墅

成交量排名	板块	楼盘	成交量
1	张江板块	东汀玉珑墅	65
2	新江湾城板块	新江湾城首府别墅	22
3	赵巷板块	香水湾	19
4	北蔡板块	大华锦绣华城	18
5	长风板块	中海紫御豪庭	18
6	塘镇板块	金大元御珑公馆	17
7	浦江板块	万科翡翠别墅	16
8	新桥板块	绿洲比华利花园	16
9	泗泾板块	佘山宝石别墅	14
10	徐泾板块	夏都融庭	12

2018 年，热销的二手高档公寓主要集中在徐家汇、陆家嘴、新天地和联洋社区。销售排名第一的是位于联洋的仁恒河滨城，均价为 12 万元/平方米，成交量为 127 套，换手率 3%。高于高档公寓 2.5% 的平均换手率。仁恒河滨城作为联洋板块的知名高档国际社区，紧邻世纪公园和陆家嘴金融区，周边配套完善，学府众多，深受高端客户的青睐，近几年成交量一直稳居第一（见表 13-4）。

热销的二手别墅主要集中在碧云板块、徐泾板块、张江板块和花木板块。销量排名第一的是为位于徐泾板块的久事西郊名墅，均价为 4.8 万元/平方米，成交量为 19 套。当前新房市场别墅的大量供应对二手别墅造成一定的冲击，但新房别墅受政策限制，在品质上不及二手别墅在容积率、户型上的优势（见表 13-5）。

表 13-4　2018 年成交量前十名的二手高档公寓

成交量排名	板块	楼盘	成交量	均价
1	联洋板块	仁恒河滨城	127	11.8
2	陆家嘴板块	世茂滨江花园	84	9.8
3	新天地板块	翠湖天地	48	15.8
4	陆家嘴板块	仁恒河滨园	45	9.4
5	徐家汇板块	东方曼哈顿	43	10.6
6	古美板块	东苑古龙城	33	9.3
7	长征板块	祥和名邸	31	7.7
8	七宝板块	皇都花园	31	6.6
9	天山板块	仁恒河滨花园	30	9.3
10	徐汇滨江板块	百汇园	30	10.4

表 13-5　2018 年成交量前十名的二手别墅

成交量排名	板块	楼盘	成交量	均价
1	徐泾板块	久事西郊名墅	19	4.8
2	花木板块	四季雅苑	18	14.3
3	泗泾板块	佘山银湖别墅	18	4.7
4	徐泾板块	湖畔佳苑	17	6.3
5	马桥板块	绿城玫瑰园	17	7.5
6	张江板块	汤臣高尔夫	15	11.2
7	莘闵别墅板块	绿洲比华利花园	11	5.3
8	华漕板块	万科兰乔圣菲	11	8.5
9	碧云板块	维诗凯亚	10	9.5
10	莘闵别墅板块	乔爱庄园	9	3.7

第五篇　区域

第一章　上海市主要区域房地产价格

第一节　综述

2018 年，上海市商品房销售额为 4 751.5 亿元，比较 2017 年增长 18.0%。其中，住宅销售额达到 3 864.03 亿元，办公楼销售额为 484.83 亿元，商业营业用房销售额为 269.37 亿元。商品房销受政策影响明显，2018 年房地产市场整体增长，主要指标较上年都有显著上升，其中住宅销售上升 15.83%。新建住宅平均销售价格 28 981 元/平方米。从区域分布看，内环线以内 107 730 元/平方米，内外环线之间 54 150 元/平方米，外环线以外 20 151 元/平方米。剔除征收安置住房和共有产权保障住房等保障性住房后，市场化新建住宅平均销售价格分别为：内环线以内 108 155 元/平方米，内外环线之间 74 694 元/平方米，外环线以外 37 298 元/平方米。

第二节　各区县住宅市场情况

一、浦东新区

2018 年，浦东新区的房地产整体投资止跌上扬，同比上涨 4 个百分点，整体投资量突破 1 000 亿元。从各类型房地产投资情况看，2018 年浦东新区仍侧重于住宅类物业的投资，投资总额同比增速较 2017 年扩大了 4.8 个百分点，不过其中保障性住宅的投资增速有所放缓，减少了 5.9 个百分点。同时，办公楼和商业用房的投资持续走跌，办公楼投资跌幅有所放缓，商业用房跌幅则进一步扩大（见表 14-1）。

表 14-1　2018 年年度浦东新区房地产投资情况

类型	金额（亿元）	同比增长（%）
住宅	560.61	8.1
保障性住宅	154.75	8.7
办公楼	157.33	-8.7
商业用房	92.64	-28.4
合计	1 005.08	4

2018 年浦东新区房地产施工总量与 2017 年相比略有回落，主要在于办公楼和商业用房的施工面积跌幅有所增加，同比均有 10%以上的下滑，并且整体住宅施工面积同样走跌，同比跌幅扩大 1.7 个

百分点，虽然保障性住宅施工面积止跌上扬，同比上涨 9.4 个百分点，但是对于提升整体的效果甚微，导致全区房地产施工面积呈下滑之势（见表 14-2）。

表 14-2 2018 年年度浦东新区房地产施工情况

类 型	面积（万平方米）	同比增长（%）
住宅	1 850.31	-3.9
保障性住宅	912.5	9.4
办公楼	639.44	-13.5
商业用房	345.3	-17.4
合计	3 577.32	-8.3

从竣工情况看，2018 年浦东新区高位拐头，受到办公楼与商业用房投资额、施工量的双重下挫影响，整体房地产竣工总量同比下滑 6.7%，而住宅物业竣工面积依旧保持稳定的上涨趋势，其中保障性住宅竣工面积涨幅尤为显著（见表 14-3）。

表 14-3 2018 年年度浦东新区房地产竣工情况

类 型	面积（万平方米）	同比增长（%）
住宅	469.95	3.3
保障性住宅	196.96	32.8
办公楼	161.41	-11.1
商业用房	73.3	-22.9
合计	916.36	-6.7

二、宝山区

2018 年，宝山区固定资产投资总额 496.08 亿元，同比增长 17.5%。其中第二产业实现固定资产投资总额 73.09 亿元，同比增长 7.0%，第三产业实现固定资产投资总额 422.99 亿元，同比增长 19.5%。固定资产投资构成中，工业投资比重为 14.7%；服务业比重为 4.9%；房地产投资比重最大，为 72.3%。房地产投资中，商业营业房投资和办公楼投资占总投资的比重分别为 4.9%和 3.9%。

全年房地产开发投资 358.71 亿元，同比增长 24.1%。其中，住宅投资 257.22 亿元，增长 31.4%；办公楼投资 19.56 亿元，下降 15.0%；商业营业用房投资 24.08 亿元，下降 9.9%。商品房施工面积 1 155.14 万平方米，下降 6.6%；竣工面积 229.09 万平方米，下降 41.0%。商品房销售面积 104.84 万平方米，下降 63.6%；商品房销售面积下降的主要原因是受到房地产调控政策的密集出台，及“四限”政策持续保持高压等的影响，使商品房住宅销售面积增速一直处在负增长空间波动（见图 14-1）。全年存量房交易面积 129.66 万平方米，同比增长 11.5%；存量房交易金额 374.38 亿元，增长 17.5%（见图 14-2）。

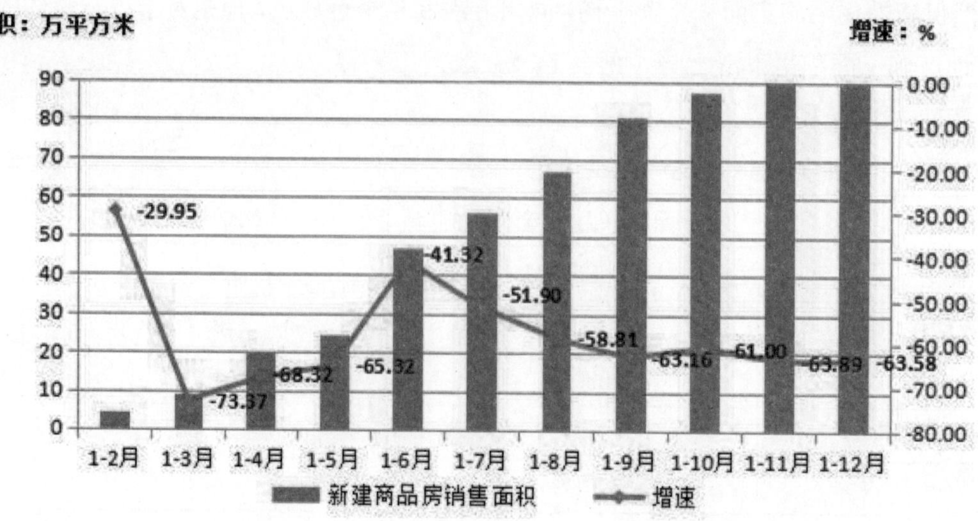

图 14-1　2018 年宝山新建商品房销售面积及增速

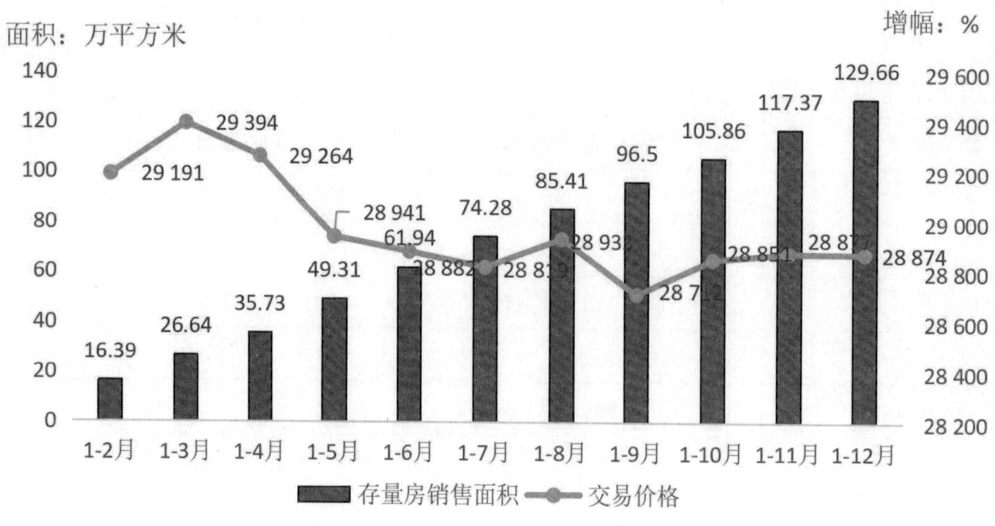

图 14-2　2018 年宝山二手房交易情况

三、嘉定区

2018 年，嘉定区固定资产投资总额 380.2 亿元，同比下降 6.3%。其中，民间投资 156.0 亿元，同比下降 11.2%，占全区固定资产投资总额的 41.0%，比重较去年同期减少 2.3 个百分点。主要投资邻域呈现“两升两降”格局，工业完成投资 89.5 亿元，同比下降 4.9%；社会事业完成投资 14.1 亿元，同比增长 33.2%；房地产开发完成投资 242.6 亿元，同比下降 11.7%；基础设施完成投资 27.7 亿元，同比增长 78.2%（见图 14-3）。

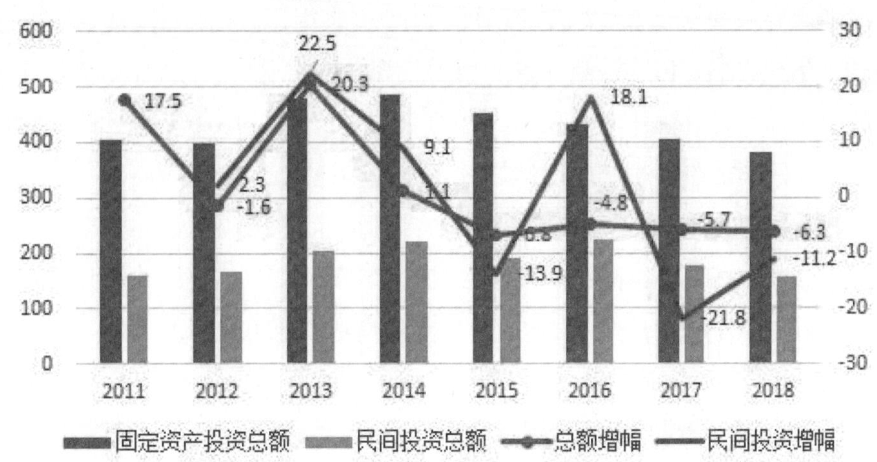

图 14-3 2018 年嘉定区固定资产投资和民间投资额及增幅

房地产销售降幅有所收窄。全年房屋施工面积 1 040.1 万平方米，同比下降 16.0%。房屋新开工面积 166.3 万平方米，同比增长 31.1%。房屋竣工面积 286.5 万平方米，同比下降 24.8%。商品房销售面积 155.7 万平方米，同比下降 27.3%，较去年同期收窄 16.9 个百分点；实现销售额 332.1 亿元，同比下降 18.3%，较去年同期收窄 18.7 个百分点。待售面积 339.4 万平方米，同比增长 11.2%。

四、静安区

2018 年，完成全社会固定资产投资额 242 亿元；完成二级旧里为主的房屋改造 5.8 万平方米；楼宇经济持续发力，亿元楼达到 69 幢，其中月亿楼 9 幢，楼宇经济实现税收总收入 439.07 亿元，占全区税收总收入的 60.7%。

全年完成直管公房全项目修缮 6 万平方米、屋面及相关设施改造 100 万平方米、多高层住宅综合整治 70 万平方米、住宅小区雨污混接改造 30 万平方米。引导物业服务市场创新发展、提升效能，推进小区整合归并，全年归并小区 16 个。落实业主自我管理主体责任，全区新增业委会 22 个，业委会组建率达到 95.47%。全年累计拆除违法建筑 41.78 万平方米，无违建创建先进居村达到 259 个，创建完成率 97.37%。房建项目实现 18 个开工、18 个竣工，开工、竣工面积分别完成 121.34 万平方米、122.67 万平方米。全年实现旧改受益居民 3 130 户，旧住房成套改造实现新突破，全市首个竣工的“拆落地”高层建筑小区彭三小区（四期）完成居民回搬，取得良好社会反响，迄今全市最大旧住房成套改造项目——彭三小区（五期）创下首日签约率 96%、三个月内签约率 100%的新纪录。

五、普陀区

2018 年，普陀区固定资产投资保持增长。完成投资 198.25 亿元，比上年增长 9.9%。其中房地产开发投资 159.17 亿元，增长 11.9%；建设改造投资 39.09 亿元，增长 2.6%。建设改造投资中，全年完成工业投资 1.10 亿元，下降 29.5%；商业投资 449 万元，下降 87.9%；社会事业投资 5.31 亿元，增长 20.4%；城市基础设施建设项目投资 29.31 亿元，增长 21.6%。全年房地产业实现增加值 113.64 亿元，可比增长 11.0%。

全年完成房地产开发投资 159.17 亿元，增长 11.9%。按用途分，住宅投资 57.06 亿元，下降 12.6%；办公楼投资 49.51 亿元，增长 46.2%；商业营业用房投资 17.08 亿元，下降 7%。全年住宅施工面积 92.94 万平方米，下降 14.6%，其中新开工面积 18.98 万平方米，增长 16.0%。全年住宅竣工面积 45.08 万平方米，增长 28.3%。年末在区注册的房地产开发企业 76 家。

全年商品房预售 1 206 套，比上年增长 29.7%；预售面积 16.79 万平方米，增长 22.1%；预售金额 117.38 亿元，增长 4.2%。全年商品房出售 2 721 套，增长 3.0%；销售面积 25.34 万平方米，增长 23.1%；销售金额 80.92 亿元，增长 34.5%。全年存量房成交 1.05 万套，增长 4.1%；成交面积 80.41 万平方米，增长 5.5%；成交金额 332.22 亿元，增长 13.7%（见图 14-4）。

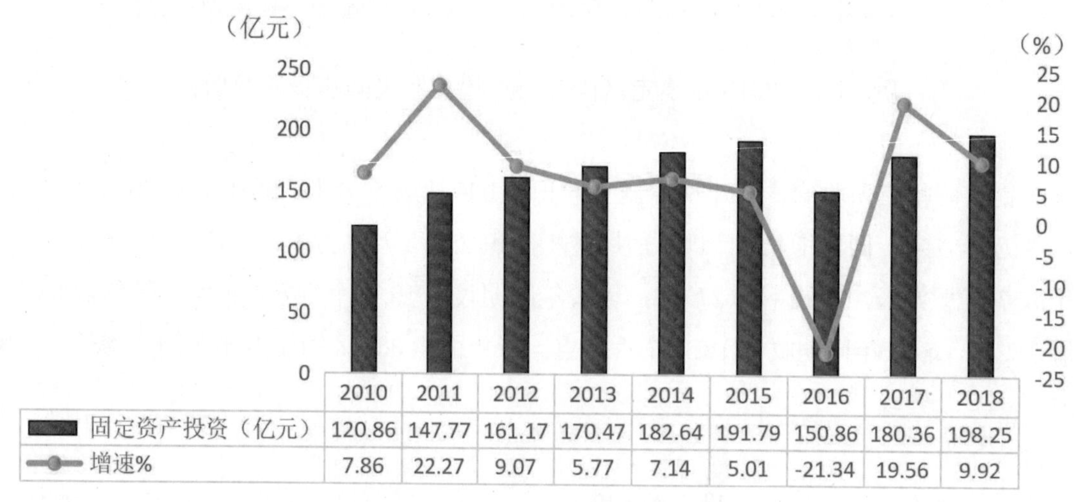

	2010	2011	2012	2013	2014	2015	2016	2017	2018
固定资产投资（亿元）	120.86	147.77	161.17	170.47	182.64	191.79	150.86	180.36	198.25
增速%	7.86	22.27	9.07	5.77	7.14	5.01	-21.34	19.56	9.92

图 14-4　2010～2018 年普陀区固定资产投资

六、青浦区

2018 年，青浦区固定资产投资 579.84 亿元，比上年增长 12.4%。其中，第一产业完成投资 1.5 亿元，增长 14 倍；第二产业完成投资 52.3 亿元，增长 14.7%；第三产业完成投资 526.0 亿元，增长 11.9%（见图 14-5）。

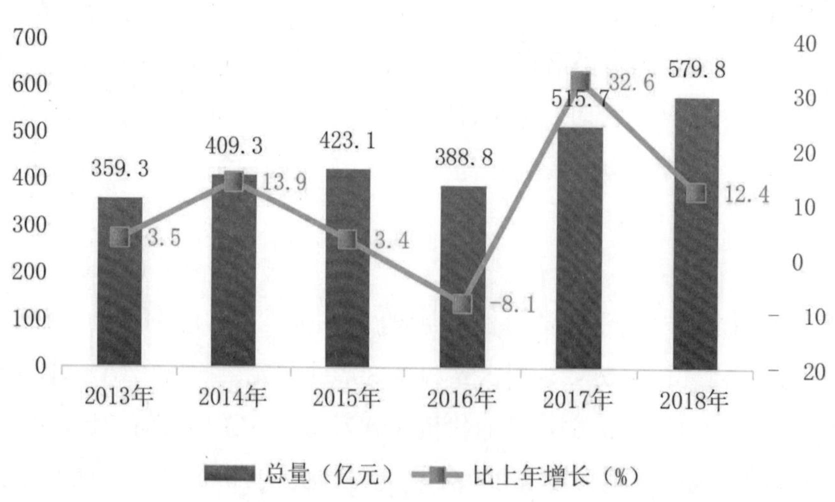

图 14-5　2018 年青浦区固定资产投资

从投资领域看，房地产完成投资 366.2 亿元，比上年减少 1.3%，占全社会固定资产投资的 63.2%；城市基础设施完成投资 124.6 亿元，比上年增长 72.0%，占全社会固定资产投资的 21.5%。

房地产业年末房地产开发企业 136 家，开发项目 169 个，施工面积 1 223.9 万平方米，比上年下降 1.5%。竣工面积 175.0 万平方米，下降 16.8%。房屋销售面积 151.1 万平方米，比上年下降 3.7%；其中住宅销售 108.3 万平方米，下降 17.0%。以房屋性质划分，商品房销售 114.3 万平方米，占 75.6%；保障性住房销售 36.8 万平方米，占 24.4%。

商品房销售额 440.3 亿元，比上年增长 5.8%；其中住宅销售 310.6 亿元，下降 12.6%。以房屋性质划分，普通商品房销售 426.0 亿元，占 96.8%；保障性住房销售 14.3 亿元，占 3.2%。

新建商品住宅成交均价小幅下降，为 40 992 元/平方米，同比下降 2.4%。其中公寓房成交均价为 40 433 元/平方米，同比下降 5.0%；花园住宅成交均价为 50 678 元/平方米，同比增长 4.9%；联列住宅成交均价为 40 692 元/平方米，同比增长 9.3%。

七、奉贤区

2018 年，奉贤区固定资产投资运行的主要情况总量增长明显，完成投资 440.51 亿元，同比增长 20.5%。其中，市属项目完成投资 26.58 亿元；区属项目完成投资 413.93 亿元，同比增长 21.6%。从投资领域看，工业投资完成 101.61 亿元，同比增长 14.4%；房地产投资完成 227.19 亿元，同比增长 22.7%；城市基础设施投资完成 87.9 亿元，同比下降 4.3%，从占比情况看房地产投资持续为全社会固定资产投资的增长助力（见表 14-4）。

14-4 主要投资领域完成情况

指 标	1-12 月累计完成投资额（亿元）	占固定资产投资的比重（%）
工业投资	101.61	23.1
房地产开发投资	227.2	51.6
城市基础设施投资	87.9	20.0

注：表中三项投资不是并列指标，三项加总不等于全部固定资产投资。

全年房地产投资增幅持续 10 个月保持正增长，房地产投资完成 227.19 亿元，同比增长 22.7%，增幅自 2018 年 3 月份起持续 10 个月保持正增长（见图 14-6、图 14-7）。

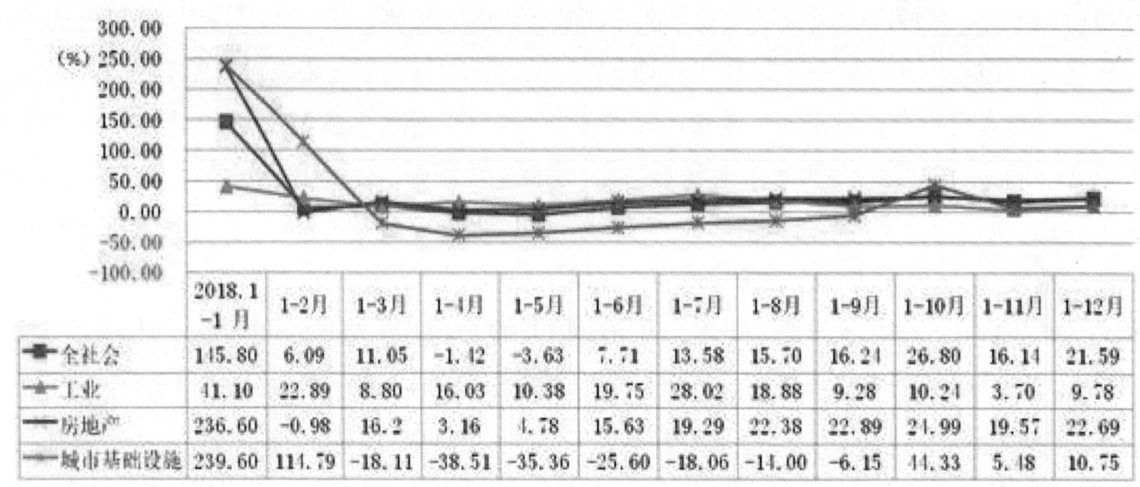

	2018.1-1月	1-2月	1-3月	1-4月	1-5月	1-6月	1-7月	1-8月	1-9月	1-10月	1-11月	1-12月
全社会	145.80	6.09	11.05	-1.42	-3.63	7.71	13.58	15.70	16.24	26.80	16.14	21.59
工业	41.10	22.89	8.80	16.03	10.38	19.75	28.02	18.88	9.28	10.24	3.70	9.78
房地产	236.60	-0.98	16.2	3.16	4.78	15.63	19.29	22.38	22.89	24.99	19.57	22.69
城市基础设施	239.60	114.79	-18.11	-38.51	-35.36	-25.60	-18.06	-14.00	-6.15	44.33	5.48	10.75

图 14-6 奉贤区 1～12 月三大投资固定资产（区属）领域增幅情况图

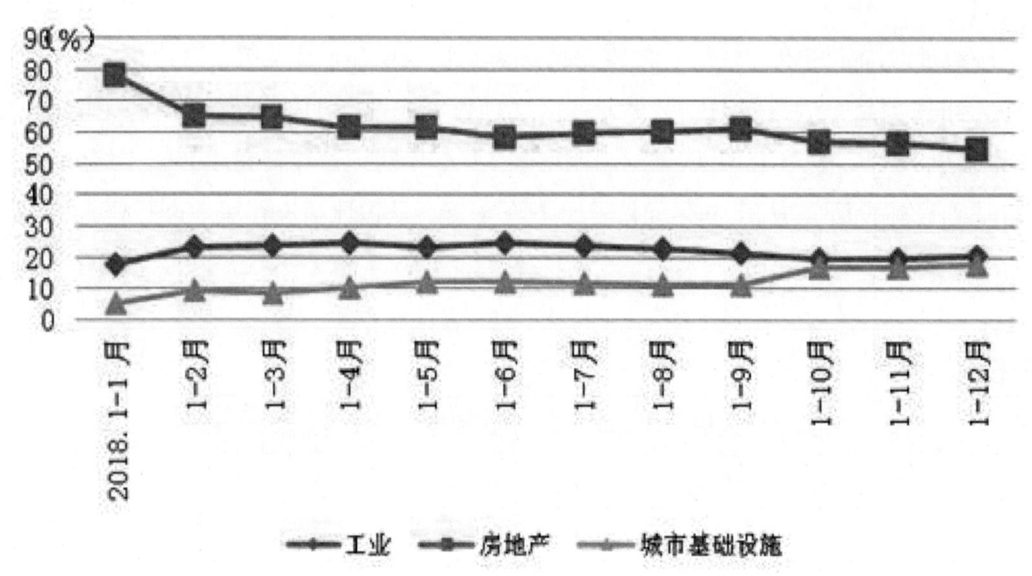

图 14-7 奉贤区 1～12 月三大固定资产投资领域占比情况图

八、金山区

2018 年金山区全社会固定资产投资总量保持平稳增长。全年完成全社会固定资产投资 242.82 亿元，增长 22.0%，其中工业投资完成 98.1 亿元，增长 45.5%；基础设施投资完成 52.2 亿元，增长 19.5%；房地产投资 89.2 亿元，同比增长 11.1%。全区完成建筑产值 104.5 亿，较去年同期下降 0.6%。建筑房屋施工面积 246.6 万平方米，上升 12.3%。商品房施工面积 344.79 万平方米，同比下降 11.3%；竣工面积 69.2 万平方米，同比下降 51.9。全年房地产市场成交量严重萎缩。新建商品房销售面积 79.02 万平方米，同比下降 51.9%；商品房销售金额 88.41 亿元，同比下降 10%；商品房空置面积 18.59 万平方米，同比增加 17.2%。

2018 年，金山继续加强以保障和改善民生为重点的社会建设，把解决动迁安置工作放在突出位置。加快推进保障性住房建设。全年新增租赁房源 3 555 套、代理经租房源 545 套，廉租房、共有产权房受益家庭 426 户，筹措公共租赁房源 617 套，“五镇七基地”动迁安置房加快建设，修缮住宅 182 万平方米。

九、崇明区

2018 年，崇明区固定资产投资稳中略升，房地产投资强劲。全年完成固定资产投资 158.6 亿元，同比增长 5.9%。其中，完成房地产投资 95.7 亿元，增长 39.8%，占固定资产投资总额的 60.3%。从产业结构看，第一产业投资 1.2 亿元，占比 1%，下降 22.4%；第二产业投资 3.2 亿元，占比 2%，下降 79.4%；第三产业投资 154.2 亿元，占比 97%，增长 16.2%

从区域分布看，长兴镇、陈家镇和陈桥新城三大重点地区全年共完成投资 114 亿元，比上年增长 18.8%，占全区投资总额的 71.9%，。其中，长兴地区完成投资 63.7 亿元，比上年增长 110.8%；新城公司投资 18.8 亿元，比上年增长 11.6%；陈家镇地区投资 31.5 亿元，比上年下降 35.5%（见图 14-8）。

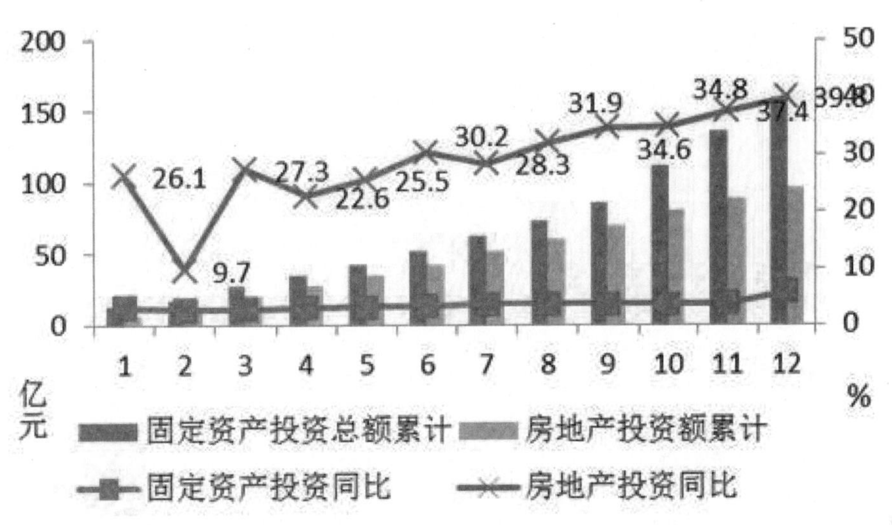

图 14-8　崇明区 1～12 月房地产与固定资产投资对比图

十、杨浦区

2018 年，杨浦区固定资产投资完成 312.31 亿元，比上年增长 1.2%。其中，基本建设投资完成 80.24 亿元（不含旧区改造），房地产开发投资完成 214.78 亿元，更新与技术改造投资完成 17.29 亿元。

房地产业，全年实现增加值 97.76 亿元，比上年增长 2.9%，完成区级地方税收 41.19 亿元，比上年增长 5.9%。核批商品房预售 3 910 套 56.24 万平方米，办理商品房销售方案备案 8 671 套 63.23 万平方米。商品房预售 1 032 套 10.75 万平方米，成交金额 94.85 亿元。商品房现售 1 593 套 14.87 万平方米，成交金额 58.46 亿元。存量住房交易 9 022 套 55.00 万平方米，成交金额 262.17 亿元。

住房保障，全年完成旧改征收 5 028 户，拆房面积 14.12 万平方米，收尾 6 个基地。征收安置房全年竣开工 14.54 万平方米，提供房源 1 444 套。按照“应保尽保，应配尽配”原则，全年新增租金配租 527 户，发放租金 1.19 亿元。第六批共有产权保障房受理 5 364 户，最终选房 3 880 户；启动第七批次咨询受理工作。（见图 14-9）。

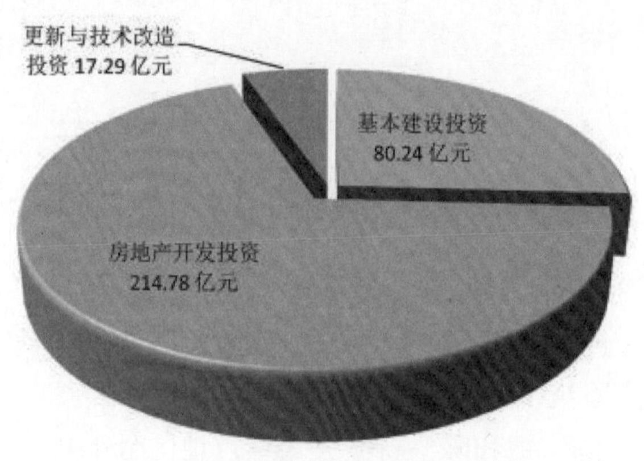

图 14-9　2018 年杨浦区固定资产投资结构

十一、长宁区

2018 年，长宁区完成固定资产投资总额 122.85 亿元，比上年增长 4.4%。其中，建设项目投资 63.17 亿元，增长 63.0%。房地产开发投资 59.68 亿元，下降 24.4%。房地产开发投资中，住宅投资 13.51 亿元，增长 48.1%。

全年实现房地产业增加值 73.82 亿元，比上年下降 28.1%。全年区域内房地产开发施工面积 169.4 万平方米。其中，住宅 10.8 万平方米、办公楼 51.3 万平方米、商业营业用房 51.3 万平方米。全年登记累计成交房屋 8175 套，成交面积 69.03 万平方米，成交金额 323.11 亿元，分别比上年下降 14.4%、32.3%和 7.3%（见表 14-5）。

表 14-5　2018 年房地产交易情况

	单位	绝对值	增长（%）
成交套数	**套**	**8175**	**-14.4**
# 商品房	套	1846	-32.3
存量房	套	6329	-7.3
成交面积	**万平方米**	**69.03**	**-23.6**
# 商品房	万平方米	19.44	-35.0
存量房	万平方米	49.59	-18.0
成交金额	**亿元**	**323.11**	**-17.0**
# 商品房	亿元	53.32	-28.0
存量房	亿元	269.79	-14.4

全年，受理、审核廉租新申请 363 户，受理廉租复核 791 户，享受廉租户数 2 819 户，其中，租金配租 1 713 户，实物配租 1 106 户；有序推进第六批次共有产权保障住房工作，2 272 户家庭参加

摇号，1 960 户家庭参加选房，最终选定房源 1 932 套。加快住房租赁市场建设，新增租赁房 6 244 套、代理经租房 5 419 套。受理市筹公租房申请 687 份，发放准入资格确认书 445 份，受理区筹公租房申请 1 199 份、发放准入资格确认书 876 份，累计分配入住 1 258 人次。

十二、虹口区

2018 年，虹口区完成固定资产投资 170.67 亿元，比上年增长 5.2%。城市建设项目投资 27.13 亿元，增长 11.4%。全年商品房开发投资额 143.53 亿元，增长 4.1%。其中，住宅投资额 33.68 亿元，下降 31.5%；办公楼投资额 45.77 亿元，增长 33.4%；商业用房投资额 23.00 亿元，增长 63.5%。

全年住宅施工面积 65.52 万平方米，比上年增长 9.8%；住宅竣工面积 2.10 万平方米，下降 84.7% 。完成旧住房综合改造 114.55 万平方米 。年末廉租家庭租金配租 3 321 户，其中年内新增廉租家庭租金配租 482 户，全年发放租金补贴 7 581 万元。年末廉租家庭实物配租 477 户。上海国际航运和金融服务中心（中、东块）、大型保障性住房基地——彩虹湾老年福利院等项目实现竣工，彩虹湾四期等项目按节点有序推进，18 街坊等地块成功出让。

十三、黄浦区

2018 年，黄浦区完成固定资产投资总额 43.68 亿元。其中，基本建设和改造投资 2.65 亿元；房地产开发投资 41.03 亿元。房屋建筑施工面积 326.33 万平方米，竣工面积 71.04 万平方米。住宅施工面积 84.99 万平方米，住宅竣工面积 20.85 万平方米，住宅销售面积 12.43 万平方米。

全年房产交易额达到 362.32 亿元，比上年下降 12.3%。其中，商品房预售收入 85.12 亿元，比上年下降 36.2%；商品房销售收入 68.67 亿元，比上年下降 24.4%；存量房成交金额 208.53 亿元，比上年增长 10.6%。

全年房产交易面积 52.36 万平方米，比上年下降 13.1%。其中，商品房预售面积 8.05 万平方米，比上年下降 37.3%；商品房销售面积 14.53 万平方米，比上年下降 20.0%；存量房成交面积 29.79 万平方米，比上年增长 1.8%。

廉租住房累计完成租金配租 20 812 户，实物配租 977 户配租入。完成第六批共有产权保障住房申请家庭审核和摇号排序，涉及 3 077 户家庭，实际选房 2 567 户。新增 224 户市筹公租房入驻对象，239 户区筹公租房入驻对象。经核查累计退出 13 583 户，今年退出 556 户，实际享受租金补贴家庭 6 155 户。

有序推进老旧小区综合修缮工程，“三大工程”覆盖面和受益面持续扩大，完成老旧住房修缮 37.39 万平方米，受益家庭 10 359 户，完成首批老公房加装电梯工程。

十四、徐汇区

2018 年，徐汇区完成固定资产投资总额 170.98 亿元，比去年同期增长 14.0 %。其中房地产投资 144.86 亿元，增长 12.9% 。城镇建设与商品房项目投资的比例为 15.3:84.7。从产业投向看，投向第二产业 1.54 亿元，下降 8.0%；投向第三产业 169.45 亿元，增长 14.2%。

全年房地产实现增加值 84.99 亿元，比上一年同期下降 4.5%。完成房地产开发投资 144.86 亿元，增长 12.9%。商品房施工面积 505.81 万平方米，下降 7.5%；竣工面积 26.95 万平方米，下降 49.3%；商品房销售面积 32.05 万平方米，下降 33.2%。其中商品住宅销售面积 21.08 万平方米，下降 34.7%。存量房交易面积 77.88 万平方米，下降 11.7%。

十五、闵行区

2018 年，闵行区固定资产投资总额首次突破 600 亿元，完成固定资产投资总额 638.91 亿元，比上年增长 7.2%。其中工业投资 88.62 亿元，比上年增长 18.7%；城市基础设施完成投资 66.63 亿元，同比下降 38.3%；社会事业投资 54.61 亿元，比上年增长 1.1 倍；房地产开发投资 372.01 亿元，比上年增长 8.3%。

2018 年，在限购、限贷及预售审批等政策影响下，全区房地产开发建设先抑后扬，房产销售有所回暖。全年新建商品房销售略有增长，存量住宅成交已慢慢走出低谷，有所回暖。新建商品房销售面积 235.86 万平方米，同比增长 4.4%。其中住宅销售 45.35 万平方米，同比增长 43.4%；办公楼销售 44.54 万平方米，同比增长 21.9%；商业营业用房销售 25.63 万平方米，同比增长 7.7%。2018 年，全区存量房交易面积 158.47 万平方米，同比增长 17.4%。全年实现契税 34.71 亿元，比上年增长 18.8%。

随着项目的不断竣工，待售面积随之累积。2018 年末，全区房产待售面积 203.28 万平方米，比上年增长 27.8%。其中住宅待售面积 76.37 万平方米，比上年增长 8.9%，住宅待售面积从 2012 年开始形成增长-回落-增长的走势，比重有逐年下降的趋势，由最高时 70.9%下跌到目前的 38.7%，但在待售面积中仍占比最大。办公楼待售面积逐年递增，2018 年末为 58.49 万平方米，已达历史高位，比重为 29.7%。商业营业用房待售面积逐年增高，但比重趋于平稳。2018 年末，商业营业用房待售面积 33.91 万平方米，比上年增加 5.52 万平方米，商业营业用房待售面积占比为 16.7%（见表 14-6）。

表 14-6　2012～2018 年闵行区房地产业有关指标

年份	2012	2013	2014	2015	2016	2017	2018
税收（亿元）	74.73	100.67	115.03	138.86	198.93	189.97	187.01
税收增幅（%）	12.4	34.7	14.3	20.7	43.3	-4.5	-1.6
税收比重（%）	15.9	19.7	20.6	23.3	30.7	25.4	
增加值增幅（%）	12.1	39.4	10.6	21.3	29.3	-3.1	
增加值比重（%）	6.1	7.9	8.2	9.3	11.3	10.3	
投资增幅（%）	-5.3	71.5	-4.6	7.5	1.5	-0.8	8.3
投资比重（%）	52.8	66.6	68.0	71.0	70.2	57.6	58.2

十六、松江区

2018 年，松江区完成固定资产投资 501.97 亿元，比上年下降 4.6%。其中，第二产业完成投资 133.79 亿元，比上年增长 26.2%；第三产业完成投资 368.18 亿元，同比下降 12.4%，房地产完成投资 313.01 亿元，同比下降 8.9%，占固定资产投资 62.4%。

全年，房屋施工面积 1 585.42 万平方米，比上年同期增长 7.4%，其中，住宅施工面积 1 148.96 万平方米，同比增长 5.6%。房屋竣工面积 578.31 万平方米，同比增长 181.0%；其中，住宅竣工面积 436.78 万平方米，同比增长 179.5%。

商品房销售主要由保障房和市场化商品房两部分构成，现在阶段保障房销售已取代市场化商品房销售，成为新建商品房的主要支撑。2018 年，新建商品房累计销售面积 293.61 万平方米，同比增长 151.7%。其中，保障房累计销售面积 219.06 万平方米，比上年同期增长 560.2%，占全部新建商品房销售面积 74.6%；市场化商品房销售面积 74.55 万平方米，同比下降 35.9%，降幅较上年收窄 25.2 个百分点。从销售金额来看，新建商品房累计销售 545.04 亿元，同比增长 68.7%。其中保障房累计销售额 270.4 亿元，比上年同期增长 1787.4%，占全部建新商品房的 49.6%；市场化商品房销售额 274.64 亿元，同比下降 11.1%，降幅较上半年收窄 23.4 个百分点。

二手房全年销售 10 377 套，同比增长 40.2%，存量房销售面积 102.64 万平方米，同比增长 32.3%，存量房销售额 256.42 亿元，同比增长 27.1%。从时间序列来看，二手房市场呈现交易面积逐月增长，增幅逐步扩大的态势，目前松江二手房市场销售回温。新建房低位调整，房地产市场整体发展渐趋成熟（见图 14-10）。

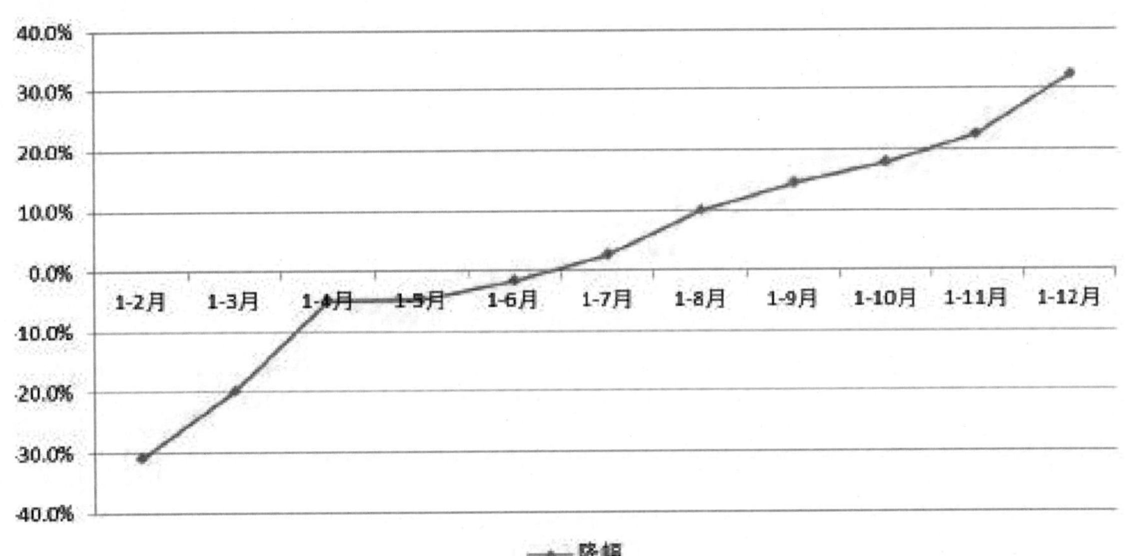

图 14-10　闵行区 1-12 月二手房销售面积增速趋势图

第二章　上海周边房地产市场

第一节　浙江省房地产市场概况

2018 年遵照中央经济工作会议和政府工作报告精神，浙江省各级政府坚持“房住不炒”和“租购并举”的主基调，“因城施策，分类调控”来调控房地产市场，在市场监管、完善限购限售政策、人才用房建设，以及公积金使用等方面及时出台了相应调控措施，保持了房地产市场健康稳定地发展。

一、房地产开发投资

2018 年全省完成房地产开发投资 9 945 亿元，同比增长 20.9%， 与全国平均水平(9.5%)相比，浙江省房地产投资增速远高于全国平均水平。分年度来看，全省房地产开发投资增速在经历 2015 年下降后，从 2016 年开始，房地产开发投资出现持续增长态势，2016 年、2017 年和 2018 年房地产开发投资分别达到 7 469 亿元、8 227 亿元和 9 945 亿元，增速分别为 5.0%、10.1% 和 20.9%。

分类型来看，2018 年全省住宅开发投资实际完成额约为 6 707 亿元，同比增长 26.8%，办公楼开发投资实际完成额约为 383 亿元，同比下降 13.0%，商业营业用房开发投资实际完成额约为 788 亿元，同比下降 16.3%，其他房屋开发投资实际完成额约为 1 618 亿元，同比增长 34.9%。其中，办公楼、商业营业用房开发投资实际完成额已经连续三年下降，下降幅度较大。住宅和其他房屋开发投资成为房地产开发投资的主要增长点，其中，住宅开发投资增速超过全国平均水平(13.6%)13.2 个百分点。

分区域来看，11 个城市房地产开发投资出现分化。2018 年湖州、衢州、金华、台州和嘉兴等 5 个城市房地产开发投资额增长较快，同比增速分别为 73.8%、59.5%、44.0%、43.1%和 31.6%，均高于全省 20.9%的水平。杭州、宁波、温州、绍兴和丽水等 4 个城市房地产开发投资额虽然保持增长，但增幅低于全省平均水平。而舟山市房地产开发投资额出现负增长，同比下降 10.5%，是全省 11 个城市房地产开发投资下降的唯一城市（见图 15-1）。

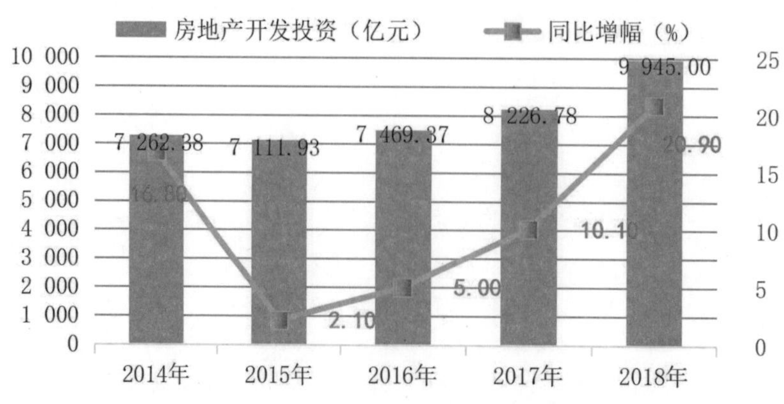

图 15-1　2014～2018 年年浙江省房地产开发投资及其同比增幅

全省房屋新开工面积约为 12 879 万平方米，同比增长 27.3%，涨幅低于 2017 年(38.9%)11.6 个百分点。其中，住宅新开工面积约为 8 766 万平方米，同比增长 31.7%；办公楼新开工面积约为 485 万平方米，同比增长 3.7%；商业营业用房新开工面积约为 856 万平方米，同比下降 4.2%；其他房屋新开工面积约为 2 773 万平方米，同比增长 31.8%。与 2017 年相比，各种类型房屋新开工面积增速都有所放缓，特别是商业营业用房，已经出现负增长情况。

在房屋新开工面积中，从 2015 年开始，住宅新开工面积占比逐年增长，表明市场住宅开发日益受到开发企业青睐。2015 年、2016 年、2017 年和 2018 年住宅新开工面积分别为 3 746 万平方米、4 517 万平方米、6 654 万平方米和 8 766 万平方米，占比分别为 57.3%、62.0%、65.8%和 68.1%。（见图 15-2）。

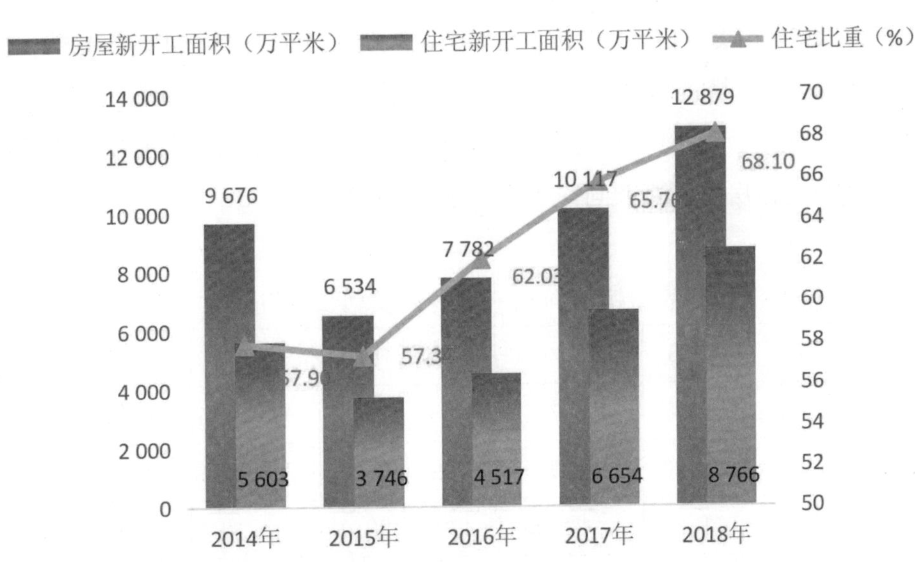

图 15-2　2014～2018 年浙江省房屋新开工面积、住宅新开工面积及其占比

2018 年全省房屋竣工面积约为 5 190 万平方米，同比下降 24.6%。其中，住宅竣工面积约为 3 048 万平方米，同比下降 29.8%，办公楼竣工面积约为 384 万平方米，同比下降 2.1%，商业营业用房竣工面积约为 630 万平方米，同比下降 14.9%，其他房屋竣工面积约为 1 128 万平方米，同比下降 20.2%。

分年度来看，全省房屋和住宅竣工面积已经连续两年大幅度下降。2016 年、2017 年和 2018 年全省房屋竣工面积分别为 7 925 万平方米、6 884 万平方米和 5 190 万平方米，2017 年和 2018 年同比分别下降 13.1%和 24.6%。2016 年、2017 年和 2018 年全省住宅竣工面积分别为 5 092 万平方米、4 339 万平方米和 3 048 万平方米，2017 年和 2018 年住宅竣工面积同比分别下降了 14.6%和 29.8%。

二、房地产销售情况

经过 2017 年商品房销售面积增幅回落后，2018 年全省商品房销售面积增速继续下降。2018 年全省新建商品房销售面积约为 9 755 万平方米，同比增长 1.6%，与 2017 年相比(11.1%)，增幅下降了 9.5 个百分点（见表 15-3）。

分类型来看，2018 年全省商品住宅销售面积约为 7 936 万平方米，同比增长 3.5%，与 2017 年相比(6.0%)，增幅回落了 2.5 个百分点，办公楼销售面积约为 424 万平方米，同比下降 14.1%，商业营业用房销售面积约为 642 万平方米，同比下降了 8.1%，其他房屋销售面积约为 753 万平方米，同比增长 2.0%。由此可见，中央房地产调控政策效应逐渐显现，商品住宅销售面积呈现低速增长态势，办公楼和商业营业用房销售面积增速出现下降。

分月度来看，全省商品房销售面积增速在下半年呈现逐步回落态势。2108 年全省商品房销售面积增速 7 月份达到了 8.0%，但从 8 月份开始全省商品房销售面积增速逐月下降。8 月份、9 月份、10 月份、11 月份和 12 月份商品房销售面积增速分别为 6.8%、4.2%、2.8%、2.4%和 1.6%。

从商品房销售额来看，增幅也呈现下降趋势。2018 年全省新建商品房销售额约为 14 090 亿元，同比增长 14.2%。分年度来看，从 2016 年起，全省商品房销售额增速呈现逐年下降趋势，与 2017 年同期增长 28.5%相比，增长幅度下降了 14.3 个百分点。分类型来看，全年商品住宅销售额约为 12 096 亿元，同比增长 17.4%，办公楼销售额约为 629 亿元，同比下降 6.7%，商业营业用房销售额约为 985 亿元，同比增长 1.5%，其他房屋销售额约为 379 亿元，同比下降 3.9%。住宅和商业营业用房销售额同比增长，而办公楼和其他房屋销售额同比下降（见图 15-3）。

表 15-3　2012～2018 年浙江省商品房销售面积、销售额及增长幅度

年　份	2012	2013	2014	2015	2016	2017	2018
销售面积（万平方米）	4 005	4 887	4 677	5 985	8 637	9 599.67	9 755
销售额（亿元）	4 263	5 396	4 923	6 299	9 605	12 339.99	14 090
销售面积同比（%）	20.50	13.40	22.00	- 4.30	28.00	11.15	1.6
销售额同比（%）	16.40	22.70	26.60	- 8.80	28.00	28.50	14.2

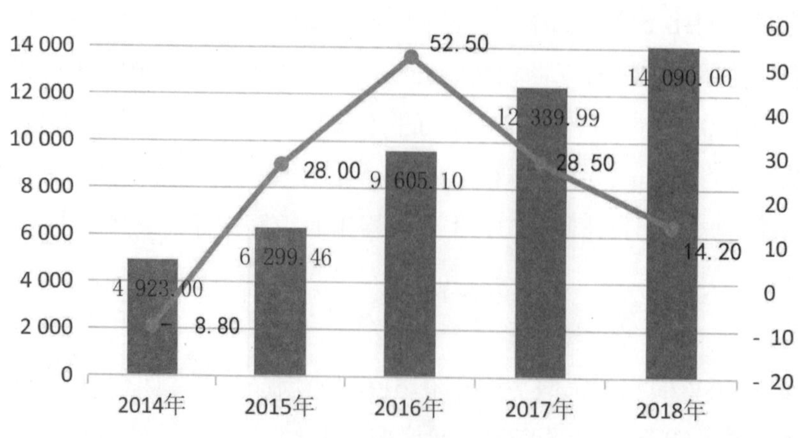

图 15-3　2014～2018 年浙江省商品房销售额和同比增幅

2018年因国家继续实行“分类调控、因城施策”的房地产调控政策，全省11个城市之间商品房销售面积出现分化。杭州市受商品住宅“摇号”政策以及限购、限贷等政策综合影响，商品房销售面积出现较大回落，同比下降了18.4%。舟山市和衢州市由于“需求外溢”需求减小，商品房销售面积也出现下降，同比分别下降了7.9%和5.7%。丽水和台州两个城市商品房销售面积增幅最大，同比分别达到19.2%和12.5%，增幅超过两位数。而嘉兴、温州、湖州、金华、宁波和绍兴等城市，商品房销售面积基本稳定，同比分别增长9.4%、8.9%、8.7%、8.7%、5.2%和2.8%。

三、房地产价格

根据浙江省房地产统计数据资料计算，2018年全省商品房、商品住宅和非住宅商品房的平均价格分别为14 444元/平方米、15 242元/平方米和10 962元/平方米，而2017年全省商品房、商品住宅和非住宅商品房的平均价格分别为12 855元/平方米、13 430元/平方米和10 568元/平方米，同比分别上涨了12.4%、13.5%和3.7%。与2017年涨幅相比，2018年全省商品房、商品住宅和非住宅的价格上涨幅度有所放缓（见表15-6）。

表15-6 2017～2018年浙江省商品房、商品住宅、非住宅销售主要指标

指　标	2017年			2018年			同比增长（%）
	销售额（亿元）	销售面积（万平方米）	平均价格（元/平方米）	销售额（亿元）	销售面积（万平方米）	平均价格（元/平方米）	
商品房	12 339.99	9 599.67	12 855	14 090	9 755	14 444	12.4
商品住宅	10 300.33	7 669.70	13 430	12 096	7 936	15 242	17.4
非住宅	2 039.66	1 929.97	10 568	1 994	1 819	10 962	-2.3

根据浙江省城调队公布的浙江省11个设区市新建商品住宅销售价格指数，与2017年相比，2018年全省11个设区市新建商品住宅价格也全部上涨。其中，舟山、宁波、嘉兴和杭州四城市涨幅较大，同比分别上涨6.2%、6.1%、5.7%和5.6%；涨幅最小的城市有湖州、绍兴和温州三个城市，新建商品住宅价格涨幅分别为0.5%、1.5%和1.9%；金华、衢州、台州和丽水四个城市涨幅都在2.0%以上。

从二手住房来看，根据浙江省城调队公布的浙江省11个设区市二手住宅销售价格指数的数据，与2017年同期相比，全省11个设区市二手住宅销售价格也全部上涨，但与新建商品住宅相比，除个别城市(衢州和舟山二手住宅价格分别上涨8.2%和8.1%)涨幅较大外，其他城市二手住宅价格涨幅在0.7～4.9%之间，二手住宅价格涨幅小于新建商品住宅价格。

与年初相比，一些城市二手住宅价格下降趋势较为明显。例如，根据浙江省城调队公布的浙江省11个设区市二手住房销售价格指数，台州、绍兴和嘉兴3城市二手住宅价格下降幅度较大。以台州市为例，2018年1月份，台州市二手住宅价格指数为117.4，到了12月份，二手住宅价格指数为100.7，与1月份相比，二手住宅价格下降了16.6%。绍兴和嘉兴两城市二手住宅价格下降幅度也较大，与1月份相比，绍兴和嘉兴两城市12月份二手住宅价格分别下降了13.9%和11.6%。总体来看，二手住房价格虽然上涨，但逐渐趋于理性。

四、土地市场状况

（一）出让规模

2018 年，浙江土地市场整体供应上涨，成交面积同比上扬，土地市场总体保持稳定。11 个城市共出让 5 366 宗土地，与 2017 年出让用地宗数相当，涨幅不明显；成交土地面积 13 630.84 公顷，比 2017 年上涨 10.33%；成交土地规划建筑面积为 24 855.64 公顷；成交总价款为 7 197.69 亿元，同比增长 4.53%。工业用地出让宗数和面积最高，住宅用地其次，综合用地最低。其中工业用地占总成交土地面积的 55.64%。整体而言，2018 年浙江土地市场土地出让的面积及成交总价均有增长，成交数量维持稳定。

按用地类型来看，综合用地成交土地面积有所下降，其余商办用地、住宅用地、工业用地成交土地面积均有一定幅度上涨，分别为 35.61%、14.59%、11.81%。而土地宗数仅商办用地出现上涨，为 10.53%；其余用地类型宗数同比出现下降。

11 个城市土地成交情况各有不同，杭州等 7 个城市土地出让宗数正增长，嘉兴等 4 个城市出现负增长。2018 年，11 个城市中湖州土地出让宗数最高，达到 921 宗，同比增长 29.54%；衢州土地出让宗数增长幅度最大，较上年增长 140.38%；嘉兴土地出让宗数回落明显，较上年下降 67.67%。

同时，11 个城市土地成交面积也存在差异，宁波土地成交面积最高，为 2796 公顷；舟山成交土地规模最低，仅 4641.68 公顷。与上年相比，宁波、衢州和金华土地成交面积的涨幅超过 50%，其中金华涨幅最为明显，达到了 86.41%。

（二）出让金额

2018 年浙江 11 个城市土地成交总价达 7 197.69 亿元，同比增长 4.53%。其中住宅用地成交金额最高，达 3 914.71 亿元，占总成交金额的 54.39%；其次是综合用地，总成交金额为 2 183.96 亿元，占总成交金额的 30.34%；再者是商业办公用地，成交金额为 701.23 亿元，占比 9.74%；工业用地成交总价最低，为 397.8 亿元，占比为 5.53%。

相较上年，商办用地、综合用地、工业用地成交金额存在不同幅度的上涨，而住宅用地土地成交金额呈现负增长。其中商办用地成交金额涨幅最大，为 33.55%；其次是工业用地，涨幅为 21.6%；综合用地涨幅相对较小，为 6.3%。住宅用地土地成交金额回落 1.62%，基本与上年保持一致。

11 个城市间土地成交金额差距明显 。其中杭州土地成交金额最高，为 2 455.99 亿元。舟山成交金额最少，为 119.09 亿元，仅占杭州的 4.85%。与 2017 年相比，杭州、宁波、湖州、台州、丽水 5 个城市土地成交金额仍然保持增长，其中丽水涨幅最为明显，达 81.16%，而杭州涨幅最低，为 7.06%；温州等其余 6 个城市土地成交金额有所回落，嘉兴下降幅度最为明显，达到 23.53%，另外城市变动幅度相对较小。

（三）出让价格

2018 年浙江省四类出让用地中综合用地楼面地价最高，为 11 690.25 元/平方米；其次是住宅用地，为 5 313.66 元/平方米；商办用地楼面地价为 2 636.9 元/平方米，工业用地楼面地价为 306.92 元/平方米。与上年相比，商办用地、综合用地、工业用地楼面地价均有不同幅度的上涨。其中综合用地上涨最为明显，为 40.95%；工业用地和商办用地涨幅不明显，分别上涨 8.38%、1.09%。而住宅用地楼面地价有所下降，较上年回落 13.15%。与 2018 年上半年相比，下半年仅工业用地楼面地价出现小幅上涨，为 11.3%；商办用地、住宅用地、综合用地楼面地价均出现不同程度下降，分别回落 41.7%、11.36%、15.93%。

按四类用地类型分析 2018 年浙江 11 个城市楼面地价变动情况。从商办用地的楼面地价水平来看，杭州楼面地价最高，为 9 627.45 元/平方米；衢州最低，为 951.47 元/平方米。与 2017 年相比，杭州、宁波等 6 个城市商办用地楼面地价呈正增长，其中丽水涨幅最为明显，达 95.58%；另外 5 个城市呈负增长。

从住宅用地楼面地价来看，杭州的价格水平最高，达到 12 561.14 元/平方米；衢州楼面地价最低为 3 111.24 元/平方米。与上年相比，仅湖州、绍兴保持正向增长，涨幅分别为 35.24%、43.29%。其他 9 个城市均出现负增长，其中金华和宁波较上年跌幅超过 30%。

从综合用地楼面地价来看，杭州仍然保持最高的楼面地价，为 16 987.69 元/平方米，而舟山因未出让综合用地，楼面地价为零。与 2017 年相比，杭州等 5 个城市出现上涨，其中宁波的涨幅超过了 100%，达到 139.23%，最为明显。而温州等 6 个城市出现负增长，尤其是舟山负增长达到 100%。

从工业用地楼面地价来看，台州楼面地价最高，为 579.28 元/平方米；而丽水的楼面地价最低，为 175.87 元/平方米，仅是台州楼面地价的 30.36%。与 2017 年相比，大部分城市呈正增长，其中湖州涨幅最明显，达到 36.04%。宁波、温州、衢州涨幅为负，但变动幅度不大。

（五）出让用途

从土地成交宗数上来看，2018 年浙江省共成交土地 5 089 宗，其中商办用地 850 宗，占总成交宗数的 16.7%；住宅用地 1 419 宗，占比 27.88%；综合用地成交 139 宗，占比 2.73%；工业用地成交 2 727 宗，占比 53.59%。

从土地成交面积来看，2018 年浙江省共成交土地面积 13 630.84 公顷，其中商办用地成交面积 1 445.4 公顷，占比 10.6%；住宅用地成交面积 3 796.44 公顷，占比 27.85%；综合用地成交面积 804.9 公顷，占比 5.9%；工业用地成交面积 7 584.1 公顷，占比 55.64%。与 2017 年相比，商办用地、住宅用地、工业用地成交面积占比均有上涨，而综合用地成交面积有所下降，但变动幅度不大。

11 个城市，从商办用地成交宗数占总出让宗数来看，嘉兴最高，占比达到 38.85%，其他城市较为均衡；从住宅用地出让宗数占比来看，嘉兴、台州、衢州、金华占比均超过 30%，其中嘉兴为 57.97%；从综合用地出让宗数占比来看，出杭州外各城市占比均较低；从工业用地出让宗数占比来看，除衢州和金华外其余城市工业用地供应比例依然在 50%以上。仅杭州一个城市经营性用地供应比例大于住宅用地，其他城市土地出让比例协调。

第二节　江苏省房地产市场概况

2018 年，江苏从供给、需求两端齐发力，限购限贷逐步升级。多地首套房利率普遍上浮。在宏观经济、行业政策等因素共同影响，江苏房地产市场总体呈现出由热转冷、分化显著的特征。

一、房地产开发投资情况

根据江苏省统计局相关数据，2018年江苏全年完成固定资产投资55 915.2亿元，比上年增长5.5%。其中，国有及国有控股投资 10 081.6亿元，下降8.6%；民间投资41 533.9亿元，增长10.8%，占全部投资的比重为71.0%。分产业看，第一、第二、第三产业分别完成投资366.4亿元、28 499.0亿元、27 215.4亿元，占全省投资总量的0.66%、51.0%和48.7%，分别增长6.7%、7.9%和3.7%。第二产业投资中，工业投资28 275.3亿元，增长8.0%，其中制造业投资27 152.9亿元，增长11.2%。其中工业技改投资16 790.9亿元，增长10.7%，占工业投资比重达55.0%。

全省房地产开发投资10 986.8亿元，同比增长14.1%。 其中住宅用房投资8 366.18亿元，同比增长14.4%，占总投资比重76.2%，商业用房投资1 198亿元，同比下降1.0%，占总投资比重10.9%。商品房施工面积62 673.47万平方米，同比增长5.4%，其中住宅面积46 328.92万平方米，同比增长6.4%（见表15-6）。

表15-6 房地产开发投资主要指标

指标名称	绝对量(亿元)	增长（%）
本年新开工项目个数（个）	56 551.28	1.6
房地产投资完成额	10 982.34	14.1
#住宅	8 366.18	14.4
办公楼	400.74	-5.4
商业营业用房	1 198.00	-1.0
其他	1 017.42	49.5
本年实际到位资金合计	24 678.28	10.5
上年末结余资金	6 879.82	19.4
本年实际到位资金小计	17 798.46	7.5
国内贷款	2 841.45	-6.2
利用外资	63.55	118.7
自筹资金	4 220.67	28.7
其他资金	10 672.78	4.4
商品房施工面积(万平方米)	62 673.47	5.4
#住宅(万平方米)	46 328.92	6.4
商品房新开工面积(万平方米)	16 821.27	22.4
#住宅(万平方米)	12 902.27	25.7
商品房竣工面积(万平方米)	8 536.27	-10.9

#住宅(万平方米)	6 360.00	-10.3
商品房销售面积(万平方米)	13 484.21	-5.1
#住宅(万平方米)	12 040.68	-3.6
商品房现房销售面积(万平方米)	2 811.16	-22.6
#住宅(万平方米)	2 279.25	-23.1
商品房期房销售面积(万平方米)	10 673.05	0.9
#住宅(万平方米)	9 761.43	2.5

二、房地产销售

2018 年，江苏省商品房销售增速回落。全省全年商品房销售面积 13 484.2 万平方米，比上年下降 5.1%；其中住宅销售面积 12 040.7 万平方米，下降 3.6%，占销售面积的 89.3%。（见图 15-4）。

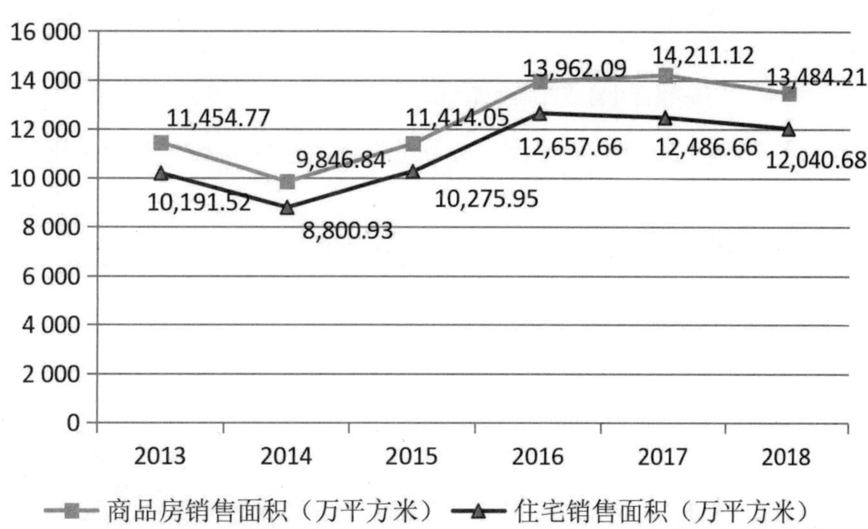

图 15-4 2013～2018 年江苏省商品房销售面积与住宅销售面积

2018 年住宅销售面积 12 040.68 万平方米，同比下降 3.6%；2017 年销售面积 12 486.66 万平方米，同比下降 1.4%。

图 15-5　2009～2018 年江苏住宅销售面积及增速统计

2018 年商业营业用房销售面积累计达 812.86 万平方米，同比下降 16%；2017 年销售面积累计达 967.72 万平方米，同比增长 13.9%。

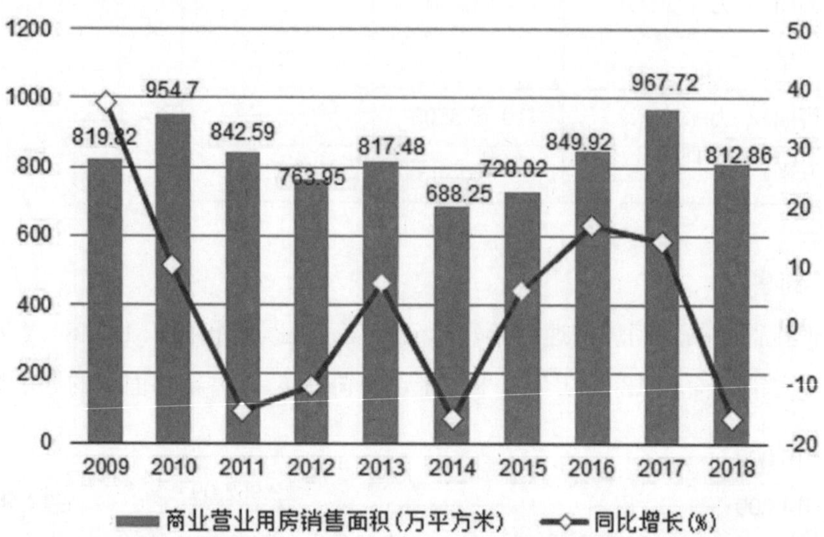

图 15-6　2009～2018 年江苏商业营业用房销售面积及增速统计

2018 年，商品房销售额累计达 14 527.27 亿元，同比增长 11.2%；2017 年销售额累计达 13 066.85 亿元，同比增长 6.3%。

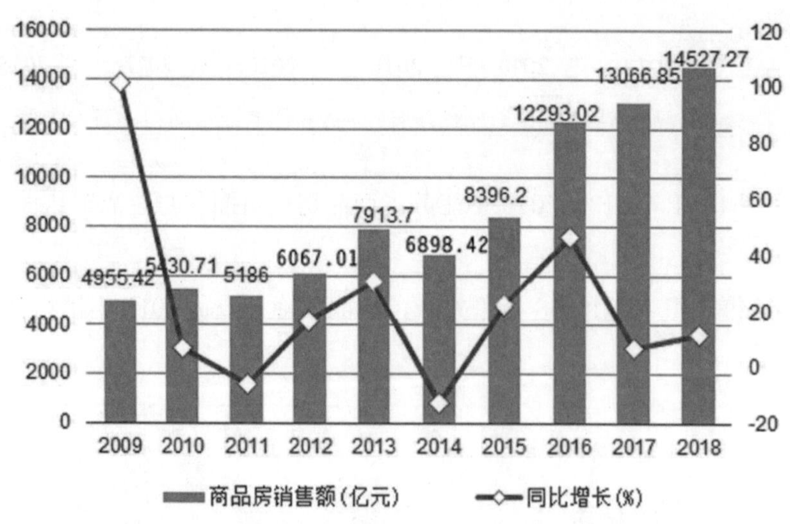

图 15-7　2009～2018 年江苏商品房销售额及增速统计

2018 年，住宅销售额累计达 12 693.86 亿元，同比增长 12.1%；2017 年住宅销售额累计达 11 325.84 亿元，同比增长 2.4%。

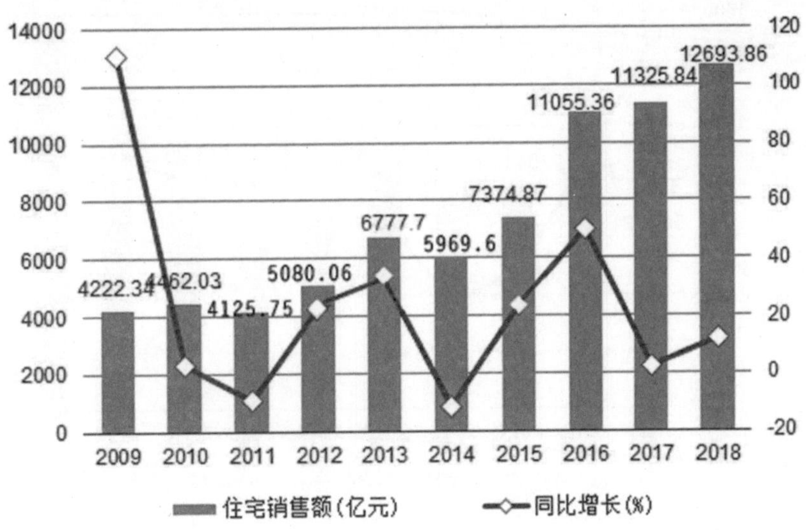

图 15-8　2009～2018 年江苏住宅销售额及增速统计

2018，江苏办公楼销售额累计达 336.78 亿元，同比下降 20.1%；2017 年销售额累计达 421.61 亿元，同比增长 65.1%。

2019，

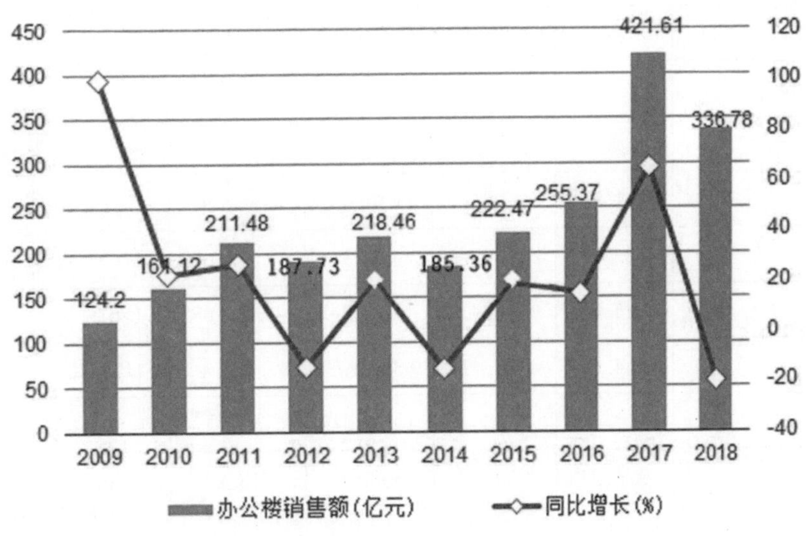

图 15-9　2009～2018 年江苏办公楼销售额及增速统计

2018 年，商业营业用房销售额累计达 1 304.08 亿元，同比增长 15.8%；2017 年销售额累计达 1 125.8 亿元，同比增长 25.9%。

图 15-10　2009～2018 年江苏商业营业用房销售额及增速统计

表 15-7　房地产开发投资主要指标

指　标	2010 年	2014 年	2015 年	2016 年	2017 年	2018 年
投资完成额（亿元）	**4 299.38**	**8 240.22**	**8 153.68**	**8 956.37**	**9 629.11**	**10 982.34**
按构成分						
#建筑安装工程	2 897.21	6 025.88	6 186.30	6 604.18	6 566.11	6 578.52
设备工器具购置	41.09	129.41	118.93	141.68	126.17	147.77
按工程用途分						
住宅	3 158.46	5 924.51	6 080.21	6 628.87	7 315.28	8 366.18
#90 平方米以下	733.15	1 293.62	1 773.41	2 073.60	1 631.99	1 388.47
#140 平方米以上	744.76	1 034.88	1 248.38	1 465.68	1 636.62	1 989.44
办公楼	154.61	378.47	344.07	363.17	423.70	400.71
商业营业用房	611.08	1 286.71	1 130.91	1 246.13	1 209.62	1 198
其他	375.23	650.53	598.50	718.20	680.51	1 017.42
按资金来源分						
国内贷款	1515.66	2 249.68	1 877.93	2 299.18	3 029.54	2 841.45
利用外资	92.76	80.79	44.91	8.29	29.07	63.55
自筹投资	2 031.38	4 154.86	3 416.80	3 172.21	3 278.81	4 220.67
其他投资	4 382.54	5 614.83	6 700.36	10 021.40	10 226.04	10 672.78
房屋建筑面积（万平方米）						
施工面积	35 106.90	57 637.72	58 118.44	58 761.73	59 464.23	62 673.47
#住宅	26 347.13	41 579.79	42 315.98	43 002.93	43 554.54	46 328.92

竣工面积	8 696.28	9 620.47	10 296.96	10 073.96	9 581.73	16 821.27
#住宅	6 553.53	7 259.11	7 930.21	7 602.69	7 089.80	12 902.27
商品房销售情况（万平方米）						
房屋销售面积	9 485.47	9 846.84	11 414.05	13 962.09	14 211.12	13 484.21
#住宅	8 112.37	8 800.93	10 275.95	12 657.66	12 486.66	12 040.68
#90 平方米以下	1 583.11	1 755.71	1 896.76	2 054.14	1 907.66	1 468.14
#140 平方米以上	1 816.86	1 142.38	1 533.98	2 144.43	2 095.99	2 177.88

三、土地市场情况

2018 年，由于受到楼市降温、棚改退潮的影响，土地市场降温，增速放缓。江苏土地市场 5 月以后，流拍宗数和流拍率节节攀升，流拍城市由核心城市向周边县市不断蔓延，9 月达到高峰后有所减少。

2018 年，全省不同用途平均地价水平均有所上升，分用途来看：商服平均地价水平为 6 638 元/平方米，较上年提高了 50 元/平方米，同比增长 0.76%；住宅平均地价水平为 5 062 元/平方米，较上年提高了 135 元/平方米，同比增长 2.73%；工业平均地价水平为 414 元/平方米，较上年提高了 2 元/平方米，同比增长 0.65%。

从地价水平来看，2018 年度各市分用途平均地价水平差异较大，其中：商服平均地价水平排前三位的是南京市、苏州市、无锡市，平均地价水平分别为 17 605 元/平方米、12 201 元/平方米、6 795 元/平方米，排后三位的是连云港市、盐城市、宿迁市，平均地价水平分别为 2 113 元/平方米、2 999 元/平方米、3 257 元/平方米；住宅平均地价水平排前三位的是南京市、苏州市、无锡市，平均地价水平分别为 16 354 元/平方米、5 776 元/平方米、4 664 元/平方米，排后三位的是连云港市、淮安市、盐城市，平均地价水平分别为 1 461 元/平方米、1 713 元/平方米、1 728 元/平方米；工业平均地价水平排前三位的是南京市、无锡市、镇江市，平均地价水平分别为 820 元/平方米、603 元/平方米、505 元/平方米，排后三位的是宿迁市、徐州市、盐城市，平均地价水平分别为 166 元/平方米、219 元/平方米、226 元/平方米。

从地价增长率来看，商服平均地价除苏州市同比下降外，其余各市均同比增长，其中徐州市商服平均地价同比增长率最高，为 2.03%，苏州市商服平均地价为负增长，同比增长率为负的 0.42%；各市住宅平均地价均同比增长，其中宿迁市住宅平均地价同比增长率最高，为 6.82%，南京市住宅平均地价水平涨幅最小，为 0.71%；各市工业平均地价除扬州市同比下降外，其余各市均同比增长，其中镇江市工业平均地价同比增长率最高，为 3.18%，扬州市工业平均地价为负增长，同比增长率为负的 0.09%。

从季度分析来看，2018 年全省各用途第二季度地价环比增长率较第一季度有所上升，第三、四季度持续放缓，其中商服平均地价各季度的环比增长率分别为 0.24%、0.26%、0.19%、0.08%；住宅平均地价各季度的环比增长率分别为 0.71%、0.85%、0.59%、0.56%；工业平均地价水平全年运行较为平稳，各季度的环比增长率分别为 0.19%、0.27%、0.11%、0.09%。

第三节　苏州市房地产市场

2018 年，在国家宏观政策影响下，苏州市谨守调控目标不动摇，限地价、限房价、限贷三限政策持续；响应九部委整治市场秩序，四大行新增贷款不满五年提前还贷需缴纳违约金、房贷利率持续上调等；直到四季度末，个别银行房贷利率上浮情况才略有转变，首套房上浮力度现回调；商品房签约量较 2017 年持续下滑，销售金额却相当坚挺，环比甚至还略有增长；土地市场本土房企苏高新参与活跃，多方合作成为市场新常态。

一、房地产投资情况

2018 年，苏州市房地产开发投资完成 2 557.91 亿元，比上年增长 10.9%，其中住宅投资完成 2 111.6 亿元，增长 14.8%，增速比上年上升 3.7 百分点。房地产开发投资占全社会投资的 56.1%，占比较上年提高 15.1%。商品房施工面积为 11 658.52 万平方米，下降 2.0%；其中住宅施工面积 8 337.12 万平方米，下降 0.8%，增速比上年上升 1.0%。商品房竣工面积为 1 507.34 万平方米，下降 29.7%，增幅比上年下降 43.7%；其中住宅竣工面积 1 007.2 万平方米，下降 31.6%，增幅比上年下降 36.5%。

二、房地产交易情况

2018 年，苏州市商品房整体成交表现为量价齐升，但供应量略有缩水。据房天下数据研究中心统计，全年苏州市区（含吴江）住宅类商品房共计成交 74 189 套，较于 2017 年的 72 668 套，同比增加了 1 521 套，涨幅为 2.09%，“稳”成为今年苏州楼市的总基调。

从单月住宅成交套数走势来看，住宅成交的峰值为 12 月份，共计成交 9 299 套，谷值出现在 2 月，成交量为 3 300 套， 1 月苏州住宅成交 5 477 套，或是“金三银四”关系，3 月和 4 月成交开始上涨，5 月份又开始下跌，跌幅为 27.97%；6 月又开始上涨，接下来的 6 月、7 月和 8 月成交均在 7 000 套以上，9 月开始持续下跌，直到 12 月份，成交回升，达到峰值。

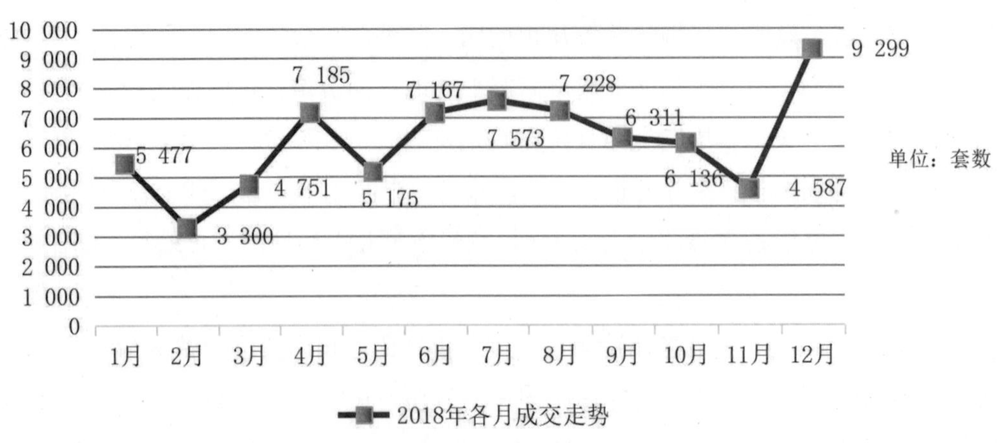

图 15-11　2018 年各月住宅成交套数走势

住宅整体同比增加了 1 521 套，涨幅为 2.09%，最高涨幅出现在 12 月，同比增加 2 712 套，涨幅为 41.17%，最高跌幅出现在 11 月，同比下降 1 973 套，跌幅为 30.08%，其他各月份同比有涨有跌，涨跌有度。综合看来，调控下的苏州楼市回归到平稳理性的状态。

区域来看，吴江区占据区域成交第一，以 24 401 套的表现遥遥领先于其他五区，新楼盘的推出加上借助于完善的交通配套体系和相对亲民的房价成为购房者置业的不二选择。吴中区成交量为 22 681 套，成为第二，作为城南大门户的吴中区，接轨吴江，也是区域成交的主力。相城区成交量为 10 981 套，相城区的成交支撑主要集中在北部区域的乡镇板块和高铁新城板块；高新区成交量为 7 147 套，高新区的成交主力主要来自于浒关板块；而工业园区和姑苏区分别成交 4 574 套和 4 405 套，作为改善置业的地段，成交量一直在六大区末位。一是由于此区域出新楼盘不多，二是由于此区域房价较高，从性价比来看，不如吴中吴江。

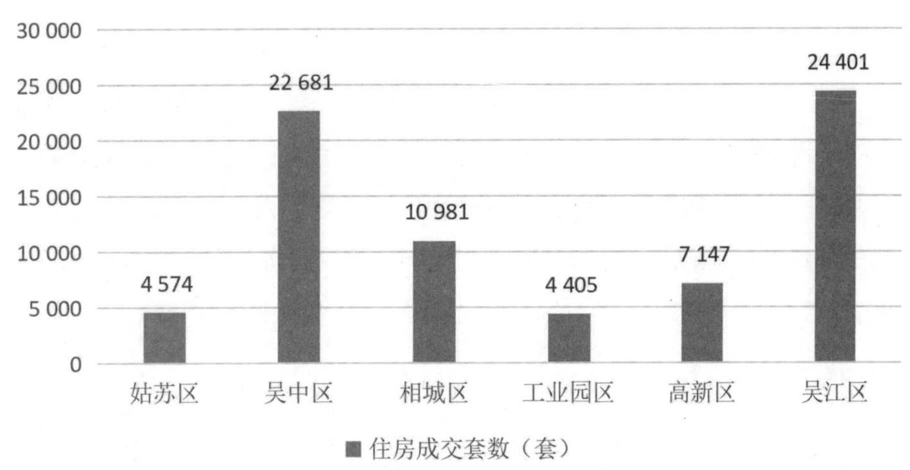

图 15-12 2018 年苏州各区县住房成交

2018 年苏州市房价走势比较平稳，起伏不大，前三个月呈现出稳步上涨的态势，3 月上涨到最高点，成交均价为 20 363 元/平方米。4 月份开始下降，但下降幅度不大，之后三个月价格均保持在 19 800 元/平方米左右，7 月份之后，价格均保持在 20 000 元/平方米以上！总体来看，2018 年房价走势比较平稳，涨跌有度，渐趋理性。

从各区县来看，姑苏区和工业园区价格相对较高，均价基本保持在 30 000 元/平方米以上，高新区价格基本在 20 000 元/平方米以上，相城区和吴中区价格相当，均在 20 000 元/平方米左右徘徊，总体变化不大，较于姑苏区和工业园区，价格可以接受，比较亲民，适合刚需选择。相对于其他五大区，吴江区的均价偏低，备受刚需者青睐，成交量也一直处于领先的位置，从其房价走势来看，成交均价基本保持在 15 000 元/平方米左右。（见图 15-13）。

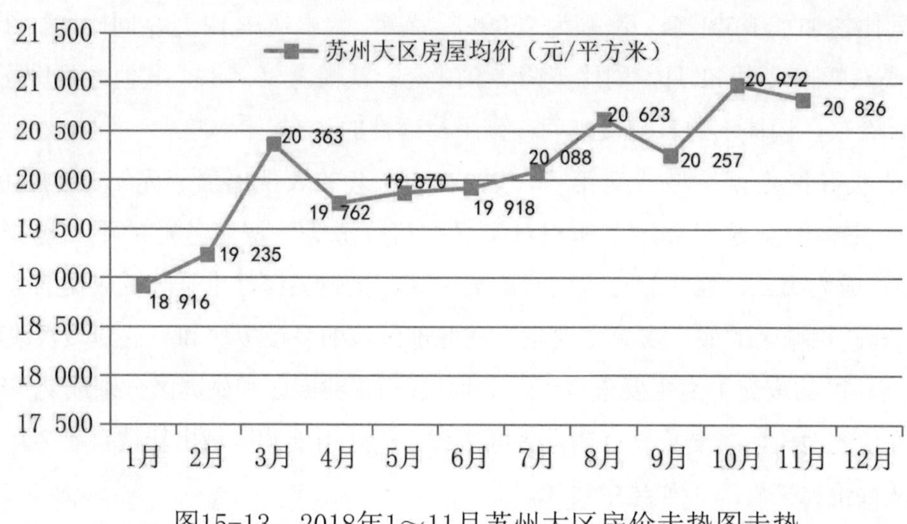

图15-13　2018年1～11月苏州大区房价走势图走势

二手房方面，苏州市区（含吴江）全年共计成交 90 790 套，较于 2017 年的 74 089 套，同比增加了 16 701 套，涨幅为 22.54%，二手房成交量相比去年稳中有升。从单月成交套数走势来看，成交的峰值为 8 月份，共计成交 9 705 套，谷值出现在 2 月，成交量为 3 926 套， 随着“金三银四”的到来，2 月之后，成交量开始上涨，6 月份稍有下滑，但 7 月又开始上涨，9 月达到峰值，之后成交量一直维持在 8 000 套之上，只有 12 月稍有下跌，不足 8 000 套（见图 15-14）。

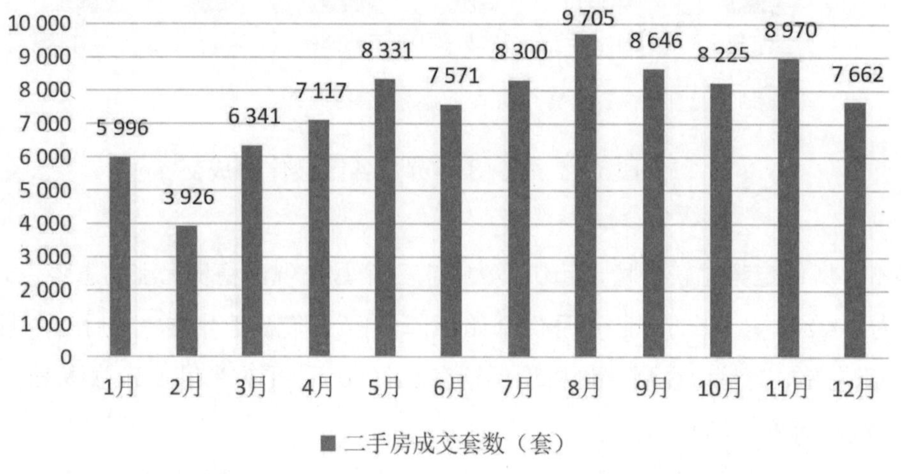

图 15-14　2018 年苏州市各月总成交套数

三、土地市场情况

2018 年大市范围举行了多场土拍，共有 249 宗地挂牌上市，255 宗地块成功出让，2 宗地块中止出让，18 宗地块流拍。出让地块中，纯住宅地块 144 宗，商住混合地块 36 宗，商服地块 56 宗，其他地块 6 宗。共计出让地块总面积 982.91 万平方米，成交总价 1 300.72 亿元，平均楼面价 6 789.15 元/平方米，总溢价率 10.23%（见图 15-15）。

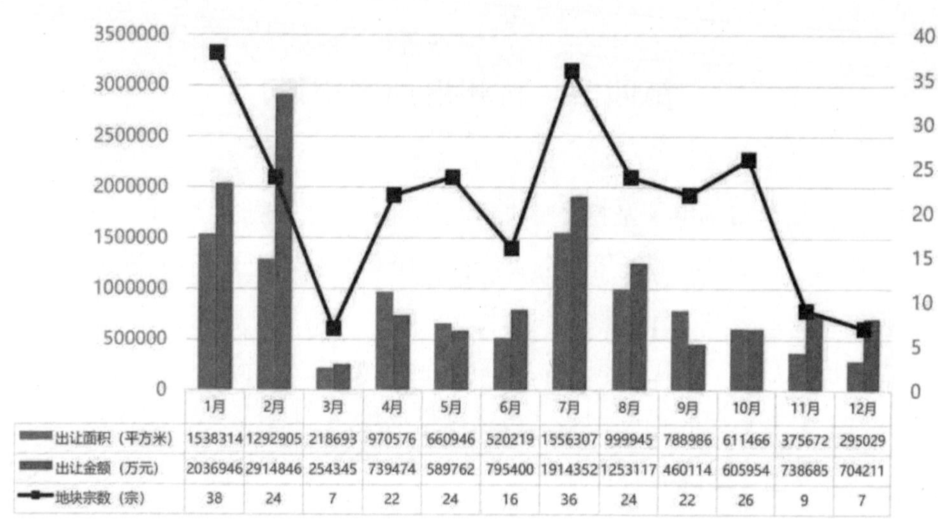

图 15-15　1～12 月苏州土地成交情况

从苏州大市各区域土地成交面积分布来看，主城区（含吴江区）延续供地大户趋势，共成交土地面积 471.64 万平方米，在全市占比 47.98%，其中住宅成交土地面积为 381.73 万平方米。太仓、吴江两地土地成交面积占比相近。昆山排名末位，占比为 7.6%（见图 15-16）

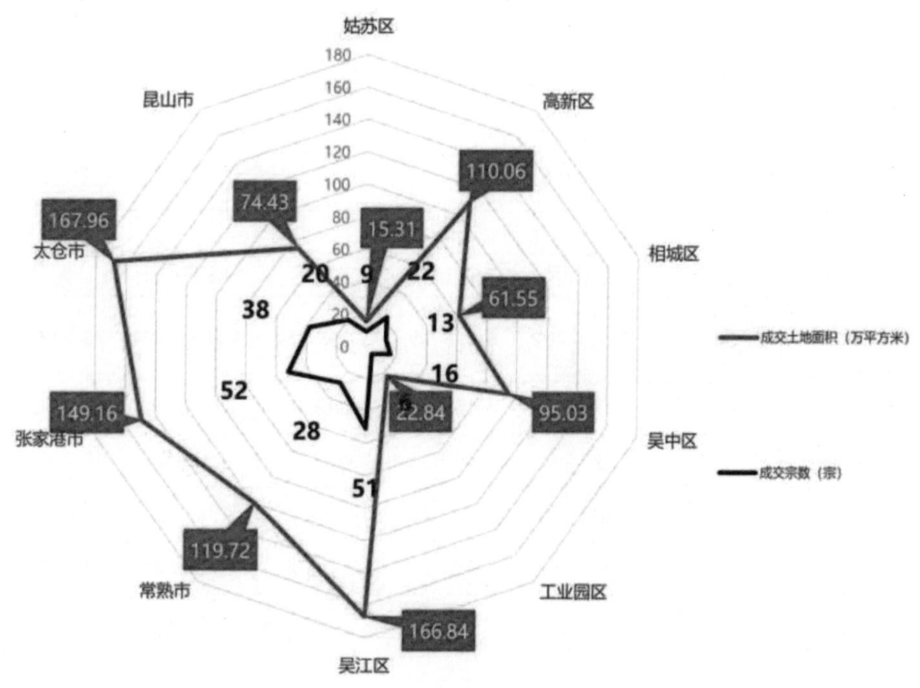

图15-16　2013～2018年苏州市区不同性质土地楼面价走势图（元/平方米）

第四节　杭州房地产市场

2018 年，杭州市房地产市场继续坚持“坚决遏制房价上涨，加快建立促进房地产市场平稳健康发展长效机制”的主基调，围绕“因城施策，分类调控”原则，房地产市场调控政策不断深化。从房地产市场主要运行指标来看，房地产开发投资持续增长，商品房销售规模低速增长，商品房销售价格有所上涨，新开工面积增速放缓，竣工面积连续下降，企业资金较为紧张。总体来看，房地产市场保持平稳运行，未来房地产调控政策将面临调整，市场以稳为主。

一、房地产投资情况

2018 年杭州市完成房地产开发投资 3 068.90 亿元，增长 12.2%，增幅比上年上涨 7.3%。其中，商品住宅投资 1 953.30 亿元，增长 14.0%；非住宅类投资 1 115.60 亿元，增长 9.3%，增幅较上年分别上涨 4.2 和 11.73%。

全市商品施工面积 11 750 万平方米，增长 2.0%，增幅较上年上涨 2.3%，其中，住宅施工面积 6 156 万平方米，同比增长 3.7%；商品房新开工面积 2 709 万平方米，比上年增长 24.2%，其中，住宅新开工面积 1 590 万平方米，比上年增长 27.8%；商品房竣工面积 1 637 万平方米，比上年下降 21.5%，其中，住宅竣工面积 842 万平方米，比上年下降 28.1%（见表 15-11）。

表15-11　2018年杭州分地区房地产开发投资

指标	全市	市区					桐庐县	淳安县	建德市
		合计	萧山区	余杭区	富阳区	临安市			
房地产开发投资额(万元)	**30 688 988**	**29 540 151**	**7 124 792**	**6 476 546**	**1 298 834**	**1 294 911**	**75 639**	**356 731**	**416 467**
#住宅	19 532 993	18 678 215	5 038 871	4 463 172	1 082 459	964 077	291 456	255 240	308 082
办公楼	2 464 286	2 435 121	527 904	368 590	46 730	23 914	18 376	1 212	9 577
商业营业用房	3 055 695	2 948 072	466 723	378 676	60 556	127 632	51 629	23 621	32 373
其他	5 636 014	5 478 743	1 091 294	1 266 108	109 089	179 288	14 178	76 658	66 435
房屋建筑面积(万平方米)									
施工面积	11 750	10 879	2 501	3 039	566	775	275	315	282
#住宅	6 156	5 571	1 338	1 801	360	547	189	206	189
新开工面积	2 709	2 515	590	681	168	309	44	36	114
#住宅	1 590	1 444	365	412	110	207	37	32	77
竣工面积	1 637	1 564	355	223	120	139	51	9	13
#住宅	842	800	209	113	71	109	30	5	7

二、房地产交易情况

2018 年，杭州成交均价上涨迅速，整体表现为量缩价涨，但未来长期房价上涨动力不足。年初，房地产市场继续延上年的火热行情，供不应求；至 4 月份，摇号政策发布，房企进入短暂观望期，供销两端均走低。观望期结束后，市场重回火热行情。下半年开始，整体市场趋冷，供求关系发生逆转；进入第四季度，在“限价放开”幻想破灭后，同时在市场趋冷以及年终指标的双重压力下，各房企纷纷开盘，推货节奏加快；部分楼盘在均价不变的前提下调整楼层价格结构变相降价促销，年末成交量出现翘尾。

商品住宅全年供应 856.5 万平方米，同比下降 3.9%；成交 980.9 万平方米，同比缩水 17.3%，全年供销比为 1:1.15。

从成交面积来看，成交结构主力集中在 80～100 平方米，次主力为 120～140 平方米，80 方以下产品几乎绝迹。 比较来看，80～100 平方米占比逐年缩减，120～140 平方米占比逐年增长，杭州正从以刚需为主导的市场逐步转变，兼顾刚需与改善。

成交价为，每套 150～200 万元占比 21%，其次为 200～250 万元占比 17%。对比往年，150 万元每套以下产品占比迅速下降，150～200 万元每套总价段稍有抬头，但 200 万元每套以下产品占比迅速缩减，200 万元每套已成为主流市场的置业门槛。成交单价主要集中在 1.5～2 万元/平方米，占比 24%，其次为 2～2.5 万元/平方米，占比 20%。 单价 1.5 万元/平方米以下产品迅速缩减，1.5～2 万元/平方米稍有抬头，主要位于临浦、义桥、大江东等远郊板块，单价在 2 万元/平方米以上已成为市场最低标准线（见图 15-17）。

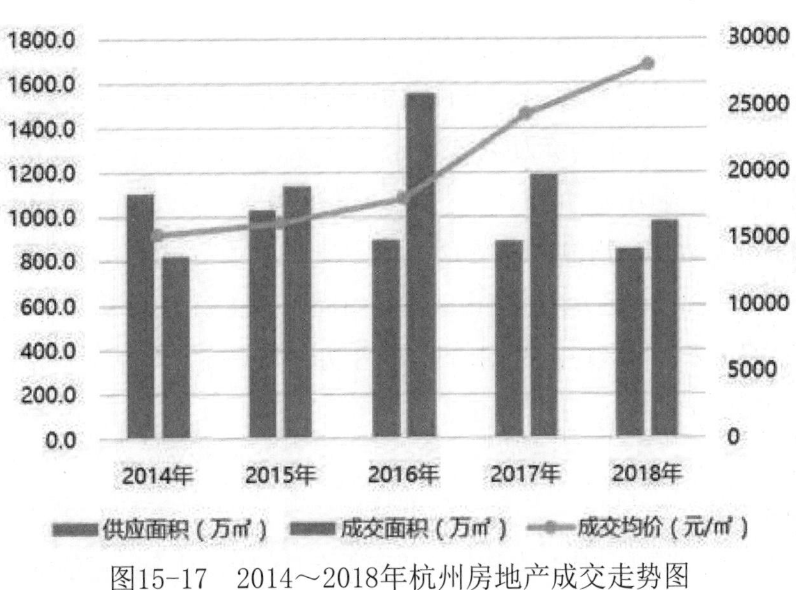

图15-17　2014～2018年杭州房地产成交走势图

2018 年杭州市区商品房销售总金额为 4 007.7 亿元，主城区销售金额为 3 817 亿元，余杭区成交金额为 949.3 亿元，萧山区成交金额为 987.7 亿元。其中住宅销售金额，全市为 3 237.7 亿元，市区为 3 071.2 亿元，萧山区为 795.6 亿元，余杭区为 689.2 亿元。现房销售，全市 490.6 亿元，市区为 466 亿元，萧山区 116 亿元，余杭区 84.3 亿元。现房住宅销售，全市 275.6 亿元，市区 263.6 亿元，萧山区 68.9 亿元，余杭区 64.7 亿元（表 15-12）。

表15-12 2018年杭州市商品房销售情况

指标	全市	市区					桐庐县	淳安县	建德市
		合计	萧山区	余杭区	富阳区	临安市			
销售金额(万元)	**40 077 471**	**38 169 596**	**9 876 541**	**9 493 561**	**2 250 173**	**2 005 179**	**490 418**	**726 952**	**690 505**
#住宅	32 377 071	30 711 830	7 955 904	8 691 852	1 984 341	1 884 951	326 872	705 969	632 400
现房销售额（万元)	4 906 255	4 660 201	1 159 500	843 293	223 975	168 331	157 687	41 215	47 152
#住宅(万元)	2 756 384	2 635 946	689 421	646 503	87 548	132 893	63 285	33 307	23 846
期房销售金额（万元)	35 171 216	33 509 395	8 717 041	8 650 268	2 026 198	1 836 848	332 731	685 737	643 353
#住宅(万元)	29 620 687	28 075 884	7 266 483	8 045 349	1 896 793	1 752 058	263 587	672 662	608 554
销售面积(万平方米)	1 675	1 524	401	444	130	142	41	53	59
#住宅(万平方米)	1 329	1 200	320	394	111	131	25	51	54
现房销售面积(万平方米)	238	210	42	49	15	19	18	5	5
#住宅(万平方米)	121	107	21	36	5	16	7	4	3
期房销售面积(万平方米)	1 438	1 315	359	395	115	122	23	47	54
#住宅(万平方米)	1 208	1 093	300	358	106	115	18	46	51

三、房地产价格情况

2018 年，杭州市房地产销售均价为 23 927 元/平方米。其中，市区销售均价为 25 046 元/平方米，余杭区销售均价为 21 381 元/平方米，萧山区销售均价为 24 630 元/平方米。现房销售，杭州市均价为 20 615 元/平方米，市区均价为 22 191 元/平方米，余杭区均价为 17 210 元/平方米，萧山区销售均价为 27 607 元/平方米。

2018 年，杭州市住宅销售均价为 24 362 元/平方米。其中，市区销售均价为 25 593 元/平方米，余杭区销售均价为 22 061 元/平方米，萧山区销售均价为 24 862 元/平方米。现房住宅销售，杭州市均价为 22 780 元/平方米，市区均价为 24 635 元/平方米，余杭区均价为 17 958 元/平方米，萧山区销售均价为 32 830 元/平方米。

四、土地市场情况

2018 年，杭州土地市场总体成交火热，后期有所降温，但出让金额仍创下历史新高，位列全国首位，住宅用地成交金额首次突破 2 000 亿元。随着下半年土地市场热度的下降，房企开始由激进转为保守，虽然今年土地成交楼面价创新高，但较上一年涨幅缩小，溢价率逐步走低，市场开始回归理性。

全年全市共出让土地 272 宗，其中住宅用地 125 宗，商业用地 127 宗，租赁用地 11 宗，其他类型用地 9 宗。合计出让面积 854.8 万平方米，同比 2017 年增长 1.5%；成交金额 2 449.5 亿元，同比增长 9.6%。全市土地出让面积为近 5 年的最高，而土地成交金额则是创下历史新高，成交金额位列全国各大城市首位，高出第二名的上海超 500 亿元（图 15-18）。

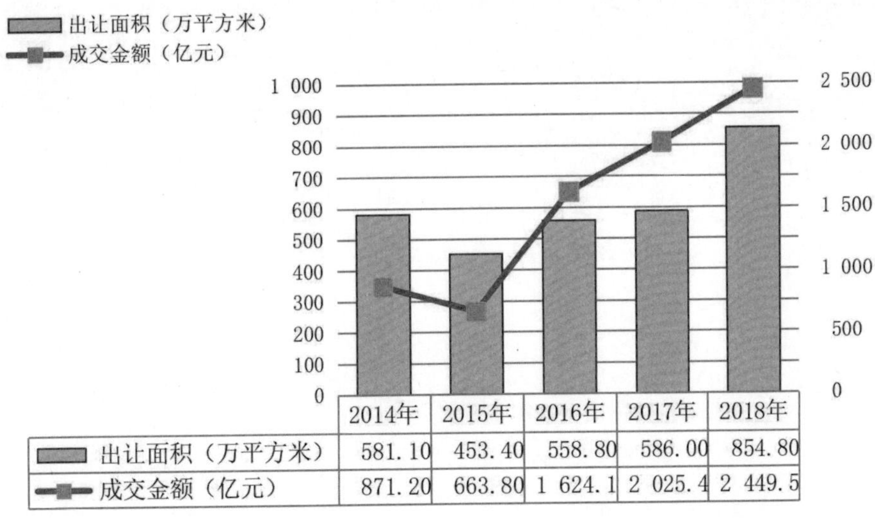

图 15-18 2014～2018 年杭州市区土地出让面积、成交金额对比图

2018 年，杭州全市共出让 125 宗涉宅地，可建面积 1 280.9 万平方米，同比 2017 年小幅下降 2.1%，占全市土地总可建面积的 69.0%；成交金额 2 043.7 亿元，同比增长 4.8%，是涉宅地成交首次超过 2 000 亿元。商业用地出让 127 宗，可建面积 514.5 万平方米，同比 2017 年增长 17.1%，占比 27.7%；成交金额 384.7 亿元，同比增长 41.7%。总体来看，2018 年土地供应仍以涉宅地为主，但商业地块比例有小幅增加。

此外，自上年 10 月杭州首次出让租赁住房用地（彭埠单元 R21-20(2)地块）后，2018 年杭州的租赁用地开始持续供应，全年共出让 11 宗租赁用地，可建面积 56.9 万平方米，根据政策，人才专项租赁住房应以中小户型的单身公寓为主，70 平方米以下套数占总套数比例一般不低于 80%。因此按 60 平方米/间的公寓计算，今年出让的租赁用地将提供超过 9 400 间人才公寓。

表 15-13 2018 年杭州各类土地成交情况表

用途	成交宗数（宗）	出让面积（万平方米）	可见面积（万平方米）	成交金额（亿元）
住宅用地	125	596.3	1 280.9	2 043.7
商业用地	127	227.5	514.5	384.7
租赁用地	11	25.7	56.9	17.2
其他	9	5.3	4.2	3.9
合计	**272**	**854.8**	**1 856.4**	**2 449.5**

第六篇　附录

第一章　房地产政策法规汇编

第一节　综　合

关于印发《在签订〈国有土地使用权出让合同〉时同步领取〈建设用地规划许可证〉的操作办法》的通知

沪规土资许〔2018〕150号

各区规土局、各派出机构、局机关各处室、局执法总队、市土地交易中心、信息中心、市城建档案馆:

为了提高行政审批效率，改善营商环境，根据《关于深化审批制度改革，努力改善营商环境的工作方案》（沪规土资许〔2018〕21号）的要求，经研究决定，在签订《国有土地使用权出让合同》时实施同步领取《建设用地规划许可证》制度。《在签订〈国有土地使用权出让合同〉时同步领取〈建设用地规划许可证〉的操作办法》已经第5次局长办公会审议通过，现予印发，请遵照执行。

上海市规划和国土资源管理局

二〇一八年三月一日

在签订《国有土地使用权出让合同》时同步领取《建设用地规划许可证》的操作办法

一、总体要求

为了提高行政审批效率，改善营商环境，根据《关于深化审批制度改革，努力改善营商环境的工作方案》（沪规土资许〔2018〕21号）的要求，对于出让项目《建设用地规划许可证》的办理手续进行改革，以实现土地受让人同步领取《建设用地规划许可证》和《建设用地规划许可证》的许可决定。

（一）国有土地使用权交易完毕，土地受让人可在签订《国有土地使用权出让合同》的同时，同步申领《建设用地规划许可证》。若土地受让人需要成立项目公司的，也可在申请签订调整土地受让人名称等的《国有土地使用权出让补充合同》的同时，同步申领《建设用地规划许可证》和《建设用地规划许可证》的许可决定。

（二）规划土地管理部门同步核发《建设用地规划许可证》和《建设用地规划许可证》的行政许可决定文书等。同时，《建设用地规划许可证》以及相关文书的数据同步关联沉淀于建设项目全覆盖规划管理信息系统。

二、适用范围

本市范围内实施招拍挂出让土地的《建设用地规划许可证》的申领与核发。

三、操作细则

（一）申请

当《国有土地使用权出让合同》或《国有土地使用权出让补充合同》签订后，土地受让人同步签署《建设用地规划许可证》申领格式文书和告知承诺文件，提出领取申请。

（二）受理

规划土地管理部门的工作人员同步受理土地受让人的申请。

（三）制证

在《国有土地使用权出让合同》或《国有土地使用权出让补充合同》签订后，规划土地管理部门的工作人员登录建设项目全覆盖规划管理信息系统，并从土地审批系统获取《国有土地使用权出让合同》或《国有土地使用权出让补充合同》编号以及具体用地范围、用地面积以及相关规划管理要求等相关指标，并同步在建设项目全覆盖规划管理信息系统中：

1. 审核、制作《建设用地规划许可证》，《建设用地规划许可证》不设附图；

2. 制作《建设用地规划许可证》决定文书；

3. 制作《送达回证》。

（四）送达

1.《建设用地规划许可证》和《建设用地规划许可证》决定文书，加盖市或区规划土地管理部门公章后，规划土地管理部门的工作人员当面送达土地受让人。土地受让人同步签署《送达回证》；

2.《建设用地规划许可证》申领文书、《送达回证》由市或区规划土地管理部门的工作人员同步收回。

（五）归档

1.《国有土地使用权出让合同》或《国有土地使用权出让补充合同》同步签订办结后，按相关管理要求归档；

2.《建设用地规划许可证》同步核发办结后，《建设用地规划许可证》的土地受让人申领文书、告知承诺文件、《送达回证》等退回窗口，由窗口工作人员扫描进入建设项目全覆盖规划管理信息系统，与《建设用地规划许可证》、《建设用地规划许可证》的行政许可决定文书底稿的电子文件一并存入大机，并成为电子文档送城建档案馆归档。

四、特殊项目的处理

（一）历史项目

2018 年 3 月 1 日前已经签订《国有土地使用权出让合同》或《国有土地使用权出让补充合同》，但尚未领取《建设用地规划许可证》的，由土地受让人通过建设项目全覆盖规划管理信息系统外网申报系统向市或区规划土地管理部门申请《建设用地规划许可证》。

市或区规划土地管理部门窗口工作人员同步受理后直接核发《建设用地规划许可证》和《建设用地规划许可证》的许可决定，并按规定办理送达、办结、归档事宜。

（二）分属不同规划土地管理部门的项目

项目的规划和土地管理分属市、区不同规划土地管理部门的，其《建设用地规划许可证》由土地出让人相应的规划土地管理部门办理核发手续。

五、实施时间

本办法自 2018 年 3 月 1 日起实施。

第二节　房地产管理政策

关于开展 2018 年房地产市场秩序专项整治的通知

沪建房管联〔2018〕554 号

各相关单位：

为进一步整顿和规范房地产市场秩序，健全房地产市场监管机制，切实维护人民群众合法权益，根据住房城乡建设部等七部门《关于在部分城市先行开展打击侵害群众利益违法违规行为治理房地产市场乱象专项行动的通知》（建房〔2018〕58 号）的要求，市住房城乡建设管理委、市房管局、市委宣传部、市公安局、市司法局、市税务局、市工商局、市物价局、上海银监局等部门决定，到 2018 年底，在全市范围内，联合开展房地产市场专项整治工作。现将有关事项通知如下：

一、工作目标

针对近期本市房地产市场状况，通过部门联合执法，重点打击当前群众反映强烈的虚假信息、投机炒房、虚拟交易、违规收费、违规提取住房公积金等违法违规行为，进一步整顿和规范房地产市场秩序，切实维护人民群众合法权益。

二、整治重点

各区房管、市场监管、物价、税务、公安、金融、司法等部门，应当依据各自职责，协同配合，在本行政区域内，联合开展房地产市场专项整治行动，聚焦重点，严厉查处下列违法违规行为：

（一）发布虚假信息行为

1. 通过报纸、广播、电视、网站、新媒体等途径捏造、散布不实信息，或者曲解有关房地产政策误导购房人，对市场预期造成负面影响等虚假信息。

2. 发布未取得许可或备案的房地产项目广告。

3. 通过房产经纪门店或网络载体，发布虚假房源、虚标价格、虚构交易数据等虚假信息，欺骗、误导购房人。

4. 在房地产广告中承诺房产升值或者投资回报，或以项目到达某一具体参照物的所需时间表示项目位置，或对规划或建设中的交通、商业、文化教育设施作误导宣传等的违法广告。

（二）投机炒作行为

1. 通过捂盘惜售、炒卖房号、雇佣人员制造抢房假象等方式，恶意炒作，垄断或变相囤积房源，以操纵房价、房租。

2. 通过更改预售合同、变更购房人等方式，投机炒作未办理不动产登记的商品房。

3. 通过提供“首付贷”或者采取“首付分期”等形式，违规为炒房人垫付或者变相垫付首付款。

4. 与投机炒房团伙串通，谋取不正当利益。

（三）房产经纪违法违规行为

1. 未经交易当事人同意，擅自通过网签系统虚签经纪委托合同、交易合同；借用密钥给其他房地产经纪机构签约，产生矛盾纠纷的。

2. 未按照本市规定向租赁当事人提供网签住房租赁合同服务，或者采取威胁、恐吓等暴力手段驱逐承租人，恶意克扣保证金或预订金。

3. 通过隐瞒房地产查封、抵押等房屋交易限制信息等不正当手段，诱导、诈骗消费者交易；或者诱导、教唆、协助交易当事人，通过伪造社保、个税、婚姻、出入境等证明材料或法律文书等方式，规避限购、限外、差别化信贷和税收政策。

4. 利用信息不对称“恶意碰瓷”，承诺“保证摇到，保证买到”，收取“茶水费”、“关系费”；怂恿当事人采取“阴阳合同”不实承诺，规避房屋交易税费。

5. 未在经营场所醒目位置标明全部房地产经纪服务项目、服务内容、收费标准等，利用虚假的或者使人误解的价格手段，诱骗消费者或者其他经营者与其进行交易。在商品房预（销）售合同、房地产买卖合同约定的转让价款外，向购房者收取额外的房价款，或者强制提供代办服务、担保服务，或者以捆绑服务方式乱收费。

6. 非法侵占或者挪用客户交易资金。

7. 为征收安置住房、共有产权保障住房违规转让，或共有产权保障住房、公共租赁住房、廉租住房违规出（转）租，提供经纪服务。

8. 在住房公积金使用方面，协助缴存职工以虚假手段违规提取住房公积金、骗取住房公积金贷款，收取高额手续费。

9. 将在履行职责或者提供服务过程中获得的客户、业主个人信息出售、泄露或交换给他人；通过第三方渠道批量非法获取或买卖客户信息；以营销为目的电话骚扰客户、当事人等。

（四）商品房销售违法违规行为

1. 未按规定公示“一房一价”及认筹规则，不按规定对认筹客户进行限购、限外、限企审核，未落实公证摇号选房相关规则，影响正常销售秩序。

2. 在取得商品房预售许可前，以认购、认筹、预订、排号、售卡等方式向购房人收取或者变相收取定金、预订款、诚意金等费用。

3. 未按备案价格销售商品住房（含附属地下车库），或者以电商费、装修费、捆绑搭售理财产品或者附带条件等限定方式，变相实行价外加价，侵害购房人合法权利。

4. 领证后未按规定时间开盘销售，或虽开盘，但以各种关联交易的名义保留房源、捂盘惜售。

5. 限制、阻挠、拒绝购房人使用住房公积金贷款或者按揭贷款。

6. 采用格式条款与购房人订立在售商品房销售合同的，格式条款免除自身法定义务、加重购房人责任、排除购房人合法权利。

三、工作要求

（一）高度重视，加强领导。各部门、各区要充分认识此次房地产市场专项整治，对于维护市场秩序，保障人民群众合法权益的重要性。各区要落实监管责任，加强组织协调，明确整治措施，整合资源，建立相应的工作机制，加大违法违规行为的排查和打击力度，并于9月20日前上报工作方案。市级管理部门要加强对各区的协调和指导，梳理查案办案适用法律法规，为各区查处违法违规行为提供依据，同时建立疑难案件综合研判机制，提高查处效率；加强工作进度和质量的监督、检查。

（二）信息共享，联合查处。各区要依托本市“12345”市民服务热线以及各部门公布的热线电话，确保投诉渠道畅通，及时收集各类案件线索，并建立首问负责和案件移交查处机制。对群众反映强烈、问题突出的典型案例，要联合惩戒并加大曝光，提高震慑效果，回应社会关切。各区要建立联系人制度，由区房管局牵头，每月30日前，统一汇总区各条线工作开展情况及典型案例查处情况（表格见附件），统一报送市房管局后上报部委。

（三）标本兼治，强化管理。各区要坚持整顿规范与制度建设并重，加强管理与改善服务并重，专项整治与日常监管相结合。依托本市促进房地产市场健康发展联席会议的工作机制，建立专项整治每月例会制度，推动相关成员单位互换信息、研究问题、推进工作。建立成员单位联合惩戒机制，对于查实的违法违规机构，采取暂停金融服务、暂停商业银行与其业务合作、暂停合同网签资质、纳入工商重点监管名单等措施。会同规土部门，对于查实违法违规行为的单位，限制其参加土地招拍挂；会同发改委，将企业、个人的违法违规行为信息，依法依规纳入市公共信用信息服务平台，逐步建立健全以行业信用体系建设为基础的长效管理机制，促进房地产市场平稳健康发展。

附件：2018年月房地产市场专项整治情况汇总表（略）

上海市住房城乡建设管理委
上海市房屋管理局
上海市委宣传部
上海市公安局
上海市司法局
上海市税务局
上海市工商局
上海市物价局
上海银监局
二〇一八年九月十日

关于印发《上海市房地产估价报告网上备案管理规定（试行）》的通知

沪房规范〔2018〕4号

各区住房保障房屋管理局，市房地产估价师协会，各房地产估价机构：

现将《上海市房地产估价报告网上备案管理规定（试行）》印发给你们，请认真贯彻执行。执行中遇到的有关情况和问题，请及时反馈我局。

特此通知。

上海市房屋管理局

二〇一八年五月十四日

上海市房地产估价报告网上备案管理规定（试行）

第一条（目的和依据）

为加强本市房地产估价行业管理，强化房地产估价机构、注册房地产估价师以及其他评估专业人员的事中事后监管，规范房地产估价报告备案，维护相关当事人的合法权益，根据《中华人民共和国资产评估法》、《住房和城乡建设部关于贯彻资产评估法规范房地产估价行业管理有关问题的通知》、《房地产估价机构管理办法》、《注册房地产估价师管理办法》、《上海市国有土地上房屋征收评估管理规定》等规定，结合本市房地产估价行业实际，制定本规定。

第二条（适用范围）

取得本市备案证书或者资质证书的房地产估价机构（含房地产估价分支机构，下同）（以下称估价机构）及其注册房地产估价师（以下称估价师）出具的房地产估价（或者房地产评估）报告（以下称估价报告）的网上备案，适用本规定。

鼓励估价机构将房地产咨询服务类报告网上备案。

第三条（备案系统）

估价报告备案应当在上海市房地产估价报告网上备案管理系统（以下称备案系统）进行。

估价机构、估价师应当凭密钥登录备案系统进行估价报告备案。

第四条（备案原则）

备案的估价报告由备案估价机构、备案估价师承担责任。

已备案估价报告的信息与出具的估价报告存在不一致的，以备案信息为准。

估价报告由两家或者两家以上估价机构共同完成的，应当协商确定其中1家为牵头估价机构，承担估价报告备案职责。

第五条（备案要求）

估价机构应当先完成估价报告备案，取得备案号，再出具估价报告。

分户报告应当按户备案。

第六条（报告备案）

估价师凭密钥登录备案系统，完成估价报告摘要信息录入。

估价机构应当指定若干专人负责估价报告备案的申请，专人凭密钥登录备案系统，提交估价报告备案申请，取得备案号。一次备案申请，备案系统自动生成一个备案号。

由备案系统打印估价报告摘要备案表，与估价报告一并装订后提交委托方。估价报告摘要备案表应当装订在估价报告首页或者致委托方函的前页。

第七条（修改和撤销备案）

已备案估价报告，可以修改，不得擅自撤销。

修改已备案估价报告的，估价师应当从备案系统调取原备案的估价报告备案信息，填写修改原因，按照本规定第六条规定重新进行估价报告备案。重新备案的估价报告生成新备案号，原备案的估价报告备案信息在备案系统予以保留。

撤销已备案估价报告的，委托方与估价机构应当协商一致后，由估价机构提出撤销备案的申请，并从备案系统调取原备案的估价报告备案信息；未协商一致的，应当在上海市房地产估价师协会网站进行公告，公告时间不少于十日，公告期届满后，提出撤销备案申请。

撤销备案的估价报告，不计估价机构和估价师的业绩，原备案的估价报告备案信息在备案系统予以保留。

第八条（不予撤销备案的情形）

有下列情形之一的，已备案估价报告不予撤销：

（一）备案超过九十日的；

（二）已经质量评审或者鉴定的；

（三）不符合撤销备案要求的其他情形。

第九条（不予备案的情形）

有下列情形之一的，备案系统不接受估价机构、估价师的估价报告备案：

（一）估价机构备案证书有效期届满的；

（二）估价机构不持续符合规定条件的；

（三）估价师注册证有效期届满的；

（四）估价师注册信息与备案估价报告的估价机构信息不一致的；

（五）法律法规规定的其他情形。

前款第二项估价机构不持续符合规定条件（包括但不仅限于）的情形是指：法定代表人或者执行合伙人的估价师注册证书有效期届满的、估价师数量不符合规定条件的，以及股东或者合伙人中估价师数量、注册后从事房地产估价工作三年以上占比、股份或者出资额的比例等不符合规定条件的。

第十条（未备案估价报告的处理）

未备案的估价报告，使用人应当审慎使用或者不使用。

未备案的估价报告，上海市房地产估价师协会（以下称市房地产估价师协会）可以不受理鉴定申请。

未备案的估价报告，不计估价机构和估价师的业绩。

第十一条（评审与鉴定）

估价机构备案等级申请、事中事后监管等事项的估价报告质量评审，逐步实现“双随机”，由备案系统随机抽取估价报告、随机配对评审专家。

市房地产估价师协会受理估价报告鉴定时，应当核实被鉴定的估价报告是否已备案，被鉴定估价报告的评审专家选取，可以参照估价报告质量评审的方式随机配对。

第十二条（备案查询）

相关当事人可以登录本市行业主管部门门户网站，通过备案号查询估价报告的备案、撤销等情况。

第十三条（信用档案）

本市逐步建立房地产估价行业的信用档案，并按照有关规定予以公开。估价师、其他评估专业人员的信用情况，同时记入聘用估价机构的信用档案。

估价报告备案中，有下列情形之一的，作为不良行为，分别记录估价机构、估价师和其他评估专业人员的信用档案：

（一）有应当备案而未备案的估价报告的；

（二）无正当理由对备案估价报告频繁修改的；

（三）法律法规规定的其他不良行为。

第十四条（其他规定）

估价机构申请备案等级、备案延续、备案变更、备案注销等事项时，应当同时在备案系统填报相应事项。

估价师的注册情况发生变化的，经有关部门批准后，估价机构应当在备案系统填报估价师注册信息。

咨询服务类报告备案的，可以计算估价机构、估价师的业绩。

非本市估价机构，在本市开展房地产估价活动出具的估价报告，应当在提交委托方前送市房地产估价师协会，由市房地产估价师协会指导完成估价报告备案。

第十五条（解释部门）

本规定由上海市房屋管理局负责解释。

第十六条（施行和有效期）

本规定自 2018 年 7 月 1 日起施行，有效期至 2019 年 12 月 31 日。

第三节 土地政策

上海市人民政府关于印发本市全面推进土地资源高质量利用若干意见的通知

沪府规〔2018〕21 号

各区人民政府，市政府有关委、办、局：

现将《本市全面推进土地资源高质量利用的若干意见》印发给你们，请认真按照执行。

上海市人民政府

关于本市全面推进土地资源高质量利用的若干意见

2014年本市提出土地利用“总量锁定、增量递减、流量增效、存量优化、质量提高”的基本策略后，经过全市上下共同努力，目前建设用地总量约束共识已经形成，新增建设用地逐年大幅减少，存量建设用地盘活初显成效。但也要看到，上海土地供需矛盾依然突出，土地利用质量仍有差距，还存在土地利用强度不充分、土地配置效率不协调、土地利用绩效不均衡等问题。为落实市委、市政府关于加快“五个中心”建设、提升城市能级和核心竞争力、构筑新的战略优势和品牌优势的部署，现提出本市全面推进土地资源高质量利用若干意见如下：

一、明确指导思想和工作原则

（一）指导思想

以习近平新时代中国特色社会主义思想为指导，贯彻新发展理念和高质量发展的总体要求，落实“上海2035”总体规划，在坚持“亩产论英雄”“效益论英雄”“能耗论英雄”“环境论英雄”理念的基础上，覆盖全域土地资源，严守建设用地总量、强化建设用地流量、盘活建设用地存量，统筹城市的经济密度和空间品质，合理确定土地开发强度、优化土地资源配置、提高土地利用绩效、强化土地用途管制，全面提升土地综合承载容量和经济产出水平，实现土地资源更集约、更高效、更可持续的高质量利用。

（二）工作原则

1. 对标卓越全球城市。增强核心功能，补齐发展短板，严守建设用地总量，加强空间布局引导，优化用地结构，提高城市综合承载力，打造高品质的城市空间。

2. 强化质量绩效导向。聚焦规划土地政策，合理提高土地开发强度，进一步加强土地全生命周期管理，提升单位土地的经济密度和产出水平，打造高质量的发展空间。

3. 坚持盘活存量为主。着力向存量要空间，推动城市有机更新，拓宽存量土地盘活路径，实施低效用地治理和退出，加大建设用地减量化力度，引导土地资源合理流动和高效配置。

4. 提升改革创新力度。在守牢城市安全和空间品质的前提下，创新规划政策供给，深化土地供给侧改革，优化规划土地领域营商环境。统筹整体和局部、当前和长远，创新利益共享机制，调动各方积极性，推动高质量利用土地。

二、覆盖全域土地资源，提升城市综合承载力

（一）统筹生态、农业、城镇三大空间。扩大生态空间，到2035年，市域生态用地占陆域总面积比例超过60%，森林覆盖率达到23%左右，河湖水面率达到10.5%左右。保障农业空间，落实2035年180万亩耕地保有量、150万亩永久基本农田保护任务。优化城镇空间，落实规划建设用地负增长要求，到2035年，规划建设用地总规模控制在3200平方公里以内。统筹陆海空间资源，加强自然岸线保护，优化岸线功能布局，生活、生态岸线比例不低于60%，强化滩涂资源保护与利用，保障湿地总量不减少。

（二）加强四条控制线管控。建立全域生态保护红线、永久基本农田保护红线、城市开发边界和文化保护控制线四条控制线管控体系，强化土地用途管制和空间管制。生态保护红线必须在各类规划中严格落实，各类建设项目必须避让，不得侵占。凡不符合保护导向的用地方式和人类活动必须调整

退出。永久基本农田保护红线经划定不得随意调整，各类建设项目原则上不得占用永久基本农田，严禁未经批准违法违规占用。城市开发边界内强化城镇建设集中布局、集约紧凑发展，规划建设用地总量控制在 2600 平方公里；城市开发边界外重点推进低效工业用地和农村宅基地减量，规划建设用地总量减少到 600 平方公里。逐级分类划定文化保护控制线，保护历史文化遗产、自然（文化）景观和重大文化体育设施集聚区，并建立定期评估与更新机制。

（三）优化城乡建设用地结构。聚焦布局优化，引导各类建设用地占比形成合理结构。加强公共服务设施供给，到 2035 年，公共服务设施用地和绿化广场用地占比均不低于 15%。合理确定城镇居住用地规模，增加城镇居住用地特别是社会租赁住房和保障性住房用地规模，2035 年，规划城镇居住用地占比控制在 26%左右。推进城市开发边界内存量工业用地“二次开发”和开发边界外低效工业用地减量，2035 年，规划工业仓储用地占比控制在 10—15%，产业基地内用于先进制造业的工业用地不低于 150 平方公里，保障必要的产业发展空间。坚持农村低效建设用地拆并与优化并重的方针，鼓励利用存量集体建设用地实施乡村振兴战略。2035 年，规划农村居民点用地占比控制在 6%以内。在城市开发边界内划定 200 平方公里战略预留区。在保障现状合法企业正常生产经营、明确现状优质项目改扩建路径的同时，强化规划土地预控管理。

（四）构建永久基本农田特殊保护格局。实行最严格的基本农田保护制度，建立田长制，健全“划、建、管、补、护”长效机制，构建保护有力、建设有效、管理有序的特殊保护格局。锁定不低于 150 万亩集中连片的永久基本农田，对 150 万亩以外的范围，作为重要的生态空间予以严格保护，在不破坏耕作层的前提下，宜农则农、宜林则林，促进农林复合利用；对生态用地、环保搬迁土地等，探索“只征不转”。建立永久基本农田整备区，作为补划后备空间和集中集聚区域。建设项目确需占用永久基本农田的，应在符合规划、严格限定项目类型的前提下，按照“数量相当、质量更高”的原则，在整备区内补划。

三、突出“以减定增”，确保建设用地流量

（一）大力推进建设用地减量化。结合产业结构调整、环境综合治理、土地综合整治等工作，着力推进城市开发边界外建设用地减量化工作。2018 至 2020 年，全市每年减量化任务不低于 15 平方公里，其中工业用地减量不低于 12 平方公里。年度减量化任务依据各区剩余规划建设空间、年度新增建设需求以及减量潜力等情况分解下达。完善减量化支持政策，进一步提高市级资金补贴标准，加大国资企业用地腾退力度。

（二）完善用地指标管理。切实转变土地利用方式，主要依靠减量化和低效盘活产生的建设用地流量有效保障发展。用好极有限的净增建设用地空间，优先保障国家和本市重大战略项目用地指标。建立市、区协同的空间指标管理办法，重点保障市重大工程市政、公益、民生、重点产业、乡村振兴等方面的项目落地。按照“以减定增”的原则，区级项目所需用地指标均与减量化工作挂钩，由各区安排落实。探索建立指标平移等机制，多渠道、多方式保障各类用地的合理需求。

（三）进一步加强土地储备。落实“上海 2035”总规和国民经济社会发展规划，结合市、区近期建设规划和发展重点，按照建设用地规模变化和土地市场调控要求，统筹考虑规划实施时序和政府土地储备资金情况，合理安排土地储备规模，优化土地储备结构，优先储备存量低效用地，探索战略预留区土地储备机制。清理存量储备用地，加快土地前期开发，根据市场形势和项目需求，有序组织供应。

（四）加快批而未供建设用地处置。按照“增存挂钩”的原则，将批而未供和闲置土地数量作为下达新增建设用地指标的重要测算因素。逐宗分析未供地原因，明确相应处置路径，加快推动批而未供处置，保持合理供地率。细化建设用地批文撤销和失效的操作规范，明确相应用地指标和税费盘活使用政策，盘活批而未供土地的用地指标。

四、盘活存量建设用地，推动城市有机更新

（一）完善城市更新实施机制。持续开展魅力风貌、创新园区、共享社区、休闲网络四大更新行动，分类引导公共活动中心区、历史风貌地区、轨道交通站点周边地区、老旧住区等各类功能区域实施更新。强调区域整体更新理念，开展城市更新评估，引入社区规划师，组织公众参与，明确公共要素的配置要求，统筹物业权利人的更新需求。完善规划土地政策，以落实公共要素和全生命周期管理为前提，允许按规划进行用地性质、建筑容量、建筑高度的适当调整，采取存量补地价的方式完善用地手续，调动更新主体积极性。

（二）推进旧区和城中村改造。以落实历史风貌保护要求为原则，坚持“留、改、拆”并举，推进中心城旧区改造。旧区改造地块和历史风貌保护项目可以采取带保护方案公开招拍挂、定向挂牌、组合出让等差别化土地供应方式。进一步强化区域功能、基础设施和公共服务配套，通过土地储备、与农村集体经济组织合作改造、公益性项目建设等方式，开展城中村改造。

（三）盘活存量产业用地。加大收储盘活力度，区政府可以划定区域，明确区域内产业用地必须通过收储进行盘活开发，建立市、区两级存量产业用地收储专项资金，探索“以房换地”等市场化补偿方式。倡导区域整体转型，由原土地权利人或原土地权利人为主导的联合开发体，通过存量补地价方式，实施区域整体转型开发，加快推进南大、桃浦、吴淞、吴泾、高桥等重点区域整体转型。对零星工业用地，在满足产业类型、投入产出、节能环保、本地就业等准入标准的前提下，可以由原土地权利人通过存量补地价方式实施开发。允许节余产业用地分割转让。建立严格的城市开发边界外优质工业企业认定保留机制。

（四）强化低效用地退出。市、区产业部门建立资源利用效率评价制度，明确低效产业用地认定标准，市、区政府开展低效产业用地综合治理和退出专项行动。对低效产业用地，在技术改造、财税、电价、环保、金融服务等方面实施差别化政策。对低效产业用地涉及的违法违规行为，由相关主管部门开展联合执法。加强不动产登记、工商登记等环节管控，禁止低效产业用地以各种形式违规违约转让。对已签订土地全生命周期管理出让合同的低效产业用地，按照合同约定，追究违约责任。

（五）严格闲置土地处置。加强各类建设项目的供地前研判和供后监管，切实预防土地闲置。根据闲置原因分类处置，涉及政府原因的，可以协商收回。全面梳理各类历史遗留问题土地，纳入土地资源统筹，按照城市规划和区域功能定位加以利用。对“历史毛地出让”地块，建立分类处置方案，积极推进处置。

五、保持合理开发强度，提升城市空间品质

（一）坚持开发强度分层分区管控。坚持总量控制、结构优化，按照总体规划—单元规划—详细规划的空间规划体系明确开发强度分区，形成主城区、新城、新市镇开发强度的合理梯度。主城区坚持“双增双减”，着力提升能级和品质，增加公共空间和公共绿地；新城体现综合性节点城市功能，核心区域集聚高效发展，提升城市活力和服务水平；新市镇统筹镇区、集镇和周边乡村地区，保留乡村风貌，打造宜居环境。“以强度换空间，以空间促品质”，提高开发强度后腾挪出的土地用于增加公共空间、绿化、服务设施等。

（二）强化开发强度分类差异化引导。重点地区给予开发强度支持政策。对城市主中心、副中心、地区中心等公共活动中心区域和市政府明确的重点区域，根据功能需求，经交通影响评估和城市设计研究，可增加开发规模。历史风貌保护区域，落实风貌保护要求，允许规划用地性质适度转化，深化开发权转移制度，经认定确有保护保留价值的新增历史建筑给予建筑面积奖励。强化公共交通为导向的土地利用，围绕轨道交通站点周边500米范围内进行高强度开发，形成紧凑集约的城市格局。

（三）集约高效利用产业用地。按照高质量发展要求，实施高标准的产业用地准入，提高产业用地利用效率，提升单位面积土地产出率。依据不同产业类别，细化产业用地开发强度管控。符合高质量产业发展标准的产业用地，经产业和规划评估，可根据需求核定开发强度，并明确全生命周期管理要求，加强产业建筑方案核定。

（四）鼓励土地混合利用。鼓励工业、仓储、研发、办公、商业等功能用途互利的用地混合布置、空间设施共享，强化公共服务设施和市政基础设施的功能混合。完善混合用地实施机制，探索不同行业公共服务设施和市政基础设施的建设投资机制，建立有利于复合兼容的相关行业标准，实行公益性和经营性设施混合的土地供应制度。

（五）促进地下空间资源合理利用。按照“统筹规划、综合利用、安全环保、公益优先、地下与地上相协调”的原则，开发利用地下空间。完善地下空间基础数据库，加强地质安全监测，近中期重点开发浅层和中层地下空间。优先安排市政、应急防灾等公共基础设施功能，有序适度安排公共活动功能。大幅提高主城区、新城新建轨道交通、市政设施地下化比例，逐步推进现状市政基础设施的地下化改造。依托轨道交通，由主城区向新城扩展利用地下空间。加强地下空间横向连通，加大综合管廊建设力度。对重点开发地区，通过详细规划附加图则，引导地上地下空间一体化发展。完善地下建设用地使用权出让制度，优化简化办理程序，按照“分层利用、区分用途、鼓励开发”的原则，降低地下空间用地成本。完善地下空间的不动产登记。

六、坚持质量绩效导向，提高土地资源经济密度

（一）完善经营性用地市场配置方式。保持房地产市场长期健康平稳发展，确保住房用地供应。优化住房用地供应结构，加大租赁住房土地供应，增加商品住房用地的中小套型住房供应比例，优化商品住房用地供应方式。优化商办用地供应结构，鼓励开发企业持有商业、办公物业持续运营，提高商业、办公用地供应的有效性和精准度。

（二）优化产业用地利用方式。明确高质量产业用地的绩效标准，建立产业绩效和资源利用效率评价制度，差别化配置公共资源要素。优化产业用地供应方式，强化产业绩效导向，实行产业用地全要素、标准化出让，试点产业用地先租后让。实行产业用地地价与产业绩效挂钩，在地价底线管理原则下，由区政府根据产业项目的绩效、能级等情况，综合研究确定产业用地出让价格。

（三）高效配置乡村土地资源。落实乡村振兴战略，加强乡村整体谋划。建立完善乡村层面“多规合一”的国土空间规划，优化调整村庄用地布局，实施综合生态修复，提高乡村空间品质。通过村内平移、跨村归并、城镇安置等方式推进农民集中居住，完善乡村基础设施和公共服务设施，探索多

元安置路径和宅基地自愿有偿退出机制。鼓励农业生产和村庄建设等用地复合利用，促进农业与旅游、文化、教育、康养等产业的深度融合。盘活乡村存量建设用地，利用空闲农房和宅基地，探索发展乡村旅游等，有序推进集体建设用地建设租赁住房试点。规范设施农用地管理，优化乡村用地分类，乡村建设用地可以实施“点状”布局与供地，多个地块组合开发。加强示范引领，试点开展“新江南田园”建设行动计划。

（四）建立实施紧凑型高效型用地标准。按照紧凑高效、符合卓越全球城市用地特点的目标，优化调整各类设施用地标准，构建覆盖城乡区域、各行业建设项目的节约集约用地标准体系。强化用地标准的实施，发挥用地标准在规划编制、用地许可和土地利用绩效评价等管理中的指导作用，进一步加强用地规模约束，引导设施综合设置、土地混合利用、社区开放共享。

七、提高市、区协同效率，优化土地资源配置

（一）优化建设项目规划土地审批。强化“多规合一”的业务协同平台。建立项目储备库和实施库，提前开展规划和建设方案研究，探索先行开展征地拆迁。在用地规划许可阶段，实行一家牵头，“征询、申请、告知、受理、发证”一次办理，由规划国土资源部门向各部门推送建设项目的规划土地条件，一次性征询建设条件和建设方案审批意见，被征询部门一次性明确建设条件、审批方式、管理要求，纳入规划批准文件或土地出让征询单。开展产业用地标准化出让，在出让前审定建筑方案，完成有关评价工作，减少企业取得土地后的审批手续。对于同一办理阶段的多个审批事项，属于同一审批主体的予以合并办理。

（二）简化控详规划实施和调整机制。进一步优化控详规划编制方法，衔接建设实施要求，在用地性质兼容、指标控制方面预留更大弹性。进一步优化控详规划调整程序，发挥区政府积极性，分区、分类、分层推进管理重心下移，以区为主开展工作。未出让的产业用地，容积率和建筑高度指标在规划明确的弹性范围内，按照建设项目管理程序予以确定；其他按照控制性详细规划调整程序审批。

（三）强化土地全生命周期共同监管。区政府要加强土地全生命周期管理，健全多部门共同监管机制。各部门和街镇在土地出让前，要细化建设、产业和运营等管理要求，明确监管标准；在土地出让后，要按照“谁提出、谁监管”的原则，依托土地全生命周期共同监管信息系统开展日常监管。经营性用地要落实规划公共要素，加强物业持有管理和功能业态引导。产业用地要加强产业绩效评估和土地退出监管，对实施土地全生命周期管理之前出让的产业用地，应依托产业绩效评估，通过签订补充出让合同，进一步明确产业绩效要求，纳入土地全生命周期管理。探索将土地全生命周期履约情况纳入企业信用体系。

（四）提升土地基础数据质量。扎实开展第三次全国土地调查，细化完善土地利用基础数据，查实查清土地利用状况和土地资源变化情况，全面提升土地基础数据质量。进一步健全土地调查、监测、统计以及动态更新机制，提升土地基础数据的准确性和现势性。进一步优化土地基础数据共享应用机制，实现土地调查成果信息化管理与共享服务，支撑保障规划国土资源的精细化管理。

（五）加强违法用地整治力度。落实耕地和永久基本农田保护任务，按照“抑制新增、消除存量”的整治格局，进一步加强违法用地整治。对新增违法用地，按照年度“零增长”目标，贯彻“以拆为主”的整治原则；对存量违法用地，依托“无违建居村创建”和“违法用地综合整治”等专项整治平台逐年消除。加强永久基本农田的特殊保护，严厉打击破坏耕地和永久基本农田种植条件等严重违法

用地行为。对于擅自改变土地使用用途的，特别是用于经营性用途的，加强联合执法力度，落实共同责任。

（六）强化区政府管理决策和执行效率。强化各区政府规划土地资源管理的主体责任，加强街镇规划参与权和土地三级管理机制，编好用好本区域土地管理年报，定期分析研判土地资源保护利用工作形势，及时推进严格保护耕地和生态用地、严守建设用地总量、优化土地资源配置、加强全生命周期共同监管、强化低效用地退出、推进批而未供和闲置土地处置等工作，着力抓好各项规划土地政策的落实，切实提高政策执行力度和执行效率，不断推进土地资源的高质量利用。

本意见自印发之日起施行，有效期至 2023 年 10 月 31 日。

关于推进本市乡村振兴做好规划土地管理工作实施意见（试行）的通知

沪府办规〔2018〕30 号

各区人民政府，市政府各委、办、局：

市规划国土资源局《关于推进本市乡村振兴做好规划土地管理工作的实施意见（试行）》已经市政府同意，现转发给你们，请按照执行。

上海市人民政府办公厅

二〇一八年十一月一日

关于推进本市乡村振兴做好规划土地管理工作的实施意见（试行）

为落实《中共上海市委上海市人民政府关于贯彻〈中共中央、国务院关于实施乡村振兴战略的意见〉的实施意见》（沪委发〔2018〕7 号）精神，推进《上海市城市总体规划（2017-2035 年）》（以下称“上海 2035”）实施，探索超大城市乡村振兴的空间规划和土地管理新模式、新路径，强化乡村振兴制度供给，现就推进本市乡村振兴做好规划土地管理工作提出实施意见如下：

一、明确总体要求和基本原则

（一）明确总体要求。以习近平新时代中国特色社会主义思想为指导，全面贯彻落实党的十九大、2018 年中央农村工作会议、中央一号文件精神和市委、市政府的总体部署，坚持生态优先、底线约束、品质提升、城乡融合、高质量发展的总体导向，探索走农业持续发展、农村面貌持续改善、农民收入持续增长的新路，保障农民权益，以优化完善乡村地区规划土地管理制度和政策为重点，提升乡村规划引领和先导水平，提高土地资源利用效率，助推乡村振兴发展。

（二）确立基本原则。一是坚持规划引领。落实“上海 2035”，完善空间规划体系，优化城乡空间布局，赋予规划适度弹性；落实“四线”管控，严格土地用途管制，确保各类用地规范、有序、统筹利用。二是坚持高质量利用。加大乡村建设用地存量盘活和布局优化，推进低效建设用地减量化，鼓励土地功能、空间的复合利用。三是坚持绿色发展。牢固树立和践行绿水青山就是金山银山的理念，加强耕地和永久基本农田保护建设，科学预测乡村资源环境承载力，保留保护村庄肌理和传统文脉，传承江南文化内核，体现江南乡村特色和上海地域特征。四是坚持示范引领。用好土地整治平台，集聚各方资源，开展政策技术创新集成和规划设计试点，以土地整治工程带动乡村地区空间优化、产业发展和生态宜居，推进“江南田园”建设示范，打造活力乡村。

二、强化规划引领，优化乡村布局形态

（三）加快总体规划编制，优化城乡规划格局。落实“上海2035”，加快推进区、镇总体规划暨土地利用总体规划编制，做好高质量的区总体规划和村庄布局规划，形成镇村协调发展的乡村格局。合理确定城市开发边界外的建设用地规模，保障乡村发展规划空间，统筹安排乡村的生产、生活、生态用地。确定撤并村范围和保留村布局，合理确定农民集中居住安置标准，落实农民集中居住安置空间，坚持“城镇集中居住为主、农村集中归并为辅”的总体导向，鼓励农民向城镇集中居住，严格控制撤并村范围内的个人建房，重点聚焦“三高”沿线、生态敏感地区、环境整治地区，分步推进30户以下自然村农民的集中居住。

（四）完善乡村规划衔接，促进规划实施落地。构建规划层次简化、规划界面明晰、规划引导统一的乡村规划体系。合并编制郊野单元规划和村庄规划，实施规土融合、生产生活生态合一的行动规划机制。发挥郊野单元（村庄）规划作为城市开发边界外乡村地区引领发展、指导建设、优化布局的实施性作用，统筹优化村庄建设的各类用地布局。坚持多方参与、凝聚共识、共绘蓝图的路径，按照《上海市乡村规划导则》和《上海市郊野乡村风貌规划设计和建设导则》等要求，加快推进郊野单元（村庄）规划编制，深化村庄设计和实施落地。

（五）拓宽规划实施内涵，提高空间优化自主性。在符合土地利用总体规划的前提下，区政府可以通过郊野单元（村庄）规划调整优化保留村的村庄建设用地布局，形成相对集中、集约高效的建设用地结构。区、镇总体规划可预留适量规划建设用地空间及规模用于单独选址的乡村公共服务设施、休闲农业和乡村旅游项目等建设。郊野单元（村庄）规划明确的村庄用地范围调整（宅基地归并平移等），以及单独选址的乡村公益设施等建设项目用地，允许通过永久基本农田布局优化予以落地。在符合区域控制要求和满足乡村景观风貌塑造的前提下，保留村内统一规划、集中建设的农民住房以及乡村公共服务设施可按规划适当提高建筑高度，优化乡村空间形态，丰富农民住房类型，提高土地空间效率。

三、盘活存量资源，满足乡村用地需求

（六）适度加强指标倾斜，保障生产生活用地。各区在编制土地利用年度计划中，低效建设用地减量化形成的用地指标，要向乡村地区倾斜，向保留村集聚，优先用于农民集中居住和公共服务设施、休闲农业和乡村旅游项目等。

（七）整治违法违规用地，优化存量建设用地布局。加强乡村用地监管和违法用地整治力度，严控新增违法用地，重点推进低效工业用地、宅基地（一户多宅等）、设施农用地等专项整治，依托“无违建居村创建”等平台，制定实施计划并进行整治复垦。在符合规划和对永久基本农田实施分类保护的前提下，允许通过土地综合整治等手段在划定的空间范围内和规定的期限内，实施存量建设用地空间平移、集聚和布局优化。

（八）深化土地制度改革，盘活闲置房地资源。推进集体经营性建设用地入市、农村土地征收、宅基地等农村土地制度改革，探索宅基地所有权、资格权、使用权“三权分置”，确保农民宅基地权益不受损和“户有所居”，在符合规划的前提下，农村集体经济组织、农户利用依法取得的农村闲置房屋，以合作或自办方式发展民宿、休闲农业和乡村旅游等的，可以保持原土地用途、权利类型不变。在符合相关法律法规和规划的前提下，农村集体经济组织可通过规范的民主程序，协议有偿收回闲置宅基地、乡镇企业等用地，通过集体建设用地使用等方式，保障农村公共服务设施、新产业新业态用地需求。

四、规范用地分类，简化用地管理程序

（九）优化乡村用地分类管理。为促进现代都市农业和休闲农业发展，围绕农业增效和农民增收，在不破坏耕作层的前提下，允许两类项目用地仍按照耕地管理。一类是对农业生产结构进行优化调整的项目（如在耕地上种植水果、花卉、药材等农作物）。另一类是因现代化种植需要，在现有耕地上利用耕作层土壤生产并配建简易温室、大棚的农业生产项目。允许两类用地仍按照原地类认定和管理。一是休闲农业和乡村旅游项目用地中，属农牧渔业种植、养殖用地，以及为观景提供便利的观光台（原则上面积不超过 100 平方米）、栈道（原则上宽度不超过 2 米）等非永久性附属设施占用的农用地，由经营主体与土地权利人依法协调种植、养殖、管护与旅游经营关系；二是村庄规划设计确定的零星公共服务设施用地（厕所、污水处理、垃圾储运、供电、供气、通讯等；原则上不得超过 100 平方米），以及直接为农业生产服务的占地面积不大于 40 平方米的小型灌溉泵站、占地面积不大于 60 平方米的小型排涝泵站等用地。零星公共服务设施等用地超出本条规定规模范围的，按照建设用地管理。

（十）实施点状布局开发。乡村新产业新业态项目中，按照建设用地进行管理的，可以实施“点状”和“带状”布局，多个地块组合开发。项目区内其他用地，仍按照原地类管理。各区可以依据郊野单元（村庄）规划明确的建设用地，进行点状布局，按照建设用地地块范围办理农用地转用后，通过集体建设用地使用或征为国有方式供地。

（十一）规范基础设施用地管理。在不破坏农村自然肌理的前提下，根据实际需要，合理确定农村道路的宽度，可以在道路弯道、岔路口、桥梁以及需要设立紧急停车带等处，适当放宽路面宽度，农村道路路面宽度最多不超过 8 米。新开挖河道常水位水面宽度小于 6 米（河口宽度小于 15 米）的小型河道，其护岸工程建设应减少对河岸自然面貌和生态环境的破坏，坚持自然植被、生态方式为主建设，在充分保障农民利益的前提下，可以不办理农用地转用和土地征收手续。

五、完善土地供应，提高资源配置效率

（十二）规范国有建设用地供应。乡村建设使用国有建设用地的，应按照控制性详细规划、郊野单元（村庄）规划确定的规划条件，对符合《划拨用地目录》的，以划拨方式供地；对休闲农业乡村旅游等经营性国有建设用地，应通过公开招拍挂方式，实行有偿使用，经区政府集体决策，可以采取定向挂牌方式，出让给农村集体经济组织。鼓励以长期租赁、先租后让等方式供应乡村新产业新业态项目建设用地。

（十三）用好集体建设用地政策。农村村民建房、公共服务设施可以使用农村集体建设用地。农村集体经济组织自办或以土地使用权入股、联营等方式与其他单位共办新产业新业态项目的，可以依法使用集体建设用地。

六、规范设施用地类型，支持现代农业发展

（十四）完善设施农用地管理。直接用于或服务于农业生产的生产设施用地、附属设施用地及配套设施用地，按照农用地管理，不需办理农用地转用审批手续。对于农业生产过程中所需各类生产设施和附属设施用地，以及由于农业规模经营必须兴建的配套设施，包括蔬菜种植、果园种植、药材种植、花卉种植等农作物种植园的看护类管理房用地（单层、占地小于 15 平方米），纳入设施农用地管理，实行区级备案。对农产品晾晒、临时存储、分拣包装等农产品初加工设施用地（占地面积原则上不超过 400 平方米）、食用菌工厂化栽培用地，在不占用永久基本农田的前提下，实施设施农用地备案管理，实行区级备案。

（十五）规范设施农用地占用永久基本农田政策。对于规模化粮食种植涉及的设施建设，选址难以避开永久基本农田的，由区规划国土资源部门牵头组织论证。允许占用的，由市规划国土资源部门按照数量相等、质量相当的原则和有关要求，统一组织补划，并按上图入库规定进行管理。其他工厂化作物栽培、畜禽养殖、水产养殖和农业规模种植的设施建设，禁止占用永久基本农田。

七、鼓励土地复合利用，提高乡村用地效率

（十六）鼓励建设用地复合利用。鼓励农业生产和村庄建设等用地复合利用，发展休闲农业乡村旅游、农业教育、农业科普、农事体验等产业，拓展土地使用功能，提高土地节约集约利用水平。乡村地区在符合规划、安全、生态等前提下，可以开发利用地下空间，解决乡村地区停车、存储等需求。鼓励区镇公共基础服务设施、各类学校体育服务设施等错时对外开放，提高公共资源利用效率。鼓励农村“三室一点”和公共服务设施综合设置，复合利用。

（十七）探索农用地复合利用。在优先保障农业生产，不改变原土地用途的前提下，可以将现状合法、已用于规模化、现代化农业生产的农业配套设施用地，如晾晒场、粮食和农资存放场所、大型农机具存放场所等用地，临时用于公共停车。允许非耕农用地（林地等）在不破坏土壤耕作层的条件下，临时用于公共停车，以满足游客峰值时期停车需求。A 类永久基本农田要深化维护投入和高标准农田建设，B 类永久基本农田要在不破坏耕作层的前提下，宜农则农，宜林则林，促进农林复合利用。鼓励农用地按照循环经济和综合经济模式引导，组合各类生产功能，如田渔复合、林养复合、田园综合等，实现土地功能复合、空间复合开发利用。

八、大力推进土地整治，助力品质乡村建设

（十八）实施全域土地整治，打造城乡融合发展示范区。强化全域土地整治平台优势，整合乡村农业资源、生态资源、人文资源等各类资源要素，集聚涉农资金政策，以乡村地区生产、生活、生态融合为中心，以土地整治工程为先导，构建农业与二、三产业交叉融合的现代产业体系，加快建设现代农业产业园和特色农产品优势区。实施休闲农业、乡村旅游等示范工程，启动实施“江南田园”建设计划，打造一村一品、一镇一业发展新格局。

（十九）大力推动生态建设，优化乡村生态基底。发挥农村地区生态优势，在全市重点生态区域、市域生态环廊等地方，开展生态型土地整治，实施生态系统保护和修复工程，推动国家公园、郊野公园建设，对山水林田湖草生命共同体进行系统修复、综合治理，协调生态保护与经济发展的关系，合理划分生态保育区、郊野活动区和配套功能区，严守生态保护红线，筑牢乡村绿色生态基底。

（二十）推进低效用地减量化，优化国土空间开发格局。坚持高质量发展，严控建设用地总量，统筹推进乡村地区低效建设用地减量，改善农民住房、基础设施和公共设施等；协同推进农民集中居住，按照本市推进农民向城镇集中居住的相关文件，享受土地出让金返还、资金补贴和用地保障等支持政策，探索多元安置路径和宅基地自愿有偿退出机制。

九、强化人才资金支持，加大要素保障力度

（二十一）实施乡村规划师制度，增强乡村建设智力支撑。建立乡村振兴规划土地智力支撑平台，市规划国土资源局会同市农委、市住房城乡建设管理委公开汇聚规划师、建筑师和政策咨询师，遴选大师领衔的高水平设计机构，形成乡村规划师咨询服务支撑团队，建立乡村设计机构储备库。制定乡村规划师管理办法，实施培训、信息互通、考核与聘任制度并落实资金，编制乡村设计手册，形成设计机构选择操作指南。区、镇可以从乡村规划师咨询服务团队中选聘乡村规划师，定点负责乡村振兴的规划、设计和政策咨询。同时，可以根据乡村设计手册选取设计机构。

（二十二）激活用地指标调剂收益，加大乡村建设资金支持力度。低效建设用地减量化形成的用地指标可以区内调剂，调剂收益重点支持乡村振兴战略实施。鼓励镇、村集体经济组织利用减量化补偿资金，探索建立“造血”机制，促进集体经济转型发展。

十、优化审批监管程序，确保管理规范高效

（二十三）优化审批界面及层级，提高行政审批效率。明确规划审批界面，对于城市开发边界外其他建设用地区内的用地，通过编制控制性详细规划作为建设项目审批的规划依据；对于开发边界外镇总体规划未明确边界范围的用地，可以通过编制郊野单元（村庄）规划或专项规划（详细规划层次），明确用地规划条件，作为建设项目审批的规划依据。优化规划审批层级，提高规划审批效率。郊野单元（村庄）规划由镇政府组织编制，区政府审批，市规划国土资源局备案，纳入统一的空间管控数据库。农转用和土地征收手续委托各区办理，设施农用地备案由区规划国土资源局、区农委按照相关规定进行管理。鼓励各区探索运用“负面清单+事中事后监管”“标准规范+事中事后监管”“告知承诺+事中事后监管”等方式，加快乡村建设用地审批制度改革，整合审批流程，提高审批效率。

（二十四）实施负面清单式管理，规范监督管理机制。各区政府组织建立乡村地区综合执法、协同监管工作机制，统筹相关涉农部门业务工作，加大乡村地区“五违四必”整治和自然资源执法监察力度，建立用地研判制度和共同责任机制。通过健全集体建设用地的用途管制、功能设置等机制，实施集体建设用地土地利用全生命周期管理。严格乡村集体经营性用地改变用途管理，用地合同或协议中应明确严格禁止整宗或部分改变用途，用于商品住宅或私人会馆。不得违规违法买卖宅基地，严格禁止下乡利用农村宅基地建设别墅大院和私人会馆。严格落实建设用地总量控制和低效建设用地减量化控制，加强郊野单元（村庄）规划备案评估和建设用地总量动态监控。

本实施意见自2018年11月1日起施行，有效期至2020年12月31日。

上海市规划和国土资源管理局

二〇一八年十月三十日

关于印发《上海市国土资源违法案件查处办法》的通知

沪规土资规〔2018〕5号

局机关各处室、各区规土局、局属各单位、各派出机构：

《上海市国土资源违法案件查处办法》已经2018年8月23日第12次局长办公会审议通过，现予印发，请遵照执行。原《上海市国土资源违法案件查处办法》（沪规土资法规〔2013〕506号）失效。

上海市规划和国土资源管理局

二〇一八年八月三十一日

上海市国土资源违法案件查处办法

第一章 总则

第一条 为规范国土资源违法案件查处，维护国土资源利用和管理秩序，根据《中华人民共和国行政处罚法》、《中华人民共和国行政强制法》、《中华人民共和国土地管理法》、《上海市行政处罚案件信息主动公开办法》和《国土资源行政处罚办法》等法律、法规和规章，制定本办法。

第二条 本办法所称国土资源违法案件，是指自然人、法人或其他组织违反国土资源管理法律、法规、规章，依法应当查处的案件。

第三条 查处国土资源违法案件，应当遵循职权法定、程序正当、保护相对人合法权益的原则。

第四条 本市建立统一的执法信息系统（以下简称信息系统），各级国土资源部门应当依托信息系统开展违法案件查处工作。

第五条 本市国土资源部门查处违法案件，适用本办法。法律、法规、规章另有规定的，从其规定。

第二章 管辖

第六条 国土资源违法案件由涉案土地所在区国土资源部门管辖，但法律、法规、规章及本办法另有规定的除外。

第七条 市国土资源部门管辖下列案件：

（一）跨本市下辖行政区域的土地违法案件；

（二）市政府、国土资源部指定管辖或者交办的土地违法案件；

（三）在全市范围有重大影响，市国土资源部门认为需要直接查处的土地违法案件；

（四）矿产资源违法违规案件；

（五）其他按照法律、法规、规章的规定应由市国土资源部门管辖的案件。

前款规定的案件，除第（四）项外，市国土资源部门可以指定区国土资源部门管辖。

第八条 区国土资源部门对管辖发生争议的，应当共同报请市国土资源部门指定管辖；市国土资源部门应当在收到申请之日起 7 日内作出决定。

第九条 市国土资源部门发现区国土资源部门对有管辖权的土地违法案件不及时查处，或者对市国土资源部门指定管辖的土地违法案件不及时查处的，可以发出督办通知书。

督办通知书应当载明完成查处工作的期限，以及逾期未能完成查处的处理措施。

第三章 程序

第十条 国土资源部门发现自然人、法人或者其他组织行为涉嫌违反国土资源法律、法规、规章的，应及时核查。对正在实施的违法行为，应当依法及时下达《责令停止违法行为通知书》予以制止。

《责令停止违法行为通知书》应当记载下列内容：

（一）违法行为人的姓名或者名称；

（二）违法事实和依据；

（三）其他应当记载的事项。

第十一条 经核查认为符合下列条件的，国土资源部门应当予以立案：

（一）有涉嫌违反国土资源法律、法规、规章的行为和明确的行为人；

（二）依照国土资源法律、法规、规章应当追究法律责任的；

（三）属于本部门管辖的；

（四）违法行为没有超过追诉时效。

违法行为轻微、及时纠正、没有造成危害后果的，可以不予立案。

第十二条 国土资源部门应当指定两名以上的执法人员依法开展调查。执法人员应当持有合法、有效的执法证件。

有下列情形之一的，执法人员应当回避：

（一）是案件当事人或者当事人近亲属的；

（二）本人或者近亲属与本案有直接利害关系的；

（三）法律、法规或者规章规定的其他应当回避的情形。

第十三条 开展调查时，承办人应当向当事人及其他受调查人出示执法证件，告知执法事项、执法依据以及受调查人的权利和义务。

第十四条 当事人拒绝调查取证或者采取暴力、威胁的方式阻碍国土资源主管部门调查取证的，国土资源部门可以提请公安机关、检察机关、监察机关或者相关部门协助，并向本级人民政府和上一级国土资源部门报告。

第十五条 国土资源部门进行调查取证时，有权采取下列措施：

（一）要求被调查的单位或者个人提供有关文件和资料，并就有关问题作出说明；

（二）询问违法案件的当事人、嫌疑人和证人，进入涉嫌违法现场进行勘测、拍照、摄像；

（三）依法可以采取的其他措施。

第十六条 依法取得并能证明案件真实情况的书证、物证、视听资料、计算机数据、证人证言、当事人陈述、鉴定结论、现场勘验笔录、认定结论等均可以作为案件查处的证据。

承办人应当收集、调取与案件有关的书证、物证、视听资料、计算机数据的原件、原物、原始载体；收集、调取原件、原物、原始载体确有困难的，可以收集、调取复印件、复制件、节录本、照片、录像等。声音资料应当附有该声音内容的文字记录。

承办人应当全面、客观、公正地进行调查，收集证据应当符合《中华人民共和国行政处罚法》、《中华人民共和国行政诉讼法》等有关法律、法规的规定，不得伪造、隐匿、篡改证据，不得以不正当手段收集证据。

第十七条 办理案件需要询问当事人或者证人的，应当个别进行，并制作笔录。笔录应当符合下列要求：

（一）记载询问的时间、地点和询问情况等；

（二）注明被询问人的姓名、年龄、性别、职业、住址、联系方式等基本情况；

（三）应当由被询问人签名、按手印或者盖章确认；

（四）附有居民身份证复印件（护照）等证明被询问人身份的文件。

当事人是法人或者其他组织时，作为当事人代表陈述意见的受询问人，应当是法定代表人或者其他组织的负责人以及法人或者其他组织委托的有关人员。

第十八条 办理案件需要查明土地面积的，应当依法对涉案土地进行现场勘测，并可委托有资质的专业机构出具测绘成果。

测绘成果应当上传信息系统。测绘成果尚未上传信息系统前，不得作出行政处罚告知。

第十九条 办理案件需要查明土地利用总体规划情况的，区国土资源部门应当将所涉土地的界址范围（或者界址坐标）与乡（镇）土地利用总体规划纸质图件（或者数据库矢量图件）套合比对、对照，将项目名称与土地利用总体规划文本对照后，对所涉建设项目是否符合土地利用总体规划的情况予以认定。

第二十条 调查终结，承办人应当制作违法案件调查终结报告，调查终结报告应当包括当事人的基本情况、违法事实以及法律依据、相关证据、违法性质、违法情节、违法后果，并提出如下处理意见：

（一）确有应受行政处罚的违法行为的，根据情节轻重等案件具体情况，建议给予行政处罚；

（二）国土资源违法行为情节轻微并及时纠正，没有造成危害性后果，建议不予处罚；

（三）经调查国土资源违法事实不成立、违法行为已过行政处罚追诉时效的，予以撤案；

（四）涉及需要追究党纪、政纪或者刑事责任的，建议移送有关机关追究责任人的责任。

第二十一条 违法行为依法需要给予行政处罚的，应当拟定《行政处罚告知书》，报国土资源部门有关负责人批准后，送达当事人。

行政处罚告知书应当说明作出行政处罚的事实、理由和依据，并告知当事人依法享有的陈述和申辩权利。当事人有权在三个工作日内提出陈述和申辩。国土资源部门应当听取当事人意见，口头形式提出的，承办人员应当制作笔录。

作出较大数额罚款、较大数额没收违法所得、没收违法建筑、限期拆除违法建筑、吊销勘查许可证或者采矿许可证等行政处罚的，应当告知当事人依法享有申请听证的权利。

当事人要求听证的，应当自收到听证告知书之日起三个工作日内，向国土资源部门书面提出听证要求，国土资源部门应当依法组织听证。以邮寄挂号信方式提出听证要求的，以寄出的邮戳日期为准。当事人明确表示放弃听证或者超过期限未提出听证要求的，不得对本案再次提出听证要求，但可以进行陈述、申辩。

第二十二条 对当事人在陈述、申辩或者听证过程中提出的事实、理由和证据，执法人员应当予以复核，复核意见应当一并提交法制审核。当事人提出的事实、理由和证据成立的，应当予以采纳。

第二十三条 在作出较大数额罚款、较大数额没收违法所得、没收违法建筑物、限期拆除违法建筑物、吊销勘查许可证或采矿许可证和减轻行政处罚等重大行政执法决定前，应当严格按照《关于印发本市建立重大行政执法决定法制审核制度意见的通知》（沪府办发〔2017〕5 号）、《国土资源执法监督规定》（国土资源部令第 79 号）和《关于落实〈本市建立重大行政执法决定法制审核制度的意见〉的实施意见》（沪规土资法〔2017〕173 号）的规定，进行法制审核，未经审核或审核未通过的，不得作出决定。

第二十四条 当事人放弃陈述、申辩和听证权利，或者经当事人陈述、申辩和参加听证后，国土资源部门认为应当给予行政处罚的，应当制作行政处罚决定书。行政处罚决定书应当载明以下事项：

（一）国土资源部门名称、单位代码、文书标题及文号；

（二）当事人的姓名或者名称、地址、法定代表人姓名、机构代码或社会统一信用代码等基本情况；

（三）违反法律、法规或者规章的事实和证据；

（四）行政处罚的种类和依据；

（五）处罚（听证）告知和当事人陈述、申辩或者听证的情况；

（六）行政处罚的履行方式和期限；

（七）不服行政处罚决定，申请行政复议或者提起诉讼的途径和期限；

（八）作出行政处罚决定的行政机关名称和作出决定的日期。

行政处罚决定书必须盖有作出行政处罚决定的国土资源部门的印章。

行政处罚决定书应当在宣告后当场交付当事人；当事人不在场的，应当在七日内按照民事诉讼法的有关规定送达当事人。

第二十五条 国土资源部门应当按照《上海市行政处罚案件信息主动公开办法》的规定，在作出行政处罚决定之日起七个工作日内，在本单位或者本系统门户网站予以主动公开；情况复杂的，经国土资源部门负责人批准，可以延长七个工作日。

第二十六条 国土资源部门应当自立案之日起六十日内作出行政处罚决定。案情复杂，不能在规定期限内作出行政处罚决定的，经本级国土资源部门负责人批准可以适当延长，但延长期限不得超过三十日，案情特别复杂的除外。

有下列情形之一的，经国土资源部门负责人批准后，可以中止调查：

（一）因不可抗力或者意外事件，致使案件暂时无法调查的；

（二）涉及法律适用问题，需要有权机关作出解释或者确认的；

（三）需要公安、检察机关、其他行政机关、组织的决定或者结论作为前提，但尚无定论的；

（四）当事人下落不明致使调查证据不足的；

（五）需要中止调查的其他情形。

案件中止调查的情形消除后，应当及时恢复调查。

第二十七条 当事人确有经济困难申请分期或者暂缓缴纳罚款的，国土资源部门依法可以予以批准，但批准的分期或者暂缓缴纳罚款的期限不应超过申请人民法院强制执行的法定期限，并应当为申请人民法院强制执行保留必要工作时间。

第二十八条 当事人在行政处罚决定书、分期或者暂缓缴纳罚款批准书规定的履行期限届满后仍不缴纳罚款的，国土资源部门可以依法每日按照罚款数额的百分之三加处罚款，但加处罚款数额不得超过罚款的数额。

第二十九条 当事人在法定期限内不申请行政复议或者提起行政诉讼，又不履行义务的，国土资源部门应当在期限届满之日起三个月内向有管辖权的人民法院申请强制执行，法律另有规定的除外。

申请人民法院强制执行前，应当催告当事人履行义务。催告书送达十日后当事人仍未履行义务的，应当申请人民法院强制执行。

第三十条 国土资源部门应当根据执行情况制作《行政处罚决定执行记录》，执行记录应当载明案由、当事人、行政处罚事项、行政处罚内容的执行方式、执行结果等情况。其中，申请人民法院强制执行的，应当记录申请、受理、裁定执行情况等。

第三十一条 国土资源违法行为构成犯罪的，应当依法移送司法机关追究刑事责任；依法应当给予责任人处分，且本部门无权处理的，应当依法移送任免机关或者监察机关。

国土资源行政主管部门不得以已行政处罚为由，拒不移送有关机关追究责任人的责任。

第三十二条 符合下列条件之一的，经国土资源部门负责人批准，可以结案：

（一）案件已经移送管辖的；

（二）调查过程中，发现违法事实不成立、违法行为已过追诉时效或因不可抗力致使案件调查终止的；

（三）已作出不予行政处罚决定的；

（四）行政处罚决定执行完毕的；

（五）因自然人死亡、法人或其他组织终止、执行标的灭失、处罚决定被撤销等原因，执行终结的；

（六）已经依法申请人民法院强制执行的。

结案后，应将办案过程中形成的法律文书、证据及其他材料编目装订，立卷归档。

第三十三条 国土资源部门查办国土资源违法案件实行行政执法全过程记录制度。根据情况可以采取下列记录方式，实现全过程留痕和可回溯管理：

（一）将行政执法文书作为全过程记录的基本形式；

（二）对现场检查、随机抽查、调查取证、听证、行政强制、送达等容易引发争议的行政执法过程，进行音像记录；

（三）对直接涉及重大财产权益的现场执法活动和执法场所，进行音像记录。

第四章 附则

第三十四条 本市国土资源部门查处违法案件，应当严格按照本市国土资源行政处罚裁量基准的相关规定，规范国土资源行政处罚自由裁量权的行使。

第三十五条 本市国土资源部门查处违法案件，使用全市统一格式的法律文书。

第三十六条 本市建立国土资源执法案卷评查制度，市国土资源部门每年抽查一次本市国土资源行政处罚案卷及其他国土资源行政执法案卷，对案件查处情况进行审查评议。评议情况纳入本市国土资源年度综合考评。

根据评查情况，市国土资源部门可以提出监督建议。收到监督建议的执法单位应当在规定期限内进行整改，并书面报告整改情况。

第三十七条 有下列情况之一的，除存在合理理由外，国土资源年度综合考评涉及执法部分不得评优，情节严重的，可以建议予以一票否决：

（一）一年度内，自发现国土资源违法行为之日起超过六个月未作出行政处罚决定的在三起以上，但违法行为已经纠正、危害后果已经消除或者已由其他行政机关依法查处的除外；

（二）明显违反本市国土资源行政处罚裁量基准作出行政处罚决定的，或者未按要求进行备案的；

（三）测绘成果上传信息系统前进行行政处罚告知的，或者未通过信息系统获取并使用系统自动生成的立案编号、行政处罚决定书编号和结案编号的；

（四）市国土资源部门规定的不得评优的其他情形。

第三十八条 违反本办法开展国土资源违法案件查处工作，国土资源执法职责履行不到位的，应当追究有关人员的责任。

第三十九条 本办法自2018年9月1日起施行。

关于印发《上海市土地违法案件查处现场勘测工作规定》的通知

沪规土资规〔2018〕4号

局机关各处室、各区规土局、局属各单位、各派出机构：

《上海市土地违法案件查处现场勘测工作规定》已经2018年8月23日第12次局长办公会审议通过，现予印发，请遵照执行。原《上海市土地违法案件查处现场勘测工作规定》（沪规土资法规〔2013〕505号）失效。

上海市规划和国土资源管理局

二〇一八年八月三十一日

上海市土地违法案件查处现场勘测工作规定

第一条 为规范本市查处土地违法案件（以下简称土地案件）现场勘测工作，依据《中华人民共和国行政处罚法》、《中华人民共和国土地管理法》、《中华人民共和国土地管理法实施条例》等法律、法规和规章的规定，制定本规定。

第二条 土地案件查处现场勘测是指土地调查单位根据土地违法案件查处的需要，通过现场外业调查、内业数据处理等将土地案件所占用土地的面积、权属及原地类等状况形成调查数据成果，并在全市规划国土资源统一数据平台上反映土地用途变化的一项调查工作。

第三条 《土地违法案件查处现场勘测报告书》《土地违法案件查处现场勘测笔录》是土地案件查处工作的证明材料。

第四条 本市市、区两级规划和国土资源管理执法机构（以下简称执法机构）应当依照管理职责及本规定的相关要求，组织开展相关的土地案件查处现场勘测工作。

第五条 执法机构确定需要进行土地案件查处现场勘测的，应通过土地执法监察信息系统将土地案件项目信息发送至市或区规划国土资源成果管理部门（以下简称成果办）。成果办应当在 2 个工作日内，将案件项目信息和受委托的土地调查单位信息录入统一平台。

执法机构应当委托具有相应专业资质的土地调查单位具体开展土地案件查处现场勘测工作。

第六条 受委托的土地调查单位应当按照《上海市规划和国土资源成果管理工作程序（试行）》的要求开展相关调查工作。

现场勘测工作的费用应纳入执法机构年度经费预算计划。

第七条 土地案件查处的具体经办人员应当与土地调查单位勘测人员商定现场勘测日期，并在土地案件立案后 10 个工作日内完成四至范围界限现场指界工作。

现场勘测应当告知当事人参加。当事人拒绝参加的，不影响勘测进行，但可以邀请案件发生地村（居）委会等基层组织相关人员作为见证人参加。

第八条 对非法占用类的土地案件，按违法当事人实际已圈占使用的区域范围进行指界，确定所占用土地的四至范围界线。具体情形如下：

（一）有围墙、道路、河流等固定线状地物作为明显界线分隔的，按上述固定线状地物作为四至范围界线，但农业生态园、宠物养殖场等景观休闲类项目除外；

（二）无围墙、道路、河流等固定线状地物作为明显界线分隔的，按土地利用现状用途已形成建设用地，且地面已硬化或土地耕作层已遭破坏的区域作为四至范围界线；

（三）农业生态园、宠物养殖场等景观休闲类，按土地利用现状用途已形成建设用地，且地面已硬化或土地耕作层已遭破坏的区域作为四至范围界线。

第九条 对取土、挖砂、堆放固体废弃物等破坏耕地类的土地案件，按违法当事人实际破坏、毁坏种植条件的区域范围进行指界，确定所破坏耕地的四至范围界线。

第十条 现场勘测时，需由两名以上执法人员与土地调查单位勘测人员共同制作《土地违法案件查处现场勘测笔录》，对土地案件四至范围界线作简单描述，绘制现场四至范围界线简图，采集四至范围界线主要拐点坐标。

第十一条 《土地违法案件查处现场勘测笔录》应当由执法人员、土地案件当事人、土地调查单位勘测人员共同签名。

土地案件当事人拒绝签名或者不能签名的，应注明原因。有见证人在现场的，可由见证人签名。

第十二条 土地调查单位应当按照土地调查相关技术规定和要求，根据现场指界的主要拐点，组织勘测人员对土地案件的四至范围界线、原权属、原地类等情况开展外业调查，进行内业数据处理，形成符合局统一数据平台要求的数字化调查成果。

第十三条 土地调查单位完成土地案件查处现场勘测任务后，应当将土地案件现场勘测调查电子图形、土地违法案件现场勘测调查报告文档、更新统一平台的电子数据包等数字化调查成果报送至成果办备案。成果办应当在3个工作日内，完成项目备案及数据上传工作，并将《土地违法案件查处现场勘测报告书》电子文档发送至土地调查单位。土地调查单位应当在2个工作日内完成审核，将盖章的报告书成果提交执法机构。

第十四条 《土地违法案件查处现场勘测报告书》应当包含以下内容：

（一）该宗土地范围内原土地利用分类面积明细表；

（二）标示清晰该宗土地四至范围的勘测略图；

（三）标示清晰该宗土地范围内已建、在建及建成建筑物、构筑物、道路、河流等地物、地形的平面位置分布情况；

（四）对宗地范围内的所有地物、地形进行编号并列表予以说明地物、地形的名称、占地面积、工程形象进度等现场面貌情况；

（五）现场照片。

第十五条 土地调查单位应当对其出具的《土地违法案件查处现场勘测报告书》的真实性、准确性负责。

第十六条 本规定自2018年9月1日起施行。

关于优化本市营商环境进一步完善土地出让前征询工作的通知

沪规土资地〔2018〕305号

各相关单位，各区规土局，临港、虹桥、长兴岛、自贸区、化工区管委会：

根据市委、市政府关于进一步转变政府职能、优化营商环境，提高社会投资项目审批效率和透明度的工作精神，按照《进一步深化本市社会投资项目审批改革实施办法的通知》（沪府办发〔2018〕4号）要求，我局会同各相关部门在上海市国有建设用地使用权招标拍卖挂牌出让前期征询的基础上，进一步发挥土地出让前征询平台作用，通过优化完善《国有建设用地使用权招拍挂出让征询单》，进一步明晰土地出让前各相关部门的管理要求，提前告知土地受让人后续管理依据及标准，推动审批事项及审批流程优化和标准化。现将优化完善后的征询工作要求通知如下：

一、优化征询内容

按照推动政府职能转向减审批、强监管、优服务，促市场公平竞争的要求，通过土地出让前征询平台，各相关部门优化完善管理要求，提前告知后续管理依据及标准，精简审批、提高透明度、整合审批资源、加强事中事后评估和监管。

对原《国有建设用地使用权招拍挂出让征询单》“地块基本信息”“征询内容”“综合意见”三部分内容，各相关部门按照改革精简审批事项和内容的要求，进一步修订完善“征询内容”中的具体管理要求及格式化条款，提前充分告知。

在原《国有建设用地使用权招拍挂出让征询单》三部分内容的基础上，按照强监管、优服务的要求，增加“后续管理要求告知”“后续管理依据”两部分。“后续管理要求告知”中主要包括：根据出让地块建设项目的情况，各相关部门在征询环节应提前告知建设单位，本机构后续审批管理的事项和要求。“后续管理依据”中主要包括：根据出让地块建设项目的属性类别，各相关部门在征询环节明确后续管理依据的法律法规、技术标准和政策文件等。

二、压缩征询时间

按照压缩流程提高效率的要求，进一步限时征询，征询时间由10个工作日压缩为7个工作日。

三、实施时间

本市自2018年6月1日起，按新要求开展土地出让前征询工作（已完成征询的未出让项目除外），同步新版征询单正式使用。

请各相关单位继续按照“分部门、分步骤、同级询、格式化”的原则，做好征询工作。对于征询回复内容，按职能加强业务培训；对操作流程，按本系统的职能设置，厘清内部工作流程，明确市区管理分工，落实对口的征询部门。我局将会同市政府公众网管中心调整政务外网征询信息系统，7月1日通过政务外网正式实施新版出让征询单网上征询（过渡期间可实施网下纸质征询）。各单位在实际工作中，如需进一步对相关征询格式进行调整的，可及时与我局联系。

上海市规划和国土资源管理局

二〇一八年四月二十七日

第四节 住房保障政策

上海市房屋管理局关于公共租赁住房租赁总年限期满退出相关政策口径的通知

沪房保障〔2018〕45号

各区住房保障房屋管理局，市和各区公共租赁住房运营机构：

根据《本市发展公共租赁住房的实施意见》（沪府发〔2010〕32号）规定，公共租赁住房（以下简称“公租房”）租赁总年限一般不超过6年。为完善退出机制，确保退出工作平稳有序，促进房源循环使用和后续轮候家庭及时配租，现就相关政策口径通知如下：

一、公租房保障对象在本市市筹、区筹公租房累计承租或居住满6年后，不再享受公租房保障，各区住房保障机构不再受理其公租房准入资格申请。同时符合以下条件的，可申请按市场化租金在公租房内过渡居住：

（一）申请人（本人、配偶及未婚子女）在本市不拥有产权住房（期房除外）及承租公有住房，且提出申请之日前1年内未发生过产权住房出售、赠与行为及公有住房承租权转让行为；

（二）享受公租房保障期间遵守租赁合同及公租房管理各项规定，信用记录良好。

二、申请人应在租赁总年限期满前3个月向公租房运营机构提出按市场化租金过渡居住的申请，提交申请书、申请人身份证复印件（未成年人提供户口簿复印件）和结婚证复印件。运营机构结合房源供需等情况后，审核同意申请人过渡居住的，交由项目所在地的区住房保障机构对申请人住房状况进行核查；经核查住房状况符合过渡居住申请条件的，运营机构可与其签订市场化住房租赁合同，租期1年，租赁价格由运营机构委托房地产估价机构评估后按照市场租金水平确定。合同到期，相关对象仍符合过渡居住申请条件的，经运营机构同意并通过住房状况核查后可续签1年，租金水平进一步提高；续签合同期满应当退出该套住房，不得再次续签。

三、公租房保障对象租赁总年限期满、未提出过渡居住申请或申请后未获同意的，以及过渡居住期满的，均应及时腾退所租住的公租房；到期拒不腾退的，按照《本市发展公共租赁住房的实施意见》（沪府发〔2010〕32号）等规定处理，并按照《加强本市住房保障信用体系建设实施意见（试行）》（沪建保障〔2016〕1214号）作为严重失信行为记入信用信息。签订租赁合同时，运营机构可视情况要求相关对象提供履约担保人（本人工作单位或符合一定条件的自然人）对其违约行为承担连带保证责任。

四、单位整体租赁的公租房，入住职工租赁总年限期满应按上述规定退出；单位可申请继续租赁该套公租房用于安排其他符合条件职工入住，运营机构应根据房源供需情况等决定是否同意；所在项目租赁需求突出、轮候较多的，运营机构可要求相关单位腾退该套公租房后重新轮候配租。

五、公租房项目需求不足、存在空置闲置问题的，入住保障对象租赁总年限期满后按市场化租金在公租房内过渡居住的年限可适当延长；具体方案由区住房保障管理部门报区政府同意后实施。

六、市住房保障事务中心统筹建立信息平台，健全相关工作机制，做好保障对象在全市市筹、区筹公租房累计租赁居住总年限的核实工作。

七、公租房运营机构根据本通知规定按市场化租金向原保障对象出租住房取得的租金收入，应全额用于公租房房源筹措和运营管理，不得挪作他用。

特此通知。

附件：政策告知书和申请书示范文本（略）

二〇一八年三月十六日

上海市人民政府办公厅转发市住房城乡建设管理委等九部门《关于进一步完善本市共有产权保障住房工作的实施意见》的通知

沪府办规〔2018〕27号

各区人民政府，市政府有关委、办、局：

市住房城乡建设管理委、市房屋管理局、市发展改革委、市规划国土资源局、市人力资源社会保障局、市民政局、市财政局、市税务局、市公安局《关于进一步完善本市共有产权保障住房工作的实施意见》已经市政府同意，现转发给你们，请认真按照执行。

上海市人民政府办公厅

二〇一八年九月二十六日

关于进一步完善本市共有产权保障住房工作的实施意见

为进一步完善本市“四位一体”、租购并举住房保障体系，现就进一步完善本市共有产权保障住房工作提出如下实施意见：

一、指导思想

全面贯彻党的十九大精神，以习近平新时代中国特色社会主义思想为指导，坚持“房子是用来住的、不是用来炒的”定位，坚持以居住为主、以市民消费为主、以普通商品住房为主，不断完善房地产市场体系和住房保障体系，扎实推进本市“四位一体”、租购并举住房保障体系深入发展，努力加大住房保障供应，有序扩大共有产权保障住房保障范围，不断增强市民群众的获得感、幸福感和归属感，为上海加快建设“五个中心”、卓越的全球城市和社会主义现代化国际大都市提供支撑。

二、基本原则

——坚持一个属性。坚持本市共有产权保障住房保障属性不变，将本市共有产权保障住房供应对象稳妥有序扩大至非户籍常住人口，重点解决符合条件的各类对象住房困难问题。

——聚焦两类人群。聚焦本市户籍中等或中等偏下收入住房困难家庭，加大供应力度，应保尽保；聚焦常住人口中在本市创业、稳定就业的人员尤其是各类人才、青年职工，重点解决持证年限较长、学历层次高、符合本市产业发展导向、为本市经济社会发展作出贡献的居住证持证人住房困难问题。

——保障两个基本。坚持“保基本、讲公平、可持续”，在继续做好本市户籍中等或中等偏下收入住房困难家庭基本住房保障，保障力度只增不减、保障住房确保供应的基础上，有序将持有居住证达到规定年限，在本市无房、已婚、长期稳定工作并正常缴纳社保且符合共有产权保障住房收入和财产准入标准的非户籍常住人口，纳入本市住房基本保障范围。

三、具体实施办法

（一）基本准入条件

同时符合下列条件的非本市户籍居民家庭，可申请本市共有产权保障住房：

1.持有《上海市居住证》且积分达到标准分值；

2.在本市无住房；

3.已婚；

4.在本市连续缴纳社会保险或者个人所得税满5年；

5.符合本市共有产权保障住房收入和财产准入标准。

（二）定价

与本市户籍居民共有产权保障住房采取同一标准，即实施政府定价，且购房人产权份额应当不少于50%。

（三）申请审核

原则上按照本市户籍居民共有产权保障住房相关规定执行，并根据居住证持证人的特点，作如下规定：

1.申请家庭。居住证持证人应当以家庭为单位提出申请，且家庭限于申请人、配偶及其未婚子女。

2.申请地点。居住证持证人应当在单位注册地所在街道（乡镇）社区事务受理服务中心提出申请。

3. 诚信申报。相关对象在申请时，应当提交诚信承诺，承诺如实申报家庭人口、婚姻、住房、收入和财产等基本信息，并对申报信息和提交申请材料的真实性负责。违反诚信承诺的，按照有关规定处理。

（四）操作方式

1. 计划单列。进一步增加共有产权保障住房供应量，在不影响户籍居民共有产权保障住房供应的前提下，增加房源用于向符合条件的居住证持证人供应。供应额原则上应当不少于向本市户籍共有产权保障住房保障对象供应额的20%左右；房源供应充足的郊区，可根据辖区房源情况，适当扩大供应规模。

2. 轮候供应。申请家庭数量较多时，通过轮候供应方式操作。由居住证持证人工作单位注册地的街道（乡镇）和区住房保障机构分别负责初审和复审审核，区住房保障机构定期组织申请家庭摇号排序和供房选房。

3. 房源渠道。郊区以区为主，充分利用好辖区内配建保障性住房房源；中心城区可申请由市属保障性住房基地统筹房源，实施轮候供应。

（五）供后管理

1. 居住证持证人购买共有产权保障住房，必须用于家庭自住，区住房保障机构不收取政府产权份额部分租金。

2. 居住证持证人取得不动产权证未满5年，不得转让共有产权保障住房或购买商品住房。因特殊情形，确需转让共有产权保障住房的，该共有产权保障住房由区住房保障机构依申请程序回购。其他应当回购事宜，参照本市户籍居民共有产权保障住房相关规定执行。

3. 居住证持证人取得不动产权证满5年，并同期在本市累计缴纳社会保险或者个人所得税满5年，自有产权份额部分，可向其他符合购买共有产权保障住房条件的居住证持证人转让或由区住房保障机构回购。凡共有产权保障住房购买人购买商品住房的，应当先将该共有产权保障住房转让给其他符合购买共有产权保障住房条件的居住证持证人或由区住房保障机构回购。转让给其他符合购买共有产权保障住房条件的居住证持证人的，共有产权保障住房性质和政府产权份额不变。

4. 共有产权保障住房由区住房保障机构回购的，回购价格为原销售价款加按照中国人民银行同期存款基准利率计算的利息。

四、保障措施

（一）强化组织领导和部门协作

各区政府作为推进该项工作的责任主体，落实具体承担单位或部门，建立协调推进工作机制，确保相关工作平稳有序实施。

民政部门依据房屋管理部门申请，做好“共有产权保障住房申请”事项变更准入工作。根据居住证持证人收入、财产特点，有针对性地开展好婚姻、收入和财产核对工作。

房屋管理部门负责核查申请对象在本市住房情况。

人力资源社会保障部门负责核查申请对象居住证积分、在本市缴纳社会保险等情况。

税务部门负责核对申请对象在本市纳税情况。

公安部门负责核对申请对象居住证持证情况。

（二）加大房源建设供应力度

根据房源建设进度，抓紧安排建设任务指标，加大共有产权保障住房建设用地供应。完善项目推进工作机制，切实提高房源建设工作效能。适当提高保障性住房项目容量，确保房源及时建设和供应。

（三）注重宣传引导

加大政策宣传力度，做好政策解读，及时释疑解惑，提高政策透明度，为相关工作顺利推进营造良好的舆论氛围。

（四）加强考核管理

按照“全市统筹、属地管理”的原则，完善市、区协调推进机制。健全考核评价体系，将共有产权保障住房建设与供应纳入区政府绩效考核内容，并加强对各相关部门尽职履责情况的检查和督办。

本实施意见自 2018 年 10 月 8 日起实施。

上海市住房和城乡建设管理委员会
上海市房屋管理局
上海市发展和改革委员会
上海市规划和国土资源管理局
上海市人力资源和社会保障局
上海市民政局
上海市财政局
国家税务总局上海市税务局
上海市公安局
二〇一八年九月七日

上海市共有产权保障住房申请须知（非本市户籍居民家庭试点）

（二〇一八版）

一、共有产权保障住房申请条件

二、推选申请人和申请受理点

三、申请共有产权保障住房需要提交的材料

四、共有产权保障住房申请审核流程和办理时限

五、因自身原因退出申请的处理

六、关于限制重复申请的规定

七、共有产权保障住房房源和供应标准

八、共有产权保障住房销售基准价格、销售价格和购房人产权份额

九、共有产权保障住房申请人轮候排序

十、申请家庭购房经济能力预评估

十一、关于申请人人员减少情况的处理

十二、共有产权保障住房购房人确定

十三、共有产权保障住房购房签约

十四、关于不选房、不购房等情况的处理

十五、回购和转让

十六、共有产权保障住房的继承

上海市房屋管理局

上海市民政局

重要提示

申请人在申请共有产权保障住房时，应当如实申报家庭人口、居住证、婚姻、社保或个税缴纳、住房、收入和财产等基本信息，据实提交申请材料，并对申报信息及提交申请材料的真实性负责；相关个人或者单位为申请人出具证明材料的，应当对证明材料的真实性负责。

如在申请审核过程中违反诚信承诺或相关规定，经住房保障实施机构查实存在失信行为的，将记录失信对象不良信用记录，并按照住房保障诚信制度相关规定作出处理。

一、共有产权保障住房申请条件

同时符合下列条件的非本市户籍居民家庭，可申请本市共有产权保障住房：

1. 持有《上海市居住证》且积分达到标准分值（120 分）；

2. 在本市无住房，在提出申请前五年内，不得在本市有住房出售或赠与行为；

3. 结婚满一年；

4. 在现工作单位工作连续满一年且工作单位在提出申请所在地注册连续满一年；

5. 在本市连续缴纳社会保险或者个人所得税满 5 年；

6. 3 人及以上家庭人均年可支配收入低于 7.2 万元（含 7.2 万元）、人均财产低于 18 万元（含 18 万元）；2 人家庭人均年可支配收入和人均财产标准按前述标准上浮 20%，即人均年可支配收入低于 8.64 万元（含 8.64 万元）、人均财产低于 21.6 万元（含 21.6 万元）。

本次试点在虹口、松江和金山三个区开展。

二、推选申请人和申请受理点

1. 居住证持证人应当以家庭为单位提出申请，且家庭限于申请人与配偶、申请人、配偶及其未婚子女以及丧偶申请人与其未婚子女三类情形。应当书面推举一名具有完全民事行为能力的申请人作为申请人代表。申请人代表办理申请、选房等事项的行为，视同共同申请人的行为。

2. 居住证持证人应当在规定的申请期内，向单位注册地所在街道（乡镇）社区事务受理服务中心窗口提出申请，如实填报申请表，作出书面诚信承诺，提交申请材料。

三、申请共有产权保障住房需要提交的材料

1. 申请人及其配偶、未婚子女本人签名的共有产权保障住房申请表。

2. 申请人及其配偶、未婚子女的身份证（原件及复印件）。

3. 申请人及其配偶、未婚子女的户口簿、《上海市居住证》（原件及复印件）、《上海市居住证》积分通知书（原件）。

4.申请人及其配偶的结婚证（原件及复印件），未婚子女的单身承诺书（原件），丧偶的，提供死亡方的火化证（或死亡证明）。

5.申请人工作单位营业执照（事业单位法人登记证、社团法人或民办非企业法人证书等）（复印件）；

6.申请人及其配偶、未婚子女在提出申请时的规定申请期起始日上一个月末前溯一年（2017年11月1日至2018年10月31日）内的收入证明：

（1）在岗人员（包括实习、见习人员）应提供：单位出具的《从业人员收入证明》、工资存折（银行卡明细）、加盖公章的工资单或者工资签收单；若为劳务派遣人员，还应提供：劳务派遣关系证明；若为出租车司机，应提供：用人单位出具的《出租车司机营运信息及收入说明》；

（2）长病假、内退、劳动合同中止履行等离岗人员应提供：单位出具的《从业人员收入证明》；

（3）外省市办理离、退休人员应提供：养老金银行存折明细或发放部门出具的养老金证明；

（4）现役军人应提供：所属部队出具的收入证明或士兵证；若为已转业（复员）或退伍人员，应提供转业（复员）证明或者退伍证明；

（5）出租房屋人员应提供：房屋租赁合同（协议）；

（6）领取抚养费人员应提供：父母的离婚协议或者法院离婚判决书(民事调解书)；

7.申请人及其配偶、未婚子女在提出申请时的规定申请期起始日上一个月末（2018年10月31日）的财产情况证明：

（1）拥有机动车辆人员应提供：机动车辆登记证书、机动车辆行驶证、机动车辆情况申报表；若所购车辆未登记上牌，提供购车发票或合同；

（2）拥有股票人员应提供：指定交易或结算券商出具的对账单（交易明细）；

（3）拥有债券人员应提供：债券凭证；

（4）拥有基金人员应提供：基金对账单；

（5）拥有商业保险人员应提供：保险合同；

（6）拥有本市非居住房屋或本市以外房屋（含非居住房屋）的应提供：相应的房地产权属凭证(不动产登记证、房屋所有权证、土地使用权证、宅基地证等)、房屋照片及房屋情况申报表；

（7）拥有公司或企业股份人员应提供：经审计的企业资产负债表等关于公司所有者权益的材料。

8.申请人及其配偶、未婚子女在规定申请期起始日上一个月末前溯一年内出售、赠予、支取财产价值超过60000元（含60000元）的，须提供合理说明、资金流转凭证等有效证明材料。

9.其他与经济状况核对有关的材料。

10.申请人为烈士遗属或见义勇为人员的，应当提交证明其身份的相关材料。

11.申请人及其配偶、未婚子女签名的同意接受政府指定机构核查其居住证状态、社保或个税缴纳情况、婚姻状况、住房情况和经济状况并公示核查结果的书面文件。

12.街道（乡镇）或者区住房保障实施机构审核需要的其他材料。

四、共有产权保障住房申请审核流程和办理时限（见附图）

五、因自身原因退出申请的处理

申请人自提出申请至复审通过并发布登录公告之前，因自身原因书面确定退出申请的，初审或者复审工作相应终止，街道（乡镇）或者区住房保障实施机构应当及时书面通知核对机构终止核查、核对工作，并向申请人出具终止申请审核的书面答复。申请人自街道（乡镇）或者区住房保障实施机构出具终止申请审核的书面答复之日起 1 年内，不得再次提出申请。

六、关于限制重复申请的规定

除届时共有产权保障住房准入标准发生调整的情况以外，申请人自街道（乡镇）或者区住房保障实施机构作出不予受理的书面决定、出具初审或者复审不符合准入标准的书面答复之日起 1 年内再次提出申请的，街道（乡镇）住房保障实施机构应当直接作出重复申请不予受理的决定，并书面通知申请人。

七、共有产权保障住房房源和供应标准

1. 计划单列：向符合条件的居住证持证人供应的共有产权保障住房房源不同于户籍居民家庭，实行计划单列和总量控制，供应额原则上为向本市户籍共有产权保障住房保障对象供应额的 20%左右；房源供应充足的郊区，可根据辖区房源情况，适当扩大供应规模。

2. 轮候供应：申请家庭数量较多时，通过轮候供应方式操作。由居住证持证人工作单位注册地的街道(乡镇)和区住房保障机构分别负责初审和复审审核，区住房保障机构定期组织申请家庭摇号排序和供房选房。

3. 供应标准：经核定符合规定各项条件的申请人为 1 人的，购买一套一居室；申请人为 2 人或 3 人的，购买一套二居室；申请人为 4 人及以上的，购买一套三居室。申请人可以根据自身情况和房源供应数量，选择申请购买较小的房型。

八、共有产权保障住房销售基准价格、销售价格和购房人产权份额

共有产权保障住房销售基准价格以共有产权保障住房开发建设成本为基础，综合考虑保障对象经济承受能力和周边普通商品房市场价格等因素确定，报相关部门批准。

单套共有产权保障住房销售价格，按照销售基准价格和上下浮动幅度确定。共有产权保障住房销售价格由住房保障实施机构明码标价，向社会公布。

购房人产权份额按照共有产权保障住房销售基准价格占周边普通商品住房市场价格的比例予以合理折让后确定，但购房人产权份额应不低于 50%。

九、共有产权保障住房申请人轮候排序

住房保障实施机构对在规定时限内通过审核并经登录公告的申请人，公开通过计算机程序摇号或者抽签等方式进行选房排序，其中共有产权保障住房优先供应对象与其他对象分别选房排序。

住房保障实施机构在组织选房排序时，下列申请人应当排列在其他申请人之前：（一）烈士遗属；（二）见义勇为人员。

住房保障实施机构根据选房排序结果建立轮候名册，每户取得一个轮候序号，并按照轮候序号依次选房。

十、申请家庭购房经济能力预评估

申请家庭在购买共有产权保障住房时应该量力而行，综合考虑家庭经济承受能力，在选房前及时通过银行和公积金贷款咨询，了解贷款政策和贷款年限、额度等，结合自身情况选择合适的房源。

十一、关于申请人人员减少情况的处理

在申请审核、轮候供应过程中，申请人因离婚、死亡等原因发生人员减少情况的，申请人及相关亲属应当及时以书面方式报告街道（乡镇）或者区住房保障实施机构，未按照规定及时报告，仍按照原申报情况继续申请或者购买共有产权保障住房的，视为隐瞒虚报行为，按照有关规定进行处理。

十二、共有产权保障住房购房人确定

家庭购买共有产权保障住房的，申请家庭协商确定购房人，作为其产权份额的共同共有人，其余申请人为同住人。申请人之间达不成一致意见的，全体共同申请人为购房人。

经核定符合规定各项条件的对象1人购买共有产权保障住房的，本人为购房人。

十三、共有产权保障住房购房签约

申请人应当在签订选房确认书后的两个月内，与项目开发建设单位签订《共有产权保障住房预（出）售合同》；并与房屋所在地的区住房保障实施机构签订《共有产权保障住房供后房屋使用管理协议》。签订选房确认书日期早于所选房源取得预售许可证日期的，以房源取得预售许可证日期为计算签约时限的起始日。超过两个月未签订购房合同的，按本《须知》第十四条规定处理。

需办理住房公积金或商业银行贷款购买共有产权保障住房的，应按照住房公积金与商业银行贷款有关规定办理贷款手续。

十四、关于不选房、不购房等情况的处理

选房活动开展后，申请人有下列情形的，其登录证明和轮候序号作废，3年内不得再次提出申请：

1.因自身原因在当期房源供应时未按规定选定住房；

2.选定住房后未签订选房确认书、购房合同或者供后房屋使用管理协议；

3.因自身原因签订的购房合同或者供后房屋使用管理协议被解除。

十五、回购和转让

1.申请人购买共有产权保障住房，必须用于家庭自住，区住房保障机构不收取政府产权份额部分租金。

2.申请人取得不动产权证未满5年，不得转让共有产权保障住房或购买商品住房。因特殊原因，确需转让共有产权保障住房的，该共有产权保障住房由区住房保障机构依申请程序回购。

3.申请人取得不动产权证满5年，并同期在本市累计缴纳社会保险或者个人所得税满5年，自有产权份额部分，可向其他符合购买共有产权保障住房条件的居住证持证人转让或由区住房保障机构回购。

4.凡共有产权保障住房购买人购买商品住房的，应当先将该共有产权保障住房转让给其他符合购买共有产权保障住房条件的居住证持证人或由区住房保障机构回购。

5.转让给其他符合购买共有产权保障住房条件的居住证持证人的，共有产权保障住房性质和政府产权份额不变。

6.共有产权保障住房由区住房保障机构回购的，回购价格为原销售价款加按照中国人民银行同期存款基准利率计算的利息。

十六、共有产权保障住房的继承

申请家庭成员在完成房地产转移登记前死亡的，该共有产权保障住房房地产权利不发生继承。申请家庭成员在完成房地产转移登记后死亡的，处理方式如下：

1. 房地产权利人死亡的，其所享有的共有产权保障住房房地产权利按照《中华人民共和国继承法》有关规定继承。其中，继承人不属于申请家庭成员的，不享有共有产权保障住房居住使用权，仅享有在共有产权保障住房按照规定发生回购或者转让后，主张分割所得价款的权利；

2. 共有产权保障住房同住人死亡的，该共有产权保障住房房地产权利不发生继承。

上海市城镇户籍居民共有产权保障住房申请须知

（二〇一八版）

重要提示

申请人在申请共有产权保障住房时，应当如实申报家庭人口、户籍、婚姻、住房、收入和财产等基本信息，据实提交申请材料，并对申报信息及提交申请材料的真实性负责；相关个人或者单位为申请人出具证明材料的，应当对证明材料的真实性负责。

如在申请审核过程中违反诚信承诺或相关规定，经住房保障实施机构查实存在失信行为的，将记录失信对象不良信用记录，并按照住房保障诚信制度相关规定作出处理。

一、共有产权保障住房申请条件

同时符合下列标准的本市城镇户籍居民家庭，可以申请购买共有产权保障住房：

1. 家庭成员之间具有法定的赡养、抚养或者扶养关系，且共同生活；

2. 家庭成员在本市实际居住，具有本市城镇常住户口连续满 3 年，且在提出申请所在地的城镇常住户口连续满 2 年。

3. 家庭人均住房建筑面积低于 15 平方米（含 15 平方米）。

4. 3 人及以上家庭人均年可支配收入低于 7.2 万元（含 7.2 万元）、人均财产低于 18 万元（含 18 万元）；2 人及以下家庭人均年可支配收入和人均财产标准按前述标准上浮 20%，即人均年可支配收入低于 8.64 万元（含 8.64 万元）、人均财产低于 21.6 万元（含 21.6 万元）。

5. 家庭成员在提出申请前 5 年内未发生过住房出售行为和赠与行为，但家庭成员之间住房赠予行为除外。

同时符合上述标准，具有完全民事行为能力的单身人士（包括未婚、丧偶，或者离婚满 3 年的人士），男性年满 28 周岁、女性年满 25 周岁，可以单独申请购买共有产权保障住房。

申请人的年龄、婚姻状况和户口等年限以 2019 年 3 月 31 日为截至时点前溯计算。

二、调整部分申请对象住房面积核算方式的规定

1. 适用对象：符合本市共有产权保障住房申请有关规定，在同一户口所在地住房中居住的下列对象，按照规定提出申请的，可以调整其住房面积核算方式：

（1）具有符合单身申请年龄条件人士的一个家庭；

（2）两个及以上的家庭；

（3）两个及以上符合单身申请年龄条件的人士；

（4）一个及以上的家庭和一个及以上符合单身申请年龄条件的人士；

（5）非夫妻异性成年人住在该家庭唯一居室内的。

2.核算方式：采取“先确定核定面积家庭成员人数，计算申请对象住房建筑面积并扣减建筑面积后，再核算申请对象人均住房建筑面积”的方式。其中，在计算申请对象的核定面积家庭成员人数时，应当先核减已经申请廉租住房、共有产权保障住房的家庭人数。

3.具体规定：核定面积家庭人数为2人的，扣减建筑面积10平方米；核定面积家庭人数为3人及以上的，扣减建筑面积15平方米。

三、推选申请人和申请受理点

1.家庭申请共有产权保障住房的，全体成员为共同申请人，应当书面推举一名具有完全民事行为能力的成员作为申请人代表。申请人代表办理申请、选房等事项的行为，视同共同申请人的行为。

2.单身人士申请共有产权保障住房的，本人为申请人。

3.共同申请人或者单身申请人应当在规定的申请期内，向户口所在地的街道（乡镇）社区事务受理服务中心窗口提出申请，如实填报申请表，作出书面诚信承诺，提交申请材料。

四、申请共有产权保障住房需要提交的材料

1.申请人以及申请人户口所在地其他家庭成员本人签名的共有产权保障住房申请表。

2.申请人或者其他同住人（指除申请人之外，其他参与住房面积核查或经济状况核定的人员，下同）的身份证（原件及复印件）。

3.申请人或者其他同住人的户口簿、上海市居住证等户籍或居住证明（原件及复印件）。

4.申请人或者其他同住人的婚姻状况证明（原件及复印件），离婚的应提交法院离婚判决书（民事调解书）或离婚协议书（原件及复印件）。

5.申请人户口所在地住房和他处住房的《房地产权证》等有效权属凭证或《租用居住公房凭证》等有关凭证（原件及复印件）；原住房已被征收（拆迁）的，需提交征收（拆迁）补偿安置凭证（原件及复印件）。

6.申请人或者需要核定经济状况的其他同住人在提出申请时的规定申请期起始日上一个月末前溯一年内的收入证明：

（1）在岗人员（包括实习、见习人员）应提供：单位出具的《从业人员收入证明》、工资存折（银行卡明细）、加盖公章的工资单或者工资签收单；若为劳务派遣人员，还应提供：劳务派遣关系证明；若为出租车司机，应提供：用人单位出具的《出租车司机营运信息及收入说明》；

（2）长病假人员、内退人员、劳动合同中止履行人员及外地离岗人员应提供：单位出具的《从业人员收入证明》；

（3）协保人员应提供：户口所在街道（镇）人保部门出具的证明；

（4）外省市办理离、退休人员、支内回沪人员应提供：养老金银行存折明细或发放部门出具的养老金证明；

（5）现役军人应提供：所属部队出具的收入证明或士兵证；若为已转业（复员）或退伍人员，应提供转业（复员）证明或者退伍证明；

（6）出租房屋人员应提供：房屋租赁合同（协议）；

（7）领取抚养费人员应提供：父母的离婚协议或者法院离婚判决书(民事调解书)；

（8）需要核对经济状况的其他同住人属于本市非农就业状态农业户口的，应提供：从业人员收入证明、工资存折（银行卡明细）或者工资单（条）。

7. 申请人或者需要核定经济状况的其他同住人在提出申请时的规定申请期起始日上一个月末的财产情况证明：

（1）拥有机动车辆人员应提供：机动车辆登记证书、机动车辆行驶证、机动车辆情况申报表；若所购车辆未登记上牌，提供购车发票或合同；

（2）拥有股票人员应提供：指定交易或结算券商出具的对账单（交易明细）；

（3）拥有债券人员应提供：债券凭证；

（4）拥有基金人员应提供：基金对账单；

（5）拥有商业保险人员应提供：保险合同；

（6）拥有本市非居住房屋或本市以外房屋（含非居住房屋）的应提供：相应的房地产权属凭证（不动产登记证、房屋所有权证、土地使用权证、宅基地证等）、房屋照片及房屋情况申报表；

（7）拥有公司或企业股份人员应提供：经审计的企业资产负债表等关于公司所有者权益的材料。

8. 申请人或者需要核定经济状况的其他同住人在规定申请期起始日上一个月末前溯一年内出售、赠予、支取财产价值超过 60 000 元（含 60 000 元）的，须提供合理说明、资金流转凭证等有效证明材料。

9. 其他与经济状况核对有关的材料。

10. 申请人为烈士遗属或见义勇为人员的，应当提交证明其身份的相关材料。

11. 同住家庭成员签名的同意申请人申请的家庭协议。

12. 申请人或者其他同住人签名的同意接受政府指定机构核查其住房和经济状况并公示核查结果的书面文件。

13. 街道（乡镇）或者区住房保障实施机构审核需要的其他材料。

五、共有产权保障住房申请审核流程和办理时限（见附图）

六、因自身原因退出申请的处理

申请人自提出申请至复审通过并发布登录公告之前，因自身原因书面确定退出申请的，初审或者复审工作相应终止，街道（乡镇）或者区住房保障实施机构应当及时书面通知核对机构终止核查、核对工作，并向申请人出具终止申请审核的书面答复。申请人自街道（乡镇）或者区住房保障实施机构出具终止申请审核的书面答复之日起 1 年内，不得再次提出申请。

七、关于限制重复申请的规定

除届时共有产权保障房准入标准发生调整的情况以外，申请人自街道（乡镇）或者区住房保障实施机构作出不予受理的书面决定、出具初审或者复审不符合准入标准的书面答复之日起 1 年内再次提出申请的，街道（乡镇）住房保障实施机构应当直接作出重复申请不予受理的决定，并书面通知申请人。

八、共有产权保障住房供应标准

1. 单身申请人士，购买一套一居室。

2. 2 人申请家庭或者 3 人申请家庭，购买一套二居室。

3、4 人及以上申请家庭，购买一套三居室。

申请人可以根据自身情况和房源供应数量，选择申请购买较小的房型。

九、共有产权保障住房销售基准价格、销售价格和购房人产权份额

共有产权保障住房销售基准价格以共有产权保障住房开发建设成本为基础，综合考虑保障对象经济承受能力和周边普通商品房市场价格等因素确定，报相关部门批准。

单套共有产权保障住房销售价格，按照销售基准价格和上下浮动幅度确定。共有产权保障住房销售价格由住房保障实施机构明码标价，向社会公布。

购房人产权份额按照共有产权保障住房销售基准价格占周边普通商品住房市场价格的比例予以合理折让后确定。

十、共有产权保障住房申请人轮候排序

住房保障实施机构对在规定时限内通过审核并经登录公告的申请人，公开通过计算机程序摇号或者抽签等方式进行选房排序，其中共有产权保障住房优先供应对象与其他对象分别选房排序。

住房保障实施机构在组织选房排序时，下列申请人应当排列在其他申请人之前：（一）烈士遗属；（二）见义勇为人员。

住房保障实施机构根据选房排序结果建立轮候名册，每户取得一个轮候序号，并按照轮候序号依次选房。

十一、申请家庭购房经济能力预评估

申请家庭在购买共有产权保障住房时应该量力而行，综合考虑家庭经济承受能力，在选房前及时通过银行和公积金贷款咨询，了解贷款政策和贷款年限、额度等，结合自身情况选择合适的房源。

十二、共有产权保障住房申请人选房意愿表达

申请人应当在规定时间内，向区住房保障实施机构书面表达是否参加当期选房。申请人确认不参加或者未在规定时限内确认参加当期选房的，其取得的轮候序号作废，但可以参加下一期的摇号排序。在下一期房源供应时，仍确认不参加或者未在规定时限内确认参加当期选房的，其再次取得的轮候序号作废，区住房保障实施机构应当注销其登录证明，申请人自注销登录证明之日起 3 年内，不得再次提出申请。

十三、关于申请人人员减少情况的处理

在申请审核、轮候供应过程中，申请人因离婚、户籍迁移、死亡等原因发生人员减少情况的，申请人及相关亲属应当及时以书面方式报告街道（乡镇）或者区住房保障实施机构，未按照规定及时报告，仍按照原申报情况继续申请或者购买共有产权保障住房的，视为隐瞒虚报行为，按照有关规定进行处理。

十四、共有产权保障住房购房人确定

家庭购买共有产权保障住房的，申请家庭协商确定购房人，作为其产权份额的共同共有人，其余申请人为同住人。申请人之间达不成一致意见的，全体共同申请人为购房人。

单身人士购买共有产权保障住房的，本人为购房人。

十五、共有产权保障住房购房签约

申请人应当在签订选房确认书后的两个月内，与项目开发建设单位签订《共有产权保障住房预（出）

售合同》；并与房屋所在地的区住房保障实施机构签订《共有产权保障住房供后房屋使用管理协议》。签订选房确认书日期早于所选房源取得预售许可证日期的，以房源取得预售许可证日期为计算签约时限的起始日。超过两个月未签订购房合同的，按本《须知》第十六条规定处理。

需办理住房公积金或商业银行贷款购买共有产权保障住房的，应按照住房公积金与商业银行贷款有关规定办理贷款手续。

十六、关于不选房、不购房等情况的处理

选房活动开展后，申请人有下列情形的，其登录证明和轮候序号作废，3 年内不得再次提出申请：

1. 因自身原因在登录证明有效期内未确认是否参加选房；

2. 确认参加选房后在当期房源供应时未按规定选定住房；

3. 选定住房后未签订选房确认书、购房合同或者供后房屋使用管理协议；

4. 因自身原因签订的购房合同或者供后房屋使用管理协议被解除。

十七、购买商品住房限制

申请人提出共有产权保障住房申请后，购买商品住房的，应当退出共有产权保障住房申请。

申请人取得共有产权保障住房房地产权证未满 5 年，购买商品住房的，应当腾退共有产权保障住房，但经区住房保障实施机构核定仍符合住房困难标准的除外。

申请人取得共有产权保障住房房地产权证已满 5 年，购买商品住房的，应当先购买政府产权份额或已向区政府指定机构转让共有产权保障住房，但经区住房保障实施机构核定仍符合住房困难标准的除外。

十八、共有产权保障住房的继承

申请家庭成员在完成房地产转移登记前死亡的，该共有产权保障住房房地产权利不发生继承。申请家庭成员在完成房地产转移登记后死亡的，处理方式如下：

1. 房地产权利人死亡的，其所享有的共有产权保障住房房地产权利按照《中华人民共和国继承法》有关规定继承。其中，继承人不属于申请家庭成员的，不享有共有产权保障住房居住使用权，仅享有在共有产权保障住房按照规定发生回购或者转让后，主张分割所得价款的权利；

2. 共有产权保障住房同住人死亡的，该共有产权保障住房房地产权利不发生继承。

第五节　房地产税费政策

上海市财政局国家税务总局上海市税务局关于转发《财政部税务总局关于去产能和调结构房产税城镇土地使用税政策的通知》的通知

沪财税〔2018〕68 号

各区财政局、税务局，市财政监督局，各税务分局，各税务稽查局：

现将《财政部税务总局关于去产能和调结构房产税城镇土地使用税政策的通知》（财税〔2018〕

107 号）转发给你们，请结合以下意见一并执行。

本市按照去产能和调结构政策要求停产停业、关闭的企业名单，由市产业结构调整协调推进联席会议办公室（以下简称：市产业结构调整办，设在市经济和信息化委员会）组织审核认定，并书面提供至市财政局和市税务局。主管税务机关根据名单做好政策落实相关工作。市税务局每年应将已享受政策企业名单提供至市产业结构调整办，由市产业结构调整办组织对企业情况进行复核；对于名单内企业自身恢复生产经营、终止关闭注销程序的，经市产业结构调整办认定后及时通知市财政局和市税务局。

上海市财政局
国家税务总局上海市税务局
二〇一八年十二月十一日

财政部税务总局关于去产能和调结构房产税城镇土地使用税政策的通知

各省、自治区、直辖市、计划单列市财政厅（局），国家税务总局各省、自治区、直辖市、计划单列市税务局，新疆生产建设兵团财政局：

为推进去产能、调结构，促进产业转型升级，现将有关房产税、城镇土地使用税政策明确如下：

一、对按照去产能和调结构政策要求停产停业、关闭的企业，自停产停业次月起，免征房产税、城镇土地使用税。企业享受免税政策的期限累计不得超过两年。

二、按照去产能和调结构政策要求停产停业、关闭的中央企业名单由国务院国有资产监督管理部门认定发布，其他企业名单由省、自治区、直辖市人民政府确定的去产能、调结构主管部门认定发布。认定部门应当及时将认定发布的企业名单（含停产停业、关闭时间）抄送同级财政和税务部门。

各级认定部门应当每年核查名单内企业情况，将恢复生产经营、终止关闭注销程序的企业名单及时通知财政和税务部门。

三、企业享受本通知规定的免税政策，应按规定进行减免税申报，并将房产土地权属资料、房产原值资料等留存备查。

四、本通知自 2018 年 10 月 1 日至 2020 年 12 月 31 日执行。本通知发布前，企业按照去产能和调结构政策要求停产停业、关闭但涉及的房产税、城镇土地使用税尚未处理的，可按本通知执行。

财政部税务总局
二〇一八年九月三十日

上海市人民政府关于《上海市人民政府关于印发〈上海市开展对部分个人住房征收房产税试点的暂行办法〉的通知》继续有效的通知

各区人民政府，市政府各委、办、局：

《上海市人民政府关于印发〈上海市开展对部分个人住房征收房产税试点的暂行办法〉的通知》（沪府发〔2011〕3号）经评估继续有效，请继续按照执行。

上海市人民政府

二〇一八年十一月二十八日

附：

上海市开展对部分个人住房征收房产税试点的暂行办法

为进一步完善房产税制度，合理调节居民收入分配，正确引导住房消费，有效配置房地产资源，根据国务院第136次常务会议有关精神，市政府决定开展对部分个人住房征收房产税试点。现结合本市实际，制定本暂行办法。

一、试点范围

试点范围为本市行政区域。

二、征收对象

征收对象是指本暂行办法施行之日起本市居民家庭在本市新购且属于该居民家庭第二套及以上的住房（包括新购的二手存量住房和新建商品住房，下同）和非本市居民家庭在本市新购的住房（以下统称“应税住房”）。

除上述征收对象以外的其他个人住房，按国家制定的有关个人住房房产税规定执行。

新购住房的购房时间，以购房合同网上备案的日期为准。

居民家庭住房套数根据居民家庭（包括夫妻双方及其未成年子女，下同）在本市拥有的住房情况确定。

三、纳税人

纳税人为应税住房产权所有人。

产权所有人为未成年人的，由其法定监护人代为纳税。

四、计税依据

计税依据为参照应税住房的房地产市场价格确定的评估值，评估值按规定周期进行重估。试点初期，暂以应税住房的市场交易价格作为计税依据。

房产税暂按应税住房市场交易价格的70%计算缴纳。

五、适用税率

适用税率暂定为0.6%。

应税住房每平方米市场交易价格低于本市上年度新建商品住房平均销售价格2倍（含2倍）的，税率暂减为0.4%。

上述本市上年度新建商品住房平均销售价格，由市统计局每年公布。

六、税收减免

（一）本市居民家庭在本市新购且属于该居民家庭第二套及以上住房的，合并计算的家庭全部住房面积（指住房建筑面积，下同）人均不超过 60 平方米（即免税住房面积，含 60 平方米）的，其新购的住房暂免征收房产税；人均超过 60 平方米的，对属新购住房超出部分的面积，按本暂行办法规定计算征收房产税。

合并计算的家庭全部住房面积为居民家庭新购住房面积和其它住房面积的总和。

本市居民家庭中有无住房的成年子女共同居住的，经核定可计入该居民家庭计算免税住房面积；对有其他特殊情形的居民家庭，免税住房面积计算办法另行制定。

（二）本市居民家庭在新购一套住房后的一年内出售该居民家庭原有唯一住房的，其新购住房已按本暂行办法规定计算征收的房产税，可予退还。

（三）本市居民家庭中的子女成年后，因婚姻等需要而首次新购住房、且该住房属于成年子女家庭唯一住房的，暂免征收房产税。

（四）符合国家和本市有关规定引进的高层次人才、重点产业紧缺急需人才，持有本市居住证并在本市工作生活的，其在本市新购住房、且该住房属于家庭唯一住房的，暂免征收房产税。

（五）持有本市居住证满 3 年并在本市工作生活的购房人，其在本市新购住房、且该住房属于家庭唯一住房的，暂免征收房产税；持有本市居住证但不满 3 年的购房人，其上述住房先按本暂行办法规定计算征收房产税，待持有本市居住证满 3 年并在本市工作生活的，其上述住房已征收的房产税，可予退还。

（六）其他需要减税或免税的住房，由市政府决定。

七、收入用途

对房产税试点征收的收入，用于保障性住房建设等方面的支出。

八、征收管理

（一）房产税由应税住房所在地的地方税务机关负责征收。

（二）房产税税款自纳税人取得应税住房产权的次月起计算，按年计征，不足一年的按月计算应纳房产税税额。

（三）凡新购住房的，购房人在办理房地产登记前，应按地方税务机关的要求，主动提供家庭成员情况和由市房屋状况信息中心出具的其在本市拥有住房相关信息的查询结果。地方税务机关根据需要，会同有关部门对新购住房是否应缴纳房产税予以审核认定，并将认定结果书面告知购房人。应税住房发生权属转移的，原产权人应缴清房产税税款。

交易当事人须凭地方税务机关出具的认定结果文书，向登记机构办理房地产登记；不能提供的，登记机构不予办理房地产登记。

（四）纳税人应按规定如实申报纳税并提供相关信息，对所提供的信息资料承担法律责任。

纳税人未按规定期限申报纳税的，由地方税务机关向其追缴税款、滞纳金，并按规定处以罚款。

（五）应税住房房产税的征收管理除本暂行办法规定外，按《中华人民共和国税收征收管理法》等有关规定执行。具体征收管理办法，由市地税局负责制定。

九、部门职责

（一）建立工作机制

市政府成立由市财政、地税、住房保障房屋管理、建设交通、规划国土资源、公安、民政、人力资源社会保障、统计等部门组成的房产税试点工作机构，建立健全工作机制，推进房产税试点工作。

（二）协同征收管理

市住房保障房屋管理、建设交通、规划国土资源、财政、公安、民政、人力资源社会保障、统计等部门要积极配合地方税务机关建立应税住房房产税征收控管机制，根据本市对部分个人住房征收房产税试点的需要，提供相关信息，共同做好应税住房的认定工作。

（三）实现信息共享

市地税、住房保障房屋管理、建设交通、规划国土资源、财政、公安、民政、人力资源社会保障、统计等部门要共同建立全市统一的房地产信息管理平台，实现个人住房信息数据库信息共享。

十、评估机制

房产税税基评估工作在市政府统一领导下，由市地税、财政、住房保障房屋管理、规划国土资源等部门共同组织实施。

十一、其他事项

本暂行办法未涉及的其他事项，按国家和本市的有关规定执行。

本市开展对部分个人住房征收房产税试点中的具体规定，由市财政局、市地税局、市住房保障房屋管理局等部门制订，并报市政府同意后公布执行。

本暂行办法自 2011 年 1 月 28 日起施行。

第六节 房地产金融政策

关于进一步规范本市代理经租企业及个人“租金贷”相关业务的通知

沪建房管联〔2018〕582 号

各有关单位：

为贯彻《上海市住房发展“十三五”规划》，落实《关于加快培育和发展本市住房租赁市场的实施意见》（沪府办〔2017〕49 号），促进本市代理经租企业规范经营，切实防范个人“租金贷”及相关业务风险，确保本市住房租赁市场健康发展，现通知如下：

一、无“住房租赁经营”业务范围、未经本市房屋行政管理部门备案、未加入本市房地产经纪行业协会的代理经租企业不得合作开展个人“租金贷”业务。代理经租企业不得与未经国家金融监管部门批准设立、无金融许可证的机构合作开展个人“租金贷”及相关业务。相关行业组织应当制订统一的行业标准，明确允许合作开展个人“租金贷”业务的代理经租企业应当具备的条件。

二、代理经租企业利用房东房源与金融机构合作开展个人“租金贷”业务，应当事先征得原始房东书面同意。代理经租企业不得强制或诱骗租客使用个人“租金贷”产品，不得在签约前收取定金或设置其他条件，不得收取与个人“租金贷”业务相关的其他费用。个人“租金贷”贷款合同和住房租赁合同应当分别签署，有关住房租赁租金贷款的内容不得出现在住房租赁合同中。

三、发挥本市住房租赁公共服务平台的行业监管作用。代理经租企业应当按规定使用全市统一的居住房屋租赁合同示范文本，进行住房租赁合同网签。住房租赁合同未经网签的，金融机构不得为其办理个人“租金贷”业务。

四、代理经租企业应当严格把控自身杠杆率，密切关注企业流动性。个人“租金贷”的放款周期，应当与代理经租企业向房东支付租金的周期相匹配。流动性紧张的企业应当采取加强资本投入、缩小个人“租金贷”业务规模等方式降低杠杆率，并做好资金链断裂的风险处置预案，确保租客、房东利益不受损失。

五、代理经租企业不得套取银行业金融机构信用，不得利用个人“租金贷”业务沉淀资金恶性竞争抢占房源，不得哄抬租金抢占房源。

六、银行业金融机构开展个人“租金贷”业务应当符合国家宏观调控政策，应当严格按照《个人贷款管理暂行办法》（银监会令2010年第2号），依据“了解客户、依法合规、风险可控、权责明确、公平诚信”原则，审慎开展相关业务。

七、银行业金融机构开展个人“租金贷”业务时，应当有效履行贷前调查、贷中审查、贷后管理的主体责任，不得将授信审查、风险控制等核心业务外包。个人“租金贷”资金应当采用受托支付方式向借款人交易对象支付。

八、银行业金融机构应当建立并严格执行面谈制度，采取有效措施确定借款人真实身份。应当充分告知借款人贷款的真实情况，包括但不限于贷款金额、贷款利率、逾期责任、贷款期限等内容，并确认借款人借贷的真实意愿。

九、银行业金融机构应当结合申请人的收入、负债、支出、贷款用途等因素，合理确定贷款金额和期限，贷款期限最长不得超过住房租赁期限。

十、对违反本通知规定的代理经租企业、金融机构，由相关管理部门依法依规予以处理。同时，将违规代理经租企业纳入风险警示名单向社会公示，并通报市场监管、网络监管等部门暂停代理经租企业房源发布业务。

国家有关管理部门出台新的规定，依照新规定执行。

市住房城乡建设管理委

市房屋管理局

市金融办

人民银行上海分行

上海银监局

二〇一八年九月二十九日

上海市住房公积金异地个人住房贷款管理暂行办法

沪公积金管委会〔2018〕10号

第一条 为进一步发挥住房公积金制度作用，支持缴存职工异地购房需求，根据《关于住房公积金异地个人住房贷款有关操作问题的通知》（建金〔2015〕135 号）、《关于住房公积金异地个人住房贷款若干具体问题的通知》（建金〔2016〕230 号）精神以及本市住房公积金个人住房贷款相关规定，结合本市实际情况，制订本办法。

第二条 住房公积金异地个人住房贷款（以下简称异地贷款），是指在外省市缴存住房公积金的职工（以下简称外省市缴存职工），在本市购买自住住房时在本市申请的住房公积金个人住房贷款（以下简称公积金贷款），或者在本市缴存住房公积金的职工（以下简称本市缴存职工），在外省市购买自住住房时在外省市申请的公积金贷款。

第三条 申请异地贷款的，应当满足住房和城乡建设部关于公积金贷款差别化信贷政策的规定，其他贷款条件以贷款城市相关规定为准，提取条件以缴存城市相关规定为准。

第四条 贷款城市与缴存城市的住房公积金管理中心（以下简称公积金中心）按照住房和城乡建设部建立的信息平台和规则进行信息交换。

第五条 外省市缴存职工在本市购买首套住房或者第二套改善型住房的，且符合本市其他公积金贷款条件的，可以在本市申请公积金贷款：

（一）缴存职工家庭名下在全国无公积金贷款记录且在本市无住房的，认定为购买首套住房；

（二）缴存职工家庭名下在全国有一次公积金贷款记录或者在本市已有一套住房、购买第二套改善型住房的，认定为购买第二套改善型住房。

对具有本市户籍的外省市缴存职工申请公积金贷款予以重点支持。

对在全国已有两次公积金贷款记录或者在本市购买第二套非改善型及以上住房的外省市缴存职工，不予受理公积金贷款申请。

第六条 外省市缴存职工在本市申请异地贷款的，贷款金额、贷款期限、首付款比例、贷款利率、担保方式、还款方式等按照本市缴存职工公积金贷款政策执行。

第七条 外省市缴存职工除提供个人身份及关系证明材料、购房材料、收款账号等本市缴存职工公积金贷款所需材料外，还应当提供缴存城市公积金中心出具的、有效的《异地贷款职工住房公积金缴存使用证明》（以下简称缴存使用证明）。

第八条 承办本市住房公积金个人贷款相关业务的机构（以下简称受托机构）收到外省市缴存职工异地贷款申请且初步审核无误的，应当报送本市公积金中心，本市公积金中心应当对缴存使用证明进行信息核实，核实无误后通知受托机构继续办理贷款业务。

第九条 对于已受理的外省市缴存职工异地贷款申请，本市公积金中心应当建立外省市缴存职工异地贷款台账，并按要求及时向缴存城市公积金中心提供缴存使用证明回执。

第十条 本市公积金中心应当加强对外省市缴存职工异地贷款的贷后管理。若异地贷款出现逾期，本市公积金中心可以通知缴存城市公积金中心配合开展贷款催收等工作，并可以根据借款合同扣划缴存职工的住房公积金账户余额归还贷款。

第十一条 本市缴存职工需要在外省市申请公积金贷款，且本人及配偶在本市未使用过公积金贷款或者首次公积金贷款已结清的，可以向本市公积金中心各区管理部申请开具缴存使用证明。

第十二条 本市缴存职工开具缴存使用证明后，本市公积金中心对其住房公积金账户进行如下管理：

（一）本市公积金中心对缴存职工及其配偶进行标识，且自缴存使用证明开具之日起暂停受理其在本市的公积金贷款业务；

（二）本市公积金中心应当配合贷款城市公积金中心核实缴存使用证明信息的真实性和完整性；

（三）本市公积金中心根据贷款城市公积金中心提供的缴存使用证明回执登记异地贷款受理审批结果。对于未取得异地贷款的，恢复其在本市住房公积金的相关使用权利。

第十三条 本市缴存职工取得异地贷款的，本市公积金中心对其住房公积金账户进行如下管理：

（一）本市公积金中心对缴存职工及其配偶进行标识，并根据贷款城市公积金中心反馈的信息建立本市缴存职工异地贷款台账；

（二）本市缴存职工在异地贷款存续期间，本市公积金中心暂停受理缴存职工及其配偶在本市的公积金贷款申请；

（三）异地贷款出现逾期的，在接到贷款城市公积金中心通知后，本市公积金中心应当配合开展贷款催收等工作；

（四）本市缴存职工在异地贷款存续期间，因劳动关系变动等原因离开本市，且住房公积金账户已转入其他城市公积金中心的，本市公积金中心应当及时告知贷款城市公积金中心和转入城市公积金中心。

第十四条 本办法自 2018 年 9 月 1 日起施行。

关于 2018 年度上海市调整住房公积金缴存基数、比例以及月缴存额上下限的通知

沪公积金管委会〔2018〕3 号

各住房公积金缴存单位：

按照国务院《住房公积金管理条例》、《上海市住房公积金管理若干规定》和《上海市住房公积金缴存管理办法》的有关规定，结合本市实际，经市住房公积金管理委员会第 57 次会议审议通过，现就 2018 年度本市调整住房公积金缴存基数、缴存比例以及月缴存额上下限等有关事项通知如下：

一、缴存基数及其计算口径

各单位应当按照上海市统计局计算职工月平均工资的口径计算职工月平均工资，并以职工月平均工资作为该职工住房公积金缴存基数核定住房公积金月缴存额。各单位应当在核定职工住房公积金月缴存额后一个月内，将核定情况告知职工本人，以维护职工的合法权益。

自 2018 年 7 月 1 日起，本市职工住房公积金的缴存基数由 2016 年月平均工资调整为 2017 年月平均工资。

2018 年 1 月 1 日起新参加工作的职工，以该职工参加工作的第二个月的当月全月应发工资收入或以其新参加工作以来实际发放的月平均工资作为其住房公积金缴存基数。

2018 年 1 月 1 日起新调入的职工，以调入后发放的当月全月应发工资收入或者以其实际发放的月平均工资作为其住房公积金缴存基数。

二、缴存基数申报及调整时间

各单位可从 2018 年 4 月下旬起登录上海住房公积金网（www.shgjj.com）的基数调整专栏办理 2017

年职工月平均工资申报。

2018 年 7 月 1 日起开始调整住房公积金缴存基数、比例以及月缴存额上下限。

三、缴存比例

（一）住房公积金缴存比例

2018 年度职工本人和单位住房公积金缴存比例为各 5%至 7%。原则上缴存比例为各 7 %，企业可以根据沪公积金管委会〔2016〕10 号文所列举的降低缴存比例的情形，选择各 5%或各 6%缴存比例，但应当通过集体协商，形成调整住房公积金缴存比例的专项协议，并经职工代表大会或者全体职工大会表决通过，市公积金管理中心不再审批。

（二）补充住房公积金缴存比例

缴存住房公积金的单位可以按照自愿原则参加补充住房公积金制度。职工本人和单位补充住房公积金缴存比例为各 1%至 5%，具体比例由各单位根据实际情况确定。

（三）住房公积金缓缴

符合规定情形的企业，可以按照沪公积金管委会〔2016〕10 号文的相关规定，申请缓缴。

四、月缴存额计算

住房公积金月缴存额＝职工本人上一年度月平均工资×职工住房公积金缴存比例＋职工本人上一年度月平均工资×单位住房公积金缴存比例。

补充住房公积金月缴存额计算方法同上。

五、月缴存额上下限（具体见附表）

（一）2018 年度月缴存额上限

住房公积金按职工本人和单位各 7%的缴存比例所对应的月缴存额上限为 2996 元。

补充住房公积金按职工本人和单位各 5%的缴存比例所对应的月缴存额上限为 2140 元。

（二）2018 年度月缴存额下限

住房公积金按职工本人和单位各 7%的缴存比例所对应的月缴存额下限为 322 元。

此外，城镇个体工商户及其雇用人员、自由职业者的住房公积金月缴存额上限为 5136 元，月缴存额下限为 322 元。

对部分实行承包、提成等薪酬制度的单位职工，经市公积金管理中心审核通过，可按该单位和职工协商确定的月缴存额缴存，但不低于 322 元。

六、注意事项

（一）为方便单位办理，与社保基数调整同步，优化营商环境，2019 年度基数调整从 2019 年 1 月至 3 月申报缴存基数，4 月起调整住房公积金缴存基数、比例以及月缴存额上下限，各单位应当提前做好经费和预算安排，切实维护缴存职工合法权益。

（二）2018 年度基数调整采用网上调整为主的方式，具体可登录上海住房公积金网的基数调整专栏查阅、下载和直接办理。

（三）各单位在汇缴 2018 年 6 月份住房公积金后，应当及时办理基数调整，原则上在 7 月份完成。

各缴存单位应当按时足额缴存住房公积金。市公积金管理中心应当对选择降低缴存比例的单位进行事中和事后监管，切实维护职工合法权益。

特此通知，请遵照执行。

附表：2018 年度上海市住房公积金月缴存额上下限表

上海市住房公积金管理委员会

二〇一八年四月十三日

附表：2018 年度上海市住房公积金月缴存额上下限表

类型	单位和个人缴存比例	月缴存额上限	月缴存额下限
住房公积金	各 7%	2996 元	322 元
	各 6%	2568 元	276 元
	各 5%	2140 元	230 元
补充住房公积金	各 5%	2140 元	/
	各 4%	1712 元	/
	各 3%	1284 元	/
	各 2%	856 元	/
	各 1%	428 元	/
自愿缴存住房公积金	10%-24%	5136 元	322 元

关于印发《上海市降低住房公积金缴存比例或缓缴住房公积金管理办法》的通知

沪公积金管委会〔2018〕7 号

上海市公积金管理中心：

《上海市降低住房公积金缴存比例或缓缴住房公积金管理办法》已经市住房公积金管理委员会审议通过，现印发给你们，请遵照执行。

上海市住房公积金管理委员会

二〇一八年六月二十六日

上海市降低住房公积金缴存比例或缓缴住房公积金管理办法

第一条　为规范和加强本市住房公积金降低缴存比例或缓缴业务，维护住房公积金缴存职工合法权益，减轻企业负担，增强企业活力，根据国务院《住房公积金管理条例》、《住房城乡建设部财政部人民银行关于改进住房公积金缴存机制进一步降低企业成本的通知》（建金〔2018〕45 号）等相关法规规定，结合本市实际情况，制定本办法。

第二条 符合下列条件之一的，可以申请降低单位和职工住房公积金缴存比例至 5%以下：

（一）连续经营亏损两年及以上的企业，且职工月平均工资水平不高于上一年全市职工月平均工资 60%的；

（二）自设立之日起三年内的符合国家规定的小型微型企业。

第三条 符合下列条件之一的，可以申请缓缴：

（一）濒临破产、已停产或已依法批准缓缴社会保险费的企业，可以申请缓缴住房公积金；

（二）已连续三年批准降低比例缴存或上一年已批准缓缴的企业，经营仍然亏损且职工月平均工资水平不高于上一年全市职工月平均工资 60%的，可以申请缓缴住房公积金；

（三）经济效益差或连续经营亏损两年及以上的企业，扣除职工应缴部分的住房公积金后职工工资未达到当年本市最低工资标准的，可以经职工本人同意后申请缓缴职工应缴部分的住房公积金。

第四条 申请降低缴存比例或缓缴住房公积金的单位，须经本单位职工代表大会或工会讨论通过并在本单位内部公示，向单位住房公积金账户设立所在区的上海市公积金管理中心（以下简称“市公积金中心”）区管理部提出申请，按规定提供相关证明材料。

各区管理部应按规定将符合降低缴存比例或缓缴条件的单位材料报市公积金中心审批，审批通过后可降低缴存比例或缓缴，审批时限不得超过 10 个工作日。

第五条 单位降低缴存比例或缓缴的，待经济效益好转后，应及时提高缴存比例或恢复正常缴存并补缴缓缴期间的住房公积金。

第六条 单位应按照住房公积金缴存年度申请降低缴存比例和缓缴的时间段。

降低缴存比例和缓缴的期限为一年，期满后仍需降低缴存比例或缓缴的，应当在期满之日前 30 日内重新办理申请。

第七条 单位未按时、足额缴存住房公积金，又未经批准降低缴存比例或缓缴的，市公积金中心将按照《上海市住房公积金行政执法管理办法》相关规定处罚。

第八条 单位应提供真实、合法、准确的相关证明材料。单位提供虚假证明材料的，市公积金中心将单位相关信息依法向社会公开并纳入征信系统；对协助造假的机构和人员严肃处理；构成犯罪的，依法追究刑事责任。

第九条 市公积金中心应严格按规定审批单位降低缴存比例或缓缴的事项，并每年专题向上海市住房公积金管理委员会报告。

第十条 本办法由市公积金中心负责组织实施。市公积金中心可以根据本办法制定操作细则。

第十一条 本办法自 2018 年 7 月 1 日起施行。有效期五年。

第七节 物业管理政策

关于印发《上海市住宅物业服务规范》的通知

沪房物业〔2018〕51号

各区住房保障房屋管理局，各街道（镇政府），各区房管集团、各物业服务企业：

为进一步规范本市住宅物业服务活动，提高物业服务行业的服务水准，不断提升业主住户的满意度，根据国务院《物业管理条例》、《上海市住宅物业管理规定》，结合本市实际，制定了《上海市住宅物业服务规范》。现印发给你们，请认真按照执行。

本规范自2018年6月1日起施行。《关于进一步推进物业管理行风建设工作施行〈上海市住宅物业服务规范〉的通知》（沪房地资物〔2008〕193号）同时废止。

上海市房屋管理局

二〇一八年三月三十日

附件：

上海市住宅物业服务规范

窗口规范：

1.周一至周日每日提供不少于8小时的业务接待服务；

2.全天24小时受理居民报修，全年每日提供维修服务；

3.公开办事制度、办事纪律、服务项目和收费标准；

4.办公场所整洁、有序；

5.服务窗口醒目位置设置上海市住宅小区物业服务监督公示牌，公示物业服务企业营业执照、企业信用情况、物业服务合同复印件、住宅专项维修资金和公共收益的收支账目、项目经理的姓名和照片、小区物业管理处电话、24小时报修电话、企业监督电话、962121物业服务热线等。

行为规范：

1.态度和蔼讲文明。在为业主住户服务时用语文明规范，耐心热情，严禁发生训斥、推诿、刁难现象。

2.挂牌上岗守纪律。项目经理要佩戴实名制胸卡（胸牌）， 严格执行每日自查制度；员工上岗要着统一工作服并佩戴胸卡（胸牌），仪表整洁。

3.遵章办事不违规。制定应急预案并定期演练，即时响应电梯关人故障，5分钟内通知并督促电梯维保单位采取措施实施救援，严控电梯操作区域，严禁无关人员进入；组织对事故电梯进行全面检查，公示电梯停运原因和修复时间，并应当保证一台电梯正常运行（建筑内仅有一台电梯的除外）。急修项目 2 小时内到现场，其中市区设置管理处的小区 30 分钟内到现场；一般修理项目 3 天内修复（居民预约、雨天筑漏可不受此限）。严格按照物业服务合同约定的收费项目和标准收费，不得多收费、乱收费。

4. 资金收益要公示。每年 1 月和 7 月底前，公布一次住宅专项维修资金和公共收益的收支情况，主动接受业主的监督。每季度将当季公共收益按照物业管理法规规定和物业服务合同约定的比例予以结算，并于次月 10 日前不延误地及时归入业主大会专项维修资金账户。物业服务收费实施酬金制计费方式的，每年 8 月和次年 2 月底前，分别公布上半年与上年度的物业服务资金收支与决算情况，主动接受业主监督质询。

5. 加强沟通重信誉。业主住户投诉报修的，电话回访率达到 100%，并留下回访记录。项目经理应当采取电话或走访的方式加强与业主住户的沟通，并做好书面记录（每年不低于总户数的 50%）；每月末与业主委员会（或居民委员会）例会沟通，不断改进服务方式，提高服务水准，提升业主住户的满意度。

6. 重大事件及时报。按照物业管理区域内重大事件的范围和等级要求，做好应急处置工作，并及时报告各街镇与区房管部门。及时发现、劝阻、制止业主、使用人在物业使用、装饰装修房屋过程中损害公共利益的行为，对劝阻、制止无效的，在二十四小时内报告业主委员会（或居民委员会）、网格监督员和城管、公安、消防、质监、水务、环保等相关行政管理部门。

岗位规范：

项目经理：熟悉业务，履约守信，勤于协调，管理有序。

客服人员：热情主动，登记准确，处置及时，事后回访。

秩序维护员：在岗尽责，防范到位，引导得当，举止文明。

清洁人员：按时保洁，垃圾日清，定期灭害，环境整洁。

维修人员：约时不误，工完料清，住户签收，件件落实。

绿化养护员：及时灌溉，按时修剪，清除杂草，防治虫害。

关于加强本市住宅物业管理监督检查工作的通知

沪房物业〔2018〕43 号

各区住房保障房屋管理局，各街道（镇政府），各区房管集团，各物业服务企业：

为进一步规范本市住宅物业服务活动，强化住宅物业行业监管，提高物业服务行业的服务水平，不断提升业主住户满意度，根据《上海市住宅物业管理规定》、《关于支持区房管办事 处下沉街镇开展工作的通知》（沪建物业〔2017〕419 号）、《关于印发〈上海市住宅物业服务规范〉的通知》（下称《规范》） 及本市物业服务企业和项目经理信用信息管理等有关规定，现就加强本市住宅物业管理监督检查工作的有关事项通知如下：

一、监督检查的主要内容

主要涉及物业企业服务情况、制度执行情况、从业人员服务行为规范、各类应急预案及演练等方面内容。具体为住宅物业管理区域内公共区域的清洁卫生、秩序维护、绿化日常养护、物业共用部位和共用设施设备的管理养护等服务承诺及收费标准的公开和落实；房屋安全使用的巡查情况；高温冰冻灾害性天气应对、消防、防汛、电梯运行安全等各类应急预案及演练等内容。

二、监督检查工作的方式

物业服务企业要强化自律，严格遵守物业管理法规和规范，切实落实自查工作。市、区两级房管部门与街道办事处（镇政府）要强化监督管理，落实物业服务质量检查制度，特别在夏季高温、冬季冰冻、台风汛期、节假日等重点时间段，要增加检查力度和频次，确保物业管理法规和规范得以严格执行。

（一）物业管理项目经理每日自查制度

项目经理要经常走访业主住户，主动与业主委员会、居民委员会沟通联系，检查《规范》执行情况，发现问题及时整改，对检查、整改情况予以书面记录，并通过上海物业 APP 住宅小区物业管理项目经理用户端填报有关信息。

（二）物业服务企业双周检查制度

物业服务企业要每两周组织人员对所承接的各住宅物业管理项目的服务质量及项目经理履职情况进行检查，对检查中发现的问题予以书面记录，并要求项目经理及时整改，同时将检查、整改情况通过上海物业 APP 住宅小区物业服务企业用户端填报有关信息。

（三）各街道办事处（镇政府）每月排查制度

各街道办事处（镇政府）要建立街镇房屋管理事务机构每月排查制度。街镇房屋管理事务机构要每月对辖区内项目经理每日自查、企业双周检查及问题整改情况进行一次排查，并充分听取业主委员会的意见建议，对检查中发现的物业服务问题要求项目经理限期整改，将检查与整改情况予以记录，并录入信息系统，作为对项目经理记分的依据。对违反本市物业服务企业和项目经理信用信息评价标准的，应当提请区房管部门予以记分处理。

（四）各区房管部门每月抽查制度

各区房管部门要组织力量，每月对街镇房屋管理事务机构的排查情况和物业服务企业、项目经理落实检查制度和整改情况进行抽查，将业主满意度测评排名靠后或居民来信来访投诉的住宅小区和物业服务企业作为抽查的重点对象（每年抽查的数量不低于本辖区住宅小区总数的 50%）。对抽查中发现的问题，要及时督促指导街镇房屋管理事务机构予以纠正，并将抽查情况与街道（镇政府）的住宅小区综合治理工作绩效考核相挂钩；对项目经理不履职的,要按照本市物业服务企业和项目 经理信用信息评价标准予以记分处理,并督促相关物业服务企业和项目经理予以整改。

（五）市局专项督查制度

市房管部门组建专项督察工作队伍，在全市范围内开展常态化的住宅物业管理动态督查工作（每年督查的数量不低于本市住宅小区总数的 10%）。对督查中发现的问题，要督促指导各区房管局、街镇房屋管理事务机构予以纠正，并将督查情况与区政府、街道（镇政府）的住宅小区综合治理工作绩效考核相挂钩；对项目经理不履职的,督促区房管部门按照本市物业服务企业和项目经理信用信息评价标准予以记分处理。

三、市区房管部门监督检查业务流程

（一）确定检查名单

待查住宅小区名单通过市局物业管理监管与服务平台信息系统抽取配置生成，并在现场检查前一日下午 17 时前发送至检查人员手机移动终端。

（二）开展检查工作

检查人员按照待查住宅小区名单到达现场，依照检查项目指标逐项开展检查并记录。

（三）确认检查结果

检查结果记录完毕后，向住宅小区项目经理当场公布检查结果，并由其当场签字确认；拒绝签字确认的，由检查人员将拒签情况予以记录，并可以要求业主委员会、居民委员会等现场人员予以见证、签名。

（四）上传检查结果

检查人员应当在现场检查的同时将检查结果实时录入并上传至市局物业管理监管与服务平台。如需整改处置的，平台发布整改任务单，同时以短信等方式告知各区房管部门、街镇房屋管理事务机构及物业服务企业相关负责人。

（五）落实跟踪督办

各街镇房屋管理事务机构要跟踪物业服务企业的处置情况，督促、指导物业服务企业落实整改，并将处置情况反馈至市局物业管理监管与服务平台。经核查，处置结果符合要求的，予以结案；不符合处置要求的，应将案件退回并要求重新处置。

四、监督检查工作要求

（一）物业服务企业要强化自律机制

各物业服务企业要建立物业管理项目经理负责制，组织企业所有的项目经理学习物业管理法规和规范，将项目经理每日自查和企业双周检查情况与项目经理激励奖惩制度挂钩。要将物业管理法规和规范作为住宅物业服务质量管控的基本要求，并落实专门部门和人员执行双周检查制度，确保每两周对所有项目的检查率为 100%。

（二）严守检查行为规范

各级房管部门检查人员在开展检查工作中，要严格遵守行为规范，严禁检查时不配戴“上海市物业管理督察证”；严禁检查时态度“冷、硬、横、推”；严禁提前将待查小区名单告知有关单位及个人；严禁放宽检查标准或修改评价结果；严禁利用职权或工作便利“索、拿、卡、要”。

（三）完善问题抄告、季度例会机制

各区房管部门应根据每月抽查工，作情况，分析整理问题集中事项和突出案例，研判问题症结形成书面工作简报并抄告各街道办事处（镇政府）；召开各街道办事处（镇政府）、房管 集团和相关物业服务企业参加的例会，通报住宅小区检查情况、存在问题及处置整改情况，督促物业服务企业提升服务水平。

（四）强化信息化保障工作

各区房管部门、物业服务企业应当做好物业管理信息化保障工作，落实与市局物业管理监管与服务平台相适应的信息化设施设备和工作人员。市房管部门对检查形成的数据信息通过市局物业管理监管与服务平台进行整合、分析，并提供相关部门共享应用。

（五）建立考核追责、信息披露机制

各级房管部门要将项目经理落实每日自查制度与物业服务企业落实双周检查制度的工作情况纳入考核范围。对违反物业管理法规和•规范?要求的物业服务企业和项目经理，市、区房管部门将在其诚信档案中予以记录。企业和项目经理的信用记录将与物业服务企业信用等级评定、物业管理项目招投标、物业管理示范项目评选、是否列入本市重点监管对象等业务挂钩。严重失信的物业服务企业与项目经理，将被列为本市重点监管对象，纳入物业服务行业失信企业黑名单，将被实施严格的限制、禁止进入市场等惩戒措施。物业服务企业和项目经理的信用情况，通过本市行业主管部门官方网站等向社会公示。

对整改处置不到位、安全运行工作不落实，发生有社会影响的住宅小区安全事故的，将实行责任倒查，严肃追究有关单位和人员责任。

本通知自 2018 年 6 月 1 日起正式施行。

上海市房屋管理局

二〇一八年三月九日

关于印发《上海市物业服务企业和项目经理失信行为记分规则》的通知

沪房规范〔2018〕8 号

各区住房保障房屋管理局，各街镇房屋管理机构，各物业服务企业：

现将《上海市物业服务企业和项目经理失信行为记分规则》印发给你们，请认真按照执行。

上海市房屋管理局

二〇一八年九月十八日

上海市物业服务企业和项目经理失信行为记分规则

第一条 为加强对物业服务企业和项目经理的日常监管，根据国务院《物业管理条例《、《上海市住宅物业管理规定《的规定，制定本记分规则（以下简称“规则”）。

第二条 本规则适用于本市房屋行政管理部门对物业服务企业（以下简称“企业”）和项目经理失信行为信息的记录和记分。企业失信行为信息分值是企业和项目经理失信行为信息分值折算分值的总和，其中项目经理失信行为信息分值折算分值=项目经理失信行为信息分值/企业本市所管理的物业项目数。

第三条 企业、项目经理的失信行为信息依据管理服务效果和违规、违约行为的严重程度进行记分，记分类型分为 18 分、9 分、6 分、3 分四种情形。

第四条 有下列情形之一的，对企业给予记录 18 分的处理：

（一）将一个物业管理区域内的全部物业管理业务一并委托给他人的；

（二）挪用或侵占专项维修资金、公共收益的；

（三）实施酬金制物业计费方式的，挪用或侵占所管项目物业服务资金的；

（四）物业服务合同约定采取按实结算费用的项目，挪用或侵占所管项目相关物业管理费用的；

（五）未经业主大会同意，擅自改变物业管理用房的用途的；

（六）擅自改变物业管理区域内按照规划建设的公共建筑和共用设施用途的；

（七）擅自占用、挖掘物业管理区域内道路、场地，损害业主共同利益的；

（八）擅自利用物业共用部位、共用设施设备进行经营的；

（九）未能履行物业服务合同的约定，导致业主人身、财产安全受到损害的；

（十）投标人相互串通投标，损害招标人、其他投标人或者国家、集体、公民的合法利益的；

（十一）投标人与招标人串通投标的；

（十二）投标人以向招标人或者评标委员会成员行贿的手段谋取中标的；

（十三）投标人以他人名义投标或者以其他方式弄虚作假，骗取中标的；

（十四）投标人伪造、变造资格、资质证书或者其他许可证件骗取中标；

（十五）投标人强行冲击评标现场，扰乱评标现场秩序的；

（十六）在招投标活动中，未中标的投标企业，违规进驻项目提供物业服务的；

（十七）投标人或者其他利害关系人捏造事实、伪造材料或者以非法手段取得证明材料进行投诉，给他人造成损失的；

（十八）物业服务合同期限届满后，企业单方决定不再为该物业管理区域提供物业服务的，未按规定提前三个月书面告知业主委员会的；

（十九）物业项目交接时，原物业服务企业拒不撤出物业管理区域的；

（二十）因未遵守国家或本市安全管理等方面的法律法规规定，被城管、公安、消防、市场监管、水务、环保、卫生等相关行政管理部门给予行政处罚的；

（二十一）在提供物业服务活动中，利用工作便利，涉及违法犯罪，被治安管理处罚或刑事处罚的。

有下列情形之一的，对项目经理给予记录 18 分的处理：

（一）挪用或侵占专项维修资金、公共收益的；

（二）实施酬金制物业计费方式的，挪用或侵占所管项目物业服务资金的；

（三）物业服务合同约定采取按实结算费用的项目，挪用或侵占所管项目相关物业管理费用的；

（四）未经业主大会同意，擅自改变物业管理用房的用途的；

（五）擅自改变物业管理区域内按照规划建设的公共建筑和共用设施用途的；

（六）擅自占用、挖掘物业管理区域内道路、场地，损害业主共同利益的；

（七）擅自利用物业共用部位、共用设施设备进行经营的；

（八）未能履行物业服务合同的约定，导致业主人身、财产安全受到损害的；

（九）因未遵守国家或本市安全管理等方面的法律法规规定，被城管、公安、消防、市场监管、水务、环保、卫生等相关行政管理部门给予行政处罚的；

（十）在提供物业服务活动中，利用工作便利，涉及违法犯罪，被治安管理处罚或刑事处罚的。

第五条　有下列情形之一的，对企业给予记录 9 分的处理：

（一）物业服务合同终止时，未按规定移交物业管理用房和有关资料的；

（二）投标人在标书中承诺对项目管理投入费用，但中标后未兑现承诺的；

（三）未按照物业服务合同约定或其他经公示的收费项目和标准收费的；

（四）未按规定将电梯运行维护费用单独立账或者未每半年公布 1 次电梯运行维护费用支出情况的；

（五）拒绝或无故拖延提供相关账目资料，影响对专项维修资金、公共收益进行财务审计的；

（六）未于每年 1 月和 7 月底前，在住宅小区服务窗口醒目位路设路的“上海市住宅小区物业服务监督公示牌”内公布住宅专项维修资金和公共收益的收支情况，主动接受业主的监督的；

（七）实施酬金制物业计费方式的，未于每年 8 月和次年 2 月底前，在住宅小区服务窗口醒目位路设路的“上海市住宅小区物业服务监督公示牌”内，分别公布上半年与上年度的物业服务资金收支与决算情况，主动接受业主监督质询的；

（八）每季度末将当季公共收益按照物业管理法规规定和物业服务合同约定的比例予以结算，并于次月 10 日前不延误地及时归入业主大会专项维修资金账户或擅自使用公共收益的；

（九）违规将不应在维修资金中分摊的项目，进行分摊的；

（十）未按规定或业主大会约定，人为拆分维修工程，规避专项维修资金使用工程审价和使用程序审核的。

有下列情形之一的，对项目经理给予记录 9 分的处理：

（一）未于每年 1 月和 7 月底前，在住宅小区服务窗口醒目位路设路的“上海市住宅小区物业服务监督公示牌”内，公布住宅专项维修资金和公共收益的收支情况，主动接受业主的

监督的；

（二）实施酬金制物业计费方式的，未于每年 8 月和次年 2 月底前，在住宅小区服务窗口醒目位路设路的“上海市住宅小区物业服务监督公示牌”内，分别公布上半年与上年度的物业服务资金收支与决算情况，主动接受业主监督质询的。

第六条 有下列情形之一的，对企业给予记录 6 分的处理：

（一）因未遵守国家或本市非安全管理等方面的法律法规规定，被城管、公安、消防、市场监管、水务、环保、卫生、规划等相关行政管理部门给予行政处罚的；

（二）未按规定及时发现、劝阻、制止业主、使用人在物

业使用、装饰装修房屋过程中损害公共利益、他人利益的行为

的；对劝阻、制止无效的，未按规定在二十四小时内报告业主

委员会（或居民委员会）和相关行政管理部门的；

（三）未按规定向所管的物业项目委派项目经理，作为该

项目中组织实施物业服务活动负责人的；

（四）未建立物业服务各类应急预案或虽建立预案但未进行定期演练和落实的；或发生事件后，未做好应急处路工作、未及时报告相关行政管理部门的；

（五）企业承接物业时，未按规定对移交的房屋及配套设施设备和相关场地进行检查验收，并对相关资料进行核对接收的；

（六）住宅小区服务窗口未执行周一至周日每日提供不少于 8 小时业务接待服务的；

（七）擅自迁移、砍伐树木或者调整建成绿地内部布局的；

（八）未按规定建立和保存在物业服务活动中形成的与业主利益相关的档案和资料的。

有下列情形之一的，对项目经理给予记录 6 分的处理：

（一）因未遵守国家或本市非安全管理等方面的法律法规规定，被城管、公安、消防、市场监管、水务、环保、卫生、规划等相关行政管理部门给予行政处罚的；

（二）未按规定及时发现、劝阻、制止业主、使用人在物业使用、装饰装修房屋过程中损害公共利益、他人利益的行为的；对劝阻、制止无效的，未按规定在二十四小时内报告业主委员会（或居民委员会）和相关行政管理部门的；

（三）未建立物业服务各类应急预案或虽建立预案但未进行定期演练和落实的；或发生事件后，未做好应急处路工作、未及时报告相关行政管理部门的；

（四）住宅小区服务窗口未执行周一至周日每日提供不少于 8 小时业务接待服务的；

（五）擅自迁移、砍伐树木或者调整建成绿地内部布局的；

（六）未按规定建立和保存在物业服务活动中形成的与业主利益相关的档案和资料的。

第七条　有下列情形之一的，对企业给予记录 3 分的处理：

（一）在企业“法人一证通”数字证书注册工作中，存在虚报、瞒报、拒报相关信息或提供伪造、篡改资料情况的；

（二）未在住宅小区服务窗口醒目位路公开办事制度、办事纪律、服务项目和收费标准的；

（三）未在住宅小区服务窗口醒目位路设路的上海市住宅小区物业服务监督公示牌内，公示物业服务企业营业执照、企业信用情况、物业服务合同复印件、项目经理的姓名和照片、小区物业管理处电话、24 小时报修电话、企业监督电话、962121 物业服务热线的；

（四）企业未执行双周检查制度，未落实每两周组织人员对所承接的各住宅物业管理项目的服务质量及项目经理履职情况进行检查，并通过上海物业 APP 物业服务企业用户端或上海市物业管理监管与服务平台上报检查和整改情况、灾情信息的；

（五）未为员工发放统一工作服和胸卡（胸牌）的；

（六）未按合同约定提供相应服务，经业主住户投诉，房屋行政管理部门查证属实或本市各级房屋行政管理部门在日常巡查中主动发现，并经房屋行政管理部门责令限期整改，逾期仍未改正的。

有下列情形之一的，对项目经理给予记录 3 分的处理：

（一）住宅小区服务窗口接待人员接待不规范、受理不登记、处路不及时的；

（二）未在住宅小区服务窗口醒目位路公开办事制度、办事纪律、服务项目和收费标准的；

（三）未在住宅小区服务窗口醒目位路设路的“上海市住宅小区物业服务监督公示牌”内，公示物业服务企业营业执照、企业信用情况、物业服务合同复印件、项目经理的姓名和照片、小区物业管理处电话、24 小时报修电话、企业监督电话、962121 物业服务热线的；

（四）项目经理未佩戴实名制胸卡（胸牌），严格执行每日自查制度，并通过上海物业 APP 或上海市物业管理监管与服务平台上报自查和整改情况、灾情信息的；

（五）项目经理未采取电话或走访的方式加强与业主住户的沟通，并做好书面记录的（每年不低于总户数的50%）；

（六）项目经理未每月末与业主委员会（或居民委员会）例会沟通的；

（七）小区客服人员、秩序维护员、清洁人员、维修人员、绿化养护员等人员，未穿着企业发放的统一工作服并佩戴胸卡（胸牌）的；

（八）未全天24小时受理居民报修，全年每日提供维修服务的；对急修项目，未2小时内到现场，其中市区设路管理处的小区30分钟内到现场的；对一般修理项目，未3天内修复的(居民预约、雨天筑漏可不受此限)；

（九）对业主住户的投诉报修，未做到约时不误、工完料清、住户签收、件件落实的；

（十）对业主住户投诉报修的，未做到100%电话回访，并留下回访记录的；

（十一）未对二次供水设施运行情况进行日常巡视或未对供水管道漏水等突发事件实施前期应急处路的；

（十二）未按约定提供安全值班、巡逻服务或安全值班巡逻记录不实的；秩序维护员擅自脱岗、离岗不尽责的；

（十三）秩序维护员发现道路、绿地乱停车，未进行疏导、劝阻、纠正的；

（十四）未按合同约定进行绿化养护管理的；小区绿地堆物，未及时清理的；

（十五）小区垃圾厢房或垃圾堆放点不整洁的；

（十六）未按规定在物业管区域内设路装修垃圾定点堆放场所（因客观条件限制，无法设路装修垃圾堆放场所的除外）的；

（十七）未按规定履行装修垃圾投放管理责任，强制提供有偿服务的；

（十八）未按合同约定提供相应服务，经业主住户投诉，房屋行政管理部门查证属实或本市各级房屋行政管理部门在日常巡查中主动发现，并经房屋行政管理部门责令限期整改，逾期仍未改正的。

第八条　本规则自2018年11月1日起施行，有效期至2023年6月30日。原《关于印发<上海市物业服务企业和项目经理信用信息评价试行标准>的通知》（沪房管规范物.2012.26号）同时废止。

第二章　管理与服务机构

第一节　政府管理机构

【上海市住房和城乡建设管理委员会】根据《中共上海市委、上海市人民政府关于调整本市城市建设管理机构职能的批复》（沪委〔2015〕725 号）和《中共上海市委、上海市人民政府关于设立上海市房屋管理局等有关事宜的批复》（沪委〔2017〕364 号）规定，设立上海市住房和城乡建设管理委员会,为市政府组成部门。

一、主要职责

(一)贯彻执行有关住房、城乡建设和城市管理的法律、法规、规章和方针、政策；组织起草相关地方性法规、规章草案,并组织实施有关法规、规章；组织协调住房、城乡建设和城市管理领域综合性、系统性、长远性重大问题研究和重大政策的拟订并组织实施；负责组织行业发展重大改革工作。

(二)根据本市国民经济和社会发展总体规划，拟订城乡建设和城市管理的发展战略、中长期发展规划和年度计划，并组织实施；协调拟订住房、城乡建设和城市管理各类行业发展规划，并组织实施；综合协调与平衡各层面市政基础设施建设管理规划；协调和平衡市政基础设施（除交通工程）年度项目建设计划。

(三)组织编制市级城市维护项目年度预算安排计划，按照职责分工，加强对市级城市维护项目的监督管理；会同有关部门加强对区城市维护资金使用的指导；参与研究城乡建设和城市管理领域财政、价格政策；负责城乡建设和城市管理领域统计管理、经济运行监测和分析；负责监督直属单位的财务管理、国有资产管理和内部审计等工作。

(四)会同有关部门做好城市建设和土地使用管理的衔接工作；会同有关部门组织开展城市基础设施项目实施可行性研究；会同有关部门审批政府投资项目的初步设计；负责建设工程抗震管理；参与确定本市重大工程项目，负责指导、组织、协调、推进重大建设工程的实施和目标考核；负责组织本市重点工程实事立功竞赛活动；综合协调城市基础设施项目建设相关工作；组织指导、综合协调、督促检查黄浦江两岸开发工作。

(五)负责建筑市场综合监管和行业的行政管理；拟订监督管理建筑市场、规范市场各方行为的规章制度并监督执行；负责建筑市场工程报建、招投标监督管理与施工图设计文件审查的监督管理；负责建筑市场各类企业资质、从业人员执业资格的管理以及从业单位与人员市场行为的诚信管理；负责房屋建筑和市政工程(除交通工程)的施工许可管理；负责建筑市场管理信息平台的建设、运行管理；负责建筑市场的稽查工作。

(六)负责建材市场监管和行业的行政管理；制定建筑节能政策并监督实施,负责建筑节能、墙体材料革新和散装水泥发展及管理工作；组织研究制定住宅产业科技进步规划；组织新型建筑材料的认定和推广应用；拟订推进绿色建筑发展行动规划，推动建筑业转型发展，推进建筑工业化工作；协调、推进本市住宅产业现代化及节能省地型住宅产业发展。

（七）组织制定和调整发布工程建设、住房设计标准以及居住区公共服务设施标准、造价、定额和技术规范，组织对实施情况进行监督；组织拟订城市管理相关工作标准定额、技术规范；组织拟订村镇建设相关建设标准、技术规范等。

（八）承担本市建筑行业安全生产监督管理责任（除交通工程），制定建设工程质量和安全生产规章制度并监督实施；监督参建主体建立健全质量和安全管理体系；强化勘察设计质量管理；负责建筑企业安全生产许可管理；负责建筑材料和机械设备现场使用的质量安全监管；负责本市房屋建设质量管理；参与建设工程较大及以上质量、施工安全事故调查处理。

（九）统筹推进城市管理领域相关工作，指导督促市有关部门以及区政府落实城市管理各项任务和各类标准定额；负责指导城市管理综合执法工作；负责城市网格化综合管理推进协调工作，承担城市网格化管理体系建设、运行和管理工作；统筹协调绿化林业、市容景观、环境卫生以及供排水等需要多部门协调联动的工作；综合协调市有关部门和区政府共同推进城乡环境综合治理及城乡生态环境建设和管理等相关工作；负责“世界城市日”事务协调工作。

（十）负责燃气行政管理和行业管理；会同有关部门组织编制燃气专项规划并推进实施；综合协调地下空间使用管理；综合协调地下市政基础设施建设和管理；参与地下管线综合规划平衡协调，负责地下管线项目建设的监督管理；负责道路和公共区域照明设施的行政管理；组织或参与编制市政工程、燃气、综合管线应急预案并实施，组织或参与相关事故调查处理；组织协调住房、城乡建设和城市管理重大事故的应急处置以及综合治理工作。

（十一）参与本市城镇体系规划编制；指导区研究编制郊区城镇和村庄基础设施专业规划及村镇建设计划；协同市有关部门拟订村镇建设相关政策；指导推进郊区城镇化和村庄市政基础设施及人居环境建设；协调推进城镇化建设工作；协调指导农村村民集中居住及住房建设工作；负责历史文化名镇（村）和传统村落保护、利用和开发的政策拟订、指导协调等相关管理工作。

（十二）负责拟订住房公积金管理法规、政策并对执行情况进行监督，承担市住房公积金管理委员会的日常管理工作，监督住房公积金的管理、使用和安全。

（十三）组织指导协调并监督城乡建设和城市管理的行政执法工作；依法对各种违法行为进行行政处罚。

（十四）推进住房、城乡建设和城市管理领域科技进步；指导监督住房、城乡建设和城市管理职业技术教育培训工作；协调推进住房、城乡建设和城市管理信息化建设；负责城乡建设和城市管理综合资料的收集、统计和分析，制订发布城乡建设和城市管理行业发展报告。

（十五）承担有关行政复议受理和行政诉讼应诉工作。

（十六）承办市政府交办的其他事项。

二、内设机构

根据上述职责，上海市住房和城乡建设管理委员会内设16个处室，分别是：办公室、村镇建设处、工程建设处（市重大工程建设办公室）、设施管理处（燃气处）、建筑市场监管处（稽查办公室）、政策研究室、审计处（公积金处）、建筑节能和建筑材料监管处（市建材业管理办公室）、法规处、应急保障处、标准定额管理处、综合计划处、信访办公室、质量安全监管处、综合规划处（市抗震办公室、浦江两岸开发协调处）、城市管理处、科技信息处。

【上海市规划和自然资源管理局】根据《中共中央办公厅国务院办公厅关于印发〈上海市人民政府职能转变和机构改革方案〉的通知》（厅字〔2014〕20号）的规定，设立上海市规划和自然资源管理局，为市政府组成部门。

一、主要职责

（一）履行全民所有自然资源资产所有者职责和所有国土空间用途管制职责。贯彻执行有关自然资源和国土空间规划、城乡规划的法律、法规、规章和方针、政策。研究起草有关国土空间规划及城乡规划的编制和实施、自然资源、测绘、地名等方面的地方性法规、规章草案，拟订相关政策，并组织实施和监督检查。

（二）负责推进主体功能区战略和制度，组织编制并监督实施国土空间规划和相关专项规划。开展国土空间开发适宜性评价，建立国土空间规划实施监测、评估和预警体系。组织划定、实施和管理生态保护红线、永久基本农田、城镇开发边界、文化保护等控制线，构建节约资源和保护环境的生产、生活、生态空间布局。建立健全国土空间用途管制制度。

（三）参与编制经济社会发展与城市建设中长期规划和年度计划，参与长江经济带国土空间规划、长江三角洲区域发展规划。根据国民经济和社会发展规划，组织编制城市总体规划、土地利用总体规划、单元规划、重要地区的详细规划及市政府其他指令性规划，对其他专业系统规划进行综合协调与平衡。指导各区编制职责范围内的各类规划。受市政府委托，依法审核、审批各类规划。

（四）负责历史文化名城、历史文化风貌区、历史文化名镇、历史文化名村、优秀历史建筑和市级以上历史文物古迹的规划管理。负责城市地名、城乡规划设计、城市建设档案等管理工作。负责城乡规划、土地、地质矿产资源、测绘等行业资质资格与信用管理。

（五）负责建设工程项目规划土地管理相关工作，对建设工程项目审批后到竣工验收前规划、土地执行情况实行跟踪监督。

（六）统筹负责自然资源调查监测评价。依据国家自然资源调查监测评价指标体系和统计标准，建立统一规范的调查监测评价制度。统筹推进自然资源基础调查、专项调查和监测工作。组织落实自然资源调查监测评价成果的监督管理和信息发布。指导各区自然资源调查监测评价工作。

（七）负责自然资源统一确权登记工作。制定各类自然资源和不动产统一确权登记、权籍调查、不动产测绘、争议调处、成果应用的制度、标准、规范。建立健全自然资源和不动产登记信息管理基础平台。负责自然资源和不动产登记资料收集、整理、共享、汇交管理等。指导监督自然资源和不动产确权登记工作。

（八）组织拟订并实施土地等自然资源年度利用计划。负责城镇建设用地规模的总量控制和用途管制，并承担监管责任。负责土地等国土空间用途转用工作，负责土地征收征用管理，负责征收集体土地房屋补偿工作。

（九）负责统筹国土空间生态修复。牵头组织编制国土空间生态修复规划并实施有关生态修复重大工程。负责国土空间综合整治、土地整理复垦、矿山地质环境恢复治理等工作。负责政府土地储备等各类建设用地的开垦、整理、复垦管理工作。牵头实施生态保护补偿制度。

（十）负责组织落实最严格的耕地保护制度。牵头拟订并实施耕地保护政策，负责耕地数量、质量、生态保护。组织实施耕地保护责任目标考核和永久基本农田特殊保护。完善耕地占补平衡制度，监督占用耕地补偿制度执行情况。

（十一）负责有关自然资源资产有偿使用工作。依据国家有关全民所有自然资源资产统计制度，统筹全民所有自然资源资产核算，组织编制全民所有自然资源资产负债表。拟订有关全民所有自然资源资产划拨、出让、租赁、作价出资和土地储备政策。组织实施自然资源资产价值评估管理，依法收缴相关资产收益。

（十二）负责有关自然资源的合理开发利用。组织拟订有关自然资源发展规划和战略。拟订有关自然资源开发利用标准并组织实施。依据国家政府公示自然资源价格体系，组织开展有关自然资源分等定级价格评估。负责有关自然资源市场监管。依法负责各类建设用地管理和土地收回、土地储备相关工作。

（十三）负责地质勘查行业和地质、矿产资源管理工作。负责地质灾害预防和治理，监督管理地下水过量开采及引发的地面沉降等地质问题。负责落实综合防灾减灾规划相关要求，组织编制地质灾害防治规划和防护标准并指导实施，承担地质灾害应急救援的技术支撑工作。

（十四）负责测绘地理信息和基础测绘管理工作。监督管理地理信息安全和市场秩序。负责地理信息公共服务管理。负责测量标志保护。

（十五）负责组织指导规划和有关自然资源行政执法工作，依法查处有关违法案件。

（十六）完成市委、市政府交办的其他任务。

（十七）职能转变。上海市规划和自然资源局要落实关于统一行使全民所有自然资源资产所有者职责，统一行使所有国土空间用途管制和生态保护修复职责的要求，强化城市规划在城市发展中的基础性作用。以深化“放管服”改革和优化营商环境为抓手，强化国土空间规划对各专项规划的指导约束作用。弱化微观管理事务和具体审批事项，转变重审批轻监管的行政管理方式，运用信息化手段创新监管模式，切实提高审批透明度和监管效能。

上海市规划和自然资源局下设的上海市不动产登记局更名为上海市自然资源确权登记局，拟订各类自然资源和不动产统一确权登记、权籍调查、不动产测绘、争议调处、成果应用的制度、标准、规范，承担指导监督自然资源和不动产确权登记工作，建立健全自然资源和不动产登记信息管理基础平台，管理登记资料，负责市委、市政府确定的专项登记工作。上海市自然资源确权登记局行政编制 10 名，正副处级领导职数 3 名。

上海市规划和自然资源局所属事业单位的设置、职责和编制事项另行规定。

二、内设机构

上海市规划和自然资源局机关行政编制为 202 名。设局长 1 名，副局长 5 名，总工程师 1 名，正副处级领导职数 60 名。下设十九个处室，分别是：办公室、政策研究与科技发展处、组织人事处、财务与资金管理处、法规处、总体规划管理处、详细规划管理处（城市更新处）、乡村规划处、市政工程管理处、建筑工程管理处、风貌管理处（地名管理处）、自然资源利用处、国土用途实施处、地质资源管理处、测绘与自然资源调查处、信访办公室（公众参与处）、行政服务处（城建档案管理处）、信息化建设处、业务监督处。

第二节　行业协会与学会

【上海市房地产行业协会】成立于 1986 年 1 月（成立之初为上海市房地产业协会），是上海改革开放后最早成立的一批协会之一。2004 年 7 月与上海市住宅产业协会合并为上海市房地产行业协会。

协会的业务范围：房地产开发经营的行业调研，行业培训，行业评比、优秀住宅评选、会展服务、中介咨询、国内外行业信息交流和编辑出版等。围绕“提供服务、反映诉求、规范行为”的办会宗旨，近几年来，协会在提供服务的过程中将“规定动作”和“自选动作”相结合，努力提高为会员企业的服务水平。

【上海市房产经济学会】创建于 1981 年 5 月 3 日。1985 年 1 月 5 日，经中共上海市委宣传部、上海市哲学社会科学学会联合会批准，改名为上海市房产经济学会（以下简称市房产学会）。

学会是依照《社会团体登记管理条例》的规定，由从事房地产经济研究、房地产教育科研以及行业管理、经营管理的单位及专业人员自愿结成的学术性非营利性社会组织。

学会宗旨是以马列主义、毛泽东思想、邓小平理论、“三个代表”重要思想和科学发展观、习近平新时代中国特色社会主义思想为自己的行动指南。坚持“一个中心、两个基本点”，遵守宪法、法律、法规和国家政策，按照“百花齐放、百家争鸣”的方针，探索和研究房地产经济的客观规律，研究房地产业改革发展中的新情况、新问题，为推进和谐社会的建设，促进房地产业持续健康发展，为上海的改革开放和社会主义现代化建设服务。遵守国家的法律、法规、规章和政策，遵守社会道德风尚。

学会的登记管理机关是上海市社会团体管理局，业务主管单位是上海市社会科学界联合会，指导单位是上海市房屋管理局。市房产学会接受登记管理机关和业务主管单位以及指导单位的监督管理和业务指导。

【上海市土地学会】上海市土地学会是上海市从事土地管理、土地科技、土地经济理论研究和土地开发经营等专业人员及相关单位自愿组成的学术性、非营利性的社会团体法人。上海市土地学会成立于 1989 年 3 月 16 日。登记管理机关是上海市社会团体管理局；业务主管单位是上海市社会科学界联合会；挂靠上海市规划和国土资源管理局。学会接受上述单位的业务指导和监督管理。

学会设有办公室、学术部、咨询服务部、《上海土地》编辑部等四个工作部门。本市各区县设有上海市土地学会联络处；根据工作需要，还设立了若干专业委员会等分支机构。

【上海市房地产经纪行业协会】成立于 1996 年 12 月。协会由本市房地产居间介绍、代理营销、咨询策划、金融服务、信息服务等机构，相关企事业单位和在沪注册的中华人民共和国房地产经纪人，依法自愿组成的全市性行业组织，是实行行业服务和自律管理、具有法人资格的非营利性社会团体。协会单位会员基本涵盖全市有一定规模、良好品牌的房地产经纪骨干企业。

2010年10月12日第三次会员大会通过的《章程》第二十二条规定：协会会长由房地产经纪企业经营者或业内专家担任，实行届内轮值制。新一届理事会选出两位轮值会长，同时确定轮值次序，第一位的任期为换届履职之日起两年，第二位的任期为接任履职期到届满。常务副会长、副会长每届四年，驻会常务副会长、副会长连任不得超过两届。《章程》第二十三条规定：协会常务副会长为法定代表人。协会宗旨：发挥提供服务、反映诉求、规范行为的作用，促进房地产经纪行业的繁荣和健康发展。多年来，协会积极发挥“服务、代表、自律、协调”的职能，2005年，被评为上海市先进民间组织，2006年被中国房地产行业协会评为优秀行业协会。为会员单位服务是行业协会应尽的职责。面对新情况，解决新问题，上海市房地产经纪行业协会作了许多努力。

【上海市物业管理行业协会】上海物业管理行业协会于2008年10月22日成立，由原上海物业管理协会与原上海市物业管理商会合并而成。协会简称上海物业协会。英文缩写为SPM。协会依照《社会团体登记管理条例》、《上海市促进行业协会发展规定》等规定，由上海市物业管理企业和相关企事业单位自愿组成的全市性行业组织，是实行行业服务和自律管理的非营利性的社会团体法人。

协会的宗旨是：遵循国家有关法律、法规、规章和政策，引导、培育、发展上海市物业管理市场，为会员提供服务，维护会员合法权益，推动企业互相之间的交流、合作与创新，倡导行业自律和公平竞争，促进本市物业管理行业的繁荣和健康发展。

协会的最高权力机构为会员代表大会，执行机构为理事会。协会下设十七个区工委，并设有白蚁防治、设施设备、资产管理、教育培训和普通住宅专委会，同时还设立了行业党建工作指导委员会。秘书处为理事会的日常办事机构，下设综合管理办公室、培训部、咨询服务部、宣传信息部、会员服务部和行业研究中心六个部门。

【上海市房地产估价师协会】（英文简称：SREAA）是由本市房地产估价行业从事房地产评估活动的执业机构及房地产估价师组成的社会团体，于1997年1月16日成立。依照中华人民共和国和国务院颁布的《社会团体登记管理条例》的规定，协会获准上海市社会团体管理局登记，注册资金10万元，获取社会团体法人登记证书，登记证书号码为沪民社证字第0056号，具备社团法人资格。

协会在市社团局和市住房和城乡建设管理委员会的指导下，遵守国家法律、法规、规章和政策，遵守社会道德风尚；服务国家，服务社会，服务会员；规范房地产评估行为，提升服务质量和水平，维护会员合法权益，促进行业健康发展，协会自身建设也取得了较大进步。

协会设立的工作委员会为：行业发展工作委员会、组织和自律工作委员会、教育培训工作委员会、财务管理工作委员会。设有两个分支机构：专家委员会、研究中心（筹）。

上海市房地产估价师协会是中国房地产估价师与房地产经纪人学会的常务理事单位，是中国土地估价师学会的会员单位。曾受到“中房学”“协会的职能发挥在国内房地产估价行业中处于领先行列”的评价。并获得其颁发的“房地产估价行业贡献奖”。

【上海市装饰装修行业协会】成立于 2002 年 4 月，是由原上海市建筑装饰协会和上海市家庭装饰行业协会归并组建而成的行业性、非营利性的社会团体。协会遵守国家的法律、法规，接受政府委托，承担对本市装饰装修行业的行业管理开展行业统计、行业调查、行业评比，发布行业信息、公信证明、价格协调、行业准入资格审核等项活动。

第三章 学术研究机构

【复旦大学房地产研究中心】成立于 1994 年，是国内高校中著名的房地产经济研究机构。中心主要研究我国房地产经济走势及政策，也为各级政府和境内外机构提供决策咨询。中心先后完成多项省部级纵向研究课题和近百项地方政府和企业委托的横向研究课题，为政府决策提供多项咨询报告，出版多部房地产业、房地产金融和房地产政策相关的专著，在报刊发表文章数百篇，经常在新华社、中央电视台、凤凰卫视等境内外主流媒体发表观点和意见，深受各级政府、企事业单位和广大群众的关注和重视，在国内具有崇高的学术地位和影响。中心自成立以来，为各级政府、金融机构和房地产行业输送了大量的人才。它通过组织定期和不定期的内部交流，已经成为圈内联系紧密、公信力卓著、渠道资源专享的圣殿。尤其的，2010 年中心专门成立了分支机构—复旦大学商业地产研究所。目前复旦大学房地产研究中心主任和商业地产研究所所长由复旦大学经济学院尹伯成教授担任。

【华东师范大学东方房地产学院】由华东师范大学、建设部房地产业司、上海市房屋土地管理局、建设银行上海分行、中房上海总公司于 1995 年联合创立。

学院坚持“产学研结合、育人为本、科研领先、紧贴行业、争创一流”的办学理念，经过近二十年的发展，目前学院已经建立了结构完善、层次分明、专业互补的学科研究梯队，聚集了近 20 名教授、副教授或具有博士学位的专业教学和研究人员，并形成了从本科到硕士、博士、博士后的完整的教学体系。在房地产经济理论研究、学科建设、人才培养、为政府决策咨询及行业改革发展服务等方面，均取得了政府部门和房地产界的广泛认可，东方房地产学院已是我国房地产领域内知名的学科名牌。

学院实行董事会领导下的院长负责制。第三届董事单位由华东师范大学、上实城开、中华企业、嘉凯城集团、旭辉股份、复旦复华、西藏城投、中铁置业集团、吴中地产集团、联银恒通基金、易居房地产研究院等单位组成。南极论坛秘书长蔡育天先生出任董事长、张永岳教授出任院长；龙胜平、华伟出任常务副院长、顾志敏、彭加亮出任副院长、谢福泉出任董事会秘书。

【上海财经大学不动产研究所】上海财经大学不动产研究所成立于 1998 年，具有悠久历史，成果卓著。本所以上海财经大学从事房地产领域研究的教师为核心研究人员，有大量国际国内权威房地产专家作为兼职研究人员。创始人、首任所长和荣誉所长为王洪卫教授，现任所长为姚玲珍教授（上海财经大学副校长）、执行所长陈杰教授。研究所设在上海财经大学公共经济与管理学院大楼(凤凰楼)。

【上海易居房地产研究院】2005 年正式成立，院长为张永岳，是本市首家具有独立法人实体地位的民办非企业的专业房地产研究机构。研究院致力于深入探索房地产行业研发系统的创新，不断加强房地产业领域重大理论和应用问题的研究，持续推动房地产产学研一体化的发展，以求建立较为完善的房地产研究运作机制。目前，该院设立了市场研究中心、教育培训中心、技术开发中心、投资咨询中心等四个职能机构。此外，研究院还设立了产业环境、地产营销、建筑产品等研究室及开放式公共服务平台，以便能对一些前沿课题进行专题研究和深入探索，并吸引相关领域的行业专家进行研发创新及教育培训。

【上海社科院城市与房地产研究中心】成立于 1988 年，由上海社会科学院会同政府管理部门和著名房地产企业组成的专业研究机构。研究重点集中在房地产业和房地产市场的重大理论与实际问题。既为政府提供政策研究，也为企业发展与项目决策提供咨询。

【上海大学房地产学院】是由上海大学与上海市房屋土地资源管理局联合组建的专业学院，于 2004 年 5 月正式揭牌，同年首次招收计划内全日制本专科生。学院实行董事会领导下的院长负责制。董事会由上海大学、上海市房屋土地资源管理局及投资企业组成。由上海市房屋土地资源管理局与上海大学主要领导担任董事长，聘请国家建设部副部长刘志峰、国土资源部副部长李元、市人大常委会副主任刘伦贤、市人大城市建设与环境保护委员会副主任姜燮富等领导担任顾问，并将聘请有关知名人士、企业家担任名誉董事。

院长受董事会委托全面负责学院的教学与日常行政管理工作，定期向董事会述职。高校与行业联办的管理体制，对学院培养适合社会经济发展需要的应用型人才以及学院的发展带来了得天独厚的活力。

【上海市房地产科学研究院】上海市房地产科学研究院成立于 1975 年，上海市房屋管理局直属事业单位，是国内房地产行业中创立最早、唯一涵盖房地产经济管理和房屋工程技术的公益类综合科研机构。我院承担住房和城乡建设部委托的房地产技术标准归口管理职能，与建设部住宅产业化促进中心共同主办《住宅科技》刊物，也是上海市建设交通委设立的建筑节能和材料学科中心。

作为上海市科技创新体系的非营利性公益类科研机构，我院主要从事住房保障和房屋管理的科学研究、科技咨询与技术服务等工作。院科研工作依托行业背景和自身实力，突出前瞻性、针对性、应用性，形成了住房保障、房地产市场、物业管理、旧区旧房改造、住宅产业化、建筑节能、历史建筑保护和房屋安全等科研重点和专业特色，接受政府下达的、行业团体和企事业单位委托的决策咨询、行业管理、标准规范、技术研发等方面的科研项目。我院持有多项重要的资质证书，拥有先进的仪器设备，依托科技优势和适应市场运作的体制机制开展科技咨询与技术服务，承担行业和各界委托的业务项目，参与重要的行业管理和重大的城市建设工程项目。

经过 40 多年建设与发展，形成了一支科研力量雄厚的专业技术队伍，累计完成 260 余项科研项目，荣获 120 余项各级政府授予的科技奖项，拥有 20 余项国家专利。大量的科研成果应用于实践，为政府管理决策、房地产业发展和城市建设作出了重要贡献，住房和城乡建设部曾授予我院“十五”全国建设科技先进集体称号。

进入新的发展时期，我院以引领行业科技创新为己任，以服务政府、服务行业、服务社会为宗旨，锐意进取，追求卓越，努力为社会经济发展作出新贡献。

【上海市房地产学校】毗邻虹桥国际机场，占地面积 11.88 万平方米，总建筑面积 8 万平方米，由法国夏邦杰建筑师事务所、上海建筑设计院合作设计。学校布局设计新颖，现代建筑与园林绿化融于一体。学校拥有智能化教学行政楼、先进实验实习设施、多功能会议中心、高标准学生公寓及配套设施、400 米塑胶跑道标准体育场、室内体育馆、别墅式专家楼等。其中，学生公寓设施齐全，每套房间设床位四个和独立使用卫生及淋浴设备，每位学生配单独写字桌与衣柜，户户设有阳台，并装备了空调，是目前上海同等学校中最现代化的学生公寓

学校具有满足房地产行业各种人员教育和培训所需要的实验实训设施，是上海市职业教育物业管理开放实训中心，包括全国房地产行业中规模最大，设施最先进的电梯实训工场；完备、先进的房屋安全检测设备；功能齐全的电子电工实验室；新颖的智能化楼宇实验室等十几个先进的实验实训场所。

学校电化教学设施齐全，具有可同时容纳 100 多名学生上课的多媒体网络教室和多媒体演示教室，有先进的摄录编设备、外语教学语音室、卫星电视接收系统、闭路电视系统、校内广播系统及电子阅览室等。

学校实行学历证书和能力证书、职业资格证书相结合，学生毕业不仅能获得毕业文凭，而且能获得“计算机操作”、“CAD 绘图”以及“物业公司部门经理和一般人员”等上岗资格证书，大大增强了市场就业竞争力。 学校组织的高复班历年的升学率超过 95%，为学生提供了提升学历的平台。该校毕业生供不应求，得到了行业与用人单位的认可。

第四章　优秀企业展示

【上海地产（集团）有限公司】（简称地产集团），成立于2002年，是经上海市人民政府批准成立的国有独资企业集团公司，注册资本42亿元。集团主营业务包括土地储备前期开发、滩涂造地建设管理、市政基础设施投资、旧区改造、房地产开发经营等。截至“十二五”末，集团总资产达2123亿元，旗下拥有5家具有房地产开发一级资质的企业、2家上市公司、 2个国家级开发区。

地产集团成立以来，充分发挥国有企业集团的优势，在土地储备前期开发、滩涂造地建设管理、保障性住房开发建设、国有资产保值增值等方面，出色地完成了市委、市政府交办的任务，较好地完成了服务社会和发展自身两篇文章。

在新的历史发展阶段，地产集团将紧紧围绕市委、市政府工作大局，将集团打造成为上海城市更新的重要运作平台之一，高质量地完成事关上海长远发展的各项重大任务，包括旧区改造及城中村改造、保障房建设、工业园区置换升级、历史风貌区和老建筑保护等，为上海城市的功能完善和社会发展作出新的更大贡献。

【绿地集团】（简称为“绿地”或“绿地集团”）是一家全球经营的多元化企业集团，创立于1992年7月18日，总部设立于中国上海，在中国A股实现整体上市，并控股多家香港上市公司。

成立27年至今，绿地已在全球范围内形成了“以房地产开发为主业，大基建、大金融、大消费以及科创、康养等新兴产业并举发展”的多元经营格局，实施资本化、公众化、国际化发展战略，旗下企业及项目遍及全球五大洲三十多个国家，连续8年位列《财富》世界企业500强，名列2019年榜单第202位。

绿地正不断加快企业创新转型，致力成为一家主业突出、多元发展、全球经营、产融结合，并在房地产、金融、基建等多个行业具有领先优势的本土跨国公司。

绿地先人一步的国际化步伐迸发出巨大能量，广泛布局中国、美国、澳大利亚、加拿大、英国、德国、日本、韩国、马来西亚、柬埔寨、越南等国家，着力塑造品牌国际声望与全球竞争力，并通过参与全球市场竞争，淬炼激发出深化转型的蓬勃活力。未来的绿地将以培育世界级企业为目标，力争在经济全球化背景下，真正成就中国企业的未来无限。

绿地依托房地产主业优势，积极发展大基建、大金融、大消费及科创、康养等新兴产业关联板块集群，实现“3+X”综合产业布局，保障企业平衡经济波动、实现持续增长。

“一业特强、多元并举”的多元产业板块，更有利于绿地充分打通并嫁接各产业板块优势，打造稳健增长、基业长青的“绿地系”企业群。

绿地坚持产业经营与资本经营并举发展，实体产业与金融、投资之间的协同效应日益放大，以实现国内A股整体上市，并控股国家香港H股上市公司，构筑起境内外资源整合的资本平台。

绿地积极推动跨界合作与平台协同，领衔“互联网+地产”创新及资产证券化转型，投资并购成果丰硕。未来，绿地金融将涵盖保险、信托、证券、银行等金融领域，打造“资金+资管”产业链，使产融结合发挥更强发展动力。

绿地在全球投资发展过程中，深入参与城市功能性开发、基础设施建设以及市民服务、公益慈善等领域，对当地城市经济发展、增加税收及就业岗位等都起到了积极的作用，获得了中国及海外各国政府及社会各界的充分肯定与欢迎，树立起了颇具价值的品牌国际声望。

【上海建工房产有限公司】成立于1998年，注册资本金9亿元，是上海建工集团股份有限公司核心成员企业，下辖子公司、合资公司50余家。公司具备国内最高一级房地产开发资质，也是上海房地产行业中最早通过ISO9001质量管理体系认证的企业之一。

上海建工房产坚持以用户为本，以市场需求为导向，贯彻“立足本地，辐射全国，科学布局、深耕市场，集成优势，联动发展”的总体战略布局。经过20多年的发展，产品已涵盖住宅、商业、办公、酒店、酒店式公寓、产业园区等；产品由中低端向中高端转变，经营模式由单一开发销售转为开发销售和置业经营多元化模式转型。公司先后进入徐州、苏州、南京、南昌及天津市场，形成了以南京为核心，辐射徐州、苏州等城市的长三角重点区域市场和以南昌为中心的中原区域市场。

在上海建工集团“和谐为本，追求卓越”的文化理念引领下，上海建工房产以“专攻建筑经典，成就人居梦想”为使命，用心规划、精心建设、尽心服务，不懈追求“建筑、艺术、生活”的和谐相融，实现“放心房、买放心”的品牌境界。公司先后荣获“上海市‘五一’劳动奖状”、“全国住房城乡建设系统先进集体”等荣誉称号。公司开发的楼盘获国家最高质量奖“鲁班奖”、上海市最高质量奖“白玉兰”奖、上海市优秀住宅综合金奖等殊荣。

【上海闵行房地（集团）有限公司】成立于1996年12月，是一家集房地产投资、开发、经营等相关服务为一体，以及股权投资等多元发展的企业集团。上海闵行置业发展有限公司成立于2002年4月，是国家二级资质房地产开发企业，现位列上海房地产开发企业50强。上海闵行置业发展有限公司担负起了上海闵行房地集团房地产开发业务的重任。

作为上海最早从事房地产开发经营管理的房地产企业集团，上海闵行房地集团始终致力于旧城改造和房地产综合开发，从单一住宅区开发到商业综合体开发，从古镇的保护性开发到历史人文建筑的修缮保护，见证了上海西南城区变化的历程，推动城区发展的步伐。在房地产开发经营的核心业务方面，上海闵行房地集团，上海闵行置业发展有限公司已形成城市大型生态社区、古典民族建筑、城市商业体、旅游地产等四大产品体系。住宅地产“凤凰城”“丽都城”“枫桦景苑”，旅游地产“御前街”，古典民族建筑“江南御府”，商业地产“置业广场”“金平广场”，保障性住房“源枫景苑”，旧城改造项目“华夏茗苑”“星河景苑”已成为沪上享有知名度和影响力的房地产项目。

上海闵行房地集团、上海闵行置业发展有限公司拥有一支在房地产开发、经营、管理，以及建筑、规划、设计、景观等方面经验丰富的高素质员工队伍，还有来自高校院所、科研机构等领域具有社会影响力的专家团队，并形成了完整的设计、开发、建设、物业管理产业链。

2014年，上海闵行置业发展有限公司实施海外发展战略，在澳大利亚成立了全资子公司，并以SHMH（上海闵行）品牌命名。目前，已获得悉尼Eastwood 、Elizabeth Bay、 Waterloo,以及Penrith

四城区 4 个大中型住宅项目，总计可建住宅超过 2300 套以上。2015 年 11 月 10 日，位于 Eastwood 的“Vantage”项目率先破土动工，奏响了上海闵行房地集团、上海闵行置业发展有限公司拓展海外市场的序曲。

上海闵行房地集团秉承“诚信、守法、务实、开拓”的企业宗旨，融汇东西方居住理念，关注和强调人与自然的协调，关注人类生态系统的稳定和发展，重视和珍惜每一次的土地开发活动，不断探索符合社会需求的居住理念并付诸实践，形成了具有自身特点的开发理念和企业发展成功之道。

经过十数年的发展，上海闵行房地集团，上海闵行置业发展有限公司已从当年的以管理经营为主的企业，脱胎成为从事国内和国外房地产开发、经营，以及贸易、投资和科创园区建设，实现跨国经营发展，位列上海房地产开发企业 50 强的知名房地产开发企业。

【大华（集团）有限公司】成立于 1988 年，总部位于上海，作为最早起步、最大规模的中国城市更新运营商之一，多年来专注城市更新，超大规模社区建设运营等，为推动中国城市化进程做出积极贡献。长期位居中国民营企业 500 强，中国房地产综合实力 50 强。经 30 余年发展，形成了以房地产开发为主，集房地产投资、开发、建设、物业管理等业务为一体，兼及投资管理和商业运营等多元化经营的企业集团，下属 80 余家控股、参股公司、分公司，40 余家关联企业协作运营。大华集团响应国家“一带一路”发展战略，秉承“全心全力为人居服务”的企业宗旨，以专业化的城市投资、建设和运营商作为发展方向，目前已布局长三角区域、环渤海区域、中西部、西南区域及粤港澳大湾区等五大区、20 余座重点城市。并拓展海外市场，目前已在澳洲多个城市深入开发，累计获得约 2000 公顷土地开发权。

大华集团坚持以地产开发改善居民生活环境，提升区域价值，推动城市功能升级。在成批旧改、新农村建设上配合政府进行道路、管网等大市政基础设施建设；在开发区域内建设幼托、中小学、医院、社区公园等大公建配套；开发区域内整体规划和建设酒店、办公、购物中心等区域配套商业，“嘉年华”系列社区商业和时尚购物中心、城市精品酒店等持有运营的商业面积已逾 80 万㎡大华集团在上海开发的大华社区（占地 3.5 平方公里）、大华锦绣华城（原浦东六里现代生活园区，占地 3.3 平方公里），大场老镇改造社区（大华新界，占地 2.5 平方公里）均已成为欣欣向荣的新城镇，总计约有 25 万居住人口，逐步树立起推进中国城市化进程的优秀地产品牌。

从 2015 年开始，大华集团开始探索投资业务，旗下的上海华强股权投资管理有限公司专注于投资国内具有高成长性行业里盈利能力最强的领军企业。截止 2016 年底，在大健康、大消费和医疗，以及新材料和 TMT 领域累计已签约投资项目 15 个，投资金额 15.41 亿元，并与业内领先的 VC/PE 投资机构（摩根士丹利、鼎晖投资、华盖资本、启赋资本等）建立起紧密的合作关系。在房地产开发之外，大华集团始终关注产品品质和客户体验。于 2001 年成立的上海名华工程建筑有限公司，具有房屋建筑工程施工总承包一级资质和建筑装修装饰工程专业承包一级资质；旗下的上海胜迁建筑装潢工程有限公司，具有建筑装饰装修工程设计与施工一级资质；于 2000 年成立的大华物业，是国家物业管理一级资质企业。

大华集团长期以高度的热情和社会责任投身慈善、公益事业，努力承担企业公民的社会责任，成立 30 多年来，在慈善和社会公益方面的累计捐赠超三亿元。在陕西省华阴市、岚皋县、宁陕县以及四川盐田县三元乡捐赠了 4 所大华希望小学；在新疆援建了 15 个卫生所。并于 2019 年正式成立大华公益基金会，更加全面深入地投身公益！大华集团积极投身体育事业的发展。为响应国家推进体育事业发展的号召，体现上海城市精神，2014 年 7 月，大华集团与上海体育职业学院、宝山区体育局三方共同组建成立了上海宝山大华女子篮球俱乐部，共同打造规范化、职业化的女子篮球俱乐部，为推动女篮运动的开展和普及，为振兴“中国女篮”，为上海乃至中国篮球事业的发展做出了自己的贡献。

历经多年的发展，大华集团连续多年荣膺“中国房地产百强企业”、“上海企业 100 强”、“中国房地产开发企业品牌价值 50 强”等荣誉。自 2003-2019 年连续荣获“上海市企业资信等级 AAA-”、“上海纳税百强企业”、“中国企业纳税 200 佳”、“上海市守合同重信用企业”等重要奖项。大华集团作为中国城市更新运营商，伴着人类历史上最伟大的城市化浪潮，与时代并进，不忘初心、砥砺前行，大华将继续积极参与中国城市更新建设，焕新更美好的城市人居！

【复地产业发展集团】是复星生态系统的重要组成，是豫园股份旗下的城市功能产业板块，是兼具产业投资运营和蜂巢城市智造能力的平台型核心企业。

自 1994 年开始房地产业务以来，秉承"以人为蓝图"的经营理念，坚持为城市新兴中产阶层打造高性价比的生活、工作、休闲空间。十数年来，复地已经在上海、北京、武汉、南京、无锡、重庆、天津、杭州、大同等地，成功开发数十个项目。2004 年 2 月，复地在香港联交所 H 股主板上市，成功进入国际资本市场。经过多年的努力与积累，复地在房地产业界逐步形成了自身独特的核心竞争力：准确的产品定位能力、成熟的多项目管理能力、周转快速的资金运作能力以及完善的销售及服务体系。

2002 年，复地成立客户俱乐部--复地会，持续向客户提供不断完善的高品质服务。如今，复地会已在全国拥有了三万余位会员和百余家高品质的精选商家。同时，复地会也以丰富多彩的活动和高到达率的客户服务渠道，使客户与复地能及时进行有效沟通，并持续促进复地产品和服务的改善完美。经过不断努力，复地会已经成为复地与客户、与社会各界沟通交流的平台，通过倾听会员的心声、处理会员的建议，不断提升复地的产品、服务、管理，使"复地"品牌的附加值真正为广大会员所分享。

复地产发坚持复星的“蜂巢城市”理念，以“产城融合”模式与城市共成长，为亿万家庭客户提供持续不断的幸福场景体验和服务，致力于成为全国领先的“蜂巢城市智造家”和“幸福场景营造家”。

【上海东苑房地产开发(集团)有限公司】1993 年创建于上海，业务涉及房地产投资开发、商业资产管理、股权金融投资等多个领域。经过二十多年的发展，东苑集团已经成长为一家多元化的集团公司，产业遍及海内外多个城市及地区。

东苑集团秉承“精专、创新、责任、互动”的核心价值观，着力打造集房地产项目咨询、投资开发、规划设计、工程管理、营销策划和营运管理于一体的一站式解决方案，凭借先进的经营理念和经验丰富的专业团队，坚持为合作伙伴和客户提供高品质的项目服务。

2015 年，公司围绕“向服务型企业转型、向智慧型企业转变、向专业化企业升级”的发展战略，正式提出改革目标。未来，东苑集团将全力打造一个开放、共享、包容的合作发展平台，与体育、教育、文化、健康、旅游等产业有机融合，期望为员工、客户和社会创造更大的价值，继续为实现“做价值资源的整合者、做价值产品的创造者、做价值服务的缔造者”的企业愿景而不懈努力。

【旭辉集团】旭辉集团2000年成立于上海，其控股股东旭辉控股（集团）2012年在香港主板整体上市，是一家以房地产开发为主营业务，定位于“美好生活服务商、城市综合运营商”的综合性大型企业集团。

成立近20年来，秉承“用心构筑美好生活”的使命，旭辉始终追求“有质量的发展”，目前集团业务遍布中国内地80个大城市及中国香港、日本、澳大利亚，累计开发项目逾450个，服务30万业主。2019年合约销售规模突破2000亿，跻身中国房地产开发企业500强榜单TOP14。

旭辉围绕着为客户提供美好生活的出发点，开展多元化业务，推动房地产生态圈的打造，借助房地产主业的优势，不断开拓创新，业务和关联公司的业务遍及社区生活服务、长租公寓、教育、养老、商业管理、建筑产业化、基金管理、工程建设、装配式装修等。其中永升服务2018年12月17日在港交所主板上市，聚焦客户满意度，致力于成为值得依赖的智慧社区生活服务商，截至2019年底签约面积超过1亿平方米，位列中国物业服务百强企业综合实力排名第14位。

展望未来，旭辉将以数字构建行业领导力，以科技开启业务创新，以专业匠心与人文情怀，不断为客户创造美好的生活体验，为中国城市发展尽绵薄之力。

【上海新松江置业(集团)有限公司】成立于1997年3月，最初由原县房管局、土地局的下属企业及有关单位整合而成，当时主要承担松江老城的改造和区级动迁安置房建设任务。2017年3月，上海松江公共租赁住房投资运营有限公司整建制划入集团公司。截至目前，集团公司下属二级公司五家：上海松江公共租赁住房投资运营有限公司、上海市松江第一房屋征收服务事务所有限公司、上海松江住房租赁经营有限公司、上海城凯置业有限公司、上海广源房地产开发有限公司，其中，公租房公司和第一征收公司被区国资委列为重要子公司，城凯置业纳入集团本部统一管理。

公司目前主要承担以下四大工作职能：一是松江房屋经营管理服务，包括区级保障性住房的建设和筹措、全区公有房屋管理、全区公租房和人才公寓的建设管理运行、动拆迁及土地征收服务、住房修缮养护及居住房屋物业管理托底保障等；二是松江老城区的城市更新，包括“城中村”地块改造、历史街区的传承性改造等；三是市场租赁住房及房地产的开发建设；四是区财政性资金公建项目代建。

企业愿景:服务松江城乡建设，改善居民人居环境，履行企业社会责任，实现员工自身发展，与松江经济社会发展共成长。

企业十年目标:到2027年， 集团公司资产总额达到100亿元，松江旧城改造全部完成；开发完成一系列代表松江特色的城市建筑、城市综合体，在松江南部新城等城市新中心拥有核心建筑群，打造“新松江”的全新城市名片，成为在上海市地域特色显著、规模适度、有一定影响力的国有企业集团。

【保集控股集团】成立于1996年，总部设在上海，是集地产、贸易、金融、产业为一体的多元化集团企业并在中国香港、日本、澳洲、法国、美国设有分（子）公司。集团以开发建设为基础，以运营和资本运作为两翼，以贸易和金融为驱动的“一体两翼”+金融助推的发展战略，致力于地产、大健康和智能制造产业的开发及运营，成为最值得信赖的城市服务运营商。

地产开发区域以上海、浙江等长三角城市为中心，深耕金华、南昌等城市。2015、2016 连续两年在金华区域，湖海塘项目和外滩项目分别获得区域年度销售冠、亚军；宁波区域保集蓝郡在象山获得区域年度销售第一名。集团在国内已进入 11 个城市，累计已计开发 30 多个项目，多个住宅项目获得省部级以上的奖项和表彰。2007 年，保集首次获评 “中国房地产百强企业”称号，2010-2017 年连续八年获评“中国房地产百强企业”。 2017 年获评中国产城生态运营商 TOP 45。目前，集团正围绕产城融合、产融结合，专注于城市更新和文旅、大健康、智能科技产业一体化的特色小镇建设。浙江武义 pk 竞艺小镇、云南腾冲文旅项目已经落地。

贸易聚焦实体自营贸易和全球化视野的大消费贸易业务，稳健提升中电业务、低风险套利业务；整合澳洲、日本、欧洲、美国等大消费资源，快速推进联盟合作，共同开展跨境电商业务。目前下属共计有 13 家贸易公司，业务涵盖军工、化工、建材等，积极探索互联网时代商业模式，推动贸易板块形成“服务平台+贸易+金融创新”的贸易新格局。

金融投资自 2011 年开始投资上海国和基金，目前已拥有华融、爱建、钜派 、民生、建行和农行等近 50 家合作机构和战略合作伙伴。集团按照“产业+基金+上市公司”的模式，已成立城市更新基金、产业投资基金、大健康产业基金和海外发展基金等四大类基金，大健康板块在香港上市，国内收购一家智能制造上市公司。

产业投资着力发展智能制造和大健康两大明星产业。智能制造围绕产业孵化、产业投资和产业服务，打造智能科技产业生态圈，在打通产学研、做实孵化器、海外收并购和与龙头企业创新合作等方面科学布局，稳步推进，三年内将在上海建成机器人、军民融合、法国中心等特色主题产业园。现已建成落地的保集 e 智谷位于宝山上海机器人产业园内，总占地约 300 亩，以智能制造为产业核心，集科技孵化、产品研发、金融商务服务三位一体，将建成总规模约 28 万方的智能科技产业新城，打造成为“基金+园区+互联网+上市公司”四位一体的上海市最大的智能制造营销集聚中心。保集 e 智谷已被批准为上海市生产性服务业功能区、中国产业互联网实践区、院士专家服务中心，2017 年被评为中国优秀产业园。

大健康产业目前已在香港上市，主要以“美好生活伊甸园”为主题，打造集聚全球顶级水平的健康养生、医养结合的社区、园区和机构，集团已整合瑞士、法国的高端养生资源和日本的养生养老运营公司。目前，位于上海市松江区佘山脚下的保集“富椿佘山”项目一期已经建成，将打造成国内一流、国际知名的高端养生社区。位于上海市闵行区的“椿邻梅陇”医养结合护理中心已正式运营。未来三年，将在腾冲、常德、张家界、武义和澳洲 Byron Bay 等城市进行开发复制，同时成立 50 亿大健康产业投资基金，投资和收购高端智能医疗产业、医疗服务机构和保险机构。

保集根据企业发展的内在需求，把职业教育作为为集团重点培育的战略业务。通过校企合作、政企合作，积极培养大健和智能科技产业优势人才。与上海交通大学国家健康研究院合作成立健康科学研究所，提供专家资源和技术支持以及专业医疗培训。与上海大学、华东师范大学、上海航天工业集团和中科院上海技术物理研究所联合发起成立的“上海创科智能制造研究院”，将打造成为国家级孵化平台和海外技术与国内市场需求对接的纽带。同时，保集在有关部门支持下，恢复上海中华职业指导所，配合双创推动职教的开展，创建国际教育沙龙。携手红狮国际教育集团共同发起成立“一带一路”国际教育联盟，努力打造高等直通车教育和培训平台，为人才强国战略添砖加瓦。

第五章　大事记（2018年）

1月

1月27日，银监会召开的2018年全国银行业监督管理工作会议提出，将从两方面入手：一是努力抑制居民杠杆率，重点是控制居民杠杆率的过快增长，打击挪用消费贷款、违规透支信用卡等行为，严控个人贷款违规流入股市和房市；二是遏制房地产泡沫化，严肃查处各类违规房地产融资行为。

2月

2月28日，朗诗绿色地产举行股东特别大会，将公司名称改为“朗诗绿色集团有限公司”。不久后，时代地产也在业绩会上宣布更名为时代中国；龙湖地产与万达商业地产则分别在7、8月份更名为“龙湖集团控股有限公司”“万达商业管理集团”。9月份保利房地产更名为“保利发展控股集团股份有限公司”。这也是继万科、恒大、龙湖、万达之后又一家知名房企加入了更名的阵营。房地产企业巨头纷纷走上创新改革、多元化的转型之路。

3月

3月4日，全国人大发言人张业遂称，房地产税立法工作正在加快进行，房地产税方案已在内部征求意见。

3月5日，李克强总理作政府工作报告时提出“稳妥推进房地产税立法”。

4月

4月19日，中国工商银行总行将个人住房贷款借款人最高年龄从65周岁延长到70周岁，借款人年龄与贷款期限之和不超过75年。同时，个人住房贷款的最长期限仍然是30年，没有改变。

4月25日，中国证监会、住房城乡建设部联合发布《关于推进住房租赁资产证券化相关工作的通知》，加快建立多主体供给、多渠道保障、租购并举的住房制度要求，完善发展住房租赁市场配套政策。

5月

5月19日，住建部发布《关于进一步做好房地产市场调控工作有关问题的通知》强调，一段时间以来部分城市房地产市场出现过热苗头，投机炒作有所抬头，风险不容忽视；强调要毫不动摇地坚持房住不炒政策，坚持调控政策的连续性稳定性。

6月

6月18日，全国统一的不动产登记信息管理基础平台已实现全国联网，我国不动产登记体系进入到全面运行阶段。

6月28日，住建部等7部委联合发文，在北京、上海、广州30个城市先行开展治理房地产市场乱象专项行动。其中，部分开发企业和中介机构收取‘茶水费’、预留关系房源和内部房源、拒绝公积金贷款、售后包租返租等违法违规行为被严查，多家扰乱市场秩序的房地产公司、中介机构被惩处。

7月

7月2日，上海市住房和城乡建设管理委员会下发《关于规范企业购买商品住房的暂行规定》，进一步规范企业购买商品住房行为，企业购买商品住房必须同时满足设立年限已满5年等条件，企业购买的商品住房再次上市交易年限也从“满3年”提高至“满5年”。

8月

8月7日，住房和城乡建设部在辽宁沈阳召开部分城市房地产工作座谈会。住建部相关负责人指出，要因地制宜，精准施策、综合施策，把地方政府稳地价、稳房价、稳预期的主体责任落到实处，确保市场稳定。

8月17日，原我爱我家副总裁胡景晖在一场电话会议上表示，以自如、蛋壳公寓为代表的长租公寓运营商，为了扩大规模，以高于市场正常价格的20%到40%在争抢房源，人为抬高收房价格，引发社会广泛关注。

9月

9月10日，上海市住房和城乡建设管理委员会、上海市房屋管理局、上海市公安局、司法局、国税局、银监局等九部门联合发布了《关于开展2018年房地产市场秩序专项整治的通知》，整治包括发布虚假信息行为、房地产投机炒作行为、以及各类商品房销售和房产经纪的违法违规行为。

9月，在万科2018秋季内部例会上出现红底白字标语——“活下去”迅速刷爆房地产圈，引行业关注。素有先见之明的万科此举，不禁令人对房地产行业的现状和未来产生焦虑。

9月27日，上海发布《关于进一步完善本市共有产权保障住房工作的实施意见》并将在今年的10月8日起实施。根据《意见》，共有产权保障住房扩大保障人群范围，将向非上海户籍常住人口开放申请资格。同时，上海将进一步加大保障房源供应，不影响本市户籍居民的申请。

10月

10月6日，上海市住建委等五部门联合下发《关于进一步规范本市代理经租企业及个人“租金贷”相关业务的通知》，共推出十条具体监管举措，明确了开展个人“租金贷”业务条件、代理经租企业须提示风险、加强风险管理、银行业金融机构的主体责任、建立并严格执行面谈制度等要求。

10月8日，国务院常务会议提出，商品房库存不足、房价上涨压力大的市县，要尽快取消货币化安置优惠政策。住建部更要求严格把好棚改政策的范围和标准，严禁将棚改政策覆盖到一般建制镇。这些动作预示着，在棚户区改造规模逐渐下降的同时，要求也更加严格，因棚改货币化而迅速火爆的三四线楼市，应当思考未来的发展之路。

11月

11月1日，十一月份全国套房贷款平均利率为5.71%，相当于基准利率的1.165倍，与10月份持平，结束了连续22个月的上涨趋势。

11月13日，住房和城乡建设部通报各地专项行动查处的第三批违法违规房地产开发企业和中介机构。全国各地持续深入开展打击侵害群众利益违法违规行为治理房地产市场乱象专项行动，查处违法违规的房地产企业和中介机构。

12月

12月22日，《个人所得税专项附加扣除操作办法（试行）》正式亮相，针对住房贷款利息扣除，明确了“首套”住房以住房贷款的认定为准。在实际发生贷款利息的年度，按照每月1000元的标准定额扣除，扣除期限最长不超过240个月。

第六章 房地产开发企业

一、一级资质

编号	企业名称	法人
1	上海城建置业发展有限公司	周松
2	上海陆家嘴金融贸易区开发股份有限公司	徐而进
3	上海城开（集团）有限公司	季刚
4	上海地产（集团）有限公司	冯经明
5	农工商房地产（集团）股份有限公司	张志刚
6	上海市漕河泾新兴技术开发区发展总公司	刘家平
7	上海瀛通(集团)有限公司	陈伟峰
8	上海城投置地(集团)有限公司	戴光铭
9	上海景瑞地产（集团）股份有限公司	陈新戈
10	上海安居房产开发有限责任公司	李卫东
11	上海顾村房地产开发（集团）有限公司	盛友兴
12	上海华丽家族(集团)有限公司	王伟林
13	华能房地产开发公司	赵如冰
14	上海嘉宝实业（集团）股份有限公司	钱明
15	上海绿洲投资控股集团有限公司	管育民
16	上海西部企业（集团）有限公司	董素铭
17	天地源股份有限公司	俞向前
18	上海新黄浦置业股份有限公司	王伟旭
19	上海鹏欣房地产开发有限公司	姜照柏
20	经纬置地有限公司	陈经纬
21	中邦置业集团有限公司	卫平
22	中华企业股份有限公司	姜维
23	上海永业企业(集团)有限公司	钱军
24	上海汇成房产经营有限公司	张德敏
25	旭辉集团股份有限公司	林中
26	上海静安地产（集团）有限公司	刘毅
27	复地（集团）股份有限公司	张华
28	上海中环投资开发（集团）有限公司	胡礼刚
29	上海嘉定区房地产（集团）有限公司	陈爱民
30	上海万科房地产有限公司	陈东彪
31	上海建工房产有限公司	蒋志权
32	上海中虹（集团）有限公司	徐廉芳
33	上海中星（集团）有限公司	徐孙庆
34	大华（集团）有限公司	金惠明
35	上海金外滩（集团）发展有限公司	陈永亮
36	山东钢铁集团房地产有限公司上海分公司	田发永

二、二级资质

编号	企业名称	法人
1	上海巨龙房地产有限公司	戚时明
2	上海外高桥集团股份有限公司	刘宏
3	上海张江房地产有限公司	倪伟忠
4	上海豪都房地产开发经营有限公司	屠海鸣
5	上海证大置业有限公司	王辅捷
6	上海东苑房地产开发（集团）有限公司	侯抗胜
7	上海奥林匹克置业投资有限公司	陈阳庆
8	上海市宝山区房产经营公司	张培明
9	上海金山新城区建设发展有限公司	吴珺
10	上海嘉房置业发展有限公司	徐表德
11	上海曹峰置业有限公司	王正春
12	上海平土实业（集团）有限公司	李彦斌
13	金大元集团（上海）有限公司	顾文元
14	上海华辰房地产开发有限公司	朱永兴
15	上海枫围房地产有限公司	张萍
16	上海保利佳房地产开发有限公司	夏文伟
17	上海安裕置业有限公司	胡兵
18	上海联鑫房地产有限公司	屠旋旋
19	上海博锦房地产开发中心有限公司	朱骏
20	上海仓桥房产经营有限公司	唐菊芳
21	上海日月明房地产开发(集团)有限公司	秦宝君
22	上海市上投房地产有限公司	王卫平
23	上海市天宸股份有限公司	叶茂菁
24	上海江浙置业集团有限公司	毛卫强
25	上海朋大置业有限公司	张卫娟
26	上海昌鑫（集团）有限公司	陈招贵
27	上海康桥实业发展（集团）有限公司	汤柳鹊
28	上海仲义建设实业有限公司	许金龙
29	上海世博土地控股有限公司	皋玉凤
30	上海佳铭房产有限公司	徐学青

31	上海建佳房地产开发有限公司	胡建国
32	上海潼港置业有限公司	徐赐祥
33	上海中万置业投资有限公司	任国龙
34	上海振龙房地产开发有限公司	周国强
35	上海联益房地产实业公司	王菁
36	上海盛青房地产发展有限公司	陈晓燕
37	上海晟地集团有限公司	陈伟兴
38	上海同丰房地产开发有限公司	袁楚丰
39	上海上南房产有限公司	吴玲莺
40	上海亚通置业发展有限公司	沈建良
41	上海云间房地产开发有限公司	王澍陶
42	上海张江高科技园区置业有限公司	彭望爵
43	上海新黄浦(集团)有限责任公司	周海鹰
44	上海漕河泾开发区经济技术发展有限公司	桂恩亮
45	上海临港新城投资建设有限公司	俞建龙
46	上海南汇房地产开发经营有限公司	姚龙飞
47	上海康妙置业有限公司	陶国兴
48	上海华飞投资集团股份有限公司	石耀飞
49	上海罗店房地产有限责任公司	金海龙
50	上海金牛房地产有限公司	沈伟平
51	上海慧创现代服务园发展有限公司	丁雪祥
52	上海鉴诚韵置业有限公司	徐军
53	上海住宅科技置业发展有限公司	钱国忠
54	上海市龙峰企业集团有限公司	任国龙
55	上海嘉定城发置业有限公司	陈晓东
56	上海虹桥经济技术开发区联合发展有限公司	冯晓明
57	上海紫竹置业(集团)有限公司	龚建忠
58	上海星腾房产开发有限公司	桂祖达
59	上海浦程房地产发展有限公司	朱根林
60	上海金山土地开发服务公司	陈江华
61	上海圣陶沙置业有限公司	郭聪聪
62	上海松江新城建设工程服务有限公司	陈朝
63	上海中融置业集团有限公司	倪召兴
64	上海南房（集团）有限公司	马作宇
65	上海华岳房地产开发经营有限公司	孙炜
66	上海张江高科技园区开发股份有限公司	陈干锦
67	上海九韵置业有限公司	朱震宇
68	上海明旺房地产有限公司	沈宏泽
69	上海大众房地产开发经营公司	杨国平
70	上海蓝印实业有限公司	高幸奇
71	上海中通置业(集团)有限公司	袁佳旺

72	上海国际汽车城（集团）有限公司	荣文伟
73	上海浦东软件园股份有限公司	杨军
74	上海维罗纳置业发展有限公司	董希北
75	上海兴盛实业发展（集团）有限公司	张兴标
76	上海华能天地房地产有限公司	陆美芳
77	上海市外高桥保税区新发展有限公司	姚忠
78	上海麦格茂置业有限公司	赵向伟
79	上海浦东发展置业有限公司	刘朴
80	上海高新房地产发展有限公司	蒋国兴
81	上海金山卫房地产经营有限公司	黎大奎
82	上海总泉置业有限公司	陈立群
83	上海通联房地产有限公司	李东
84	中信地产(上海)投资有限公司	许志雄
85	上海华业房地产发展有限公司	陆国先
86	上海华敏置业（集团）有限公司	吴蓉蓉
87	上海爱建股份有限公司	徐风
88	上海月浦房地产开发有限责任公司	陈卫
89	上海国际汽车城置业有限公司	肖宏振
90	上海新发展房地产开发有限公司	
91	上海东紫房地产发展有限公司	邵东明
92	上海原脉房地产开发有限公司	池通林
93	上海金山房产经营有限公司	郭骥谡
94	上海复兴建设发展有限公司	于洪
95	上海嘉实房地产发展有限公司	章亦男
96	上海奉贤住宅建设有限公司	蔡立
97	上海花木房地产开发经营公司	倪胜群
98	上海玉宇房地产开发有限公司	朱昌言
99	上海隧峰房地产开发有限公司	田军
100	上海永业股份有限公司	钱军
101	上海中建申拓投资发展有限公司	高洪彦
102	上海莘松房地产有限公司	陆根良
103	上海莘盛发展有限公司	叶立培
104	上海中暨置业有限公司	郑金云
105	上海松江方松建设投资有限公司	方亚弟
106	上海松江新城投资建设有限公司	胡柳强
107	上海仁杰河滨园房地产有限公司	钟百灵
108	上海五隆置业发展有限公司	朱黎庆
109	上海金工企业发展有限公司	陈晓娟
110	上海申能房地产有限公司	姚志坚
111	上海西郊庄园房地产开发有限公司	王树清
112	上海环城置业发展有限公司	孙俊

113	上海界龙房产开发有限公司	高祖华	154	上海集伟投资发展有限公司	徐耀昌
114	上海两港装饰材料城有限公司	胡景荣	155	上海开天房地产开发经营有限公司	吴斌
115	上海瑞虹新城有限公司	王颖	156	上海龙华房地产有限公司	侯军欣
116	上海长甲置业有限公司	赵长甲	157	上海临江控股（集团）有限公司	谈意道
117	上海丽华投资发展有限公司	郁玉生	158	上海嘉定城市建设投资有限公司	赵强
118	上海爱家豪庭房地产集团发展有限公司	薛萍	159	上海正阳投资集团有限公司	邹建明
119	上海刚泰置业集团有限公司	徐建刚	160	上海荣联房地产有限公司	王德荣
120	上海天祥华侨城投资有限公司	吴学俊	161	上海江南造船厂房地产开发经营公司	杨青海
121	上海中冶成工置业有限公司	徐永峰	162	上海海东房地产有限公司	苏俊坤
122	上海诚建建设投资有限公司	王华惠	163	上海汉石投资管理有限公司	姚培明
123	龙盛置地集团有限公司	阮兴祥	164	上海中建房产(集团)有限公司	李永芬
124	上海罗南房地产有限公司	周建龙	165	上海新高桥开发有限公司	刘樱
125	上海三盛房地产（集团）有限责任公司	潘功成	166	上海龙仓置业有限公司	何建树
126	上海洲海房地产开发有限公司	康龙	167	上海骏丰物业有限公司	衣振涛
127	上海永圣房地产有限公司	沈俞	168	上海陆家嘴东城开发有限公司	徐而进
128	上海申昶房地产开发有限公司	盛凤祥	169	上海锦绣华城房地产开发有限公司	陈宁
129	上海张江微电子港有限公司	丁磊	170	上海欧美亚置业有限公司	林国弟
130	上海绿地实业发展有限公司	黄骏	171	上海国飞绿色置业有限公司	潘锋
131	上海源恺城建开发有限公司	李从恺	172	上海昕城房地产有限公司	徐宝棣
132	中国中建地产有限公司	贺海飞	173	上海崇裕置业发展有限公司	陈尹文
133	上海陆洋经济联合发展有限公司	马友良	174	上海周康房地产有限公司	杨昌硕
134	上海捷博房地产发展有限公司	瞿荣国	175	通用地产（上海）有限公司	沈银发
135	上海华门置业有限公司	王玉华	176	上海锦江国际地产有限公司	邵晓明
136	上海城投资产管理（集团）有限公司	刘强	177	上海华纺房地产发展有限公司	白利伟
137	上海绿洲花园置业有限公司	蒋旭东	178	上海南方房地产有限公司	俞培德
138	上海新发展新团房地产开发有限公司	葛建军	179	上海万业企业股份有限公司	朱旭东
139	上海舜元置业有限公司	陈炎表	180	上海东上海联合置业有限公司	黄兆伟
140	华鑫置业（集团）有限公司	毛辰	181	上海浦陈房地产开发经营有限公司	赵茂祥
141	上海华鑫股份有限公司	毛辰	182	上海保辉房地产开发有限公司	林隆彬
142	上海四通国际科技商城物业公司	王云龙	183	上海枫枫房地产置业有限公司	沈纪根
143	上海沙田房地产开发有限责任公司	梁振民	184	上海百倍置业有限公司	李文新
144	上海金沪投资有限公司	黄少荣	185	上海金禧房地产开发有限公司	阮其惠
145	上海兴城建设发展有限公司	沈伊行	186	上海东方城市花园有限公司	山佳明
146	上海东波房地产开发经营有限公司	黄稚燕	187	上海祁连房地产开发总公司	李惠良
147	上海恒信源置业有限公司	顾仁源	188	上海朱家角房地产发展有限公司	蔡利平
148	上海致达建设发展有限公司	严彭丰	189	上海象屿置业有限公司	王澍陶
149	上海北蔡房地产发展有限公司	顾桂兴	190	上海广昊房产集团有限公司	夏品云
150	上海嘉定区住宅建设综合开发有限责任公司	李俭	191	上海祝桥新镇投资发展有限公司	顾林昌
151	上海双鸥置业有限公司	马佩君	192	上海康发房产经营有限公司	薛晓容
152	上海绿地海珀置业有限公司	吴卫东	193	上海古北（集团）有限公司	戴智伟
153	上海浦东星河湾房地产开发有限公司	吴惠珍	194	上海爱法房地产经营开发有限公司	庞爱珠

195	上海新城万嘉房地产有限公司	唐云龙
196	上海浦东伟业房地产开发有限公司	张建良
197	上海金桥房地产发展有限公司	杨蕾芳
198	上海万源房地产开发有限公司	倪建达
199	上海杨浦滨江投资开发有限公司	徐建华
200	上海港房地产经营开发公司	范长清
201	上海住联房地产（集团）有限公司	朱卫杰
202	上海新松江置业(集团)有限公司	王旨
203	上海兴景房地产经营有限公司	潘建根
204	上海飞士房地产开发经营有限公司	江庆
205	上海中地圣世置业有限公司	苏沪光
206	上海金韵房地产发展有限公司	朱国斌
207	上海佳运置业有限公司	沈仁兴
208	上海城申置业有限公司	夏平
209	上海绿洲房地产（集团）有限公司	王惠琪
210	上海鹏欣(集团)有限公司	姜照柏
211	上海电力房地产有限公司	包辰震
212	上海地纬（集团）股份有限公司	郁鑫
213	上海松山房地产开发有限公司	张义才
214	上海中城企业集团房地产有限公司	林宁光
215	上海亚联置业有限公司	郁建中
216	上海友谊集团置业有限公司	浦静波
217	上海昂立房地产开发有限公司	朱敏骏
218	上海汇峰房地产开发有限公司	童锦泉
219	上海万临置业有限公司	宋祥麟
220	上海黄浦建设发展（集团）有限公司	钱家琪
221	上海金房置业有限公司	谢鹤鸣
222	上海祥腾投资有限公司	于教清
223	上海营巢房产开发有限公司	王新其
224	上海乾溪置业总公司	朱红兵
225	上海山阳房产开发有限公司	朱龙明
226	上海隆宇企业发展有限公司	钱思解
227	上海千秋置业股份有限公司	杨敏杰
228	上海同盛投资集团房地产有限公司	胡晨
229	上海奉贤正阳置业有限公司	邵兴华
230	上海广洋房地产开发经营有限公司	马有良
231	上海曹路房地产开发经营公司	张新标
232	上海意得实业投资有限公司	林汝琴
233	上海信盛置业有限公司	郑朝龙
234	上海海欣建设发展有限公司	陈谋亮
235	上海泉山房地产开发有限公司	陶基劲
236	上海珠江投资有限公司	林海涛
237	上海虹房(集团)有限公司	张作理
238	上海盛帆房地产开发有限公司	盛明其
239	上海市浦东新区房地产(集团)有限公司	刘朴
240	上海富润房地产发展有限公司	徐荣璞
241	上海外高桥保税区联合发展有限公司	姚忠
242	上海同济房地产有限公司	王明忠
243	上海阳光欧洲城投资发展集团有限公司	杨文龙
244	上海万星房地产集团有限公司	董大根
245	上海通城房地产经营开发有限公司	朱建芳
246	上海新申房产建设有限公司	桑新弟
247	上海浦东土地控股（集团）有限公司	李俊兰
248	上海高远置业（集团）有限公司	邹蕴玉
249	上海凯通置业有限公司	程宏利
250	上海天歌置业有限公司	吴华
251	上海陆家嘴（集团）有限公司	李晋昭
252	上海意邦置业有限公司	张许秀
253	上海外高桥新市镇开发管理有限公司	刘樱
254	上海吉联房地产开发经营有限公司	黄勇
255	东方国际集团上海外经贸房地产开发经营有限公司	高国琳
256	保利置业集团有限公司	雪明
257	上海华盛建设(集团)有限公司	陈华
258	上海信达银泰置业有限公司	周卓
259	上海中星集团新城房产有限公司	董鸿
260	上海市房地产实业有限公司	柴之元
261	上海新长宁（集团）有限公司	冯燮堃
262	农工商房地产集团上海虹阳投资有限公司	沈宏泽
263	上海金镇城镇建设发展有限公司	俞高强
264	上海徐房（集团）有限公司	冯上达
265	上海保利建锦房地产有限公司	陈冬桔
266	上海飞洲房地产开发有限公司	郑生华
267	上海石化城市建设综合开发公司	周潜
268	上海中金房地产（集团）有限公司	周传有
269	上海漕河泾开发区松江新兴产业园发展有限公司	丁桂康
270	上海鑫昌房地产开发经营有限公司	俞长仁
271	上海西上海房地产有限公司	陈德兴
272	上海江海置业有限公司	张吉明
273	上海闵行置业发展有限公司	华允弟
274	上海贝越实业有限公司	贝秋荣

275	上海张江（集团）有限公司	陈干锦
276	上海明兴房地产开发经营有限公司	黄汉兴
277	上海贵来房产发展有限公司	徐桂来
278	上海浦东金三角房地产实业有限公司	厉瞬敏
279	上海大发房地产集团有限公司	葛和凯
280	上海三林房地产开发经营有限公司	全晓军
281	上海思致置业有限公司	万思文
282	上海广顺房地产开发公司	
283	上海众众房地产开发有限公司	吴嘉禄
284	上海申马房地产实业有限公司	张志清
285	上海住德房地产开发有限公司	王建忠
286	上海界龙联合房地产有限公司	费钧德
287	上海万宇房地产（集团）有限公司	王素云
288	上海漕河泾开发区高科技园发展有限公司	桂恩亮
289	上海市申懋房地产经营公司	瞿宏伟
290	上海万科长宁置业有限公司	刘爱明
291	上海新泾房地产开发有限公司	苏菊弟
292	上海申亚房地产有限公司	李忠
293	上海中盛房地产有限公司	张宗宝
294	上海莲森实业（集团）有限公司	马献平
295	上海一方置业发展有限公司	唐钟录
296	上海静安置业股份有限公司	王中斌
297	上海市静安区房地产开发经营公司	许惟铮
298	上海静安新成置业有限公司	王永康
299	上海汽车工业房地产开发有限公司	陈德美
300	上海兴海房产综合开发有限公司	陈建荣
301	上海沪中房地产联合发展总公司	张英杰
302	上海吉富绅置业集团有限公司	斯朝富
303	上海运杰置业有限公司	陈祖新
304	景港控股集团有限公司	张页帆
305	上海建德企业（集团）有限公司	周志成
306	上海民强投资（集团）有限公司	杨春
307	上海浦西房地产开发有限公司	康峻
308	上海三友房地产有限公司	俞兴泉
309	上海兴荣房地产发展有限公司	姚荣春
310	上海物资集团房地产有限公司	张健
311	上海市城市建设综合开发有限公司	梁镇海
312	上海硕诚置业有限公司	李华
313	上海泰宇房地产(集团)有限公司	黄贤芳
314	上海市机电工业房地产公司	邱志宇
315	上海东北明园实业发展有限公司	李松坚
316	上海望源房地产开发有限公司	季宝红
317	上海锦威房产开发经营有限公司	陈炎茶
318	上海市北高新（集团）有限公司	丁明年
319	上海铁路房地产开发经营有限公司	俞光耀
320	上海市工业系统房地产联合总公司	王信华
321	上海浦联房地产发展公司	樊革平
322	上海和田城市建设开发公司	曾云
323	上海不夜城联合发展（集团）有限公司	张冬平
324	上海宏润地产有限公司	周玉成
325	上海交大南洋房地产（集团）有限公司	朱敏骏
326	上海永和房地产有限责任公司	杨永法
327	上海紫元房地产有限公司	周满娟
328	上海城凯置业有限公司	金红江
329	上海振华房地产开发经营有限公司	莫少幸
330	上海申豪房地产有限公司	吴桂玲
331	上海市嘉定区建设工程（集团）有限公司	朱参参
332	上海中汇投资发展总公司	陶国强
333	上海上科实业有限公司	吴菲菲
334	上海莘闵房地产有限公司	
335	上海明泉企业（集团）有限公司	王云
336	上海建都房地产开发有限公司	万石龙
337	上海奉贤城乡建设投资开发有限公司	曹辉
338	上海奉贤城建（集团）有限公司	唐爱国
339	上海崇明房地产开发有限公司	陈浪
340	上海言青房产开发有限公司	许成旺
341	上海山鑫置业有限公司	吴振来
342	上海朋鑫房地产有限公司	封纪良
343	上海恒大房产股份有限公司	苏红雷
344	上海金桥出口加工区房地产发展有限公司	黄国平
345	上海静安城建投资有限公司	周宝森
346	上海中亚城市建设综合开发公司	王和泉
347	嘉凯城集团中凯有限公司	张德潭
348	上海桥升商贸置业有限公司	刘国忠
349	上海卫百辛（集团）有限公司	梁超
350	上海青浦房地产有限公司	王家桢
351	上海豫园商城房地产发展有限公司	梅红健
352	上海市黄浦区房地产开发实业总公司	王长宝
353	上海阳城房地产有限公司	金建明
354	上海大家置业有限公司	徐崇峰
355	上海新梅房地产开发有限公司	张静静
356	上海盛大房地产开发有限公司	石建极

357	上海市徐汇区城市建设投资开发有限公司	丁建华
358	上海市浦东新区房地产交易市场有限公司	高幸奇
359	上海华升房地产开发有限公司	蒋家艳
360	上海临港泥城经济发展有限公司	黄吉仁
361	上海东方明珠房地产有限公司	凌钢
362	上海上实城市发展投资有限公司	唐钧
363	上海智富企业发展（集团）有限公司	丁勤富
364	上海万千投资开发有限公司	范俊华
365	上海新发展金汇房地产开发有限公司	葛建军
366	上海汇达建设发展实业有限公司	严建华

三、三级资质

编号	企业名称	法人
1	上海陈氏集团有限公司	朱学干
2	上海大闻房地产有限公司	莫启康
3	上海兰开房地产开发有限公司	陆惠玲
4	上海江东土地房产开发有限公司	邵永飞
5	上海联洋集团有限公司	徐鸿昌
6	上海嘉宝奇伊房地产经营有限公司	陈正友
7	上海新耀房地产开发有限公司	王海松
8	上海堡镇房地产开发有限公司	石思九
9	上海中星集团振城不动产经营有限公司	郑诗达
10	上海上风科盛投资有限公司	陈继谨
11	上海嘉定商晟房产经营有限公司	朱冬兴
12	上海兄弟见龙苑房产开发有限公司	
13	上海广普置业有限公司	毛辰
14	上海兴吉房地产开发有限公司	潘丽峰
15	上海电子商城有限公司	王建东
16	上海泽欣房地产开发有限公司	李国华
17	上海立地房地产有限公司	陈炎荼
18	上海吴淞住宅建设开发有限公司	刘厚生
19	上海江桥建设开发有限公司	沈明兴
20	上海明华房地产有限公司	毛逸铭
21	上海美尔置业发展有限公司	孙忠清
22	上海东方金融广场企业发展有限公司	方晓忠
23	上海怡泰房地产开发（集团）有限公司	蔡勇
24	上海紫勋房地产开发有限公司	史志林
25	上海强拓房产发展有限公司	庄永华
26	上海海岛房地产开发有限公司	朱晓中
27	上海菊缘房地产发展有限公司	冯琛
28	上海中福置业控股集团有限公司	胡培毅
29	上海新世纪创业有限公司	汪建玎
30	上海同进置业有限公司	孙益功
31	上海鸿海房地产发展有限公司	忻鸿良
32	上海嘉乐房地产开发有限公司	武忠兴
33	上海龙盟房地产开发有限公司	毛志红
34	上海丰扬房地产开发有限公司	蒋铁峰
35	上海松江建通房地产开发有限公司	李月明
36	上海慧氏企业发展有限公司	谢方
37	上海通达房地产有限公司	冯伟建
38	上海国亭置业有限公司	陈一元
39	上海复旦软件园建设有限公司	杨玉良
40	上海欧筑实业发展有限公司	杨毫
41	上海金山国际贸易城市场经营管理有限公司	夏灵勇
42	上海万峰房地产有限公司	黄秀文
43	上海黄浦投资（集团）发展有限公司	江丽玲
44	上海富中置业有限公司	严富源
45	上海保利金鹏置业有限公司	雪明
46	上海宏城房地产开发有限公司	高国武
47	上海宏利房地产开发有限公司	吴小龙
48	上海弘扬房地产开发有限公司	符奇荣
49	上海申惠房地产开发经营有限公司	顾瑞芬
50	上海东方国际文体休闲产业城发展有限公司	康海华
51	上海原申投资有限公司	金银华
52	上海宸东房地产开发有限公司	阮威
53	上海金金置业有限公司	唐宝良
54	上海欣达房地产经营有限公司	陆利刚
55	上海实久公司	诸成
56	上海新兴技术开发区联合发展有限公司	桂恩亮
57	上海振川物业有限公司	尹善峰
58	上海闵行房地（集团）有限公司	沈金荣
59	上海金合房地产有限公司	何晓
60	上海行通房地产发展有限公司	范桂元
61	上海海燕房地产经营有限公司	瞿富官
62	上海松辽房地产公司	毕希文
63	上海弘辉房地产开发有限公司	杜自弘
64	上海浦东唐安房地产开发有限公司	龙文明
65	上海鑫唐置业发展有限公司	黄维梅
66	上海杨浦房地产开发经营有限公司	薛小弟
67	上海金明投资集团有限公司	卢泽明
68	上海开创企业发展有限公司	丁明年
69	上海金品房产经营有限公司	徐佳时

70	上海华邸房地产发展有限公司	黄光祖
71	上海瑞禾房地产发展有限公司	姚百祥
72	上海莲申房地产有限公司	金静福
73	上海禹洲房地产投资有限公司	郭英兰
74	上海申舟房产开发经营公司	郑为民
75	上海恒和置业有限公司	何青
76	上海福乐思特房地产发展有限公司	黄崇圣
77	上海士林置业有限公司	徐勇民
78	上海春郭房地产开发有限公司	施跃鸣
79	上海兴申房地产经营有限公司	苏长荣
80	上海通盛(集团)发展有限公司	潘万盛
81	上海颛桥房地产有限公司	叶月明
82	上海佘山房地产经营开发有限公司	陈功
83	上海市外高桥保税区三联发展有限公司	李伟
84	上海博佳房地产开发有限公司	应立富
85	上海海港新城房地产有限公司	印博
86	上海九亭房地产开发有限公司	陈惠其
87	上海绿地弘途投资发展有限公司	徐荣璞
88	上海东宏房地产开发有限公司	周龙宝
89	上海品兴房地产开发有限公司	张建国
90	上海宏士达房地产开发有限公司	陶若亮
91	上海华江建设发展有限公司	闫浩
92	上海泰元置业有限公司	张春泽
93	上海康敏置业有限公司	徐锦章
94	上海兴高房地产有限公司	陈美付
95	上海锦茸房地产开发经营有限公司	马立峰
96	上海市市政房地产经营公司	裴建群
97	上海鑫泰房地产发展有限公司	严志荣
98	上海嘉定区菊园房地产开发有限公司	高铭
99	上海裕生房地产发展有限公司	倪思礼
100	上海华闽房地产开发有限公司	吴蓉蓉
101	上海金高房地产有限责任公司	徐伟国
102	上海西庭网球公寓开发有限公司	
103	上海东航投资有限公司	栗锦德
104	上海泰华房地产开发实业有限公司	王诚民
105	上海伟立房地产有限公司	吴四荣
106	上海华神置业发展有限公司	楼满月
107	上海亲和源置业有限公司	奚志勇
108	上海临港南汇新城经济发展有限公司	黄峰
109	上海富友房产有限公司	刁祥瑞
110	上海国际汽车城产业发展有限公司	唐忠
111	华丽家族股份有限公司	林立新
112	上海众合地产开发有限公司	吕仁杰
113	上海安都房地产发展有限公司	张杏元
114	上海嘉宏房地产有限责任公司	金红
115	上海亚龙投资（集团）有限公司	张文荣
116	上海华天房地产发展有限公司	
117	盛旅置业（上海）有限公司	朱海发
118	上海盛勤房地产有限公司	陈建方
119	上海远正置业有限公司	崔月明
120	上海庆宁置业有限公司	王祥宝
121	上海凌港置业有限公司	黄维梅
122	上海明师房地产开发有限公司	李岳庆
123	上海康桥房地产开发经营有限公司	沈惠中
124	上海市杨浦区房屋建设开发公司	刘绍旭
125	长江联合置地有限公司	闵师林
126	上海金纬房地产发展有限公司	周永兴
127	上海中惠投资控股有限公司	张剑
128	上海张江东区高科技联合发展有限公司	金明华
129	上海蔚蓝置业有限公司	封纪良
130	上海安基置业有限公司	钱美君
131	绿地地产集团有限公司	张玉良
132	上海新望房地产经营有限公司	金卫国
133	华润超智房地产开发有限公司	唐勇
134	上海建创置业有限公司	汤正华
135	华侨城（上海）置地有限公司	张立勇
136	华润（上海）房地产开发有限公司	唐勇
137	上海虹桥高尔夫俱乐部有限公司	杨思汉
138	上海松征房地产开发有限公司	李国强
139	上海深长城地产有限公司	尹善峰
140	银基发展（上海）投资控股有限公司	刘博巍
141	上海万业企业宝山新城建设开发有限公司	张峻
142	上海周房置业有限公司	周冬
143	上海新凯房地产开发有限公司	奚岳峰
144	上海美郊房地产有限公司	孙忠清
145	上海西郊庄园资产经营管理有限公司	王树清
146	上海颛盛房地产有限公司	叶月明
147	上海绿地湾置业有限公司	黄敏康
148	上海弘久实业集团有限公司	洪根云
149	上海爱迪房产开发有限公司	丁卫平
150	嘉里发展(上海)有限公司	周崇廉
151	上海车墩房地产开发有限公司	金海林

152	上海瑞锦房地产开发有限公司	张锦明
153	上海漕河泾开发区华港实业有限公司	袁国华
154	上海临港书院经济发展有限公司	毛国生
155	上海华隆房地产发展有限公司	吴渭凉
156	上海绿地景汇置业有限公司	徐荣璞
157	上海海港国际贸易有限公司	范月闺
158	中集申发建设实业有限公司	麦伯良
159	上海源程置业有限公司	王政
160	上海迎博房地产开发有限公司	魏红萍
161	广东黄河实业集团上海房地产有限公司	郑强辉
162	上海临港万祥经济发展有限公司	瞿惠明
163	上海华夏房地产开发经营有限公司	柳向林
164	上海临港商业建设发展有限公司	杨国昌
165	上海环源房地产开发有限公司	邢志浩
166	上海杨浦置地有限公司	徐建华
167	上海明光房地产发展有限公司	章巨焕
168	上海康奕置业有限公司	陶国兴
169	金茂(上海)置业有限公司	陶天海
170	上海若兰投资有限公司	陈龙英
171	上海广盛房地产开发有限公司	盛凤祥
172	上海祖鼎实业有限公司	朱乐宁
173	上海嘉频房地产开发有限公司	郑好
174	上海平苑房地产开发有限公司	杨永清
175	上海徐房房地产开发有限公司	冯上达
176	上海碧橙房地产有限公司	谢琨
177	上海市卢湾区房产经营有限公司	庞立彪
178	上海东鼎房地产发展有限公司	邵东明
179	上海同济科技园有限公司	杨东援
180	上海信拓置业有限公司	罗存荣
181	上海中铁市北投资发展有限公司	张安民
182	上海信通浦皓置业有限公司	金亚春
183	百旌（上海）控股集团有限公司	章引
184	上海康都置业有限公司	金仁友
185	上海新崇建设发展有限公司	张俊
186	上海龙锡置业有限公司	谈龙彬
187	上海东扬房地产开发有限公司	高幸奇
188	上海铭源房地产开发经营有限公司	李铮理
189	上海新和置业管理有限公司	潘亚立
190	上海亚龙企业有限公司	张文荣
191	上海万科投资管理有限公司	张海
192	上海孜诚置业有限公司	朱励
193	上海金廊房地产开发有限公司	陆金光
194	上海久事置业有限公司	张建伟
195	上海兴江房地产综合开发公司	王屹
196	上海广源房地产开发有限公司	金红江
197	上海永久房地产开发经营有限公司	顾觉新
198	上海新富港房地产发展有限公司	王喆
199	上海浙联房地产开发有限公司	王迪海
200	上海富林房地产发展有限公司	俞熔
201	上海中新房地产开发有限公司	
202	上海浦东陆家嘴置业发展有限公司	李晋昭
203	上海新湖房地产开发有限公司	冯希蒙
204	上海浦阳置业有限公司	王宏元
205	振丰（上海）有限公司	姚征
206	上海爱家实业有限公司	王志红
207	上海荣海房地产发展有限公司	任妙娣
208	上海绿宇房地产开发有限公司	寿柏年
209	上海安联投资发展有限公司	金杰
210	上海宝安企业有限公司	代建功
211	上海隆济建设发展有限公司	胡均
212	上海驰华房地产开发有限公司	俞美凤
213	上海众众实业发展有限公司	吴嘉禄
214	上海凯托房地产发展有限公司	张文耀
215	上海先达房地产发展有限公司	马守中
216	上海富都世界发展有限公司	李晋昭
217	上海金山土地整理发展有限公司	沈文强
218	上海华谊集团房地产有限公司	江秋霞
219	上海恒顺远置业有限公司	蔡东巍
220	上海泗泾房地产开发经营有限公司	慎永明
221	上海同润投资(集团)有限公司	范荣
222	上海虹桥东苑置业有限公司	沈慧琴
223	上海久阳房地产开发有限公司	李德伟
224	上海东开置业有限公司	陆斌
225	上海锦和置业有限公司	郁敏珺
226	上海杨泰房地产开发有限公司	郑建国
227	上海复鑫房地产开发有限公司	张华
228	上海新湾投资发展有限公司	王洪伟
229	上海三新企业发展有限公司	张明园
230	上海莘闵宝铭房地产开发有限公司	王荣铭
231	上海星际房地产发展有限公司	陈少东
232	上海新徐房地产开发有限公司	廖茸桐
233	上海群达置业有限公司	赵斌

234	上海杨浦科技创业中心有限公司	林旭伟
235	中国二十冶集团有限公司	张进贤
236	上海大业房地产开发有限公司	黄苏东
237	上海中大股份有限公司	周先强
238	上海招商奉瑞置业有限公司	王晞
239	上海虹叶置业发展有限公司	谭国平
240	上海招商奉盛置业有限公司	王晞
241	上海上泰置业有限公司	黄敬捷
242	中海发展（上海）有限公司	齐大鹏
243	上海骏丰置业发展有限公司	曲桂仕
244	上海汇鑫房地产有限公司	曹凌雯
245	上海金午置业有限公司	施建
246	上海歌信置业有限公司	王华生
247	上海浦东现代产业开发有限公司	花明
248	上海亚东房地产有限公司	张益堂
249	上海华世置地有限公司	林秀芳
250	上海欧港置业有限公司	周仕供
251	上海建浦房地产有限公司	须绍宗
252	上海桑园置业有限公司	姜世良
253	上海瑞明置业有限公司	胡问鸣
254	上海莘城实业有限公司	薛晓路
255	上海西北盛唐房地产有限公司	叶子生
256	上海嘉城兆业房地产有限公司	达伟
257	上海境逸房地产有限公司	张少波
258	上海市黄浦区职工住宅开发有限公司	陈波
259	上海闵行区杜行沿浦房地产经营有限公司	赵茂祥
260	上海博泰房地产发展有限公司	凌福昌
261	上海鑫荣房地产综合开发有限公司	邵惠国
262	上海岭南实业有限公司	高幸奇
263	上海松江工业区房地产开发有限公司	李伟
264	上海氯碱化工房产开发经营有限公司	王锦淮
265	上海恒杰房地产开发有限公司	朱益民
266	上海浦东川城房地产经营开发有限公司	杨秋菊
267	上海万兆房地产发展有限公司	宋小云
268	上海东方明珠置业有限公司	徐辉
269	上海汇华房地产有限公司	钱荣德
270	上海凌桥房地产有限公司	朱晓丹
271	上海荣惠置业有限公司	屈国明
272	上海新竹房地产有限公司	毛裕华
273	上海闵行公房资产经营有限公司	陈耀辉
274	上海泰江置业发展有限公司	林华中
275	上海富盛经济开发区开发有限公司	张振飞
276	上海漕河泾房产开发有限公司	杨铁牛
277	上海大柏树房地产开发经营有限公司	王福民
278	上海好世置业有限公司	薛晓路
279	上海博捷房地产开发有限公司	任金荣
280	上海强健房地产开发有限公司	徐瑞平
281	上海六合房地产有限公司	董建军
282	上海泰银置业有限公司	张春泽
283	上海市公房资产经营(集团)有限公司	张永恒
284	上海华阳房地产开发有限公司	薛金林
285	上海南市房地产经营有限公司	鲍伟忠
286	上海亿峰置业有限公司	高凤飞
287	上海北桥房地产有限公司	陈惠民
288	上海招商置业有限公司	王晞
289	上海新嘉房地产发展有限公司	吴荣辉
290	上海江湾房地产开发经营有限公司	沈龙海
291	上海天亿置业发展有限公司	刘爱明
292	上海晶松房地产开发有限公司	沈华其
293	上海康桥半岛(集团)有限公司	王煦菱
294	上海香溢房地产有限公司	王根宝
295	上海瑞华置业（集团）有限公司	孟明荣
296	上海爱家投资管理有限公司	王志红
297	上海服装机械城企业发展有限公司	王科威
298	上海绍盛房地产发展有限公司	娄冬虎
299	上海申丰房地产开发有限公司	蒋镇林
300	上海康达房地产实业有限公司	席建华
301	上海新景房地产开发有限公司	孟明荣
302	上海沪总送变电房地产经营公司	寿冠阳
303	上海联农房产有限公司	施嘉伟
304	上海市龙威房地产有限公司	黄骏
305	上海海泰房地产（集团）有限公司	丁劲松
306	上海中钱房地产开发有限公司	潘辽原
307	上海地杰置业有限公司	苏红雷
308	上海金居投资管理有限公司	朱黎庆
309	上海平安欣仑物业发展有限公司	孙建德
310	上海三象房产发展有限公司	朱皓
311	上海碧云房地产开发有限公司	朱耀家
312	上海宝地置业有限公司	周竹平
313	上海方舟房地产开发有限公司	朱小弟
314	上海泰日房地产有限公司	曹纳弟
315	上海培润实业发展有限公司	樊培力

316	上海东苑利景置业有限公司	侯抗胜
317	上海浦东富成房地产有限公司	唐钟录
318	上海虹桥房地产有限公司	王缨
319	上海汇裕置业有限公司	张海威
320	上海金罗店开发有限公司	任晓威
321	上海东方康桥房地产发展有限公司	王煦菱
322	上海环恒房地产有限公司	蔡永康
323	上海平高企业集团有限公司	俞跃良
324	上海江兴置业有限公司	孙德兴
325	上海昌大房地产发展有限公司	蒋元昌
326	上海新天鸿高尔夫物业发展有限公司	彭中州
327	上海新舒房地产开发有限公司	曾文星
328	上海双拥文化园投资开发有限公司	缪世鸿
329	上海振亭房地产开发有限公司	曾振波
330	上海森泽房地产有限公司	王雅美
331	上海颛元置业有限公司	牟震
332	上海颐和置业有限公司	卫福才
333	上海陆发房地产开发有限公司	陶开辽
334	上海鸿顺置业发展有限公司	卢福
335	上海景荣置业有限公司	吴宝林
336	上海新闵房地产联合发展有限公司	李怀靖
337	上海五角场（集团）有限公司	王德来
338	上海宝域房地产发展有限公司	薛荣坤
339	上海申东房地产开发有限公司	富心荧
340	上海复旦科技园股份有限公司	朱克勤
341	上海华宝房地产发展有限公司	
342	上海庙行房地产开发经营公司	朱国忠
343	上海新练塘城建开发有限公司	沈明
344	上海由由房地产开发有限公司	王福祥
345	上海闵行区商业建设有限公司	林亚夫
346	上海烟草集团房地产开发经营公司	周永森
347	上海申新房地产开发有限公司	杭鹏浩
348	上海金色紫都房地产有限公司	黄文仔
349	上海景秀置业发展有限公司	王正舜
350	上海信建房地产集团有限公司	赵正科
351	上海源东房地产开发有限公司	李从恺
352	上海盛昶房地产开发有限公司	盛凤祥
353	上海城桥房地产开发经营有限公司	庞志云
354	上海东苑兆业房地产发展有限公司	侯抗胜
355	上海峥宸房地产有限公司	沈文贵
356	上海南方国际购物中心有限公司	王雁
357	上海中福（集团）有限公司	高象柱
358	上海张江集成电路产业区开发有限公司	葛培健
359	上海东方城乡房地产开发经营有限公司	陆永兴
360	上海莘南房地产开发有限公司	谢德光
361	东方海外（上海）投资有限公司	曾文星
362	上海银河房地产经营有限公司	马新高
363	上海安新华诚实业发展有限公司	陆美芳
364	上海东陆房地产发展有限公司	吴永康
365	上海同文置业有限公司	肖小凌
366	上海浩城置业有限公司	孙龙根
367	上海金栋房地产开发有限公司	金守红
368	上海强生房地产开发经营公司	孙冬琳
369	上海新崇房地产开发有限公司	张俊
370	上海宝静置业有限公司	高俊骅
371	上海绿庭房地产开发有限公司	俞乃奋
372	上海市北置业发展有限公司	朱朝晖
373	上海金山嘴房地产开发有限公司	朱龙明
374	上海谷元房地产开发有限公司	高天国
375	上海益海房地产开发有限公司	奚德龙
376	上海浦东南汇房地产有限公司	钱文台
377	上海银都商城发展有限公司	陈秀钦
378	上海银欣房地产有限公司	杜锦豪
379	上海连兴经济发展合作公司	马友良
380	上海莎海实业（集团）有限公司	王卫兵
381	上海万博房地产开发有限公司	黄志源
382	上海亚达投资发展有限公司	李忠
383	上海新天地置业发展有限责任公司	黄建春
384	上海市工业区开发总公司	叶敞
385	上海长峰房地产开发有限公司	童锦泉
386	上海名鹰房地产发展有限公司	芮永祥
387	上海昌辉企业发展有限公司	苏萍
388	上海上投置业发展有限公司	陈申
389	上海英达莱置业有限公司	胡逢祥
390	上海科事发房地产有限公司	陈剑
391	上海锦迪城市建设开发有限公司	王中斌
392	上海静安公房资产经营有限公司	许惟铮
393	上海众立房地产开发有限公司	夏莲珊
394	上海梅山房地产开发经营有限公司	周荣龙
395	上海申城房地产开发实业总公司	李春农
396	上海华鑫物业管理顾问有限公司	张厚伟
397	上海市房屋实业有限公司	孙明基

398	上海三和房地产有限公司	顾建国
399	上海东鹤房地产有限公司	童彬彬
400	上海乔华房产经营管理有限公司	李珩
401	上海珠街阁房地产开发有限公司	王安德
402	上海恒舜置业有限公司	潘凤杰
403	上海尚晋实业有限公司	黄奕雄
404	上海衡泰房地产有限公司	朱晓东
405	上海振威投资发展有限公司	魏宝龙
406	上海安盛房产开发有限公司	陈勤帮
407	上海裕康房地产有限公司	何齐元
408	上海凤翔房地产开发有限公司	匡放
409	上海越盛房地产开发有限公司	宋世敏
410	上海徐泾房地产有限公司	邵国旗
411	上海锦城房地产有限公司	叶贵勋
412	上海久青房地产开发经营有限公司	黄有根
413	上海恒力房地产发展有限公司	顾宝林
414	上海前晋企业(集团)有限公司	张汉钫
415	上海民都置业有限公司	谢飞
416	上海北杰旺房地产有限公司	丁明年
417	上海环龙房地产开发经营有限公司	钱一
418	上海跃进房地产开发有限公司	励一鸣
419	中铁二十四局集团上海房地产开发有限公司	白圻业
420	上海裕都房地产开发有限公司	张钧
421	上海汇京置业发展有限公司	杜元龙
422	上海源丰投资发展有限公司	黄成林
423	上海康德利房地产经营有限公司	胡礼刚
424	上海松城房地产有限公司	沈杏芳
425	上海万业企业两湾置业发展有限公司	程光
426	上海彩虹房地产有限公司	陈建彬
427	上海长宁房地产经营有限公司	卓越强
428	上海汇丽房地产开发有限公司	吴镔
429	上海贡霄房地产开发有限公司	蔡为超
430	上海鸿越实业有限公司	周保云
431	上海佳源置业有限公司	方壮源
432	上海五角场房地产开发公司	邢志浩
433	上海公房实业有限公司	包永镭
434	上海华商房产发展公司	张引浩
435	华润置地（上海）有限公司	唐勇
436	上海世茂房地产有限公司	许世坛
437	上海亚萌置业有限公司	李剑峰
438	上海九城置业有限公司	李文壅
439	上海市城镇建设发展有限公司	游玉云
440	上海市金辉工业房地产发展公司	常振华
441	上海清水颐园房地产有限公司	
442	上海陆家嘴城市建设开发投资有限公司	毛德明
443	上海中坤置业有限公司	陈伟元

第七章　部分物业管理企业

第一节　按星级划分

一、五星级

编号	企业名称	法人
1	上海东湖物业管理有限公司	李风
2	上海明华物业管理有限公司	李涛
3	上海上实物业管理有限公司	朱云飞
4	上海生乐物业管理有限公司	柏志成
5	上海陆家嘴物业管理有限公司	徐而进
6	上海德律风置业有限公司	江永兴
7	上海科瑞物业管理发展有限公司	张一民
8	上海浦江物业有限公司	肖兴涛
9	上海锐翔上房物业管理有限公司	张圣哲
10	上海复医天健医疗服务产业股份有限公司	方强
11	上海永升物业管理有限公司	周洪斌
12	上海百联物业管理有限公司	陈宇伟
13	上海高地物业管理有限公司	倪旭升
14	上海农工商旺都物业管理有限公司	陈万钧
15	上海上房物业服务股份有限公司	周超
16	上海复欣物业管理发展有限公司	丁兰弟
17	上海文化银湾物业管理有限公司	胡祝帮
18	上海永绿置业有限公司	钱杰
19	上海上安物业管理有限公司	丁世文
20	上海新市北企业管理服务有限公司	王若冰
21	上海保利物业酒店管理集团有限公司	王明礼
22	上海丰诚物业管理有限公司	陈群生
23	上海景瑞物业管理有限公司	陶敏
24	上海吉晨卫生后勤服务管理有限公司	黄晨
25	上海新长宁集团仙霞物业有限公司	张金秀
26	上海益中亘泰（集团）股份有限公司	朱春堂
27	上海仁恒物业管理有限公司	周轶群
28	上海同涞物业管理有限公司	翁国强
29	上海新世纪房产服务有限公司	王卫平
30	上海中星集团申城物业有限公司	沈杰
31	上海复瑞物业管理有限公司	徐骏

32	上海漕河泾开发区物业管理有限公司	由杨
33	上海延吉物业管理有限公司	周强
34	上海古北物业管理有限公司	刘志强
35	上海申能物业管理有限公司	徐致丰
36	上海中企物业管理有限公司	朱建华
37	上海紫泰物业管理有限公司	沈雯
38	上海华鑫物业管理顾问有限公司	龙乔溪
39	中信泰富（上海）物业管理有限公司	卢建华
40	上海车城物业管理有限公司	徐健
41	港联不动产服务（上海）有限公司	黄建邦
42	上海联源物业发展有限公司	耿海宁
43	狮城怡安（上海）物业管理股份有限公司	徐新
44	上海中建东孚物业管理有限公司	李青
45	上海振新物业管理有限公司	吴骞
46	上海中远物业管理发展有限公司	申延财
47	华润置地（上海）物业管理有限公司	李峰
48	上海东方航空物业有限公司	张杰
49	上海安荣物业管理服务有限公司	傅平

二、四星级

编号	企业名称	法人
1	上海万科物业服务有限公司	黄圣
2	上海锦日物业管理有限公司	五国平（联系人）
3	上海上勤物业管理有限公司	徐伟
4	上海航天实业有限公司	王少东
5	上海汇成物业有限公司	仲勇
6	上海恒联物业有限公司	忻智发
7	上海证大物业管理有限公司	付磊
8	上海申勤物业管理服务有限公司	胡雪珍
9	上海浦东房地产集团物业管理有限公司	仇峻炜
10	上海锦宾物业管理有限公司	王惠超
11	上海海鸿福船物业管理有限公司	陆伟
12	上海中心大厦置业管理有限公司	陈晓波
13	上海乐道物业管理有限公司	徐军
14	上海虹达物业管理有限公司	朱有荣
15	上海孜诚置业有限公司	朱励
16	上海嘉隆物业管理有限公司	温春晖
17	上海德一置行物业管理有限公司	曹富国（联系人）
18	上海中海物业管理有限公司	叶翔

19	上海启胜物业管理服务有限公司	陈锦辉
20	上海东渡物业管理有限责任公司	茆春梅
21	上海六角物业管理有限公司	郑书坦
22	上海上勤高级楼宇管理有限公司	徐伟
23	上海营巢物业管理有限公司	王丹花
24	上海宏阳物业有限公司	徐定进
25	上海中环陆家嘴物业管理有限公司	黄有训
26	上海金晨物业经营管理有限公司	盛正廷
27	上海益镇物业管理有限公司	刘文洋
28	嘉里建设管理（上海）有限公司	周崇濂
29	上海锦龙物业管理有限公司	许经锡
30	上海沙田物业管理有限公司	赵小凤
31	上海同济物业管理有限公司	吴俊东
32	第一太平戴维斯物业顾问（上海）有限公司	朱兆荣
33	上海申大物业有限公司	徐俊毅
34	上海轻工物业管理有限公司	季作林
35	上海金地物业服务有限公司	闫智广
36	上海锦江物业管理有限公司	蔡湧钧
37	上海惠乐物业有限公司	贾晓霞
38	上海徐房物业有限公司	张惠荣
39	上海松开物业管理有限公司	潘菊华
40	上海鑫源物业经营管理有限公司	康文华
41	上海晟新物业经营管理有限公司	沙贤捷
42	上海金陵投资有限公司	陶力
43	上海良友物业管理有限公司	沈国辉
44	上海中房物业管理有限公司	肖立荣
45	上海兴桥盛物业有限公司	孙胜大
46	上海润美物业管理有限公司	马腾标
47	上海嘉城物业管理有限公司	张宗琴
48	上海同进物业服务有限公司	杨德林

三、三星级

编号	企业名称	法人
1	上海虹桥经济技术开发区物业经营管理有限公司	林航
2	上海盛宇物业经营服务有限公司	陈俊伟
3	上海宝月物业管理有限公司	文华国
4	上海青浦青房物业管理有限公司	王妙林
5	上海国际贸易中心有限公司	高文伟
6	上海宝钢源康物业管理有限公司	杨建君

7	上海虹桥临空经济园区物业管理有限公司	陆建峰
8	上海明达物业服务有限公司	李志兰
9	上海闵行后勤管理有限公司	陆林平
10	上海禾泰物业管理有限公司	施莉炎
11	上海浦东华油实业有限责任公司	阎三忠
12	上海安锐盟企业服务有限公司	刘伟
13	上海乐居物业管理有限公司	许海东
14	上海临港新城物业管理有限公司	郑骏雄
15	上海阳光投资（集团）物业管理有限公司	袁玉俊
16	上海鑫铭物业管理有限公司	李兵
17	上海海运物业管理有限公司	张振华
18	上海圣维仕物业管理有限公司	罗维
19	上海用为物业管理有限公司	董宏超
20	上海采林物业管理有限公司	陈才林
21	上海仰宏物业管理有限公司	陈轶阳
22	上海昌悦物业管理有限公司	王维
23	上海万涓物业有限公司	张团胜
24	上海磊成物业管理有限公司	高品良
25	上海锦南物业经营有限公司	余建国
26	上海同科物业管理有限公司	沈田华
27	上海华东房产物业有限公司	朱汎
28	上海闵碧物业管理有限公司	马传宝
29	上海航新物业管理有限公司	陈素珍
30	上海新轻物业管理有限责任公司	王立安
31	上海新古北物业管理有限公司	李奕
32	上海诚成物业管理有限公司	郭永富
33	上海盛源物业有限公司	白茂盛
34	上海绿岛物业发展有限公司	徐文渊
35	上海新青浦物业管理有限公司	朱强
36	上海新驰物业有限公司	张爱华
37	上海新长宁集团大楼物业有限公司	柏左安
38	上海地矿物业管理有限公司	许锋
39	上海深和平物业管理有限公司	赵迎莉
40	上海上谊置业管理有限公司	王海
41	上海国际汽车城物业管理有限公司	宋斌
42	上海辰展物业管理有限公司	朱刚
43	上海富宁物业管理有限公司	赵力
44	上海同康物业管理有限公司	陆忠明
45	上海奉房置业有限公司	夏平

四、二星级

编号	企业名称	法人
1	上海东慧庄原物业管理有限公司	侯新娟
2	上海沪中物业管理有限公司	周建秀
3	上海巨星物业有限公司	杨锡荣
4	上海阳光工联物业管理有限公司	袁玉俊
5	上海联工实业有限公司	燕飞
6	上海上工物业发展有限公司	梅喜连
7	上海保利翰物业有限公司	吴兰玉
8	上海博嘉物业管理有限公司	潘智峰
9	上海川北物业有限公司	颜志奇
10	上海路劲物业服务有限公司	吴晓林
11	上海申松物业管理有限公司	张华
12	上海华寿物业管理有限公司	凌雅婷
13	上海恒筑置业有限公司	刘宝全
14	上海悦佳物业管理有限公司	沈峥
15	上海临南物业经营管理有限公司	吴建明
16	上海浦原实业有限公司	吴晋
17	上海申华物业有限公司	张宝林
18	上海恒臻物业管理有限公司	王治兵
19	上海欣赛物业管理服务有限公司	古钦
20	上海市北高新集团物业管理有限公司	王若冰
21	上海明之物业管理有限公司	施龙平
22	上海莘旺物业管理有限公司	姜桂品
23	上海协沁物业管理有限公司	徐善庆
24	上海城开商用物业发展有限公司	黄非
25	上海华欣物业管理有限公司	刘代伟
26	上海怡东物业管理有限公司	梁兵
27	上海安亦物业服务有限公司	张红军
28	上海闵华物业管理有限公司	郑必春
29	上海江湾物业管理有限公司	秦树华
30	上海吉兴物业管理有限公司	郁建华
31	上海凯德置地物业管理有限公司	曾文星
32	上海和迅物业管理有限公司	杨锦塑
33	上海易达物业管理有限公司	瞿洪飞（联系人）
34	上海东方欣迪商务服务有限公司	袁剑
35	上海贝成物业管理有限公司	韩良
36	上海益健物业管理有限公司	庞华
37	上海奉浦物业管理有限公司	将新荣

38	上海临源物业有限公司	金元宝
39	上海万欢物业服务有限公司	叶卫兵
40	上海意晟物业管理有限公司	岳章旭
41	上海平凉物业管理有限公司	许国强
42	上海菁泓实业有限公司	罗强
43	上海房地集团物业服务有限公司	陈仁
44	上海脉动物业服务有限公司	刘慧君
45	上海天伟物业管理有限公司	曹耕
46	上海枫宇物业管理有限公司	沈爱根
47	上海金国物业管理有限公司	顾也飞
48	上海新城物业有限公司	沈杰
49	上海鲁能物业服务有限公司	王荻菲
50	上海仲源物业有限公司	邵连祥
51	上海莘闵物业发展有限公司	水朕哲

五、一星级

编号	企业名称	法人
1	上海静安新成物业有限公司	潘丹伦
2	上海诸翟物业管理有限公司	陆成
3	上海永嘉置业管理有限公司	周文忠
4	上海兴盛物业有限公司	张兴标
5	上海马桥物业管理有限公司	顾志兴
6	上海方达物业经营公司	徐伟国
7	上海铭杰物业管理有限公司	李花
8	上海同达创业物业管理有限公司	王政岩
9	上海五角场物业管理有限公司	赵振华
10	上海峰盛物业管理有限公司	倪秀新
11	上海吾诚物业管理有限公司	陈锦兰
12	上海双泉物业管理有限公司	徐欢良
13	上海环月物业管理有限公司	安斋优
14	上海驰骋物业管理有限公司	施嘉霖
15	上海居逸源恒物业管理有限公司	吴振来
16	上海普杰物业管理有限公司	陈淑英
17	上海安华物业管理有限公司	刘斌
18	上海金维邦物业管理有限公司	杨兵
19	上海瀚泰物业管理有限公司	高志明
20	上海金综物业管理有限公司	杨海
21	上海兴实物业服务有限公司	陈春萍
22	上海鑫立物业管理有限公司	叶全月

23	上海万润物业管理有限公司	张美
24	上海晋同物业管理有限公司	邵国泉
25	上海宏途物业服务有限公司	缪瑞
26	上海尘卫物业管理有限公司	陈晨
27	上海兴苑物业管理有限公司	黄志华
28	上海奉贤双建置业有限公司	张杰
29	上海良城物业管理有限公司	孙膑
30	上海进华物业管理有限公司	潘赵来
31	上海忆健物业管理有限公司	沈建芳
32	上海众歆物业管理有限公司	顾丽
33	上海新展物业管理有限公司	汪梅华
34	上海弘如物业管理有限公司	胡怀亮
35	上海原始物业管理有限公司	朱豪杰
36	上海嘉伊房产物业有限公司	陆耀光
37	上海贞慧物业管理有限公司	吴慧
38	上海吾义物业管理有限公司	蔡爱军
39	上海闵富物业管理有限公司	张怡萍

第二节　按资质划分

一、一级资质

编号	企业名称	法人
1	上海深和平物业管理有限公司	赵迎莉
2	上海盛高物业服务有限公司	陈军
3	北京中铁第一太平物业服务有限公司上海分公司	周士杰
4	苏州易亚物业管理有限公司上海分公司	林力功
5	中海物业管理有限公司上海分公司	魏民
6	北京燕侨物业管理有限公司上海分公司	郑永军
7	上海诚信中宁物业服务有限公司	罗登科
8	浙江鸿翔物业管理服务有限公司上海兴瑞物业管理分公司	麻永明
9	北京戴德梁行物业管理有限公司上海分公司	林启贤
10	上海中一物业管理有限公司	张春春
11	上海保利物业酒店管理集团有限公司	王明礼
12	苏州悦华置合物业服务有限公司上海分公司	储高平
13	深圳市盛孚物业管理股份有限公司上海分公司	董振雷
14	新工(厦门)物业管理服务有限公司上海分公司	王建勇
15	上海市申江两岸开发建设投资（集团）有限公司	戴志伟
16	兆丰国际(上海)有限公司	桃飞龙
17	上海公益物业管理有限公司	郭惠明

18	上海金樱览胜商业资产管理有限公司	吴敏
19	上海士林置业有限公司	李子塘
20	上海益力实业有限公司	金正国
21	上海金光外滩置地有限公司	黄柏年
22	上海中航物业管理有限公司	高文田
23	上海仁恒物业管理有限公司	周轶群
24	上海景瑞物业管理有限公司	陶敏
25	上海德律风置业有限公司	江永兴
26	上海宏阳物业有限公司	徐定进
27	上海生乐物业管理有限公司	柏志成
28	上海延吉物业管理有限公司	周强
29	上海浦东房地产集团物业管理有限公司	仇峻炜
30	上海圣维仕物业管理有限公司	罗维
31	上海虹桥经济技术开发区物业经营管理有限公司	林航
32	上海芸绮物业管理有限公司	闫智广
33	上海永绿置业有限公司	钱杰
34	上海东方大学城物业管理有限公司	周强
35	上海古北物业管理有限公司	徐跃明
36	上海孜诚置业有限公司	朱励
37	上海金地物业服务有限公司	闫智广
38	港联物业服务（上海）有限公司	黄建邦
39	上海虹达物业管理有限公司	朱有荣
40	上海富都物业管理有限公司	毕海琳
41	上海三湘物业服务有限公司	张涛
42	上海东方航空物业有限公司	张杰
43	上海浦江物业有限公司	肖兴涛
44	上海招商局物业管理有限公司	石寒
45	上海中星集团申城物业有限公司	沈杰
46	上海联源物业发展有限公司	耿海宁
47	上海安荣物业管理服务有限公司	傅平
48	上海申能物业管理有限公司	徐致丰
49	上海复欣物业管理发展有限公司	袁德炯
50	上海文化物业管理有限公司	杨侃
51	狮城怡安（上海）物业管理有限公司	徐新
52	上海紫泰物业管理有限公司	沈雯
53	上海万科物业服务有限公司	黄圣
54	上海阳光投资（集团）物业管理有限公司	袁玉俊
55	上海陆家嘴物业管理有限公司	李晋昭
56	上海上置物业管理有限公司	李耀民
57	上实物业管理（上海）有限公司	巢爱莲
58	中海物业管理（上海）有限公司	罗肖

59	上海新世纪房产服务有限公司	王卫平
60	上海丰诚物业管理有限公司	王克活
61	上海东湖物业管理公司	李风
62	上海采林物业管理有限公司	陈才林
63	仲量联行测量师事务所（上海）有限公司	吴允燊
64	上海瑞创物业管理有限公司	姚炯
65	上海新长宁（集团）仙霞物业有限公司	张金秀
66	上海农工商旺都物业管理有限公司	张志敏
67	上海百联物业管理有限公司	陈宇伟
68	上海明华物业管理有限公司	顾凤惠
69	上海宝钢源康物业管理有限公司	杨建君
70	上海威斯特物业经营有限公司	张亮
71	上海科瑞物业管理发展有限公司	张一民
72	上海上房物业服务股份有限公司	周超
73	上海地铁东方置业发展有限公司	刘耀民
74	上海欧鼎物业管理有限公司	田明鑫
75	上海新金桥物业管理有限公司	潘建中
76	中信泰富（上海）物业管理有限公司	卢建华
77	上海新市北企业管理服务有限公司	王若冰
78	上海中企物业管理有限公司	朱建华
79	上海锐翔上房物业管理有限公司	张圣哲
80	上海华敏物业管理有限公司	纪蕊
81	上海复瑞物业管理有限公司	徐骏
82	上海新湖物业管理有限责任公司	叶正猛
83	上海中远物业管理发展有限公司	申延财
84	上海上勤物业管理有限公司	徐伟
85	上海同涞物业管理有限公司	翁国强
86	深圳市特发物业管理有限公司上海分公司	刘春根
87	深圳市华侨城物业服务有限公司上海分公司	丘学梅
88	上海上水市南物业管理有限公司	任星伟
89	上海益中亘泰物业管理有限公司	朱春堂
90	深圳市金地物业管理有限公司	张明
91	北京世邦魏理仕物业管理服务有限公司上海分公司	LUKE PETER
92	上海中浦物业管理有限公司	陈文忠
93	嘉里建设管理（上海）有限公司	周崇濂
94	上海漕河泾开发区物业管理有限公司	由杨
95	上海外高桥物业管理有限公司	钟林富
96	长城物业集团股份有限公司上海分公司	陈耀忠
97	深圳市开元国际物业管理有限公司	郑涛
98	上海兴桥盛物业有限公司	孙胜大
99	无锡金马物业管理有限公司上海分公司	顾建洪

二、二级资质

编号	企业名称	法人
1	上海中仪物业有限公司	李峰
2	上海安亦物业服务有限公司	张红军
3	上海长柳实业有限公司	陆惠剑
4	上海国际医学园区管理有限公司	乔仲欣
5	上海乐伊物业管理有限公司	袁文战
6	上海真贤物业管理有限公司	吉建平
7	上海复医天健医疗服务产业股份有限公司	方强
8	上海智富物业管理有限公司	丁冬梅
9	上海金陵投资有限公司	陶力
10	上海静安地产集团物业有限公司	姜蓉
11	上海明嘉物业管理有限公司	吴政明
12	上海金洋芸绮物业管理有限公司	陈春萍
13	上海庆有余物业管理有限公司	路明
14	上海东泰物业管理有限公司	张艳
15	上海瑞永投资有限公司	孙金祥
16	上海安盛物业有限公司	陈勤帮
17	上海国际贸易中心有限公司	高文伟
18	上海优扬物业管理有限公司	荣玉
19	上海海存物业管理有限公司	郑善挺
20	上海沙田物业管理有限公司	赵小凤
21	上海纺织物业经营管理有限公司	郑峰
22	上海大至物业管理有限公司	任鹏
23	上海钰鼎物业管理有限公司	张振武
24	上海华寿物业管理有限公司	凌雅婷
25	上海盈尚物业管理有限公司	张武
26	上海金榜物业有限公司	李德敏
27	上海鑫铭物业管理有限公司	李兵
28	上海阳光工联物业管理有限公司	袁玉俊
29	上海仲源物业有限公司	邵连祥
30	上海欣晨物业管理有限公司	陈捷
31	上海马桥物业管理有限公司	顾志兴
32	上海不凡物业管理有限公司	张月师
33	上海新轻物业管理有限责任公司	王立安
34	上海联昌物业管理有限公司	赵春波
35	上海嘉隆物业管理有限公司	温春晖
36	深圳市太平物业管理有限公司上海分公司	王泰勤
37	上海居怡物业管理有限公司	焦宏宇

38	上海宜安物业管理有限公司	周斌
39	上海洋安物业管理有限公司	郑国强
40	无锡九龙仓物业管理有限公司上海分公司	张震亚
41	上海逸思曼企业管理服务有限公司	孙新忠
42	浙江保亿物业服务有限公司上海分公司	董菁
43	深圳市鼎太物业管理有限公司上海分公司	刘喜淑
44	上海东慧庄原物业管理有限公司	侯新娟
45	上海宝鼎物业管理有限公司	施晖
46	上海宏华物业管理有限公司	赵洪文
47	上海洲建物业服务有限公司	李琼
48	上海众联物业管理有限公司	陈立
49	上海赛宝物业发展有限公司	龚建功
50	上海天伟物业管理有限公司	曹耕
51	上海丛中笑物业管理有限公司	易光志
52	上海意利物业管理有限公司	俞培勇
53	上海奥菲思房产经营管理有限公司	黄忠和
54	上海兆安物业管理有限公司	李学军
55	上海长宜物业管理有限公司	张帆
56	上海耐嗣实业发展有限公司	谭为忠
57	上海晨昊物业管理有限公司	刘月琴
58	上海益镇物业管理有限公司	刘文洋
59	上海智强物业管理有限公司	成汝旗
60	上海仰宏物业管理有限公司	陈轶阳
61	上海博嘉物业管理有限公司	潘智峰
62	上海世茂物业服务有限公司	卓亚岚
63	上海沪东财富国际广场物业管理有限公司	贺征
64	上海吉利物业管理有限公司	龚华
65	上海信缘物业管理有限公司	朱小晶
66	上海和迅物业管理有限公司	杨锦塑
67	上海意晟物业管理有限公司	岳章旭
68	上海中乔物业管理有限公司	钟巧萍
69	上海东亚明华物业管理有限公司	徐闯
70	上海晟新物业经营管理有限公司	沙贤捷
71	上海锋颖实业有限公司	陈荣
72	上海沪杰物业管理有限公司	马孟杰
73	上海长风生态商务区物业经营管理有限公司	陈敏
74	上海吾诚物业管理有限公司	陈锦兰
75	上海鑫遥物业经营管理有限公司	康文华
76	上海远基物业管理有限公司	武文勇
77	上海虞新物业管理有限公司	张颖
78	上海奉缘物业服务有限公司	徐伟勇

79	上海铭杰物业管理有限公司	李花
80	上海盛政物业管理有限公司	周学高
81	上海勤涛物业管理有限公司	朱涛
82	上海跃盛物业管理有限公司	潘春飞
83	上海华晅投资管理有限公司	张蔚
84	上海万正物业管理有限公司	杨志强
85	上海城开商用物业发展有限公司	黄非
86	上海宝房(集团)大楼物业管理有限公司	沈国斌
87	上海奉房置业有限公司	夏平
88	上海新寓物业管理有限公司	贺亮
89	上海松茂物业管理有限公司	周明辉
90	上海上安物业管理有限公司	颜维新
91	上海惠乐物业有限公司	贾晓霞
92	上海华宇物业有限公司	张金兴
93	上海纺原物业有限公司	李红兵
94	上海瑞福物业有限公司	丁勤发
95	上海浦东东龙物业有限公司	盛龙德
96	上海航新物业管理有限公司	陈素珍
97	上海青浦第一物业管理有限公司	石坤华
98	上海申舟物业有限公司	顾继海
99	上海彩虹房屋物业管理有限公司	陈建彬
100	上海民盈城投物业管理有限公司	刘原君
101	上海万群物业管理有限公司	黄竟成
102	上海申松物业管理有限公司	张华
103	上海能宝物业有限责任公司	张建中
104	上海中凯物业有限公司	叶荣强
105	上海磊成物业管理有限公司	高品良
106	上海绿岛物业发展有限公司	徐文渊
107	上海欣城物业有限公司	季俊
108	上海兴虹物业管理有限公司	徐永康
109	上海北城物业有限公司	沈峥
110	上海东昱物业管理有限公司	林海清
111	上海茸盛物业管理有限公司	费永兴
112	上海南汇惠房物业管理有限公司	姚龙飞
113	上海安华物业管理有限公司	刘斌
114	上海高境物业管理有限公司	路治华
115	上海申厦物业有限公司	谈正懿
116	上海保集物业管理有限公司	邬美君
117	上海环连物业管理有限公司	俞建荣
118	上海北外滩物业管理有限公司	刘水淋
119	上海万涓物业有限公司	张团胜

120	上海瀛通物业管理有限公司	陈伟峰
121	上海宝月物业管理有限公司	文华国
122	上海纪联物业管理有限公司	潘丽华
123	上海永福物业有限公司	俞晓洁
124	上海爱建物业管理有限公司	万雯娟
125	上海泰发物业管理有限公司	宋丽萍
126	上海锦南物业经营有限公司	余建国
127	上海北安物业管理有限公司	刘学金
128	上海安得物业管理有限公司	黄振荣
129	上海申华物业有限公司	张宝林
130	上海友全物业管理有限公司	童琳
131	上海中西物业管理有限公司	张明亮
132	上海民德物业管理有限公司	王永林
133	上海瑞业物业管理有限公司	崔明军
134	港力物业管理（上海）有限公司	李成伟
135	上海国光物业管理有限责任公司	韩瑾
136	上海杨行物业管理有限公司	顾七妹
137	上海宝嘉物业管理有限公司	王惠国
138	上海华园物业管理有限公司	乐晖晔
139	上海高建物业有限公司	余丽敏
140	上海营巢物业管理有限公司	王丹花
141	上海掌心物业管理有限公司	丁跃峰
142	上海民强物业管理有限公司	杨春
143	上海汇银物业管理有限公司	杨文新
144	上海欣源物业管理有限公司	张燕
145	上海现代金晨物业管理有限公司	陈伟
146	上海兴城物业有限公司	汤锡渊
147	上海海尚物业管理有限公司	程栋
148	上海东莲物业管理有限公司	顾桂兴
149	上海三杨物业公司	奚顺利
150	上海爱德华物业管理有限公司	童志群
151	上海建跃物业管理有限公司	施晶
152	上海丹意物业管理有限公司	张龙标
153	上海万庄物业管理有限公司	李证君
154	上海吴泾物业管理有限公司	华泵明
155	上海见畅物业有限公司	夏灵机
156	上海合众企业发展有限公司	周金妙
157	上海强丰物业管理有限公司	吴连强
158	上海高桥石化物业管理有限公司	徐志刚
159	上海安必盛物业管理有限公司	俞世杰
160	上海宏苑物业管理经营有限公司	王培华

161	上海永平置业有限公司	韩军
162	上海轩宇物业管理有限公司	朱正冕
163	上海新张江物业管理有限公司	张雷
164	上海畅苑物业管理有限公司	缪金荣
165	上海锦江物业管理公司	蔡湧钧
166	上海开伦物业管理有限公司	李兴元
167	上海光大会展中心有限公司	朱慧民
168	上海凯基置业有限公司	陈远腾
169	上海玉星物业管理有限公司	周明
170	上海南房集团物业管理有限公司	张纪明
171	上海中建物业管理有限公司	梅元鼎
172	上海银顺物业管理有限公司	丁彦伟
173	上海通翼物业有限公司	刘世宝
174	上海徐体物业管理有限公司	吴贤康
175	上海中青酒店物业管理有限公司	吴为圣
176	上海富锦物业管理有限公司	须福根
177	上海利马物业管理有限公司	傅正平
178	上海大柏树物业有限公司	黄培东
179	上海江湾物业管理有限公司	秦树华
180	上海顺达物业管理有限公司	李克非
181	上海广厦物业管理有限公司	章建平
182	上海虹叶物业管理有限公司	方震
183	上海琮元物业管理有限公司	顾雨杰
184	上海华东房产物业有限公司	朱汎
185	上海中房物业管理有限公司	肖立荣
186	上海锦润物业管理有限公司	朱文俊
187	上海太实物业管理有限公司	陈铭刚
188	上海永开置业有限公司	董连云
189	上海永佳物业管理有限责任公司	卫永强
190	上海同科物业管理有限公司	沈田华
191	上海康旺物业有限公司	火钧
192	上海新桃源物业管理有限公司	陈粱
193	上海南汇团房物业管理有限公司	顾根龙
194	上海杨房物业管理有限公司	戴建东
195	上海宝房通河物业管理有限公司	曹锦根
196	上海世德物业管理有限公司	董雪春
197	上海长峰物业管理有限公司	童锦泉
198	上海同进物业服务有限公司	杨德林
199	上海嘉宝物业服务有限公司	邵龙
200	上海浦华物业管理有限公司	吴世颖
201	上海春川物业服务有限公司	张春来

202	上海理家物业管理有限公司	孙志强
203	上海新贵盛物业管理有限公司	梁珊珊
204	上海齐佳物业管理有限公司	吴光明
205	上海大华物业管理有限公司	高凤妹
206	上海天吉物业管理有限公司	俞爱明
207	上海千亿物业有限公司	沈川
208	上海昌悦物业管理有限公司	王维
209	上海现代时尚商业管理有限公司	高幸奇
210	家利物业管理（上海）有限公司	周伟淦
211	上海张江物业发展公司	秦伟明
212	上海世江物业管理有限公司	方瑞康
213	上海孙林物业管理有限公司	吴孙林
214	上海浦东新区高桥物业发展公司	戈雅敏
215	上海浦东新区新川物业公司	马闻明
216	上海中慧物业管理有限公司	狄延银
217	上海东方物产物业管理有限公司	骆国芬
218	上海隆庆物业管理有限公司	马卫昌
219	上海久阳滨江酒店有限公司	李德伟
220	上海浦东利群物业有限公司	奚培鸿
221	上海中邦物业管理有限公司	卫平
222	上海老西门物业管理有限公司	忻善康
223	上海爱家物业管理有限公司	薛萍
224	上海长安物业管理有限公司	张永芳
225	上海仟宸置业发展有限公司	孙辉
226	上海硕业物业管理有限公司	姚舟琦
227	上海银帆物业管理有限公司	胡玮
228	上海宝矿钻石物业有限公司	徐玉梅
229	上海浦东新区花木物业公司	李爱明
230	上海伟发物业有限公司	张勤国
231	上海松开物业管理有限公司	潘菊华
232	中观物业管理（上海）有限公司	姚郁
233	上海金桥物业有限公司	吴志明
234	上海捷森物业服务发展有限公司	潘文静
235	上海谷海物业管理有限公司	杨仓兵
236	上海广同物业有限公司	陆昶
237	上海吉波物业管理有限公司	吴忠强
238	上海美兰湖物业管理有限公司	冯达绮
239	上海盛宇物业经营服务有限公司	陈俊伟
240	上海格多物业管理有限公司	周克明
241	上海外高桥保税物流园区物业管理有限公司	邢廉弟
242	宏腾物业服务（上海）有限公司	张国正

243	上海先行信汇物业管理有限公司	陈鑫德
244	上海西房物业管理有限公司	毛妮娜
245	上海华天物业管理有限公司	陈伟能
246	上海豪斯物业管理有限公司	牛建荣
247	上海文广物业管理有限公司	郑东海
248	上海古北房产租赁有限公司	徐跃明
249	上海国际汽车城物业管理有限公司	宋斌
250	上海乔爱物业管理有限公司	郭祖晃
251	上海南汇周房物业管理有限公司	汤德兴
252	上海启华物业管理有限公司	诸谨华
253	上海永恒物业管理有限公司	黄爱平
254	上海乾溪物业管理有限公司	张建兴
255	上海宝房友宜物业管理有限公司	顾爱林
256	上海欣康物业经营管理有限公司	朱明祥
257	上海奥林匹克物业管理有限公司	甘木荣
258	上海高博物业管理有限公司	王巍
259	上海悦华物业管理有限公司	吴榳华
260	上海泰喜物业管理有限公司	陈华
261	上海欣周物业管理有限公司	毛逸清
262	上海永南物业管理有限公司	黄石
263	上海龙邸物业管理有限公司	周雪春
264	上海风华物业管理有限公司	沈明华
265	上海华城物业有限公司	刘晓莹
266	上海振鹄物业管理有限公司	陆添翼
267	上海豫园旅游商城物业管理有限公司	蒋建军
268	上海汇佳物业管理有限公司	郑来兴
269	上海浦东世纪花园物业管理有限公司	黄兆伟
270	上海美佳物业管理有限公司	许盾
271	上海殷润物业管理有限公司	诸葛小梅
272	上海陆家嘴双乐物业管理有限公司	彭小林
273	上海锦茸物业管理有限公司	马立峰
274	上海国寿物业管理有限公司	钱新荣
275	上海洋泾物业公司	计闯
276	上海锦驰物业管理有限公司	崔伟亮
277	上海良宇物业管理有限公司	王晓峰
278	上海轻工物业管理有限公司	季作林
279	上海瀛海三幸物业管理有限公司	于庆新
280	上海巨星物业有限公司	杨锡荣
281	上海英达方物业有限公司	邢荣华
282	上海电力物业管理有限公司	胡幸一
283	上海怡东物业管理有限公司	梁兵

284	上海达安物业管理有限公司	马夏良
285	上海家宝物业管理有限公司	周湘理
286	上海房地集团物业服务有限公司	陈仁
287	上海欣茂物业管理有限公司	倪云珠
288	上海阳厦物业管理有限公司	赵文伍
289	上海南汇新房物业管理有限公司	黄健
290	上海实开物业管理有限公司	吕清远
291	上海安洁物业管理中心	彭冬其
292	上海硕雅物业管理发展有限公司	夏晓光
293	上海国顺物业管理有限公司	季晓峰
294	上海颐景园物业管理有限公司	缪岳忠
295	上海诚成物业管理有限公司	郭永富
296	上海新东慧物业管理有限公司	俞卫
297	上海佳信物业管理有限公司	徐国良
298	上海菁泓实业有限公司	罗强
299	上海保力皇都物业管理有限公司	李琳
300	上海莘闵物业发展有限公司	水朕哲
301	上海实红物业管理有限公司	孙振富
302	上海爱仁物业有限公司	花爱民
303	上海锦日物业管理有限公司	毛利茂
304	上海精舍物业管理有限公司	张伟方
305	上海六角物业管理有限公司	郑书坦
306	上海中鑫物业管理有限公司	钮心体
307	上海中城集团物业公司	许建国
308	第一太平戴维斯物业顾问（上海）有限公司	ROBERT MCKELLAR
309	上海禾和物业管理有限公司	魏晓龙
310	上海同康物业管理有限公司	陆忠明
311	上海景鸿物业管理有限公司	张企龙
312	上海沙林物业管理有限公司	李伟佳
313	上海大众物业管理有限责任公司	张文华
314	上海海鸿福船物业管理有限公司	陆伟
315	上海恒联物业有限公司	忻智发
316	上海上远物业管理有限公司	王世平
317	上海绿安物业管理发展有限公司	吴晓晖
318	上海虹康物业管理有限公司	金亮
319	上海金晨物业经营管理有限公司	盛正廷
320	上海亚大物业发展有限公司	马永仪
321	上海驰骋物业管理有限公司	施嘉霖
322	上海绿洲物业管理有限公司	徐平康
323	上海新驰物业有限公司	张爱华
324	上海外经贸物业管理有限公司	张建新

325	上海诸翟物业管理有限公司	陆成
326	上海真如物业有限公司	余舒浩
327	上海安居物业有限公司	刘蒨
328	上海曹杨物业有限公司	陈建伟
329	上海科房物业管理有限公司	李东波
330	上海市工联物业公司	夏晓民
331	上海瑞运物业管理有限公司	孟明荣
332	上海天鸿尊逸物业管理有限公司	董军
333	上海金辉物业有限公司	周喆
334	上海住安物业管理有限公司	张美康
335	上海建纬置业发展有限公司	郭永富
336	上海新青浦物业管理有限公司	朱强
337	戴德梁行房地产咨询（上海）有限公司	张国正
338	上海新城物业有限公司	沈杰
339	上海申通物业管理有限公司	陈海涛
340	上海锦城物业管理有限公司	王芬芬
341	上海新纺物业经营管理有限公司	陆富荣
342	上海金明房地产物业管理有限公司	贺德文
343	上海中环陆家嘴物业管理有限公司	黄有训
344	上海燎原物业有限公司	王永庆
345	上海馨城物业管理有限公司	王建华
346	上海振新物业管理有限公司	陆建初
347	上海联讯物业管理有限公司	李建超
348	上海沪西物业有限公司	汤宝龙
349	上海建玮物业管理有限公司	葛克申
350	上海协沁物业管理有限公司	徐善庆
351	上海祥和物业管理有限公司	何芝恒
352	上海华谊集团置业有限公司	章志德
353	上海新新物业管理有限公司	周永强
354	上海中山物业有限公司	赵南祥
355	上海邮政物业管理有限公司	盛伏
356	上海普陀物业有限公司	曹青
357	上海东渡物业管理有限责任公司	茆春梅
358	上海华欣物业管理有限公司	刘代伟
359	上海遥瞻物业管理有限公司	朱军
360	上海柏泽房地产咨询有限公司	应峻立
361	上海新秀物业管理有限公司	陈敏学
362	上海朴优仕物业管理有限公司	陈蔚伦
363	上海长升工程管理有限公司	陆士明
364	上海乐道物业管理有限公司	徐军
365	上海申新虎城物业管理有限公司	赵德明

366	上海汉仁物业管理有限公司	朱汉仁
367	上海亭东物业管理有限公司	沈连兴
368	上海吉和物业管理服务有限公司	毛本和
369	上海凯晨物业管理有限公司	吴登林
370	上海车城物业管理有限公司	李思践
371	上海福聚商业经营管理有限公司	宋颖犁
372	上海人民企业集团物业管理有限公司	金沪敏
373	华基美信(上海)物业管理有限公司	陈学忠
374	上海新曹杨集团物业管理有限公司	王罗弟
375	上海天颐物业管理有限公司	姜节湧
376	上海国昕物业管理有限公司	包建国
377	上海翔禧物业管理有限公司	王婷
378	上海陆家嘴贝思特物业管理有限公司	毕海琳
379	上海外滩物业有限公司	肖兴涛
380	远雄物业（上海）有限公司	李至春
381	上海警虹物业管理有限公司	应惠敏
382	上海良友物业管理有限公司	沈国辉
383	交银企业管理服务（上海）有限公司	周笑雷
384	上海海港新城物业服务有限公司	徐忠
385	申杰环境发展（上海）有限公司	陈升
386	上海益健物业管理有限公司	庞华
387	上海佳禹物业管理有限公司	谢忠云
388	上海诚信中宁物业管理有限公司	钱润
389	上海景征物业管理有限公司	丁爱国
390	上海新盛元物业管理有限公司	孙爱民
391	南京朗诗物业管理有限公司上海分公司	田明
392	上海路劲物业服务有限公司	吴晓林
393	广州星河湾物业管理服务有限公司上海分公司	霍淑芬
394	佳兆业物业管理（深圳）有限公司上海分公司	罗汉敦
395	上海锦宾物业管理有限公司	王惠超
396	上海金伟颐家物业管理有限公司	李建
397	上海民逸物业管理有限公司	郭文斌
398	上海凯德置地物业管理有限公司	曾文星
399	上海绿洲中亿置业有限公司	陈卫东
400	上海安锐盟企业服务有限公司	刘伟
401	上海闵华物业管理有限公司	郑必春
402	上海五角场物业管理有限公司	赵振华
403	上海新长宁集团天山物业有限公司	李士华
404	上海新长宁集团新华物业有限公司	朱木深
405	上海虹桥临空经济园区物业管理有限公司	陆建峰
406	上海川北物业有限公司	颜志奇

407	上海殷行物业管理有限公司	魏均平
408	上海汇虹物业管理有限公司	顾维彬
409	上海海顿物业管理有限公司	王志康
410	上海新长宁集团华阳物业有限公司	刘成砖
411	上海新长宁集团大楼物业有限公司	柏左安
412	上海新长宁集团新程物业有限公司	张冶钧
413	上海方达物业经营公司	徐伟国
414	上海长风物业有限公司	贾祖亮
415	上海永乐物业有限责任公司	吴剑嵘
416	上海新长宁集团遵义物业有限公司	胡文虎
417	上海闵碧物业管理有限公司	马传宝
418	上海吴安物业管理有限公司	曾焱
419	上海徐房物业有限公司	张惠荣
420	上海至诚环境服务有限公司	凌永富
421	上海上工物业发展有限公司	梅喜连
422	上海地矿物业管理有限公司	许锋
423	上海浚浦物业发展有限公司	卞政明
424	上海大桥物业管理有限公司	陆松桥
425	上海莘旺物业管理有限公司	姜桂品
426	上海平凉物业管理有限公司	许国强
427	上海易达物业管理有限公司	瞿洪飞
428	上海邦龙物业管理有限公司	陈兆源
429	上海上钢物业公司	李庆荣
430	上海锦龙物业管理有限公司	许经锡
431	上海九海金狮物业管理有限公司	葛静
432	上海海阳物业管理有限公司	徐超
433	上海淮海商业集团置业发展有限公司	刘金红
434	上海朗泰医院后勤管理有限公司	李冠群
435	上海西潭子物业管理有限公司	陈文兵
436	上海佳灵杰物业管理有限公司	夏守忠
437	上海地益物业管理有限公司	夏继秋
438	上海辰星物业管理中心	余新民
439	上海荣苍物业管理有限公司	华豪平
440	上海舜得物业管理有限公司	韩燕敏
441	上海城投置业管理有限公司	赵勇
442	上海浦钦物业管理有限公司	刘家兴
443	上海东宁物业经营管理有限公司	吴粉强
444	上海华鑫物业管理顾问有限公司	朱大祁
445	上海建盛物业服务中心	李雅京
446	上海金加园物业管理有限公司	潘建中
447	上海伟康卫生后勤服务有限公司	袁文国

448	上海万达广场商业管理有限公司	李耀汉
449	上海文通物业有限公司	陆文达
450	上海胜百电力物业管理有限公司	蔡志伟
451	上海中融物业管理有限公司	倪绍兴
452	上海铭弘经济发展有限公司	虞晓敏
453	上海申江怡德投资经营管理有限公司	曾风
454	上海智仕物业管理有限公司	徐志平
455	上海朗悦酒店物业管理有限公司	任佳
456	上海优联物业管理有限公司	施立新
457	凯德商用房产管理咨询（上海）有限公司	吴顺永
458	上海美通物业管理有限公司	郭晓旭
459	上海景冠物业管理有限公司	汪华
460	上海五星浦江物业经营服务有限公司	于晓峰
461	上海新诚物业管理有限公司	夏顺忠
462	上海振翔物业管理有限公司	郑胜明
463	上海威狮堡物业管理有限公司	丁中华
464	上海申华金融大厦有限公司	翟锋
465	中外运上海集团物业发展有限公司	汪兴刚
466	上海金桃物业管理有限公司	张惠忠
467	上海新长征物业管理有限公司	王伟明
468	上海创环物业管理有限公司	谢吉华
469	上海置友物业管理有限公司	周韧
470	上海化学工业区物业管理有限公司	杨延辉
471	上海房地大厦物业管理有限公司	蔡宽余
472	上海瑞强物业管理有限公司	何乃明
473	上海天为物业管理服务有限公司	赵永明
474	上海四平物业管理有限公司	陈益明
475	上海方正置业有限公司	朱海
476	上海普陀大楼物业有限公司	张亮
477	上海鼎高物业管理有限公司	顾新荣
478	上海银程物业管理有限公司	赵福元
479	上海欣赛物业管理服务有限公司	古钦
480	上海江湾物业管理有限公司	秦树华
481	上海捷艾尔物业管理有限公司	谈晓冬
482	上海一百第一太平物业管理有限公司	张建华
483	上海华仕物业管理有限公司	郭忠
484	上海辰展物业管理有限公司	朱刚
485	上海爱生特商用物业管理有限公司	黄文华
486	上海荣广商务中心有限公司	胥荣庆
487	上海三凯物业经营管理有限公司	钟林富
488	上海共贺物业管理有限公司	黄淳

489	上海临南物业经营管理有限公司	吴建明
490	上海同济物业管理有限公司	吴俊东
491	上海浦东新区潼港物业管理有限公司	孙惠强
492	上海爱心物业有限公司	丁锡林
493	上海广汇物业管理服务有限公司	金为贤
494	上海丽都苑物业管理有限公司	孔金林
495	上海华府天地物业管理有限公司	宋家妹
496	上海正昌物业管理有限公司	李正武
497	江苏辰星物业管理有限公司上海分公司	冯晨晨
498	上海银顶峰物业管理有限公司	顾泉源
499	上海圆外物业管理有限公司	颜黎敏
500	上海家佳物业有限公司	冯晨曦
501	上海证大物业管理有限公司	付磊
502	上海浦东新区潍坊物业公司	朱彬伟
503	上海贝成物业管理有限公司	韩良
504	上海伟莱物业有限公司	黄新华
505	上海勇博物业管理有限公司	姜啸
506	上海恒豪基业物业服务有限公司	李胜平
507	上海正阳物业管理有限公司	邹建国
508	上海新金翔物业管理有限公司	张圣哲
509	上海绿宇物业管理有限公司	李海荣
510	金茂（上海）物业服务有限公司	丁建军
511	上海军盛物业管理有限公司	王钧
512	上海丰柏物业管理有限公司	姚佳全
513	上海百特物业管理有限公司	周翼
514	上海明新物业管理有限公司	王芳
515	上海家必安物业管理有限公司	俞宏欢
516	上海枫宇物业管理有限公司	沈爱根
517	上海北方物业管理有限公司	薛在庭
518	上海春晖物业管理有限公司	沈晓弟
519	上海新东湖物业管理有限公司	李风
520	上海百永物业管理有限公司	秦秦
521	上海戴发物业管理有限公司	代宜学
522	上海悦聘物业管理有限公司	陆月美
523	上海浦东华沙物业有限公司	王文喜
524	上海同丰物业管理有限公司	黄云兰
525	上海世浩物业管理有限公司	钱小弟
526	上海中福联合物业管理有限公司	龚洪昌
527	上海振南物业公司	张永明
528	上海暄龙物业管理有限公司	石凤香
529	上海星跃物业管理有限公司	罗寒冰

530	上海悦佳物业管理有限公司	沈峥
531	上海晟际物业管理有限公司	MUN HON PHENG
532	上海科箭物业服务有限公司	陈岳才
533	上海恒筑置业有限公司	刘宝全
534	上海凡根物业管理有限公司	申凡根
535	上海平浦物业管理有限公司	盛洁
536	上海新电后勤服务有限公司	毛霆
537	上海号众物业管理（集团）有限公司	陈当号
538	上海奕文物业管理有限公司	刘婷婷
539	上海家善物业管理有限公司	张屿钒
540	上海安邸物业管理有限公司	陈晓峰
541	上海舜苑华物业管理有限公司	李学军
542	上海豪家物业管理有限公司	陈浪
543	上海新黄浦资产管理有限公司	冯岚
544	上海联洋物业服务有限公司	姜三根

三、三级资质

编号	企业名称	法人
1	上海恒茂物业管理有限公司	裘孟钢
2	上海祥瀛物业管理有限公司	舒章琪
3	上海富宁物业管理有限公司	赵力
4	上海京达物业管理有限公司	郑国荣
5	上海嘉朱物业管理有限公司	丁惠娟
6	上海菊苑物业管理有限公司	肖建新

第八章 部分房地产经纪企业

编号	企业名称	交易套数	交易面积
1	上海中原物业代理有限公司	499	53 813.72
2	上海九间伴房地产经纪有限公司	263	18 572
3	上海中原物业顾问有限公司	242	22 912.46
4	上海智恒加诚房地产经纪有限公司	155	11 431.49
5	上海住商房地产经纪有限公司	122	12 801.04
6	上海康健房屋置换有限公司康健新村分公司	100	6 369.74
7	上海远见房地产经纪有限公司	99	10 700.66
8	上海先原房地产经纪有限公司	93	9 740.1
9	上海鼎铭房地产经纪有限公司	70	7 450.8
10	上海我爱我家房地产经纪有限公司大木桥路分公司	69	3 927.18
11	德佑房地产经纪有限公司	59	6 684.1
12	上海晟曜资产管理有限公司	49	5 548.53
13	美联物业顾问（上海）有限公司	45	5 005.06
14	上海南宏房地产服务有限公司	42	3 576.29
15	上海兴荣企业有限公司	32	4 294.3
16	上海乐居房地产经纪有限公司	31	2 374.28
17	上海安廷房地产经纪事务所	30	2 196.17
18	上海盛家房地产服务有限公司桂林西街分公司	26	1 443.22
19	上海汇成房产置换有限公司	26	1 616.46
20	上海虹民房地产经纪有限公司	24	1 401.03
21	上海天地行房地产营销有限公司	23	6 280.04
22	上海双宏房地产经纪服务部	20	1 484.95
23	上海良友房屋销售有限公司第五十五分公司	20	1 426.05
24	上海信义房屋中介咨询有限公司	19	2 559.93
25	上海三千石房地产经纪有限公司	19	3 208.24
26	上海双缘房地产经纪服务部	19	1 585.83
27	上海劲升房屋咨询有限公司	19	1 108.42
28	上海神舟房地产咨询有限公司	18	1 640.54
29	上海房屋交换有限公司黄浦业务一部	17	795.69
30	上海置怡房地产经纪有限公司桂林路分公司	15	946.6
31	上海枫林房地产经纪有限公司	15	1 135.51
32	上海百和房地产经纪有限公司	14	1 308.69
33	上海明明房产经纪有限公司田林东路分公司	13	670.93

34	上海臣信房地产经纪有限公司	13	1 556.37
35	上海水乡房产经纪事务所	13	1 244.19
36	上海托尼房地产经纪有限公司	13	1 113.4
37	上海立秦行房产经纪有限公司	13	1 131.74
38	上海祥天房地产经纪事务所	12	1 207.84
39	上海承衡房地产经纪有限公司	12	980.59
40	上海申馨房屋置换有限公司鹤庆置换部	12	676.52
41	上海君都房地产经纪事务所	12	822.21
42	上海盛家房地产服务有限公司	12	751.07
43	上海吉杰房地产经纪有限公司第五分公司	12	649.52
44	上海祥福房地产经纪事务所	12	1 002.97
45	上海市立房地产置换有限公司	12	650.55
46	上海房屋置换股份有限公司	11	655.2
47	上海天盟房地产经纪有限公司	11	733.65
48	上海虹民房地产经纪有限公司第六分公司	11	429.49
49	上海创林房地产经纪有限公司	11	607.46
50	上海虹民房地产经纪有限公司茅台路分公司	11	472.66
51	上海旺运房地产经纪有限公司	11	662
52	上海景乐房地产经纪事务所	11	476.51
53	上海卫百辛房地产经纪有限公司	10	742.07
54	上海吉伴房地产经纪服务部	10	723.35
55	上海高乐房产经纪有限公司	10	499.58
56	上海太平洋房屋服务有限公司	10	892.08
57	上海欧伦房产经纪事务所	10	574.71
58	上海恒祥房地产经纪有限公司	10	736.27
59	上海天田房地产经纪有限公司	10	1 806.38
60	上海招发房地产经纪服务部	10	834.68
61	上海湟中房地产经纪有限公司	10	1 069.26

第九章 部分房地产估价企业

编号	企业名称	资质	法定代表人
1	上海地维房地产估价有限公司	一级	徐智芬
2	中城联行（上海）房地产土地评估有限公司	一级	应恩杰
3	上海瑞汇房地产土地估价有限公司	二级	赵小萍
4	上海方圆房地产估价有限公司	一级	周之仁
5	上海涌力土地房地产估价有限公司	一级	林平
6	上海大儒房地产估价有限公司	二级	张纪文
7	上海盛北房地产估价有限公司	二级	陆琼
8	上海大儒房地产估价有限公司	二级	张纪文
9	上海盛北房地产估价有限公司	二级	陆琼
10	上海申宁房地产评估有限公司	三级	李德富
11	上海中企华诚信房地产估价有限公司	二级	孙锡安
12	上海远东赢信房地产估价有限公司	一级	刘桂霞
13	上海加策房地产估价有限公司	一级	徐刚
14	戴德梁行房地产咨询（上海）有限公司	一级	张国正
15	上海彬诚房地产评估咨询有限公司	一级	李彬
16	上海港城房地产土地估价有限公司	一级	施正官
17	上海国众联土地房地产咨询估价有限公司	一级	时磊
18	上海沪宁房地产估价有限公司	一级	倪华
19	上海上资房地产估价有限公司	一级	张新杰
20	上海金虹房地产估价有限公司	一级	王宇
21	上海达亚沪中房地产估价有限公司	二级	俞昂
22	上海众佳房地产估价有限公司	三级	龚展翼
23	上海财瑞房地产土地估价有限公司	一级	孙鸣红
24	上海耀华房地产估价有限公司	一级	占迎喜
25	上海美联房地产估价有限公司	二级	缪姝颖
26	上海科东房地产土地估价有限公司	一级	王伟
27	上海百盛房地产估价有限责任公司	一级	丁光华
28	上海申杨房地产土地估价有限公司	一级	马军
29	上海申房房地产估价有限公司	一级	朱石敏
30	上海申价房地产评估有限公司	一级	姚树德
31	上海新智房地产估价有限责任公司	三级	郑波涛
32	上海房地产估价师事务所有限公司	一级	李建中
33	上海建经房地产估价咨询有限公司	一级	王建忠
34	上海富申房地产估价有限公司	一级	杨承云

35	上海宏大房地产估价有限公司	三级	朱宁宇
36	上海公允房地产估价有限公司	三级	刘渊
37	上海立信中诚房地产土地估价有限公司	一级	朱莹政
38	上海大雄房地产估价有限公司	一级	胡耀清
39	上海安大华永房地产土地估价咨询有限公司	一级	许蓓
40	上海城市房地产估价有限公司	一级	袁东华
42	上海城乡房地产估价有限公司	二级	陆琼
43	上海国衡房地产估价有限公司	一级	龚明荣
44	上海国城土地房地产估价有限公司	一级	余晔涵
45	上海同信土地房地产评估投资咨询有限公司	一级	严秋霞
46	上海友达土地房地产评估有限公司	一级	金晔
47	上海八达国瑞房地产土地估价有限公司	一级	张晓实
48	上海光华房地产估价有限公司	一级	许耀华
49	上海信衡房地产估价有限公司	一级	朱雯
50	上海仲衡信银房地产评估有限公司	一级	李翠华
51	上海东洲房地产土地估价有限公司	一级	周佩祥
52	上海沪港房地产估价有限公司	一级	常宝君
53	上海东方房地产估价有限公司	三级	倪军
54	上海上审房地产估价有限公司	三级	朱伟明
55	上海上咨资联房地产估价有限公司	二级	龚皑
56	上海万隆房地产土地估价有限公司	一级	袁梅
57	上海万千土地房地产估价有限公司	一级	刘卫国
58	上海上睿房地产估价有限公司	二级	金琦
59	上海普荟房地产估价有限公司	三级	孙超君
60	上海琳方房地产估价有限公司	三级	郭文尉
61	魄恩（上海）房地产评估有限公司	三级	张萍
62	上海日成房地产估价有限公司	三级	赵贺军
63	上海道宜房地产估价有限公司	三级	陈建军
64	上海德大房地产估价有限公司	二级	陆丽华
65	上海博乐房地产估价有限公司	三级	卢俊华
66	上海博沃房地产估价有限公司	三级	李秋贵
67	上海乐岛土地房地产估价有限公司	三级	陈曼飞
68	上海天平房地产估价有限公司	二级	李平
69	上海铁林房地产估价有限公司	三级	姜涛
70	上海纬临房地产估价有限公司	三级	葛亮
71	上海中鉴房地产估价有限公司	三级	邱瑜
72	上海众扬房地产估价有限公司	三级	哈琼雯
73	上海典裕房地产评估有限公司	三级	刘成炎
74	上海集联房地产估价有限公司	三级	王艳
75	上海宏贤房地产估价有限公司	三级	孙健
76	上海申威房地产估价有限公司	二级	冯郁芬

77	上海建川房地产估价有限公司	三级	张苏东
78	江苏大新房地产地价评估有限公司上海分公司	分支机构	林小妹
79	广州第一太平戴维斯房地产与土地评估有限公司上海分公司	分支机构	甘启善
80	博文房地产评估造价集团有限公司上海分公司	分支机构	高岚
81	江苏苏地行土地房产评估有限公司上海分公司	分支机构	林鹏杰
82	江苏苏信房地产评估咨询有限公司上海分公司	分支机构	高容华
83	山东三鑫房地产不动产评估咨询有限公司上海分公司	分支机构	史永康
84	深圳市戴德梁行土地房地产评估有限公司上海分公司	分支机构	顾悦如
85	深圳市国策房地产土地估价有限公司上海分公司	分支机构	忽树佳
86	中财宝信（北京）房地产土地评估有限公司上海分公司	分支机构	蔡周耆
87	中证房地产评估造价集团有限公司上海分公司	分支机构	呙中玲
88	江苏金土地房地产评估测绘咨询有限公司上海分公司	分支机构	林印月
89	杭州登鑫房地产估价有限公司上海分公司	分支机构	田高
90	北京仁达房地产评估有限公司上海分公司	分支机构	顾骏
91	深圳市世联土地房地产评估有限公司上海分公司	分支机构	张勇
92	重庆汇丰房地产土地资产评估有限责任公司上海分公司	分支机构	李泉
93	深圳市鹏信资产评估土地房地产估价有限公司上海分公司	分支机构	吴婷

图书在版编目（CIP）数据

北京市房地产年鉴. 2020/北京市住房和城乡建设委员会编著.
—北京：北京联合出版公司，2020.11
ISBN 978-7-5596-4673-6

Ⅰ. ①北…　Ⅱ. ①北…　Ⅲ. ①房地产业-北京-2020-年鉴
Ⅳ. ①F299.271-54

中国版本图书馆 CIP 数据核字(2020)第 207566 号

北京市房地产年鉴 . 2020

著　　者：北京市住房和城乡建设委员会
责任编辑：夏应鹏
美术编辑：孟祥玉

北京联合出版公司出版
（北京市西城区德外大街 83 号楼 9 层　100088）
北京华尊天时文化发展有限责任公司发行
北京彩蝶印刷有限公司印刷　字数 320 千字　880 毫米×1230 毫米　1/16　19.5 印张
2020 年 11 月第 1 版　2020 年 11 月第 1 次印刷
ISBN 978-7-5596-4673-6
定价：298. 00 元

北京市住房和城乡建设委员会　编著

2020
北京市房地产年鉴

BEIJING REAL ESTATE YEARBOOK

《北京市房地产年鉴 2020》编委会

《北京市房地产年鉴 2020》编辑部

目　录

第一章

特稿

市住房城乡建设系统2019年工作总结与2020年工作思路

2019年，住建系统全体干部职工坚持以习近平新时代中国特色社会主义思想为指导，认真贯彻落实党的十九大精神，深入学习贯彻习近平总书记对北京重要讲话精神，坚定不移落实中央和市委市政府决策部署，提高政治站位，勇于担当作为，圆满完成各项工作任务。

一、2019年工作总结

（一）全面从严治党向纵深发展，国庆70周年庆祝活动等重大服务保障工作取得良好成效

按照全市统一安排，对标对表开展主题教育活动，积极配合市委第六轮巡视和规自领域专项巡视，对发现的问题和反馈意见进行认真整改、立行立改。不断加强党风廉政建设和反腐败工作，强化干部日常监督管理和执纪问责，作风建设成效显著。提高政治站位，全力以赴、周密安排，圆满完成庆祝新中国成立70周年和其他重大活动重要节日保障任务。认真落实蔡奇书记关于市民热线诉求“接诉即办、闻风而动”工作指示精神，加强领导，完善机制，开展督导督查。认真办理中央扫黑除恶督导组转办的举报线索，查处曝光一批中介机构、物业企业，依法严惩一批涉黑涉恶人员，市场乱象得到明显遏制。

（二）努力稳地价稳房价稳预期，租购并举住房制度不断完善

保持调控政策的连续性和稳定性。坚持“房住不炒”定位，落实城市主体责任和“一城一策”要求，积极推动长效机制建设。政策性住房建设筹集11.7万套，竣工8.03万套，超额完成全年任务。加快住宅项目建设和入市供应，稳妥推进闲置厂房、商办改建租赁型宿舍工作；积极推进集体土地租赁住房建设，共确定试点项目68个，可提供租赁房4.2万套。据统计数据，房地产开发建安投资完成1289.1亿元，同比增长11.1%，完成投资计划107.4%；新建商品房销售938.9万平方米，同比增长34.9%，其中住宅销售789.0万平方米，同比增长49.8%；新建商品住房和二手住房价格指数均处于合理区间。

培育和规范发展住房租赁市场。健全租赁市场管理制度，发布租赁合同示范文本，规范互联网租赁信息发布。制定应对租金上涨预案，组织中介行业协会按月发布市场信息，积极开展毕业季租赁进校园活动。进一步完善租赁平台功能，全市租赁合同备案量突破230万笔。大力规范中介市场，加大执法检查力度，市场秩序明显好转。研究完善本市市场租房补贴等有关政策，积极争取金融财政政策支持，实现国家开发银行、建设银行集体土地租赁住房贷款发放，本市申请中央财政支持住房租赁市场发展试点获批。

加大审核分配管理和后期管理力度，持续解决保障家庭住房困难。提升公租房精准保障能力和水平，重点面向低保、低收入等特困家庭分配，全年配租1.45万套。大力推进共有产权住房上市申购，全市累计申购46个项目、4.5万套。全力推进3000套人才公寓建设分配工作。加强项目规划设计方案审查，全面实现全装修成品交房。公租房近九成项目完成人脸识别设备安装，精细化、智能化管理水平持续提升。

（三）积极推进物业管理改革、老旧小区综合整治、棚户区改造等各项工作，群众居住环境不断改善

全面开展物业管理改革。落实市委市政府工作部署和全市街道工作会议精神，加快推进《北京市物业管理条例》立法进程，启动“10+1”试点工作。积极推进弃管、失管老旧小区引进物业管理试点。开展住宅小区物业项目负责人到社区报到工作。实施群众关注的物业管理突出问题专项整治，将媒体曝光和12345反映的13类问题纳入专项治理范围。扩大“北京业主”App使用范围，已上线2100个小区，覆盖全市16个区，已有43个小区通过手机投票系统发起业主共同决策事项投票。

全力开展老旧小区综合整治工作。2018年确定的100个老旧小区试点项目整治类内容已全面实施，80个项目实现进场施工，32个项目已完工；2019年确认的第一批53个项目正组织实施，第二批80个项目正进行前期准备。老楼增设电梯新开工693部，完工555部，超额完成任务目标。建立老旧小区管理长效机制，全市210个项目改造后将实施专业化物业管理，其中，西城区改造后小区全部建立了长效管理机制。

加强老城整体保护和棚户区改造。按照申请式改善、“共生院”改造的思路，坚持“保障对保障”，着力推进核心区平房院落有机更新。东城区雨儿胡同、西城区菜市口西两个试点项目基本完成。研究完善房屋征收补偿政策、标准，全年落实棚改1.63万户，超额完成任务。完善直管公房信息管理系统，完成600户直管公房清理整治任务。实现普通地下室散租住人动态清零。

（四）工程质量安全整体受控，全市重大工程顺利推进

全力做好重大项目服务保障。世园会工程克服时间紧任务急难题，市住建委领导带队，和延庆区住建委一起奋战100个昼夜，保障园区各场馆按时顺利验收。北京大兴国际机场如期建成通航，未发生施工亡人事故，创造了安全生产的新标杆，完工项目质量一次验收合格率达到100%，多项工程被评为“建筑结构长城杯金奖”“中国钢结构金奖”。积极服务协调中央在京重点项目建设。

守牢质量安全底线。建立健全质量安全管理制度，制定、修订工程施工安全风险分级管控和隐患排查治理暂行办法等多项规范性文件。加快推进工程质量双重预防机制建设，推动质量管理从事后查处向事前预防转变。强化突出问题专项治理，深入开展“建筑施工安全专项治理行动”“城市安全隐患综合治理三年行动”和住宅工程质量提升专项行动，持续做好预拌混凝土质量管理，在住建部全国房建、市政工程安全质量监督执法检查中，安全质量总体符合率名列前茅。实现“平稳承接消防验收职责”工作目标，所做工作得到市委市政府领导高度肯定和表扬。

全力严控施工工地扬尘。实现扬尘监控系统平台共享，加强部门联合执法，全年开展扬尘执法检查7.3万项次，通过远程视频监控检查67.7万项次，对43家企业停止在京投标资格30~90天，同时移送城管部门处罚。

完成重点工程建设投资任务。加大协调支持力度，区政府全力推进征地拆迁进程，各单位通力合作，300项重点工程完成建安投资1296亿元，其中6个续建铁路项目122亿元，均超额完成全年计划。京张铁路、京雄城际铁路北京西至新机场段如期通车运营。

（五）持续加大改革力度，建筑市场秩序更加规范

全力做好工程领域优化营商环境工作。进一步优化完善建筑工程许可审批流程，施工许可申报材料由原有的13项调整为4项，办理时限由15天压缩为5个工作日，在全国率先实现建筑工程许可证全程网上办理，真正做到“全程网办，一次不跑”。加强联合验收信息平台建设，实现“一个窗口受理，一张表确定”。全面推行电子化招标，开展“当天抽取专家，当天评标”改革试点工作，全面放开社会投资房屋建筑工程招标。推进建筑工程企业资质电子化申报和审批，实现部分变更事项全过程网上办理；二级建造师执业资格注册和建设行业从业人员考试报名等工作实现全过程网上办理，建设行业从业人员证书全部实现电子化。2019年度世界银行对我市营商环境评价中，办理建筑许可指标排名由121位提升至33位，大幅提升了88位，“施工许可证全程网上办”及“推行工程招投标交易全过程电子化”改革措施被国务院办公厅列为“供全国借鉴的改革举措”。

推动建筑市场管理再上新台阶。建立本市建筑市场监管信息系统，项目、企业、人员和信用信息全面公开，实时对建筑市场行为进行信用评价。积极开展造价管理市场化改革试点，稳步推进京津冀工程计价体系一体化。建立建设单位工程款结算与支付信用承诺制。推进外省市来京企业备案管理和施工人员实名制。开展工程款劳务费支付情况排查，稳妥处置群体性讨薪事件。

（六）大力发展建筑节能和绿色建筑，行业发展质量效益不断提高

稳步推进建筑节能工作，继续组织超低能耗建筑示范，公共建筑节能绿色化改造实施体系基本形成，累计完成改造综合验收188万平方米。继续加强公共建筑电耗限额管理，2014—2018年共节约用电19.7亿度。大力发展绿色建筑和装配式建筑，全市通过绿色建筑标识认证项目402项，建筑面积达4590万平方米，二星级及以上建筑面积达到93%；全年新开工装配式建筑面积1413万平方米，占全市房屋建筑新开工面积26.9%，超额完成25%的既定目标。积极开展建筑科技和工程建设地方标准研究，京津冀共同发布全国首部施工类区域协同工程建设标准《城市综合管廊工程施工及质量验收规范》《京津冀区域协同工程建设标准体系（2019—2021）合作项目清单》。做好农村住房建设指导服务，加快落实农村4类重点对象和低收入群众危房改造工作，全面完成2019年阶段性工作目标。推动砂石绿色供应和建筑垃圾资源化，全年通过铁路运输砂石203万吨、水泥21.5万吨；全市正在运行的建筑垃圾资源化综合利用设施107个，年处置能力约9000万吨，资源化再生产品累计已使用超过8200万吨。

2019年住建系统工作推进平稳、成效显著，一是提高政治站位，国庆70周年庆祝活动等重大服务保障工作取得良好成效；二是扎实推进主题教育和巡视整改，党建和业务工作深度融合、齐头并进；三是践行“以人民为中心”发展理念，尽职尽责办好群众身边事；四是深化改革、依法行政，管理效能治理能力稳步提升。在全系统共同努力下，发展改革迈出新步伐，监管服务跨上新台阶，营造出首都住建事业发展良好氛围，为2020年更加奋发有为地开展工作奠定了坚实基础。

二、2020年主要工作思路

当前，保持房地产市场平稳工作压力大，城市更新、社区治理等方面问题突出，建筑业改革发展任务艰巨，工作中深入研究、整体谋划不足，高素质专业化队伍建设需要进一步加强，党风廉政建设还存在薄弱环节，必须保持冷静和清醒，深刻认识和把握宏观经济形势，认真查找分析老问题、新情况，为更好地开展工作做好充分思想准备、工作准备和队伍准备。

2020年总的工作思路是，以习近平新时代中国特色社会主义思想为指导，深入学习贯彻习近平总书记对北京重要讲话精神，认真贯彻落实市委十二届十次、十一次全会，市“两会”和全国住房和城乡建设工作会议精神，贯彻落实中央和市委市政府决策部署，坚定不移贯彻新发展理念，践行“以人民为中心”要求，坚持稳中求进工作总基调，要主动作为，深化住房供给侧结构性改革，服务好“四个中心”功能建设，推动行业高质量发展、绿色发展，为决胜全面建成小康社会、推动首都新发展做出更大贡献。

（一）坚持房地产调控目标不动摇、力度不放松，持续规范和发展租赁市场

坚持房子是用来住的、不是用来炒的定位，全面落实因城施策，稳地价、稳房价、稳预期的长效管理调控机制，促进房地产市场平稳健康发展。市场调控要稳字当头，防止大起大落，注重调控精细化。切实加强房地产市场监管服务，抓好供给侧结构性改革，维护好市场秩序。确保完成稳地价、稳房价、稳预期任务目标，在此基础上，结合工作实际做好政策研究储备。

加快培育发展租赁市场，加快推进本市住房租赁条例等立法工作。发挥好住房租赁监管服务平台作用，以承租人赋权为抓手，进一步提高租赁住房备案率，建立写字楼租金监测体系。有条件的区尽快成立房屋租赁管理专门机构，有序推进违法群租房专项整治，分解落实集体土地租赁住房、公租房、改建宿舍等各类租赁住房指标任务。围绕新房、存量房、租赁三个市场，加强监测分析、形势研究和专题研究。

（二）优化住房保障政策体系，强化政策性住房建设管理

进一步完善政策体系，坚持公租房、共有产权住房、市场租房补贴“租购补”并举。调整市场租房补贴标准和申请条件，实物房源优先面向低保家庭、分散供养特困人员等家庭分配。完善共有产权住房相关政策，加大金融信贷政策支持，简化销售审核流程，引导中心城区人口向新城地区疏解。

做好政策性住房申请审核分配管理。坚持困难优先的分配导向，精准保障城镇中低收入住房困难家庭、新市民、各类人才等住房需求，落实“七有”“五性”监测指标与任务。支持“三城一区”等重点功能区建设，努力满足在京就业创业人才、城市运行保障人口租赁需求，促进职住平衡。强化人才住房支持服务，继续做好高层次人才公寓的筹集和分配。

保持政策性住房建设筹集力度，建设筹集各类政策性住房4.5万套，竣工9万套以上。多渠道多方式筹集公租房房源。加快集体土地租赁住房建设，建立健全集体土地租赁住房建设推进长效机制，引导社会各方积极参与。加大改建租赁型职工集体宿舍工作力度，探索将批准权限下放各区；加大试点深度，政策有突破，既要支持社会投资，也要规范改建工作，提高建设、租住积极性。同时，稳步开展中央财政支持住房租赁市场发展试点工作，发挥财政补贴资金杠杆作用。

（三）加大老旧小区综合整治工作力度，全力做好物业服务管理工作

继续按照“基层组织、居民申请、社会参与、政府支持”的方式，各区要加快推进实施已确认在施和未进场施工项目，2020年要实现新开工80个小区以上，老楼加装电梯实现开工400部以上，完成200部以上。围绕住建部提出的老旧小区改造九项机制内容，研究出台具有可操作性、可落地、可执行的指导意见或若干措施，对工作整体推进提供政策支持。推广“劲松模式”，探索引导社会资本参与老旧小区运营管理。加快出台老旧小区综合整治工作手册，为工作开展和手续办理提供指导规范，并配合做好中央国家机关老旧小区综合整治工作。

提前谋划贯彻实施《北京市物业管理条例》系列工作，拟订配套政策，完善物业管理政策框架体系。继续牵头推进物业管理“10+1”试点工作，持续抓好“接诉即办”，同步推进专项治理，并与12345数据统计相结合，深入投诉量大的重点物业项目开展监督指导。从今年开始，制定实施“三年行动计划”，稳步提高业委会（物管会）覆盖率、物业服务覆盖率、党的组织和工作覆盖率。对央属、市属产权单位失管小区、房改售房小区分类研究，指导建立物业管理长效机制。推进住宅专项维修资金改革工作，加快研究制定物业服务企业信用评价管理办法，探索建立物业服务企业信用管理体系。在党建引领下规范业主自治，推动实施物业管理的住宅小区新增业主委员会（或其他业主自治组织）600个以上。继续加大对“北京业主”App推广使用，完成1000个小区楼盘底层数据的整理维护工作。

同时，继续做好城市有机更新、“疏整促”各项工作。进一步加强老城整体保护工作，形成可持续的保护更新模式。更大力度实施危房和简易楼改造，继续做好棚户区改造。高标准完成直管公房清理整治三年工作计划扫尾工作，坚持实行动态清零。巩固普通地下室综合整治成果，确保散租住人动态清零。依法完善征地拆迁管理体制机制，分期、分批次逐项解决征拆滞留项目及逾期安置项目。

（四）完善质量安全监督执法长效监管模式，为重大工程建设保驾护航

继续加大对京津冀协同发展、北京城市副中心、冬奥会场馆等重点工程和中央国家机关建设工程的协调服务力度，抓好副中心行政办公区二期、雁栖湖国际会都扩容、国家会议中心二期、丽泽商务区等重点项目建设，确保所有冬奥竞赛场馆全部完工，非竞赛场馆加快建设，积极推进丰台站、京唐城际等国铁建设，确保京沈客专建成通车。要做到主动靠前服务，事后加强协调，在依法依规基础上加快办事手续，促进项目早日开工、平稳建设。

严守工程质量生命线，认真贯彻落实住建部关于完善质量保障体系提升建筑工程品质的指导意见，深入开展住宅工程质量专项提升行动，继续以贯彻落实《北京市建设工程质量条例》为抓手，全面落实质量主体责任，不断完善本市质量保障体系，加大责任追究力度，严厉打击违法违规行为，确保建设工程结构质量安全，大力提升工程质量水平。

继续推进房屋建筑和市政基础设施工程施工安全风险分级管控和隐患排查治理，促进“双控系统”在全行业使用、取得实效。推行保障房建设工程差别化监管。强化危大工程、危险部位、有限空间作业安全管理。

完善消防验收工作制度，确保消防验收、备案及抽查职责平稳履行。力争在平稳过渡的基础上，进一步提升优化消防验收工作。

（五）着力深化建筑业发展改革，持续优化营商环境

继续推进建筑业“放管服”改革，落实优化营商环境3.0版改革政策，全面完成优化营商环境三年行动计划各项任务。加快构建以信用为基础的新型监管机制，在加强建筑市场行为监管、健全建筑市场信用体系上下功夫、见成效，推动首都建筑市场健康发展。着力健全标准体系，促进科技进步和京津冀协同发展。加强建筑市场监督执法工作，聚焦住宅工程质量安全、建筑起重机械安全管理等突出问题，着力规范建筑市场秩序。

继续强化建筑节能运行管理，持续推进超低能耗建筑示范工作，大力推进公共建筑节能绿色化改造和能耗限额管理，2020年底之前完成600万平方米公共建筑节能绿色化改造任务。

继续深入推进绿色建筑高质量发展行动。稳步推进装配式建筑工作，力争2020年实现装配式建筑占新建建筑面积比例达到30%以上。继续推进京津冀建材领域战略合作。巩固砂石绿色供应链建设成果，大力推进建筑砂石绿色基地建设。搭建全市统一的扬尘视频监控系统平台，进一步加强扬尘治理管理工作。继续加强夜间施工扰民治理，加大建筑垃圾资源化综合利用力度。

第二章

国民经济和社会发展

第一节　2019年北京市国民经济和社会发展统计公报

2019年，全市在党中央、国务院和市委、市政府的坚强领导下，坚持以习近平新时代中国特色社会主义思想为指导，认真贯彻落实党的十九大和十九届二中、三中、四中全会精神及习近平总书记对北京重要讲话精神，坚持新发展理念，坚持稳中求进工作总基调，以供给侧结构性改革为主线，全面落实高质量发展要求，深入实施城市总体规划，加快推进京津冀协同发展，切实保障和改善民生，经济社会保持平稳健康发展。

一、综合

经济增长：初步核算，全年实现地区生产总值35371.3亿元，按可比价格计算，比上年增长6.1%。其中，第一产业增加值113.7亿元，下降2.5%；第二产业增加值5715.1亿元，增长4.5%；第三产业增加值29542.5亿元，增长6.4%。三次产业构成由上年的0.4：16.5：83.1变化为0.3：16.2：83.5。按常住人口计算，全市人均地区生产总值为16.4万元。

表2-1　地区生产总值

单位：亿元

指标	绝对数		比重（%）		2019年比2018年增长（%）
	2019年	2018年	2019年	2018年	
地区生产总值	35371.3	33106.0	100.0	100.0	6.1
按产业分					
第一产业	113.7	120.6	0.3	0.4	-2.5
第二产业	5715.1	5477.3	16.2	16.5	4.5
第三产业	29542.5	27508.1	83.5	83.1	6.4
按行业分					
农、林、牧、渔业	116.2	122.6	0.3	0.4	-2.5
工业	4241.1	4139.9	12.0	12.5	3.0
建筑业	1513.7	1387.8	4.3	4.2	8.0
批发和零售业	2856.9	2824.1	8.1	8.5	1.6
交通运输、仓储和邮政业	1025.3	1015.9	2.9	3.1	2.2
住宿和餐饮业	540.4	515.3	1.5	1.6	0.3
金融业	6544.8	5951.3	18.5	18.0	9.5
房地产业	2620.8	2481.5	7.4	7.5	6.9
其他服务业	15912.1	14667.6	45.0	44.2	6.7

人口：年末全市常住人口2153.6万人，比上年末减少0.6万人。其中，城镇人口1865万人，占常住人口的比重为86.6%；常住外来人口745.6万人，占常住人口的比重为34.6%。常住人口出生率8.12‰，死亡率5.49‰，自然增长率2.63‰。常住人口密度为每平方公里1312人，比上年末减少1人。

表2-2　2019年末常住人口及构成

指　　标	年末人数（万人）	比重（%）
常住人口	2153.6	100.0
按城乡分：城镇	1865.0	86.6
乡村	288.6	13.4
按性别分：男性	1094.0	50.8
女性	1059.6	49.2
按年龄组分：0~14岁	226.7	10.5
15~59岁	1555.6	72.3
60岁及以上	371.3	17.2
其中：65岁及以上	246.0	11.4

财政收入：全市完成一般公共预算收入5817.1亿元，比上年增长0.5%。其中，增值税1820.9亿元，增长1.6%；企业所得税和个人所得税分别为1228.5亿元和544.2亿元，分别下降4.6%和25.3%。

价格：全年居民消费价格总水平比上年上涨2.3%。其中，食品价格上涨6.2%，非食品价格上涨1.6%；消费品价格上涨2.2%，服务项目价格上涨2.5%。

表2-3　2019年居民消费价格涨跌幅度

指　　标	比上年涨跌幅（%）
居民消费价格	2.3
食品烟酒	5.2
其中：粮食	-0.4
鲜菜	0.7
畜肉类	20.9
鲜果	11.2
衣着	1.9
居住	1.3
生活用品及服务	-0.3
交通和通信	-2.8
教育文化和娱乐	1.0
医疗保健	8.4
其他用品和服务	3.2

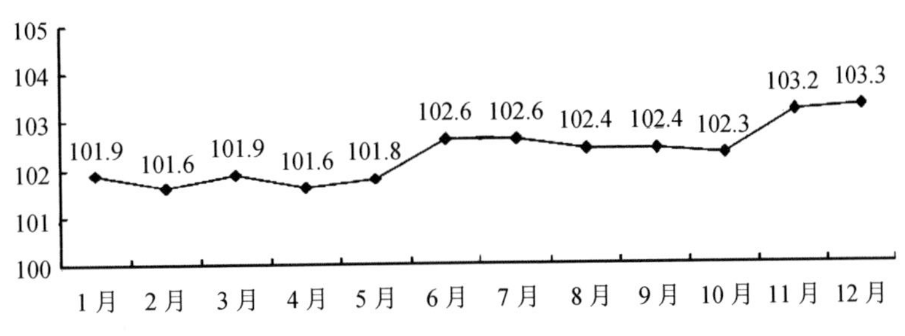

图 2-1　2019 年居民消费价格月度同比指数

全年农产品生产者价格比上年上涨 9.9%。工业生产者出厂价格下降 0.4%，工业生产者购进价格下降 0.4%。固定资产投资价格上涨 2.1%。

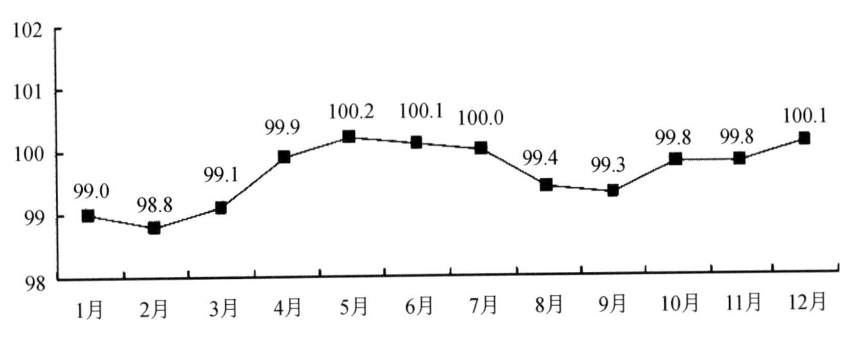

图 2-2　2019 年工业生产者出厂价格月度同比指数

全年新建商品住宅价格小幅波动，二手住宅价格总体稳中有降。12 月份，新建商品住宅销售价格环比上涨 0.4%，同比上涨 4.8%；二手住宅销售价格环比上涨 0.6%，同比下降 0.5%。

表 2-4　2019 年新建商品住宅和二手住宅销售价格环比指数

指　标	1 月	2 月	3 月	4 月	5 月	6 月	7 月	8 月	9 月	10 月	11 月	12 月
新建商品住宅	100.6	99.8	100.4	100.5	100.6	99.9	106.6	100.5	100.0	99.8	101.7	100.4
二手住宅	99.9	100.2	100.4	100.6	100.0	100.0	99.7	99.6	99.5	99.4	99.6	100.6

二、农业

全市农业观光园 948 个，实现总收入 23.2 亿元。乡村旅游农户（单位）13668 个，实现总收入 14.4 亿元。设施农业实现产值 47.1 亿元。种业实现收入 15.1 亿元。全年实现农林牧渔业总产值 281.7 亿元，比上年下降 5.1%。其中，在新一轮百万亩造林工程拉动下，林业产值增长 21.6%。

三、工业和建筑业

工业：全年实现工业增加值 4241.1 亿元，

按可比价格计算，比上年增长3.0%。其中，规模以上工业增加值增长3.1%。在规模以上工业中，高技术制造业、战略性新兴产业增加值分别增长9.3%和5.5%；国有控股企业增加值增长5.0%；股份制企业、外商及港澳台商企业增加值分别增长5.6%和0.6%。规模以上工业实现销售产值19424.3亿元，增长3.0%。其中，内销产值18126.3亿元，增长2.7%；出口交货值1298亿元，增长7.1%。

表2-5 2019年规模以上工业重点监测行业增加值

单位：%

行业	比上年增长（按可比价格计算）	比重
规模以上工业增加值	3.1	100.0
其中：石油、煤炭及其他燃料加工业	-11.3	2.6
化学原料和化学制品制造业	-10.1	1.9
医药制造业	6.2	11.0
非金属矿物制品业	-2.8	2.2
通用设备制造业	-7.7	3.2
专用设备制造业	8.5	4.8
汽车制造业	2.7	17.4
铁路、船舶、航空航天和其他运输设备制造业	0.8	2.0
电气机械和器材制造业	6.8	3.9
计算机、通信和其他电子设备制造业	9.9	9.0
仪器仪表制造业	17.7	2.4
电力、热力生产和供应业	8.2	21.1

表2-6 2019年规模以上工业企业主要产品产量

产品名称	单位	产量	比上年增长（%）
乳制品	万吨	55.4	4.1
饮料酒	万千升	128.2	-11.9
其中：啤酒	万千升	91.4	-15.7
乙烯	万吨	81.5	2.6
中成药	万吨	3.5	-19.1
金属切削机床	台	8304	-34.3
其中：数控金属切削机床	台	7611	-35.4
汽车	万辆	164.0	0.7
其中：基本型乘用车（轿车）	万辆	77.8	-0.3

（续表 2-6）

产品名称	单 位	产量	比上年增长（%）
运动型多用途乘用车（SUV）	万辆	35.8	-13.2
其中：新能源汽车	辆	21132	78.7
微型计算机设备	万台	513.2	-7.6
显示器	万台	470.1	16.1
移动通信手持机（手机）	万台	8373.3	-7.3
其中：智能手机	万台	8348.4	-7.2
智能电视	万台	417.9	13.3
集成电路	亿块	154.5	6.5

建筑业：全市具有资质等级的总承包和专业承包建筑业企业完成建筑业总产值 11999.4 亿元，比上年增长 9.7%。其中，在本市完成 3395.5 亿元，增长 9.1%；在外埠完成 8603.8 亿元，增长 9.9%。全年新签订合同额 17274.9 亿元，增长 7.9%。

四、交通运输和邮政电信

交通运输：全年货运量 24462.9 万吨，比上年下降 3.1%；货物周转量 782.6 亿吨公里，增长 0.3%。全年客运量 72149.2 万人，增长 6.8%；旅客周转量 2290.8 亿人公里，增长 3.2%。

表 2-7　2019 年各种运输方式完成货运量及货物周转量

指　　标	单　位	绝对数	比上年增长（%）
货运量	万吨	24462.9	-3.1
铁路（发送量）	万吨	457.5	-19.5
公路	万吨	19441.4	-4.1
民航	万吨	166.1	-5.9
管道	万吨	4397.9	4.2
货物周转量	亿吨公里	782.6	0.3
铁路	亿吨公里	257.5	-3.5
公路	亿吨公里	157.5	-5.9
民航	亿吨公里	72.8	-7.2
管道	亿吨公里	294.9	10.0

表 2-8　2019 年各种运输方式完成客运量及旅客周转量

指　　标	单　位	绝对数	比上年增长（%）
客运量	万人	72149.2	6.8
铁路（发送量）	万人	14754.9	3.4

（续表 2-8）

指　　标	单　位	绝对数	比上年增长（%）
公路	万人	48151.4	9.0
民航	万人	9242.9	1.3
旅客周转量	亿人公里	2290.8	3.2
铁路	亿人公里	158.9	2.8
公路	亿人公里	104.8	5.4
民航	亿人公里	2027.1	3.1

年末全市机动车保有量636.5万辆，比上年末增加28.1万辆。民用汽车590.8万辆，增加16.2万辆。其中，私人汽车497.4万辆，增加18.4万辆；私人汽车中轿车303万辆，减少4.1万辆。

邮政电信：全年实现邮电业务总量3141.7亿元，按可比价格计算，比上年增长44.8%。其中，邮政行业业务总量460.1亿元，增长15.6%；电信业务总量2681.6亿元，增长51.4%。全年发送邮政函件1.9亿件，下降12.8%；特快专递22.9亿件，增长3.5%。年末固定电话用户为555.6万户，固定电话主线普及率为25.8线/百人。年末移动电话用户为4019.7万户，移动电话普及率为186.7户/百人。年末固定互联网宽带接入用户数达到687.6万户，增长8.3%；移动互联网接入流量30.6亿GB，增长68.5%。

五、金融

存贷款：年末全市金融机构（含外资）本外币存款余额171062.3亿元，比年初增加13922.4亿元。全市金融机构（含外资）本外币贷款余额76875.6亿元，比年初增加6232.9亿元。

表2-9　2019年末金融机构（含外资）本外币存贷款余额

单位：亿元

指　　标	年末数	比年初增加额	增加额比上年增减
各项存款余额	171062.3	13922.4	546.4
其中：人民币存款	164349.5	13874.7	1077.6
其中：境内存款	88960.7	13800.1	711.6
其中：住户存款	38865.0	4804.1	1167.4
非金融企业存款	60346.2	3547.8	2636.3
各项贷款余额	76875.6	6232.9	-958.5
其中：人民币贷款	73575.9	6653.5	-701.7
其中：境内贷款	75273.8	6818.5	-281.5
其中：住户消费贷款	15630.6	829.0	-176.4

（续表 2-9）

指　　标	年末数	比年初增加额	增加额比上年增减
其中：短期贷款	23819.5	1465.7	-189.2
中长期贷款	46756.1	3835.1	-921.4
票据融资	3505.9	1268.5	736.8

证券：全年证券交易额 946426 亿元，比上年增长 3.8%。其中，股票交易额 185027 亿元，增长 23.4%；基金交易额 25041 亿元，下降 0.4%。

保险：全年实现原保险保费收入 2076.5 亿元，比上年增长 15.8%。其中，财产险保费收入 454.8 亿元，人身险保费收入 1621.6 亿元。全年各类保险赔付支出 719 亿元，增长 14.2%。其中，财产险赔付 269.3 亿元，人身险赔付 449.6 亿元。

六、固定资产投资和房地产开发

固定资产投资：全年固定资产投资（不含农户）比上年下降 2.4%。基础设施投资下降 3.8%，其中，交通运输领域投资下降 9.2%，邮政电信互联网、公共设施管理领域投资分别增长 17.8%和 14.1%。分产业看，第一产业投资增长 20.6%；第二产业投资下降 9.0%；第三产业投资下降 2.3%，其中，租赁和商务服务业投资增长 1.6 倍，文化、体育和娱乐业投资增长 77.0%，科学研究和技术服务业投资增长 27.0%。

房地产开发：全年房地产开发投资比上年下降 0.9%。其中，住宅投资增长 0.7%，办公楼投资下降 27.3%，商业营业用房投资下降 17.7%。年末全市房屋施工面积 12515 万平方米，比上年末下降 3.5%。其中，本年新开工面积 2073.2 万平方米，下降 10.7%。全年房屋竣工面积 1343.3 万平方米，下降 13.8%。

表 2-10　2019 年房地产开发和销售主要指标

指　　标	绝对数（万平方米）	比上年增长（%）
房屋施工面积	12515.0	-3.5
其中：住宅	5640.1	-4.0
其中：本年新开工面积	2073.2	-10.7
其中：住宅	1003.7	-18.6
房屋竣工面积	1343.3	-13.8
其中：住宅	583.2	-20.2
商品房销售面积	938.9	34.9
其中：住宅	789.0	49.8
年末商品房待售面积	2489.5	15.6
其中：住宅	893.1	7.1

七、市场消费

全年实现市场总消费额27318.9亿元，比上年增长7.5%。从内部结构看，服务性消费额15048.8亿元，增长10.2%；社会消费品零售总额12270.1亿元，增长4.4%。社会消费品零售总额中，限额以上批发和零售企业实现网上零售额3366.3亿元，增长23.6%，占社会消费品零售总额的27.4%；限额以上批发和零售业企业实现的日用品类、家用电器和音像器材类、文化办公用品类零售额分别增长25.7%、21.5%和6.4%。

表2-11　2019年社会消费品零售总额

指　　标	社会消费品零售总额（亿元）	比上年增长（%）
总　额	12270.1	4.4
按商品用途分		
吃类商品	2817.2	7.6
穿类商品	751.7	-0.8
用类商品	8151.4	4.7
烧类商品	549.8	-6.5
按消费形态分		
餐饮收入	1204.5	6.1
商品零售	1065.6	4.3

八、对外经济和旅游

对外经济：全年北京地区进出口总值28663.5亿元，比上年增长5.4%。其中，出口5167.8亿元，增长6.1%；进口23495.7亿元，增长5.3%。

全年吸收合同外资259.7亿美元，比上年下降38.0%。实际利用外资142.1亿美元，下降17.9%；其中，信息传输、软件和信息技术服务业占37.6%，科学研究和技术服务业占25.9%，金融业占11.4%。

表2-12　2019年分行业实际利用外商投资情况

指　　标	实际利用外资（万美元）	比上年增长（%）
总　计	1421299	-17.9
其中农、林、牧、渔业	63	-99.1
制造业	33682	-67.3
建筑业	813	5320.0
交通运输、仓储和邮政业	26599	-76.4
信息传输、软件和信息技术服务业	534844	18.3

（续表 2-12）

指　标	实际利用外资（万美元）	比上年增长（%）
批发和零售业	52899	-31.8
住宿和餐饮业	1873	-93.8
金融业	162521	76.4
房地产业	70022	-64.0
租赁和商务服务业	110025	-59.5
科学研究和技术服务业	367736	52.9
水利、环境和公共设施管理业	7608	26.1
居民服务和其他服务业	2227	3.8
文化、体育和娱乐业	11544	101.6

全年境外投资中方实际投资额72.6亿美元，比上年增长3.1%。对外承包工程完成营业额42.2亿美元，增长5.5%。对外劳务合作人员实际收入6.6亿美元。

旅游：全年接待旅游总人数3.22亿人次，比上年增长3.6%；实现旅游总收入6224.6亿元，增长5.1%。其中：接待国内游客3.18亿人次，增长3.7%；国内旅游总收入5866.2亿元，增长5.6%。接待入境游客376.9万人次，下降5.9%。入境游客中，外国游客320.7万人次，下降5.6%；港、澳、台游客56.2万人次，下降7.3%。国际旅游收入51.9亿美元，下降5.9%。全年经旅行社组织的出境游人数484.5万人次，下降5.2%。

九、城市建设和安全生产

道路建设：年末全市公路里程22350公里，比上年末增加94.2公里。其中，高速公路里程1167公里，增加52.4公里。年末城市道路里程6162公里，比上年末减少40.6公里。

公共交通：年末公共电汽车运营线路1158条，比上年末增加270条；运营线路长度27632公里，增加8387公里；运营车辆24627辆，增加551辆；全年客运总量31.7亿人次，下降0.5%。

年末轨道交通运营线路22条，与上年末持平；运营线路长度699公里，增加63公里；运营车辆6173辆，增加517辆；全年客运总量39.6亿人次，增长2.8%。

公用事业：全年自来水销售量11.7亿立方米，比上年增长0.9%。其中，工业和建筑业用水1.14亿立方米，下降13.0%；服务业用水4.16亿立方米，与上年持平；居民家庭用水6.15亿立方米，增长4.8%。

全年北京地区用电量达到1166.4亿千瓦时，比上年增长2.1%。其中，生产用电914.8亿千瓦时，增长3.2%；城乡居民生活用电251.6亿千瓦时，下降1.9%。

全年天然气供应总量188.5亿立方米，比上年增长0.6%；液化石油气供应总量43.9万吨，下降8.9%。年末共有燃气家庭用户879.9万户，下降5.0%；其中天然气家庭用户700.4万户，增长4.1%。年末燃气管线长度达到28900公里，增长1.5%。

全市10万平方米以上的集中供热面积6.4

亿平方米，比上年增长2.1%。

安全生产：全年共发生工矿商贸生产安全事故、生产经营性道路交通事故、生产经营性火灾事故、铁路交通事故、农业机械事故421起，死亡448人。亿元地区生产总值安全生产事故死亡人数为0.0127人；道路交通每万车死亡人数为1.98人。

十、人民生活和社会保障

人民生活：全年全市居民人均可支配收入为67756元，比上年增长8.7%；扣除价格因素后，实际增长6.3%。从四项收入构成看，居民人均工资性收入41214元，增长9.4%；人均经营净收入1201元，与上年持平；人均财产净收入11257元，增长6.1%；人均转移净收入14084元，增长9.5%。

全年全市居民人均消费支出为43038元，比上年增长8.0%。

社会保障：年末参加企业职工基本养老、职工基本医疗、失业、工伤和生育保险的人数分别为1651.6万人、1682.5万人、1294.8万人、1242.2万人和1164.4万人，分别比上年末增长3.8%、3.3%、4.4%、4.7%和5.5%。

年末参加城乡居民养老保障的人数为204.7万人，参加城乡居民基本医疗保险的人数为400.1万人。

年末全市享受城市居民最低生活保障的人数为6.5万人，享受农村居民最低生活保障的人数为3.7万人。

表2-13　2018—2019年社会保障相关待遇标准

单位：元/月

指　标	2019年	2018年
失业保险金最低标准	1706	1536
城市居民最低生活保障标准	1100	1000
职工最低工资标准	2200	2120

年末各类收养性单位585家，床位11.4万张，年末在院人数5.0万人。年末共有各种社区服务机构12351个，其中社区服务中心204个。

十一、教育、科技、文化、卫生和体育

教育：全年研究生教育招生12.4万人，在学研究生36.1万人，毕业生9.2万人。普通高等学校招收本专科学生15.7万人，在校生58.6万人，毕业生14.5万人。全市成人本专科招生4.8万人，在校生13.0万人，毕业生5.9万人。

全市普通高中招生5.1万人，在校生15.3万人，毕业生5万人。普通初中招生11.7万人，在校生30.9万人，毕业生7.3万人。普通小学招生18.3万人，在校生94.2万人，毕业生13.9万人。幼儿园入园幼儿16.8万人，在园幼儿46.8万人。各类中等职业教育（含技工学校）招生2.2万人，在校生7.7万人，毕业生3.4万人。特殊教育招生1026人，在校生6962人，毕业生1386人。

全市共有民办高校16所，在校生5.7万人。民办中等教育122所，在校生3.3万人。民办小学53所，在校生4.4万人。民办幼儿园765所，在园幼儿17.2万人。

科技：全年专利申请量与授权量分别为22.6万件和13.2万件，分别比上年增长7.1%和6.7%。其中，发明专利申请量与授权量分别为13万件和5.3万件，分别增长10.4%和

13.1%。年末拥有有效发明专利28.4万件，增长17.8%。全年共签订各类技术合同83171项，增长0.8%；技术合同成交总额5695.3亿元，增长14.9%。

文化：年末共有公共图书馆24个，总藏量7000万册；档案馆18个，馆藏案卷930万卷件；博物馆183个，其中免费开放84个；群众艺术馆、文化馆20个。北京地区登记在册的报刊总量3491种，出版社239家，出版物发行单位9623家；全年引进出版物版权9216件，版权（著作权）登记9300万件。年末有线电视注册用户为598.7万户，其中高清交互数字电视用户544.5万户，4K超高清用户110.4万户。全年制作电视剧65部2762集，电视动画片32部7275分钟，电影310部，网络剧944部，网络影视类动画片72部，网络电影3397部。北京地区30条院线256家影院，共放映电影356.2万场，观众7634.1万人次，票房收入36.1亿元。

卫生：年末共有医疗卫生机构11311个，比上年末增加211个；其中，医院733个。医疗机构共有床位12.6万张，增加0.2万张；其中，医院11.8万张。卫生技术人员28.2万人，其中，执业（助理）医师10万人，注册护士12.2万人。医疗机构总诊疗26043.4万人次，比上年增长5.2%。全年报告甲乙类传染病发病率138.69/10万，死亡率0.87/10万。婴儿死亡率1.99‰，孕产妇死亡率2.96/10万。

体育：全市运动员共获得国际性比赛奖牌45枚，其中金牌20枚，银牌13枚。获得全国性比赛奖牌153枚，其中金牌46枚，银牌56枚。

十二、资源和城市环境

土地供应：全年国有建设用地供应总量3945.3公顷。其中，住宅用地1004公顷（其中保障性安居工程用地356公顷），工矿仓储用地98.1公顷，商服用地75.8公顷，基础设施等其他用地2767.4公顷。

水资源：全年水资源总量24.6亿立方米，比上年减少30.8%。年末大中型水库蓄水总量33.3亿立方米，比上年末少蓄水0.9亿立方米。年末平原区地下水埋深为22.6米，比上年末回升0.5米。全年用水总量41.5亿立方米，比上年增长5.7%。其中，生活用水15.6亿立方米，增长4.2%；生态环境用水14.5亿立方米，增长16.8%；工业用水2.8亿立方米，下降7.6%；农业用水3.7亿立方米，下降12.2%。

城市环境：全市污水处理率为94.5%，其中城六区污水处理率达到99.3%，分别比上年提高1.1个和0.3个百分点。全市生活垃圾无害化处理率（根据垃圾清运量计算）为99.98%，提高0.04个百分点。细颗粒物（PM2.5）年均浓度值为42微克/立方米，下降17.6%。二氧化氮和二氧化硫年均浓度值分别为37微克/立方米和4微克/立方米，分别下降11.9%和33.3%。

全年完成人工造林面积18698公顷，比上年增长1.5%。全市林木绿化率达到62.0%，比上年提高0.5个百分点。森林覆盖率达到44.0%，提高0.5个百分点。城市绿化覆盖率为48.46%，提高0.02个百分点。全市人均公园绿地面积为16.4平方米，增加0.1平方米。

十三、推动高质量发展情况

动能转换：全年实现新经济增加值12765.8亿元，按现价计算，比上年增长7.5%，占全市地区生产总值的比重为36.1%，比上年提高0.2个百分点。

每万人口发明专利拥有量为132件，比上年增加20件。全年中关村国家自主创新示范区高新技术企业实现总收入6.5万亿元，增长10.5%；其中实现技术收入13061.3亿元，增长16.9%。

结构优化：全年高技术产业实现增加值8630亿元，按现价计算，比上年增长7.9%；占地区生产总值的比重为24.4%，比上年提高0.2个百分点。战略性新兴产业实现增加值8405.5亿元，按现价计算，增长7.3%；占地区生产总值的比重为23.8%，比上年提高0.1个百分点（高技术产业、战略性新兴产业二者有交叉）。

全市高技术制造业完成固定资产投资增长3.9%，占制造业投资的比重为54.0%，比上年提高1.6个百分点。服务性消费对总消费增长的贡献率达到72.7%，其中，生活用品及服务、医疗保健、教育文化和娱乐消费增长较快。

提效降耗：全年规模以上工业企业劳动生产率为50.3万元/人，比上年提高4.6万元/人；规模以上服务业企业人均创收250.8万元，比上年增长14.1%。按可比价格计算，规模以上工业万元增加值能耗比上年下降2.8%，万元地区生产总值水耗为13.02立方米，下降0.01%。

民生改善：全年城镇新增就业35.1万人，各季度城镇调查失业率保持较低水平，分别为4.0%、4.2%、4.2%和4.0%。全年完成一般公共预算支出7408.3亿元，比上年下降0.8%；其中，用于教育、文化旅游体育与传媒、社会保障和就业的支出分别增长10.8%、13.8%和16.6%。保障性住房投资占房地产开发投资的比重为27.8%，施工面积占商品房施工面积的比重为41.3%，销售面积占商品房销售面积的比重为37.3%。全年低收入农户人均可支配收入15057元，比上年增长20.2%，快于全市居民人均可支配收入增速11.5个百分点。

公报注释：

1. 2019年数据均为初步统计数。

2. 三次产业划分依据国家统计局2018年修订的《三次产业划分规定》（国统字〔2012〕108号），行业划分执行《国民经济行业分类》（GB/T4754-2017）。

3. 2018年地区生产总值数据根据国家核算制度和北京市第四次全国经济普查结果进行了修订。

4. 农、林、牧、渔业增加值含农林牧渔专业及辅助性活动增加值。

5. 规模以上工业企业是指年主营业务收入2000万元及以上的全部法人工业企业；限额以上批发和零售业单位是指年主营业务收入2000万元及以上的批发业、年主营业务收入500万元及以上的零售业单位（包括法人单位、产业活动单位和个体经营户）。

6. 邮政行业业务总量执行2010年不变价标准，电信企业的电信业务总量执行2015年不变价标准。

7. 天然气供应总量不包含对燕山石化的供应量。

8. 卫生机构和卫生技术人员等相关数据均含驻京部队、武警医院数据，床位数不含。

9. 平原地区地下水埋深是指平原地区地下水水面至地面的距离。

10. 部分数据合计数或相对数由于计量单位取舍不同而产生的计算误差，均未作机械调整。

资料来源：

本公报中财政数据来自北京市财政局；机动车数据来自北京市公安局公安交通管理局；存贷款数据来自中国人民银行营业管理部；证券交易额数据来源于上海证券交易所和深圳证券交易所；保险数据来自中国银行保险监督管理委员会北京监管局；进出口数据来自北京海关；合同外资、实际利用外资、境外投资、对外承包工程、对外劳务合作数据来自北京市商务局；道路建设、公共交通数据来自北京市交通委员会；自来水销售、水资源、城市污水处理数据来自北京市水务局；用电量数据来自北京市电力公司；液化石油气及天然气供应量、燃气家庭用户、燃气管线、集中供热面积、垃圾处理数据来自北京市城市管理委员会；安全生产数据来自北京市应急管理局；医疗保险及生育保险数据来自北京市医疗保障局，其余社会保障数据及城镇新增就业数据来自北京市人力资源和社会保障局；卫生数据来自北京市卫生健康委员会；低保、收养性单位、社区服务机构数据来自中共北京市委社会工作委员会北京市民政局；教育数据来自北京市教育委员会；专利数据来自北京市知识产权局；技术市场数据来自北京技术市场管理办公室；国内旅游数据、入境旅游人数、旅游收入、公共图书馆、文化馆数据来自北京市文化和旅游局；档案馆数据来自北京市档案局；博物馆数据来自北京市文物局；电影数据来自北京市电影局；电视数据来自北京市广播电视局；出版数据来自北京市新闻出版局；体育数据来自北京市体育局；国有建设用地供应数据来自北京市规划和自然资源委员会；空气质量数据来自北京市生态环境局；造林、绿化数据来自北京市园林绿化局；其他数据来自北京市统计局、国家统计局北京调查总队。

第二节　房地产开发投资与建设

2019年，全市坚决落实“房住不炒”的总要求，坚持政策调控不放松，房地产市场总体保持平稳运行，新房供给侧结构性改革逐步推进，“市场与保障”并重的局面逐步形成。

（**注**：根据国家统计局提高投资统计起点的相关规定，2010年数据为调整后数据）

一、房地产开发投资

（一）房地产开发投资构成及变动情况

在新增用地供应减少的情况下，房地产开发建设增速有所回落。2009—2019年，全市房地产开发投资增速振动性下降。其中，全年土地购置费用增速为下降9.1%，占开发投资比重为48.5%（见图2-3）。

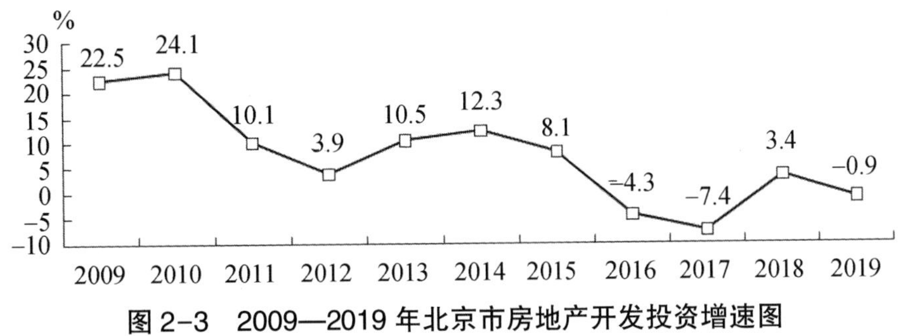

图2-3　2009—2019年北京市房地产开发投资增速图

房地产开发投资中，住宅投资增长0.7%；办公楼投资下降23.7%；商业营业用房投资下降17.7%。按构成分，用于建筑工程的投资增长12%；用于安装工程的投资下降20.4%；用于设备、工器具购置的投资下降0.9%；用于其他费用的投资下降6.1%。

（二）房地产开发资金来源情况

2019 年，全市房地产开发项目本年到位资金小计 5672.5 亿元，比上年下降 0.9%。其中，国内贷款为 1346.2 亿元，下降 18.8%；自筹资金为 1205 亿元，下降 21.5%；定金及预收款为 2516.7 亿元，增长 22.8%（见表 2-14）。

表 2-14　2016—2019 年房地产开发资金来源情况统计

单位：亿元

	2016 年	2017 年	2018 年	2019 年
上年末结余资金	3643.0	3775.0	4397.2	3872.4
本年资金来源小计	8059.6	6992.6	5726.7	5672.5
#国内贷款	2148.5	1947.1	1657.1	1346.2
利用外资	1.1	18.6	0.0	1.8
自筹资金	1978.9	1732.5	1534.9	1205.0
个人按揭贷款	1098.6	2408.9	2049.8	2516.7
定金及预付款	2515.6	658.6	304.5	362.2
其他资金来源	316.9	226.9	180.4	240.6

二、房屋建设

（一）房屋建设总体情况

截至 2019 年 12 月末，全市商品房施工面积为 12515 万平方米，比上年下降 3.5%。商品房新开工面积为 2073.2 万平方米，比上年下降 10.7%。（见图 2-4）。

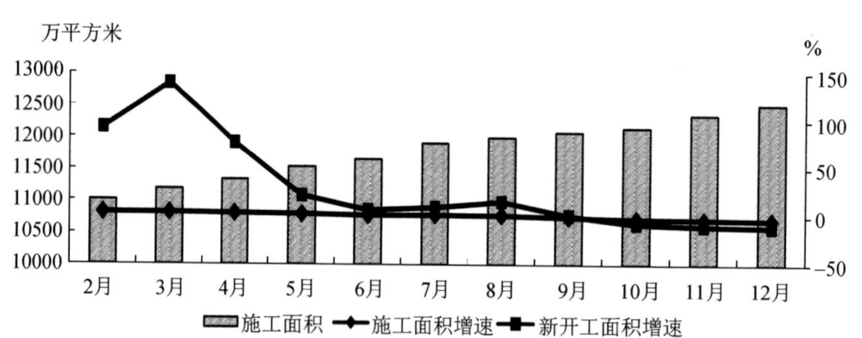

图 2-4　2019 年商品房施工面积及增速走势图

表 2-15　2018—2019 年商品房施工面积及新开工情况统计

单位：万平方米，%

	2019 年	2018 年	同比增长
施工面积	12515.0	12962.6	-3.5
新开工面积	2073.2	2321.1	-10.7

截至12月底，住宅施工面积为5640.1万平方米，下降4.0%。

（二）保障房建设情况

2019年末，全市保障性住房施工面积5168.8万平方米，下降5.8%。全年保障性住房竣工面积494.5万平方米，下降25.6%（见表2-16）。

表2-16　2019年保障性住房建设情况统计

单位：万平方米,%

	2019年	2018年	同比增长
施工面积	5168.8	5484.9	-5.8
新开工面积	757.3	1049.2	-27.8
竣工面积	494.5	664.7	-25.6

（三）2019年商品房施工情况（按区域分）

从区域上看，施工面积朝阳区最大，为2261.0万平方米，通州区位于第二，为1455.5万平方米，分别占全市商品房施工面积18.1%和11.6%（见表2-17）。

表2-17　2019年按区域分商品房施工面积统计

单位：万平方米

区域	施工面积	区域	施工面积
东城区	148.4	通州区	1455.5
西城区	62.5	顺义区	1121.1
朝阳区	2261.0	昌平区	1102.5
丰台区	1419.6	大兴区	1343.9
石景山区	382.3	怀柔区	234.1
海淀区	1152.3	平谷区	198.4
门头沟区	345.4	密云区	254.6
房山区	806.4	延庆区	226.9
合计	12515		

（四）历年商品房新开工情况（按用途分）

2019年，全市全年商品房新开工面积中，住宅新开工面积为1003.7万平方米，下降18.6%；办公楼为170.5万平方米，下降23.0%；商业营业用房为139.5万平方米，增长28.8%（见图2-5）。

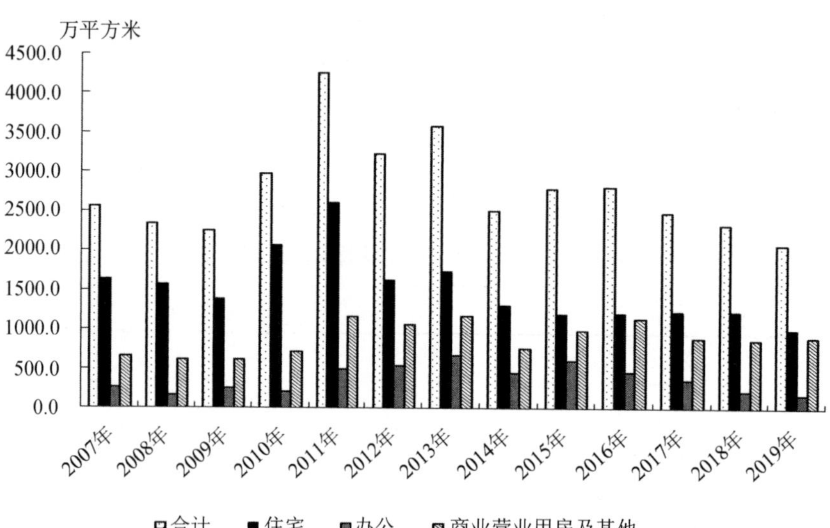

图 2-5 2007—2019 年商品房新开工面积情况

（五）商品房竣工情况概述

2019 年，全市全年商品房竣工面积为 1343.3 万平方米，比上年下降 13.8%。其中，住宅竣工面积为 583.2 万平方米，下降 20.2%（见表 2-18）。

表 2-18 2019 年商品房竣工面积统计

单位：万平方米，%

	2019 年	2018 年	增长（%）
竣工面积	1343.3	1557.9	-13.8
其中：住宅	583.2	731.2	-20.2

（六）2019 年商品房竣工情况（按区域分）

从区域上看，全市商品房竣工面积朝阳区最多，丰台区位于第二，分别占 20.8% 和 13.2%（见图 2-6）。

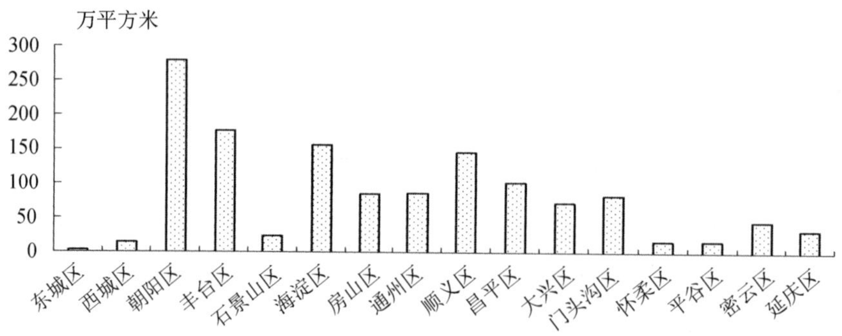

图 2-6 2019 年按区域划分商品房竣工面积统计情况

（七）历年商品房竣工情况（按用途分）

2019年，全市商品房竣工面积中，住宅竣工面积为583.2万平方米，下降20.2%；办公楼为290.3万平方米，增长16.2%；商业营业用房及其他用房为469.8万平方米，下降15.4%（见表2-19）。

表2-19　2007—2019年按用途划分商品房竣工面积统计

单位：万平方米

	合计	住宅	办公楼	商业营业用房及其他
2007年	2891.7	1854	314.8	722.9
2008年	2558	1399.3	364.6	794.1
2009年	2678.6	1613.2	316.6	748.7
2010年	2386.7	1498.5	198.4	689.8
2011年	2245.2	1316.1	245.2	683.9
2012年	2390.9	1522.7	226.8	641.4
2013年	2666.4	1692	273.1	701.3
2014年	3054.1	1804.3	387.5	862.3
2015年	2631.5	1378.2	385.4	867.8
2016年	2383.1	1275.2	343.7	764.2
2017年	1466.7	604	321.2	541.5
2018年	1557.9	731.2	249.9	576.8
2019年	1343.3	583.2	290.3	469.8

三、商品房待售

截至2019年12月底，全市商品房待售面积为2489.5万平方米，比2018年末增加336.2万平方米。其中，住宅待售面积为893.1万平方米，比2018年末增加59.4万平方米（见表2-20）。

表2-20　2019年商品房待售情况统计

单位：万平方米,%

	2019年	2018年	同比增长
待售面积	2489.5	2153.3	15.6
其中：住宅	893.1	833.7	7.1

（一）2019年商品房待售情况（分区域）

2019年末，全市商品房待售面积从区域分布看，朝阳区待售面积最大，达558.6万平方米，占22.4%；其次是昌平区，为265万平方米，占10.6%，第三是通州区，264.7万平方米，占10.6%（见图2-7）。

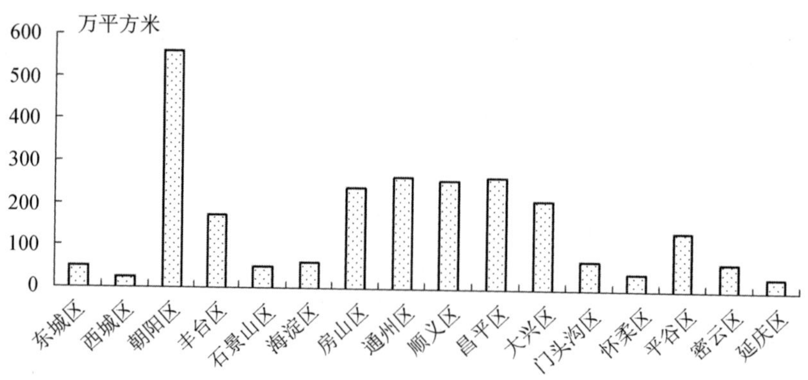

图 2-7　2019 年按区域划分商品房待售面积情况统计图

2019 年末，全市商品房待售面积按时间划分，待售 1 年以内的面积为 514.7 万平方米，1 年至 3 年的面积为 1011 万平方米；3 年以上的面积为 963.8 万平方米（见表 2-21）。

表 2-21　2014—2019 年按用途分待售 1-3 年（含 1 年）商品房面积

单位：万平方米

年份	合计	住宅	办公	商业营业用房及其他
2014 年	944.3	406.5	127.3	410.5
2015 年	1016.4	434.5	138.5	443.5
2016 年	1197.1	396.3	230.7	570.1
2017 年	1190.4	382	233.9	574.5
2018 年	968.2	344.1	168.8	455.3
2019 年	1011.0	346.2	214.3	450.5

（二）历年商品房待售情况（分用途）

2019 年商品房待售面积从用途上看，住宅待售面积为 893.1 万平方米，增长 7.1%；办公楼待售面积为 569.0 万平方米，增长 45.7%；商业营业用房及其他待售面积为 1027.4 万平方米，增长 10.6%（见表 2-22）。

表 2-22　2007—2019 年商品房待售情况统计

单位：万平方米

待售	合计	住宅	办公	商业营业用房及其他
2007 年	1136.2	411.8	198.1	526.3
2008 年	1438.3	522.7	244.6	671
2009 年	1351.4	426.8	246.5	678.1
2010 年	1482.7	511.9	223.9	746.9
2011 年	1792.6	699.8	250.2	842.6
2012 年	1911.8	789.5	198.2	924.1
2013 年	1861.4	829.3	180.1	852

（续表 2-22）

待售	合计	住宅	办公	商业营业用房及其他
2014 年	2065.7	964.8	307.2	893.7
2015 年	2168.1	867.7	332.5	968
2016 年	2160.8	845.8	320.7	994.3
2017 年	2092.1	811.2	336.1	944.8
2018 年	2153.3	833.7	390.6	929
2019 年	2489.5	893.1	569.0	1027.4

第三节 人民生活

一、居民生活基本情况

2019 年，我市出台多项惠民利民政策，对居民增收大有裨益。受劳动力就业市场稳定、社会保障标准上调、个税改革等因素影响，全市居民人均可支配收入稳步增长。在收入水平上升和夜间经济、商圈改造等系列促消费政策措施的推动下，全市居民消费支出持续攀升，并呈现多元化、品质化等特点。

（一）居民收入稳步增长

2019 年，全市居民人均可支配收入 67756 元，同比增长 8.7%，扣除价格因素，实际增长 6.3%。其中，城镇居民人均可支配收入 73849 元，同比增长 8.6%。从收入结构看，全市居民四项收入三升一持平：工资性收入、转移净收入快速增长，财产净收入平稳增长，经营净收入与上年同期持平。

1. “减税负”带动工资性收入快速增长

2019 年全市居民人均工资性收入 41214 元，同比增长 9.4%，比上年提高 2.4 个百分点；占人均可支配收入的比重为 60.8%，居四项收入的首位。就业形势总体稳定，为工资性收入平稳增长提供支撑。同时，个税起征点上调、6 项专项附加扣除等个税改革有针对性地降低居民的纳税负担，尤其减轻了许多中低收入者的个税负担，有效拉动居民工资性收入增长。

2. “重保障”促进转移净收入保质提高

2019 年全市居民人均转移净收入 14084 元，同比增长 9.5%，增速居四项收入首位，是居民收入的第二大来源。其中，城镇居民人均转移净收入 15798 元，同比增长 9.4%。6 月 14 日，全市发布各项社会保障标准上调政策文件，有效拉动居民转移净收入增速加快，持续提升居民幸福感。同时，自 2018 年起实施的《北京市城乡居民基本医疗保险办法》，推进城乡医疗并轨，提高补助标准和门诊最高报销，推动居民医疗保险基本实现全覆盖，助推全市居民转移净收入持续增长。

3. “多点”“一副”功能区居民收入快速增长

“一核一主一副、两轴多点一区”* 的城市空间格局改变了单中心集聚的发展模式，全市产业活动逐渐向“多点”“一副”集聚，各区经济的持续快速发展，带动居民收入水平提高。2019年“多点”“一副”功能区内各区居民人均可支配收入增速在8.7%~9.4%之间，均高于或与全市平均水平持平。另外，“一主”中，东城、西城、丰台和石景山的增速均较上年有所提高。

（二）居民消费持续升级

2019年，全市居民人均消费支出43038元，同比增长8.0%。其中，城镇居民人均消费支出46358元，同比增长8.0%。从消费内部结构来看，随着居民生活水平的不断提升，居民消费结构持续升级，服务性消费快速增长，多元化、品质化的消费需求日益旺盛。

1. 居民消费增速为“十三五”以来的最高值

2019年以来，我市积极推动落实夜间经济、首店经济、商圈改造等系列促消费政策措施，优化消费服务供给，助推居民消费快速增长。2019年全市居民人均消费支出增速为8.0%，比上年同期提高1.5个百分点，是“十三五”以来的最高值。

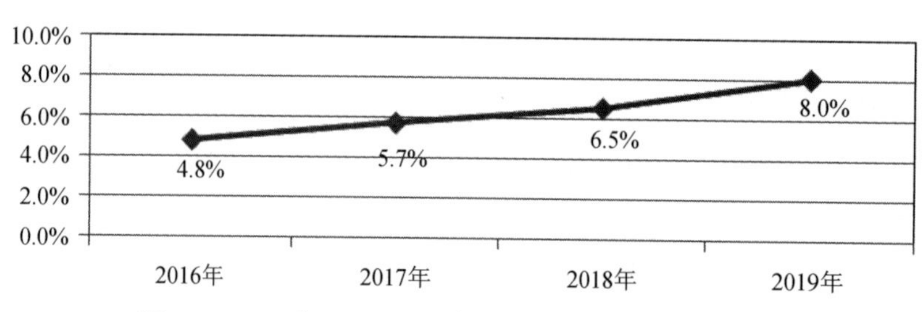

图2-8 “十三五”以来北京人均消费支出增速

2. 恩格尔系数持续下降

恩格尔系数是衡量居民生活水平最重要最直接的指标之一。近几年，全市居民恩格尔系数持续下降，居民生活水平不断攀升。2019年，全市居民恩格尔系数为19.7%，较2018年下降0.5个百分点，居民家庭食品烟酒消费占全部生活消费的比重已不足1/5，人民生活水平进一步提升。从食品烟酒的支出绝对量来看，该类支出与2018年相比呈上涨态势。2019年，全市居民人均食品烟酒支出8489元，同比增长5.3%。

3. 服务性消费持续增长

2019年全市居民人均服务性消费支出23984元，占比为55.7%，比上年提高0.8个百分点；同比增长9.6%，比商品性消费支出提高3.5个百分点。从内部结构看，服务性消费的需求由同质、单一逐渐转为个性、多元。一是在外饮食支出保持高速增长。“深夜食堂”“老字号”餐厅实现数字化经营，助推居民外出就餐，2019年全市居民人均在外饮食支出2441元，同比增长14.4%。二是文化娱乐服务支出由降转升。2019年全市居民人均文化娱乐服务支出的增速从上年的-10.6%升至4.1%。“慢生活”的文娱服务成为更多居民的选择，如随着《流浪地球》《哪吒之魔童降世》《我和我的祖国》等国产电

* 指北京城市新总规确定一核——首都功能核心区；一主——中心城区，包括东城区、西城区、朝阳区、海淀区、丰台区、石景山区；一副——北京城市副中心，原通州新城规划建设区；两轴——中轴线及其延长线，长安街及其延长线；多点——5个位于平原地区新城，包括顺义、大兴、亦庄、昌平、房山新城；一区——生态涵养区，包括门头沟、平谷、怀柔、密云、延庆以及昌平和房山的山区。

影突破性的发展，引发全民观影热潮，2019年人均电影话剧演出票支出同比增长13.6%。

（三）耐用消费品需求日益多元

随着居民收入水平的不断提高，居民购买耐用消费品更加注重追求生活享受，对耐用消费品的种类需求日益多元，对其样式、性能等方面的要求也越来越高，呈现出明显的品质化升级趋势。

1. 生活必需类耐用消费品不断升级换代

2019年，全市居民家庭每百户洗衣机、电冰箱、彩色电视机拥有量分别为101台、104台、127台，这些生活必需类的耐用消费品渐渐成为家家必备品。随着居民生活观念的转变，居民对健康的关注度越来越高，对生活用品的环保特质等有了新的要求，空气净化器、吸尘器等渐受青睐。2019年，全市居民家庭每百户空气净化器、吸尘器拥有量分别为37台、29台，比上年同期均增加3台。

2. 电子类耐用消费品日趋普遍化

随着互联网和计算机技术的进步以及产品价格的不断下降，计算机、移动电话等电子类家庭耐用消费品日趋普遍化。2019年，全市居民家庭每百户移动电话拥有量233台，平均每户移动电话数量在两台及以上；每百户计算机拥有量96台。另外，随着移动电话等智能产品的普及和功能全面升级，照相机的功能被逐渐替代，居民对照相机的消费需求渐渐减弱。2019年，全市居民家庭每百户照相机拥有量43台，比2015年下降了16台。

二、居民家庭居住情况

2019年，全市居民家庭现住房房屋来源以购买商品房为主。居住空间样式以二居室单元房为代表的小户型住房为主。家庭内部居住条件不断改善，现代化的厨卫及其他住房配套设施设备也日益完善，实现了从“居者有其屋”向“居者优其屋”的转变。

（一）现住房房屋来源以购买商品房为主

2019年，全市居民家庭现住房房屋来源占比前三位的分别为购买商品房、自建住房、购买房改房，其中购买商品房占比最高，为28.7%。城镇居民家庭现住房房屋来源为购买商品房的占比为32.7%，略高于全市居民水平。从租赁住房的情况来看，2019年，全市居民家庭现住房为租赁公房或私房的占比合计13.9%（租赁公房6.8%，租赁私房7.1%）。其中，城镇居民家庭占比合计15.3%（租赁公房7.8%，租赁私房7.5%），高于全市居民1.4个百分点。

（二）居住空间样式以二居室单元房为主

2019年，全市居民人均住房建筑面积34.5平方米。在现住房空间样式上，以单元房为主，占比为74.8%。其中，以二居室单元房为代表的小户型、经济型住房占比最高，为45.7%；其次为三居室单元房，占比为19.4%；以四居室及以上单元房为代表的大户型住房占比最低，为0.9%。城镇居民家庭现住房空间样式为单元房的占比84.4%。其中，二居室单元房占比为51.7%，四居室及以上单元房占比仅为1.0%。

（三）住房配套设施设备日益完善

随着居室配套设施的日趋完善，居民家庭现代化的厨卫设备也在不断增多。2019年，全市居民中每百户家庭拥有电冰箱、热水器、洗衣机等厨卫设备的数量均在100台及以上。与住房相配套的厕所、饮用水设施设备日益完善。2019年，近100%的居民家庭住房中有厕所，且厕所以住宅内独用为主；近八成的居民家庭用上了管道天然气；九成以上的居民家庭饮用水来源为自来水。另外，居民对居住的需求也从“安居”转向“宜居”“乐居”，对住房装修装饰也日渐讲究，对居室的装修装饰支出日益增大。2019年，全市居民住房装潢和住房维修支出较上年增长34.5%。

第三章

国土空间规划和自然资源管理

第一节 2019年国土空间规划和自然资源管理综述

2019年，市规划自然资源委围绕推进城市总体规划实施、规划和自然资源领域问题整改两项工作，攻坚克难，改革创新，各项工作都取得了新进展新成效。

坚决落实首都规划权属党中央。深入学习贯彻中共中央总书记习近平“8·27”重要讲话精神，完善首都规划向党中央负责体制机制，调整加强首规委组成人员，执行“双主任”制。进一步做实首规委办。召开首规委第37次、38次全会。召开首规委主任办公会第1次会议。履行市委城工委办职能，健全完善运行机制，审议重点地区规划，推动总体规划实施。

规自领域问题整改取得阶段性成效。坚决贯彻落实中共中央总书记习近平重要批示指示精神，坚决肃清陈刚流毒，深入推进规自领域问题整改。市政府成立市规自领域专项治理工作领导小组和工作专班，按照“每日有推动、每周有进展、每月有亮点”要求高效开展整改。坚持边整改边建章立制，将着力落实治理基层涉地乱象和涉地腐败、加强规自领域内部约束监督两个《意见》细化成工作任务，确定109项整改事项，逐一对账动态管理，年底前完成率达70%。以市级专项巡视为契机，对照巡视反馈问题，立行立改。加强对重要岗位和关键环节监督，建立市区两级重点规划项目联动机制，对所有在途项目重新审视、密切跟踪、督查督办、做好服务。

服务“四个中心”功能加强。做好政治中心服务保障，首都功能核心区控规编制完成并进行公示、“三山五园”地区整体保护规划形成阶段成果，持续开展重点地区综合整治，强化安全管控。推进全国文化中心功能建设，编制老城整体保护规划，开展北京历史文化街区划定和历史建筑确定，完成雨儿胡同“共生院”改造，启动菜市口西片区申请式改善。加强国际交往中心功能建设，编制完成国际交往中心专项规划、雁栖湖国际会都控规优化及会都设施扩容方案、第四使馆区控规及城市设计，推进国家会议中心二期项目服务设施建设、新国展二、三期规划研究。推进科技创新中心功能建设，编制科技创新中心建设专项规划、怀柔科学城控规，推动“三城一区”等重点地区加快发展。坚定有序疏解北京非首都功能，出台城乡建设用地减量实施方案，全年完成建设用地减量30平方千米。跟踪指导25个街区更新试点和王四营乡城市化试点。

国土空间规划管控体系不断完善。探索建立国土空间规划体系，刚性传导和逐层落实总体规划目标任务。编制长安街及其延长线品质提升详细规划，推进中轴线地区规划研究。落实城市副中心控规，健全副中心规划编制和管控体系。编制实施13个区分区规划及亦庄新城规划，完善28项市级专项规划，推进新首钢南区、沙河与良乡高教园等重点功能区控规编制。完善村庄规划体系，分层落实乡村发展的规划引导和空间管控要求。出台生态控制线和城市开发边界管理办法，制定战略留白用地管理办法。组织开展城市体检。完善规划、自然资源、建设工程勘测设计标准体系。

营商环境改革取得丰硕成果。实施新版北京市城乡规划条例等法规标准。出台优化新建社会投资简易低风险工程建设项目审批服务若干规定等文件，在全国率先推行社会投资低风险项目全流程简易办理，建筑许可压缩至5个环节、20天办结。出台解决历史遗留房地产开发项目不动产登记问题意见，优化简易低风险建设项目首次登记流程，稳步推进林权确权登记和土地权属争议调处。管理服务重心进一步下沉和靠前，形成“前台后台”联动审批模式。

城市副中心、重点功能区和重大区域性基础设施、住房等民生工程加快落地。大兴国际机场如期通航，临空经济区总体规划落地实施。城市副中心城市绿心起步区三大公共建筑、城市副中心站综合交通枢纽等重大工程实现开工，行政办公区二期建设启动，张家湾设计小镇等重点功能区建设加快推进。全面保障冬奥会场馆等重大项目建设。完善城市交通体系，完成京雄高速、首都地区环线高速、承平高速等对外高速路和丰台站、星火站、清河站等综合交通枢纽前期工作，新增市郊铁路运营里程59.7千米，轨道交通二期建设规划调整方案获国家发展改革委批复。加强海绵城市规划建设，推动污染防治和垃圾综合治理，推进综合管廊、5G基站、架空线入地等市政基础设施规划建设。全力保障居住用地与住房供应，加大经营性用地供应保障力度，加强重大项目储备和调度，加快推动项目落地。

自然资源保护利用水平持续提升。推进自然资源产权制度改革，深化自然资源有偿使用和市场体系建设，加快健全自然资源资产产权制度。全市第三次全国国土调查有序开展。完成2018年度土地变更调查，开展2019年季度遥感监测，推进地理国情常态化监测。落实最严格耕地保护和节约用地制度，200万亩耕地保护空间落图落地。抓好地质灾害防治。推进国土空间生态修复，加强矿产资源管理，完成丰台区等7个区、19个项目废弃矿山修复治理。加强地勘、测绘行业管理。

违法占地违法建设治理取得成效。坚决果断依法处置违法建设。控新生方面，坚持“零容忍”“零增长”，全市发现在施违法建设全部处置到位。拆既有方面，按照“场清地净”标准，抓紧腾退土地。依法依规整治浅山区违法占地违法建设、违建别墅，基本完成绿地认建认养及公园配套用房出租中侵害群众利益问题集中整改，清理整治“大棚房”问题。

基础性工作全面创先争优。搭建空间大数据平台，推进全市空间数据资源整合汇聚，构建规划和自然资源统计数据指标体系，完成执法督察版块系统整合，“一库三图”城市空间大数据框架基本形成。推进国家应急测绘保障能力建设项目北京节点建设，深入研究新时期北京测绘地理信息创新发展战略。

第二节　国土空间规划

一、北京市国土空间规划体系建立

5月至9月，市规划自然资源委落实《中共中央　国务院关于建立国土空间规划体系并监督实施的若干意见》（中发〔2019〕18号），研究起草北京市《关于建立国土空间规划体系并监督实施的实施意见》（以下简称《实施意见》）。10月，《实施意见》上报市政府，并获市政府同意。12月23日，市委全面深化改革委员会第九次会议审议通过《实施意见》。《实施意见》明确北京市“三级三类四体系”国土空间规划总体框架，即：市、区、乡镇三级，总体规划、详细规划、相关专项规划三类，规划编制、规划实施、规划监督、运行保障四个子体系。

二、乡镇国土空间规划工作体系构建

年内，市规划自然资源委印发《关于开展乡镇国土空间规划编制工作的指导意见》（京规自函〔2019〕3023号）、《北京市乡镇国土空间规划编制导则（试行）》（京规自函〔2019〕3039号公布）、《乡镇国土空间规划数据库建设标准》，制定《关于规范乡镇国土空间规划编制、审查、报批的有关意见（试行）》《乡镇国土空间规划审查要点》，构建“一个工作方案+一个编制导则、一个指导意见、一个编审流程、一个审查要点、一个数据平台+一个生态指引”的“1+5+1”工作体系，指导、推进乡镇国土空间规划编制审批。

三、双评价和三条控制线评估形成初步成果

年内，市规划自然资源委落实《中共中央国务院关于建立国土空间规划体系并监督实施的若干意见》，牵头开展资源环境承载能力和国土空间开发适宜性评价（简称双评价）。7月，依据中办、国办《关于划定并严守生态保护红线的若干意见》，以及自然资源部《自然资源部关于全面开展国土空间规划工作的通知》（自然资发〔2019〕87号）、《自然资源部办公厅关于开展国土空间规划“一张图”建设和现状评估工作的通知》（自然资办发〔2019〕38号）、《城镇开发边界划定指南（试行）》等文件，市规划自然资源委牵头开展生态保护红线、永久基本农田、城市开发边界三条控制线（简称三条控制线）评估。截至年底，双评价与三条控制线评估均形成初步成果。

四、2018年度北京城市体检

年内，北京市采取各区各部门自检与第三方独立评价相结合的方式，组织开展2018年度北京城市体检。市属34个部门、16个区及北京经济技术开发区开展自检并完成自检报告；中国城市规划设计研究院、中国科学院等7家单位组成第三方团队，围绕“四个中心”功能建设、非首都功能疏解、减量发展、大城市病治理等开展专题体检，并开展市民满意度调查。此次体检，以北京城市总体规划指标体系2018年度监测数据为基础，结合2019年工作，聚焦北京城市总体规划实施起步阶段的核心问题和关键变量，剖析规划实施中的重难点问题，对规划实施情况进行综合评价，提出优化规划实施对策建议，形成《2018年度北京城市体检报告》。11月19日、11月27日，市政府常务会、市委常委会会议分别审议通过《2018年度北京城市体检报告》。12月25日，首都规划建设委员会第38次全体会议通报2018年度北京城市体检情况。

五、北京市地下空间规划（2018年—2035年）编制完成

12月30日，市规划院编制完成《北京市地下空间规划（2018年—2035年）》。规划编制于2017年启动。规划基于生态底线和全域管控思维，系统整合地下空间生态环境、灾害风险、工程地质、水文地质、现状建设等因素，构建三维立体的全域地下空间生态管控红线；从地下和地上空间统筹视角，系统梳理各类城市发展因素，明确地下空间总体发展格局与发展规模，划定地下空间重点分区与竖向分层；统筹地下交通、市政、防灾、物流、公共服务设施等各类功能设施的系统布局，明确竖向适宜范

围及优先避让原则，从全市域层面促进地下空间资源科学有序利用；从部门管理、分层确权、规划体系构建、数据平台搭建、政策机制完善等方面提出创新机制，保障规划实施。

六、首都功能核心区控规编制及草案公示

年内，全市成立由市领导牵头，市级相关部门和东城区、西城区政府为成员单位的工作专班，委托市规划院、清华大学建筑学院负责技术统筹，组织21家设计单位的32个团队共同编制《首都功能核心区控制性详细规划（街区层面）（2018年—2035年）》。截至年底，首都功能核心区控规编制形成1个控规文本、1个街区更新导则、32个街道控规图则的成果体系。12月30日，《首都功能核心区控制性详细规划（街区层面）（2018年—2035年）》（草案）向社会公示。公示采用网上公示、现场公示两种形式：在市规划自然资源委官方网站、官方微博、官方微信开展网上公示；在市规划展览馆设“主展厅”，在东城区17个街道、西城区15个街道共设32个“微展厅”。市民可通过上网方式，或到展厅现场，了解规划草案内容，提出意见建议。公示期为30天（至2020年1月28日）。

七、北京市生态控制线和城市开发边界管理办法制定

4月20日，市政府印发实施《北京市生态控制线和城市开发边界管理办法》（京政发〔2019〕7号公布）。办法对生态控制区、集中建设区、限制建设区提出不同管控要求，明确生态控制线和城市开发边界调整程序及动态维护机制，明确区、乡镇政府、市相关部门职责。办法在制定过程中，经十二届市委全面深化改革领导小组第十次会议审议通过。

八、13个分区规划及亦庄新城规划获批

年内，市规划自然资源委会同有关区委、区政府，继续组织编制朝阳区、海淀区、丰台区、石景山区、大兴区、顺义区、昌平区、房山区、门头沟区、平谷区、怀柔区、密云区、延庆区13个区分区规划（国土空间规划）及亦庄新城规划（国土空间规划），开展6轮工作对接、联合审查、修改完善。分区规划经相关区人大常委会审议通过，完成公示后上报市政府。11月20日，13个分区规划及亦庄新城规划获市政府批复，规划期均为2017年至2035年。

九、通州区与三河、大厂、香河三县市协同发展规划完成

年内，市规划自然资源委落实京津冀协同发展领导小组部署，会同河北省自然资源厅，按照“统一规划、统一政策、统一标准、统一管控”原则，编制完成《北京市通州区与河北省三河、大厂、香河三县市协同发展规划》。5月，《北京市通州区与河北省三河、大厂、香河三县市协同发展规划》上报京津冀协同发展领导小组审定。

十、张家湾设计小镇规划框架编制完成

4月，市规划自然资源委启动张家湾设计小镇规划设计编制，委托北京市建筑设计研究院有限公司、中国建筑设计研究院有限公司、市规划院、北京清华同衡规划设计研究院有限公司、上海同济城市规划设计研究院有限公司等设计单位，打造“设计小镇、智慧小镇、活力小镇”，构建形成由1个综合报告、3级规划成果、N项专题研究组成的“1+3+N”成果体系。7月，市委书记蔡奇听取张家湾设计小镇规划设计初步方案和规划实施有关工作汇报。12月，市规划自然资源委编制完成综合成果、规划设计、专题研究和重点地块深化共14项成果。

十一、北京大兴国际机场控规及项目审批

8月，市规划自然资源委、河北廊坊市政府共同批复《北京大兴国际机场控制性详细规划》。规划范围包括大兴机场红线内全部区域，用地面积26.98平方千米，其中北京部分15.6平方千米。年内，依据各建设主体申请，市规划自然资源委核发38个保通航工程项目建设工程规划许可证。

十二、大兴国际机场临空经济区（北京部分）控规

年内，市规划院编制完成《北京大兴国际机场临空经济区（北京部分）控制性详细规划（街区层面）》，并上报市政府。规划对临空经济区城市设计征集优胜方案进行汇总，整合相关专题研究，统筹多维管控要素，与大兴分区规划、大兴国际机场临空经济区总体规划等进行对接，构建地区发展整体框架；配合近期建设项目启动，开展启动区、起步区、综保区、自贸区等选址及深化研究。

十三、大兴国际机场临空经济区总体规划获批

9月5日，经国家京津冀协同发展领导小组办公室审查同意，北京市和河北省同步批复《北京大兴国际机场临空经济区总体规划（2019—2035年）》。临空经济区面积约150平方千米，其中北京部分约50平方千米、河北部分约100平方千米。

十四、北京冬奥会场馆和基础设施规划建设

年内，市规划自然资源委落实“有序、如期、按时、保质保量完成任务”要求，会同北京冬奥组委规划建设部、市重大办、延庆区政府及建设单位，多次专题研究北京冬奥会场馆和基础设施规划建设事宜：明确规划设施用地（雪道）地类认定，按占用国有林地、集体土地、国有建设用地分类办理；明确国家高山滑雪中心集散广场用地涉及河北部分的办理主体、程序及要求。

十五、编制回龙观天通苑地区城市设计导则

年内，市规划自然资源委落实市政府《回龙观、天通苑地区公共服务三年行动计划》，组织编制《回龙观天通苑地区城市设计导则》。该导则聚焦回龙观天通苑地区城市风貌和城市公共空间存在问题，以优化提升回龙观天通苑地区城市风貌、提高城市精细化管控为目标，分类分项提出城市设计管控思路，指导区域城市公共空间品质提升和城市特色风貌塑造。

十六、长安街西延长线及永定河北京段城市设计研究

年内，市规划自然资源委组织开展长安街西延长线及永定河北京段城市设计研究。该研究从宏观、中观、微观三个层面展开，完成长安街与永定河历史文化梳理，汇总整理现有法律法规、规划和相关研究成果，明确现状与问题，提出长安街及其西延长线、永定河北京段目标愿景与城市设计原则。截至年底，正在对核心区段进行深化研究，对区域文化、用地功能、城市形态、特色风貌、生态环境等进行优化提升。

十七、怀柔科学城优化第二批院市共建项目设计方案

年内，市规划自然资源委通过实地调研、听取汇报、召开专家审查会等方式，指导怀柔科学城优化第二批院市共建项目设计方案编制，推进项目手续办理。截至年底，全部7个第二批

院市共建项目均取得设计方案审查意见函。

十八、雁栖湖国际会都功能提升项目

年内，市规划自然资源委结合雁栖湖国际会都规划研究，多次组织召开雁柏山庄、栖湖组团项目对接会，协调有关部门共同推进雁栖湖国际会都功能提升。其中，雁柏山庄项目于3月取得设计方案审查意见函，经市领导8月28日专题会研究同意带方案入市；栖湖组团项目已核发建设项目规划条件（土地储备前期整理）。

十九、新国展二、三期项目设计方案征集

年内，市规划自然资源委、顺义区政府共同推进新国展二、三期项目规划建设。研究新国展二、三期项目规划条件，编制完成国际方案征集任务书，并获市委、市政府批准。10月9日，发布《新国展二、三期项目设计方案国际征集公告》，启动新国展二、三期建筑设计方案及城市设计方案国际征集。11月11日，对国内外41个应征申请人进行资格预审评审，选出8个入围应征人。11月21日，方案征集设计工作正式启动。

二十、北京市村庄规划导则(修订版)

12月26日，市规划自然资源委印发《北京市村庄规划导则（修订版）》（京规自函〔2019〕2986号公布）。该导则在《北京市村庄规划导则（试行）》基础上修订，历时2年(2018年至2019年)。修订内容包括：衔接全市正在开展的各层级规划，贯彻落实近两年国家、北京市出台的相关政策文件和技术标准，应对村庄规划编制中出现的问题，明确针对性对策；对接市级各部门，明确公共服务、市政、交通、公共安全等各类设施的建设原则、要求和标准。

二十一、北京市村庄布局规划

年内，市规划院编制完成《北京市村庄布局规划（2017年—2035年）》，于7月获市委、市政府同意。规划立足村庄实际，坚持开门编制，在现状评估与总结基础上，明确村庄功能定位，构建“三区四类”村庄管控引导体系，明确村庄地区总体管控、分区管控、分类引导要求，提出村庄地区全域管控、生态保育、产业发展、公共服务设施和市政交通基础设施配置、公共安全引导要求。

二十二、“小空间　大生活”百姓身边微空间改造行动

年内，市规划自然资源委、市发展改革委、市城市管理委联合开展“小空间　大生活——百姓身边微空间改造行动计划”，选取东城区北新桥街道民安小区内公共空间、西城区大栅栏街道南新华街厂甸11号院内公共空间、朝阳区小关街道惠新西街6号至10号楼小区外西侧公共空间、海淀区花园路街道牡丹园北里1号楼南侧公共空间、丰台区长辛店街道朱家坟社区局部公共空间、石景山区老山街道老山东里北社区活动公共空间6个百姓需求强烈的“三角地”“边角地”公共空间，向社会广泛征集城市小微公共空间优秀设计方案。截至年底，方案正在征集中。

二十三、城市副中心通济路以东片区综合管廊及市政综合规划

年内，市规划院编制完成《城市副中心通济路以东片区综合管廊及市政综合规划》。规划通过与各专业公司、项目业主、设计单位对接，保证了城市副中心通济路以东片区各类保障房、北京学校、消防指挥中心等当前配套项目建设的交通出行及市政接入需求；统筹道路公共空间资源，做好大小市政内外衔接，完成片区内

潞阳大街、春明西路、畅和西路综合管廊规划设计条件的制定，以及大营南街、郎清街等十几条配套建设道路市政工程设计综合方案。

二十四、北京老城整体保护规划编制

年内，市规划自然资源委继续完善《北京老城整体保护规划》编制，完成实地调研、专家研讨、学术交流、部门对接等工作；整合相关规划信息和各专题研究成果，加强各层次规划相关内容衔接。截至年底，形成初步成果，部分内容纳入首都功能核心区控规。

二十五、历史文化街区划定和历史建筑确定

年内，市规划自然资源委、市住房城乡建设委、市农业农村局、市文物局组成联合工作小组，共同开展北京市历史文化街区划定和历史建筑确定，同步研究制定历史文化街区和历史建筑保护相关政策。核心区历史文化街区划定成果纳入首都功能核心区控规；卢沟桥—宛平城、模式口、延庆老城、通州南大街历史文化街区通过专家论证；10 月，北京市第二批历史建筑完成公示；11 月 25 日，北京市第一批 429 处历史建筑向社会公布。

二十六、路县故城遗址保护规划及考古遗址公园规划

8 月 16 日，市规划院编制完成《路县故城遗址保护规划及考古遗址公园规划》，并由通州区政府公布。规划明确遗址保护的核心对象与关键区域，通过技术统筹与技术创新，着力解决文物、规划、水务、园林等不同专业在遗址保护和公园建设方面的矛盾；结合考古进程及周边城市发展动态，制订分期实施计划，有序推动遗址保护融入城市建设，将路县故城遗址打造成为北京城市副中心“水城共融、蓝绿交织、文化传承”的最佳实践区。

二十七、中心城区生态修复城市修补专项规划

年内，市规划院编制完成《北京中心城区“生态修复、城市修补”专项规划》。规划运用百度慧眼、“人迹地图”城市智慧分析平台、交通流量中观仿真等大数据平台及分析模型，将生命科学理论和思想引入城市研究，探索城市生命体本质特征，剖析城市细胞单元与各子系统作用机制；提出模式探索、实践项目示范及实施建议。

二十八、北京市园林绿化系统规划

年内，市园林绿化局、市规划自然资源委继续组织编制《北京市园林绿化系统规划（2018 年—2035 年）》。规划统筹谋划山水林田湖草生命共同体整体保护、系统修复、综合治理，综合考虑生态保护、风景游憩协同发展，深化落实北京城市总体规划关于绿色发展、生态保护、园林绿化方面的目标、指标、空间体系等要求，细化园林绿化定位、建设目标、不同空间圈层工作重点。

二十九、北京市浅山区保护规划

年内，市规划自然资源委编制完成《北京市浅山区保护规划（2017 年—2035 年）》，并经 11 月 26 日市政府常务会、12 月 12 日市委常委会会议审议通过。规划回顾和评估北京市浅山区发展成效和面临问题，划定规划范围，明确浅山区“首都生态文明示范区和首都城市建设发展的第一道生态屏障”目标定位，构建“两带、三区、多板块”空间布局，从保护生态、保障民生、传承文脉三方面提出保护的刚性管控要求与规划引导策略，并按照近、远期战略步骤，分解细化重点任务，建立规划指标体系，提出近期行动计划。

三十、京雄高速公路(北京段)沿线相关河道规划

8月29日，市规划院编制完成《京雄高速公路（北京段）沿线相关河道规划》。京雄高速公路（北京段）起点为西五环路，向南延伸至北京市界，长度约27千米，全线位于小清河分洪区，沿线跨越永定河、现状和规划南水北调南干渠、永定河灌渠等，并与小清河并行。规划研究提出小清河顺向段河道规划蓝线，提出跨河桥梁规划条件及跨河构筑物建设规划要求，以解决京雄高速公路（北京段）沿线河道和沟渠防洪安全问题。

三十一、教育设施专项规划

年内，市规划自然资源委、市教委共同组织市规划院、中国建筑设计研究院有限公司编制完成《北京市教育设施专项规划（2018年—2035年）》。规划对象主要为基础教育、职业教育、高等教育三大类教育设施，基础教育设施为规划重点。规划落实北京城市总体规划要求，优化调整各类学校控规指标，提出保障规模、优化结构、调整布局、提升质量等规划策略；提出各区任务清单，梳理各区基础教育建设近期实施项目，指导各区在控规编制中落实教育设施用地，从空间上保障各类教育设施均衡发展。市规划自然资源委、市教委同步组织各区政府编制区级基础教育设施专项规划。

三十二、北京科技创新中心建设专项规划

11月21日，市规划院编制完成《北京科技创新中心建设专项规划（2019年—2035年）》。规划坚持面向全球、立足全局、聚焦关键、带动整体，把握世界科技创新中心前沿发展态势，推进“以三城一区为重点，辐射带动多园”战略布局；紧扣“科创”与“城市”两个核心要素，构建以综合型城市为载体的科技创新中心，以科技创新功能体系构建、功能空间布局引导、功能空间规模保障、科创生境功能优化、规划实施保障等为主要内容，推进打造科技创新与城市发展有机融合、互促互进的新典范。

三十三、北京市5G基础设施专项规划

8月30日，市政府批复《北京市5G基础设施专项规划》。规划分为总则、规划目标及原则、北京市5G基础设施总体规划、重点区域基站布局规划、近期建设方案、规划实施保障六部分，提出建设适度超前、相互衔接、满足未来需求的策略，提出建立由通信局房、管道和移动通信基站组成的5G基础设施体系，明确基站规划设置标准、基站选址与建设原则，细化中心城区、城市副中心、北京经济技术开发区、未来科学城、怀柔科学城等重点区域基站布局规划，提出近期建设方案，并从规划管控和实施保障两方面设计实施路径。

三十四、北京市医疗卫生设施专项规划

年内，市规划自然资源委、市卫生健康委共同组织市规划院编制《北京市医疗卫生设施专项规划（2018年—2035年）》。规划在现状分析和需求及发展趋势判断基础上，提出北京市医疗卫生事业规划目标和核心指标，从落实四个中心、促进均衡布局、强化基层服务、加强短板专科、优化医养结合、加强公共卫生服务等方面提出规划发展策略，并提出保障规划实施的政策建议。规划编制阶段，市规划自然资源委、市卫生健康委同步组织北京大学中国卫生发展研究中心开展北京市医疗卫生服务体系规划研究，进行专题支撑。

三十五、北京市院前医疗急救设施空间布局专项规划

年内，市规划自然资源委、市卫生健康委

共同组织完成全市层面首次开展的《北京市院前医疗急救设施空间布局专项规划（2019年—2021年）》编制。规划在现状分析及发展趋势判断基础上，借鉴国内外先进国家及地区经验，突出一体化建设及协调统筹理念，明确设施布局要求和选址原则，并以丰台区为试点，探索院前急救设施规划选址方法；以“快速反应、快速达到”为导向，从服务体系构建、设施网络布局、空间资源利用、资源优化配置、建设实施保障等层面提出规划策略，并明确各区近期重点任务。

三十六、北京市养老服务专项规划

年内，市规划自然资源委、市民政局共同组织中民养老规划院、市规划院编制完成《北京市养老服务专项规划（2018年—2035年）》。规划立足北京市及京津冀周边区域现状调研，着眼完善“三边四级”（三边指老年人周边、身边、床边，四级指市、区、街道乡镇、社区四个层面）养老服务体系，在研判养老趋势发展基础上，提出规划期内养老设施建设目标与政策建议。规划编制于2018年8月启动。

三十七、北京市体育设施专项规划

11月20日，市体育局、市规划自然资源委共同组织市规划院、中国城市规划设计研究院（北京）规划设计公司编制完成《北京市体育设施专项规划（2018年—2035年）》。该规划是北京市首个覆盖全市域、全口径的体育专项规划。规划调查全市体育设施现状及运营情况，分析全民健身、体育赛事、体育消费三方面对体育设施的需求，结合国内外案例梳理研究规划标准，确定各级配置标准和设施内容，指出体育产业发展方向和重点，提出体育设施层级架构、不同类型体育设施布局策略及投资建设管理运营建议。12月26日，规划成果上报市政府。规划编制于2018年9月启动。

三十八、北京市旅游专项规划

年内，市文化和旅游局、市规划自然资源委共同编制完成《北京市旅游专项规划（2018年—2035年）》。规划紧扣全国文化中心建设总体框架和首都文化内涵特征，以文旅融合为主线，以供给侧结构性改革为支撑，推动北京城市总体规划在旅游领域落地。12月，规划成果上报市政府。

三十九、北京市殡葬设施专项规划

年内，市民政局、市规划自然资源委共同编制完成《北京市殡葬设施专项规划（2018年—2035年）》。该规划是北京市首个全市层面的殡葬设施总体规划。12月，规划成果上报市政府。

四十、城市副中心城市绿心交通专项规划

12月，市规划院编制完成《北京城市副中心城市绿心交通专项规划》。规划编制于2018年启动。规划以“自然生态”为核心思路，融合交通系统与城市绿心园林绿化方案、起步区建筑和景观方案，营造与自然景观一体的交通出行环境；以城市绿心为重要节点，以专用连续的骑行通道为载体，打造北起宋庄艺术小镇，南至台湖演艺小镇，串联城市副中心南北功能组团的多元化骑行走廊，构建绿色出行优先的多模式交通保障体系；以“韧性安全”为策略，近期重点支撑起步区对外出行，为远期实施组团预留道路、轨道交通、停车等设施的实施条件；以“多元大数据和仿真技术”为手段，对交通组织方案进行交通仿真分析研判，优化停车场布局及出入口位置，优化道路横断面及路口渠化方案。

四十一、城市副中心地面公交专项规划

12月，市规划院编制完成《城市副中心地

面公交专项规划》。规划以实现“不依赖小汽车就能便捷出行”为目标，力图理顺地面公交和轨道交通的协作关系，加强公共交通在区域内中、长距离出行中的主导地位，使地面公交与轨道交通形成良性互补、错位服务，近期形成以轨道交通为骨架、地面公交系统为主体的公共交通体系，远期构建以轨道交通为主体、地面公交为补充的公共交通服务体系；地面公交系统内部建立多层次、分工明确的服务层级，从高效的公交线网结构，便捷的公交场站体系，公平、绿色、智慧的公交系统方面构建公交网络和设施体系。

四十二、回龙观及天通苑地区步行和自行车交通规划

5月17日，市规划院、北京工业大学、北京市弘都城市规划建筑设计院共同编制完成《回龙观及天通苑地区步行和自行车交通规划》。规划范围为回龙观地区22.66平方千米和天通苑地区10.2平方千米。规划内容主要包括：结合建设步行自行车友好社区理念和两地区发展需求，选取重点街道进行城市设计，提出重点街道的横断面及周边环境初步改造方案，对重点街道两侧土地利用形成指导意见；对区域出行特征进行分析，找出现状地区存在问题，研判地区未来发展趋势，提出步行及自行车网络分级分类体系。

四十三、南锣鼓巷历史文化街区机动车停车规划

5月31日，市规划院编制完成《南锣鼓巷历史文化街区机动车停车规划》。该规划为北京市首个正式发布的历史文化街区停车规划。规划统筹考虑历史文化、土地资源、居民需求等，以停车现状为基础，以风貌保护和宜居生活有机统一为目标，提出南锣鼓巷地区停车规划目标、策略及保障措施；强调认同型规划，从以交通规划人员为主导转向关注多方诉求，从单纯寻求“技术最优解”转向寻找“最大公约数”；注重公共政策导向的社会治理模式，建立“政府主导、社会协同、居民自治、执法保障”的多元共治工作模式；实现“规划—设计—管理—实施”全程动态跟踪，推进形成不停车街区。

四十四、南中轴地区综合交通专项规划

12月，市规划院、中国城市规划设计研究院共同编制完成《南中轴地区综合交通专项规划》。规划将南中轴地区交通系统建设成为面向区域、节点锚固、快慢有序、绿色生态的综合交通体系，提高地区交通系统可达性和承载力。依托南苑枢纽打造北京南部地区面向京津冀区域的交通中心；节点锚固，实现客货运枢纽与布局的高度契合；南苑地区规划形成与主要功能区、主要交通枢纽的快速轨道交通联系；在南中轴区域内构建高品质的绿色交通系统。

四十五、北京市农村公路及农村客运场站专项规划

年内，市规划院编制完成《北京市农村公路及农村客运场站专项规划》。规划重点聚焦农村公路、农村客运场站两大专题，提出相关建设标准和实施路径，并对管理体制机制和养护体制提出政策建议。规划突破传统规划只注重空间布局的局限，从政策、规划、设计标准、实施体制等方面提出北京市农村公路和农村客运场站规划建设整体架构。规划尊重农村地区和城市地区差异，在城乡服务均等化目标下，因地制宜提出适合农村地区的公路及客运场站规划建设模式和分区分类的差异性指标。

四十六、北京市停车专项规划

年内，市规划自然资源委、市交通委共同组织各区完善区级停车专项规划，整合形成

《北京市停车专项规划（2020年—2035年）》。11月12日，市委全面深化改革委员会城市规划建设管理体制改革专项小组全体会议对北京市停车专项规划进行专题研究。规划关注总量控制、结构调整、需求管理，分解细化北京城市总体规划目标，实现由区到市自下而上做方案、由市到区统筹优化落指标。规划通过对现有停车改善案例分析研究，对历史文化街区、重点功能区提出停车实施策略；对老旧小区、大型居住组团、学校、医院分类提出工作思路；对新城提出完善细化建筑物配建停车位、居住区内部挖潜、停车共享、公共停车场建设等圈层规划方案。

四十七、北京市公交场站专项规划

年内，市规划自然资源委、市交通委、北京公共交通控股（集团）有限公司（以下简称北京公交集团）、北京市首都公路发展集团有限公司（以下简称首发集团）联合组织开展《北京市公交场站专项规划（2020年—2035年）》编制，形成《核心区公交场站布局优化方案》，提出实施计划建议。规划坚持公共交通优先战略，着力构建“公平、便捷、高效、多样、安全”地面公交体系，与轨道交通共筑城市公共交通“两网”，打造“两网融合、错位服务、上下并重”城乡一体化大公共交通体系。全市公交场站按照“统筹布局、线站结合、综合利用”原则布局，实现场站全市覆盖、线站良性互动、用地功能复合。核心区公交场站按照“疏解外迁、复合小微、整合提质”工作思路和“优化提升、分类推进、线站结合、循序渐进”原则，结合轨道交通第二期建设规划，提出“取消一批、迁出一批、瘦身一批、提升一批”措施。

四十八、北京市慢行系统规划

年内，市规划自然资源委组织编制《北京市慢行系统规划》。规划梳理慢行系统发展历程，提出慢行系统主要问题为机动车、附属设施侵占路权严重；人性化设计不足，慢行环境需改善；缺少自行车通廊，城市“毛细血管”不畅等。规划梳理总结哥本哈根、阿姆斯特丹、波特兰等国外典型城市在发展目标、策略、立法、政策及精细化等方面经验，形成研究报告。规划提出建设安全包容、便捷可达、舒适健康的国际一流慢行系统目标；形成3类8项规划指标（路权指标2项：人行道有效宽度达标率，受保护的自行车道比例；出行比例指标3项：步行出行比例，自行车出行比例，5千米以内步行、自行车出行比例；出行环境指标3项：步行、自行车路网密度，步道、自车道绿化遮阴率，步行、自行车出行环境满意度）；统筹整合全市各类慢行空间资源，形成“两轴—两环—七放射”（两轴：长安街及中轴线；两环：二环和三环；七放射：京张铁路遗址公园慢行走廊、通惠河等7条慢行走廊）共计311千米慢行骨干廊道和“一核一副六类特色街区”（一核：核心区；一副：城市副中心；六类特色街区：商业活力步行街区、文化体验慢行街区、科技科创慢行街区、商务金融慢行街区、慢行友好居住街区、慢行友好枢纽街区），并针对不同街区特性，分别提出慢性系统规划管控要求。规划同步提出开展慢行骨干廊道、特色区域示范项目建设，开展轨道站点、学校、医院、交叉口、占道停车等5类专项整治，制定配套政策机制等3项任务，推动规划实施。

四十九、宋梁路北延工程完成线上并联审批

6月，市规划自然资源委、市发展改革委共同完成全市首个多规合一交通线性工程——宋梁路北延工程线上并联审批。该工程是进入“多规合一”协同平台的第一个政府投资类道路

工程项目。在项目策划生成阶段，市规划自然资源委、市发展改革委、市交通委、市园林绿化局、市水务局、市生态环境局共同进行项目综合实施方案审查，市规划自然资源委实现当日线上推送，市发展改革委等5个单位在5个工作日内全部反馈意见，实现资源共享、让信息多跑路、让建设单位少跑路。同时，市规划自然资源委积极进行线下协同，在15个工作日内核发《多规合一协同意见》，比程序规定的30天提前15天。市发展改革委在10个工作日内完成可研预评估，核发《策划完成通知书》。在项目审批阶段，市规划自然资源委在2个工作日内核发《建设项目选址意见书》。

五十、回龙观至上地地区自行车专用路开通试运行

5月31日，北京市第一条自行车专用路——回龙观至上地地区自行车专用路开通试运行。2017年，市规划国土委落实北京城市总体规划“建设步行和自行车友好城市”部署，直面回龙观——上地地区出行难问题，广泛听取市民意见，组织市规划院编制完成《北京市自行车出行环境改善示范项目——回龙观地区至上地地区自行车专用路规划》。2018年至2019年，继续补充修改完善该自行车专用路规划，于2019年8月9日，编制完成《北京市自行车出行环境改善示范项目一期——回龙观地区至上地地区自行车专用路规划》。项目经过9个月施工，于2019年5月基本完工。

五十一、施工图审查

年内，市规划自然资源委完成房屋建筑类项目施工图审查3846项、4997万平方米，发现并纠正违反工程建设强制性条文1873条、违反一般性规范条文148467条；完成勘察类项目施工图审查1370项，发现并纠正违反工程建设强制性条文226条、违反一般性规范条文6100条；完成市政基础设施类项目施工图审查416项，发现并纠正违反工程建设强制性条文63条、违反一般性规范条文3850条。

五十二、责任规划师制度建设

5月10日，市规划自然资源委印发《北京市责任规划师制度实施办法（试行）》（京规自发〔2019〕182号公布），明确责任规划师的定位、工作目标、主要职责、权利与义务、保障机制等。年内，市规划自然资源委成立责任规划师工作专班，举办10期业务培训，建立责任规划师工作信息平台；各区积极推进责任规划师工作。截至年底，全市16个区333个街乡镇中，有8个区签约195名责任规划师，覆盖170个街道、乡镇和片区。

第三节　土地资源

一、年度土地供应计划与实施

（一）年度土地供应计划

2019年全市建设用地计划供应3760公顷。其中，交通运输用地1600公顷、水域及水利设施用地30公顷、特殊用地20公顷、公共管理与公共服务用地690公顷、工矿仓储用地120公顷、国有住宅用地950公顷（含商品住宅用地600公顷、保障性安居工程用地350公顷）、商服用地150公顷、集体土地租赁住房用地200

公顷。

（二）年度土地供应计划实施

2019年全市实际供应土地4160公顷。其中，特交水用地2078公顷、公共管理与公共服务用地689公顷、工矿仓储用地98公顷、国有住宅用地1004公顷、商服用地76公顷、集体土地租赁住房用地215公顷。国有住宅用地中，商品住宅用地入库648公顷、供应349公顷，其中共有产权住房用地供应67公顷；保障性安居工程用地356公顷。

二、国有建设用地供应情况

年内，全市国有建设用地供应土地面积3400.64公顷。其中，出让方式供应土地面积617.49公顷，划拨方式供应土地面积279.70公顷，以征代划方式供应土地面积2490.55公顷，现状补办协议出让土地面积12.89公顷。

三、土地市场供应

（一）国有土地入市交易情况

年内，全市国有土地入市交易86宗、土地面积487.43公顷，规划建筑面积906.24万平方米，成交价款1688.29亿元，其中政府土地收益724.52亿元。

（二）历年土地市场公开出让交易情况

2001年至2019年，全市共有2298宗、19679.60公顷土地入市成交，成交价款为18950.19亿元，其中政府土地收益为9424.81亿元。

四、建设用地项目审批

年内，市规划自然资源委加快建设用地项目审批，指导用地单位解决申报过程中出现的地类、权属、转非人员安置等问题；对申请办理征地及农转用手续的项目，在保护被征地农民合法利益前提下，认真审查、依法报批。截至年底，全市办理72个项目的征地及农转用初审，批准建设用地3131.95公顷，其中国务院批准建设用地2046.67公顷、北京市政府批准建设用地1085.28公顷；新增建设用地1966.43公顷，其中农用地转用1909.38公顷（含耕地1325.46公顷）。

五、耕地保护

年内，市规划自然资源委坚守全市166万亩耕地保有量和150万亩永久基本农田保护面积底线，研究耕地保护政策机制，多措并举落实占补平衡，开展新增耕地核查，做好耕地保护专项督察。结合耕地保护实际，出台系列政策文件，不断完善具有区域特色的耕地保护政策体系。修订《北京市耕地保护责任目标考核办法》，经市政府同意，市政府办公厅印发实施（京政办发〔2019〕24号公布）。12月9日，印发《北京市规划和自然资源委员会土地整治项目验收管理办法》（京规自发〔2019〕443号公布）。通过运用土地整治形成的新增耕地指标、城乡建设用地增减挂钩指标、跨省域增减挂钩结余指标，落实“重点建设项目5年内归还耕地指标”政策，推进全市耕地占补平衡。完成市政府与各区政府《年度耕地保护目标管理暨永久基本农田保护责任书》签订。

六、城市地价动态监测

年内，北京市开展2019年度城市地价监测，定期收集、汇总、整理、分析，形成季度和年度监测成果，实现对地价变动情况实时监测，及时准确把握土地市场运行态势和价格走势。监测标准宗地575宗，其中，国家级监测范围内标准宗地285宗（居住102宗、商业104宗、工业79宗），市级监测范围内标准宗地331宗（居住96宗、商业80宗、办公155宗），国家级和市级同时监测的标准宗地41宗（居住18宗、商业23宗）。在自然资源部对106个国家级地价动态监测城市2018年度工作评比中，北京市排名第12名。

七、土地调查与遥感监测

（一）土地变更调查与遥感监测

年内，市规划自然资源委在2018年完成土地变更调查外业调查基础上，完成内业及数据库更新，调查成果一次性通过国家内业、外业和数据质量核查，完成2018年度全国土地变更调查与遥感监测。以2018年12月31日为标准时点，调查遥感监测图斑7987个、面积8077.54公顷，更新市级与区级数据库。全市土地调查面积1640616.06公顷。按照“三大类”分类，其中农用地1147542.73公顷、建设用地357490.46公顷、未利用地135582.87公顷；按照《土地利用现状分类》分类，其中耕地212840.60公顷、园地132531.10公顷、林地746634.08公顷、草地84323.67公顷、城镇村及工矿用地303247.34公顷、交通运输用地48526.72公顷、水域及水利设施用地76291.41公顷、其他土地36221.14公顷。

（二）北京市第三次全国国土调查

2月，北京市第三次全国国土调查（以下简称三调）工作推进会召开，对三调工作进行再动员再部署。3月，北京市三调办组织督导检查，重点检查各区组织准备、工作进展、调查队伍管理情况；全国三调办实地调研督导北京市三调办和通州区、海淀区三调工作。5月中旬至6月中旬，在各区三调办完成数据库建库与区级成果自检基础上，北京市三调办以乡镇为检查单元，分批对重点地类进行逐图斑市级成果检查，对各区调查数据库成果进行检查和复核。6月15日，第一轮向全国三调办上报全市三调初步成果。7月至9月，以第一轮上报成果为基础，组织“回头看”自查整改，查漏、补缺、改错、补证。9月上旬，国家自然资源总督办会同督察西安局、北京局对北京市三调办和朝阳区、通州区、大兴区、顺义区、怀柔区、房山区、平谷区、密云区三调工作进行督察。9月20日，第二轮向全国三调办上报全市三调阶段性成果。10月，全国三调办采取以县为调查单元抽样的方法，完成北京市上报成果国家级内业核查，北京市16个区级调查单元成果全部合格，差错率为0.11%。11月，督察北京局对北京市三调办及大兴区、房山区、平谷区三调阶段性成果进行督察核查。11月13日，市规划自然资源委专题向市委、市政府上报全市三调几个重要调查数据报告。12月3日，市规划自然资源委向市政府专题汇报全市三调工作情况。12月25日，市规划自然资源委向市政府专题上报全市三调有关情况报告。

（三）地理国情常态化监测

年内，市规划自然资源委开展2019年度地理国情常态化监测，完成基础及专题资料收集整理、遥感影像处理，完成全市16个区的基础性地理国情监测内业变化发现及信息提取、外业调查核查和成果整理及检查，形成数字正射影像（DOM）、地表覆盖分类、地理国情要素、元数据、遥感解译样本5大类成果，经国家测绘产品质量检验测试中心检验和复核，样本优良率100%；率先向国家汇交成果，总体进度全国第一。持续开展2018年度地理国情监测专项工作，完成2018年京津冀协同发展重要地理国情监测和城市地理国情监测2项国家级专题性监测项目验收，向中国测绘科学研究院汇交数据成果。

八、不动产登记

（一）不动产登记情况

年内，全市受理不动产登记申请101万件；完成登薄100.51万件；发放不动产权属证书82.5万本（份），其中《不动产权证书》54.3万本、《不动产登记证明》28.2万份。

（二）不动产登记领域“一网通办”上线

2月28日，北京市不动产登记领域“一网通办（存量房屋买卖）”上线运行，通过强化“互联网+”的运用，将合同网签、缴税、不动产登记等业务由串联办改为联合办，办事企业、群众可通过一个网站登录申请、后台各部门并联审核、现场综合服务窗口当日办结领证，实现“一网、一门、一次”服务。

（三）不动产登记信息网上查询

2019年2月15日，市规划自然资源委印发《北京市不动产登记信息网上查询规则（试行）》（京规自发〔2019〕44号公布）。自3月20日起，查询申请人可通过北京市不动产登记领域网上办事服务平台的查询系统，查询不动产的自然状况信息，不动产是否存在共有情形，不动产是否存在抵押权登记、预告登记或者异议登记情形，不动产是否存在查封登记或者其他限制处分的情形。年内，全市网上查询1013971次，其中权利人查询455076次、任何人查询555292次、利害关系人查询2080次、宗地图查询1523次。

（四）不动产登记领域服务窗口建设

4月28日，市政务服务管理局、市规划自然资源委、市住房城乡建设委、国家税务总局北京市税务局联合印发《关于加强不动产登记领域服务窗口建设有关问题的通知》（京政服发〔2019〕15号），规范各区不动产登记大厅服务窗口设置类型（综合窗口、受理窗口、缴费领证窗口），明确综合窗口服务模式及业务分类、申请材料及时限，简化购房资格审核。年内，各区不动产登记大厅综合窗口增设至184个。

（五）房屋交易涉税业务委托代征

4月30日，国家税务总局北京市税务局、市规划自然资源委联合印发《关于开展房屋交易涉税业务委托代征工作的意见》（京税发〔2019〕90号）。国家税务总局北京市各区（地区）税务局（以下简称“各区税务局”）委托市规划自然资源委各分局（以下简称“各分局”）代征不动产登记业务中涉及的相关税费，将税务部门已完成网上审核的业务，由现场两部门分别办理简并为不动产登记部门独立办理。年内，各区税务局与各分局签订代征协议，各分局全面开展房屋交易涉税业务委托代征。

（六）不动产登记费网上支付服务

4月30日，市规划自然资源委、市财政局联合印发《关于开通北京市不动产登记费网上支付服务的通知》（京规自发〔2019〕160号）。自5月10日起，在全市开通不动产登记费网上支付服务。不动产登记申请人在不动产登记业务登簿完成后，可根据收到的北京市不动产登记短信提示，登录北京市不动产登记网上服务平台或手机版支付平台，选择微信、支付宝、网上银行等方式缴纳不动产登记费。该项服务于3月25日在通州区启动试点。

（七）不动产抵押权登记网上办理

5月30日，市规划自然资源委、中国银行保险监督管理委员会北京监管局、北京住房公积金管理中心联合印发《关于网上办理抵押权注销登记的通知》（京规自发〔2019〕205号），自6月10日起实行。8月29日，市规划自然资源委、中国银行保险监督管理委员会北京监管局、北京住房公积金管理中心联合印发《关于网上办理抵押权首次登记的通知》（京规自发〔2019〕325号），自9月1日起实行。通过拓展“互联网+不动产登记”，将不动产抵押权首次登记和注销登记服务场所延伸至银行及公积金管理中心网点，在全市实现不动产抵押权首次登记和注销登记网上办理。年内，组织中国工商银行北京市分行、招商银行北京市分行在丰台区、北京经济技术开发区开展不动产抵押权首次登记和注销登记试点。建立全市集中备案制度，减轻银行业金融机构向各区不动产登记中心重复提交备案资料工作量，全市各银行分行及其下设支行共704家均完成备案。截至年底，全市银行业金融机构网上申请办理不动产抵押权登记2.8万件，其中抵押权注销登记27310件。

(八) 历史遗留房地产开发项目不动产登记问题处理

9月2日，市规划自然资源委、市住房城乡建设委、国家税务总局北京市税务局联合印发《关于切实解决历史遗留房地产开发项目不动产登记有关问题的意见》（京规自发〔2019〕329号公布〕，明确历史遗留房地产开发项目“办证难”问题的处理范围、原则、机制、申请主体、程序、措施和惩戒措施。11月28日，市规划自然资源委印发《关于建立历史遗留房地产开发项目“办证难”问题处理工作联席会议制度及报送项目台账的函》，建立市级联席会议制度，加强组织领导，强化部门协作，督促各区政府承担起主体责任。年内，市级层面明确“开发企业主体注销”等11项登记疑难问题解决办法，建立“办证难”问题项目台账，化解多个项目“办证难”矛盾，为近4000户颁发产权证。

第四节 地质矿产资源

一、通州区南部重大地质问题调查评价

年内，市规划自然资源委继续开展通州区南部（751平方千米）重大地质问题调查与评价，采用InSAR、综合物探、钻探、实验测试等方法，对调查区基础地质、水文地质、工程地质、地质环境（隐伏断裂、地面沉降等）、浅层地温能资源等进行调查评价，查明调查区基础地质、水工环地质条件，活动断裂分布、地面沉降发育现状、地下水水质、土壤环境等地质环境特征，以及浅层地温能资源禀赋特征，编制系列综合地质服务图件30余张，建立三维模型，编制综合研究成果报告和项目地学建议书，提出防控措施和土地利用合理化建议。

二、北京市平原区礼贤等十二条断裂地质调查

年内，市地质矿产勘查院继续开展北京市平原区礼贤等十二条断裂地质调查，对南苑-通县断裂南段、石楼断裂、琉璃河断裂、永定河断裂进行定位，利用钻探对断裂活动性进行研究。钻孔中的岩性对比和多种测试结果显示，二十里长山断裂带为基岩断裂；马昌营断裂最新活动年代为早更新世；南苑-通县断裂南段和北段的活动性具有明显差异，北段最新活动年代为中-晚更新世，南段为新近纪；石楼、琉璃河断裂最新活动年代为早更新世；永定河断裂最新活动年代为中更新世。项目周期为2018年6月至2020年12月。

三、延庆盆地1：2.5万高精度重磁测量

年内，市规划自然资源委完成延庆盆地1：2.5万高精度重磁测量421平方千米，完成高精度重力物理点17049个，重力测量布格重力异常总精度$\pm 0.025\times 10^{-5}$米/二次方秒；完成高精度磁法测量物理点17431个，总观测均方误差±2.36纳特；完成样品密度测试606件，第四系大样密度测试30件，样品磁化率测试样品606

件。通过测量，查明盆地基础地质、构造、岩性等特征，对延庆盆地基础地质构造取得新认识，圈出岩溶水资源潜力区3处，圈定地热潜力区2处，为延庆盆地地热勘探开发提供优选靶区。

四、潮白河和蓟运河流域山区范围地质环境调查

年内，市地质矿产勘查院对潮白河和蓟运河流域山区范围开展地质环境综合调查，调查面积5293.99平方千米，综合利用遥感解译、地质调查、地球化学、地球物理、分析测试等方法，获得调查区地质基础数据及地质环境分布特征，并进行地质环境综合评价。其中，地质环境优等区约1327.54平方千米，应以生态环境保护、生态涵养为主，禁止开发或适度开发；地质环境良好区约3200.55平方千米，适宜进行一定程度开发；地质环境较差区约765.9平方千米，存在一定风险，应完善地质环境监测网络体系，开展定期监测。

五、突发地质灾害

年内，全市发生突发地质灾害20起，其中入汛后发生17起（11起为公路山体崩塌灾害、5起为村庄内崩塌灾害、1起为村庄内微型滑坡灾害），灾害规模均为小型，未造成人员伤亡。

六、矿业权管理

年内，市规划自然资源委联合市国资委、门头沟区政府、首钢集团、京能集团等单位，协调推进鲁家山石灰石矿和大台煤矿提前关停事宜，督促指导两家矿山企业做好矿山闭坑。办理北京世界园艺博览会事务协调局、北京大学医学部采矿权新立手续；办理昊华能源股份有限公司大安山煤矿采矿许可证注销手续。截至年底，全市有效矿业权144个，其中探矿权2个、采矿权142个。采矿权中，固体矿山13个（含自然资源部发证1个）、矿泉水15个、地热114个。

七、废弃矿山地质环境恢复治理

年内，市规划自然资源委在征求相关区政府意见基础上，持续推进废弃矿山生态环境修复治理。10月18日，印发《北京市规划和自然资源委员会关于进一步加强矿山生态环境修复治理项目管理工作的通知》（京规自发〔2019〕402号），对废弃矿山生态环境修复治理项目的监督管理，防范资金、安全风险提出要求。10月30日，印发《北京市规划和自然资源委员会关于完善废弃矿山生态环境修复治理项目有关管理制度的通知》（京规自发〔2019〕407号），明确废弃矿山生态环境修复治理项目管理职责、管理要求、验收条件等制度。截至年底，完成治理334公顷，市财政投入治理资金2.2亿元，涉及房山区、门头沟区、丰台区、顺义区、密云区、怀区柔、延庆区7个区、19个治理项目。

八、在生产矿山地质环境治理

5月9日，市规划自然资源委印发《关于做好矿山生态环境恢复治理保证金返还有关工作的通知》（京规自发〔2019〕177号），取消北京市矿山生态环境恢复治理保证金，建立矿山环境治理恢复基金。截至年底，在生产矿山的保证金账户全部注销，保证金余额全部转存为基金。开展2019年新增矿山恢复治理遥感数据核查，完成10个区、96个切图、180个图斑属性信息核查。开展2019年度北京市矿山环境现状年度核查，截止到年底，核查正在进行中。

第五节 专项管理

一、标准管理

（一）12 项城乡规划地方标准复审

年内，市标办对《下凹桥区雨水调蓄排放设计规范》《简易自动喷水灭火系统设计规程》《防火玻璃框架系统设计、施工及验收规范》《自然排烟系统设计、施工及验收规范》《吸气式感烟火灾探测报警系统设计、施工及验收规范》《疏散用门安全控制与报警逃生门锁系统设计、施工及验收规程》《消防安全疏散标志设置标准》《公共建筑节能设计标准》《装配式剪力墙结构设计规程》《土地信息数据元　第 1 部分：总则》《土地信息数据元　第 2 部分：土地利用数据元》《土地信息数据元　第 3 部分：土地权属数据元》12 项实施时间满 5 年的城乡规划地方标准和实施时间满 3 年的节能地方标准开展复审，12 项标准均继续有效。

（二）多项标准年度评估

年内，市标办针对居建节能、雨水控制与利用、轨道交通、无障碍等方面的多项标准，面向设计人员、施工图审查人员和相关行业管理人员开展 2019 年度标准评估。评估认为，各项标准执行情况较上年度有提升，总体执行水平较高，标准具有先进性和可操作性，促进了设计质量和水平、城市品质的提升。

（三）北京市“两图合一”规划编制技术指南

4 月 19 日，市规划自然资源委发布《北京市“两图合一”规划编制技术指南》（京规自发〔2019〕138 号公布）。该指南统一城乡规划与土地利用规划建设用地统计口径，统筹山水林田湖草等非建设用地，探索全域全类型国土空间规划分区划定方法，建立“两图合一”用地分类标准、制图及数据图层标准，为构建统一衔接的空间数据平台提供保障。

（四）建筑日照计算参数标准

4 月 8 日，市规划自然资源委、市市场监督管理局联合发布《建筑日照计算参数标准》。该标准深化、细化已有日照计算参数，综合考虑人民群众卫生健康和集约用地，规范北京市域有日照标准要求的建筑和场地的建筑日照计算的数据条件、计算参数、计算过程和成果表达，增强规划管理可操作性。自 10 月 1 日起实施。

（五）超低能耗居住建筑设计标准

10 月 12 日，市规划自然资源委、市市场监督管理局联合发布《超低能耗居住建筑设计标准》，对北京市住宅类超低能耗居住建筑节能设计的性能化设计、室内环境参数、技术指标及专项设计提出技术要求。自 2020 年 4 月 1 日起实施。

（六）电动自行车停放场所防火设计标准

4 月 8 日，市规划自然资源委、市市场监督管理局联合发布《电动自行车停放场所防火设计标准》。该标准从关心人民群众生活环境和城市安全出发，提出电动自行车停放场所种类、耐火等级及防火设计相关要求，对充电区域布置、充电设施作出规定，填补北京市电动自行车停放场所防火设计标准缺失。自 10 月 1 日起实施。

（七）场地形成工程勘察设计技术规程

4 月 8 日，市规划自然资源委、市市场监督管理局联合发布《场地形成工程勘察设计技术规程》。该规程适用于北京市城市建设用地场地形成工程的勘察、设计等，落实高质量发展与提高城市精细化管理水平要求，遵循因地制宜、就地取材、绿色环保和节约资源原则，实现场地形成工程勘察设计成果的规范化、标准化，突出场地形成在后续工程实施、安全运营等方面的基础性作用。自10月1日起实施。

（八）既有住宅适老化改造设计指南

9月3日，市规划自然资源委发布《既有住宅适老化改造设计指南》。该指南梳理现行有关适老化改造设计标准及执行情况，对老年人居住的既有住宅套内空间、既有住宅加装电梯、公共空间和既有居住区室外道路、绿地等相关空间及设施的适老化改造设计提出设计要求和技术指引。

（九）城市综合客运交通枢纽设计规范

10月12日，市规划自然资源委、市市场监督管理局联合发布《城市综合客运交通枢纽设计规范》。该规范体现“以人为本、安全便捷、经济合理、绿色环保、技术先进”设计理念，坚持公共交通优先，提升城市公共交通服务水平，推进区域交通一体化，提供更人性化的公共交通接驳换乘条件，规范和指导北京市新建、改建和扩建的城市综合客运交通枢纽设计。自2020年4月1日起实施。

（十）城市地下工程盖挖逆作法结构设计指南

9月27日，市规划自然资源委发布《城市地下工程盖挖逆作法结构设计指南》。该指南总结近年来国内城市更新过程中的地下结构盖挖逆作法设计实践经验，统一和规范地下工程盖挖逆作法设计方法和措施，是全国第一部地下工程盖挖逆作法结构设计技术标准。

（十一）北京历史文化街区风貌保护与更新设计导则

3月26日，市规划自然资源委发布《北京历史文化街区风貌保护与更新设计导则》。该导则总结北京历史文化街区保护工作经验，在街区整体风貌保护与更新、建筑风貌保护与更新、街巷空间及附属设施、实施管理等方面提出规定及控制措施，规范历史文化街区风貌保护与更新过程中的设计行为。

（十二）文物建筑防火设计规范

12月29日，市规划自然资源委、市市场监督管理局联合发布《文物建筑防火设计规范》。该规范秉持“预防为主、防消结合”原则，结合北京市文物建筑特点、地理气候环境、全国消防技术发展现状，提出火灾报警系统及灭火设备设施设计要求，以指导全市文物建筑防火设计，预防文物建筑火灾发生。自2020年4月1日起实施。

（十三）建设工程第三方监测技术规程

4月8日，市规划自然资源委、市市场监督管理局联合发布《建设工程第三方监测技术规程》，对工程结构、岩土体、工程周边环境第三方监测的监测方法、技术要求、监测频率、监测项目控制值、报警、成果及信息反馈等提出技术要求，规范建设工程监测作业行为。自10月1日起实施。

（十四）地质灾害监测技术规范

12月25日，市市场监督管理局发布《地质灾害监测技术规范》。该规范针对北京市特点，对山区、平原区等不同地区常见地质灾害类型进行分析分类，提出不同类型地质灾害监测方法和要求，给出监测操作规定，细化监测分级指标及内容，监控和防止不同地区突发地质灾害造成的不利影响，为城市安全运行、防灾减灾、地质灾害防治提供依据。该规范由市规划自然资源委提出并归口、组织实施，自2020年7月1日起实施。

（十五）历史文化街区工程管线综合规划规范

10月12日，市规划自然资源委、市市场监督管理局联合发布《历史文化街区工程管线综合规划规范》。该规范在2009版基础上进行修订，增加、更新部分术语，提出隐蔽化设计、提高管道和设备的标准等级和耐久性、加强管线保护、应用低影响开发、缆线管廊等规定，对历史文化街区基础设施建设和环境改造提出更高要求，推进新技术、新工艺、新材料在历史文化街区工程管线综合规划建设中的应用。自2020年4月1日起实施。

（十六）有轨电车工程设计规范

12月29日，市规划自然资源委、市市场监督管理局联合发布《有轨电车工程设计规范》。该规范首次提出有轨电车线网规划要求，要求有轨电车宜参照地面公交运营模式，兼顾有轨电车系统与道路系统技术要求，合理设置车站间距，营造舒适乘车环境，首次提出运营监控系统，以保证运营调度、道岔控制、通信、售检票等环节安全有序运行。自2020年7月1日起实施。

（十七）建设工程规划核验测量成果检查验收技术规程

7月5日，市规划自然资源委、市市场监督管理局联合发布《建设工程规划核验测量成果检查验收技术规程》，对建设工程规划核验测量成果检查验收内容、流程、方法提出要求。自2020年1月1日起实施。

（十八）地理国情普查与监测成果质量检查验收技术规程

12月25日，市市场监督管理局发布《地理国情普查与监测成果质量检查验收技术规程》，对地理国情信息检查验收制度、基本对象、主要依据、质量评定原则以及抽样检查程序、质量评定方法与指标等提出技术要求。该规程由市规划自然资源委提出并归口、组织实施，自2020年7月1日起实施。

（十九）地理国情信息基本统计技术规程

12月25日，市市场监督管理局发布《地理国情信息基本统计技术规程》，对北京市地理国情普查监测信息种类和详细程度进行加密和扩充，指导北京市地理国情信息基本统计分析工作。该规程由市规划自然资源委提出并归口、组织实施，自2020年7月1日起实施。

（二十）地理国情信息外业调绘底图制作技术规程

12月25日，市市场监督管理局发布《地理国情信息外业调绘底图制作技术规程》，对地理国情普查底图制作的要求、技术方法与流程、质量控制及提交成果提出技术要求。该规程由市规划自然资源委提出并归口、组织实施，自2020年7月1日起实施。

（二十一）基础地理信息系统技术规程

12月25日，市市场监督管理局发布《基础地理信息系统技术规程》，对基础地理信息系统的总体设计、数据库建设、网络服务构建、系统构建、验收与交付、运行与维护、应用与服务提出要求。该规程由市规划自然资源委提出并归口、组织实施，自2020年7月1日起实施。

二、测绘地理信息

（一）测绘资质与作业证、注册测绘师业务办理

年内，市规划自然资源委受理测绘资质审查231件，其中甲级初审43件，乙、丙、丁级审查188件；审批通过乙、丙、丁级测绘资质149件，其中新申请37件、变更和增项112件。依申请注销12家企业测绘资质。审批测绘作业证158次，其中新申请85次、延期48次、注销25次。完成注册测绘师初审、延续、变更458人次。

（二）测绘资质与作业证、注册测绘师审批流程优化

年内，市规划自然资源委系统梳理测绘资质、测绘作业证、注册测绘师办理流程，简化、优化申请材料和审批时间。乙、丙、丁级测绘资质新申请、增项申报材料由25份压缩至10份，变更申报材料由13份压缩至5份。测绘作业证申报材料由12份压缩至3份；新申请由30个工作日压缩至15个工作日；注销由30个工作日压缩至5个工作日，并由两级审批改为一级审批，由经办人直接办结。注册测绘师初审由20个工作日压缩至5个工作日。

（三）基础测绘年度任务完成

年内，市规划自然资源委完成年度基础测绘生产任务，包括：沉降区高程复测及原点网监测、中心城区一级加密控制网复测；四环范围内1：500地形图第一轮、第二轮更新和数据入库8450幅；六环范围1：2000地形图更新和入库3376幅、六环外平原地区1：2000地形图要素更新5562幅、平原地区1：10000地形图更新457幅；全市域1：10000地形图入库933幅。

（四）全市重点项目测绘

年内，市测绘院服务北京冬奥会项目，完成国家冰雪运动训练科研基地改建、地铁11号线奥运支线测绘，完成北京冬奥会延庆赛区国家雪车雪橇赛道放样点复测约5000点。完成大兴国际机场规划竣工测绘、临空经济区10平方千米1：500地形图测绘、航站楼规划竣工测绘。持续开展城市副中心市政测绘、规划监督、用地钉桩测绘。为丰台火车站、清河火车站建设提供地形图和地下管线等测绘成果。完成顺义区70个村的美丽乡村建设测绘。

（五）地图审核

年内，市规划自然资源委受理地图审核39件、图幅787张，其中书刊插图33件、出版地图（集、幅）4件、互联网地图2件；许可37件。联合市教委审查包含地图插图的教材11本。

第六节　地名变更

一、8个地名规划和道路命名方案获批

年内，《冬奥组委、首钢北区西侧周边道路命名方案》《奥体文化商务园道路名称规划方案》《北京市通州区台湖高端总部基地地名规划方案》《北京大兴国际机场地名规划》《石景山首钢园区东南区土地一级开发项目地名规划（2018—2035年）》《石景山区北辛安棚户区改造项目地名规划（2018—2035年）》《朝阳区孙河组团地名规划（2018—2035）》《朝阳区东坝南区地名规划（2018—2035）》获批。

二、第二次全国地名普查档案整编完成

年内，全市第二次全国地名普查档案完成整编，并汇交至北京市档案馆收藏。

三、地名命名443个

年内，全市命名地名443个，其中道路名称367个、轨道交通车站名称12个、桥梁及隧道名称64个。

道路命名、调整（367个）(具体见附录三)。

第四章

财政税收与金融支持

第一节　市级财政支持保障性安居工程

2019年，市财政局严格按照有关规定，统筹中央及市级一般公共预算、国有土地使用权出让收入、棚户区改造专项债券等各类财政资金共计165.2亿元，通过财政补贴、项目资本金、贷款贴息、地方政府债券等渠道，支持我市加快推进各项保障性安居工程，为全面完成年度工作目标奠定基础。

一是从资金结构看，棚户区改造专项债券资金80亿元，占财政资金的48%；一般公共预算资金和国有土地使用权出让收入等其他财政资金85.2亿元，占财政资金的52%。

二是从资金规模看，中央财政资金12.68亿元，占财政资金的8%；市级财政资金152.52亿元（含棚户区改造专项债券），占财政资金的92%。

三是从资金投向看，支持棚户区改造136.97亿元、占财政资金的83%；支持公共租赁住房（廉租住房）3.21亿元，占财政资金的2%；支持向中低收入家庭发放租赁补贴5.02亿元，占财政资金的3%；支持发展住房租赁市场10亿元，占财政资金的6%；支持其他保障性住房10亿元，占财政资金的6%。

2019年，为贯彻落实党中央、国务院关于“加快建立多主体供给、多渠道保障、租购并举的住房制度”的要求，财政部、住房城乡建设部组织开展中央财政支持住房租赁市场发展试点工作，我市成功入围试点城市并获得中央财政3年内每年奖补10亿元，通过重点支持集体土地建设租赁住房、改建租赁型职工集体宿舍、扩展住房租赁监管和服务平台等，进一步加大租赁市场房源供给，全面落实稳地价、稳房价、稳预期的长效管理调控机制，促进房地产市场平稳健康发展。

第二节　住房公积金与政策性住房金融

一、2019年度住房公积金归集情况

（一）住房公积金覆盖范围

截至2019年底，北京地区建立住房公积金单位27万个，职工1127万人。当年新增开户人数84万人。

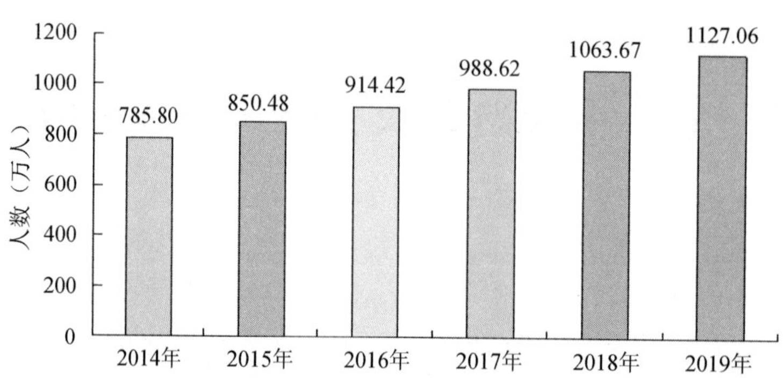

图 4-1　2014—2019 年北京住房公积金建立人数统计情况

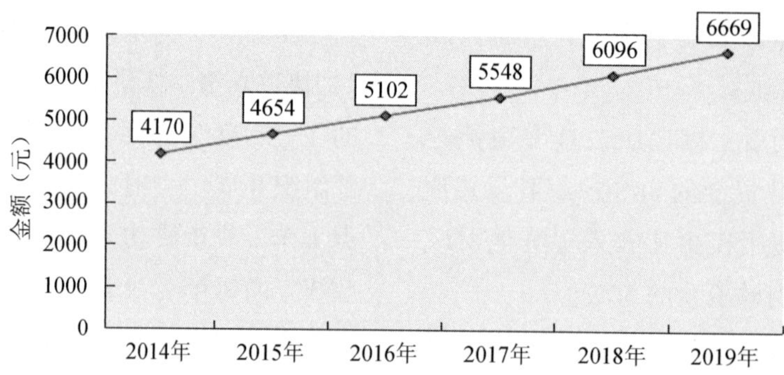

图 4-2　2014—2019 年北京住房公积金月缴存额上限情况

（二）住房公积金归集、提取情况

截至 2019 年底，当年归集住房公积金 2214 亿元，提取 1613 亿元，净增 601 亿元。累计归集住房公积金 15310 亿元，提取 10465 亿元，余额 4845 亿元。

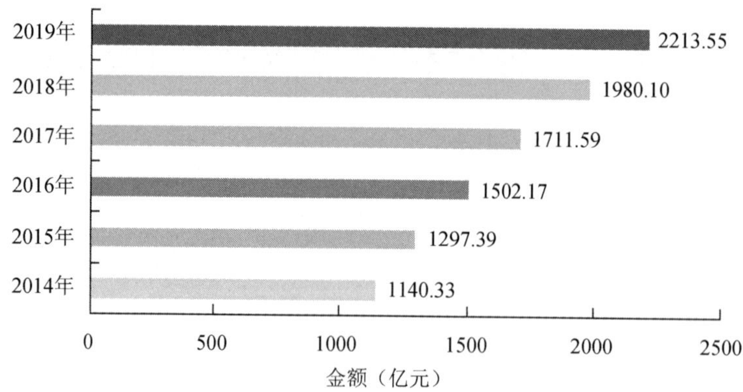

图 4-3　2014—2019 年北京住房公积金归集情况统计图

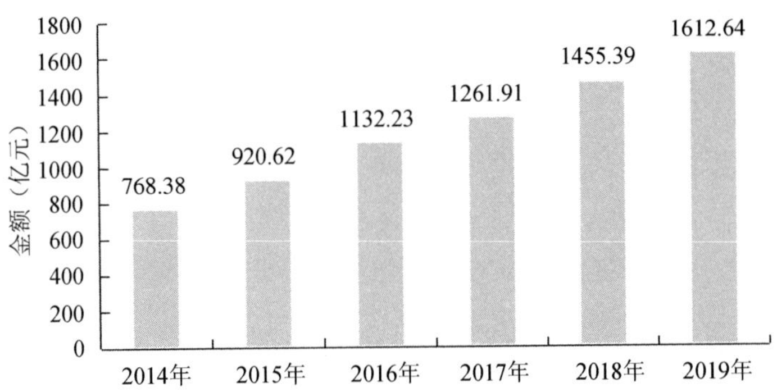

图 4-4　2014—2019 年北京住房公积金提取情况统计情况

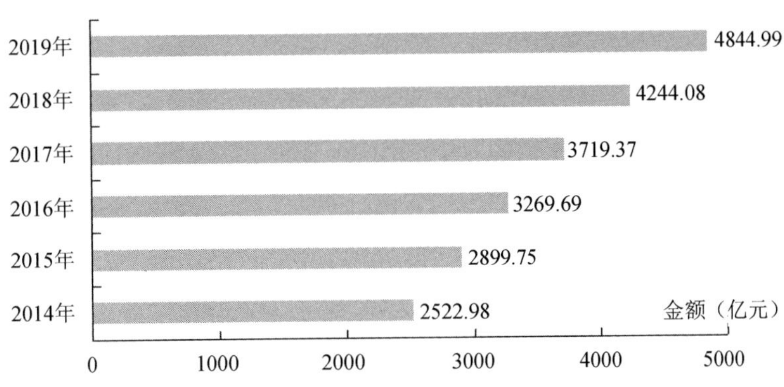

图 4-5　2014—2019 年北京住房公积金余额统计情况

二、2019 年度政策性住房金融

（一）住房公积金贷款情况

截至 2019 年底，当年发放住房公积金贷款 71489 笔，金额 558 亿元，回收金额 301 亿元，净增 257 亿元。累计发放住房公积金贷款 118 万笔，金额 6916 亿元。累计回收金额 2623 亿元，余额 4293 亿元。累计发放政策性贴息 13527 笔，累计发放贴息额度 50 亿元。

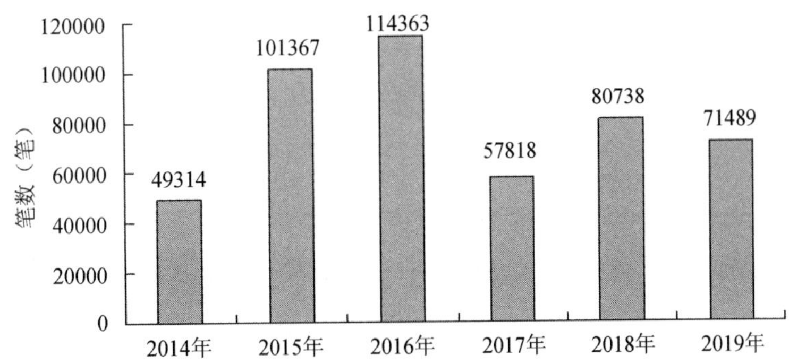

图 4-6　2014—2019 年北京住房公积金贷款发放笔数统计情况

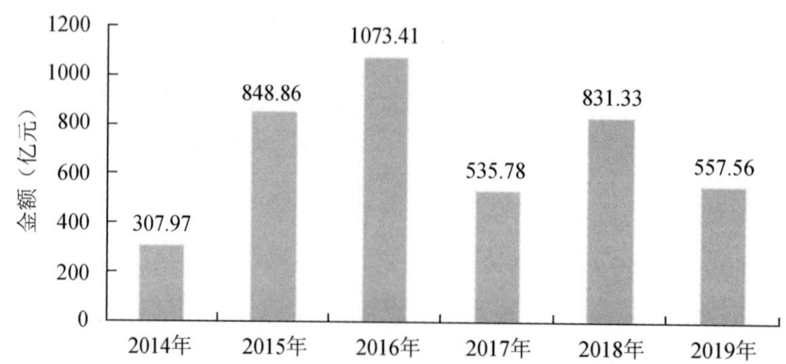

图 4-7　2014—2019 年北京住房公积金贷款发放金额统计情况

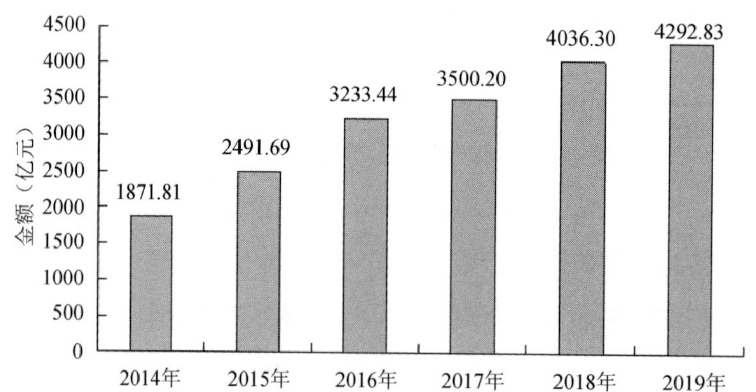

图 4-8　2014—2019 年北京住房公积金贷款发放余额统计情况

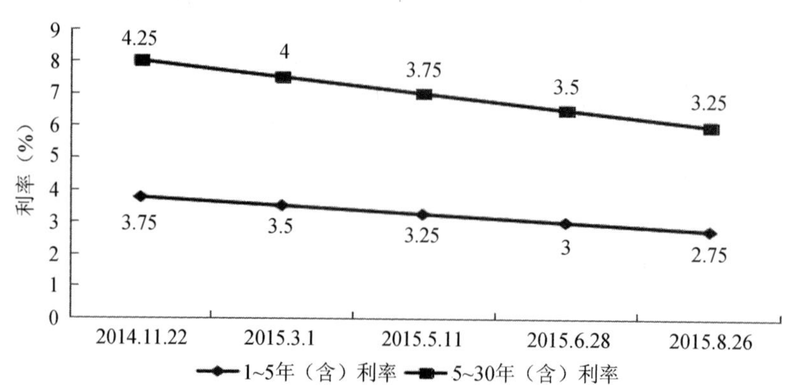

图 4-9　2014—2019 年北京住房公积金贷款利率调整情况

2019 年，支持保障性住房建设项目贷款无发放，回收项目贷款 17 亿元。截至 2019 年末，累计发放项目贷款 36 个，发放贷款额度 201 亿元，35 个项目贷款已还清，项目在贷余额 2.4 亿元。

（二）2019 年发放的住房公积金贷款结构

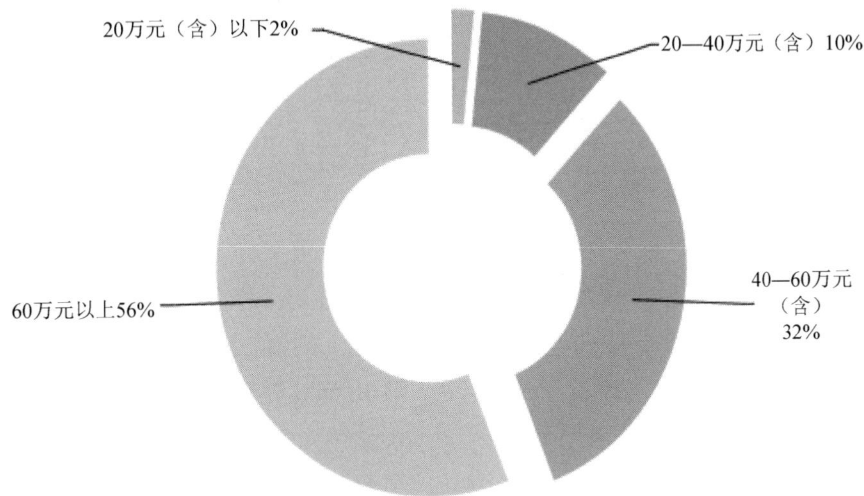

图 4-10　2019 年新发放住房公积金贷款笔数按贷款额度分类

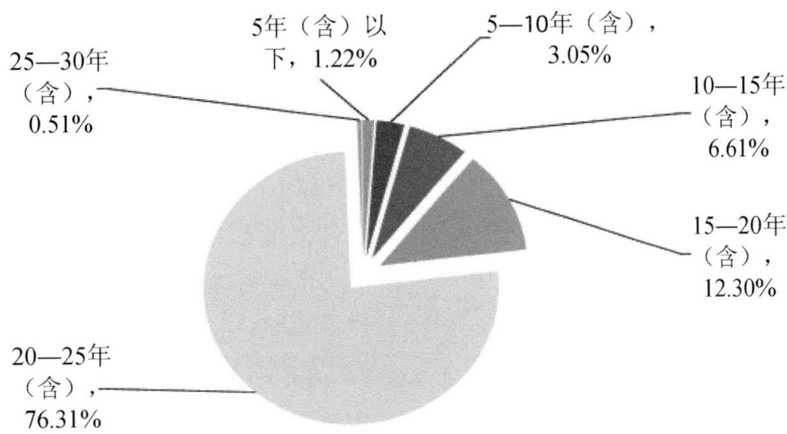

图 4-11　2019 年新发放住房公积金贷款笔数按贷款年限分类

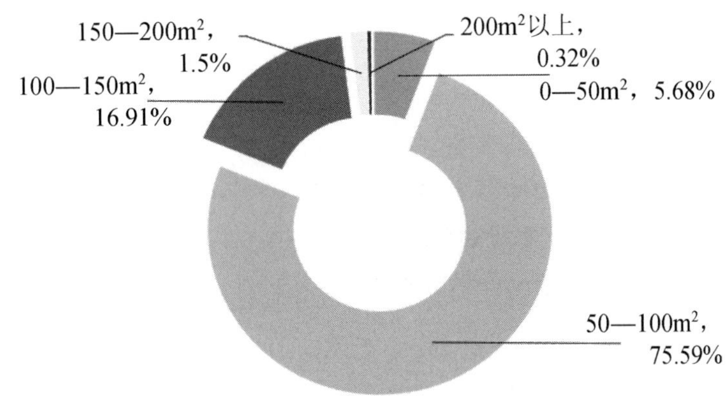

图 4-12　2019 年新发放住房公积金贷款笔数按房屋建筑面积分类

三、住房公积金和政策性住房金融管理措施

（一）调整住房公积金缴存上下限，继续执行灵活缴存比例

2019年度北京地区住房公积金月缴存基数上限由25401元上调为27786元；缴存基数下限按年最低工资计算由2120元上调为2200元；领取基本生活费职工的月缴存基数下限由1484元上调为1540元。继续执行住房公积金缴存比例为5%~12%，由单位自主选择。对生产经营困难的企业，可申请降低缴存比例或缓缴。全年共有47727家企业缴存比例为5%~11%。

（二）发挥政策性住房金融优势，提升住房保障作用

2019年末住房公积金个人贷款余额占缴存余额的88.6%，个人住房贷款市场占有率（住房公积金个人住房贷款余额占当地商业性和住房公积金个人住房贷款余额总和的比率）为29.2%。通过申请住房公积金个人贷款，购房职工减少利息支出约136亿元。住房公积金贷款累计支持的保障性住房建设项目建筑面积943万平方米，可解决90606户中低收入职工家庭的住房问题。

（三）持续优化营商环境，便利缴存单位和职工

深化落实“放管服”改革及优化营商环境工作部署，进一步减材料、减时限、减跑动。业务办理材料从407份减到138份，减少66%；法定承诺办理时限从359个工作日减少到61个工作日，压减83%；实现28个业务事项全程网办，平均跑动次数0.67次，35个“最多跑一次”事项占全市第一批全部156个事项的22%。10多个事项入驻“北京通App”和便民自助服务终端，在全市率先实现电子营业执照应用，得到市政府的公开表扬；办件数据汇聚量位居全市首位。中心网站办事指南实现“同源发布、同源管理”。完成与市政务服务平台统一认证、单点登录，实现事项到事项的精准跳转。实现借款人网上办理抵押权登记注销。住建部以《北京住房公积金管理中心多措并举把优化营商环境改革措施落到实处》为题，刊发于2019年第10期《建设工作简报》，对全国住房公积金系统进一步改善营商环境起到了良好的借鉴和参考作用。

（四）做好“接诉即办”工作，解决好群众的烦心事

通过组建专班、梳理渠道、明确时限、主动联办等方式，不断提升响应率、解决率和满意率。2019年共受理12345市民热线转办工单520件，办结首都之窗“政风行风”热线转办信件114封，回复政风行风等其他渠道咨询9500余件，接听12329热线电话约201万次，主动回拨咨询电话达10万次。组织领导干部职工接听咨询电话，共接答电话逾5万次。积极做好“街乡吹哨、部门报到”，赴西城区广外街道等实地调研，解决难点问题。

（五）加强信息化建设，提升管理服务的网络化、智能化水平

《2018年—2022年信息化发展规划和顶层设计方案》通过专家评审。管理中心新系统功能以全国最高分通过住建部“双贯标”验收。顺利实现中直分中心新旧系统平稳切换升级。接入全国住房公积金数据服务平台，推动全国住房公积金数据大集中。向市大数据平台汇聚政务服务数据。完成70周年国庆信息化安全保障，在北京市电子政务网络安全现场检查评比中获得优秀。

第三节　商业性房地产金融

2019年，北京市房地产信贷市场运行总体平稳，房地产贷款增速同比小幅回落，个人购房贷款增速有所回升，首套房贷平均利率水平及首付比例保持高位平稳。

一、房地产贷款增速同比小幅回落

2019年末，北京辖区内金融机构本外币房地产贷款余额18110.4亿元，比年初增加780.9亿元，比2018年同期少增192.7亿元；同比增长4.5%，增速比2018年同期下降1.4个百分点。2019年，房地产贷款新增额占各项贷款新增额的比重为12.5%，较2018年下降1.0个百分点。从结构来看，主要是房地产开发贷款增速同比回落较多。2019年末，房地产开发贷款同比增长7.3%，增速比2018年同期下降5.0个百分点；购房贷款同比增长2.8%，增速比2018年同期下降0.5个百分点。

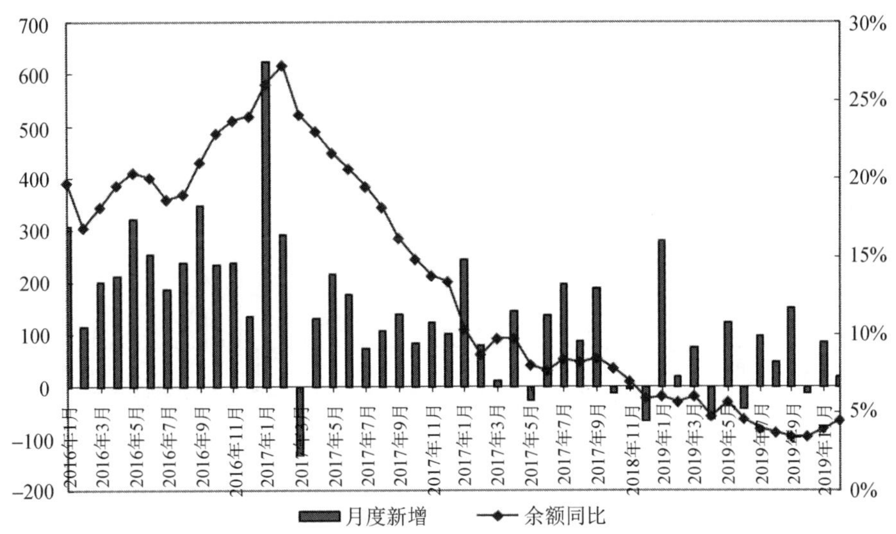

图4-13　北京市房地产贷款余额月度新增及同比增速情况

二、个人购房贷款增速有所回升

2019年末，辖区内金融机构本外币个人购房贷款余额11021.2亿元，同比增长3.2%，增速较2018年提高1.6个百分点；比年初新增338.7亿元，同比多增171.2亿元。个人住房贷款余额10417.4亿元，同比增长4.9%，增速较2018年提高2.3个百分点；比年初增加483.9亿元，同比多增239.1亿元，其中二手房贷款、新建房贷款分别增加426.6亿元、57.3亿元。个人商业用房贷款余额603.8亿元，同比下降19.4%，比年初减少145.3亿元。

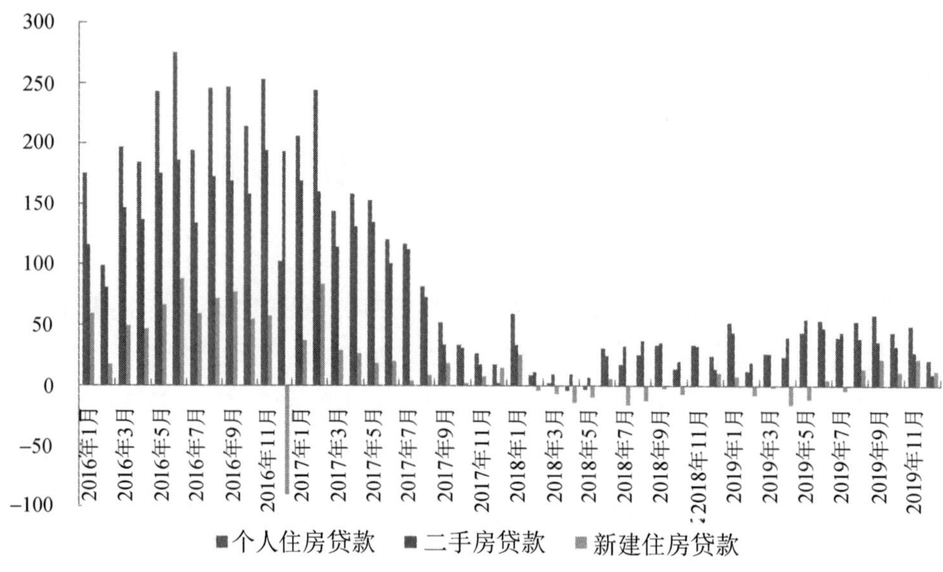

图 4-14　北京市个人住房贷款月度新增情况

三、房地产开发贷款增速持续回落后趋于平稳

2019 年末，辖区内金融机构房地产开发贷款余额 6221.4 亿元，同比增长 7.3%。其中，地产开发贷款余额 2169.4 亿元，同比增长 4.6%，增速同比下降 2.4 个百分点；住房开发贷款余额 2647.6 亿元，同比增长 15.7%，增速同比下降 27.9 个百分点；商业用房开发贷款余额 1388.8 亿元，同比下降 1.4%，增速同比下降 16.4 个百分点。

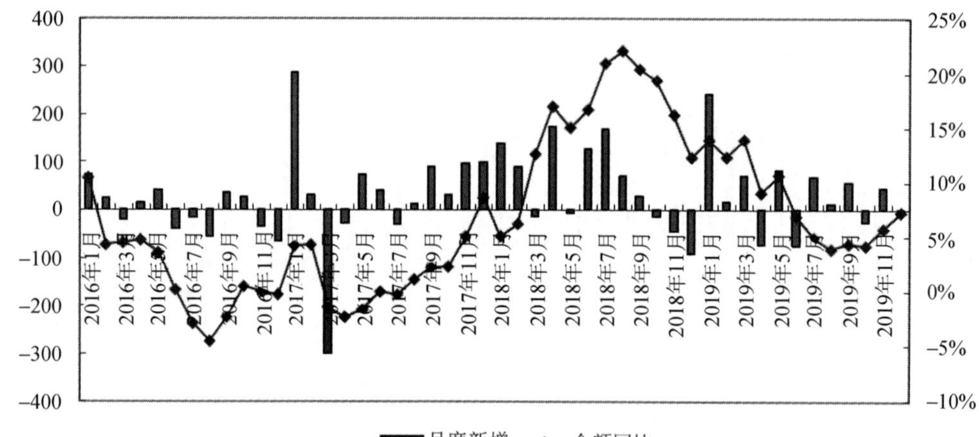

图 4-15　北京市房地产开发贷款余额月度新增及同比增速情况

四、土地储备机构贷款余额持续下降

2014 年修订的《预算法》规定，地方政府及其所属部门只能通过发行地方政府债券的形式举借债务。2016 年，财政部、国土资源部、人民银行、银监会下发《关于规范土地储备和资金管理等相关问题的通知》（财综〔2016〕4 号），对清理甄别后认定为地方政府性债务的截至 2014 年 12 月 31 日的存量土地储备贷款，纳入政府性基金预算管理，通过逐步发行地方政府债券予以置换。2016 年 1 月 1 日起，各地不得再向银行业金融机构举借土地储备贷款。北京市政府土地储备机构贷款余额呈逐年下降趋势，从 2013 年 3 月最高 2089.9 亿元逐渐下降至

2019 年 12 月的 8.4 亿元。

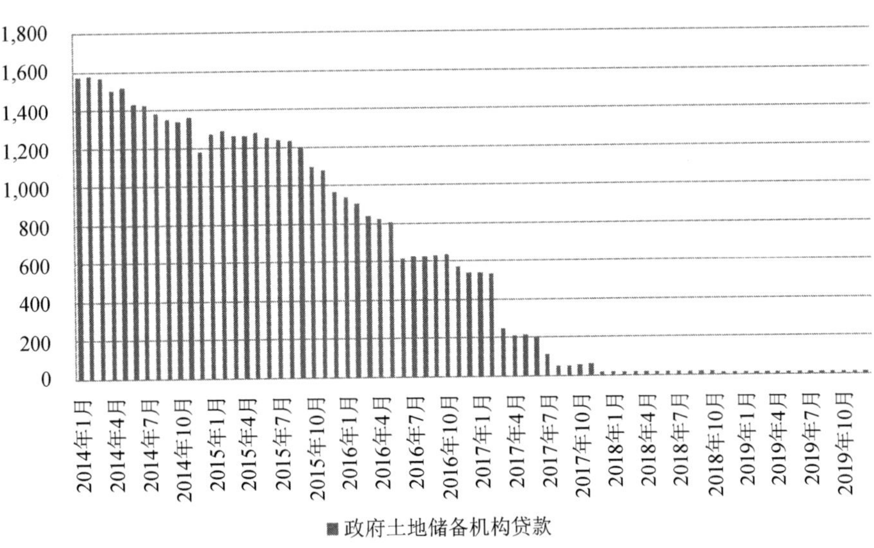

图 4-16　北京市政府土地储备机构贷款余额变化情况

五、外资银行房地产贷款余额稳中有升

2019 年末，北京辖区内外资银行本外币房地产贷款余额 337.7 亿元，同比增长 0.5%。其中，个人住房贷款余额 229.3 亿元，同比增长 4.2%。外资银行个人住房贷款余额在全市个人住房贷款余额中的占比为 2.2%。

六、首套房贷平均首付及利率水平保持高位平稳

2019 年，北京市中资银行新发放首套房贷平均利率连续 12 个月保持在 5.37%，相当于较 2019 年 12 月 5 年期贷款市场报价利率上浮 57 个基点；新发放首套房贷平均首付比例先降后升，12 月为 45.6%，比 2018 年同期提高 1.0 个百分点。

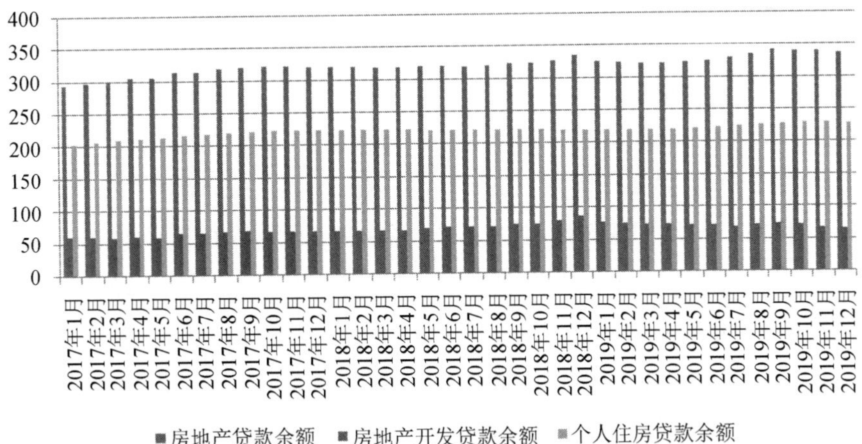

图 4-17　北京市外资银行房地产贷款变化情况

七、近年来房地产金融政策调整

2003年以前，房地产金融政策的主要目的在于支持住房体制改革，促进房地产金融产品的推出与发展。2003年6月，针对局部房地产市场过热，中国人民银行出台《关于进一步加强房地产信贷业务管理的通知》（银发〔2003〕121号），加强房地产开发贷款管理、引导规范贷款投向，严格控制土地储备贷款的发放，加强个人住房贷款管理。

2004年至2007年中国人民银行先后9次上调存贷款基准利率，并取消个人住房贷款利率优惠。加息周期有效抑制了非理性住房消费需求，居民购房更侧重于自住和改善住房条件。

2007年《关于加强商业性房地产信贷管理的通知》(银发〔2007〕359号)及其《补充通知》(银发〔2007〕452号)明确了二套房的执行标准，规定二套（含）房贷款首付款比例不得低于40%，贷款利率不得低于基准利率的1.1倍，有效约束了二套房贷杠杆比例，对降低信贷风险、打击房地产投机、保障自住性需求、平抑房价过快上涨发挥了积极作用。此外，银发〔2007〕359号文还进一步严格规范了房地产贷款管理、风险监测及防范工作，要求贷款使用与开发项目配套专款专用，有效避免滚动开发模式下企业挪用贷款资金的行为，防范金融风险。

金融危机以来，随着适度宽松货币政策的实施，自2008年9月起，中国人民银行先后5次下调存贷款基准利率，4次下调存款准备金率，并印发了《中国人民银行关于扩大商业性个人住房贷款利率下浮等有关问题的通知》（银发〔2008〕302号）等文件，将商业性个人住房贷款利率的下限扩大为贷款基准利率的0.7倍，最低首付比例调整为20%，要求商业银行充分考虑各种因素按照风险原则合理确定利率水平。房贷利率下限降低使得金融机构房贷利率浮动权限进一步扩大，金融机构有了更大的自主决策空间。

2010年2月，中国人民银行、中国银行业监督管理委员会联合出台《关于贯彻落实〈国务院办公厅关于促进房地产市场平稳健康发展的通知〉的通知》（银发〔2010〕58号），加强对房地产贷款业务的窗口指导，加大差别化信贷政策执行力度，严格抑制投资投机性购房需求。9月，又出台了《中国人民银行 中国银行业监督管理委员会关于完善差别化住房信贷政策有关问题的通知》（银发〔2010〕275号），明确提出“暂停发放居民家庭购买第三套及以上住房的贷款”；对贷款购买商品住房的，“首付款比例调整至30%及以上”，“对贷款购买第二套住房的家庭，严格执行首付款比例不低于50%、贷款利率不低于基准利率1.1倍的规定”。

2011年1月，根据《国务院办公厅关于进一步做好房地产市场调控工作有关问题的通知》（国办发〔2011〕1号）要求，贷款购买第二套住房的家庭，首付款比例不低于60%，贷款利率不低于基准利率的1.1倍。《中国人民银行关于做好差别化住房信贷政策实施工作的通知》（银发〔2011〕66号）明确各地实施差别化住房信贷政策的基本条件、程序和管理要求。

为发挥好金融对公共租赁住房等保障性安居工程建设的支持作用，人民银行会同银监会联合印发《关于认真做好公共租赁住房等保障性安居工程金融服务工作的通知》(银发〔2011〕193号)，进一步完善公共租赁住房等保障性安居工程建设的信贷支持政策体系，明确贷款期限最长不超过15年。

2012年9月，住房城乡建设部、财政部、中国人民银行联合印发《关于做好扩大利用住房公积金贷款支持保障性住房建设试点范围工作的通知》（建金〔2012〕130号），确定石家庄等64个城市为新增试点城市，北京等18个城市为新增贷款额度城市，290 个建设项目为新增利用住房公积金贷款支持保障性住房建设试点项目。2012 年 11 月，国土资源部、人民银行与银监会出台了《关于加强土地储备与融资管理的通知》（国土资发〔2012〕162 号），明确土地储备机构将实行“名录制”管理，各银行机构只能对经过资质认定的名录范围内的土地储备机构发放土地储备贷款；土地储备贷款的期限最长可延至 5 年。2012 年 3 月，北京市金融工作局、中国人民银行营业管理部、北京市住房和城乡建设委员会等 5 部门联合出台了《关于印发北京市金融支持保障性住房建设意见的通知》（京金融〔2012〕107 号），完善保障性住房相关融资管理制度，吸引各类金融机构及社会资金参与北京市保障性住房建设工作。

2013 年 2 月，根据《国务院办公厅关于继续做好房地产市场调控工作的通知》（国办发〔2013〕17 号）要求，继续严格实施差别化住房信贷政策。银行业金融机构要进一步落实好首套房贷款的首付款比例和贷款利率政策，严格执行第二套（及以上）住房信贷政策。

2013 年 4 月，为贯彻落实各项房地产调控政策要求，按照北京市新建商品住房价格控制目标和政策要求，人行营业管理部出台了《中国人民银行营业管理部关于调整北京市差别化住房信贷政策的通知》（银管发〔2013〕116 号），对贷款购买第二套住房的家庭，首付款比例不低于 70%；同时明确，对在北京市住房和城乡建设委员会房屋登记信息系统中显示无房、在中国人民银行个人信用信息基础数据库中有一笔住房贷款记录、第二次申请贷款购买住房的家庭，仍执行首付款比例不低于 60% 的政策。北京是 2013 年国内率先对差别化住房信贷政策进行调整的城市。

2014 年 9 月 30 日，为进一步改进对保障性安居工程建设的金融服务，继续支持居民家庭合理的住房消费，促进房地产市场持续健康发展，人民银行和银监会联合印发了《关于进一步做好住房金融服务工作的通知》（银发〔2014〕287 号），规定对拥有一套住房并已结清相应购房贷款的家庭，为改善居住条件再次申请贷款购买普通商品住房的，银行业金融机构可执行首套房贷款政策。继续支持房地产开发企业的合理融资需求。

为进一步完善个人住房贷款信贷政策，支持居民自住和改善性住房需求，2015 年 4 月 20 日，人行营业管理部联合市住建委和原北京银监局转发了《中国人民银行 住房城乡建设部关于个人住房贷款政策有关问题的通知》（银管发〔2015〕122 号），规定对拥有 1 套住房且相应购房贷款未结清、再次申请商业性个人住房贷款购买普通住房的居民家庭，最低首付比例和利率水平由北京地区市场利率定价自律机制协商确定。

2015 年 10 月 14 日，人民银行和银监会联合印发了《中国人民银行 中国银行业监督管理委员会关于进一步完善差别化住房信贷政策有关问题的通知》（银发〔2015〕305 号），要求人民银行、银监会各派出机构应按照“分类指导，因地施策”的原则，加强与地方政府的沟通，根据辖内不同城市情况，在国家统一信贷政策的基础上，指导各省级市场利率定价自律机制结合当地实际情况自主确定辖内商业性个人住房贷款的最低首付款比例。

2016 年 2 月 2 日，人民银行和银监会联合印发了《中国人民银行 中国银行业监督管理委员会关于调整个人住房贷款政策有关问题的通知》（银发〔2016〕26 号），在不实施“限购”措施的城市，进一步降低最低首付款比例。

2016 年 9 月 30 日，人行营业管理部与相关部门联合印发《北京市人民政府办公厅转发市住房城乡建设委等部门〈关于促进本市房地产市场平稳健康发展的若干措施〉的通知》（京政办发〔2016〕46号），将首套房贷的最低首付比例从30%提高至普通住房35%、非普通住房40%。同时，根据借款人申请住房贷款时拥有的房屋套数认定贷款套次，原来已经拥有一套住房并结清相应住房贷款的家庭，再次申请住房贷款的从原来执行首付房贷政策调整为执行二套房贷政策。

针对住房贷款的阶段担保风险等问题，人行营业管理部经过与原北京市银监局沟通，于2016年10月24日联合印发《关于进一步加强住房信贷风险管理的通知》（银管发〔2016〕282号），要求银行规范与房企、中介合作，落实开发商的阶段性担保责任，加强住房信贷风险敞口管理。

2017年3月17日，为促进房地产市场平稳健康发展，控制住房市场杠杆水平，人行营业管理部与相关部门联合出台《关于完善商品住房销售和差别化信贷政策的通知》（京建法〔2017〕3号），将首套房贷认定标准由“认房”调整为“认房又认贷”；二套房贷首付比例普通自住房从不低于50%提高至60%、非普通自住房从不低于70%提高至80%；最长贷款期限由30年缩短至25年（含住房公积金贷款）。

针对房贷业务中日渐增多的“假离婚”“学生贷”等问题，2017年3月24日，人行营业管理部会同有关部门联合印发《关于加强北京地区住房信贷业务风险管理的通知》（银管发〔2017〕68号），对离婚一年以内申请住房贷款和公积金贷款的、已成年但未参加工作且无固定收入申请住房贷款的，均按二套房贷政策执行。

2017年3月26日，人行营业管理部会同有关部门联合印发《关于进一步加强商业、办公类项目管理的公告》（京建发〔2017〕第112号），此文出台后个人将不能购买北京市新建商办项目，购买二手商办项目要符合一定条件，但银行暂不提供购房贷款。

八、2019年房地产信贷政策调整情况

为落实好“房子是用来住的，不是用来炒的”定位和房地产市场长效管理机制，在改革完善贷款市场报价利率（LPR）形成机制过程中，确保区域差别化住房信贷政策有效实施，保持个人住房贷款利率水平基本稳定，2019年8月25日，中国人民银行发布公告明确个人住房贷款利率调整相关事项。自2019年10月8日起，新发放商业性个人住房贷款利率以最近1个月相应期限的贷款市场报价利率为定价基准加点形成，加点数值应符合全国和当地住房信贷政策要求。2019年8月29日，人民银行营业管理部指导北京地区市场利率定价自律机制召开全体成员大会，审议表决通过《北京地区个人住房贷款利率自律约定》。根据该约定，北京地区首套商业性个人住房贷款利率不得低于相应期限贷款市场报价利率加55个基点，二套商业性个人住房贷款利率不得低于相应期限贷款市场报价利率加105个基点。按8月20日5年期以上贷款市场报价利率（4.85%）计算，北京地区首套住房个人贷款利率下限为5.40%，二套个人住房贷款利率下限为5.90%，与房贷利率定价基准切换前北京市主要中资银行新发放的个人住房贷款最低利率水平基本相当。此次定价基准转换既顺利实现了与贷款市场报价利率的对接，又体现了房地产金融政策的连续性、稳定性，确保了北京地区个人住房贷款定价基准平稳有序转换。

九、2019年相关房地产金融政策文件

中国人民银行公告〔2019〕第16号（详见附录三）。

第四节 房地产税收

一、税源及税收整体情况

（一）税源户数保持稳定

截至2019年12月，房地产行业税务登记户数共计34197户。其中，正常状态纳税人31698户，非正常状态纳税人2445户，无停业状态纳税人。与2018年同期相比，行业登记总户数略有增加，正常状态纳税人增加1275户，增幅4.19%；非正常状态纳税人增加782户，增幅47.02%。

单位：户

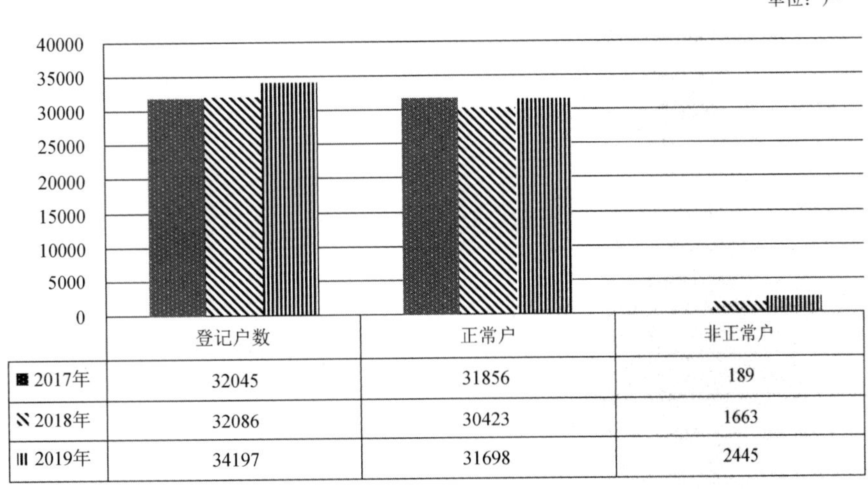

	登记户数	正常户	非正常户
2017年	32045	31856	189
2018年	32086	30423	1663
2019年	34197	31698	2445

图4-18 2017—2019年北京市房地产行业税务登记情况

（二）税收收入保持稳定

2019年，房地产行业各项税收收入合计1203.1亿元，同比增收27.2亿元，增幅2.3%。

单位：万元

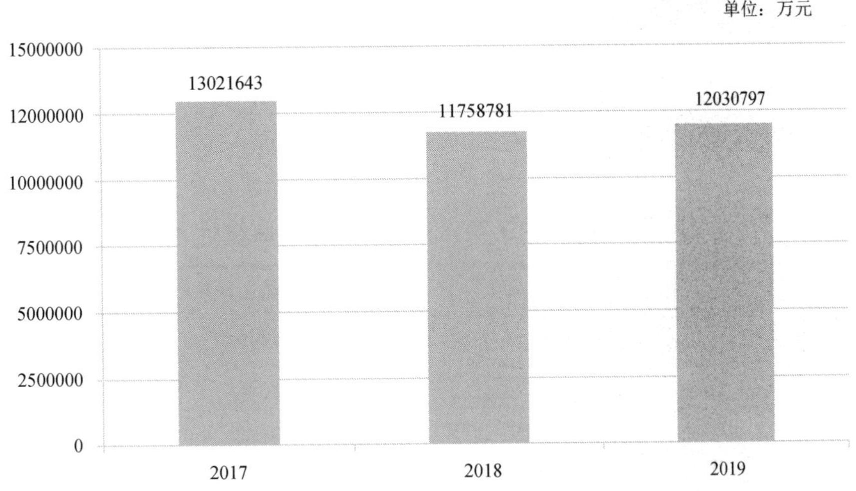

图4-19 2017—2019年北京市房地产行业各项税收入情况

二、与房地产相关主要税种收入情况

（一）增值税（含原营业税）收入情况

2019 年，房地产行业的增值税税款入库 268.2 亿元，同比增收 12.1 亿元，增幅 4.7%。

单位：万元

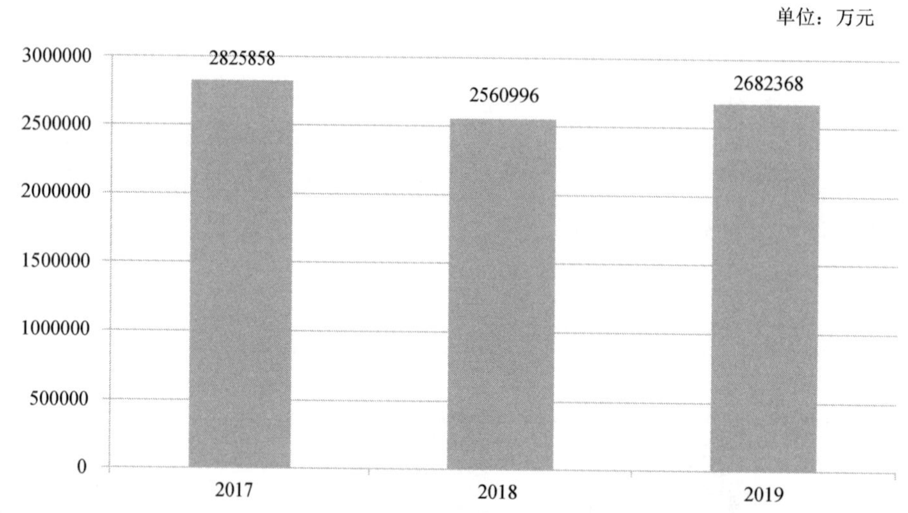

图 4-20　2017—2019 年北京市房地产行业增值税（含原营业税）税收入情况

（二）契税收入情况

2019 年，全市全部契税入库税款 225.2 亿元，同比减少 20.1 亿元，减幅 8.2%。其中房地产行业契税入库税款 182.5 亿元，同比减少 19.2 亿元。土地出（转）让契税收入额的减少是本期契税减收的主要原因。

一方面，土地出(转)让契税收入 77.1 亿元，比上年同比减少 29.0%，主要影响因素 2019 年全市土地招拍挂成交金额减少 24.3%，土地管理部门采用了调低出让底价、减少配建等方式吸引企业拿地，形成了“成交量增加，成交金额减少”的趋势，造成土地契税税源减少。

另一方面，增量房、存量房契税收入趋于平稳。在北京市自 2017 年起“坚持房地产调控不放松”的政策环境下，增量房契税收入同比增加 7.9%,；存量房契税收入同比减少 2.4%，均维持了上年以来的驱稳走势。

2019 年契税收入超过 30 亿的区有 2 个，分别是东城区和朝阳区，占全市契税收入总额的 49.3%；收入在 10 亿至 30 亿的区有 6 个，分别是西城、海淀区、丰台区、昌平区、通州区和大兴区，占全市契税收入总额的 34.7%；收入在 10 亿元以下的区有 10 个，占全市契税收入总额的 16%。

表 4-1　2019 年北京市契税分区域统计

序号	区域	本期（万元）	增减额（万元）	增减%
1	东城	768198	-224510	-22.6
2	西城	112183	30327	37
3	朝阳	341796	30326	9.7
4	海淀	172994	-8234	-4.5
5	丰台	149448	23165	18.3

（续表 4-1）

序号	区域	本期（万元）	增减额（万元）	增减%
6	石景山	36013	-16979	32
7	门头沟	52687	19013	56.5
8	燕山	1298	-177	12
9	昌平	106838	9979	10.3
10	通州	129053	25521	24.7
11	顺义	93090	-10881	10.5
12	大兴	109834	-9907	8.3
13	房山	64469	-964	1.5
14	怀柔	9106	-1776	16.3
15	密云	22439	-3233	12.6
16	平谷	11650	-410	3.4
17	延庆	3034	-166	5.2
18	开发区	67769	-62179	47.8
19	合计	2251899	-201085	-8.2

（三）土地增值税收入情况

从总体上看，土地增值税收入稳中有升。2019 年，北京市土地增值税入库税款 225.4 亿元，同比增收 16.2 亿元，增幅 7.8%。其中，房地产行业土地增值税入库税款 210.5 亿元，同比增收 36 亿元，增幅 20.6%。共有 1178 个房地产开发项目进行了土地增值税预缴申报，其中有税申报 874 个项目，入库预缴税款 61.9 亿元，同比增收 8372 万元，增幅 1.4%。全年共有 193 个保障房项目享受了不预征土地增值税的税收优惠政策。

表 4-2　2019 年北京市土地增值税分项目统计

项　目	2019 年收入（亿元）			
	本期	同期	比上年同期	
			增减额	增减%
合计	2253701	2091274	162427	7.8
一、房地产开发小计	2047739	1855860	191879	10.3
1. 预缴	619109	610737	8372	1.4
2. 清算	1366881	1178824	188057	16
3. 清算后继续销售	61749	66299	-4550	-6.9
二、转让存量房小计	202962	226427	-23465	-10.4
三、其他情况	3000	8986	-5986	-66.6

从区域分布上看，仍然是城区收入占比较大。2019 年，朝阳区土地增值税收入超过 50 亿，占全市土地增值税收入总额的 25.5%；收入在 10 亿至 30 亿的区有 7 个，分别是东城区、西城区、海淀区、丰台区、通州区、顺义区和大兴区，占全市土地增值税收入总额的 56.6%；

收入在10亿元以下的区有9个，占全市土地增值税收入总额的17.9%。

表4-3 2019北京市土地增值税分区域统计情况

序号	区域	本期（万元）	增减额（万元）	增减%
1	东城	253946	204313	411.6
2	西城	157444	-120100	-43.3
3	朝阳	574861	162875	39.5
4	海淀	233141	88729	61.4
5	丰台	186832	51977	38.5
6	石景山	52820	-20028	-27.5
7	门头沟	33159	-53713	-61.8
8	昌平	85817	-23111	-21.2
9	通州	114289	-47235	-29.2
10	顺义	138971	-16057	-10.4
11	大兴	190351	37493	24.5
12	房山	81141	-19017	-19.0
13	怀柔	12140	-30039	-71.2
14	密云	56969	-49864	-46.7
15	平谷	22684	-21975	-49.2
16	延庆	4114	1240	43.1
17	开发区	55024	16941	44.5
	合计	2253701	162429	7.8

（四）企业所得税收入情况

2019年，房地产行业企业所得税入库税款279.6亿元，同比减收28.7亿元，减幅9.3%。

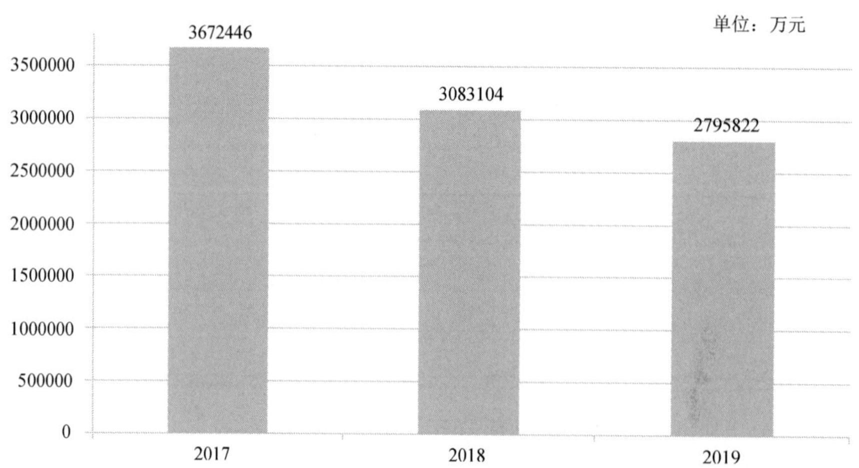

图4-21 2017—2019年北京市房地产行业企业所得税收入情况

（五）个人所得税收入情况

2019 年，房地产行业的个人所得税税收收入略有下降，全年房地产行业个人所得税入库税款 73.4 亿元，同比减收 22.5 亿元，减幅 23.4%。

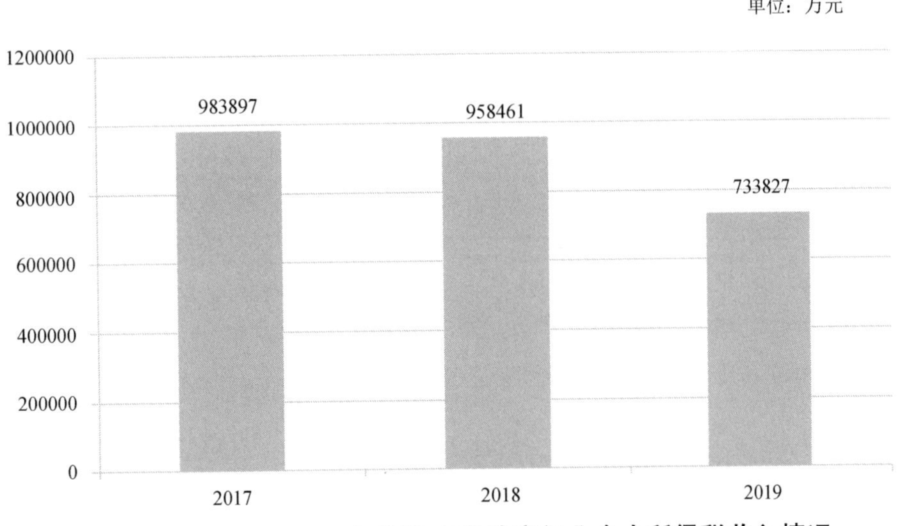

图 4-22　2017—2019 年北京市房地产行业个人所得税收入情况

三、主要税收政策调整情况

2019 年，财政部、国家税务总局围绕与房地产相关的税收政策主要涉及以下内容：

1. 根据《财政部国家税务总局关于实施小微企业普惠性税收减免政策的通知》（财税〔2019〕13 号）文件、《北京市财政局国家税务总局北京市税务局转发财政部税务总局关于实施小微企业普惠性税收减免政策的通知》（京财税〔2019〕196 号）的优惠政策规定，对增值税小规模纳税人的房产税、城镇土地使用税、城市维护建设税、印花税、资源税、耕地占用税、教育费附加、地方教育附加减半征收，对月销售额 10 万元以下（含本数）的免征增值税，该优惠政策的执行期是从 2019 年 1 月 1 日起执行。据此，国家税务总局北京市税务局调整了个人出租房屋的综合征收率，个人出租住房月租金收入在 10 万元（含）以下的，综合征收率从 5%调整为 2.5%，月租金收入在 10 万元以上的，综合征收率从 5%调整为 4%。

2.《财政部 税务总局 海关总署关于深化增值税改革有关政策的公告》（财政部 税务总局 海关总署公告 2019 年第 39 号）第一条规定，增值税一般纳税人发生增值税应税销售行为或者进口货物，原适用 16%税率的，税率调整为 13%；原适用 10%税率的，税率调整为 9%。

3.《财政部 税务总局关于公共租赁住房税收优惠政策的公告》（公告 2019 年第 61 号）继续支持公共租赁住房发展，从支持公共租赁住房的建设和运营方面规定了 7 条税收优惠政策，涉及契税、土地增值税、城镇土地使用税、印花税、所得税、房产税、增值税 7 个税种。

4.《财政部 税务总局关于继续实行农产品批发市场 农贸市场房产税 城镇土地使用税优惠政策的通知》（财税〔2019〕12 号）继续对农产品批发市场、农贸市场专门用于经营农产品的房产和土地，给予税收优惠政策，进一步支持农产品流通体系建设。

四、房地产税收管理措施

（一）优化营商环境，提高办税效率

根据我市及税务总局优化营商环境相关工作要求，国家税务总局北京市税务局联合市规划自然资源委、市住房和城乡建设委进一步落实《“互联网+不动产登记”改革实施方案》，于2019年2月上线“北京市不动产登记网上服务平台”，纳税人可在该平台一次性提交三部门需要的全部申报材料，数据跨部门流转，实现了登录一个系统、只交一套材料，大幅简化办理流程，提供多样化办事选择。同时，在“一窗办理”基础上，于2019年4月起落实了“房屋买卖业务委托代征税费”改革措施，由登记人员代办涉税业务，仅需一人即可提供跨部门全流程服务，办理时长再次压缩至45～60分钟，实现了“一网、一门、一窗、一次、一人、一天”的改革目标。2019年，全市各区（地区）税务局共开设委托代征窗口120个，全年办结“委托代征”业务9.2万笔，让纳税人在不动产登记大厅真正体验到“一窗受理、即时办结、同窗出证”的高效服务。

（二）企业所得税方面

2019年针对进行土地增值税清算的企业户数和金额均大幅增加的情况，按照《国家税务总局关于房地产开发企业土地增值税清算涉及企业所得税退税有关问题的公告》（国家税务总局公告2016年第81号）的规定，税务机关强化了对因土地增值税清算而涉及企业所得税退税的管理工作，明确政策执行口径，做好对内对外宣传辅导。

第五章

市场运行与监管

第一节　房屋销售情况

一、交易市场综述

2019年我市保持调控政策稳定，不放松、不加码，稳步推进房地产市场长效机制方案落地，积极推进租购并举的商品住房市场和保障体系建设，“三稳”目标顺利完成。全年新建房屋①共计上市1799.6万平方米、成交1040.6万平方米，其中新建商品住房②上市1018.2万平方米（8.7万套），成交697.5万平方米（6.0万套）；存量房③成交1347.4万平方米，其中商品住房1220.9万平方米（13.9万套）。

（一）新建商品房市场成交情况

1. 新建商品房成交情况

2019年，北京市新建房屋成交面积1040.6万平方米，同比增加24.9%；成交金额3853.9亿元，同比增加39.4%。其中预售成交面积655.0万平方米，同比增加38.4%；成交金额2649.2亿元，同比增加45.0%；现房成交面积385.6万平方米，同比增加7.1%；成交金额1204.7亿元，同比增加28.4%。

2. 新建住房④成交情况

2019年，北京市新建住房成交面积725.8万平方米，同比增加40.7%；成交金额3222.4亿元，同比增加54.9%。其中新建预售商品住房成交面积558.6万平方米（5.2万套），同比增加59.6%，成交金额2423.2亿元，同比增加63.5%；新建预售经济适用住房和限价房成交面积14.8万平方米（0.3万套）；新建现售商品住房成交面积138.9万平方米（0.7万套），同比增加8.2%，成交金额776.4亿元，同比增加36.4%；新建现售经济适用住房和限价房销售面积13.5万平方米（2082套）。

（二）存量房成交情况

2019年，北京市存量房成交面积1347.4万平方米，同比减少4.8%，成交金额3855.7亿元，同比减少1.2%。其中存量住房成交面积1220.9万平方米，同比减少5.2%，成交金额3679.1亿元，同比减少0.7%。从成交比重来看，存量住房成交13.9万套，占89.2%；存量办公用房成交0.6万套，占3.8%；存量商业营业用房成交0.2万套，占1.3%；其他类型存量房屋成交0.9万套，占5.6%。

二、新建商品房批准预售

（一）新建商品房批准预售总体情况

2019年，北京市共批准预售许可证206个，

---

① 新建房屋包括新建（含预售及现售）的经济适用房、限价房等政策性住房以及自住房（含共有产权住房）、商品住房、商业、办公、工业、车库、其他等所有规划用途房屋。

② 新建商品住房包括新建（含预售及现售）的自住房（含共有产权住房）和商品住房，不包含经济适用房、限价房等政策性住房。

③ 存量房包括二手的商品住房、商业、办公、工业、车库、其他等所有规划用途房屋。

④ 新建住房包括新建（含预售及现售）的经济适用房、限价房等政策性住房，及自住房、商品住房。

面积1159.3万平方米，同比减少3.1%；其中批准住房类房屋7.5万套，面积821.7万平方米，面积比2018年减少6.0%，批准办公用房、商业用房面积分别为78.1万平方米、36.5万平方米，分别比2018年减少19.6%、增加74.8%。

表5-1 2011—2019年北京市新建房屋批准预售面积

单位：万平方米

年份	合计	住房	商业	办公	其他
2011年	1554.7	1079.3	95.1	302.5	77.8
2012年	1379.2	1036.1	53.9	232.4	56.8
2013年	1174.1	781.8	76.7	251.3	64.3
2014年	1565.3	1150.9	74.1	246.3	94.0
2015年	1308.3	807.1	75.7	321.0	104.5
2016年	1121.7	559.5	102.4	365.3	94.5
2017年	737.0	503.4	39.6	127.6	66.4
2018年	1196.0	874.5	20.9	97.2	203.4
2019年	1159.3	821.7	36.5	78.1	223.0

从区域分布看，丰台、顺义、昌平、朝阳4区新建住房批准预售面积均超过100万平方米，合计达553万平方米，占全市批准预售总量的47.7%，其余14个区批准预售面积为606万平方米，所占比重为52.3%。

表5-2 2019年北京市新建房屋各区批准预售情况

区	上市套数（套/或单元）	上市面积（万平方米）
东城区	0	0.0
西城区	0	0.0
朝阳区	13640	104.2
海淀区	13640	97.0
丰台区	20211	163.6
石景山区	10104	77.4
通州区	8615	89.8
房山区	11472	88.5
顺义区	21939	161.5
门头沟区	2542	24.0
大兴区	10672	91.7

（续表 5-2）

区	上市套数（套/或单元）	上市面积（万平方米）
怀柔区	1624	16.2
密云区	2508	19.6
昌平区	11796	123.8
延庆区	3288	21.2
平谷区	3428	34.6
开发区	7385	46.3
合计	142864	1159.3

（二）不同用途房屋批准预售情况

1. 住房

2019 年北京市住房批准预售面积为 821.7 万平方米，比 2018 年减少了 52.8 万平方米，降幅为 6.0%。从用途看，商品住房批准预售面积为 807.4 万平方米，同比减少 3.2%；经济适用住房批准预售面积为 14.4 万平方米，同比减少 55.5%；限价房批准预售面积为 0 万平方米，同比减少 100.0%。

表 5-3　2011—2019 年北京市住房分类型批准预售面积

单位：万平方米

年份	住房	其中		
		商品住房	经济适用住房	限价房
2011 年	1079.3	812.7	22.3	244.3
2012 年	1036.1	831.9	32.4	171.8
2013 年	781.8	602.9	64.0	114.9
2014 年	1150.9	995.4	21.1	134.4
2015 年	807.1	638.6	37.5	131.0
2016 年	559.5	407.8	39.5	112.2
2017 年	503.4	398.8	4.7	99.9
2018 年	874.5	833.9	32.3	8.3
2019 年	821.7	807.4	14.4	0.0

从区域分布看，北京市预售商品住房供应集中在丰台、顺义、昌平、大兴、石景山、通州 6 区，2019 年这 6 个区住房批准预售面积为 525.1 万平方米，占全市住房批准预售面积总量的 65.0%（其中，丰台区批准预售面积为 121.0 万平方米，居各区之首）。东城区、西城区住房批准预售面积均为 0。其余 9 个区住房批准预售面积为 282.2 万平方米，占全市总量的 35.0%。

表 5-4 2011—2019 年北京市各区批准预售商品住房面积

单位：万平方米

区	2011 年	2012 年	2013 年	2014 年	2015 年	2016 年	2017 年	2018 年	2019 年
东城区	0.0	4.2	0.0	0.0	9.4	0.0	0.0	0.0	0.0
西城区	13.6	14.1	6.0	3.1	0.0	0.0	5.4	0.0	0.0
朝阳区	146.8	125.7	65.1	124.5	98.7	48.1	69.1	121.5	58.8
海淀区	36.7	46.5	10.0	54.3	25.8	33.8	12.7	45.7	42.7
丰台区	49.8	51.2	26.4	37.7	47.5	29.9	34.9	76.3	121.0
石景山区	4.4	1.2	6.6	0.0	23.9	0.0	2.8	59.4	62.6
通州区	66.5	91.5	118.8	129.5	50.7	17.7	25.4	32.5	62.5
房山区	99.4	100.5	79.3	111.7	60.8	77.5	17.0	60.4	51.0
顺义区	45.1	61.5	56.6	95.5	37.9	43.6	50.9	53.2	116.2
门头沟区	14.1	52.0	16.2	38.8	66.4	45.7	31.0	17.9	17.1
大兴区	123.8	101.6	107.3	138.7	55.3	15.0	37.6	124.3	67.7
怀柔区	25.0	20.2	1.8	2.8	9.2	0.0	0.0	2.4	15.7
密云区	56.9	40.1	28.8	45.1	33.8	11.0	24.9	25.5	15.7
昌平区	118.1	95.8	43.4	139.3	63.8	61.5	60.7	77.4	95.1
延庆区	9.1	14.5	0.0	0.0	2.2	0.0	7.8	30.7	18.4
平谷区	0.0	11.3	22.9	59.5	28.7	18.3	13.9	57.1	29.4
开发区	3.4	0.0	13.7	14.9	24.5	5.8	4.6	49.4	33.4
合计	812.7	831.9	602.9	995.4	638.6	407.8	398.8	833.9	807.4

2. 办公用房

2019 年，北京市办公用房批准预售面积 78.1 万平方米，比 2018 年减少了 19.1 万平方米，降幅为 19.6%。办公用房供应以通州、昌平、海淀区为主，3 个区的办公用房批准预售面积占全市供应总量的 57.9%，其中通州的供应量最大，为 21.6 万平方米，占全市的比重为 27.7%。东城、西城、石景山、密云、延庆、平谷批准预售面积均为 0。

表 5-5 2011—2019 年北京市办公用房分区批准预售面积

单位：万平方米

区	2011 年	2012 年	2013 年	2014 年	2015 年	2016 年	2017 年	2018 年	2019 年
东城区	4.2	0.0	2.1	0.8	0.0	6.4	0.0	0.0	0.0
西城区	8.9	2.0	0.0	20.4	11.2	0.0	0.0	0.0	0.0
朝阳区	52.8	28.3	59.7	36.0	14.7	8.3	3.4	0.0	4.5
海淀区	9.2	7.8	4.2	9.1	7.1	21.2	0.0	10.1	10.2
丰台区	37.8	9.6	13.1	5.1	41.9	18.8	9.9	7.6	7.3

（续表 5-5）

区	2011 年	2012 年	2013 年	2014 年	2015 年	2016 年	2017 年	2018 年	2019 年
石景山区	6.9	1.9	10.0	6.4	48.5	10.3	0.0	0.0	0.0
通州区	35.2	18.3	66.4	42.1	32.0	35.6	24.1	24.9	21.6
房山区	17.8	0.0	31.8	20.6	33.4	48.0	8.5	2.4	3.7
顺义区	18.6	71.1	16.3	20.0	36.2	40.4	25.5	14.9	4.5
门头沟区	0.0	0.0	2.9	13.4	16.0	32.9	10.9	2.7	2.7
大兴区	12.1	67.0	25.2	15.6	63.3	76.4	5.7	23.4	5.5
怀柔区	0.5	14.3	0.0	8.8	2.8	0.0	0.0	0.0	0.5
密云区	0.0	0.0	0.0	2.3	0.0	0.0	3.5	4.7	0.0
昌平区	30.7	7.9	5.6	20.0	9.5	20.0	15.3	3.9	13.4
延庆区	0.0	0.0	0.0	0.0	0.0	1.8	0.0	0.0	0.0
平谷区	0.0	0.0	7.5	3.4	4.4	33.3	14.6	0.0	0.0
开发区	67.8	4.2	6.5	22.3	0.0	11.8	6.2	2.4	4.2
合　计	302.5	232.4	251.3	246.3	321.0	365.3	127.6	97.2	78.1

3. 商业用房

2019 年，北京市商业用房批准预售面积 36.5 万平方米，比 2018 年增加了 15.6 万平方米，增幅为 74.8%。商业用房的供应主要分布在房山、海淀、丰台、朝阳 4 区，供应量占全市供应总量的 83.8%。

表 5-6　2011—2019 年北京市各区商业营业用房批准预售面积

单位：万平方米

区	2011 年	2012 年	2013 年	2014 年	2015 年	2016 年	2017 年	2018 年	2019 年
东城区	1.2	0.2	0.08	0.01	1.2	4.8	0.0	0.0	0.0
西城区	1.0	1.3	0.0	0.27	0.5	0.5	0.0	0.0	0.0
朝阳区	26.1	16.6	11.4	9.5	10.9	1.2	2.0	0.0	4.2
海淀区	0.7	2.0	4.4	5.2	0.0	3.6	0.0	2.0	9.9
丰台区	12.4	2.6	2.6	4.4	8.4	15.7	1.1	3.4	4.5
石景山区	9.3	3.4	7.7	1.5	10.8	5.4	0.0	0.0	0.0
通州区	2.7	3.2	16.0	9.5	7.3	16.0	4.8	4.4	1.1
房山区	0.5	0.8	4.9	15.5	8.8	13.2	6.7	1.0	11.9
顺义区	1.8	6.1	10.1	6.4	13.1	6.6	4.5	5.0	1.5
门头沟区	0.5	0.0	0.03	3.0	0.5	12.2	6.6	1.0	0.1
大兴区	6.4	8.6	15.6	12.3	11.9	12.6	9.9	2.4	0.8
怀柔区	0.9	0.4	0.71	0.0	0.1	0.0	0.0	0.0	0.0
密云区	0.3	0.0	0.0	0.0	0.0	0.0	0.5	1.5	0.0

（续表 5-6）

区	2011 年	2012 年	2013 年	2014 年	2015 年	2016 年	2017 年	2018 年	2019 年
昌平区	7.9	2.4	2.9	3.2	1.1	1.1	2.8	0.2	2.3
延庆区	5.0	0.0	0.0	0.83	0.0	0.0	0.0	0.0	0.0
平谷区	0.0	5.0	0.24	0.0	0.8	8.9	0.6	0.0	0.0
开发区	18.4	1.3	0.0	2.5	0.3	0.6	0.1	0.0	0.1
合　计	95.1	53.9	76.7	74.1	75.7	102.4	39.6	20.9	36.5

（三）可售期房情况

截至 2019 年底，北京市期房可售面积 1341.0 万平方米；其中，可售住房 7.4 万套，面积 861.2 万平方米；可售商业 802 套（或单元），面积 32.0 万平方米；可售办公 6191 套（或单元），面积 118.7 万平方米。

表 5-7　2019 年底北京市可售期房按用途分类情况

用途	可售套数（套）	可售面积（万平米）
住房	74458	861.2
商业	802	32.0
办公	6191	118.7
其他	92825	329.1
合　计	174276	1341.0

三、新建商品房成交

（一）新建房屋成交情况

1. 期房成交情况

2019 年，北京市新建预售房屋成交 6.8 万套，成交面积 655.0 万平方米，比 2018 年分别增加 40.5%和 38.4%。其中住房成交 5.5 万套，成交面积 573.4 万平方米，比 2018 年分别增加 44.3%和 53.1%，办公、商业成交面积分别为 31.0 万平方米、9.5 万平方米，比 2018 年分别减少 29.1%、65.1%。

表 5-8　2019 年北京市新建预售房屋成交情况（按用途分类）

用途	成交套数（套或单元）	成交面积（万平米）
住宅	54755	573.4
商业	729	9.5
办公	3009	31.0
其他	9553	41.1
合　计	68046	655.0

从区域分布看，新建预售房屋成交主要集中在丰台、朝阳、大兴、顺义、石景山 5 区，每区成交面积均高于 50 万平方米。5 区成交面积为 371.4 万平方米，占全市新建预售房屋成交总量的 56.7%

（其中丰台区成交96.1万平方米，居各区之首）。西城、东城两区成交面积均低于10万平方米。

表5-9　2011—2019年北京市各区新建预售房屋分区成交情况

单位：万平方米

区	2011年	2012年	2013年	2014年	2015年	2016年	2017年	2018年	2019年
东城区	9.1	6.0	3.8	0.6	2.8	4.7	2.7	0.4	0.0
西城区	44.0	17.2	11.2	26.7	11.0	8.3	3.4	1.5	0.1
朝阳区	254.1	278.4	214.9	138.8	119.1	104.2	42.6	60.0	81.2
海淀区	70.1	78.4	32.8	29.0	53.0	37.9	25.0	27.6	48.9
丰台区	70.5	79.8	82.4	47.5	95.0	82.4	50.1	41.9	96.1
石景山区	30.9	17.1	43.9	9.2	52.9	47.2	29.3	22.9	51.8
通州区	78.5	145.6	198.3	129.9	139.8	125.6	53.4	60.0	46.5
房山区	100.8	121.5	139.4	120.5	117.4	131.2	50.4	19.8	28.8
顺义区	77.4	103.0	120.8	89.2	93.7	142.5	52.4	37.2	66.2
门头沟区	1.7	43.2	28.0	29.2	65.1	98.1	28.4	35.3	21.9
大兴区	147.7	195.4	203.5	160.1	102.4	132.1	50.4	36.9	76.1
怀柔区	21.6	19.7	16.9	11.9	5.0	19.5	6.8	0.4	11.3
密云区	35.1	45.5	43.8	24.7	28.5	32.0	27.0	22.8	13.3
昌平区	111.6	163.3	86.5	98.2	120.7	99.6	75.5	61.9	49.2
延庆区	9.5	13.9	2.9	0.4	6.2	4.4	7.1	7.3	20.7
平谷区	4.7	3.2	16.4	25.0	49.3	48.5	20.9	25.6	18.1
开发区	25.3	23.7	33.0	18.4	34.2	35.5	10.3	11.7	25.0
合　计	1092.4	1354.8	1278.4	959.3	1096.2	1153.7	535.7	473.2	655.0

2. 现房成交情况

2019年，北京市新建现售房屋转移登记4.4万套，面积385.6万平方米，比2018年分别增加11.1%、7.1%，其中住房1.0万套、152.4万平方米，比2018年分别增加0.2%、7.8%；办公用房为51.6万平方米，比2018年减少16.6%；商业用房为48.9万平方米，比2018年增加18.0%。

表5-10　2019年北京市现售房屋转让成交情况

用途	成交套数（或单元）	成交面积（万平方米）
住房	9552	152.4
办公	4971	51.6
商业	2778	48.9
其他	26959	132.7
合　计	44260	385.6

（二）住房期房成交情况

1. 成交结构情况

2019 年，北京市新建住房期房成交 5.5 万套，成交面积 573.4 万平方米，经济适用住房成交 11.9 万平方米，限价房成交 3.0 万平方米。从区域分布看，住房成交主要集中在丰台、朝阳、大兴、顺义、石景山、昌平、海淀、通州 8 区，住房成交 452.4 万平方米，占全市住房成交总量的 78.9%（其中丰台区成交 83.4 万平方米，占全市住房成交总量的 14.5%，居于各区之首）。其余各区住房成交面积占全市住房成交总量的 21.1%，其中西城、东城两区成交面积均低于 10 万平方米，合计成交占比为 0.02%。

表 5-11　2019 年北京市各区新建住房期房分区成交情况

单位：万平方米

区	住房	其中		
		商品住房	经济适用住房	两限房
东城区	0.0	0.0	0.0	0.0
西城区	0.1	0.1	0.0	0.0
朝阳区	78.3	72.1	6.2	0.02
海淀区	39.9	39.9	0.0	0.0
丰台区	83.4	83.4	0.0	0.0
石景山区	49.1	46.3	0.0	2.8
通州区	33.8	32.2	1.6	0.0
房山区	22.5	22.4	0.08	0.0
顺义区	53.0	52.9	0.0	0.2
门头沟区	14.2	14.2	0.0	0.0
大兴区	69.7	65.7	4.0	0.0
怀柔区	10.8	10.8	0.0	0.0
密云区	11.6	11.6	0.0	0.0
昌平区	45.3	45.3	0.0	0.0
延庆区	20.6	20.6	0.0	0.0
平谷区	17.4	17.4	0.0	0.0
开发区	23.8	23.8	0.0	0.0
合　　计	573.4	558.6	11.9	3.0

2. 购房人结构情况

2019 年，北京市新建住房期房购买主要以本地居民购买为主。本地居民购买住房 4.5 万套，面积 458.2 万平方米，成交套数占全市新建住房期房成交总套数的 81.4%。外省市个人购买住房 1.0 万套，面积 101.8 万平方米，成交套数占全市的 17.4%。境外个人购买住房 95 套，面积 2.1 万平方米，成交套数占全市的 0.2%。

表 5-12　2019 年北京市新建住房期房购买对象情况

单位：套、万平方米

购房人	新建期房		新建住房期房	
	成交套数	成交面积	成交套数	成交面积
本市个人	52061	490.7	44584	458.2
外省市个人	10957	107.5	9518	101.8
华侨、港澳台同胞、外国人购买	137	2.3	95	2.1
境内单位	4891	54.6	558	11.4
境外单位	0	0	0	0
合　计	68046	655.0	54755	573.4

表 5-13　2011—2019 年北京市新建住房期房购房对象所占比重情况

时间	本地居民	外省市个人	境外个人
2011 年	76.1%	18.0%	0.4%
2012 年	80.5%	17.2%	0.3%
2013 年	77.2%	18.1%	0.2%
2014 年	81.2%	17.1%	0.1%
2015 年	86.3%	12.5%	0.07%
2016 年	86.1%	12.2%	0.1%
2017 年	84.7%	8.4%	0.2%
2018 年	86.7%	11.5%	0.1%
2019 年	81.4%	17.4%	0.2%

（三）办公用房期房成交情况

2019 年，北京市新建办公用房期房成交面积 31.0 万平方米（0.3 万套或单元），成交金额 103.1 亿元。从区域分布看，办公用房成交主要集中在通州、顺义、海淀、门头沟、房山、丰台 6 个区，共成交 27.7 万平方米，占全市办公用房成交总量的 89.3%。其中通州区成交面积居于各区之首，为 10.0 万平方米，所占比重为 32.2%。

表 5-14　2019 年北京市各区新建办公用房期房分区成交情况

区	办公		
	成交套数（或单元）	成交面积（万平方米）	成交金额（亿元）
东城区	0	0.0	0.0
西城区	0	0.0	0.0
朝阳区	0	0.0	0.0
海淀区	56	3.8	16.1

（续表 5-14）

区	办公		
	成交套数（或单元）	成交面积（万平方米）	成交金额（亿元）
丰台区	44	2.0	10.8
石景山区	0	0.0	0.0
通州区	482	10.0	37.7
房山区	59	2.4	5.5
顺义区	1553	7.0	14.8
门头沟区	369	2.5	6.6
大兴区	39	0.6	3.3
怀柔区	8	0.5	1.4
密云区	0	0.0	0.0
昌平区	377	1.6	5.5
延庆区	0	0.0	0.0
平谷区	0	0.0	0.0
开发区	22	0.6	1.4
合　计	3009	31.0	103.1

（四）商业营业用房期房成交情况

2019 年，北京市新建商业营业用房期房成交面积 9.5 万平方米（729 套或单元），成交金额 37.5 亿元。从区域分布看，商业营业用房成交主要集中在顺义、门头沟、海淀、丰台 4 区，成交 7.1 万平方米，占全市商业营业用房成交总量的 74.5%。

表 5-15　2019 年北京市各区新建商业营业用房期房分区成交情况

区	商业		
	成交套数（或单元）	成交面积（万平方米）	成交金额（亿元）
东城区	0	0.0	0.0
西城区	0	0.0	0.0
朝阳区	0	0.0	0.0
海淀区	19	1.6	8.4
丰台区	123	1.1	6.4
石景山区	0	0.0	0.0
通州区	12	0.7	2.4
房山区	63	0.5	1.6
顺义区	274	2.6	5.9

(续表 5-15)

区	商业		
	成交套数(或单元)	成交面积(万平方米)	成交金额(亿元)
门头沟区	132	1.8	7.9
大兴区	68	0.7	3.4
怀柔区	0	0.0	0.0
密云区	22	0.2	0.5
昌平区	16	0.2	1.0
延庆区	0	0.0	0.0
平谷区	0	0.0	0.0
开发区	0	0.0	0.0
合　计	729	9.5	37.5

四、存量房成交

(一)存量房交易总体情况

2019 年,北京市存量房成交面积 1347.4 万平方米,同比减少 4.8%,成交金额 3855.7 亿元,同比减少 1.2%。

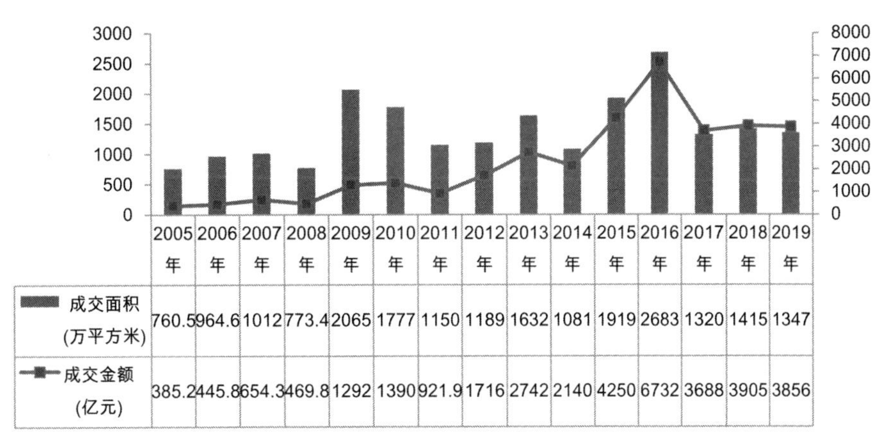

图 5-1　2005—2019 年度北京市存量房交易情况

2019 年全市存量房成交 15.5 万套,其中存量住房成交 13.9 万套,占 89.2%;存量办公用房成交 0.6 万套,占 3.8%;存量商业营业用房成交 0.2 万套,占 1.3%;其他类型存量房屋成交 0.9 万套,占 5.6%。

2019 年全市存量房成交 1347.4 万平方米,存量住房 1220.9 万平方米,占 90.6%;存量办公用房成交 51.2 万平方米,占 3.8%;存量商业营业用房成交 20.8 万平方米,占 1.5%;其他类型房屋成交 54.5 万平方米,占 4.0%。

表 5-16　2019 年北京市存量房成交总体情况

万平方米；亿元

类别	成交套数	成交面积	成交金额
存量住房	138728	1220.9	3679.1
存量办公	5918	51.2	102.1
存量商业	2053	20.8	38.4
其他	8743	54.5	36.1
合计	155442	1347.4	3855.7

从区域分布上看，朝阳区、海淀区、昌平区、丰台区与大兴区成交面积居于各区前列。朝阳区成交面积 339.5 万平方米，远高于其他区，其次是海淀区、昌平区、丰台区、大兴区分别是 148.5 万平方米、127.6 万平方米、125.4 万平方米、117.3 万平方米。

表 5-17　2019 年北京市各区存量房成交情况

区	成交套数（套）	成交面积（万平方米）
东城区	6036	45.3
西城区	11451	79.5
朝阳区	38772	339.5
海淀区	18330	148.5
丰台区	15917	125.4
石景山区	5262	38.2
通州区	8524	74.1
房山区	8359	69.6
顺义区	6850	71.3
门头沟区	1898	14.4
大兴区	11441	117.3
怀柔区	1599	15.5
密云区	3417	33.8
昌平区	12473	127.6
延庆区	1457	12.3
平谷区	1502	14.0
开发区	2154	21.3
合计	155442	1347.4

（二）存量商品住房成交情况

2019 年全市存量商品住房成交 13.9 万套，同比减少 6.3%；成交面积 1220.9 万平方米，同比减少 5.2%。

表 5-18　2011—2019 年北京市存量商品住房成交情况

年度	2011 年	2012 年	2013 年	2014 年	2015 年	2016 年	2017 年	2018 年	2019 年
成交套数	97100	124737	150495	98807	189888	260277	130546	148029	138728
成交面积（万平方米）	907.9	1090.0	1374.4	877.1	1714.3	2384.9	1174.4	1287.8	1220.9

从区域分布上来看，朝阳区成交面积居于各区之首，成交面积 311.6 万平方米，远高于其他区，其次是海淀区、丰台区、昌平区，分别是 137.1 万平方米、119.5 万平方米、116.6 万平方米。

表 5-19　2019 年北京市各区存量商品住房成交情况

区	成交套数（套）	成交面积（万平方米）
东城区	5693	42.6
西城区	10810	73.4
朝阳区	34216	311.6
海淀区	16067	137.1
丰台区	14994	119.5
石景山区	5020	37.2
通州区	7177	64.9
房山区	7545	66.0
顺义区	5772	65.0
门头沟区	1740	13.8
大兴区	9800	89.4
怀柔区	1481	13.8
密云区	3302	31.8
昌平区	10999	116.6
延庆区	1438	11.9
平谷区	1448	13.5
开发区	1226	13.0
合　计	138728	1220.9

（三）已购公房和经济适用房再上市成交情况

2019 年北京市已购公房和经济适用房再上市成交 36139 套，成交面积 242.7 万平方米。成交套数同比减少 7.9%，成交面积同比减少 8.6%。

表 5-20 2011—2019 年北京市已购公房和经济适用住房再上市情况

年度	2011 年	2012 年	2013 年	2014 年	2015 年	2016 年	2017 年	2018 年	2019 年
成交套数	35642	42390	50528	35848	56986	72945	41348	39237	36139
成交面积（万平方米）	290.1	311.6	378.5	254.7	410.1	531.2	292.4	265.6	242.7

从区域分布上来看，朝阳区、海淀区、西城区、丰台区成交面积居于各区前列。朝阳区成交面积63.4万平方米，为最高，其次是海淀区、西城区、丰台区，分别是46.2万平方米、37.2万平方米、29.3万平方米。

表 5-21 2019 年北京市各区已购公房和经济适用住房再上市成交分区情况

区	成交套数（套）	成交面积（万平方米）
东城区	2066	13.0
西城区	5807	37.2
朝阳区	9700	63.4
海淀区	6732	46.2
丰台区	4434	29.3
石景山区	2115	13.9
通州区	430	3.0
房山区	1176	7.9
顺义区	538	3.7
门头沟区	493	3.1
大兴区	893	6.2
怀柔区	209	1.5
密云区	2	0.02
昌平区	1358	12.9
延庆区	176	1.3
平谷区	8	0.05
开发区	2	0.02
合　计	36139	242.7

第二节 房屋市场价格

2019 年，北京市坚决贯彻落实党中央“房住不炒”定位和“三稳”要求，持续严格执行房地产调控政策，通过增加住宅供应、推进住房租赁市场发展和整顿房地产市场秩序等措施，有效保障房地产市场健康运行。在房地产调控政策严格执行的背景下，全年新建商品住宅和二手住宅销售价格走势总体平稳，住宅成交量同比一升一降。

一、住宅销售价格总体平稳

（一）新建商品住宅价格小幅波动，二手住宅价格稳中有降

2019 年，全市新建商品住宅价格年内月度环比“8 升 1 平 3 降”，呈现周期性波动特征。其中，3 月份价格环比由降转升，5 月份涨幅扩大至 0.6%；6 月份价格由升转降，环比下降 0.1%；8—9 月，随着新建商品住宅签售量回落，环比涨幅逐月回落，10 月份转为环比下降 0.2%；11—12 月，价格环比再次出现上涨。

二手住宅价格年内月度环比“4 升 2 平 6 降”，呈 W 形走势。其中，2—4 月，环比涨幅在 0.2%~0.6%之间且逐月扩大；5—6 月，市场热度有所消退，成交量回落促使价格回归平稳，连续 2 个月环比持平；7—11 月，二手住宅价格环比由平转降，降幅在 0.3%~0.6%之间；12 月份，成交量增加带动价格由降转升，价格环比上涨 0.6%。

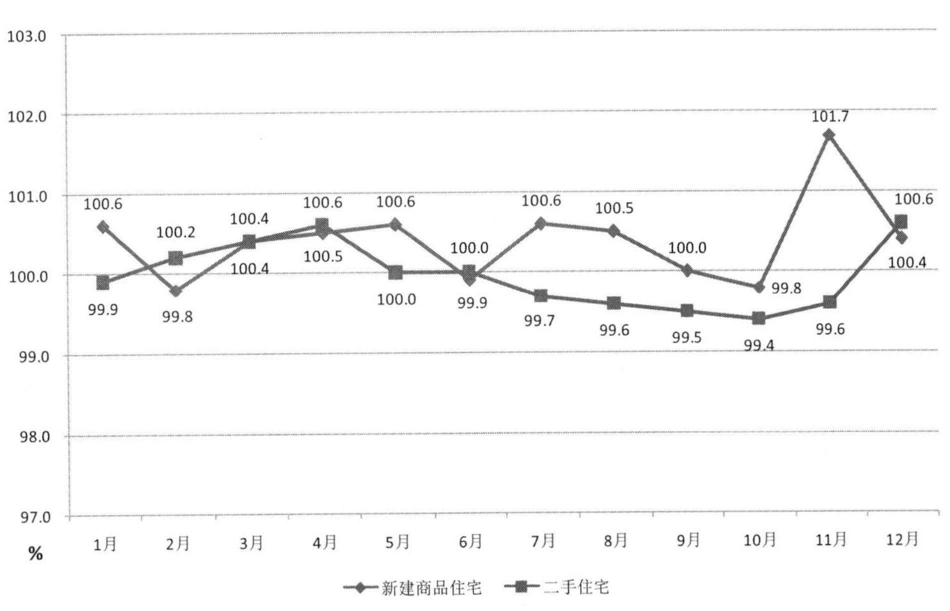

图 5-2 2019 年北京市住宅销售价格环比指数（%）

（二）中小户型价格走势总体趋同，大户型价格波动幅度较大

2019 年，我市新建商品住宅各户型价格呈小幅上涨态势。90 平方米及以下户型价格年内月度环比“8 升 1 平 3 降”，除 2 月份、6 月份、9 月份和 10 月份，其余各月环比涨幅在 0.1%~

0.8%之间。90~144平方米户型价格年内月度环比“7升1平4降”，除1—2月、6月份、8月份和10月份，其余各月环比涨幅在0.1%~1.1%之间。144平方米以上户型价格年内月度环比“9升3降”且涨幅较高，除2月份、6月份和9月份，其余各月环比涨幅在0.1%~2.7%之间。

2019年，我市二手住宅各户型价格总体稳中有降。90平方米及以下户型价格，1—5月和12月处于上涨区间；6—11月各月价格环比小幅下降，降幅在0.1%~0.8%之间。90~144平方米户型价格年内月度环比“5升1平6降”，除2—4月、6月份、9月份和12月份，其余各月环比降幅在0.1%~0.6%之间。144平方米以上户型价格波动较大，3—6月和12月份均环比上涨，涨幅在0.2%~1.1%之间；其余各月价格环比均为下降，降幅在0.1%~1.2%之间。

二、住宅成交量同比一升一降

2019年，全市购房需求有序消化，带动新建商品住宅签售量平稳回升。新建商品住宅全年累计签售6.07万套，同比增长30.9%。从年内成交走势看，1—4月市场低热度运行，月均签售量约为0.36万套；5月份共有产权住宅网签0.75万套，带动当月签售量升至1.23万套；7月份，中央政治局会议首提“不将房地产作为短期刺激经济的手段”，房地产金融风险监管升级，对市场预期形成一定影响，8—12月新建商品住宅月均签售量回落至0.44万套左右。

具备价格优势的限竞房持续入市，分流了部分需求，对二手住宅成交量造成一定冲击。2019年，全市二手住宅累计成交14.26万套，同比下降6.0%。从年内成交走势看，二手住宅成交量在3月份升至1.58万套，达到年内高点；4月份，国管公积金政策收紧，4—6月二手住宅成交量逐步回落；7—11月，除10月份受国庆节假期影响成交量为0.87万套，其余各月基本稳定在1.2万套左右；12月份出现年末上翘，二手住宅成交量回升至1.39万套。

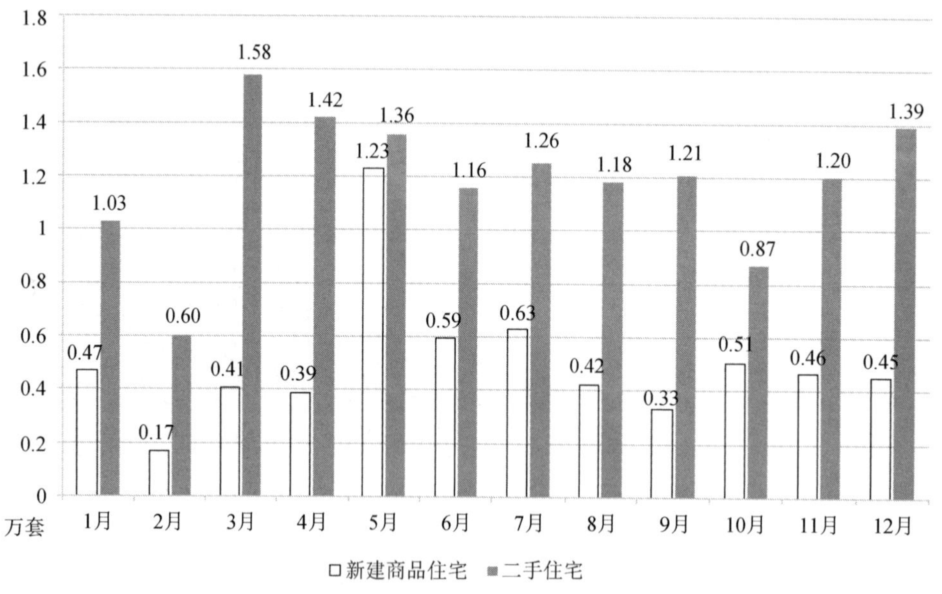

图5-3 2019年北京市住宅成交量变动情况（万套）

三、一线城市房价指数比较

2019 年，一线城市新建商品住宅各月价格环比以涨为主。其中，北京新建商品住宅价格 2 月份、6 月份和 10 月份环比分别下降 0.2%、0.1%和 0.2%，9 月份环比持平，其余各月环比涨幅在 0.4%～1.7%之间。上海 1—8 月价格环比幅度在-0.1%至 0.3%之间波动，9 月份涨幅扩大至 0.5%，10—11 月涨幅回落，12 月份环比持平。广州 1—4 月环比涨幅维持在 0.8%～1.1%之间的较高水平，5—9 月涨幅不断收窄直至环比持平，10—12 月均为环比下降。深圳 1—3 月价格环比稳中有降，4 月份起保持小幅上涨态势，9—11 月涨幅逐月回落，12 月份环比上涨 0.7%。

2019 年，一线城市二手住宅各月价格环比降多升少。其中，北京二手住宅价格在经历 2—4 月的上行区间后，5—6 月连续 2 个月环比持平，7—11 月价格环比持续下降；12 月份由降转升，环比上涨 0.6%。上海各月价格涨跌不一，价格变动幅度在-0.2%至 0.6%之间震荡运行。广州除 6—8 月和 12 月份，其余各月价格环比均为下降，降幅在 0.1%～0.5%之间。深圳 1—4 月价格环比持续走高，5—6 月价格稳中有降，7—11 月价格逐月上涨，环比涨幅由 0.7%扩大至 1.4%；12 月份涨幅有所回落，环比上涨 1.0%。

第三节　住房租赁市场

2019 年，本市住房租赁供需矛盾趋于缓解，租金变化符合传统淡旺季波动规律，市场运行总体保持平稳。据本市住房租赁监管平台备案信息和主要经纪机构成交数据推算，全年住房租赁市场累计交易 214.9 万套次，同比下降 15.4%。全市整租平均租金 87.1 元/平方米·月，同比上涨 5.6%。分租平均租金 2703 元/间·月，同比上涨 8%。

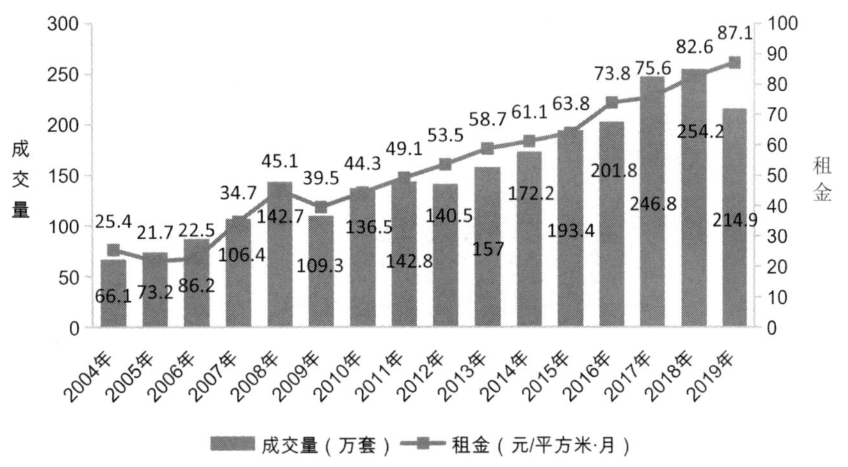

图 5-4　2004—2019 年住房租赁市场量价情况

一、住房租赁供求关系总体趋缓，结构性矛盾依然突出

从市统计局数据看，作为租赁市场需求主体的外来常住人口由2015年822.6万减至745.6万，同期住房建设继续保持增长，总需求、总供给一降一增，供求矛盾总体趋缓。

与此同时，本市住房租赁市场户型、价格、地段错配问题依然突出，中小户型、中低价位、较好地段的租赁房源供应相对需求不足。调查数据①显示，2019年北京新增租房需求家庭中，计划租住60平方米以内租赁住房的家庭比例为52.4%，而从供应来看60平方米以内用于出租的家庭自有住房仅占33.2%。从区域看，计划在城四区、核心区租房的占比分别为63.5%、12.5%，而从供应来看，城四区、核心区家庭自有住房的出租比例仅为50.4%和8.1%。同时，调研发现拆除违建、清理地下空间、整治违法群租房等工作在客观上造成低租金房源减少，城市运行保障行业务工人员居住成本上升，企业负担加重，在一定程度上导致“群租”以更加隐蔽的形式继续存在。企业普遍对提供统一管理、能够满足基本生活需求、人均月租金在1000元以下的集体宿舍需求较大，亟需补齐供应缺口。

二、租金价格保持平稳，符合传统淡旺季波动规律

据本市住房租赁监管服务平台备案信息测算，2019年全市整租平均租金87.1元/平方米·月，同比上涨5.6%，涨幅较2018年收窄3.7个百分点，基本符合常态水平；分租平均租金2703元/间·月，同比上涨8%，涨幅较2018年上涨0.4个百分点。从租金走势看，分别在春节前后三、四月份和大学生毕业季七、八月份出现两次相对明显上涨，符合租赁市场淡旺季变化规律。

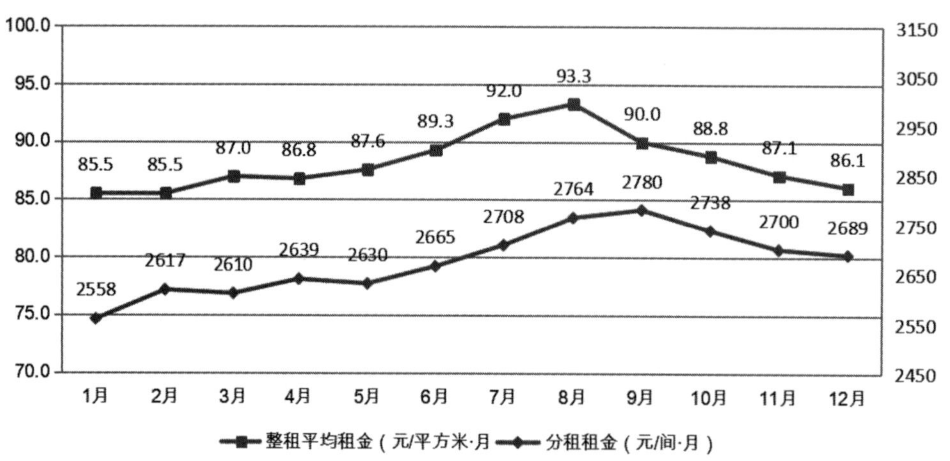

图5-5 2019年北京住房租赁价格变化情况

① 根据北京市城建研究中心、中国家庭金融调查与研究中心2019年专题调查数据。

三、成交量回落，长租公寓行业发展趋于理性

据测算，2019 年全市住房租赁市场累计交易 214.9 万套次，同比下降 15.4%，近 8 年来首次出现下降，进一步表明市场总体供需矛盾趋于缓解。另据本市住房租赁监管服务平台备案，2019 年整租、分租租赁合同备案占比分别为 52.3%、47.7%，与 2018 年相比整租占比大幅提升 17 个百分点。分析原因，主要是受资本退潮、监管收紧、违法群租房整治、企业爆仓等多重因素影响，长租公寓企业趋于理性、扩张速度放缓，部分企业调整经营模式、提升整租比重。以自如为例，2019 年整租备案超 10 万套，较 2018 年高出 1 倍。此外，从各区情况看，西城、东城、门头沟三区因家庭租房需求量较大，整租成交占比均超 65%，昌平、房山、大兴等区因轨道交通便捷、租金较低，更受年轻人青睐，分租占比超五成。

第四节　房地产开发监管

一、大力推进已供地住宅项目开工建设，努力提升市场供给能力

为深入落实陈吉宁市长在《政府工作报告》中提出的“加快已供地住宅项目开工建设”的任务目标，市住建委积极行动，组织协调各区全力推进，狠抓落实，圆满完成了我市新供地面积 60%开工率的任务目标。

一是与市规划自然资源委对接，确定 2018 年已成交供地商品住宅项目 43 个、供地建筑规模约 511 万平方米，全部纳入 2019 年促开工专项任务项目台账。二是深入开展部署动员。市住建委召开系统工作会议，印发《关于做好 2018 年已供地住宅项目开工建设工作的通知》，按照项目属地原则将 43 个项目分解到各区，逐项目落实属地责任。三是做好项目对接。与各区住建委逐项目与企业对接，对各项目推进计划及存在的问题进行摸底，做到情况清、底数明、数据准，提高了项目协调推进的针对性。四是建立协调推进机制，市区两级住建委逐项目开展协调推进，为项目尽早开工创造条件。针对问题较为复杂的项目，市住建委会同市发改委联合调度，帮助企业解决具体问题，项目推进效率明显提升。2019 年，共协调项目 60 项次，实现了协调机制对台账项目的全覆盖。五是以促进项目加快开工建设为目标，进一步畅通审批渠道，加快做好审批服务，为项目尽早开工争取时间。

在市区两级住建委的共同努力下，截至年底，43 个建筑规模 511 万平方米的新供地商品住宅项目，已实现开工 41 个、418.9 万平方米，面积开工率达到 82.4%，提前完成我市计划 60%面积开工率的任务目标。

二、强化配套设施建设管理，提升配套设施与住宅建设和移交监管能力

2019 年，全市新建居住区公共服务设施建设管理运行情况良好，全年完成建设方案备案审核公示（含变更）127 个，合计建筑面积 3371 万平方米。通过强化《建设方案》备案监管和配套设施建设过程监管，较好地实现了居住区公共服务设施与住宅“两同步”监管目标。

一是严格落实406号文件。会同各区督促开发企业在编制《建设方案》前，做好与配套设施相关行业部门对接，就配套设施建设及移交事项达成意向，较好地避免了后期可能出现的建设和移交矛盾。

二是指导各区做好住宅项目《建设方案》备案后逐环节把关工作，做到书面确认与建设现状相一致，建设现状与建设方案相一致，确保新建项目各项内容按《建设方案》要求实施建设。

三是规范政策性住房配套设施建设监管。针对政策性住房的建设实际，市住建委研究政策性住房《建设方案》备案及配套设施监管方式，确保在公共服务设施建设、移交监管力度不减的同时，进一步畅通了政策性住房前期手续的推进路径。现该项工作已形成机制并发送各区执行。

四是开展配套问题案例研究。通过通州区保利大都汇项目宽带垄断、大兴区首邑溪谷小区停车位改建绿地、朝阳区金隅泰和园周边代征道路用地无法移交等多个投诉事项的协调处理，认真剖析问题成因，进一步查找在项目公共服务设施建设、移交中的监管薄弱环节，为下一步完善政策、改进措施提供有力支撑。

三、进一步优化营商环境，着力提高服务水平

以优化营商环境、提高服务效能为目标，积极推进“放管服”改革与创新，优化审批服务管理，进一步提高工作效率，提升社会满意度。

一是积极落实《优化营商环境行动计划（2018—2020）》，针对涉及我市促进民间投资、推动和加快城市创新综合体及相关配套设施建设，认真做好协调督促，相关工作有序推进。

二是努力提高资质审批服务效率。推行行政服务事项“一口进、一口出”工作要求，深化企业办理资质“只跑一次”服务，做好行政服务事项提交要件数量压减60%目标，着力推进行政事项网上申报。坚持到一级资质企业走访和与二、三级资质企业面谈机制，向企业宣传政策规定，主动为企业送服务，引导开发企业依法依规开展经营。截至年底，开发处共走访一级资质企业21家，面谈二、三级资质企业46家，受到企业的欢迎。

三是顺应规划许可审批“多规合一”的新形势，本市探索《居住项目建设方案》编制、备案与项目招标公告并行推进的新路径，实现项目监管与项目推进效率相融合相兼顾，提高了企业推进项目的效率，受到了开发企业的欢迎。

四、抓调度、促开工、稳增长，积极推进商品房建安投资任务落地

由市住建委承担的全市商品住房及政策性住房建安投资1200亿元的任务目标，市区两级住建委加大协调力度，全力推进商品房项目建安投资落地，全市房地产开发建安投资完成1289.1亿元，同比增长11.1%，为全年1200亿元投资目标的107.4%，为全市固定资产投资的增长起到了强有力的支撑作用。

一是分解任务，动员部署。市住建委年初召开系统会议，对建安投资任务目标提出要求，将以开发项目开工建设为支撑，将项目开工任务分解到各区，明确目标责任，制定工作措施，为推进投资落地夯实基础。

二是全力推进，狠抓落实。以着力推进已供地商品住房开工建设为抓手，持续发力，持续推进，在提高在途项目供给转化效率的同时，细化促进投资落地措施，梳理投资促进支撑项目。全面做好项目协调服务，提高服务效率，努力促进项目尽早开工，尽早形成投资。实施

部门联动，对进度较慢的项目及存在的问题，开展部门间重点协调调度。梳理2004年至2018年期间已供地未开工商品房项目（共78项），逐项目了解情况，深入分析未能开工的原因，提出措施建议，努力推进项目投资取得实质进展。

三是强化沟通，密切配合。积极加强市、区两级住建委与发改、统计和规划国土部门的沟通配合，建立定期投资会商会制度，研判投资形势，为加快项目投资落地提供支持。密切与统计部门的对接，确保已发生的投资即时报统，及时纳入统计范围。

2019年，北京市努力克服经济下行压力，在新供地支撑项目面积减少的情况下，投资进展仍好于预期，对全市固定资产投资的推进落实形成了强有力的支撑。

五、着力深化行业管理，提高管理水平

以企业资质管理为抓手，以企业行为监管为切入点，进一步夯实管理基础，不断完善监管机制，推进行业监管水平进一步提升。

一是着力提高资质管理规范化水平。严把审资入口审核关，做到程序不减，标准不降，部门联动、逐级把关，促进了开发企业供给质量不断提高。定期开展资质注销工作，做好“僵尸企业”、无业企业和过期企业的清理，提高存量企业质量，提升行业活力。

二是通过市、区日常工作沟通，具体问题会商，为各区更好地开展资质管理工作提供指导。年底集中赴各区开展资质管理检查和综合评价，现场随机抽取10%的档案资料，对区住建委资质管理中存在的问题给予指导纠正，为推动我市房地产开发行业管理整体工作水平进一步提升起到了很好的促进作用。

三是深入企业开展调研服务。通过调研，了解行业政策执行情况和企业经营需求，积极做好政策解答和具体问题的研究协调，有力提升了行业管理能力和水平。2019年，市住建委相关部门赴企业和项目开展专项调研15次，收集企业反映的问题25个，直接解答问题12个，转由职能所在部门处理10个，将问题带回研究5个。

四是依据新的行政处罚裁量基准，对《北京市房地产开发企业违法违规行为记分标准（2012版）》进行了修订。新的《记分标准》修订后，为开展行政执法提供了依据，也为企业依法合规经营起到了很好的引导作用。

五是推进信用体系建设。以《房地产开发企业市场行为信用评估研究》课题成果转化为引导，启动了开发企业信用体系搭建工作。而且，就信用体系建设的基本任务、方向、工作模式等开展研究。

六是加大对开发企业违法违规行为的处罚力度。2019年，开发处密切与相关单位配合，开展联合检查，对发现的问题及时进行约谈告诫。对企业存在的违法违规行为，将执法需求及时移送执法部门。2019年，开发处共约谈企业35家，向执法部门移送执法事项28项，对开发企业起到了很大的震慑作用，也对净化房地产市场、促进行业健康发展给予了有力的保障。

六、全力推进落实专项重点任务

2019年，市住建委承担了多项重点任务。经过近一年来的努力，取得了较好进展。

一是深入落实国务院专项治理任务，开展城镇小区配套幼儿园专项治理。联合市教委、市规划自然资源委多次召开市、区专题会议，印发《北京市城镇居住区配套幼儿园治理方案》，提出工作目标、标准、时限等。上半年，全市共排查幼儿园358个。按照计划安排，从下半年起将全面转入治理阶段。市住建委会同市

教委定期召开专题调度会议，听取移交推进情况，协调具体问题。专项治理工作进展较好，358个幼儿园中，已完成移交239个，余下119项正在有序推进中。

二是以“街乡吹哨、部门报到”为引领，积极落实“回天”地区专项行动任务。积极协调25项公共服务设施的移交与回购，目前已完成20项，有1项已基本形成移交预期，还有4项正在积极协调推进中。联合市商务委、市规划自然资源委对“回天”地区7个街道便民商业设施需求进行调研，进行相关政策指导解读，为“回天”地区利用居住区腾退空间补充完善便民商业设施工作的开展提供政策咨询服务。为天通西苑二社区牵线搭桥，联系社区用房产权单位，双方洽谈租用产权单位闲置空间作为社区居民活动场所，受到了社区的欢迎。

七、积极做好行业综合管理

2019年，全市深入开展了多项综合管理工作，助推行业发展质量不断提升，行业管理精细化程度进一步提高。

参与市教委做好“学前教育议案”办理工作，就涉及全市学前教育公共服务设施建设管理工作进行了报告。落实全市统一部署，组织开展了全市房地产开发行业“携手筑网、同防共治”防范非法集资宣传活动。积极办理扫黑除恶举报事项12项，为行业平稳运行营造了良好的环境。组织开展全市住房城乡建设领域商品住宅项目交付使用矛盾纠纷专项排查调处，超前化解矛盾风险，保障国庆70周年庆祝活动期间的行业平稳运行。会同生态环保、交通等部门研究协调居住区周边道路噪声扰民问题，解决相关矛盾。配合市交通委研究代征道路用地交接工作机制，理顺思路，促进代征道路用地平稳移交。商品房配建政策性住房居住区设置隔离矛盾纠纷的处理，协助做好矛盾风险化解。

市住建委继续紧紧围绕市委、市政府的统一部署，以强化开发项目监管为主线，全力做好项目“促开工、促投资、促配套”工作落地。持续推进优化营商环境，着力提升服务质量和效率。以强化开发企业资质规范化管理和搭建信用管理体系为抓手，不断提升行业监管能力和水平，促进行业持续健康发展。

八、开发项目监测监管

2019年以来，全市项目监测紧紧围绕房地产调控工作大局，以项目为核心，以项目手册备案和项目信息库建设工作为抓手，做好各项工作。

（一）进一步优化营商环境，减轻企业负担

2019年10月，房地产企业办理开发项目手册备案提交材料由5项减少到3项，不再提交项目核准批复和建筑施工许可证，进一步减轻了负担。

（二）稳步推进项目手册备案日常管理，提前预判市场供应趋势

2019年全市土地市场成交的新增房地产开发项目（非工业）57个，建筑面积（以下无特指均为规划地上面积）726万平方米，与2018年基本持平。其中住房项目49个，住房规划建筑面积498万平方米，完成开发后，预计可供应住房48718套，较2018年增加43万平方米、3000套。

全年共办理房地产开发项目手册备案214份次，涉及开发项目166个，备案建筑面积1988.6万平方米，与上年的2005万平方米相比基本持平，其中，备案商品住宅739万平方米，较上年的877万平方米同比下降15.7%，占备案总量的37%，涉及项目118个；备案共有产权住房191.4万平方米；保障房（不含共有产权住房）38.9万平方米、商业办公370.8万平方米。新注册项目83个，较2018年的93个减少10.8%。

（三）基本完成存量项目信息库建设

历经5年，基本完成存量项目信息库建设。现场查勘住宅项目11000余个、楼栋约15万栋，拍摄实景图片33万张。其中9758个项目的边界地理坐标、项目地址辞典等导入系统。编制地址辞典52597条，涉及住宅约占全市总量的99%。

（四）逐步开展在途项目信息填报准备工作

为进一步优化全市在途商品房项目管理与服务，及时全面掌握全市商品房项目建设动态，提升全市在途商品房项目研判和决策水平，拟开发房地产在途项目信息填报系统。截至2019年12月，初步建立系统框架，完成80余个项目信息数据化。

（五）针对性开展课题研究，把握房地产市场新形势

伴随着“限竞住房”“共有产权住房”成为我市房地产开发主体，为适应房地产开发项目监测监管新形势，联合相关研究机构，调研完成了《北京限竞房市场现状及发展变化研究》《北京市共有产权住房开发分析报告》《北京重点房企专题研究报告》等课题报告，为掌握新型住房产品的开发特点和规律提供了重要参考。

第五节　房屋销售监管

2019年，房屋市场管理保持房地产市场调控定力，不断完善销售管理，持续优化营商环境；保持执法高压态势和舆情管控，确保交易市场秩序良好、预期稳定；加强与有关部门和区政府的职能联动，推进京津冀协同发展。总的看，全年全市房地产市场呈现了地价稳、房价稳、预期稳的良好局面。

2019年1至9月，全市新批准商品房（含自住房）预售许可证130个，其中商品住宅项目99个、4.3万套；新建商品房销售748.5万平方米，同比增长40.2%，其中住宅528.4万平方米、4.8万套，同比增长66.8%、60.4%；二手房成交952.3万平方米、10.8万套，同比减少8.7%、10.3%。2019年1至9月，新建商品住房各月均价5.2万元/平方米，国家统计局70个大中城市住房价格指数累计增长2.9%，月均增长0.36%，符合调控预期；二手房实际成交均价自5月份达到年内最高点6.28万/平方米后逐渐回落，1—8月国家统计局70个大中城市住房价格指数，本市累计增长0.4%，保持平稳。

一、房屋销售监管

（一）推进《北京市房地产市场平稳健康发展长效机制工作方案》落地

《方案》获国务院批复后，房屋市场管理处与房地产事务中心认真落实市住建委领导的要求，已经启动任务分解、报市政府专题会、分区考核指标等有关工作。根据长效机制工作方案和当前市场形势，与热点区域区政府和有关部门保持持续关注，指导各区制定分区方案。提前制定工作预案和政策储备，抑制投机型购房、遏制炒房牟利，保护刚需家庭购房需求。

（二）加强二手房市场监管与风险防控

针对存量房屋交易过程中产生的纠纷，会同区级管理部门及市住建委法制处共同研究，确定纠纷性质，明确行政主管部门的管理边界，促进二手房市场平稳健康运行。加强存量房屋交易风险防范，通过实地调研，发现了经纪机构代理存量房屋交易过程中存在的内在隐患，并举一反三，要求全行业加强风险防控，营造平安稳定的二手房市场。

（三）与金融、司法领域合作防范交易风险

与人民银行紧密沟通，确定了反洗钱对象，建立反洗钱合作机制，研究起草了《北京地区房地产行业反洗钱和反恐怖融资工作指引》（征求意见稿），召开了反洗钱动员大会。完成司法建议函回复3封，根据司法建议对具体业务进行了调整，在系统及操作规则上就交易风险进行了防范。

二、审批制度改革与优化营商环境

（一）落实“一网通办”服务

将《不动产登记、房屋交易及税收征管领域办事“一网、一门、一次”服务规则（试行）》落到实处。指导各区调整交易管理窗口，按照统一标志、统一服务口径、统一的服务模式服务社会公众。对全市交易服务窗口进行督导，对全市全部区服务窗口设置、服务质量、宣传力度等内容进行规范化检查，使之与优化营商环境要求相适应。

（二）持续出台优化营商环境政策并改造业务平台

2019年全年，会同其他部门共连续出台涉及优化营商环境政策文件10余件，改造现有各业务平台，保障营商环境持续优化。联合九委办局制定《关于进一步完善已建成研发、工业项目转让管理有关问题的通知》《关于进一步明确已建成产业项目买受人审核有关问题的通知》，简化、优化产业项目审批方式；出台《关于做好商品房销售机构和销售人员管理衔接工作的通知》《关于做好商品房销售机构和销售人员管理业务的工作指引》，精简商品房销售机构、人员备案程序；联合规划自然资源委和北京市税务局出台《关于取消企业之间存量非住宅房屋买卖合同网上签约要求的公告》，取消了企业间存量非住宅房屋买卖合同网上签约要求；调整预售审批系统，简化审批流程，力争实现不见面审批。

（三）多种形式加大政策宣传培训力度

为推动在“放管服”改革、优化全市营商环境过程中出台的系列政策文件措施的顺利实施，对系列“惠民利民”举措进行广泛宣传，为世界银行来北京市进行营商环境评价奠定良好基础，组织了全市房地产开发规模大、业务范围广、行业影响力强的十几家建设单位进行了政策宣传培训，获得了建设单位的广泛好评。同时，通过QQ群、微信群等宣传形式对上述政策措施深入宣传，并要求开发企业、机构群体在服务过程中对所有建设单位进行政策宣贯，收到了良好效果。

三、房地产市场政策及京津冀协同发展研究情况

（一）加强对房地产市场的调研分析

先后完成了《近期本市住宅供地情况简要分析》《关于提升住宅工程质量有关措施的报告》等报告的起草、汇报工作。同时，在持续规范商品住房价格指导工作过程中，总结形成了《关于商品住房销售价格指导工作的汇报》，起草了《商品房现房销售备案价格抄报工作指引（征求意见稿）》，向各区住建委、房管局征求意见后完成了修订工作。除此，还研究了住宅配套商业办公可转让部分政策适用问题并将有关建议向市政府进行请示。

（二）全面梳理，积极研究相关政策，解决历史遗留问题

房屋市场管理处在解决各类督办件、信访件的过程中，对涉及历史遗留建设项目“办证难”的问题进行了认真梳理。对其中涉及市住建委有关工作环节中存在的问题，形成了有关

意见建议报委领导。同时，会同规划自然资源部门研究出台了《解决历史遗留房地产开发项目不动产登记有关问题意见》，为部分历史遗留房地产开发项目“办证难”问题的解决明确了组织管理体系、基本程序和基本措施。

（三）贯彻落实京津冀协同发展

按照相关工作部署要求，市住建委与通州区政府、廊坊市政府及北三县负责人专题研究中国人民大学东校区教职工职住平衡，以及通州区公租房建设等问题。在坚决落实“房住不炒”的基础上，成立市住建委与通州区、廊坊市政府协调工作小组，建立起协作机制，积极履行主体责任，通力协作、精准对接，逐步推进解决人民大学教职工职住平衡问题；推动通州区与北三县房地产市场协同发展，起草了《关于推动通州区与北三县房地产市场协同发展的请示》报市委、市政府。

四、解决群众困难，解决疑难问题

（一）畅通信息渠道，沟通化解矛盾

2019 年，加强了对 12345 热线答复制度的落实和对外公开电话的接听工作，及时回复网上群众提问，使群众想知道的行业政策、想不通的市场困惑得到及时准确的答复。全年共办理 12345 热线答复 320 多件，网上回复提问 1000 多个，接听热线电话 5000 多个。同时加强政府信息公开及公检法查询业务的办理，依法依规协调信息中心、城研中心等部门满足社会各界了解存量房屋交易相关情况的需求。全年办理信息公开 148 件，协助公安、人民法院、纪检监察机关和解放军纪委调查查询 16 项。

（二）回应社会热点，解决疑难问题

2019 年全年，针对舆论、社会较为关注的个别调控政策适用、“办证难”、违规销售、违法变更房屋用途等热点，研究了住宅配套商业办公可转让部分政策适用问题并将有关建议向市政府进行请示；研究了“办证难”涉及住建委有关工作环节中存在的问题，并形成了相关意见建议；完成了《关于“北京商办交易市场现复苏迹象”查处情况的报告》《关于央媒称我市“百万停车位”越来越普遍成为开发商涨价的工具查处情况的报告》《关于“媒体称昌平区一高端别墅项目‘减配’引质疑”查处情况的报告》《关于〈今日舆情专报〉第 125 期反映的国瑞紫金台项目性质突变的报告》。

除此，先后向市规划自然资源委制发《关于企业在办理商品房预售许可证时企业名称变更问题的函》《关于企业在办理商品房预售许可证时规划用途及面积变更导致出让金缴纳有关问题的函》等函件，帮助企业解决办理预售许可中存在的具体问题。配合市规划自然资源委召开解决历史遗留项目问题专项协调会，研究解决了 14 个历史遗留项目规划、土地、不动产登记中存在问题；会同朝阳区住建委解决朝阳区华瀚福园经济适用房轮候家庭群访问题。加快推进符合区域发展的建设项目落地，加快推进通州区新城中心区产业项目落地，在与通州区政府充分沟通的基础上，向市政府报送了《关于支持副中心准入企业购买商业、办公用房的请示》，并持续跟踪市政府批示落实情况。

第六节　房屋租赁监管

一、发挥合同示范文本示范引导作用

为合理引导住房租赁行为，维护租赁当事人合法权益，减少交易纠纷，市住房城乡建设委会同市市场监管局发布《北京市住房租赁合同》《北京市房屋出租经纪服务合同》《北京市房屋承租经纪服务合同》三个合同示范文本。

二、规范互联网发布租赁房源信息行为

针对发布主体不规范，发布内容真假难辨的互联网房源信息发布乱象，市住房城乡建设委进一步探索长效机制建设，联合市市场监督管理局、市互联网信息办公室、市通信管理局、市公安局出台《关于规范互联网发布本市住房租赁信息的通知》，自2019年11月1日起施行。《通知》一是强化源头治理，明确发布住房租赁信息的企业及从业人员要求，切断“黑中介”的揽客途径；二是加强过程管控，要求同一房源不得由同一家机构重复发布，同一房源由多家不同机构发布的应当逐步实现合并展示，下架发布超过30日的房源信息；三是加大违规处罚力度。对违法违规行为暂停发布权限1至3个月，违规3次以上的不得再通过互联网平台发布本市住房租赁房源信息。

三、成功申请中央财政专项补贴

北京市顺利通过中央财政补贴竞争性评审，成为2019年中央财政支持住房租赁市场发展试点城市，连续3年可获中央财政支持资金30亿元。相关资金将用于增加租赁市场供给、培育租赁市场供应主体、扩展租赁平台功能等用途。

四、不断加强住房租赁市场监测

建立月报机制，定期分析住房租赁市场交易、监管情况；在全市选取500个重点住宅小区，对其空置率、出租率、租金水平等情况进行长期跟踪和深度监测，动态掌握全市各区域住房租赁市场变化；结合实际不断开展住房租赁市场基本情况调查研究、住房租赁机构服务标准研究、城乡结合部村民宅基地和集体土地上房屋租赁管理政策研究等。

五、推进《北京市住房租赁条例》立法

紧盯国家立法进程，做好《北京市住房租赁条例》立法调研起草工作。

六、加大住房租赁宣传

一方面，通过安居北京发布《住房租赁指南》，提示毕业生租房群体、租客及房东远离“黑中介”“二房东”“低价房”等租房陷阱，引导租房人群合法合规租赁住房，切实保障当事人权益。相关内容被“人民网”、央视《第一时间》、北京日报等多家官方主流媒体转发、播出，社会反响热烈。同时，为提升服务针对性，联手市教委向全市高校进行推送，受到毕业生群体的广泛欢迎，取得良好的社会效果。另一方面，印制“扫黑除恶”“抵制违法群租”等主题海报、宣传手册4万余份发放各街乡镇和中介门店，主动提示群众维护自身合法权益。

七、依托住房租赁平台强化租赁市场管理与服务

2019年，本市继续推进积分落户、子女入

学、提取公积金等多项租赁赋权，持续加强宣传。租赁合同备案量突破240万笔，居于全国首位，先后两次被住建部作为典型经验在全国推广。备案成果广泛应用，各部门累计调用数据189.6万次，有力支撑租赁市场精细化管理，以及疏整促、人口管理、反恐、国安等相关领域社会治理。毕业季组织校园行188次，搭建“大学毕业生租房供需平台”，得到市领导认可。同时，进一步加强租赁合同备案管理，强化收房合同备案，初步实现穿透式管理。

八、健全完善体制机制，稳步推进违法群租房整治

2019年，市住房城乡建设委紧紧围绕群众诉求，制定《关于进一步加强违法群租房专项整治的工作方案》，进一步健全完善市、区、街三级协同工作机制；依托大数据资源强化舆情监测，建立舆情督办台账、落实快速处理；通过发放宣传海报、发布“租房指南”、深入社区开展普法宣传等多种形式，加大租赁政策宣传力度；探索研究对违法群租房主体实施信用惩戒，通过事前承诺、事中建立信用记录、事后进行联合惩戒等措施实现全流程监管。据统计，2019年全年12345热线共受理群租类诉求来电27063件，热线响应率达100%，诉求解决率达80%，群众满意率达90%，全市整治违法群租房14307处，顺利完成违法群租房“动态清零”的既定任务。

第七节　房产测绘成果审核监管

一、优化营商环境，出台相关文件深度放管服

发布《关于调整房产测绘成果审核有关事项的通知》（京建法〔2019〕2号）文件，在减材料、减时限、减环节等方面进一步优化。2019年4月，落实社会投资简易低风险工程建设项目“多测合一”，会同市规划自然资源委发布《北京市社会投资简易低风险工程建设项目“多测合一”工作实施细则》；出台《关于落实“多测合一”调整房产测绘成果审核范围的通知》（京建发〔2019〕193号）文件，推动“多测合一”工作落地实施。推行承诺制、容缺受理（详见首都之窗—政务服务—办事指南）。

二、加强房产测绘成果审核业务指导，改造业务平台

2019年12月，市住房城乡建设委召开全市房产地产市场工作座谈会，宣讲2019年相关工作文件，并结合房产测绘成果审核工作中遇到的政策和技术问题，进行梳理和讲解。调整北京市测绘生产软件和房产测绘成果审核系统，保障配合全市建设工程联合验收工作顺利进行。

三、房产测绘成果审核情况

2019年，我市通过用于预售许可的房产预测绘成果审核业务共计265笔，建筑面积2198万平方米，与2018年相比减少449万平方米，同比下降率16.96%；通过用于不动产登记的房产实测绘成果审核业务共计1194笔，建筑面积3933万平方米，与2018年相比减少476万平方米，同比下降10.80%。通过国有土地上住宅平房房产测绘成果审核业务862笔，建筑面积约13102.4平方米。

表 5-22 2019 年度北京市各区预测成果审核情况

序号	统计单位	审核通过件数	建筑面积（平方米）	面积所占百分比
1	东城区	0	0	0.00%
2	西城区	1	44333.94	0.20%
3	朝阳区	28	2721566.2	12.38%
4	海淀区	16	1298845.29	5.91%
5	丰台区	29	2597837.72	11.82%
6	石景山区	23	1216305.58	5.53%
7	昌平区	26	2481972.57	11.29%
8	大兴区	19	2180510.35	9.92%
9	通州区	32	2391684.97	10.88%
10	顺义区	24	1965335.52	8.94%
11	门头沟区	12	480551.8	2.19%
12	房山区	24	2189275.52	9.96%
13	怀柔区	8	504103.48	2.29%
14	平谷区	9	742149.63	3.38%
15	密云区	6	514119.13	2.34%
16	延庆区	6	334473.56	1.52%
17	开发区	2	320347.91	1.46%
合计		265	21983413.17	100.00%

表 5-23 2019 年度北京市各区实测成果审核情况

序号	统计单位	审核通过件数	建筑面积（平方米）	面积所占百分比
1	东城区	13	663464.79	1.69%
2	西城区	10	281475.13	0.72%
3	朝阳区	125	5897847.83	15.00%
4	海淀区	92	2953378.53	7.51%
5	丰台区	104	3315048.04	8.43%
6	石景山区	30	1305416.71	3.32%
7	昌平区	119	3095754.56	7.87%
8	大兴区	137	4493231.61	11.42%
9	通州区	90	2930412.44	7.45%
10	顺义区	140	4871553.69	12.39%
11	门头沟区	70	1739864.85	4.42%
12	房山区	97	1746180.62	4.44%

（续表 5-23）

序号	统计单位	审核通过件数	建筑面积（平方米）	面积所占百分比
13	怀柔区	18	575300.35	1.46%
14	平谷区	34	589977.71	1.50%
15	密云区	53	982691.48	2.50%
16	延庆区	14	543375.76	1.38%
17	开发区	48	3346124.94	8.51%
合计		1194	39331099.04	100%

第八节　公有住房和集资合作建房监管

一、存量公房改革

（一）公有住房出售

2019 年，全市出售公有住房 101.58 万平方米、1.38 万套，其中中央单位 393 家、面积 41.7 万平方米、涉及住房 4801 套，市属单位 261 家、面积 44.79 万平方米、涉及住房 6536 套，区属单位 151 家、面积 15.09 万平方米、涉及住房 2447 套（其他涉密房屋售房备案情况，不予公开）。

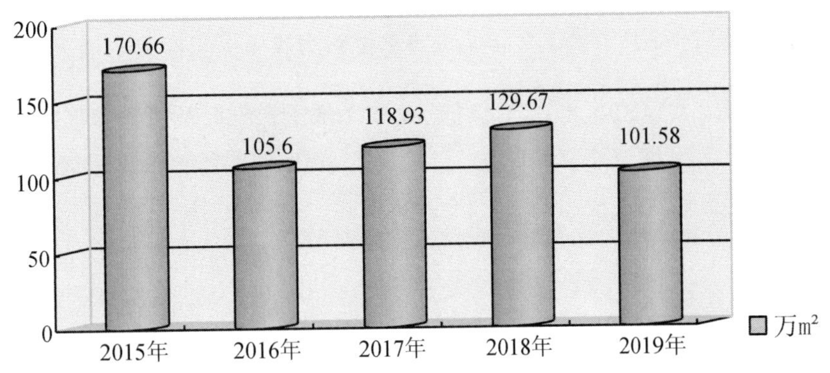

图 5-6　2015—2019 年北京市房改售房情况

（二）公有住房调整

2019 年各区房改部门总计核准 306 家单位调整公有住房方案，涉及住房 1700 套，面积 12.26 万平方米。主要为中央单位分配职工住宅后，按房改成本价、经济适用住房价格为职工调整住房，共计 293 家，涉及住房 1695 套，面积 12.17 万平方米，占调房总量的 99.27%；市属单位 8 家，涉及住房 9 套，面积 0.06 万平方米，占当年调房总量的 0.5%；区属单位 5 家，涉及住房 5 套，面积 0.026 万平方米，占当年调房总量的 0.2%。

二、集资合作建房监管

按照国家和我市的有关政策，持续加强住宅合作社的管理工作，按规定做好规范集资款审核程序，保证集资建房款专款专用，确保集资合作建房项目顺利完成。截至12月底，对12家住宅合作社进行了审计，为12个住宅合作社办理了年检初审。除此，指导两家住宅合作社完成换届工作。

三、其他住房资金管理

按照政策规定，公有住房售房款在市住房资金管理中心专户存储、专项使用。截至2019年年底，累计归集公有住房售房款574.82亿元，支取489.84亿元，余额84.98亿元；累计归集公有住宅专项维修资金85.90亿元，支取22.23亿元，余额63.67亿元；本年度归集公有住房售房款4.82亿元，支取5.07亿元，年内净增额-0.25亿元；本年度归集公有住宅专项维修资金2.42亿元，支取1.46亿元，年内净增额0.96亿元。

截至2019年年底，本市累计共有1248家企业支取售房款76989.54万元用于公有住房修缮。2019年本市共有21家企业支取售房款2331.26万元。上述资金主要用于电梯更新维修、电路整改、楼面及屋顶防水维修等事项。

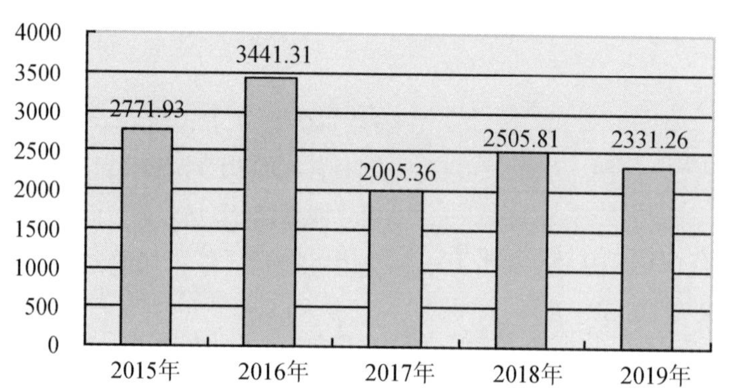

图5-7 2015—2019年北京市单位售房款修缮资金支取情况

2019年各区房管部门共审核批准153家企业支取售后公有住房专项维修资金4054.81万元。主要用于屋面防水维修314.52万平方米，121部电梯维修及更新，其余资金用于内外墙粉刷、供水管道维修、排水管道维修等事项。

第九节 购房资格审核

一、2019年本市购房资格审核基本情况

2019年，继续从严执行房屋限购政策，购房资格审核、复核工作运行平稳。作为商品住房成交量的先行指标，全年审核商品住房购房资格核验业务33.4万笔，同比增加4.9%，通过28.1万笔，通过率84.3%。其中新建商品住房资格审核7.9万笔，同比增加28.5%，通过率86.8%；存量住房资格审核25.5万笔，同比减少0.7%，通过率83.5%。另外，全年26个共有产权住房项目开放网上申购，共审核12.4万户家庭。

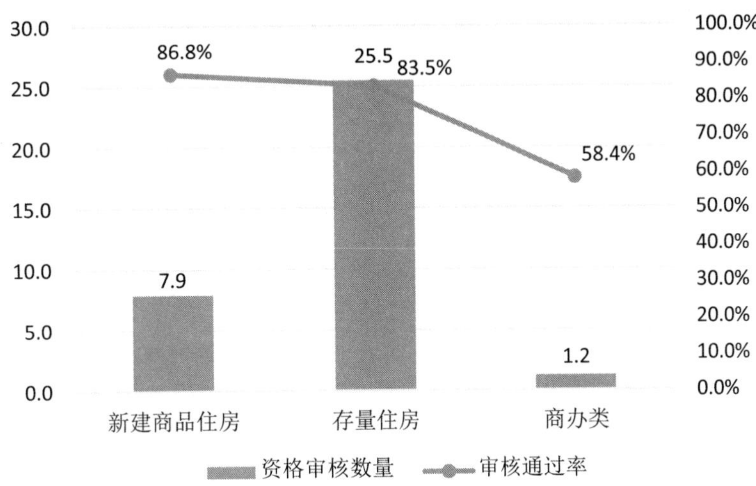

图 5-8　2019 年购房资格审核情况 单位：万笔

二、坚持房住不炒、多措并举优化购房资格审核工作

依据本市住房限购政策，结合实际工作，不断优化本市营商环境，完善本市购房资格审核复核机制，高效便捷为百姓服务。

一是完善审核机制，扩大数据联审范围。为进一步完善购房资格联网审核机制，我市已建立了市建委、市规划国土委、公安局、民政局、地税局、人力社保局等部门的联网审核机制，实现对购房家庭房产、身份、户籍、婚姻、纳税、社保、工作居住证、境外个人境内居留状况 8 类信息联网审核。2019 年继续扩大数据联审范围，5 月 17 日，与市公安局实现对京籍购房家庭未成年子女信息、户籍限制迁移情况联审；5 月 23 日，与市教委实现对在京高校学生身份联审；9 月 13 日，与法院实现对司法调解、判决离婚信息联审。运用信息化手段，提高资格审核的准确性。

二是优化营商环境，资审业务全城通办。为深化“放管服”改革，方便群众办事，市住房城乡建设委进一步优化本市购房资格审核工作机制，自 2019 年 9 月 1 日起，将购房资格复核业务下放至各区办理，同时实行资格审核全城通办，购房人可就近至任一区的房屋交易服务窗口提交材料申请办理资格核验和复核业务，切实为办事群众提供便利，让信息多跑路、群众少跑腿。

三是关注市场情况，适时调整执行口径。《关于加强通州区商务型公寓和商业、办公项目销售管理的通知》中对于通州区商务型公寓再次上市交易的规则不明确。2019 年此类房屋陆续进入再次上市交易阶段，上市交易政策规定受到社会普遍关注。市住建委会同相关部门经过认真分析研判，在不违反现行政策并充分维护交易双方合法权益基础上制定执行口径：居民家庭或个人在 2016 年 5 月 5 日前已购买的商务型公寓第一次存量房买卖，不对购房人进行资格审核，购房人购买后，该套商务型公寓不计入家庭名下住房套数；第二次及以后存量房买卖，按通州区商务型公寓限购政策执行。

针对咨询、反映律师事务所在购买房屋时性质应如何认定的情况，市住建委会同相关部门向司法局行政审批处充分了解律师事务的经营条件及管理规定，制定最新执行口径：律师事务所参照“社会组织”的性质适用我市各项房屋限购、限售政策。

第十节　房地产市场专项整治

一、规范市场秩序与加强执法监管

（一）坚持商品房预售项目售前约谈

2019年全年，市场管理处联合房地产管理事务中心对新批准的商品房预售项目负责人、销售负责人逐个进行约谈，详细讲解国家和我市调控政策，逐条讲明价格管控、现场公示、销售人员管理、销控管理、预售资金监管等环节的工作要求。要求企业讲政治、讲大局，严守承诺，执行政策，守法经营，规范经营，诚信经营。2019年，共约谈开发项目119个。通过约谈和宣讲，企业违规行为逐步减少，房地产市场销售行为进一步规范。

（二）强化执法，严查开发企业违规销售行为

2019年全年，通过开展持续、不间断的日常巡查和专项检查，做到突出重点、逢涨必查、逢炒必办、冒头就打。严查开发企业捂盘惜售、无资质经营、哄抬房价、违规代理、虚假宣传等违法违规行为，加强预售资金监管。针对商品房项目在销售过程中群众反映的突出问题，市场管理处会同执法总队、房地产市场管理事务中心制订了《商品房项目销售行为专项检查方案》，重点对预售方案、建设方案、规划图纸、合同协议和宣传文案等问题开展了为期三个月的专项执法检查，市区两级共检查在售项目97个，责令整改27家，行政处罚37家，罚款36万元，媒体曝光9家。同时，加大对违规房产网站的执法检查力度，加强联动执法，对房地产市场违法违规行为形成有力震慑，执法整治效果明显，调控政策落实到位。

（三）组织开展房地产经纪机构、估价机构联合执法检查

2019年3月，拟定了《房地产经纪机构联合执法检查方案》，并会同执法总队、房地产中心及联合相关区房屋管理部门组织开展为期一个月的房地产经纪机构联合执法检查。本次执法检查重点针对东城、西城、朝阳、海淀、丰台、石景山、通州7区内重点区域的经纪机构门店。重点检查相关证照、房源信息发布（重点是告知书、房屋状况说明书、服务合同）、现场公示内容、从业人员挂牌上岗、人员管理、店外经营等情况。对违规行为依法依规进行查处。1至9月，“双随机”抽查房地产估价机构5次26家。

（四）组织预售资金和媒体报道“‘商改住’再抬头”现象专项执法检查

市住建委向各区下发《预售资金专项检查通知》，开展各区在售项目预售资金进账情况检查，督促开发企业按照规定将预售资金足额存入监管账户。2019年9月初，市场管理处会同执法总队重点对全市在售9个（小户型热销）商办项目执法检查，各区对27个在售商办项目开展执法检查，均未发现“商改住”问题。但对检查中发现的信息公示不全、不规范等问题责令开发企业整改。要求安居客、58同城等网络平台对“商改住”情况进行自查，对违规房源信息坚决予以下架。

（五）加强对各区房地产市场执法工作的指导

针对部分区管理人员不会执法、不敢执法的问题，市住建委先后派人到16个区带动房屋市场管理部门执法人员现场执法，手把手教检查方法、检查要点、检查内容及对检查出的问题的处理办法，提升区级管理人员执法效能，收到较好效果。

第六章

住房保障

第一节　2019年住房保障政策综述

2019年，北京市围绕“四个中心”首都城市战略定位，落实“七有五性”要求，加快健全住房保障政策体系，不断加大房源筹集力度，持续完善精准分配机制，全面加强后期使用监管，大力提升保障房设计品质，有序推进老城保护和棚户区改造工作，切实改善人民群众住房条件。

一、加大房源筹集力度，圆满完成年度任务

坚持以区为主、全市统筹，市政府年初与16区政府、市住建委、市发改委、市规自委、市财政局、市民政局及市保障房中心和北投集团分别签订了2019年政策性住房工作目标责任书，分解下达建设筹集任务。会同市发改委、市规自委，分两批印发年度政策性住房建设计划，落实具体建设项目，明确工作要求及建设时间节点，确保项目建设顺利推进。多方式筹集政策性租赁房源，政策性租赁住房以开工新建为主，同时积极完善政策措施，调动各区政府、社会企业积极性，通过收购、改建、转化、趸租等多种方式，增加租赁房源供应。

2019年，全市共建设筹集政策性租赁住房50186套（间），完成5万套（间）年度任务的100%；建设政策性产权住房66763套，完成6万套年度任务的111%；竣工验收政策性住房80262套，完成7万套年度任务的115%；实现棚户区改造1.63万户，完成1.15万户年度任务的142%。

二、优化审核分配流程，精准聚焦重点群体

一是针对特殊困难家庭予以重点保障。2019年，新增公租房分配1.45万套，累计分配总量达17.5万套。全年25次面向低保、低收入等特殊困难家庭开展专项配租，优先提供配租房源8258套，占全年分配总量的57%，全市低保低收入家庭保障率由2018年底的74.5%上升到96.1%，基本实现“应保尽保”，人民群众获得感、幸福感和安全感显著增强。

二是简化保障房申请和上市手续办理。全面简化保障房申请手续，启用精简后的资格申请表，申请家庭填写的内容由“一本”变为“一页”，取消申请家庭提交的全部纸质证明，申请家庭无须再为盖章往返奔波，确保群众到窗口即能完成申请。优化经济适用住房上市出售流程，申请人无须领取纸制的上市出售意见，直接通过网络即可查询优先回购权确认结果。

三是发布《北京市公共租赁住房租赁合同》示范文本。合同分为基础版和社会单位版两个版本，基础版主要适用于面向备案家庭分配的情形，社会单位版主要适用于面向人才分配和社会单位集体租赁的情形。相比原试行合同，增加了合同说明、合规使用公租房特别提示等内容，进一步细化和规范了租赁双方权利义务关系、合同续租、合同解除、房屋腾退及违约责任等条款，简化了合同附件。

三、统筹人才住房支持，促进产城融合、职住平衡

一是加快督促各区人才住房政策出台。在年度政策性住房工作目标责任书中，要求各区政府、园区管理机构完善本区及重点功能区人才住房支持政策。截至年底，海淀区、丰台区、

门头沟区、房山区、通州区、顺义区、平谷区、密云区、延庆区9个区已经出台了本区人才住房支持政策。针对“三城一区”等重点园区进行专项指导，中关村科学城、经济技术开发区、大兴新机场住房实施方案已出台，指导良乡和沙河大学城制定高校职工疏解职住平衡方案，昌平未来科学城、怀柔科学城已形成初步方案。

二是搭建服务平台对接重点企业住房需求。落实优化营商环境要求，上门向企业送政策、送服务，解读本市住房保障和人才住房支持政策。已陆续为华为、京东、奔驰、中航工业、中芯国际、北斗星通、北方华创、四维图新等重点企业调配房源，促进科技创新和人才发展。

三是研究副中心搬迁单位职住平衡。贯彻落实习近平总书记1月18日看望慰问副中心干部职工时的重要讲话精神，按照分类保障、租购并举、分步实施、长短结合原则，研究副中心搬迁干部职工住房保障方案，对副中心地区教育、医疗、科技、产业等转移主体的住房支持需求进行摸底。

四、完善标准体系建设，稳步提高保障房品质

一是研究编制住房建设标准。形成《北京老城保护房屋修缮技术导则（2019版）》（征求意见稿），对北京老城内胡同、院落和房屋的保护修缮及环境改造提升予以规范，做到对老城区“应保尽保”，最大限度地保护好各时期有价值的建筑，传承和保护历史文脉。编制《租赁住房建设标准（草案）》，对集体土地建设租赁住房的标准、配套、环境等提出引导性要求，对市场租赁住房提出创新性要求。

二是坚持保障房设计方案专家审查机制。针对群众关注度高、反应比较强烈的总体布局、套型设计、室外环境、公共空间装修标准等问题进行重点审查，并出具专家意见，未通过审查的项目不得开工建设。全年累计审查各类保障房项目规划设计方案50个，967万平方米，涉及房源11.6万套，全部采用全装修成品交房设计；审查全装修设计方案29个，336万平方米，涉及房源4万套。

三是持续推进保障房实施产业化。自2017年3月起，全市新建保障房全部采用装配式建筑，推广应用BIM技术，其中共有产权住房达到绿色建筑二星级及以上标准。全市实施产业化保障房项目累计超过3200万平方米，其中高标准实施装配式建设累计达到1400万平方米，达到绿色建筑二星级及以上标准的保障房项目累计超过1000万平方米。

五、加强后期使用监管，持续提升管理水平

一是强化动态监管。加大公租房专项检查力度，明确要求实现产权单位和十六区“全覆盖”，租户满意率持续上升。进一步提高检查频率，双随机检查由一个月检查一次，增加为两周检查一次，持续保持对违规行为的高压态势。

二是加强部门联动。与人民银行营业管理部签订合作备忘录，将公租房违规家庭信息纳入到金融体系征信平台，强化对公租房违规家庭的信用约束；与市一中院签订合作协议，加强住房保障领域案件的专题研究和会商。

三是推广人脸识别等技防手段应用。全市已有10万余套房源完成技防设备安装，为监管工作提供有力支撑。

六、坚持“保障对保障”，推进平房院落有机更新

一是出台《关于做好核心区历史文化街区平房直管公房申请式退租、恢复性修建和经营管理有关问题的通知》。对直管公房申请式退租、定向安置房源管理、直管公房恢复性修建、直管公房授权经营等方面工作提出明确要求，

推进核心区平房院落有机更新。

二是积极做好申请式退租、“共生院”改造试点工作。坚持政府主导、居民自愿、走留结合、留住乡愁，实现建筑共生、居民共生、文化共生。确定东城区雨儿胡同、西城区菜市口西为试点项目，开展申请式退租、“共生院”改造试点工作。东城区雨儿胡同院落修缮试点着眼于胡同肌理和院落风貌保护，创新腾退后的“共生院”模式，逐渐得到居民的认可和支持。菜市口西片区试点切实扭转居民对“大拆迁大改善”的心理预期，公房退租率达60%，项目实施成本大幅降低。在总结试点项目经验的基础上，推进东城区南锣地区福祥、帽儿、蓑衣等三条胡同的修缮整治提升、西城区砖塔胡同城市保护更新项目。

第二节　保障性住房和政策性住房建设筹集

一、政策性租赁住房开工建设筹集情况

2019年，全市共开工建设筹集公共租赁住房约1.5万套，集体土地租赁住房约3万套，企业自持租赁住房0.08万套，改建租赁型宿舍0.2万套。

表6-1　公共租赁住房开工建设筹集项目情况

区	项目名称	套数
朝阳	北京冬季奥运村公租房项目	866
	北京东站货场铁路职工住房项目（公租房）	180
海淀	筹集（趸租）	1306
丰台	丰台区南苑乡石榴庄村0517-659等地块（丰台区城乡一体化石榴庄村旧村改造项目（二期））住宅混合公建、基础教育及医疗卫生（配建公共租赁住房）项目	335
通州	市场筹集	932
	通州区丁各庄公租房项目	2855
昌平	昌平区天通中苑B、G、I区地块项目	4600
顺义	友谊医院公租房项目	3700
门头沟	门头沟站货场铁路职工住房项目（公租房）	96

表6-2　集体土地租赁住房开工建设筹集项目情况

区	项目名称	套数
朝阳	十八里店乡西直河集体土地租赁房项目	6580
丰台	长辛店镇张郭庄村租赁房项目	2044
	花乡葆台村租赁房项目	2314
	卢沟桥乡西局村租赁住房项目（地块一）	216

（续表 6-2）

区	项目名称	套数
通州	宋庄镇疃里村集体土地租赁住房	1677
大兴	西红门 3 号地租赁住房项目	1005
	大兴区西红门镇“创业之家”集体租赁住房	432
	瀛海镇西一村	3256
	旧宫镇租赁住房项目	1600
	瀛海镇区级统筹租赁住房项目	4589
顺义	牛栏山地区官志卷村项目	483
	张镇张各庄村集体土地建租赁住房	901
	临河村和河南村集体土地租赁住房项目	432
房山	房山区西潞街道夏庄村集体租赁住房项目	963
	窦店镇下坡店村租赁住房项目	469
	窦 A 集租房项目	1070
门头沟	永定镇租赁房项目	635
平谷	平谷区大兴庄镇白各庄村租赁住房项目	951

表 6-3　企业自持租赁住房开工建设筹集项目情况

区	项目名称	套数
海淀	北京市海淀区四道口地区 I 地块 F1 住宅混合公建用地	79
	北京市海淀区“海淀北部地区整体开发”翠湖科技园 HD00-0303-6019、6020 地块 R2 二类居住用地	264
房山	北京市房山区青龙湖镇东部局部 FS16-0201-0012 等地块二类居住及基础教育用地	282
	房山区琉璃河镇中粮健康科技园配套宿舍	140

表 6-4　转化、改建租赁房开工建设筹集项目情况

区	项目名称	套数
西城	北京市西城区西直门外大街新兴中巷 6 号楼	48
朝阳	北京市朝阳区北苑家园莲葩园 4 号楼	40
	北京市丰台区外环西路 26 号院	55
大兴	北京市大兴区魏善庄镇兴融中心龙达大街 1 号院 1 号楼	629
	北京市大兴区西红门镇金业大街 9 号	354
顺义	顺义新城第 26 街区	116
	顺义区裕安路 29 号院 1 号楼	293
	北京市顺义区北石槽府前西街 17 号	126

（续表 6-4）

区	项目名称	套数
房山	北京市房山区良乡高教园区中央设施区西区北侧	293
平谷	北京市平谷区盘龙西路 23 号院	100

二、政策性产权住房开工建设情况

2019 年，全市共开工建设共有产权住房约 1.6 万套，安置住房约 5 万套。

表 6-5　安置住房开工建设项目表

区	项目名称	套数
朝阳	朝阳区孙河前苇沟组团棚户区改造土地开发项目	7370
	朝阳区三间房乡新村二期 C1 区安置房项目	455
	北京东站货场铁路职工住房项目（定向安置）	290
	华纺星海家园棚改安置房（二期）（安置房）	990
	朝阳区石佛营东里 129 号院棚改定向安置房项目	224
海淀	海淀区北部翠湖科技园 HD00-0303-6019、6020 地块 R2 二类居住用地项目	855
	海淀区香山一期安置房项目	1442
	双新村棚户区改造项目回迁安置房	192
	四季青镇常青回迁安置房项目	999
丰台	丰台区五里店 275 号棚户区改造定向安置房项目	284
	小屯西路棚户区改造项目	1223
	丰台区卢沟桥棚户区改造安置房项目	1656
	丰台区看丹村回迁安置住宅工程项目	3813
	丰台区花乡榆树庄村 A 区棚户区改造项目	1486
	丰台区长辛店镇辛庄村一期 A—41 地块配建限价商品住房项目	1643
石景山	石景山衙门口棚户区改造土地开发项目	926
	石景山区北辛安棚户区改造 A 区土地开发项目	1526
通州	东方厂周边棚户区改造安置房项目	3565
	孙各庄二期安置房项目	1156
顺义	顺义区高丽营镇夏县营村棚户区改造土地开发项目安置房项目	1280
	顺义区仁和镇临河村棚户区改造土地开发 C 片区项目（临河村棚改安置房）	3976
	东城区棚改定向安置房项目（临河村地块）	1610

（续表 6-5）

区	项目名称	套数
房山	房山区城关中心区棚户区改造土地开发项目二期安置地块 FS00—YF06—0071、0105 等地块	659
	房山区城关中心区棚户区改造土地开发项目二期安置地块 FS00-YF06-0043、0045、0068、0172 等地块	224
	房山区长阳镇 06、07 街区棚户区改造土地开发六片区项目	1434
	房山区长阳镇 06、07 街区棚户区改造土地开发四片区项目	1926
	房山区长阳镇 06、07 街区棚户区改造土地开发七片区项目	1359
	房山区长阳镇 06、07 街区棚户区改造土地开发五片区项目	531
	房山区城关中心区棚户区改造土地开发项目二期安置地块 FS00-YF06-0071 等地块	536
	房山区城关中心区棚户区改造土地开发项目二期安置地块 FS00-YF06-0045 等地块	148
	房山区长阳镇 06、07 街区棚户区改造土地开发三片区项目	888
门头沟	门头沟区永定镇南区棚户区改造和环境整治项目安置房工程	995
	门头沟区永定镇冯村、何各庄地区 3751-C 地块棚户区改造及环境整治项目（一期）	658
	龙泉镇大峪化工厂及周边地块棚户区改造及环境整治项目	1845
	门头沟区潭柘寺镇定向安置房项目二期	601
	门头沟站货场铁路职工住房项目（安置房）	286
密云	密云区长安新村和南菜园新村旧城改建棚户区改造项目 MY00-0104-0079 地块	544
延庆	延庆区南辛堡村、民主村、百眼泉村棚户区改造项目	1334

表 6-6 共有产权住房开工建设项目表

区	项目名称	套数
朝阳	北京市朝阳区豆各庄乡马家湾村 1306-606 地块 R2 二类居住用地	866
石景山	石景山区古城南街东侧 1612-819、820 地块 R2 二类居住用地项目	887
	北京市石景山区东下庄 1605-630 地块 R2 二类居住用地	849
通州	通州区台湖镇北神树村 B-30 地块 R2 二类居住用地项目	1072
	通州区台湖 TZ09-0100-6016 地块、6019 地块 R2 二类居住用地、TZ09-0100-6018 地块 A33 基础教育用地项目	626
	通州新城 0204 街区 TZ00-0024-0006、0007 地块 R2 二类居住用地项目	1685
昌平	昌平区北七家镇（未来科技城南区）C-52 地块 R2 二类居住用地项目（1#住宅楼等 25 项）	999
	昌平区北七家镇（未来科学城南区）C-16 地块 R2 二类居住用地项目	1084
	昌平区北七家镇 009 地块 R2 二类居住用地项目	982
大兴	北京市大兴区黄村镇 DX00-0103-1304 地块 R2 二类居住用地项目	360

（续表 6-6）

区	项目名称	套数
顺义	顺义区后沙峪镇 SY00-0019-6014 地块 R2 二类居住用地、SY00-0019-6013 地块 A33 基础教育用地项目	1400
	北京市顺义区顺义新城第 13 街区 SY00-0013-6010 地块 R2 二类居住用地项目	806
门头沟	北京市门头沟区永定镇曹各庄桥户营村 MC00-0016-063 地块 F1 住宅混合公建用地、MC00-0016-064 地块 R2 二类居住用地项目	936
平谷	平谷区夏各庄镇 PG11-0100-6103 等地块 R2 二类居住用地项目	1223
怀柔	北京市怀柔区富密路 289 号 HR-0014-0022 地块 R2 二类居住用地建设项目	1065
北京经济技术开发区	北京经济技术开发区河西区 X90R1、X90S1 地块共有产权房项目	994

三、政策性住房竣工验收情况

2019 年，全市共竣工验收公共租赁住房约 1.1 万套，自住房（含限价房）2.7 万套，安置住房约 3.9 万套，经济适用住房 0.3 万套。

表 6-7　限价商品房竣工验收项目表

区	项目名称	套数
朝阳	朝阳区东坝南区 1106-657 地块住宅混合公建用地(配建“限价商品住房”)	1280
丰台	亚林西居住区一期（0501-613、614、660 地块）配建限价房项目	735
	长辛店北区居住区一期（北区）B 地块配建限价商品房项目	418
	长辛店北区居住区一期（北区）A 地块配建限价商品房项目	557
石景山	首钢铸造村南区限价房	2261
通州	武夷花园项目	1000
	北京市通州区 TZ07-0103-0012 等地块 R2 二类居住用地、TZ07-0103-0027 等地块 B1 商业用地、TZ07-0103-L001 地块 A61 机构养老设施用地（限价商品住房）	1506
	北京市通州区台湖镇 B-07 地块 R2 二类居住用地(配建“限价商品住房”)项目	630
昌平	金隅集团南口采石场项目	861
	北七家镇中心起步区（海鶄落新村建设）土地一级开发项目（一期）	1454
	百善三角地项目 CP00-0600-0041 地块 R2 二类居住用地、CP00-0600-0042 地块 B1 商业用地（限价商品住房项目）	920
大兴	瀛海镇西区 C5 组团 DX08-0002-0301 地块限价房项目	1236
	瀛海镇西区 C5 组团 DX08-0002-0304 地块限价房项目	1260
	大兴区庞各庄镇 PGZ01-05 地块限价房项目	682
	旧宫镇 DX-07-0201-0040 等地块限价房项目	360

（续表 6-7）

区	项目名称	套数
顺义	仁和镇平各庄村两限房项目	1344
	大龙公司顺平路南侧胡各庄地块自建两限房项目	720
	后沙峪 A 地块限价商品房	969
	胡各庄 A 地块集中建设两限房项目	1500
房山	北京市房山区阎村镇 04 街区 04-0005 等地块综合性商业金融服务业、二类居住用地及体育用地（配建“限价商品房”）项目	430

表 6-8　经济适用房竣工验收项目表

区	项目名称	套数
通州	通州区于家务乡 A-06 等地块居住用地、A-11 地块托幼用地、A-27 地块社会停车场库用地、A-28 地块商业金融用地（配建经济适用住房）项目	670
	西马庄经济适用房	604
	通州区西集镇综合配套区 F 地块经适房项目	903
昌平	金隅南口采石场项目	484
房山	东关伟业嘉园经济适用住房	355

表 6-9　公共租赁房竣工验收项目表

区	项目名称	套数
海淀	中关村永丰产业基地 HD-04020030 地块 F1 住宅混合公建用地（配建公租房）	150
	西砂公租房海淀区田村山（西郊砂石厂西地块）配建公租房项目	5000
	海淀区田村路 39 号 R2 二类居住用地配建公租房项目	134
	中关村西三旗金隅软件园	2411
丰台	丰台桥南王庄子配建公租房项目	130
怀柔	怀柔新城 14 街区 14A-01、03 地块人才公租房项目	576
北京经济技术开发区	X91 公租房项目	969
	X13 公租房项目	1487

表 6-10　定向安置房竣工验收项目表

区	项目名称	套数
西城	西城区华嘉胡同 0110-633 地块 C2 商业金融用地、0110-634 地块 R2 二类居住用地项目	402
朝阳	东郊农场棚改安置房	3270
	将台乡农民回迁安置房项目	3960
	太阳宫乡回迁安置房	452
	动感花园棚改安置房	1166

（续表 6-10）

区	项目名称	套数
丰台	长辛店镇东河沿村回迁房	3930
	周庄子回迁房	1632
石景山	西黄村棚户区改造土地开发安置房项目	2762
通州	北京市通州区潞城镇棚户区改造土地开发项目A区后北营西南角及东侧地块安置房项目	1807
大兴	首创团河定向安置房项目	3214
	旧宫镇DX-07-0201-0040等地块安置房项目	1984
顺义	后沙峪村安置房	1098
	仁和镇平各庄村回迁安置房项目	1254
	小左各庄安置房	321
房山	河北镇棚户区改造水泥一厂片区土地开发项目（回迁安置房地块）	1689
门头沟	石门营经济适用房部分转为采空棚户区定向安置房	4782
	曹各庄A地块定向安置房项目	2108
	小园3A号地块定向安置房项目	968
	小园8号地块定向安置房项目	978
怀柔	怀柔新城03街区下元、钓鱼台及东关棚户区改造安置房项目	1050
	怀柔区庙城村棚户区改造土地开发安置房项目	769

表6-11　自住型商品住房竣工验收项目表

区	项目名称	套数
海淀	中关村永丰产业基地HD-04020030地块F1住宅混合公建用地（自住型商品房项目）	712
丰台	王佐镇魏各庄村A01、A02公建混合住宅用地项目	837
通州	北京市通州区台湖镇B-07地块R2二类居住用地(配建“限价商品住房”)项目	463
大兴	旧宫镇DX-07-0201-0040等地块自住房项目	207
顺义	后沙峪A地块自住房	524
房山	北京市房山区拱辰街道16-03-04、16-01-05等地块（良乡高教园区西部生活区西区）二类居住、综合性商业服务业等用地项目	1576
	中粮稻田雅筑	260
门头沟	门头沟区永定镇MC00-0015-0068等地块R2二类居住用地、F2公建混合居住用地、A33基础教育用地（原门头沟冯村、何各庄地区土地一级开发项目A地块部分地块南区）	2091

第三节　住房保障资格审核与配租配售

一、资格审核情况

全年公共租赁住房新增申请3.3万户，通过审核备案3.32万户，同比分别减少31%、10%；其中公租房实物申请2.45万户、通过审核备案2.48万户，同比分别减少33%、36%。

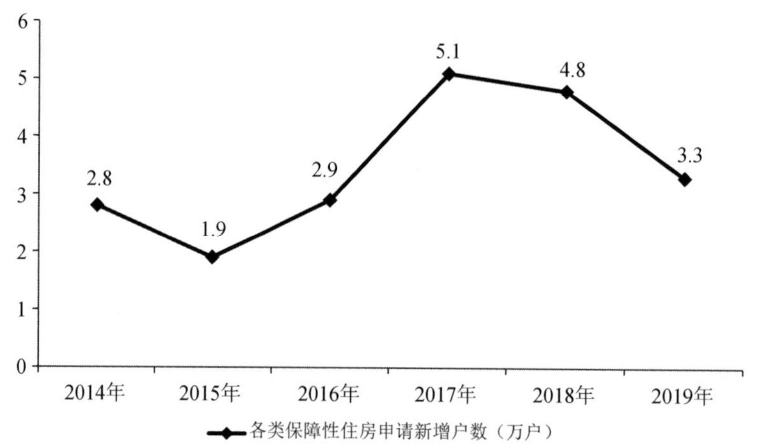

图6-1　2014—2019年北京市保障性住房新增申请户数

二、配租配售情况

2019年，全年新增公租房实物房源分配1.45万套，累计分配公租房实物房源总量17.5万套，超额完成2017年底前备案的低保、低收入家庭“应保尽保”任务目标 。截至12月底，全市共有产权住房项目共69个、可提供房源约7.1万套；其中启动网申项目共45个、可提供房源约4.5万套；2019年全年共有14个项目启动网申，可提供房源约1.3万套。

第四节　住房保障标准与评审

为强化保障房品质管理，我市保障房坚持标准引领，建立了包括廉租房、经适房、限价房、公租房、共有产权住房在内的保障房建设标准体系，并根据住房保障工作发展情况不断予以修订完善。实施保障房设计方案专家审查制度，强化保障房建设标准的落地执行。2019年，通过完善政策、强化监督把关，保障房品质管理迈上新台阶。

一、进一步健全标准体系，响应时代呼声

一是编制《北京老城保护房屋修缮技术导则（2019版）》。明确了老城保护房屋修缮的适用范围、修缮标准、新旧建材使用原则、老

城胡同风貌和环境整治、院落改造提升要求，采用图片、照片形式，对传统风貌建筑的形式、工艺标准、正负面清单等进行了说明。

二是深入开展租赁住房建设标准研究。以问题为导向，从调研实证入手，着力解决目前租赁住房存在的执行标准不明晰、配套设施不明确等问题，坚持底线思维，以解决百姓实际需求为目标，兼顾市场运营，适度创新，形成《租赁住房建设标准草案》。

三是启动修订北京市地方标准《公共租赁住房建设与评价标准》。结合新时代公租房建设运营的需求，在公租房地标中新增安防、技防标准，人才公租房设计、建设标准，公租房适老、存储、部品规格等内容，更加注重北京市气候、资源、人居生活特点和公租房发展现状，突出北京特色。同时，考虑公租房特点，提出户型面积、分摊规则、日照等设计规范方面的创新意见。

四是研究起草人脸识别技术标准。形成满足服务和监管需求的全市统一的公租房人脸识别技术标准，明确收集、使用个人人脸信息时应遵循的原则，并对规范安装标准以及数据传输安全存储提出要求，指导实施单位安装人脸识别技术。

二、加强品质管理，建设优质精品工程

一是强化保障性住房规划设计方案审查制度。坚持合规性审查和优化审查有机融合，大力推进审查工作标准化。2019 年，全市累计审查保障房项目规划设计方案 50 个，涉及各类保障房 967.7 万平方米，11.7 万套（见表 6-12）。

表 6-12　2019 年规划设计方案专家审查情况汇总

序号	类型	住宅地上建筑面积（万平方米）	套数（套）	项目数（个）
1	共有产权住房	149.3	16053	16
2	安置房	727.8	82869	20
3	集体土地租赁房	90.6	17909	14
4	合计	967.7	116831	50

二是全面落实样板间制度。组织专家结合全装修样板间对全装修设计方案进行审查，引导开发建设单位高标准设计、选材、装修。2019 年度，全市累计审查保障房全装修设计方案 29 个，涉及住房 336.9 万平方米，4 万套（见表 6-13）。

表 6-13　2019 年全装修设计方案专家审查情况汇总

序号	类型	住宅地上建筑面积（万平方米）	套数（套）	项目数（个）
1	公租房	9.2	1722	1
2	共有产权住房	167.9	19155	19
3	安置房	159.8	19530	9
4	合计	336.9	40407	29

三是大力发展装配式建筑。2019 年，保障房新增实施装配式建筑规模 843.1 万平方米，9.5 万套，其中按照《关于加快发展装配式建筑的实施意见》（京政办发〔2017〕8 号）实施项目约 582.9 万平方米（见表 6-14）。自 2010 年以来，保障房实施装配式建筑规模累计超过 3200 万平方米。

表 6-14　2019 年保障房实施装配式建筑情况汇总

序号	类型		住宅地上建筑面积（万平方米）	套数（套）	项目数（个）
1	共有产权住房		115.3	12414	13
2	安置房		727.8	82869	20
	其中	按照 8 号文实施	467.6	53270	17
3	合计		843.1	95283	33
	其中	按照 8 号文实施	582.9	65684	30

四是高标准推动绿色建筑发展。鼓励保障房建设高星级绿色建筑、超低能耗建筑，大力推广使用绿色技能环保材料及相关技术。2019 年度，按照绿色建筑二星级及以上标准设计的保障房，建设规模超过 182.8 万平方米，新增 138.2 万平方米保障房获得绿色建筑二星级及以上设计标识（见表 6-15）。累计 870 万平方米保障房获得绿色建筑二星级及以上标识。

表 6-15　2019 年新增保障房实施绿色建筑情况汇总

序号	类型	二星级及以上标准设计		获得二星级及以上标识	
		项目建设规模（万平方米）	项目数（个）	项目建设规模（万平方米）	项目数（个）
1	共有产权住房	115.3	13	37.0	2
2	安置房	67.5	3	55.8	4
3	公租房	-	-	18.0	2
4	限价房	-	-	27.4	1
4	合计	182.8	16	138.2	9

三、推进保障房信息平台建设，提高管理服务水平

一是借力科技手段提升工作效率。完成数字住建 App 住房保障专题开发工作，助力会商决策。增设业务办理环节提醒、批量审核等功能，实现棚户区改造项目网上过程性管理、网上办理保障房税费减免、保障房房源转化以及公租房产权主体变更、产业化报表填报等业务功能。

二是运用信息化手段进一步提升精治水平。进一步扩大数据共享范围，精细化监管保障房家庭补贴领取、保障房源违规腾退、积分落户等业务，确保保障资源公平善用。

第五节 住房保障使用与监督管理

2019年全市公租房项目累计入住房源14.2万套，发放补贴4.32万户，金额5.41亿元，其中公租房租金补贴发放2.54万户，发放金额3.28亿元；市场租房补贴发放1.78万户，发放金额2.13亿元。

一、强化动态监管，不断健全长效监管机制

一是完善违规线索处理机制，不断筑牢监管网。2019年全年，保障房涉嫌违规家庭共计7542户，已受理7395户；受理3个月以上6282户，已核实处理5473户。其中，丰台区加强保障房家庭再购房核查，主动赴不动产登记部门核查公租房家庭房产情况，为责令退出提供有力证据。朝阳区建立一案一档制度，随着违规案件查处的进展，按调查、取证和处理结果流程及时归档，确保事结案了、档案齐备。与市政务服务局建立沟通机制，从2万余件12345工单中，梳理出200余条疑似转租转借信息，转相关区继续办理，确保不遗漏任何违规线索。市保障房中心设立公租房使用监督部门，集中力量处理转租转借等违规行为，强化对公租房使用行为的监管和核查。

二是加大执法检查力度，持续保持高压态势。按照工作部署、产权单位自查、管理部门抽查、问题整改、跟踪整改5个阶段，从政策落实、制度建设、运营管理、使用监管、技防应用、社会管理、物业安全7个方面开展检查。从总体情况看，产权单位基本能够按照“谁持有，谁管理”的要求，将监管职责落实到位；近九成项目能够对周边经纪机构定期巡查和网络平台违规发布信息进行检查，并做好记录，管理水平持续提升。不断完善公租房双随机检查内容，在检查过程中增加对产权单位的政策宣讲环节，并将原先一月一检查增加至两周一检查。

各区积极开展执法检查，通州区在怡然世家公租房小区开展专项治理整顿工作，区住建委会同梨园镇政府、区公安分局、区消防支队、属地房管所及物业公司等多家单位联合行动，对该公租房小区楼道内私加防护门、涉嫌违规转租转借等违规行为开展集中清理整顿，对违规行为形成有力震慑。

三是强化部门联动，加大震慑力度。与人民银行营业管理部签订《关于金融信用信息基础数据库采集公租房违规信息的合作备忘录》，首次将公租房违规家庭信息纳入到金融体系征信平台，强化对公租房违规家庭的信用约束，对违规家庭形成制度威慑；与市一中院签订合作协议，加强住房保障领域案件的专题研究和会商，特别是针对公租房转租转借、欠缴租金、法院受理等案例，建立司法与行政良性互动机制。

二、完善精细化管理，不断提高日常管理水平

一是技防设备安装基本完成，精细化、智能化管理水平不断提高。在各区住保部门及产权单位的努力下，绝大多数已入住公租房项目落实了安装资金，人脸识别等技防设备安装工作取得阶段性成果。除少数插花类房源，全市九成入住公租房项目完成技防设备安装，涉及房源10万余套。

各区还主动作为、积极创新，丰富技防方式，完善管理机制，如海淀区金隅西砂小区在人脸识别的基础上，将指纹智能门锁安装到户；大兴区瀛海家园小区率先在保障房中应用虹膜智能门锁技术；市保障房中心加快建设人脸识别数据管理平台，加强大数据分析应用，为监管工作提供技术支撑。

二是简化办事流程，群众获得感不断提升。会同市规自委联合发布通知，简化经济适用住房上市出售流程，将申请改为提交承诺，并可通过市住建委官网查询结果，实现群众少跑路。稳步推进公租房调换工作，依托市保障房中心的调换房源信息系统，海淀区率先开展不同产权单位间调换试点。

三是来电来访工作措施有效实施，持续提升服务质量。住房保障咨询热线接听电话1万余通，特别是接到群众反映市保障房中心退押金时间长、公租房合同备案编号查询难等问题后，多方努力，立行立改，实现由接诉即办向未诉先办转变。

四是强化信息公开，营造公开透明氛围。为方便群众精准查找项目及提供违法线索，在市住房城乡建设委官网通过地图方式公开首批公租房项目的产权单位、地址、举报电话等信息。为落实市场租房补贴发放信息列入公开目录的要求，各区主动作为，迅速落实，确保信息公开工作有序开展。

三、压实属地公共服务责任，提升社区服务水平

落实10部门联合出台的《关于加强本市公共租赁住房社会管理和服务的意见》，促进公租房家庭共享属地均等化的社会公共服务。贯彻落实《北京市街道办事处条例》，梳理已入住公租房小区居委会建设情况，并协调民政部门对未筹备居委会的公租房项目，加快推进居委会组织建设。

第七章

综合整治与改造更新

第一节 2019—2020 年房屋安全使用跨年管理情况

一、2020 年北京市房屋安全检查

依据《城市危险房屋管理规定》（建设部 129 号令）、《北京市房屋建筑使用安全管理办法》（北京市政府 229 号令），为掌握本市城镇房屋安全状况，及时发现和解除危险隐患，合理制订城镇房屋修缮和改造计划，保障房屋住用安全，市住房城乡建设委印发了《关于开展 2020 年度北京市城镇房屋安全检查工作的通知》（京建发〔2019〕402 号），各区住建委、房管局及各管房单位按市住房城乡建设委统一部署，组织实施城镇房屋安全检查。

（一）房屋安全检查总量及完损状况分析

从 2019 年 11 月至 2020 年 2 月，实查城镇房屋 73390 万平方米，为应查（不包括军产、外事用房及厂矿工业用房等）75874 万平方米的 96.73%，各区查房数量详见图 7-1（图中所标数值为应查房数）。

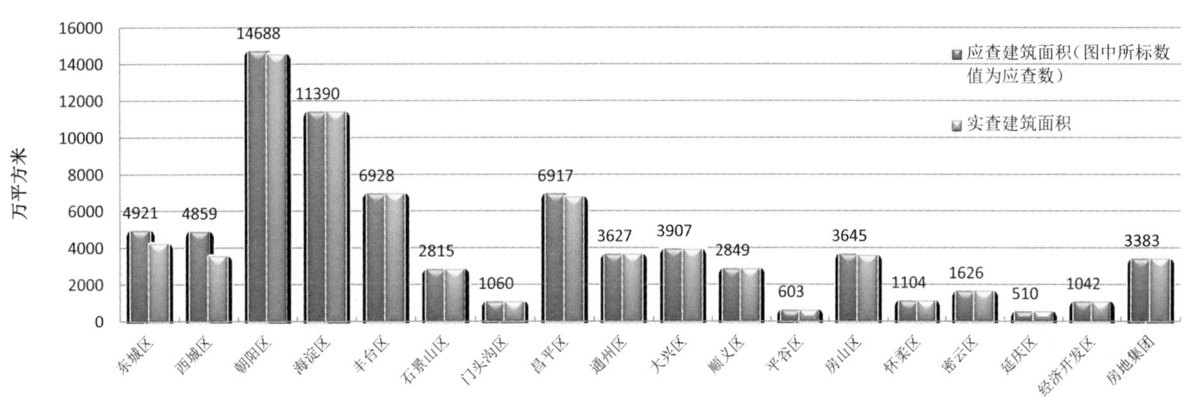

图 7-1 2020 年度城镇房屋安全检查中各区应查和实查房屋建筑面积

在实查城镇房屋 73390 万平方米中，查出疑似危险房屋（未鉴定，以下同）17.95 万平方米，占实查房的 0.02%；严重破损房屋 255.22 万平方米，占实查房屋的 0.35%；一般破损房屋 2283.15 万平方米，占实查房屋的 3.11%。按房屋类型划分：疑似危险平房（含中式旧楼）3.71 万平方米，占疑似危险房屋总量 17.95 万平方米的 20.67%；严重破损平房（含中式旧楼）124.73 万平方米，占严重破损房屋总量 255.22 万平方米的 48.87%；一般破损平房（含中式旧楼）271 万平方米，占一般破损房屋总量 2283.15 平方米的 11.87%。疑似危险楼房 14.24 万平方米，占疑似危险房屋总量 17.95 万平方米的 79.33%；严重破损楼房 130.49 万平方米，占严重破损房屋总量 255.22 万平方米的 51.13%；一般破损楼房 2012.15 万平方米，占一般破损房屋总量 2283.15 万平方米的 88.13%。按房屋区域划分：东城区和西城区查出疑似危险房屋 1.22 万平方米，占疑似危险房屋总量 17.95 万平方米的 6.8%；东西城严重破损房屋 122.13 万

表 7-1　2020 年城镇房屋完损状况分析

		应查房屋建筑面积（万平方米）	实查房屋建筑面积												危旧房小计（三四五类）		危破房小计（四五类）	
			合计		完好房屋		基本完好房		一般破损房		严重破损房		疑似危险房					
			万平方米	占应查%	万平方米	占应查%	万平方米	占应查%	万平方米	占应查%	万平方米	占应查%	万平方米	占应查%	万平方米	占应查%	万平方米	占应查%
合计		75874	73390	96.73	58083	79.14	12751	17.37	2283	3.11	255	0.35	17.95	0.02	2556	3.48	273	0.37
按房屋类型分	楼房	74048	71654	96.77	57316	79.99	12180	17.00	2012	2.84	130	0.18	14.24	0.02	2157	3.01	145	0.20
	平房（含中式旧楼）	1827	1736	95.07	766	44.12	571	32.87	271	15.61	125	7.18	3.71	0.21	399	23.00	128	7.40
按区域分	东城西城	9780	7714	78.87	4982	64.59	2173	28.17	435	5.64	122	1.58	1.22	0.02	558	7.24	123	1.60
	朝海丰石	35820	35644	99.51	29562	82.93	5495	15.42	538	1.51	41	0.12	9.08	0.03	588	1.65	51	0.14
	其他区	26891	26648	99.10	22841	85.73	3392	12.73	404	1.52	5	0.02	6.82	0.03	416	1.56	12	0.04
	房地集团	3383	3383	100	698	20.62	1691	50.00	906	26.79	87	2.56	0.83	0.02	994	29.37	87	2.58

平方米，占严重破损房屋总量 255.22 万平方米的 47.85%；东西城一般破损房屋 435.24 万平方米，占一般破损房屋总量 2283.15 万平方米的 19.06%。疑似危险房屋分布情况：疑似危险房屋 17.95 万平方米中所占比例较多的是：海淀区 7.41 万平方米，占总量的 41.28%；大兴区 5.14 万平方米，占总量的 28.64%（详见表 7-1）。

（二）直管房屋安全检查分析

直管房屋安全检查从 2019 年 11 月 15 日开始至 2020 年 2 月 10 日结束。共组织了 205 个查房小组，759 人参加查房，动员工日 2.81 万个。实查直管房 1767.96 万平方米，占应查房屋 1771.61 万平方米的 99.79%。其中：实查平房 304.69 万平方米（包括中式旧楼 11.45 万平方米），占实查直管房总量 1767.96 万平方米的 17.23%；实查楼房 1463.27 万平方米，占实查直管房总量的 82.77%。

1. 直管房屋完损状况（见图 7-2）

（1）直管房屋完好率（完好房和基本完好房）所占的比例由上年的 69.88% 下降为 66.51%，下降 3.37 个百分点，其中：平房完好率（包括中式旧楼，以下同）由上年的 56.15% 上升为 57.29%，上升 1.14 个百分点；楼房完好率由上年的 72.68%下降为 68.44%，下降 4.24 个百分点。

（2）直管一般破损房所占的比例由上年的 24.64%上升为 28.48%，上升 3.84 个百分点。其中：一般破损平房由上年的 24.52%下降为 23.88%，下降 0.64 个百分点；一般破损楼房由上年的 24.66%上升为 29.44%，上升 4.78 个百分点。

（3）直管严重破损和疑似危险房屋所占比例由上年的 5.49%下降为 5%，下降 0.49 个百分点。其中：直管严重破损和疑似危险平房由上年的 19.33%下降为 18.83%，下降 0.5 个百分点；楼房由上年的 2.66%下降为 2.12%，下降 0.54 个百分点。

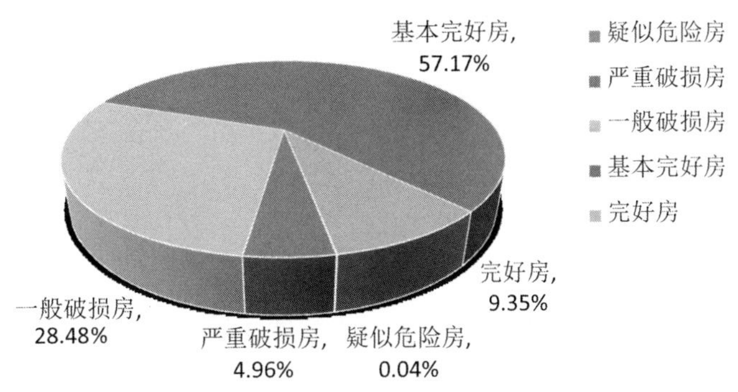

图 7-2　直管房屋完损状况比例

2. 直管房屋应修缮情况

实查直管平房 20.81 万间（包括中式旧楼 0.72 万间），实查直管楼房 4091 幢 25.23 万套、1463.27 万平方米。应修缮项目见表 7-2。

表 7-2　直管房屋中查出的应修缮项目

统计单位：平房：间

楼房：万平方米

	平房应修缮						楼房应修缮				
	挑翻大修	木结构加固	墙体整修	屋面维修	改善项目	解除院落积水（米）	综合维修	屋面大修	上下水更新	整楼外墙板缝漏雨或外立面粉饰	屋面维修
数量	32972	885	4868	59689	2159	4	33.41	16.09	71.68	5.67	16.32
占总量%	15.84	0.43	2.34	28.68	1.04	—	2.28	1.10	4.90	0.39	1.12

（三）物业和单位自管房屋安全检查分析

1. 实查物业和单位自管房 71418.64 万平方米，占应查面积 73879.38 万平方米的 96.67%。其中：完好和基本完好房占 97.40%，比上年下降 0.39 个百分点；一般破损房占 2.41%，比上年上升 0.35 个百分点；严重破损及疑似危险房占 0.19%，比上年上升 0.04 个百分点（详见图 7-3）。

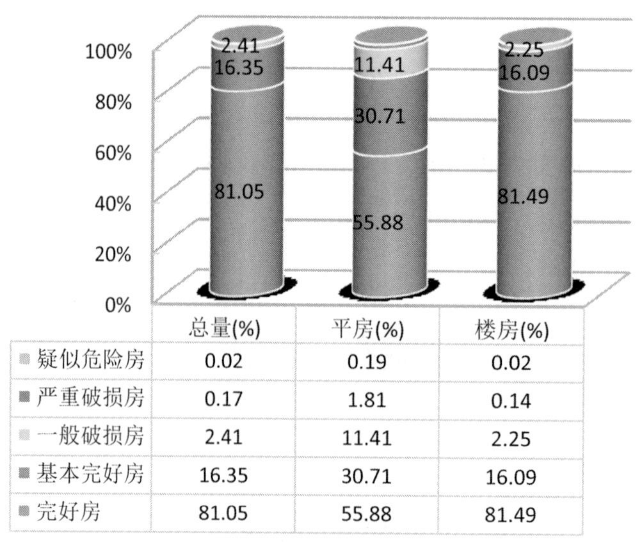

	总量(%)	平房(%)	楼房(%)
疑似危险房	0.02	0.19	0.02
严重破损房	0.17	1.81	0.14
一般破损房	2.41	11.41	2.25
基本完好房	16.35	30.71	16.09
完好房	81.05	55.88	81.49

图 7-3　物业和单位自管房屋完损状况（%）

2. 查出物业和单位自管平房应修 12984 间，占实查平房 36.18 万间的 3.59%。主要修缮项目：（1）应挑翻大修 1423 间；（2）木结构应加固 662 间；（3）平房屋面应补漏 9474 间；（4）应墙体整修 306 间；（5）房屋严重阴暗、潮湿、掉土，需做顶棚、地面、改装修 1119 间。

3. 查出物业和单位自管楼房应修 2373.18 万平方米，占实查楼房建筑面积 70190 万平方米的 3.38%。主要修缮项目：（1）楼房应综合维修 455.63 万平方米；（2）整幢楼外墙板缝漏雨应修 135.09 万平方米；（3）外立面应粉饰 95.27 万平方米；（4）楼房屋面应大修及维修 1396.5 万平方米；（5）上下水应更新 179.75 万平方米；（6）楼内墙公共部分应粉刷 110.94 万平方米。

（四）城镇私有平房安全检查分析

实查城镇私有平房 12.44 万间，占应查 14.37 万间的 86.57%。其中 98.01%为自住私有平房，按其产别分类所占比例见图 7-4。

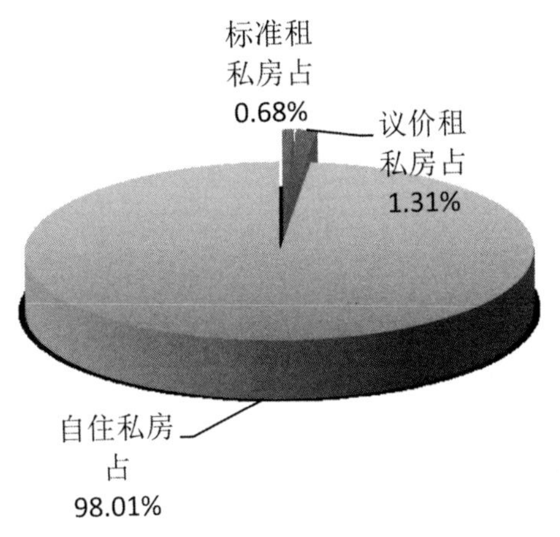

图 7-4　城镇私有平房按产别分类

1. **标准租出租私房：**实查标准租私房 1.21 万平方米，占应查 1.41 万平方米的 85.21%，其中：完好和基本完好房占 10.75%，一般破损房占 18.18%，严重破损房占 70.25%，疑似危房占 0.83%。查出应修标准租私房 469 间，占实查 879 间的 53.36%。主要修缮项目：（1）应挑翻大修 276 间，占实查间数的 31.40%；（2）木结构应抢修加固 18 间，占实查间数的 2.05%；（3）应墙体整修 94 间，占实查间数的 10.69%；（4）严重漏雨 81 间，占实查间数的 9.22%。

2. **自住私房及议价租私房（未规定评定房屋完损等级）：**共实查 12.36 万间，占应查 14.26 万间的 86.68%。查出应修自住私房及议价租私房 18118 间，占实查 12.36 万间的 14.66%。主要修缮项目：（1）应挑翻大修 13013 间，占实查间数的 10.53%；（2）木结构应抢修加固 358 间，占实查间数的 0.29%；（3）应墙体整修 3893 间，占实查间数的 3.15%；（4）严重漏雨 854 间，占实查间数的 0.69%。

（五）房屋设备检查总量分析

1. 2020 年检查电梯 101599 部，电梯检查率为 98.83%，比上年上升 0.11 个百分点。其中检查直管房屋电梯 632 部，检查率为 100%；检查物业管理电梯 77160 部，检查率为 99.77%；检查自管房电梯 23807 部，检查率为 95.88%。

2. 2020 年检查高层二次供水水泵 39412 台，检查率为 97.94%，比上年上升 0.08 个百分点。其中直管房屋高层二次供水水泵 457 台，检查率为 100%；物业管理高层二次供水水泵 29273 台，检查率为 100%；自管房高层二次供水水泵 9682 台，检查率为 92.10%。

3. 2020 年检查避雷装置 218276 个系统，检查率为 99.25%，比上年下降 0.07 个百分点。其中直管房屋避雷装置 2134 个系统，检查率为 100%；物业管理检查避雷装置 144858 个系统，检查率为 99.61%；自管房单位检查避雷装置 70466 个系统，检查率为 98.33%。近几年房屋设备检查数量分析见图 7-5。

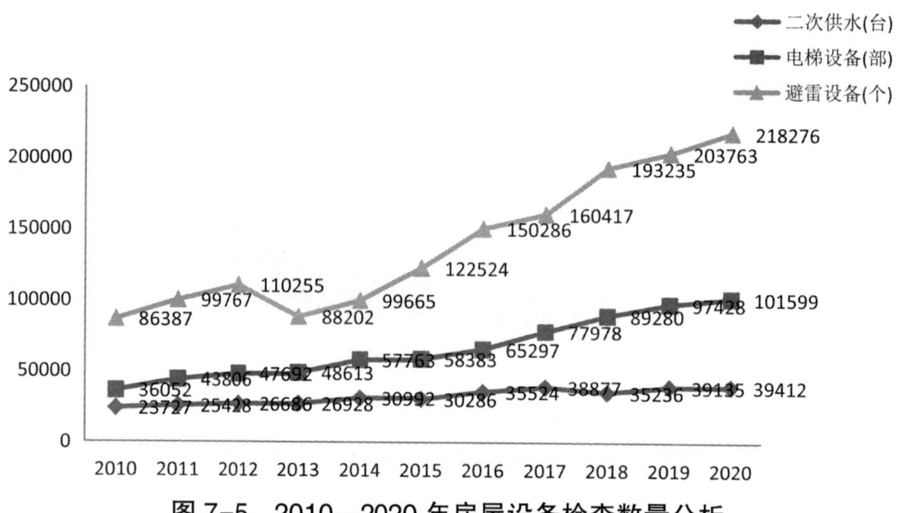

图 7-5　2010—2020 年房屋设备检查数量分析

（六）房屋设备完好状况分析（详见表 7-3）：

表 7-3　2020 年城镇房屋设备完好状况

		应查	实查							
			合计		完好		一般		较差	
			数量	占应查%	数量	占实查%	数量	占实查%	数量	占实查%
甲		1	2	3=2/1	4	5=4/2	6	7=6/2	8	9=8/2
合计	电梯设备（部）	102803	101599	98.83	92579	91.12	7240	7.13	1780	1.75
	二次供水（台）	40243	39412	97.94	36816	93.41	2303	5.84	293	0.74
	避雷设备（个）	219936	218276	99.25	211802	97.03	6002	2.75	472	0.22
直管	电梯设备（部）	632	632	100	401	63.45	165	26.11	66	10.44
	二次供水（台）	457	457	100	394	86.21	24	5.25	39	8.53
	避雷设备（个）	2134	2134	100	1934	90.63	164	7.69	36	1.69
自管和物业	电梯设备（部）	102171	100967	98.82	92178	91.30	7075	7.01	1714	1.70
	二次供水（台）	39786	38955	97.91	36422	93.50	2279	5.85	254	0.65
	避雷设备（个）	217088	215324	99.19	209041	97.08	5838	2.71	445	0.21

1. **电梯设备完好状况**：检查电梯 101599 部，其中完好电梯 92579 部，完好率 91.12%，比上年上升 0.26 个百分点；电梯状况一般的 7240 部，占 7.13%，比上年下降 0.05 个百分点；电梯状况较差的 1780 部，占 1.75%，比上年下降 0.21 个百分点。其中：直管电梯设备完好率 63.45%，比上年 68.46% 下降 5.27 个百分点；单位自管电梯设备完好率 89.22%，比上年 87.45%上升 1.77 个百分点；物业管理电梯设备完好率 91.94%，比上年 91.64%上升 0.3 个百分点。

2. **二次供水设备完好状况**：检查二次供水设备 39412 台，其中供水设备完好的 36816 台，完好率为 93.41%，比上年上升 0.03 个百分点；供水设备状况一般的 2303 台，占 5.84%，比上年上升 0.03 个百分点；供水设备状况较差的 293 台，占 0.74%，比上年下降 0.08 个百分点。

3. **避雷设备完好状况**：检查避雷设备

218276个系统，其中避雷完好的211802个系统，完好率为97.03%，比上年上升0.9个百分点；避雷设备状况一般的6002个系统，占2.75%，比上年下降0.74个百分点；避雷设备状况较差的472个系统，占0.22%，比上年下降0.16个百分点。

二、城镇房屋防汛工作

在市委、市政府和市防办的坚强领导下，全市房屋防汛部门深入贯彻习近平总书记就防灾减灾工作发表的一系列重要讲话，特别是汛期习近平总书记对防汛抢险救灾工作作出的“要牢固树立以人民为中心的思想，全力组织开展抢险救灾工作，最大限度减少人员伤亡，最大程度降低灾害损失”的重要指示，落实国家防总、水利部、市防办等工作部署，结合“不忘初心、牢记使命”教育学习，坚持“生命至上、安全第一”的工作宗旨，突出以城镇危旧房屋、低洼院落及普通地下室等为工作重点，深入一线解决问题，全力以赴、夜以继日、顽强拼搏，成功应对汛期每一场降雨，守住了“不死人、少伤人”的工作底线，实现了确保房屋安全度汛的工作目标。

（一）认真组织筹划做好房屋防汛准备工作

房屋防汛立足于早着手，认真筹划汛前的准备工作，落实防汛各项工作要求。

1. 开展汛前重点房屋、重点部位及防汛准备情况抽查检查。从全市查房汇总情况看，查房数量略多于上年，严重破损、疑似危险房屋数量略多于上年。针对这个情况，向有关区发函，要求落实责任和解危资金；同时，结合《2019年北京市城镇房屋防汛工作要点》，要求各区建立清册和应急预案，明确安全监管责任，采取切实具体措施，力争上汛前解危。开展抽查检查工作，到基层房管单位实地检查并听取冬季查房、防汛准备、防汛隐患排查整治情况汇报。

2. 印发城镇房屋防汛工作要点。为做好2019年北京市城镇房屋防汛工作，市住建委依据国家和本市有关防洪防汛法规，落实北京市人民政府防汛抗旱指挥部《关于做好2019年北京市防汛抗旱工作的通知》（京政汛〔2019〕1号），制订印发《2019年北京市城镇房屋防汛工作要点》。

3. 组织召开房屋防汛演习观摩会。5月10日上午，市住建委联合海淀区海房投资集团，在海淀区苏家坨镇管家岭村，组织召开2019年房屋防汛演习观摩会。各区住建委、房管局、直管房屋管理单位主管领导、主管部门负责人参加了演习观摩会；海淀区海房投集团、市房地集团和东城区、西城区直管公房管理单位以及大兴区、通州区、延庆区住建委13支房屋防汛抢险队参加演习，分别针对人员转移、屋内承重结构加固、屋顶漏雨苫盖、外墙支护、雨水倒灌拦挡 、房屋积水区域排水等6种预想情况进行演练，200多人参加观摩会。市住建委赵成副巡视员对演习组织给予肯定，并就2019年房屋防汛工作提出了要求：一是各单位要学习借鉴演习观摩会的经验，组织好本单位的防汛演习，提高防汛应急保障能力。二是要进一步明确防汛责任，尤其是危房解危责任，确保安全措施落实到位。三是要按照防汛应急预案落实好值班、备勤和抢险工作。四是依靠属地政府和社会力量共同组织房屋防汛工作。五是严肃工作纪律，要按照防汛应急预案要求，及时报送房屋防汛信息和反馈工作情况。

4. 分级落实抢险队伍人员和物资保障工作。汛前，全市组建房屋防汛抢险队256支、4785人（其中市住建委直属房屋防汛抢险队2支、55人），储备苫盖材料1338捆、木材356立方米、水泵1006台、发电机141台、运输车260辆。落实物资储备从实战出发就近准备、统一使用的要求。

（二）抓好上汛后的各项工作

按照市委、市政府和市防办的决策部署，认真抓好检查督促，及时收集雨情，协调解决隐患，成功应对了“7·5”“7·23”“7·28”“8·4”“8·9”“9·12”等强降雨过程。

1. 及时贯彻转发市防办的通知要求。学习转发蔡奇书记、陈吉宁市长、卢彦副市长在市防汛抗旱工作电视电话会议暨市防汛抗旱指挥部第一次会议上的讲话，以及关于认真做好防汛工作科学应对等传真电报；及时传达市防汛会商会精神，要求各区房屋防汛分指挥部和担负房屋防汛任务的相关单位积极行动起来，提前筹划部署，认真将工作要求落实到位。一是做好强降雨应对工作。特别是在历次强降雨过程中，要求各单位高度警觉，贯彻“阴天就是预警，雨声就是命令”的要求，组织力量对城镇危旧房屋、低洼院落及普通地下室等进行汛期排查，对排查出的危险隐患要立即采取措施处置。二是严格落实防汛制度。落实24小时手机开通和值（带）班制度，确保指挥通信联络畅通。三是加强信息报送工作。保证了汛期房屋防汛应急抢险工作上下联动，快速反应，有效处置。

2. 加大汛期检查力度、保证突发情况立即处置。2019年汛期多次发生全市范围的大雨或区域暴雨。市防汛办发布暴雨蓝色预警7次，黄色暴雨预警各5次。从6月1日上汛开始到9月12日，市住建委电话检查值班情况9次，通过微信群通知各区落实防汛情况共发布674条（平均每天发7条），各区、各房屋防汛管理单位报告和反馈信息4170条（平均每天40条）。对中雨以上降雨开展雨情应对信息收集，共收集信息14次，各区参加值班、抢险备勤人员6.55万人次，雨中巡查重点平房14.33万间次、楼房9.71万栋幢次。经巡查发现或居民报修积水院落125处、雨水进屋10间、地下室倒灌33处；平房漏雨899间、楼房漏雨434幢；雨中抢修苫盖或加固房屋829间，督促其他漏雨房屋在雨后修缮解决。

赵成副巡视员带队，6月5日下午，以“四不两直”方式，对宣房投资公司所属平房施工工地及防汛工作落实情况实地查看。先后检查了天桥蜡烛胡同52号、74号的平房大修和白纸坊地区的双槐里小区查看院内排水情况；7月1日，赴大兴区清源街道枣园尚城社区调研，实地了解枣园尚城小区通过发挥社区党建引领作用，建立协商议事平台，公开服务管理事项，透明费用收支，解决了业主关心的漏雨和积水问题等情况；7月19日，赴房山区碧桂园调研，对2012年“7·21”后小区排水管线改造情况进行了实地查看，具体检查了小区排水设施、单元门设置挡水沙袋等情况，并与长阳镇镇政府相关负责同志进行了座谈。7月31日，检查首华物业公司防汛应急物资储备情况，对西城区崇善里胡同8号院房顶防水老化，油毡破损漏雨问题修缮情况进行了督查。

8月5日凌晨，顺义区局地强降雨造成滟澜山小区、名都园小区严重积水，导致23个地下车库不同程度积水，车库内所停车辆被水浸泡，市区住建部门及时处置，市级抢险队首华物业、房修一物业迅速组织力量，四支抢险队分别于11：10分、11：30分到达，对1、2、19、20、21、22、23、24号车库进行抽排水，顺义区水务局也迅速安排抢险队采用大功率设备投入抢险。截止到8月5日18：00，滟澜山小区共参与防汛抢险人员117人，投入水泵21台，其中：由市住建委调度4支抢险队，共投入抢险人员30人，水泵12台；由空港街道组织抢险人员50人，水泵6台；由顺义区消防支队投入抢险人员7人，水泵1台；由物业服务企业投入抢险人员30人，水泵2台。随着地下车库水位下降，集中力量对剩下积水地库进行抽水。截至 20:30，所有车库积水基本排完，抢险工作圆满完成，参与抢险的同志撤出现场。

3. 认真抓好房屋安全度汛的宣传工作。针对部分业主在汛期房屋漏雨不知道如何解决的问题，市住建委通过媒体进行宣传报道，利用“安居北京”微信公众号，公示各区房屋防汛值班电话，对业主在汛期可能遇到的房屋安全问题一一进行解答。各区房管局充分利用媒体、社区宣传栏、社区报等“图解防汛知识”和抢险报修以及相关负责人电话，开展“防汛咨询进社区”等多种活动，发放宣传资料 10 万余份。各区认真落实和解决《市长电话要情》《今日舆情要闻》及委领导批转报刊关于汛期房屋漏雨问题等。认真对待、密切协作，安排相关人员到点核查，及时解决群众反映的房屋漏雨问题。

（三）存在问题和工作考虑

中心城区平房安全隐患较多。全市城镇房屋安全检查中，中心城区平房区存在锁门、拒查拒修户和单位自管没有及时报告房屋安全情况等现象。拒修的主要原因：一是认为北京危改拆迁的速度加快，自己的居住地可能会马上拆迁，腾房修缮比较麻烦，或者无处寻找周转房，且对房屋的危险程度存有侥幸心理；二是有些住户在装修时为了美观将检查口封闭、木柱包镶，拒绝重新打开检查。日常修缮资金支出不足。由于汛期房屋修缮工作量与修缮资金的短缺，日常修缮工作只能侧重于解危、排水、堵漏等项目，离彻底解决问题还有距离。结构改革人员流动性大专业技术人员越来越少。随着产权单位的改制、重组，造成房屋管理人员短缺，产权单位对所管房屋疏于管理。城区的直管公房管理单位在改制中，各分中心、房管所人员缺少工程方面的专业技术，在日常巡查及抢险修缮时已经明显吃力；为解决这一问题，一些单位开始尝试从长期与其合作的施工队伍中挑选人员充实检查、抢险、修缮队伍 。中心城区私有平房是房屋安全度汛的难点。私房主房屋住用安全意识淡薄，不愿出资对房屋进行修缮，部分居民仍存在等待政府出资修缮或搬迁腾退的心理，不愿自行解危；还有部分私房主明知房屋存在安全隐患，还将房屋出租等问题。单位自管平房解危排险协调工作难度较大。全市自管房单位数量较大，各自管房情况不一，监管力度不同，管理水平参差不齐，部分自管房产权单位房屋安全意识不强或经济效益差、改制、灭失等原因，致使房屋防汛责任存在缺位现象，群众报险、报修后不能及时处理，无力或不愿意承担日常房屋修缮责任。管理手段还比较落后，先进的科技手段没有运用到房屋安全检查和房屋防汛检查上来。

（四）主要工作经验

房屋防汛工作任务的顺利完成，主要是突出城镇危旧房屋、低洼院落及普通地下室等工作重点。接到强降雨预警，应对工作部署早、启动早、安排周密、措施得力，有效落实房屋防汛各项措施。一是市住建委牵头房屋防汛工作，及时传达市防办和市领导的通知，做好雨情预警，积极应对。二是做好宣传发动，引导业主反映和解决房屋漏雨问题，对房屋漏雨问题及时告知各区帮助业主解决 。三是通过 2019 年应对局地强降雨天气实践，进一步磨合了工作机制，丰富了应对极端天气工作经验。

下一步，要不断完善体制机制，创新工作方法：一是继续抓好全市房屋安全检查工作，督促各区及时填报房屋数据；二是抓好危房解危工作，对各区查出 4、5 类房屋数据，函告属地政府，落实解危资金和解危责任；三是抓好上汛前的准备工作，组建好防汛抢险队伍，组织好房屋抢险演练，储备好汛期抢险物资；四是组织汛期值守和房屋应急抢险工作；五是加强应急值班制度建设；六是组织好防汛工作总结和布置查房工作；七是做好日常答疑解惑、来电咨询以及信访工作；八是抓好房屋建筑安全使用立法工作。

三、全市普通地下室安全使用管理工作

（一）实现年度工作目标

在实现全市普通地下室违规住人的“动态清零”的基础上，加大检查力度，全年市区两级累计检查43542次（包含街、乡日常检查）。清理整治的同时，普通地下室再利用水平也有较大提高，经统计，全市普通地下室再利用共计231处，主要用于仓储、宣教、公益便民服务等。

（二）保障国庆70周年庆祝活动期间普通地下室使用安全

为保障国庆70周年庆祝活动期间普通地下室使用安全，市住建委高度重视，深入一线检查督导，相关部门细化措施、严密组织，市、区两级形成合力、全面摸排，确保了国庆70周年期间普通地下室的绝对使用安全。

（三）开展普通地下室再利用政策研究

为规范普通地下室再利用工作，深入一线调研普通地下室再利用现状及自用性宿舍使用情况，了解掌握当前面临的困难和问题，积极探索普通地下室统筹使用、合理再利用的有效途径。

四、超限高层建筑工程抗震设防审查工作

2019年，依据《国务院对确需保留的行政审批项目设定行政许可的决定》（国务院令第412号）、《超限高层建筑工程抗震设防管理规定》（建设部令第111号）、《建设部关于纳入国务院决定的十五项行政许可的条件的规定》（中华人民共和国建设部令第135号）及《超限高层建筑工程抗震设防专项审查技术要点》建质〔2015〕67号等文件的要求，对17项超限高层建筑工程进行了抗震设防专项审查。其中包括东坝国际商业中心、北京电影学院怀柔新校区二期工程体育馆项目、北京通州运河核心区III-05地块2#、3#公寓楼等项目。

第二节　老旧小区综合整治

一、全市老旧小区综合整治和老楼加装电梯进展情况

新一轮老旧小区综合整治工作启动以来，2017—2019年，本市已累计确认243个老旧小区综合整治项目，涉及2303栋住宅楼、17.8万户、建筑面积1275.4万平方米，预计投资214.9亿元。截止到2019年12月底，实现改造类进场施工98个项目，完成44个项目，涉及住宅楼395栋，建筑面积293万平方米，居民3.8万户。经初步统计，98个项目实现拆除违法建设4万平方米，节能改造353.42万平方米，抗震加固0.4万平方米，楼内上下水改造2582串，拆除外窗护栏6.9万个，楼体清洗粉刷241.2万平方米；绿化补建15.9万平方米，硬化路面23.3万平方米，铺装透水砖27.8万平方米；小区给水管线改造1.3万米，雨水管线改造3.1万米，污水管线改造4.2万米，架空线入地管廊建

设14.1万米；完善路灯公共照明2071套，完成监控安防848套。除此，还实施了多层楼房平改坡11万平方米。

从两年多的实践情况来看，老旧小区综合整治从2017年的10个项目，到2018年的100个项目，再到2019年的133个项目，正在按照既定工作目标稳步推进，形成了组织实施有章法、整治内容有菜单、资金筹措有探索、长效管理有机制、审批流程有简化、项目实施有跟踪的“六有”经验，努力实现蔡奇书记提出的“五性”、“共治是起点、也是出路”，陈吉宁市长“先慢后快、明晰权责、凝聚共识、守住底线”，隋振江副市长提出的“创新强化治理、长效管理的新模式，力度要加大，考核要加强，实现总体消减”等要求。

2017年全市完成加装电梯274部，2018年完成加装378部，2019年老楼加装电梯工作被列为市政府重要民生实事项目：“全年任务开工400部以上，完成200部以上。”截至2019年12月底，全市老楼加装电梯在施750部（其中新开工693部），完成555部，超额完成年度目标任务。

二、完善政策措施，建立工作机制

为贯彻落实市政府办公厅制定印发的《北京市老旧小区综合整治工作方案（2018—2020年）》（京政办发〔2018〕6号），市住建委会同市有关委办局陆续出台了相关配套文件。2018年出台4个配套文件，涉及规划建设、工程管理、长效机制建设、增设电梯。2019年2月，经市政府批准，市财政局会同市住建委、市发改委、市城市管理委出台了老旧小区综合整治资金政策，形成“1+5”政策体系。在资金政策中，明确基础类内容以政府出资为主实施定额补助，自选类内容由居民自愿选择实施，采取社会投资、居民付费和政府补贴方式筹集资金；对房改房小区和商品房小区制定了不同的补助标准，明晰了政府、市场、业主责任边界。为进一步细化工作措施，围绕对照住建部近期提出的9项工作机制，进一步梳理北京市老旧小区综合整治工作中需要制度创新相关需求，为下一步完善工作机制，破解政策难题做好相关准备。

三、配合国务院相关部门开展调研工作

2019年，国务院多部门对我市老旧小区综合整治工作开展了密集调研。6月20日至21日，国务院研究室对北京市老旧小区综合整治工作进行调研，高度评价了我市老旧小区综合整治工作。经隋振江副市长同意，向国务院研究室上报了北京市有关经验。7月中下旬，国务院组织开展全国老旧小区综合整治大调研，由国管局、住建部、公安部、教育部组成的第5调研组于7月23日至25日对北京市进行调研，市住建委会同市有关部门向国务院调研组进行了专题汇报，并陪同到西城、朝阳、丰台、通州4个区7个已完成或在施项目实地调研，同街道社区和居民代表进行了座谈交流，国务院调研组对我市老旧小区综合整治工作给予较高评价。7月25日上午，住建部王蒙徽部长带队到京，开展了主题为“‘美好环境与幸福生活共同缔造’活动开展情况”调研活动，此次调研以老旧小区综合整治和垃圾分类为载体，先后到西城区大乘巷小区、白云路7号院，海淀区翠微西里小区，实地查看节能改造、加装电梯、增建立体停车设施、自行车棚改造、便民餐厅改造等老旧小区综合整治内容，查看了垃圾分类回收箱，听取街道、社区的工作汇报，详细询问了党建引领、发动群众的具体情况，充分肯定了北京市的工作做法和取得的成效。

四、组织开展老旧小区察访核验工作

为落实《老旧小区综合整治工作方案（2018—2020年）》有关要求，2019年8月中旬起，聘请第三方机构，对我市2018年确定的100个项目开展中期和年度两次察访核验。中期察访核验在8月上旬到10月上旬开展，年度察访核验在11月中旬到12月上旬开展。在各区积极配合下，两次察访核验顺利完成。此次察访核验工作，察验内容全面、反映问题较客观准确，对老旧小区综合整治工作起到了很好指导作用，各区针对察验出的问题，及时改进工作，不断提高老旧小区综合整治工作水平。

结合察访核验工作，对100个项目尝试进行了打分，主要包括四个方面，一是小区综合整治方案制定情况；二是改造工程管理情况；三是小区综合整治项目验收与效果；四是居民满意度、长效机制和完善小区治理情况。从全市打分情况来看，80分以上的项目48个，其中海淀区15个，怀柔区9个，通州区、密云区各4个，延庆区3个，西城区、朝阳区、石景山区、房山区各2个，东城区、丰台区、大兴区、昌平区、平谷区各1个。

五、继续加大老旧小区综合整治和老旧小区管线改造统筹

2019年4月，由市住建委牵头成立了市老旧小区综合整治与老旧小区管线改造统筹专班，要求各区梳理各项目管线改造需求，并加强与各专业管线公司对接改造计划。为推进老旧小区管线改造统筹工作，冯可梁副主任加强调度，分别于5月10日、7月19日、9月27日、11月15日召开工作推进会，统筹改造同步实施。

2019年工作推进过程中，一些区已经和专业管线公司的改造计划实现了同步实施，如通州区上潞园小区和旅游新村小区与市电力公司实现了同步实施配电设施改造，丰台区芳城园一区与市热力集团、市电力公司实现了同步实施小区热力、配电设施更新改造。按照市领导有关指示精神，10月16日，市城市管理委牵头召开了我市老旧小区市政管线入楼入户工作会，专题研究老旧小区管线改造资金政策、产权移交、后期运维管理等事项。会后，市各有关部门加快开展老旧小区供水、排水、供电、供气、供热管线改造资金测算工作和配套政策，同时在《老旧小区市政管线入楼入户工作方案》中，优先实施列入老旧小区综合整治计划的小区管线改造，推进实现改造后，各专业公司对小区内市政管线实现专业化运维管理和承担管线更新改造责任。

六、编制新版北京市老旧小区综合整治工作手册

2015年，中央国家机关大规模启动老旧小区综合整治之际，我市制发了《北京市支持加快推进中央和国家机关老旧小区综合整治工作手册》，优化服务方式，设立专门窗口，安排专人受理，并联办理相关手续，大大加快了中央国家机关老旧小区综合整治项目的推进进程，受到国管局的肯定和中央国家机关相关单位的欢迎。按照隋振江副市长把原《工作手册》修订并推广到全市的指示要求，会同市发展改革委、市财政局、市规自委、市城市管理委、市水务局、市市场监管局等部门，编制了《北京市老旧小区综合整治工作手册》。《工作手册》按照尊重历史、实事求是、坚持效率优先、精简审核要件、简化老旧小区综合整治项目审批办事流程，加快开展老旧小区综合整治工作的原则进行编制。主要包括两部分内容：一是实施准备。明确了项目申报确定方式；将建立物业管理长效机制作为项目组织实施的前提；在满足居民诉求和管线改造需求的基础上，确定

老旧小区的改造整治内容；设计单位进行改造整治方案设计，征求居民意见后，确定改造整治设计方案和实施方案；最后由各区组织实施。二是手续办理。明确了老旧小区综合整治工程建设工作流程；细化了规划手续、工程招标采购、施工许可、质量安全监督、档案验收、工程竣工验收备案等前期手续办理流程办事指南；明确管线改造和加装电梯相关标准和建设程序等。

七、配合做好“疏解整治促提升”专项行动

继续推进中心城区和通州区列入 2019 年“疏解整治促提升”专项行动的 29 个老旧小区综合整治项目改造工程实施。截止到 12 月底，2018 年—2019 年列入“疏整促”专项行动的 29 个项目，完成 26 个，朝阳区双龙南里、丰台区太西里小区、通州区小街之春 3 个项目正在加快推进改造整治工作。各项目共完成拆违 1.38 万平方米，治理“开墙打洞” 70 处、群租房治理 224 户、地下空间整治 48 处；完成节能保温 92.93 万平方米，上下水改造 1106 串，拆除窗外护栏 3.49 万个，安装空调护栏 3.86 万个，楼体清洗粉刷 118.5 万平方米，绿化补建 5.9 万平方米，硬化路面 5.3 万平方米，铺装透水砖 7.6 万平方米，小区给水管线更新 7929 米，雨水管线新敷设 6834 米，污水管线更新 10713 米，路灯公共照明新装 2676 套，完善安防设施 300 套，架空线入地铺设管廊 2.07 万米。

按照市“疏解整治促提升”专项行动工作办公室《关于开展“疏解整治促提升”专项行动督查工作的通知》要求，市住建委冯可梁副主任带队，由市委督查室、市政府绩效办、市发展改革委、市规划自然资源委、市国资委、市委政法委、市城乡办、市重大项目办、市商务局和市住房城乡建设委等单位组成的第三督查组，于 11 月 4—5 日，对海淀区和丰台区开展督查工作。督查工作重点围绕建筑垃圾资源化利用、棚户区改造、中心城区老旧小区综合整治情况等内容。海淀区和丰台区政府对督查工作高度重视，两个区“疏整促”各专项工作落实较好，市级督察组给予了肯定。

八、加强老旧小区综合整治工作宣传

2019 年以来，通过视频、网络、报纸等媒体，对我市新一轮老旧小区综合整治工作模式、开展情况进行宣传，收集典型案例。如东城区体育馆路街道工委，在营房西街 1—5 号楼老旧小区综合整治施工现场设立临时党支部服务站，搭建宣传解答政策和传递改造诉求的平台，街道、社区党员轮流职守，向居民解读政策、收集居民诉求反馈给施工单位，帮助居民解决实际问题，有力推进了改造工程实施；在街道同志的不断努力下，该小区实现了违建基本拆除，楼内上下水更新率达到了 93%。又如西城区白纸坊街道社区工作人员，为动员盆儿胡同 62 号院居民配合实施上下水管线更新改造工作，不厌其烦入户做居民工作，最终楼内上下水管线改造更新率达 98% 以上，同时在征求居民意见基础上，通过“先尝后买”方式引入专业物业企业，让改造成果可持续。再如丰台区方庄街道对芳城园一区加大力度实施拆除违法建设，该小区共有楼内违建 76 处，楼顶违建 125 处，在街道社区和实施主体共同努力下，在居民积极配合下，完成了所有违建的拆除工作，兑现了群众提出的“一把尺子量到底”的要求，保证了楼本体节能改造工程顺利实施等等。

第三节 老城整体保护

一、坚持“保障对保障”，推进核心区平房院落有机更新

（一）注重顶层设计，加大政策支持

研究形成“一主三辅”四个配套性规范文件。2019年1月15日，联合东城、西城区政府出台《关于做好核心区历史文化街区平房直管公房申请式退租、恢复性修建和经营管理有关问题的通知》（京建发〔2019〕18号），推进核心区平房院落有机更新；初步完成《北京老城房屋修缮与保护技术导则（2019版）》，明确修缮等级、工艺标准、细部要点等技术要求；编制申请式退租补偿价值评估技术指引，明确估价原则、方法、程序等，统筹退租补偿标准；草拟老城保护性修缮工作管理机制的意见，建立平台，加强对房屋修缮，环境整治提升、文物保护修缮整治等各类项目的统筹管理，做到规划标准统一、实施时序合理、过程监管有力、资金使用高效。

（二）注重积极稳妥，开展先行先试

积极做好申请式退租、“共生院”改造试点工作，确定东城区雨儿胡同、西城区菜市口西为试点项目，会同两区政府及相关部门，就试点项目的工作组织、修缮标准、政策制定等问题多次进行研究指导。东城区雨儿胡同试点院落修缮工程已于6月底基本完成；西城区菜市口西项目截止到8月9日，已完成为期两个月的“申请式退租”工作，居民退租申请累计完成275户，其中公房234户，私房41户，退租率为60%。

（三）及时总结经验，巩固扩大成果

在全面总结两个试点项目的基础上，指导东、西城区继续巩固扩大试点成果，东城区南锣地区正在开展福祥、帽儿、蓑衣等三条胡同的修缮整治提升工作；西城区于11月8日启动砖塔胡同城市保护更新项目，是第二个申请式退租项目，共涉及居民239户，直管公房居民169户。

（四）注重精准对接，加大房源支持

支持开展文物腾退、历史文化街区和文化带保护建设工作。2019年截至8月底，已为核心区调配安置房源816套，用于重点文物保护腾退和申请式退租工作，其中现房416套、期房400套，房源主要分布在朝阳、昌平、大兴、房山4区——朝阳区百子湾（116套，现房）、昌平区溪城家园和朝阳区富力阳光美园（300套，现房）、大兴区瀛海及魏善庄（200套，期房）、房山区阎村（200套，期房）。

二、聚力“收尾攻坚”，努力提升远郊区百姓的居住生活质量

截至2019年9月底，全市累计完成棚户区改造1.56万户，已超额完成1.15万户的年度任务。具体做了以下几个方面工作：

（一）坚持计划引领，及时下达2019年首批棚改计划

按照落实总规、回归初心，严控规模、减量集约，提升质量、分类推进的要求，在充分调查研究的基础上，2019年安排项目138个，任务1.15万户。3月份，报市政府批准正式印发，确保各区根据任务情况，及时早筹划、早动手、早开工。

（二）坚持精细管理，做好棚改项目数据摸底工作

4月初，组织市发改委、市财政局、市规自

委、市重大办、16个区住房城乡建设部门、区财政局、2019年首批棚改项目实施主体等部门召开工作部署会。会后，逐区对标核实填报数据，摸清既有棚户区改造项目的任务、资金、用地等情况底数，并与土地入市、政府债务数据进行比对，形成报告专题上报市政府，为推动棚户区改造精细化管理提供详实准确的数据支持。

（三）坚持克难攻坚，加快棚改项目扫尾拔点

为确保年度棚改任务的顺利完成，按照“啃骨头”“清项目”“降风险”“达净地”的原则要求，推进2019年部分棚改项目实施扫尾拔点。2019年底，延庆南菜园1—5巷等8个项目完成房屋征收收尾、实现净地。通州张家湾六小村（一片区）等8个项目完成全部住宅拆迁。

（四）坚持底线思维，有效防范化解棚改资金风险

年初，按照住建部和市政府要求，市住建委会同市重大办、市财政局、国开行和市保障房中心，深入全市16个区开展调研，逐个项目听取资金落实情况、融资手段、偿债情况等内容，并随机抽取了13个棚改项目进行了棚改全周期摸底调查。8月份，按照市领导提出的化解政府隐形债要求，组织各区填报4大类近600余项的棚改项目基础数据，为精准化解棚改隐形债提供数据支撑。9月份，会同市财政局、发改委、规自委、重大办等部门，对申请2020年提前下达新增地方政府债券项目进行联审，为棚改项目继续推进提供资金保障。

第四节　棚户区改造

2019年，市棚改办认真贯彻落实市委、市政府工作部署和要求，紧紧围绕疏解非首都功能和新版城市总规要求，加强计划管控，稳步推进收尾，积极应对风险挑战，紧抓窗口期精准发力，坚定有序推进工作，提前超额完成全年任务，以实际行动向新中国成立70周年献礼。

一、棚改工作完成情况

全市年度累计完成棚户区改造1.63万户，占全年任务的142%，涉及人口约5.26万人，占全年任务的191%，提前超额完成年度“疏解整治促提升”专项行动任务。127个项目启动签约、26个项目完成征拆收尾、19宗资金平衡地块完成土地整理、3.52万套安置房实现回迁入住。棚户区改造区域群众住房安全和住房困难问题逐步改善，居住环境和公共服务配套显著提升，获得感进一步增强。棚户区改造的疏解整治作用更加明显，提升的成效逐步显现，城市“留白增绿”空间进一步增大。

二、棚改工作主要内容

（一）加强计划管控

一是严把准入关。在计划编制过程中，坚决落实中央和我市相关要求，严控棚改范围，严把棚改准入标准。2019年计划首批计划安排138个项目，较2018年计划项目数减少112个，新增项目仅3个。年中追加项目9个，均为市政府同意的重点项目，实现了计划“瘦身”。

二是完善计划管理体系。在下一步计划编制过程中，市棚改办将认真落实市领导加强全过程管理批示精神，搭建“1个任务+3个计划”的全过程计划管控体系。将征收拆迁收尾、安置房建设回迁、资金平衡地块整理纳入计划管控范围，逐个项目明确了全生命周期的推进计划和关键节点目标。

（二）扎实推进专项行动

一是压实任务。将全年1.15万户、8.47万人的“疏解整治促提升”专项行动任务目标分解落实到各区、各项目。

二是实施精细化管理。指导各区完成任务上账和项目落点落图，实现了全市“一本账”“一张图”精准调度。积极配合市专项平台建设，实时准确反映棚改项目进展。

三是完善绩效考核办法。将项目收尾、安置房筹集、宣传引导等纳入棚改考评细则，增强考核的针对性和引导性。

四是积极配合日常工作。在数据采集、督查调度、宣传报道、舆情应对等日常工作方面与市专项办积极配合，高质量完成疏解整治各项任务。在统筹推进下，各区、各部门继续保持工作的力度和强度，积极稳妥推进，棚户区改造在全市专项行动中进度居于前列。

（三）加大征拆收尾力度

一是明确收尾重点。以回迁安置房和资金平衡地块收尾为重点，力促安置房尽快开工、推动土地尽快完成整理。

二是发挥考核作用。会同老城处制订棚改征拆收尾工作计划，明确各区年度至少完成1个项目收尾的硬指标，传导收尾工作压力。

三是加强部门联动。协调市国资委督促相关市属企业，做好产权认定，支持配合项目征拆收尾。

四是寻求司法支持。加强与征拆处配合，发挥政府和法院联动机制作用，依法快裁、快执，在实践中不断创新，破解签约不交房的执行难题。

（四）防范棚改资金风险

一是争取资金支持。积极争取更多额度支持，缓解资金压力。配合市财政局审核发行2019年新增棚改专项债742.9亿元。同时，引导各区用好贷款贴息和专项引导资金，鼓励引导社会资本参与。

二是化解资金风险。组织市财政局、市投资中心和国开行北京分行，开展棚改资金专题调研，深入了解资金筹措方案、偿债风险化解措施，全面掌握我市在施棚改项目的风险情况，明确重点关注项目，研究应对措施，妥善化解了东铁营项目还款风险问题，本年未发生违约问题。

三是推动土地入市。参与全市土地整理专班，完成棚户区改造入市计划的制订，参与实施意见的研究，推动土地早日完成整理，有序供给上市，及早回笼资金，防范资金断裂风险和偿债违约风险。

（五）加强项目协调调度

围绕资金需求、土地入市、居民回迁等关键环节深入调研，摸清情况，找准问题，部门联动，专项协调。对接市规划自然资源委，研究棚改土地入市用地预审与立项手续衔接问题，推动项目尽快净地入市；密切与财政、金融等部门和国开行北京分行等金融机构沟通，及时协调解决项目融资、发债、偿债等问题；深化与市国资委联系，完善市管企业涉及棚户区改造工作的协调机制；协调相关部门，解决项目推进中输电线迁改、文勘等问题；重点关注西城光源里、菜园街和枣林南里、石景山区北辛安等可能出现居民逾期回迁项目进展情况；推动加快西城区百万庄北里规划方案确定、石景山区北辛安项目污染土治理等难题解决。

（六）加强过程管理

一是完善项目台账。为全面摸清新一轮棚改存量，市棚改办开展了三轮项目梳理，形成了阶段性成果，完善了基础性台账。

二是规范“一会三函”项目管理。对于纳

入“一会三函”试点范围的项目，市棚改办加强管理，理顺牵头关系，调整办理时限，督促加快正式手续办理，对于长期工作无进展的项目提出退出建议。

三是助力征拆精细化管理。开展房屋补偿安置管理系统建设，推动棚改征收拆迁管理、项目收尾和成本控制等精细化工作。

四是配合审计工作。积极配合完成保障性安居工程资金投入和使用绩效审计工作，并落实开展成本摸底工作。

五是加强过程核查。落实各项督查考核和现场查访核验任务，发挥核查作用，促进任务落实。

六是妥善处理诉求。与相关部门密切配合，关注棚改舆情，及时甄别处置；积极稳妥处理信息公开申请、来电来访和网上咨询工作。

七是重视材料编报。多渠道掌握项目信息，认真分析、找准问题、提出建议，形成书面信息、简报、调研报告及相关材料，为领导了解情况，做出科学决策提供参考。

第五节　房屋征收拆迁

一、房屋征收拆迁情况综述

2019年，在委领导直接部署和相关部门支持配合下，市住建委拆迁处围绕新总规关于减量发展的总体要求及市委、市政府关于加大征拆政策统筹、严控征拆成本的工作部署，进一步完善征拆统筹政策，加强棚改项目征拆补偿方案统筹及重点工程指导；全市征收拆迁一盘棋，全力服务保障70周年庆祝活动；积极推动“世园会”拆迁工作顺利完成；加大城市拆迁滞留项目清理；牵头启动清理逾期未安置项目，解决搬迁群众居住问题；加强信息化建设，先后完成征收拆迁信息系统升级改造和全市安置房查询系统建设。同时，应对新《土地管理法》对本市集体土地征地拆迁工作造成的影响，加强征地拆迁管理体制机制相关问题研究，取得良好成效。

二、全市房屋征收拆迁项目基本情况

（一）房屋征收拆迁项目启动情况

2019年，全市共启动房屋征收拆迁项目19个（其中作出房屋征收决定项目8个，核发房屋拆迁许可证项目11个），征收拆迁住宅户数7848户（其中征收涉及1323户，拆迁涉及6525户），涉及住宅建筑面积约168万平方米。

（二）房屋征收拆迁项目签约情况

2019年，全市房屋征收拆迁共签约住宅户数4072户（其中征收签约1981户，拆迁签约2091户），涉及住宅建筑面积约38万平方米（其中征收涉及约11万平方米，拆迁涉及27万平方米）。

三、征收拆迁管理工作情况

（一）加大征拆政策及方案统筹管理，严控征拆成本

征收拆迁成本管控事关新总规落地实施。按照隋市长对《关于开展本市棚改项目征拆安置补偿方案、资金平衡方案和开发建设方案审核有关意见的请示》的批示要求，2019年市住建委拆迁处进一步加大各区调研、指导和统筹力度。一是完善征拆统筹政策。形成《关于统筹规范本市中心城区房屋征收补偿相关工作的

意见》《关于进一步规范本市宅基地上房屋拆迁补偿安置工作的指导意见》；二是加强棚改项目征拆补偿方案统筹管理。会同市重大项目办印发《关于规范本市棚户区改造项目房屋征收拆迁腾退补偿安置方案统筹及相关数据录入工作的通知》，积极引导各区在减量双控的前提下，从严把控补偿安置标准，做好区域统筹、政策衔接及平稳过渡。截至2019年底，市住建委拆迁处共对10个区14个棚改项目出具方案审核意见。集体土地按村集体经济组织成员认定人员补偿；国有土地征一还一、双向市场化评估等原则规定在各区落地落实，征拆补偿科目逐步规范，补偿安置水平稳中有降。

（二）积极推动世园会南大门拆迁工作，确保世园会顺利举办

2018年下半年，市委、市政府主要领导调研世园会建设情况时，明确要求将世园会南大门环境整治增补纳入棚改，并迅速启动。该项目主要涉及延庆针下屯村整村拆迁，涉及659宗宅基地、12.53万平方米房屋建筑面积。在时间紧任务重的情况下，市住建委拆迁处主动对接延庆区住建委和延庆镇政府，充分考虑拆迁方案既要满足全市征拆成本管控原则要求，又要与2015年已拆迁的李四官庄村、谷家营村拆迁方案衔接，市住建委拆迁处先后两次实地调研指导，四次会商研究形成最后拆迁方案。由于前期工作研究充分，基础工作扎实，政策宣贯到位，2019年1月10日启动拆迁，2月15日全体村民100%签约，为当年4月底世园会的如期举办奠定了坚实的基础。

（三）强化工作督导，保障70周年庆祝活动顺利实施

针对部分自媒体国庆前夕炒作昌平史各庄街道北四村腾退等相关报道，按照领导批示要求，市住建委拆迁处会同委宣传中心积极研判，举一反三，采取有效措施防范不实信息以偏概全、扰乱正常秩序。一是要求各区征拆主管部门按照“多做少说”原则，全覆盖主动排查属地征拆项目，对各项目政策宣贯进行评估自查，主动清理有关标语。二是按照《关于进一步加强房屋征收拆迁管理有关工作的通知》（京建发〔2018〕124号）规定，加强征拆现场管理，对已经签约并交付房屋建筑的，采取相应的安全防范措施，关停水、电、气、热，封闭门窗等，及时拆除或者设置围挡，加强保安巡查频次，确保项目现场环境整洁有序。三是建立与宣传中心的有效沟通工作机制，将征收拆迁领域涉及的强拆、暴力拆迁、搬迁等敏感词汇纳入日常监测范围。9月10日市住建委拆迁处组织城6区及通州区、延庆区住建委召开会议并提出要求，对社会重点矛盾纠纷进行督查督办，对征拆项目现场标语进行评估排查。9月19日市住建委拆迁处通过内网并逐一电话对接各区，特别是昌平区，要求加强舆论监控，完善工作机制。国庆期间未出现涉及征收、拆迁及腾退的相关负面报道。

（四）加大城市拆迁滞留项目和逾期未安置项目清理

一是坚持规划引领，分类施策。通过拆迁转征收、转申请式退租模式、更换实施主体等，指导各区加快清理。如朝阳区甜水园危改拆迁遗留项目，探索转旧城改建房屋征收方式实施，相关工作正在推进中。西城区菜市口西片危改拆迁遗留项目，转申请式退租方式实施，进展较顺利。二是梳理全市逾期未安置项目。11月，牵头开展了首批逾期未安置项目梳理工作，涉及10个区，27个项目，14357户，23990套安置房。三是建立征收拆迁行政司法常态化沟通交流机制，加强司法保障。一年来，全市城市拆迁历史遗留项目从2018年底的266个项目减至2019年底的135个，成效显著。

（五）顺利完成两大信息系统建设，助推征拆精细化管理

一是完成征收拆迁综合管理系统升级改造建设。设置征收业务、拆迁数据、房源管理、机构管理等功能模块，实现征收补偿线上操作、服务机构有效管控、数据档案动态交互、营商环境大幅优化。系统于2019年12月上线运行。二是完成安置房查询系统建设。整合录入征拆项目、绿隔项目、“三定三限三结合”项目等相关安置房源数据信息，形成安置房数据库，为安置人员资格核定、安置房查询及统筹管理等提供支撑，避免重复安置等。目前，系统已录入数据近60万条，于2019年11月上线运行。两个系统建设完成进一步夯实和丰富了征收拆迁工作管理手段和数据支撑，弥补了我市征拆腾退安置房无从查询的管理短板，为各区征拆工作基础性管理、成本核算及大数据应用提供了有力支持。

（六）紧抓《土地管理法》修正契机，积极推动我市集体土地征地拆迁管理体制机制调整优化

2019年8月，新《土地管理法》经人大常委会表决通过。应对新《土地管理法》在征地拆迁实施主体、程序、补偿安置等方面发生的重大变革，市住建委拆迁处及时组织专题研究，并邀请市高级法院、市四中院、市司法局共同研讨，起草《关于依法理顺我市集体土地征地拆迁有关工作的建议》，提出捋顺管理职责、统一征地拆迁管理部门、统筹修订完善政府规章的建议，获市政府原则同意。在此基础上上报了《我市集体土地拆迁许可工作基本情况及新旧项目衔接实施路径》，市政府明确批示由市规自委承接新的管理职能。12月，市住建委印发《关于停止核发集体土地房屋拆迁许可证的通知》，明确自2020年1月1日起停止核发集体土地房屋拆迁许可证，并就旧项目法律适用、新旧项目衔接等作出规定。至此，我市集体土地征地拆迁长期管理错位、缺位、体制机制不畅的症结已从源头理顺。

（七）加强评估专项研究，做好征收腾退评估衔接

一是研究细化国有土地非住宅征收补偿评估规则，加强与市土储中心沟通，确保非住宅征收补偿标准与企业国有建设用地使用权收购补偿标准协调平衡。已形成《关于〈北京市国有土地上房屋征收评估暂行办法〉中非住宅房屋价值评估的补充意见》（讨论稿），待与相关部门进一步完善。二是研究申请式退租工作中被退租房屋市场价值评估办法。会同市估价师协会开展退租房屋市场价值评估办法研究。经借鉴菜市口西片退租试点经验做法、多轮专家论证，并征求东城、西城区政府意见，市估价师协会研究出台《核心区历史文化街区平房直管公房申请式退租补偿价值评估技术指引》，自2020年1月1日起施行。该指引的出台进一步规范了和推动了老城疏解腾退工作的顺利推进。

（八）加大行政司法工作衔接，强化依法征拆实践

建立房屋征收拆迁行政司法常态化沟通交流机制，加强征收拆迁司法保障相关工作。2月、4月、7月，市住建委拆迁处积极组稿汇总全市征拆领域涉法涉诉基本情况，积极推动与保障市政府与市高级法院三次专题联席会的顺利召开，及时与司法机构沟通相关情况，共同研究破解征拆共性涉法难题，推进征拆涉诉案件快裁、快执，保障核心区、城市副中心棚改等重点工程建设。同时，建立每季例会制度以及市住建委拆迁处、市高级法院行政庭日常联系机制。市四中院2019年12月5日公布的《国有土地上房屋征收与补偿行政案件司法审查报告》，自2014年12月30日挂牌履职到2019年6月30日，市四中院共审结921件国有土地上房屋征收与补偿行政案件，其中判决行政机关败诉的案件有27件，占比2.9%，败诉率低于该院审结的全部一审案件中行政机关败诉率，房屋征收补偿工作的合法性、规范性不断增强。

第八章

物业服务与居住社区治理

第一节 2019年物业管理基本情况

一、物业服务企业及项目分类情况

截至2019年12月底，我市物业管理项目监管系统备案7030个，总建筑面积约6.75亿平方米。其中居住类项目3991个，建筑面积约4.84亿平方米；非住宅项目3039个，建筑面积约1.91亿平方米。全市物业企业总量为3140家，其中原一级企业166家、二级企业405家、三级企业2236家、三级企业（暂定）198家，外埠在京企业135家。

二、业主大会相关情况

组织区业主大会相关政策培训，通过进行现场指导，分析街道在政策指导方面遇到的困惑和难题，指导协调属地街道、乡镇发挥党建引领，做好住宅区业主大会成立及业委会选举的监管工作，共同研讨解决方案，促进问题的解决，提倡居委会代行业委会职责，推广使用业主App决策系统，鼓励社区居委会党员到业委会任职。会同属地街道办事处推广社区合伙人工作机制，构建社区党建引领工作新平台，搭建社会多元主体参与社区治理合伙人新机制，提升城市治理能力，通过社区治理合伙人机制的运行，解决实际问题，提升居民幸福指数。

三、进一步推进“放管服”改革，提高优化营商环境新一轮改革任务的力度

继续贯彻落实住房城乡建部《关于做好取消物业服务企业资质核定相关工作的通知》（建办房〔2017〕75号）中的相关规定，将原一级资质企业信息变更事项由市级办理下放到区级，让企业少跑腿。在物业服务合同备案中，将《北京市物业合同备案申请表》减少一件，取消了项目负责人与物业服务企业之间的劳动合同要件。根据办理事项的调整，对市住建委网站和“物业管理动态监管系统”中的相关内容进行了全面清理、修改和补充，对过程中出现的各类问题，统一口径，上传下达。进一步落实物业服务合同备案工作，及时协调和解决工作中出现的各类问题。按照“市级统筹、分级梳理、上下联动”和“谁管理、谁梳理”的原则，如期完成北京市公共服务事项目录系统中物业合同备案事项的梳理和填报工作。

第二节 物业管理立法及政策研究

一、加快推进立法进程，提高物业管理法治化水平

根据市人大常委会的提议，市人大常委会、市司法局、市住建委成立了市级工作专班，进一步加快了物业管理条例立法进度。市住建委主要领导多次召集会议，集中讨论修改草案，及时向蔡奇书记报送了《关于物业管理条例修订涉及重点问题的情况分析报告》。在条例起草

过程中，市住建委多次向各区、街道、物业企业及物业管理专家等多方征求意见，并借鉴国内外先进经验不断修改完善条例草案，形成过程稿近40余稿。10月22日，《北京市物业管理条例（草案）》面向社会进行为期一个月的公开征求意见。11月12日，市政府召开常委会，审议《条例(草案)》，原则通过。11月19日，蔡奇书记专门听取《条例》立法汇报。11月20日，市委常委会审议《条例(草案)》。11月25日，市人大常委会对《条例(草案)》进行审议。

二、为推动《物业管理条例》立法，涉及物业管理重点问题10+1项试点同步推进

根据蔡奇书记批示要求制定了《物业管理重点问题试点方案》，就物业立法涉及的主要问题开展先行先试。10月28日，隋振江副市长主持召开电视电话会议，向全市各区全面部署围绕物业管理立法展开的物业管理试点工作，物业管理问题工作试点已经在全市范围内正式启动，并纳入全市街道工作和“吹哨报到”改革工作专班，在专班的统筹下开展工作。过程中，市住建委多次召开物业重点问题试点工作推进会，落实隋副市长电视电话会议精神，通报各区落实情况，进一步推进试点工作深入开展。市住建委成立4个专项督导组，持续对全市16个区住建委(房管局)、1个经济技术开发区及相关街道、社区进行全面深入的现场督导，了解工作进展及存在问题，指导各区扎实推进工作。

第三节　物业服务监管

一、开展物业管理专项治理工作

为切实解决好群众关心的身边事，稳步提升我市物业服务管理水平，市住建委组织开展了物业管理专项治理工作，4月份印发了《2019年群众关注的物业管理突出问题专项治理工作方案》，加强组织领导，指导各区全部部署、扎实推进，督促各物业企业主动自查、积极整改。市区两级住建房管部门加大对物业项目的检查力度，重点检查物业企业规范服务、群众诉求处置、公共区域养护和设施设备管理情况，对发现的物业服务不规范行为现场责令整改，对拒不整改或整改不彻底的企业，计入企业信用信息并公开曝光。同时，对于媒体曝光和12345群众反映集中的问题纳入专项治理范围，先后将僵尸车治理、自动售水机治理、高空坠物等7类新增问题纳入专项治理行动，重点指导集中治理，全市普查普改。结合“回天计划”，加大对“回天地区”物业管理指导和检查力度，督促物业企业规范服务。截至12月底，市区两级共出动检查人员8165人次，检查4444项次，涉及3878个物业管理项目，针对不合规物业行为作出责令整改等处理决定1461件，公开物业企业不良信息270条。同时组织开展高空坠物、建国70周年大庆保障等专项检查，围绕企业自查及问题整改、重点工作要求落实、重要节点值班保障和群众诉求处置等方面开展检查，督促企业落实管理责任。

二、加大“北京业主”App系统推广使用力度

2019年，市住建委物导中心积极部署，周密安排，组织开展了一系列面向区街的培训、宣传和指导工作，组织专题培训10余场，并结

合各区物业项目的数量及业委会数量，对“北京业主”App认证任务进行了分解，督促各区加大宣传推广力度，鼓励更多有需求的小区使用“北京业主”App进行业主共同投票决定。截至2019年12月底，“北京业主”App已上线2200个小区，覆盖到全市16个区。其中已有业主完成实名认证的小区750余个，注册用户8万余个。已有44个小区通过手机投票系统发起业主共同决策事项投票。

三、加大重点街道乡镇监督指导力度

密切监测媒体报道和12345市民热线投诉的物业管理问题，建立问题台账，指导督促各区住建委（房管局）切实落实市委市政府“闻风而动、接诉即办”的要求，会同属地街道，深入现场，调查了解情况，采取有力措施，及时处理舆情报道和市民反映的物业管理问题。会同市政务服务局建立各区、各街乡镇12345市民热线物业管理群众诉求情况月度排名通报制度，指导各区、各街乡镇积极妥善解决群众反映的物业管理问题。积极对接12345来电排名前20的街乡镇和“12345”治理类街乡镇，对33个重点街乡镇加强指导，深入33个重点街乡镇开展调研，深入了解群众诉求、掌握属地管理实情。通过调研走访，梳理上述33个街镇物业管理重点难点问题，对物业服务质量差、开发建设遗留、老旧小区物业管理不规范等问题分类研提解决措施和处理意见，印发《关于加快解决33个重点街乡镇物业管理类问题的工作方案》，并召开专题培训暨动员部署会，指导各街乡镇妥善解决群众投诉问题，提升物业管理水平，同时对上述街乡镇辖区内的物业小区开展重点执法检查，督促物业企业加强服务。

四、探索建立物业管理长效机制

强化党建引领，积极推动物业管理纳入社区治理，破解基层治理“最后一公里”难题。试点开展物业管理执法权下沉、物业项目备案权下放等工作；会同市委社会工委、市民政局即将下发住宅项目负责人到社区报到的通知，要求全市所有实际在岗的住宅项目负责人必须到社区居委会报到，接受社区指导监督，参与社区共建共治共商；加快研究制定物业服务企业履约考评办法，建立考评体系，细化考评内容，完善考评标准，赋予街道社区对辖区内物业企业和物业项目更大的考核权限，以此为抓手，推动街道社区切实加强对物业企业的监督指导。会同市委组织部对全市物业服务企业和业委会党建情况进行摸底调查，掌握底数，为后续开展在物业企业和业委会中建立党组织工作奠定基础。

五、开展全市物业管理业务培训工作

为进一步加强物业管理区域各项工作的落实，组织全市各区物业管理工作人员、项目负责人、企业负责人等开展物业管理专题培训。培训内容围绕物业管理实务、常见诉讼案件解析、信访处理答复规范及技巧、物业服务规范及业主诉求处置等。累计组织培训12场，累计培训人员约5600人。

六、研究制定安全生产管理措施，开展安全生产培训

2019年，研究制定了一系列安全生产管理措施。一是制定《关于做好物业行业安全生产工作的通知》（京建发〔2019〕172号）；二是制定《关于进一步加强物业管理区域高空坠物安全防范工作的通知》（京建发〔2019〕317号）；三是制定《关于2019年度物业管理综合楼宇项目二级安全生产标准化评审工作的通知》。

市住建委会同市消防救援总队、市律协、各区房屋行政主管部门开展安全生产实务培训，

通过各区房屋行政主管部门现场部署、行业专家现场授课等模式集中培训，旨在进一步指导物业服务企业落实各项安全生产责任，扎实做好物业管理区域安全生产工作。培训主要内容围绕专项治理、安全生产实务、物业管理法律实务等内容开展，各区属地街镇、社区、物业企业负责人及项目负责人参加，累计开展20余场，约10000人参与。

七、积极开展安全生产标准化二级评审工作

根据相关评审要求，共对61个项目现场考评，其中57个项目通过区房屋行政主管部门初核后向市住建委物导中心提交了申请。经现场评审，42个项目达到“北京市物业管理综合楼宇项目二级安全生产标准化”标准。另对2018年度及2017年度已达标的4个项目进行复审，由北京金隅物业管理有限责任公司服务的金隅大厦、北京仲量联行物业管理服务有限公司服务的启皓北京因未通过复审，决定撤销原颁发的安全生产标准化二级证书及牌匾。

八、加强数据分析，提升物业服务水平

积极发挥社会监督作用，梳理“12345”市民热线中反映的物业管理问题，建立月报制度，每月向市领导报送，并抄送我市物业管理专班单位，对各区、街乡镇物业管理类诉求数量、三率（响应率、解决率、满意率）情况进行排名，并通过媒体对物业管理类来电诉求排名靠前的小区及物业公司进行集中通报，从起初通报前30名到目前通报前100名。督促上述重点小区物业服务企业及开发单位全面加以整改解决，要求各区房管局会同属地街道加强对重点物业项目的现场指导、督促和检查，确保问题整改到位，提高物业服务水平和人民群众满意度。

九、加强政策指导，出台指导意见

充分贯彻落实街道工作会议精神，结合日常工作，加强政策研究，对典型案例进行深入剖析，针对12345市民热线、媒体曝光和信访投诉物业管理类问题进行分类梳理，共梳理出群众反映最为集中的13类问题，积极研究破解办法和处理措施，制定下发了《市民热线群众集中反映物业管理问题办理的指导意见》，对小区物业服务不到位、小区停车管理、电梯管理、管道维修等共性问题提出解决建议，指导街道和各区房管部门妥善处理物业矛盾纠纷，回应人民群众诉求。

第四节　商品住宅专项维修资金管理

一、专项维修资金账户管理情况

截至2019年12月底，全市已累计归集商品住宅专项维修资金509.37亿元，归集套数381.2万套；商品住宅专项维修资金累计使用54.79亿元；累计划转资金30.05亿元。

二、推进本市住宅专项维修资金深化改革工作

2019年，积极推进本市住宅专项维修资金深化改革工作。市住建委会同市财政局、市规自委、市住房资金管理中心等部门多次召开北

京市住宅专项维修资金制度改革工作研讨会，重点解决维修资金续筹和补建困难、支取不便、维修资金的保值增值、增值收益分配、信息透明度不高等问题。提出本市住宅专项维修资金深化改革要坚持问题导向、资金安全、改革创新和积极稳妥的原则，加快研究改革措施。

三、开展专项维修资金使用专项检查工作

2019年，市住建委委托专业机构对各区2018年住宅专项维修资金使用情况进行专项检查，进一步强化事中事后监管，保证资金使用安全和效率，切实维护业主利益。包括物业项目管理、资金支取范围、使用审核程序、工程质量追溯、业主满意度等情况。

从2019年7月上旬开始截至10月上旬，完成了对消防系统、屋面防水、电梯维修等160个小区维修资金使用的检查任务。对于检查中发现的问题，除责令立即整改，采取相关措施予以严肃处理。

第五节　其他工作

一、协调物业服务企业做好扶贫工作

组织在京物业企业多次召开专题座谈会，研究物业行业在精准对口帮扶方面可开展的工作，引导和动员物业企业积极参与行业帮扶，赴内蒙古住建厅、河北省住建厅就行业精准帮扶工作进行对接，全面梳理在蒙和在冀有项目的物业管理企业和在管项目，建立当地就业资源库，共计约60家企业，约140个项目。项目管理中涉及保安、工程、保洁及客服人员可优先聘用建档立卡家庭成员。组织在京物业企业围绕消费帮扶和产业帮扶全面对接河北省重点地区，物业企业将利用自有社区电子商务平台代销、集团定点采购和社区集中设点销售等方式帮助唐县在京销售特色农产品，积极做好扶贫工作。

二、抓典型、做示范，为提升管理水平营造良好舆论环境

加大统筹指导力度，鼓励各个街道（乡镇）因地制宜探索物业管理工作新模式、新办法，积极挖掘各区在实践中涌现的先进典型，提炼总结行之有效的经验做法，加大宣传力度，形成示范效应，先后围绕“北京业主”App推广使用、街道加强党建引领助物业管理水平提升等工作开展了系列宣传，对西城区新街口街道、东城区朝阳门街道、海淀区中关村街道、顺义区空港街道、丰台区怡海花园社区、朝阳区六里屯街道等创新社区治理体制机制、提升物业服务管理水平的创新做法进行了重点宣传，为全市物业管理工作顺利开展营造良好的舆论环境。

三、配合相关部门做好重点专项工作

一是开展自动售水机专项治理。制定了《小区“自动售水机”管理相关工作机制》和《2019年自动售水机综合治理专项行动工作任务》，并上报市政府督查室。二是推进“雪亮工程”。会同委内相关处室印发《2019年北京市住房城乡建设系统“雪亮工程”推进工作方案的通知》（京建发〔2019〕245号），按照通知要求，督促全市居住小区、普通地下室、写字楼公共区域视频监控建设工作、督促各区住房城

乡建设委（房管局）以及物业服务企业配合区公安部门、街道、乡镇在居住小区停车场卡口安装视频监控系统。三是做好扫黑除恶工作。我中心将扫黑除恶专项斗争工作纳入物业服务企业和物业服务项目的日常监管范围，加强对物业企业的监督指导，完成中央扫黑除恶督导组交办的各项任务，累计收到中央扫黑除恶第 11 督导组转办的五批线索共 205 件，去重后 173 件，全部核查完毕。

第九章

行业信息

第一节　房地产开发行业

一、2019 年房地产开发企业概况

截至 2019 年底，全市资质有效期范围内房地产开发企业 2333 家，其中一级企业 67 家，二级企业 107 家，三级企业 71 家，四级企业 1615 家，暂定级企业 473 家。2019 年全市新设立房地产开发企业 143 家。依法注销企业 251 家。

二、行政许可及服务类事项办理情况

房地产开发企业资质等级核定情况：

表 9-1　2019 年度北京市房地产开发资质业务办理情况

序号	注册区	新设立	暂定级延续	四级核定	三级核定	二级核定	一级初审	变更	总计
1	东城区	6	10	31	2	1	1	19	70
2	西城区	2	4	33	0	3	5	29	76
3	海淀区	3	23	61	4	2	4	35	132
4	朝阳区	17	58	117	3	6	7	58	266
5	丰台区	14	25	77	1	5	2	28	152
6	石景山区	9	14	18	0	1	3	16	61
7	昌平区	5	13	101	5	1	0	44	169
8	顺义区	16	29	60	3	3	1	31	143
9	怀柔区	8	9	25	0	0	0	15	57
10	门头沟区	8	19	29	0	1	1	17	75
11	通州区	13	24	151	4	2	1	71	266
12	大兴区	19	33	95	2	2	0	26	177
13	延庆区	3	12	10	0	0	0	15	40
14	平谷区	5	16	25	0	2	0	22	70
15	房山区	5	27	65	1	0	1	32	131
16	密云区	5	13	52	1	1	0	24	96
17	开发区	5	7	8	1	2	1	5	29
18	合计	143	336	958	27	32	27	487	2010

建设方案公示情况：2019 年完成建设方案备案审核公示（含变更）127 个，合计建筑面积 3371 万平方米。

三、2019 年房地产开发企业名录（见附录二附表 2-7）

第二节　房产测绘行业

房产测绘单位及人员情况

截至2019年底，全市已在市住房城乡建设委备案的房产测绘机构127家，从业人员1001人。其中，甲级资质24家，乙级资质38家，丙级资质36家，丁级资质29家（机构名录见附表2-8）。从业人员中，硕、博学历18人，本科学历493人，大专学历340人，其他学历150人。

第三节　房地产经纪行业

一、加大行业执法监管力度

2019年市区两级开展租赁市场执法检查9803次，下发《责令改正通知书》679份，行政处罚1163起，罚款1161.05万元。

二、开展群众投诉反映集中问题专项执法检查

为保障人民群众合法权益，依法严厉打击房屋租赁中介机构违法经营行为，市住房城乡建设委会同市市场监管局印发《关于开展房屋租赁中介机构部门联合检查工作的通知》，2019年10月8日至11月8日，共同组织各区房屋行政主管部门和市场监管部门对2019年上半年12345市民热线有投诉记录且问题反映集中的465家房屋租赁中介机构开展联合检查。严厉打击房屋租赁中介机构违规收费、恶意克扣押金租金、威胁恐吓承租人等行为，确保侵害群众利益问题切实得到处理。

三、深入开展“扫黑除恶”“漠视侵害群众利益问题专项整治”

一方面，本市将“黑中介”列入扫黑除恶专项斗争，市、区住建（房管）部门及时向公安部门移送“黑中介”涉黑涉恶线索。另一方面，认真落实“不忘初心、牢记使命”主题教育要求，切实提高政治站位，强化责任担当，扎实推进“住房租赁中介机构乱象”问题整改。通过会同市场监管部门开展联合检查、不断加大监管执法力度、推进建章立制等，坚持当下改和长久立相结合，破解群众急难愁盼问题。

四、推进房地产经纪机构信用体系建设

研究起草《北京市房地产经纪信用信息管理办法》，推动建立房地产经纪机构信用体系。

第四节　房地产评估行业

房地产估价机构情况

2019年，全市共有执业房地产估价机构137家。其中，一级估价机构58家，二级估价机构37家，三级估价机构28家，三级暂定估价机构3家，外地一级机构在京分支机构11家。2019年，新批准成立的三级暂定估价机构3家，三级暂定核定三级备案1家，三级核定二级备案3家，二级核定一级备案5家，外地二级机构迁京备案1家。

表9-2　2019年北京市三级暂定备案房地产评估机构

序号	机构名称	资质证书编号	办公地址	联系电话	联系人
1	北京世邦魏理仕房地产评估有限公司	京建房估资准字〔2019〕第0227号	北京市朝阳区光华路5号院2号楼11层1201内1105	010-85880693	刘玉秀
2	北京数圣房地产土地评估有限公司	京建房估资准字〔2015〕第0208号	北京市顺义区仁和地区太平村北北环路90号4幢101室	010-69439729	王丙岩
3	北京高力国际房地产评估有限公司	京建房估资准字〔2019〕第0226号	北京市东城区东长安街1号东方广场西三办公楼510室	010-85411188	周钜标

表9-3　2019年北京市二级核定备案房地产估价机构

序号	机构名称	资质证书编号	办公地址	联系电话	联系人
1	北京国土永业房地产土地评估有限公司	京建房估资准字〔2011〕第0190号	北京市海淀区西直门北大街32号院2号楼16层1802	010-62267036	张旭峰
2	北京安兴润房地产土地评估有限公司	京建房估资准字〔2019〕第0228号	北京市大兴区黄村镇清澄名苑北区27号楼7层2809	010-89293655	张月秋
3	北京友诚房地产土地评估有限公司	京建房估资准字〔2005〕第0137号	北京市丰台区东铁匠营苇子坑138号1037-2	010-51363423	李富云

表 9-4 2019 年北京市一级核定备案房地产估价机构

序号	公司名称	资质证书编号	办公地址	联系电话	联系人
1	中安盛世（北京）土地房地产评估有限责任公司	京建房估备字〔2010〕第 0182 号	北京市朝阳区将台路 6 号丽都饭店 6 层 O-602 室	010-84702788	王 健
2	北京明鉴永兴房地产土地评估有限公司	京建房估备字〔2002〕第 0088 号	北京市顺义区顺通路西侧办公楼二层	010-89442222	段黎红
3	北京新兴宏基房地产土地评估有限公司	京建房估备字〔2006〕第 0151 号	北京市朝阳区麦子店街 78 号 1 幢一层 102 室	010-64403716-840	刘 力
4	北京中诚亿房地产土地评估有限责任公司	京建房估备字〔2001〕第 0065 号	北京市丰台区宋家庄路苇子坑 149 北厂 5 号楼 8408	010-87665650 010-87666827	张 雪
5	北京安泰祥土地房地产评估有限公司	京建房估备字〔2001〕第 0041 号	北京市石景山区苹果园南路 69 号院 1 号楼 14 层 1416	010-68631733-8010	晋 植

表 9-5 2019 年外地一级房地产估价机构在京分支机构备案

序号	公司名称	办公地址	联系电话	联系人
1	厦门均达房地产资产评估咨询有限公司北京分公司	北京市东城区王府井大街 99 号 A811A	010-65126187	邢益谱
2	深圳市国房土地房地产资产评估咨询有限公司北京分公司	北京市朝阳区芳园西路 6 号院 1 号楼、2 号楼、3 幢颐锦酒店 2 号楼 210 室	010-64367688	仝文玉
3	深圳市国策房地产土地估价有限公司北京分公司	北京市朝阳区东四环中路 62 号楼 2705	010-85911588	蔡庄宝
4	深圳市中诚达土地房地产评估顾问有限公司北京分公司	北京市朝阳区东三环中路乙 10 号艾维克大厦 21 层第 05C	010-84868118	谌运华
5	广州第一太平戴维斯房地产与土地评估有限公司北京分公司	北京市朝阳区建国门外大街乙 12 号双子座大厦东塔 2106B（2）	010-59252288	司彩英
6	深圳市戴德梁行土地房地产评估有限公司北京分公司	北京市朝阳区光华路 1 号（写字楼）14 层 1429-1430 单元	010-85198000	胡 峰
7	深圳市同致诚土地房地产估价顾问有限公司北京分公司	北京市朝阳区东四环中路 82 号 1 座 1206	010-65388685	张方艳

（续表 9-5）

序号	公司名称	办公地址	联系电话	联系人
8	深圳市城市房地产土地评估有限公司北京分公司	北京市朝阳区十里堡甲 3 号 A 座 14 层 17G	010-85790678	邓世明
9	深圳市世联土地房地产评估有限公司北京分公司	北京市朝阳区建国路甲 92 号 14 层 1401-1403 1412-1417	010-59689609	王　卓
10	李艳星驰（天津）房地产土地评估有限公司北京分公司	北京市朝阳区广渠门外大街 8 号 15 层东座-1806	010-58613661	冀少方
11	国众联资产评估土地房地产估价有限公司北京分公司	北京市大兴区旧宫镇旧桥路 1 号院盛悦家园 6-1203	010-56407311	李　亮

表 9-6　北京市一级房地产估价机构

序号	机构名称	办公地址	联系电话	联系人
1	宝业恒（北京）土地房地产资产评估咨询有限公司	北京市东城区藏经馆胡同 17 号 1 幢 2165 室	010-64051428	王学发
2	北京安泰祥土地房地产评估有限公司	北京市石景山区苹果园南路 69 号院 1 号楼 14 层 1416	010-68631733-8010	晋　植
3	北京百成首信房地产评估有限公司	北京市朝阳区农展馆南路 12 号 1 号楼 2 层 2003 室	010-65821797	陈再进
4	北京宝孚房地产评估事务所有限公司	北京市海淀区车公庄西路 19 号华通大厦 A 座 2 层 218B 号	010-84186982	杨国龙
5	北京北方房地产咨询评估有限责任公司	北京市西城区金融大街 27 号投资广场 A601	010-66210088	白龙吉
6	北京北方亚事房地产土地评估有限公司	北京市丰台区丰台北路 18 号院 3 号楼 6 层 601 内 0607 室	010-51292929	夏铁石
7	北京大地盛业房地产土地评估有限公司	北京市朝阳区和平街西苑甲 12 号楼二层 203 室	010-84285588	黄　辉
8	北京鼎春德房地产土地评估有限公司	北京市门头沟区滨河南路 3 号 415 室	010-64966611-8708	刘长刚
9	北京东华天业房地产评估有限公司	北京市朝阳区朝外雅宝路 12 号 22 层 2205	010-85550730	马　云
10	北京高地经典房地产评估有限责任公司	北京市西城区太平桥大街 98 号院 5 号楼 1 门 101	010-68000178	郭俊英
11	北京国地房地产土地评估有限公司	北京市海淀区中关村南大街 17 号韦伯时代中心 3 号楼 1401 室	010-51667273	蔡苏文

（续表 9-6）

序号	机构名称	办公地址	联系电话	联系人
12	北京国融兴华房地产土地评估有限公司	北京市西城区裕民路 18 号北环中心 2011 室	010-82252886	程殿卿
13	北京国信达房地产土地评估有限公司	北京市东城区安外大街 2 号 1901 室	010-84215900	翟　猛
14	北京国众联土地房地产评估有限公司	北京市大兴区旧桥路 1 号院 6 号楼 11 层 1205	010-50950495	周晓平
15	北京海创房地产土地评估有限公司	北京市海淀区茉莉园西里 23 号楼 1 层 101-1	010-62487316	马晋功
16	北京华瑞行房地产评估咨询有限公司	北京市朝阳区安苑路 11 号西楼 306 室	010-82843315	程　群
17	北京华天通房地产评估有限公司	北京市海淀区甘家口 21 号楼 7 层	010-88385315	张治超
18	北京华信房地产评估有限公司	北京市朝阳区建国门外永安里中街 25 号 3 幢二层	010-65830385	王庆泽
19	北京华源龙泰房地产土地资产评估有限公司	北京市丰台区丰台北路 18 号院 C 座 601 室	010-84831344	邓　峰
20	北京华中兆源房地产土地评估有限公司	北京市大兴区黄村镇兴政街甲 23 号 2 幢 5 层 502 室	010-69288161	陈　蓓
21	北京汇盛信达房地产土地评估有限公司	北京市顺义区怀昌路北石槽段 1 号 4 幢	010-63927361	张　慎
22	北京吉翔房地产土地评估有限公司	北京市海淀区龙岗路 51 号院 4 号楼 1 层 49 室	010-82483585	吴日才
23	北京建亚恒泰房地产评估有限公司	北京市丰台区南三环西路 88 号 1022 室	010-68133577	杨　军
24	北京建正合生房地产评估有限公司	北京市朝阳区高碑店乡半壁店村惠河南街 1008-B 四惠大厦 3 层 3013-3015 房间	010-85517887	刘　凯
25	北京金诚立信房地产土地评估有限公司	北京市顺义区龙湾屯镇府前街 12 号 201	010-89446767	张丽颖
26	北京京城捷信房地产评估有限公司	北京市朝阳区芍药居甲 2 号院 1-4 号 403 室-411 室	010-84635538	龚秋平
27	北京京都房地产土地评估有限公司	北京市朝阳区建国门外大街 22 号（赛特广场）3 号楼十层 30509 室	010-85665863	李中江

（续表 9-6）

序号	机构名称	办公地址	联系电话	联系人
28	北京京港房地产估价有限公司	北京市海淀区西三环北路 100 号金玉大厦 1101 室	010-68727081	吴庆忠
29	北京康正宏基房地产评估有限公司	北京市丰台区芳城园一区 16 号楼 2 层 2 门配套公建 01	010-82253558	齐宏
30	北京潞通房地产土地评估有限公司	北京市通州区漷县镇漷兴一街 610 号	010-80817145 13601221203	张海涛
31	北京明鉴永兴房地产土地评估有限公司	北京市顺义区顺通路西侧办公楼二层	010-89442222	段黎红
32	北京仁达房地产评估有限公司	北京市西城区车公庄大街 9 号院五栋大楼 B 座 1-401 室	010-88395886	于京博
33	北京申洋房地产土地评估有限公司	北京市顺义区南法信镇金关北二街 3 号院 2 号楼 3 层 314 室	010-69441598	田朝旭
34	北京圣元房地产评估咨询有限公司	北京市大兴区中关村科技园区大兴生物医药产业基地天华大街 5 号院 3 号楼 7 层 701 室	010-56170050	冯永辉
35	北京盛华翔伦房地产土地评估有限责任公司	北京市朝阳区东三环南路 58 号 2 号楼 701 室	13810838810 010-58673053	陈丽名
36	北京世诚嘉业房地产土地评估有限责任公司	北京市海淀区北小马厂 6 号 14 层 1401	010-63393188	刘　强
37	北京市国盛房地产评估有限责任公司	北京市海淀区中关村南大街 2 号 A 座 13 层 1615	010-84477677	彭惠秋
38	北京市金利安房地产咨询评估有限责任公司	北京市西城区右安门内大街 65 号 11 幢 536 房间	010-88400887	谢　静
39	北京市中恒业房地产评估有限责任公司	北京市朝阳区东土城路 8 号 A 座 21 层 21F	010-66137551	陆伟俊
40	北京首佳房地产评估有限公司	北京市海淀区紫竹院路 116 号嘉豪国际中心 B 座 7 层	010-58930818	熊光华
41	北京新兴宏基房地产土地评估有限公司	北京市朝阳区麦子店街 78 号 1 幢一层 102 室	010-64403716 -840	刘　力
42	北京银地联合房地产土地资产评估有限公司	北京市通州区通胡大街 25 号 10 幢三层 302	010-60561599	罗登江
43	北京银通安泰房地产评估有限公司	北京市朝阳区朝阳北路 199 号 1811 室	010-85970326	范先平

（续表 9-6）

序号	机构名称	办公地址	联系电话	联系人
44	北京植地通诚房地产评估有限公司	北京市怀柔区于家园二区30号楼12号1-2层	010-69648826	温　杰
45	北京中诚亿房地产土地评估有限责任公司	北京市丰台区宋家庄路苇子坑149北厂5号楼8408	010-87665650 010-87666827	张　雪
46	北京中地华夏土地房地产评估有限公司	北京市西城区闹市口大街1号院2号楼5A1、5A2室	010-58528307	张　红
47	北京中鼎联合房地产评估有限公司	北京市朝阳区东四环中路39号13层B单元1605	010-88825655	徐春荣
48	仲量联行（北京）土地房地产评估顾问有限公司	北京市朝阳区建国路乙118号8层01A/01B/01C/01D/02A	18611636105	周　亮
49	北京中企华房地产估价有限公司	北京市朝阳区工体东路18号2号楼三层东南侧	010-65881818	刘洪帅
50	北京中锐行房地产土地评估有限公司	北京市丰台区郭公庄中街20号院1号楼3层301	010-56319311	张化学
51	北京中资房地产土地评估有限公司	北京市海淀区首体南路22号国兴大厦17层A2	010-88334853	冯春雷
52	博文房地产评估造价集团有限公司	北京市宣武区宣武门外大街6、8、10、12、16、18号6号楼8层804	010-83482911	徐文井
53	杜鸣联合房地产评估（北京）有限公司	北京市西城区陶然亭路45号北京电信建筑工程有限公司网信鸿玺宾馆516室	010-65186610	杜　鸣
54	名洋灏正房地产土地评估（北京）有限公司	北京市朝阳区红军营南路15号院5号楼6层603B室	010-64828788	钟　芹
55	中安盛世（北京）土地房地产评估有限责任公司	北京市朝阳区将台路6号丽都饭店6层O-602室	010-84702788	王　健
56	中财宝信（北京）房地产土地资产评估有限公司	北京市海淀区玲珑路9号院东区8号楼16层1608	010-84865027	于　娟
57	中建银（北京）房地产土地评估有限公司	北京市朝阳区建外大街甲12号15层1542室	010-63980500	陈红江
58	中瑞国际房地产土地资产评估（北京）有限公司	北京市海淀区西直门北大街32号院1号楼15层1809-1	010-66553366	吕晓英

第五节　房屋安全鉴定行业

一、房屋安全鉴定机构情况

2019 年我市新增 2 个业务范围不限的房屋安全鉴定机构备案。截至 2019 年底，备案鉴定机构总数达 35 个，其中业务范围不限 17 个，中小型 3 个，小型 15 个（见表 9-7）。

业务范围不限的鉴定机构可以受理各种房屋建筑的安全评估与鉴定业务。

业务范围中小型的鉴定机构可以受理的业务有：(1) 一般公共建筑工程：(a) 单体建筑面积 20000 平方米及以下，不含钢结构；(b) 建筑高度 50 米及以下。(2) 住宅宿舍，20 层及以下一般标准的居住建筑工程，不含钢结构。(3) 地下工程：(a) 总建筑面积 10000 平方米及以下地下空间；(b) 防护等级 5 级及以下附建式人防工程。(4) 其他类：(a) 使用住宅专项维修资金鉴定；(b) 变动房屋建筑主体和承重结构认定。

业务范围小型的鉴定机构可以受理的业务有：(1) 使用住宅专项维修资金鉴定。(2) 变动房屋建筑主体和承重结构认定。(3) 平房（文物古建筑房屋除外）。(4) 跨度小于 12 米的单层空旷砖房。(5) 6 层及以下砖混、砖木结构楼房。

表 9-7　北京市房屋安全鉴定机构情况一览

序号	备案编号	机构名称	机构地址	联系电话	业务范围
1	京鉴字 01006	北京市住房和城乡建设科学技术研究所（北京市房屋安全鉴定总站）	北京市通州区达济街 9 号院 3 号楼	55598315	不限
2	京鉴字 01007	北京市朝阳区房屋安全鉴定站	北京市朝阳区三里屯南 56 号	64186164	不限
3	京鉴字 01008	北京市海淀区房屋安全鉴定站	海淀区东王庄小区 16 甲楼	62525745	不限
4	京鉴字 01012	北京市建设工程质量第三检测所有限责任公司	西城区百万庄大街 3 号	68334806	不限
5	京鉴字 01018	北京市建设工程质量第六检测所有限公司	丰台区南苑新华路 1 号	67941895	不限
6	京鉴字 01021	北京市建设工程质量第二检测所有限公司	西城区南礼士路 62 号 10 号楼	68054658	不限
7	京鉴字 01022	中国建筑科学研究院有限公司/国家建筑工程质量监督检验中心	北京市北三环东路 30 号	64693119	不限
8	京鉴字 01023	北京市建设工程质量第一检测所有限责任公司	北京市海淀区复兴路 34 号	88223802	不限

（续表 9-7）

序号	备案编号	机构名称	机构地址	联系电话	业务范围
9	京鉴字 01027	中冶建筑研究总院有限公司/国家工业建构筑物质量安全监督检验中心	北京市海淀区西土城路 33 号	82227138	不限
10	京鉴字 01028	奥来国信（北京）检测技术有限责任公司	北京市顺义区高丽营镇顺于路高丽营段 138 号	81700898	不限
11	京鉴字 01029	北京市建设工程质量第五检测所有限公司	北京市朝阳区南三环成寿寺路甲 135 号 2 号楼 5 层 504 室	67731836	不限
12	京鉴字 01030	中国建材检验认证集团股份有限公司	北京市朝阳区管庄东里 1 号 CTC 结构部（放射小院）	80896652	不限
13	京鉴字 01031	中电投工程研究检测评定中心有限公司	北京市海淀区西四环北路 160 号	88194105	不限
14	京鉴字 01032	北京三茂建筑工程检测鉴定有限公司	北京市海淀区马甸东路 19 号 9 层 1026	62912726	不限
15	京鉴字 01033	清华大学/清华大学结构工程检测中心	北京市海淀区清华大学土木系	62788624	不限
16	京鉴字 01034	湖南中大检测技术集团有限公司北京分公司	北京市密云区密云经济技术开发区康宝路 12 号	61096100	不限
17	京鉴字 01038	北京康桥隆盛工程检测有限责任公司	北京市大兴区兴华大街（二段）19 号院 23 号楼 -1 层 -109	69269124	不限
18	京鉴字 02001	北京首华建设经营有限公司房屋安全鉴定室	朝阳区芍药居 2 号院	84643383	中小型
19	京鉴字 02004	北京市西城区房屋安全鉴定一站	北京市西城区西四东大街 49 号	66026813	中小型
20	京鉴字 02014	北京房地集团有限公司房屋安全鉴定室	北京市朝阳区芍药居甲 2 号院 1 号楼北楼一层	84631858	中小型
21	京鉴字 03002	北京紫衡轩建筑工程检测有限公司（原房山区房屋安全鉴定站）	房山区苏庄东街 2 号	69376993	小型
22	京鉴字 03003	北京市门头沟区房屋安全鉴定站	北京市门头沟区滨河路 18 号	69822760	小型
23	京鉴字 03005	北京市顺义区房屋安全鉴定站	顺义区光明北街 7 号	69441570	小型
24	京鉴字 03009	北京市昌平区房屋安全鉴定站	昌平区南环东路 36 号 302 室	69746096	小型

（续表 9-7）

序号	备案编号	机构名称	机构地址	联系电话	业务范围
25	京鉴字 03010	北京天岳恒房屋经营管理有限公司房屋安全鉴定室	北京市丰台区右安门外西三条甲 2 号	63295296	小型
26	京鉴字 03011	北京市怀柔区房屋安全鉴定站	怀柔区青春路 48 号	69628122	小型
27	京鉴字 03015	石景山区房屋安全鉴定站	石景山区古城东街 103 号	68867438	小型
28	京鉴字 03016	北京众鑫云工程质量检测有限公司（原北京市密云区房屋安全鉴定站）	北京市密云区河南寨镇工业开发区	61088522	小型
29	京鉴字 03017	北京市平谷区房屋安全鉴定站	北京市平谷区金乡路西 7 号	89986045	小型
30	京鉴字 03019	北京市东城区房屋安全鉴定管理所	北京市东城区富贵园二区 3 号楼底商	64023166	暂停营业
31	京鉴字 03020	通州区房屋安全鉴定站	通州区玉桥南里 24 号楼	81587316	小型
32	京鉴字 03024	北京市大兴区房屋安全鉴定站	北京市大兴工业开发区科苑路 17 号	69262152	小型
33	京鉴字 03025	北京科远智恒鉴定检测技术有限公司（原北京市丰台区房屋安全鉴定站）	丰台区大井东里甲 2 号	63841972	小型
34	京鉴字 03026	北京市延庆区房屋安全鉴定站	北京市延庆区东外大街 89 号城建大厦 11 楼 1106	69176128	小型
35	京鉴字 03037	北京市西城区房屋安全鉴定二站	西城区万明路 18 号院 1 号楼 103 室	83551191	小型

注：1. 房山区将原北京市房山区房屋安全鉴定站鉴定职能划转至北京紫衡轩建筑工程检测有限公司。
2. 密云区将原北京市密云区房屋安全鉴定站鉴定职能划转至北京众鑫云工程质量检测有限公司。
3. 丰台区将原北京市丰台区房屋安全鉴定站鉴定职能划转至北京科远智恒鉴定检测技术有限公司。

二、2019 年房屋安全鉴定和评估业务完成情况

全市 35 个鉴定机构在 2019 年共完成涉及建筑面积 4149 万平方米的房屋安全鉴定和评估（详见表 9-8）。其中涉及小区围墙、小区给排水等无法统计的建筑面积未包含在内。

表 9-8 北京市 2019 年房屋安全鉴定和评估完成情况一览

序号	机构名称	建筑面积（平方米）								
		小计	安全鉴定（楼房）	安全鉴定（平房）	综合安全性鉴定（楼房）	综合安全性鉴定（平房）	修缮定案鉴定（楼房）	修缮定案鉴定（平房）	安全评估（楼房）	安全评估（平房）
1	北京市总站	1210655	13365	0	0	0	959506	0	237784	0
2	东城区鉴定站	0	0	0	0	0	0	0	0	0
3	西城区鉴定一站	865660	113139	12536	0	0	739985	0	0	0
4	西城区鉴定二站	527713	0	4177	0	0	523536	0	0	0
5	朝阳区鉴定站	5019138	57526	3351	272405	2797	4580648	0	101584	827
6	海淀区鉴定站	4181154	538464	18828	88245	2771	3068625	4670	459551	0
7	北京科远智恒鉴定检测技术有限公司（原北京市丰台区房屋安全鉴定站）	1387563	55169	13421	0	0	1318973	0	0	0
8	石景山区鉴定站	0	0	0	0	0	0	0	0	0
9	门头沟区鉴定站	688	0	688	0	0	0	0	0	0
10	昌平区鉴定站	84405	0	4183	0	0	80222	0	0	0
11	通州区鉴定站	276083	0	74	0	0	276009	0	0	0
12	大兴区鉴定站	63	0	63	0	0	0	0	0	0
13	紫衡轩检测检测有限公司（原房山区鉴定站）	70853	9795	4772	0	0	56286	0	0	0
14	平谷区鉴定站	0	0	0	0	0	0	0	0	0
15	顺义区鉴定站	78	0	78	0	0	0	0	0	0
16	怀柔区鉴定站	0	0	0	0	0	0	0	0	0
17	北京众鑫云工程质量检测有限公司（原北京市密云区房屋安全鉴定站）	53402	5953	89	0	0	47360	0	0	0
18	延庆县鉴定站	0	0	0	0	0	0	0	0	0
19	首华鉴定室	133880	0	336	0	0	133544	0	0	0
20	天岳恒鉴定室	0	0	0	0	0	0	0	0	0
21	房地集团鉴定室	103263	3500	838	2591	0	86716	0	9618	0

（续表 9-8）

序号	机构名称	建筑面积（平方米）								
		小计	安全鉴定（楼房）	安全鉴定（平房）	综合安全性鉴定（楼房）	综合安全性鉴定（平房）	修缮定案鉴定（楼房）	修缮定案鉴定（平房）	安全评估（楼房）	安全评估（平房）
22	建设工程质量第一检测所	563679	160075	2575	133334	0	0	0	267695	0
23	建设工程质量第二检测所	3207191	2303368	24949	592157	17754	34093	0	232620	2250
24	建设工程质量第三检测所	2889437	1509968	46176	215184	75705	437772	0	604632	0
25	建设工程质量第五检测所	5822153	310772	1272	190588	0	5319521	0	0	0
26	建设工程质量第六检测所	1555493	799066	2236	83645	1240	525802	0	143504	0
27	国家建筑工程质量监督检验中心	4804253	3182814	8291	1359211	2738	0	0	251199	0
28	国家工业建构筑物质量安全监督检验中心	1825467	854272	10426	703170	6561	117369	0	133669	0
29	中国建材检验认证集团股份有限公司	2711790	518950	34146	12479	0	288916	0	1857299	0
30	奥来国信（北京）检测技术有限责任公司	1937723	890176	3847	139288	1511	146237	0	75518	1146
31	中电投工程研究检测评定中心有限公司	1639964	1061970	17970	220415	2592	322860	0	14157	0
32	北京三茂建筑工程检测鉴定有限公司	541270	479737	1141	42874	1604	0	0	15914	0
33	清华大学/清华大学结构工程检测中心	0	0	0	0	0	0	0	0	0
34	湖南中大检测技术集团有限公司北京分公司	30185	24143	958	0	0	0	0	0	5084
35	北京康桥隆盛工程检测有限责任公司	51613	35451	380	14625	1157	0	0	0	0
合计		41494816	12927673	217801	4070211	116430	19063980	4670	5079660	9307

附录一

业界观点

2019年北京市房地产市场发展研究报告

中国指数研究院中国房地产指数系统
数据支持：CREIS中指数据，fdc.fang.com

一、市场分析：成交量止跌回升，价格稳中有升

1. 商品房市场：价格继续稳步增长，市场供大于求有所缓和

2019年，北京商品房销售均价继续稳步增长，创历史新高，均价达37033元/平方米，较2018年涨幅达11.5%，增速有所扩大；住宅市场价格稳步增长，均价为44387元/平方米，突破历史高位，涨幅达9.9%。供应方面，新批上市面积自2014年创历史新高之后，开始持续下降，2019年则维持2018年同期水平，同比升幅仅为0.6%，商品房销供比为0.62，住宅销供比0.73，整体市场供大于求状态有所缓和。

2. 住宅市场：北京市场成交同比量价齐升

在“房住不炒”和“因城施策”的政策基调下，2019年北京主体调控延续高压态势，市场乱象治理、金融监管逐步趋严，但限价政策逐步放开，多个区域出台人才优惠政策，同时调节共有产权房、限竞房、普通商品房土地供应比例，增加有效供给，抑制投资投机需求，以期维持市场健康稳定发展。其中，北京新建商品住宅均价整体稳中有升，二手房价格指数略有下滑。需求方面，全年成交700.7万平方米，同比上升46个百分点；60~90平方米成交占比继续上升，高端改善性产品基本维持稳定，五环外住宅成交占比最大；供应持续发力，需求明显改善，但市场依然处于供大于求状态，库存规模持续走高，出清周期大幅延长，市场竞争压力逐步加大。

全市整体市场“量价齐升”，中高价位项目成交占比提升。刚需型产品占比大幅提升。二环以内、三四环之间价格涨幅较多，二三环、四五环之间价格下跌；60~90平方米成交占比继续上升，高端改善性产品基本维持稳定；按面积段来看，刚需型产品成交量持续增加，高端改善性产品基本维持稳定。2019年限竞房和共有产权房继续大量入市，中低面积段刚需户型供应量剧增，60~90平户型段成交占比较2018年上升14个百分点；160平以上户型需求基本维持稳定，累计市场占比较去年略微下滑1个百分点。

顺义区、丰台区供应及需求两端占比均有提升。东部区域商品住宅成交均价有所上涨，西部区域呈现横盘调整态势；朝阳、丰台、大兴、顺义成交面积占比位居前列；各区域中朝阳、丰台、大兴、顺义成交规模相对较大，占比均超10%。从各区域成交占比来看，2019年，北京楼市的热点板块郊区化趋势明显，其中朝阳、丰台、大兴、顺义商品住宅（不含保障房）成交规模均超70万平，成交占比位居全市前列，其余区域成交占比均未达到10%。与2018年相

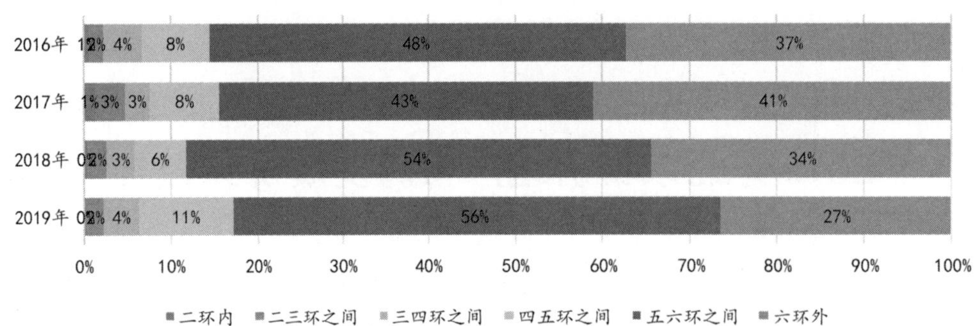

附图 1-1　2016—2019 年北京商品住宅分环线成交面积占比

数据来源：CREIS 中指数据，fdc.fang.com

比，丰台、大兴、石景山三个区域成交占比增幅均超 2 个百分点，昌平、密云成交占比下降均超 5 个百分点。顺义、丰台供应量面积占比最大；顺义、丰台供应量最大，占比分别达 16%、13%。2019 年，新批上市面积占比下降明显的区域有大兴、朝阳、平谷、开发区、密云，与 2018 年相比，占比分别缩小 6%、5%、3%、2%、1%；顺义、丰台、通州、怀柔供应面积占比提升较多，较 2018 年分别提升 9%、4%、3%、1%；其他区域占比较去年同期基本持平。2019 年，顺义、丰台供应规模均超 120 万平，占比分别达 16%、13%。

2019 年，多数区域依然处于供大于求状态，顺义、房山、平谷、通州较为突出。2019 年，东城、大兴、延庆供求基本平衡；西城、朝阳、密云区域销供比大于 1，市场呈现供不应求；顺义、房山、平谷、通州、昌平等 11 各区域供应持续发力，导致市场竞争压力有所提升，其中，顺义、昌平、门头沟销供比均下降 0. 1 以上，供过于求态势明显加剧。

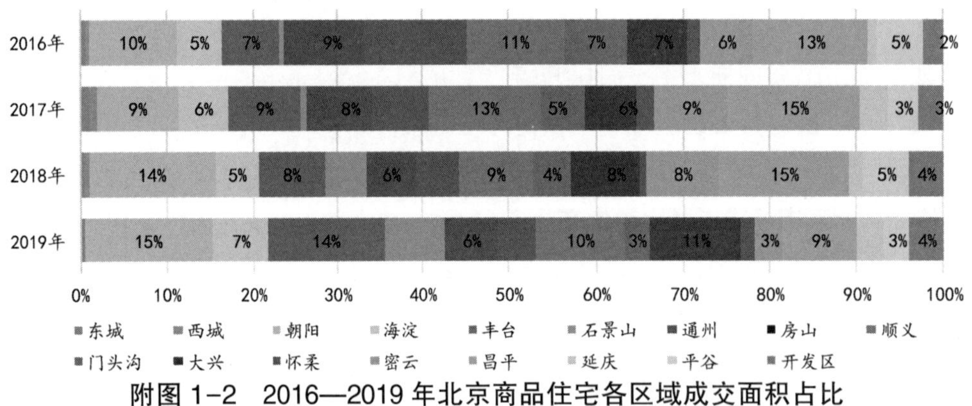

附图 1-2　2016—2019 年北京商品住宅各区域成交面积占比

数据来源：CREIS 中指数据，fdc.fang.com

3. 写字楼：供求规模进一步下滑，销售价格保持平稳

2019 年，北京写字楼①销售价格保持平稳。供给方面，新批上市面积为 170. 33 万平方米，同比下跌 9%。需求方面，销售面积继续下滑，成交面积仅为 82. 72 万平方米，同比降幅为

写字楼各类数据中，销售面积、销售额、销售均价等销售类数据，以及新批准上市面积均来自北京市房管局；开发投资额、新开工面积、竣工面积等开发投资类数据来自统计局。

23%；销售额为 250.01 亿元，同比下降 23%。销供比为 0.5，市场继续处于供大于求状态，供求矛盾进一步加剧。

写字楼价格保持平稳，均价维持在 3 万元/平方米左右。销售面积仅为 82.72 万平方米，同比减少 23%；销售金额：持续下降，同比减少 23%。新批上市面积同比下降 9%；2019 年北京市写字楼销供比为 0.5，供需矛盾进一步加剧。

4. 商业用房：政策收紧，整体市场呈现量跌价升

2019 年，政策调控持续收紧，特别是融资渠道受限直接影响投资者对于商业用房的投资热情，市场整体呈现量跌价升，2019 年商业用房销售额下滑 4.8%，销售均价上涨 11.6%，年度销供比为 0.5，市场整体表现为供大于求。

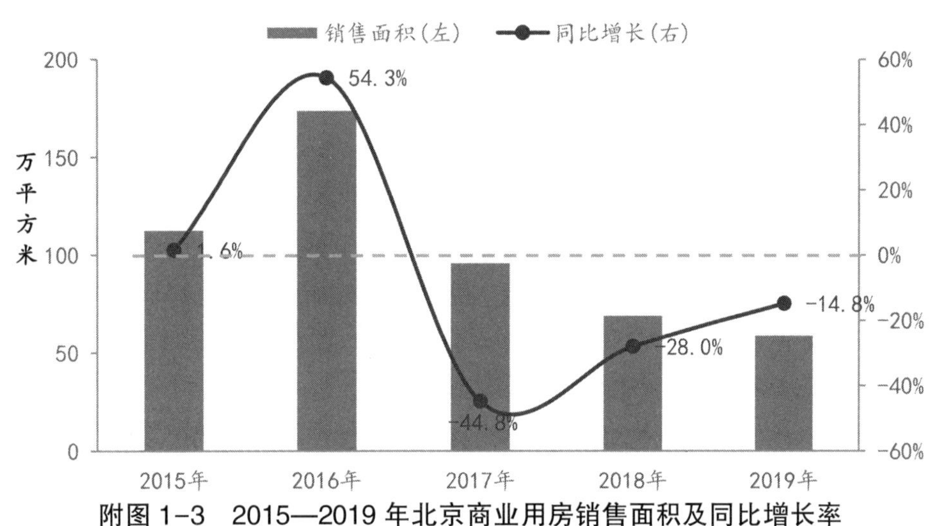

附图 1-3　2015—2019 年北京商业用房销售面积及同比增长率

数据来源：CREIS 中指数据，fdc.fang.com

2019 年商业用房市场降温，销售面积同比下滑 14.8%。2019 年北京商业用房市场在融资监管压力下，市场热度下降，销售面积继续下降，全年销售面积仅为 59 万平方米，同比减少 14.8%。从近五年商业用房的销售面积来看，2016 年市场大幅升温，销售面积达近六年最高值，为 173.6 万平方米。2017 年，商业用房销售面积大幅减少至 95.8 万平方米，同比减少 44.8%，全年销售面积未超百万平，市场进入下行通道。2019 年，在政策限制下，市场预期不明，导致成交量进一步下滑，全年仅成交 58.8 万平，创近五年新低。销售金额同比下降 4.8%。2019 年商业用房销售持续下降，致使 2019 年销售金额下降至 191.1 亿元，同比下降 4.8%。2019 年新增供应同比大幅上涨 36.6%。2019 年，受 2018 年低基数影响，商业用房新增供应同比大幅上涨 36.6%，新增供应面积为 126.6 万平方米。2019 年随着限制性政策的出台，商业用房在新增供给大幅上涨情况下，需求萎缩明显，导致供需矛盾加剧，商业用房市场呈现出明显的供大于求态势，销供比为 0.5。市场整体表现为供大于求。

5. 二手房市场：成交量同比减少，成交均价维稳

北京二手房市场远远活跃于新房市场，2019 年北京二手房与新房成交套数比值高达为 2.4，二手房成交 14.2 万套，新房仅成交 6.0 万套。政策调控导致北京二手房市场的热度降低，投资投机需求大幅减少，客户以刚需为主，购房更加理性。预计 2020 年，北京二手房市场将延续低位稳定态势。

分城区来看，2019 年各区域二手房成交均价除密云、延庆和平谷，其他区域波幅不大，其中大兴全年跌幅最大，达 11%，延庆涨幅最大，达 7%，东城涨幅达 6%，其他区域涨跌幅均在 5%之内。分月份来看，4 月份平均涨幅最大，6 月份平均跌幅最大。

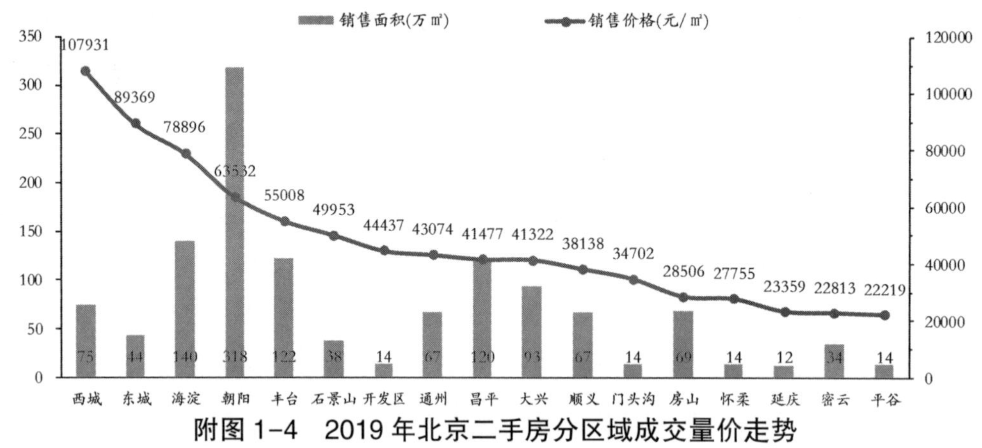

附图 1-4　2019 年北京二手房分区域成交量价走势

数据来源：CREIS 中指数据，fdc.fang.com

分区域来看，西城和东城区成交价格最高，分别为 107931 元/平方米和 89369 元/平方米，其次为海淀和朝阳区，分别为 78896 元/平方米和 63532 元/平方米。由于区域、交通、配套等方面优势明显，朝阳、海淀、丰台和昌平二手房市场比较活跃，成交面积均超过 120 万平方米，其中朝阳区成交量达 318 万平方米，居各区第一位。

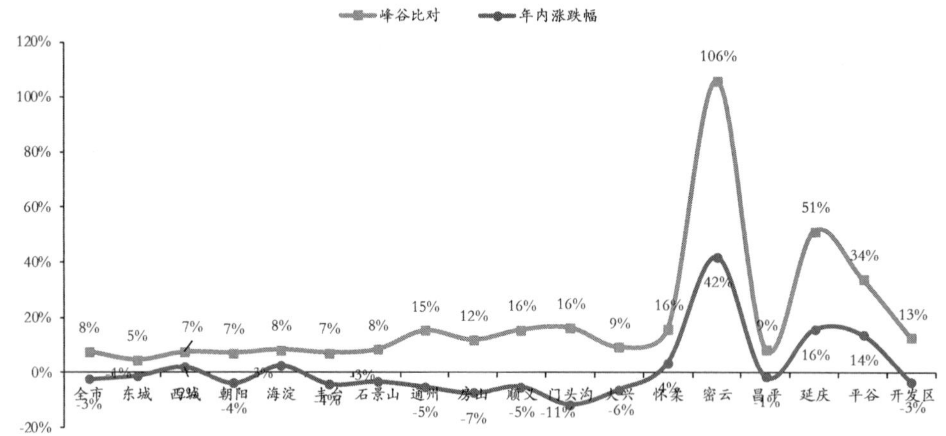

附图 1-5　2019 年北京分城区二手房均价峰谷与年内涨跌幅对比

数据来源：CREIS 中指数据，fdc.fang.com

注：峰谷对比为年内最高值与最低值变化幅度；年内涨跌幅为 12 月份与 1 月份变化幅度。

二、土地市场：楼面价下滑，溢价率持续走低，市场整体偏冷

2019年北京土地市场整体比较低迷，房企拿地谨慎。土地供应方面，2019年土地供应减少，宅地供应结构发生改变，限竞房地块供应减少，不限价地块重新回归，供应明显增多，且年底新推宅地中不限价地块成绝对主力。土地成交方面，2019年土地成交量较去年有所增加，住宅用地以限竞房地块为主，楼面价及溢价率回落，成交地块主要分布在五六环之间，大兴、通州尤为密集。拿地企业方面，中海和华润在2019年的北京土地市场中表现较为积极，通过或独立或合作竞买的方式竞得多宗土地。但总体来看，企业拿地的关注点越发由“数量”转向“质量”，态度更趋理性。

1. 土地价格：楼面均价下滑，溢价率持续走低

成交楼面均价下滑，溢价率持续走低。 2019年，楼市严控背景下，房企融资渠道全面收紧，房企拿地愈加理性，北京土地市场热度持续低迷。从成交楼面价看，北京土地成交楼面价从2016年以来开始走高，2017年达到高峰，2018年土地成交楼面均价降至18605元/平方米，同比下降5%，但仍维持在高位；从溢价率来看，北京土地成交溢价率近五年呈现震荡下滑趋势，2019年土地成交溢价率为9%，同比下降5个百分点，为近五年最低水平。

住宅楼面均价维稳，商办楼面均价有上升趋势。2019年，北京住宅用地楼面均价为23292元/平方米，同比下降1%，与去年基本持平；商办用地楼面均价为19261元/平方米，同比上升45%。商办用地多以底价成交，部分优质地块带动整体楼面均价有所提升，但整体市场热度仍处低位。11月北京发布土地新规，商办用地与住宅用地分开供应，后续土地市场竞争或将加剧。

2. 土地成交：成交量较去年有所增加，近郊区依旧是成交主力

土地成交面积与去年基本持平。 2019年，北京土地市场持续低迷，房企拿地谨慎，共成交建设用地面积478万平方米，同比下降2%；规划建筑面积914万平方米，同比增加7%。

住宅用地占比下降3个百分点。 2019年北京住宅、商办市场累计成交58宗用地。土地面积合计357万平方米，同比下降20%；土地规划建筑面积734万平方米，同比下降6%；土地出让金合计1672亿元，与去年持平。其中住宅用地成交50宗，土地面积为326万平方米，同比下降6%，规划建筑面积642万平方米，同比微增3%；商办用地成交8宗，土地面积31万平方米，同比下降69%，规划建筑面积92万平方米，同比下降42%。

商办用地占比下降9个百分点。 2019年，商办用地市场遇冷，全年成交92万平，占比较2018年下降9%至10%。预计随着2020年“十三五规划”实施最后一年，北京市属国企总部将大部分东迁通州城市副中心，以及医疗和教育等搬离核心区等大规模调整，随着人口大规模的转移，商办用地价值凸显，竞争性增加，成交占比或将增加。

土地成交依旧以郊区为主，大兴、通州和丰台住宅用地成交占比较高。 2019年，土地成交面积排名前三的区域为大兴、通州和海淀，占比分别为19%、15%、14%。住宅用地成交方面，2019年成交面积排名前三的区域为大兴、通州和丰台，成交面积分别为118.88万平方米、94.82万平方米、89.42万平方米。土地市场尤其是住宅用地市场，依旧主要集中在郊区，与市中心土地资源有限，逐步向外疏导有关。

区域宅地成交： 大兴宅地成交规划建面最高，石景山宅地成交楼面均价为区域最高。住

宅用地成交规划建面方面，大兴成交10宗宅地，成交面积为118.88万平方米；通州成交7宗宅地，为94.82万平方米；丰台成交6宗宅地，成交面积为89.42万平方米；其余区域宅地成交面积均不足60万平方米。成交价格方面，石景山宅地成交楼面价最高，达35140元/平方米；其次是朝阳区，成交楼面价为30196元/平方米；丰台、大兴和海淀楼面均价介于2.3~2.9万/平方米；通州、顺义和怀柔宅地成交楼面介于1.7~1.9万/平方米；门头沟、房山和密云地块楼面价介于1~1.3万/平方米之间，平谷地块楼面价不足万元。

区域商办用地成交：海淀商办用地成交规划建面和楼面价均最大。商办用地成交规划建面方面，2019年仅4个区域有商办用地成交，其中海淀成交3宗商办用地，成交面积为44.37万平方米；石景山成交2宗，为23.89万平方米；大兴成交2宗，成交面积为16.62万平方米；通州成交1宗，成交面积为7.00万平方米。成交价格方面，海淀区商办用地成交楼面价最高，达23178元/平方米；其次是石景山，成交楼面价为16613元/平方米；大兴排第三，成交楼面均价为14836元/平方米；通州排第四，成交楼面均价为13970元/平方米。

3. 土地推出：供应规模减少，不限价地块明显增多

2019年土地供应有所减少。2019年北京累计供地83宗，建设用地面积为415万平，同比减少29%，规模达850万平，同比减少19%。

宅地供应完成年度供地目标。北京计划供应住宅用地950万平方米，包含商品住宅用地650万平米（其中共有产权房用地60万平方米），保障性安居工程用地350万平方米；商办用地150万平。全年累计供应商品住宅用地共计608万平方米，完成年度600万平方米入库任务的101%，其中，共有产权住房用地90万平方米，计划完成率为150%；商办用地推出92万平米，仅完成供地计划的61%。近三年来北京不限价纯商品住房地块推出数量首次大于限竞房地块，供地结构发生显著变化。

4. 土地出让金：出让金1701亿元，与去年基本持平

2019年土地出让金与去年基本持平。2019年土地整体推出量增加，但共有产权住房用地大幅减少，土地市场遇冷，房企拿地谨慎。2019年，北京市土地出让金总额为1701亿元，较2018年增加18亿元，同比微增1%。与此同时，2019年北京市商品房销售总额为3869亿元，同比增加40%。

住宅用地出让金与去年基本持平，工业用地大幅增加。2019年，北京住宅用地土地出让金总额为1495亿元，较2018年的1467亿元微增2%；工业用地成交金额为16亿元，较2018年的5亿元大幅增加223%；商办用地成交金额为177亿元，较2018年的210亿元下降16%。

5. 成交结构分析：不限价纯商品住宅地块明显增加，限竞房地块成交占比回落，宅地成交结构发生转变，后期北京土地市场竞争或将加剧

在城市规划限制四环以内住宅开发的背景下，2019年土地供应导向五环以外区域，多数地块成交集中在五环到六环之间。伴随北京“留白增绿”用地增加，中心城区建设用地逐步减少，城市规划细化下，土地市场或将进一步向外围发展，未来五环以外或将形成新的商业及居住氛围浓厚、人口密集的区域。在城市总规下，2020年城乡建设用地规模缩减、平原开发强度降低，同时叠加商办用地与住宅用地分开供应政策出台，预计未来宅地市场竞争或将一进步加剧。

2019年北京土地成交楼面价排行榜中，恒基竞得的朝阳区孙河乡北甸西村、北甸东村、西甸村、孙河村 2902-31 地块 R2 二类居住用地楼面价最高，达 69542 元/平方米，该地块采用“限地价、竞自持、报方案”出让方式，建筑规模 5 万平方米(含)以上的商品房开发项目应采用装配式建筑，其他区地上建筑规模 10 万平方米(含)以上的商品房开发项目应采用装配式建筑。

宅地成交结构发生转变，不限价纯商品住宅增多。2019 年北京新增 21 宗限竞房用地，累计规划建面达 334.08 万平，同比下降 34%，成交占比下降 31 个百分点至 51%；共有产权房成交 14 宗，成交规模为 140 万平，同比增加 21%，占全年宅地成交比例为 21%，较 2018 年上升 3 个百分点；不限价纯商品住宅成交 14 宗，累计成交建面达 168 万平，占比达 26%。此外，今年还有 1 宗纯租赁用地成交，成交建面为 9 万平。不限价纯商品住宅用地的大量成交，使得北京宅地成交结构发生转变，叠加商办用地与住宅用地分开供应，未来北京土地市场竞争或将更加激烈。

2019年北京市房地产市场分析报告

北京首佳顾问

一、土地市场分析

2019年，北京市成交土87宗，成交土地总面积为478.07万平方米，同比下降2.43%，其中50宗为住宅用地。

2019年成交的87宗土地，其中住宅用地50宗，商办用地8宗，工业用地28宗，其他用地1宗，共计478.07万平方米。土地出让情况详见附表1-1。

附表1-1　2019年全市土地出让情况

用地性质	宗地数	土地面积（平方米）	建筑面积（平方米）	楼面均价（元/平方米）	溢价率（%）
合计	87	4780712.21	9142941.63	18605	9.29%
住宅用地	50	3260586.42	6419082.99	23292	10.36%
商业/办公用地	8	312601	918711.4	19261	0.23%
工业用地	28	1167239.47	1724576.24	939	0
其他用地	1	40285.32	80571	15800	0

数据来源：北京市土地房产交易中心

二、住宅市场分析

1. 2019年新建商品住宅（不含保障房）成交面积700.70万平方米，同比上涨46.35%

2019年，全市新建商品房成交面积为1044.77万平方米，同比上涨25.19%；全市新建商品房成交套数为112782套，同比上涨27.47%。其中，新建商品住宅（不含保障房）成交面积为700.70万平方米，同比上涨46.35%；新建商品住宅（不含保障房）成交套数为59942套，同比上涨45.62%。

其中12月份，全市新建商品房成交面积为112.75万平方米，环比上涨17.73%，同比下降15.35%；全市新建商品房成交套数为11817套，环比上涨25.74%，同比上涨8.23%。其中，新建商品住宅（不含保障房）成交面积为58.66万平方米，环比下降7.24%，同比下降21.74%。；新建商品住宅（不含保障房）成交套数为4535套，环比下降0.92%，同比下降8.31%。

2. 2019年新建商品住宅（不含保障房）均价45856元/平方米，同比上涨6.91%

2019年全市新建商品住宅（不含保障房）均价为45856元/平方米，比2018年同期的

42891 元/平方米上涨 6.91%。

其中 12 月份全市新建商品住宅（不含保障房）均价为 47982 元/平方米，环比上月的 55975 元/平方米下降 14.28%，比 2018 年同期的 55975 元/平方米下降 15.14%。

3. 2019 年新建商品住宅（不含保障房）供求比为 1.38，短期市场供大于求

2019 年新建商品住宅（不含保障房）供求比为 1.38，短期市场供大于求。其中 12 月份北京市新建商品住宅（不含保障房）供求比为 3.12。12 月份商品住宅供给较上月增加，批准上市面积为 182.96 万平方米，环比上月 116.88 万平方米上涨 56.54%，同比下降 7.73%；销售面积 58.66 万平方米，环比上月 63.24 万平方米下降 7.24%，同比下降 21.74%。

4. 2019 年，存量住宅网签面积 1281.29 万平方米，相比 2018 年下降 4.62%

2019 年全市存量房网签面积为 1417.92 万平方米，同比下降 4.12%；存量住宅网签面积 1281.29 万平方米，相比 2018 年下降 4.62%。

其中 12 月份全市存量房网签面积为 137.51 万平方米，环比上涨 16.77%，同比上涨 15.07%；存量住宅网签面积 125.00 万平方米，环比上涨 15.58%，相比 2018 年上涨 16.18%。

5. 2019 年 12 月份存量住宅均价为 57704 元/平方米，环比下降 0.08%，同比下降 1.21%

根据 V 估价系统对北京市 114 个住宅板块，共计 8687 个存量住宅小区的监测，本月存量住宅均价为 57704 元/平方米，环比下降 0.08%，同比下降 1.21%。

2019 年 12 月城六区中存量住宅均价最高的是西城区，监测均价为 105223 元/平方米，环比下降 0.04%；其次是东城区，监测均价为 89663 元/平方米，环比上涨 0.47%；海淀区监测均价为 76299 元/平方米，环比上涨 0.23%。

远郊区存量住宅均价最高的是经济技术开发区（亦庄开发区），监测均价为 43654 元/平方米，环比上涨 0.41%；其次，通州区监测均价为 37292 元/平方米，环比下降 1.13%。远郊区县中均价最低的是延庆区，监测均价为 19939 元/平方米，环比下降 2.20%；其次是平谷区，监测均价为 20085 元/平方米，环比上涨 1.67%。

均价上涨幅度较大板块有三个。平谷南部：该板块位于北京市的东北部，西距北京市区 70 公里。平谷区是北京市主要的农副产品生产基地之一。全区粮经比例达到 2∶8，平谷县农业资源丰富，无污染，生产条件优越，是北京市重要的农副产品基地。同样属于远郊的平谷城区，因其自身远离北京中心，教育、交通等配套设施不及城六区，所以相对于城六区而言，对市场更加敏感，本轮监测中房价上涨幅度较大。该板块房价环比上 3.80%，均价 18675 元/平方米。姚家园：该板块位于朝阳区中部，东起平房村，西北豆各庄，北起东崔各庄，东南至亮马厂。邻近地铁 14 号线、6 号线，交通便利。板块内有北京第二中学朝阳学校、朝阳体育中心、北京妇产医院；板块内商业配套设施、医疗设施比较完备；地理位置优越、居住设施完备，本轮监测该板块涨幅比较明显。该板块房价环比上涨 2.07%，均价 67952 元/平方米。密云城区周边：密云区位于北京东北部，距首都机场 35 千米。面积 229.45 平方千米，是北京面积最大的区县。交通依托首都国际机场、密云站、密云东站等交通枢纽。密云区为暖温带季风型大陆性半湿润半干旱气候。冬季受西伯利亚、蒙古高压控制，夏季受大陆低压和太平洋高压影响，四季分明，干湿冷暖变化明显。年平均气温为 10.8℃。本地房价一直处于相对较低的位置，房价抗跌性较强。该板块房价环比上涨 1.75%，均价 16287 元/平方米。

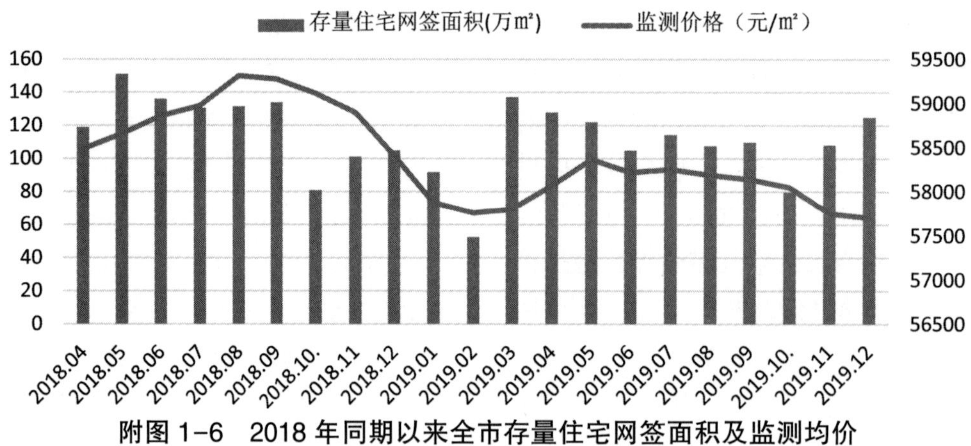

附图 1-6　2018 年同期以来全市存量住宅网签面积及监测均价

数据来源：北京市住房和城乡建设委员会、V 估价系统

6. 2019 年 12 月，北京存量住宅将近六成监测板块均价下降，楼盘均价环比涨幅在［-1%，1%）之间居多，占 46%

板块：将近六成监测板块均价下降。根据板块监测情况显示，2019 年 12 月，近六成监测板块均价下降。涨幅分布在［0%，1%）的所占比重为 30.36%；涨幅分布在［1%，2%）的所占比重为 6.25%；涨幅分布在 2%及以上的所占比重为 3.57%。监测板块中降幅在［-1%，0%）之间的板块所占比重为 41.96%，降幅在［-2%，-1%）之间的板块所占比重为 13.39%，降幅超过 2%的板块所占比重为 4.46%。

楼盘：本月楼盘均价环比涨幅在［-1%，1%）之间居多，占 46%。

根据监测数据显示，2019 年 12 月，涨幅在［-1%，1%］的楼盘占比为 46%，涨幅在［-3%，-1%］之间的比例为 14%。

7. 2019 年北京住宅租赁市场月均租金为 93 元/平方米·月，同比增长 8.14%

2019 年北京住宅租赁市场月均租金为 93 元/平方米·月，同比增长 8.14%。其中 2019 年 12 月北京住宅租赁市场月均租金为 91 元/平方米·月，环比增长 1.88%，同比下降 3.71%。套均租金 8119 元/套·月，环比增长 4.94%，同比下降 4.52%。

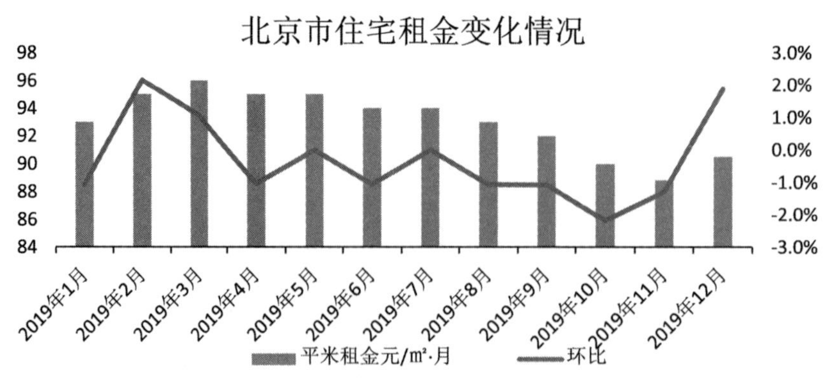

附图 1-7　2019 年北京市住宅租金变化情况

数据来源：中指数据库

三、商业办公分析

1. 商业价格

2019 年新建商业用房成交均价 32531 元/平方米，同比上涨 11.65%。其中 2019 年 12 月份，新建商业用房成交均价 39157 元/平方米，环比上月 23197 元/平方米上涨 68.80%，与去年同期 33894 元/平方米相比上涨 15.53%。

2. 商业新房市场成交

2019 年新建商业用房成交面积 58.75 万平方米，同比下降 14.77%。成交套数 3537 套，同比增长 8.96%。2019 年 12 月份新建商业用房成交面积 9.88 万平方米，环比上涨 185.55%，同比增长 29.83%。成交套数 619 套，环比增长 214.21%，同比增长 49.52%。

3. 办公楼价格

2019 年份新建办公楼成交均价 30222 元/平方米，与去年同期相比下降 1.02%。其中 2019 年 12 月份新建办公楼成交均价 25931 元/平方米，环比上月 20719 元/平方米增长 25.16%，与去年同期 38657 元/平方米相比下降 32.92%。

4. 办公新房市场成交

2019 年新建办公楼成交面积 82.72 万平方米，同比下降 22.62%，成交套数为 8012 套，同比下降 8.91%。其中 2019 年 12 月份新建办公楼成交面积 13.98 万平方米，环比上涨 80.85%，同比下降 50.39%，成交套数为 995 套，环比上涨 26.59%，同比上涨 14.67%。12 月份全市新建商品房成交面积为 112.75 万平方米，办公用房成交面积占其比重为 12%。

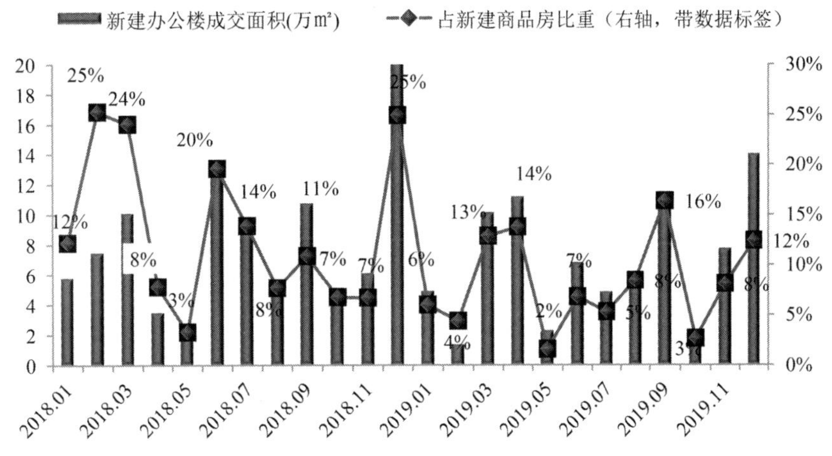

附图 1-8　2018 年同期以来全市新建办公楼成交面积及其占比

数据来源：北京市住房和城乡建设委员会

四、市场走势分析

2019 年，北京市土地成交量与去年同期相比仍然呈下降趋势；存量住宅市场量价齐跌；商品房新房市场 2019 年供大于求，新建商品住宅市场成交量较去年同期相比呈上涨趋势，均价同比有所上涨；商业市场均价同比上涨，成交量较去年同期相比呈下降趋势；办公市场成交面积同比下降，成交均价同比呈下降趋势。

2019 年 3 月 15 日，两会仍确定房子是用来住的，而不是用来炒的。2019 年 4 月 1 日，北京市教委表示，共有产权住房与商品房入学政策一致。2019 年 4 月 15 日，国管公积金新政，二套房贷款实行“认房又认贷”。2019 年 5 月

31日，《北京市公共租赁住房租赁合同》示范文本公开征求意见。2019年7月8日，北京市发布住房租赁合同范本，进一步规范租房市场行为。2019年8月2日，《北京住房和城乡建设发展白皮书（2019）》正式发布。2019年10月12日，北京银保监局表示，将严防信贷资金违规流入房地产市场。2019年11月19日，市住建委、市场监管局联合发布公共租赁住房租赁合同示范文本。

北京市政府工作报告指出，2019年，北京落实“一城一策”长效调控机制，着力稳地价、稳房价、稳预期，全年新建商品住房和二手房价格指数符合预期，房地产市场保持平稳。对于2020住房安排，报告提出，要保持房地产市场平稳健康发展，坚持房住不炒，进一步完善长效管理调控机制。完成商品住宅土地入库600公顷建设，筹集各类政策性住房4.5万套、竣工9万套。

报告说明

存量住房均价：根据V估价系统监测的北京市114个住宅板块，共计8350个存量住宅小区均价，采用定基定权重的方式计算得出，以保证各期价格的可比性。V估价系统是由中估联行研发的在线批量评估系统。该系统充分集成信息技术与估价师经验，为房地产估价业务提供全新方式的在线评估数据支持。

商办类新房价格波动说明：商办房地产市场成交量小且分布不均匀，因未做同质化处理，商办新房均价波动较大，并不代表市场价格的真实走势，仅供参考。

免责声明

本报告中的意见和内容仅供参考，并不构成对所述市场交易的出价或评估。我司及其雇员对使用本报告内容所引发的任何直接或间接损失概不负责。

除非另有说明，所有本报告的版权属于首佳顾问。未经首佳顾问事先书面授权许可，任何机构或个人不得更改或以任何方式发送、传播或复印本报告，否则由此造成的一切不良后果及法律责任由私自发送、传播或复印本报告者承担。

2019年北京市房地产市场运行情况分析报告

北京链家研究院

2019年北京新建商品住宅①及二手住宅共计成交20.3万套，同比增加10%。新房成交均价46414元/平方米，同比小幅下跌1.1%；二手房成交均价60762元/平方米，同比持平。新房供应放量，导致2019年新房成交同比增加76.8%，二手房市场受限竞新房分流影响，成交有所萎缩，同比下滑5.5%。从市场情绪来看，2019年整体市场供应较为充足，供需矛盾明显缓解，买方观望情绪浓厚，成交节奏变缓，市场进一步向买方倾斜。

一、宅地成交体量持平，结构优化

2019年北京住宅用地成交规划建筑面积641.9万平方米，同比增加2.8%，基本持平。成交平均楼面价26828元/平方米，同比下跌7%，土拍溢价率继续降至10%以下。

从区域分布看，2019年北京城区②住宅用地成交占比达38%，同比提升15个百分点，其中海淀区、石景山区住宅用地成交同比增幅分别为324%和242%。近郊区占比44%，同比下降14个百分点，其中昌平区2019年无住宅用地成交，通州区在2018年的低基数基础上增加868%。远郊占比基本持平。

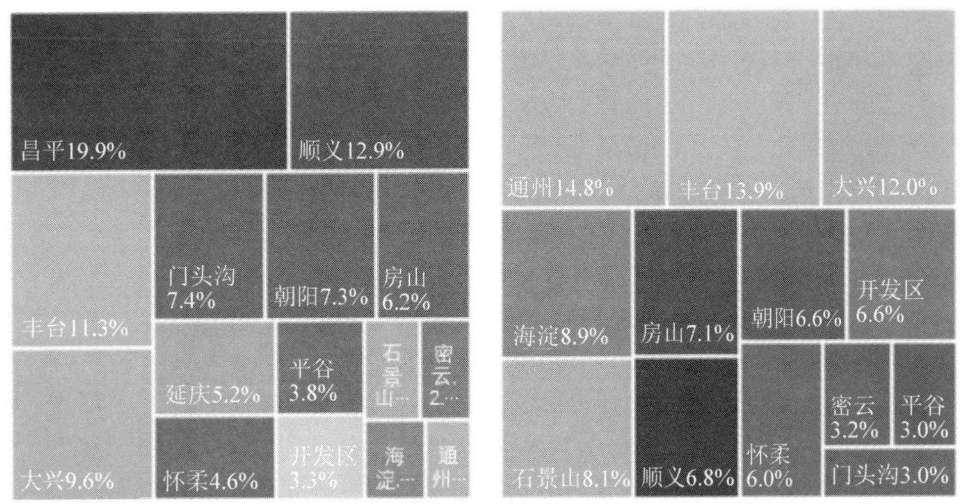

附图1-9　北京住宅用地成交城区分布（左图2018年，右图2019年）

数据来源：天朗

① 新建商品住宅统计口径是普通住宅+别墅+共有产权房，下同。

② 城区指东城、西城、朝阳、海淀、石景山及丰台六区，近郊指大兴、房山、昌平、顺义及通州，远郊指门头沟、延庆、平谷、怀柔、密云。

2019年成交时不作未来售价限制的住宅用地占比由2018年2%提升至31.3%，设90/70限制的宅地成交占比由54%降至43%。宅地成交政策灵活调整，不限价地占比提升。

二、新房量升价微跌，库存压力依旧

2019年北京商品住宅成交5.8万套，同比增加76.8%，成交均价46414元/平方米，同比小幅下跌1.1%，成交金额3151.3亿元，同比增加63.2%。

从成交区域分布看，近年北京新房成交主要分布在五六环之间，2019年新房成交区位向内环移动。五环内成交占比13.2%，同比提升1.7个点；五六环之间占比58.6%，提升9.6个点；六环外占比28.2%，同比下降11个点。

从总价看，400万以下低总价新房成交占53%，同比提升6个百分点；800万以上高总价占15%，同比降7个百分点。从户型看，90平方米以下小户型成交占比64%，同比提升14个百分点；120平方米以上户型占比下滑9个点至25%。

2019年北京新房供应6.8万套，同比基本持平。2019年供应的新房中90平方米以下小户型占比达64.7%，五六环之间新增供应占比达60%，同比提升近9个百分点，六环外新增供应占比相应下降。

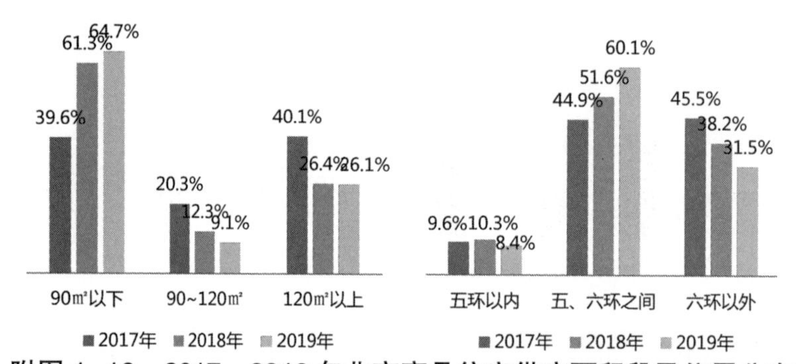

附图1-10 2017—2019年北京商品住宅供应面积段及位置分布

数据来源：天朗

近年新房供应充足，新房库存同步走高，2019年底北京新房库存量近10万套，去化周期达20个月。

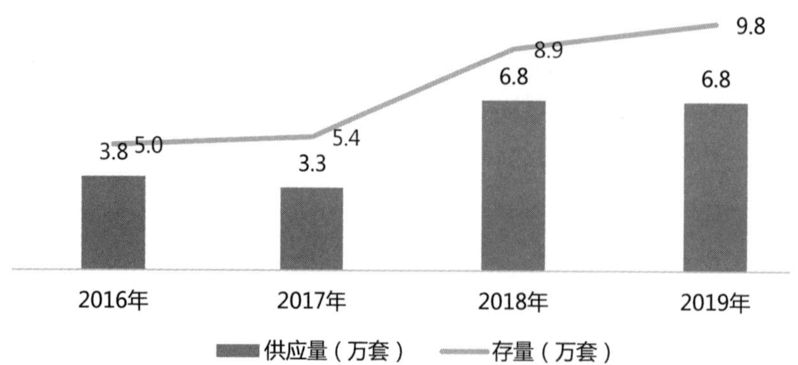

附图1-11 2016—2019年北京商品住宅供应量及库存量年度走势

数据来源：天朗

从区域分布看，外围的密云、房山、平谷、通州及顺义等区去化周期在29个月以上，库存去化压力大。从户型看，面积改善类产品去化压力大，90平方米以上产品去化周期近30个月。90平方米以下小户型去化周期15.7个月。从产权属性看，纯商品住宅去化周期达39个月，去化压力大；限竞房去化周期达20个月，去化压力亦相对较大。

三、二手房低温微降，市场节奏变得更慢

2019年全年北京二手房市场成交量降价平。市场上二手房购房者观望情绪进一步蔓延，业主预期随之走低，市场节奏变得更慢。

1. 总体成交小幅下滑，核心区成交占比下滑

2019年北京全市二手房网签14.5万套，同比下滑5.5%。二手房成交占比为72%①，比2018年下降10个百分点。近三年北京全市二手房成交在15万套左右波动。

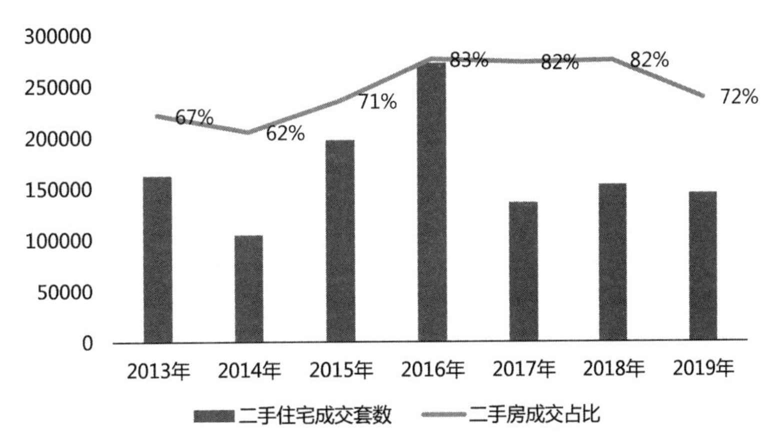

附图1-12 2013—2019年北京全市二手房年度成交量及占比走势

数据来源：北京链家研究院

年内，3月在房贷额度充足影响下，全市二手房成交量达1.6万套，同比增加44%，是“317”调控后特殊月份②除外的最高值。此后国管公积金贷款政策收紧，需求后劲不足，市场开启了7个月的下滑，年末两月成交回升。

分区域看，2019年中心城六区二手房成交占全市比重为61.7%，同比下降7个百分点。其中海淀区成交占比较2018年下降2.5个百分点，降幅较大。分户型看，90平方米以下房源成交占比为67.4%，90~120平方米成交占比为18.3%，120平方米及以上大户型成交占比14.3%。近两年二手房成交结构趋同。

① 二手房成交占比=二手房网签套数/（二手房网签套数+新房成交套数）。

② 在2018年4月末“多校划片”政策影响下部分需求前置，2018年5月二手房成交峰值。

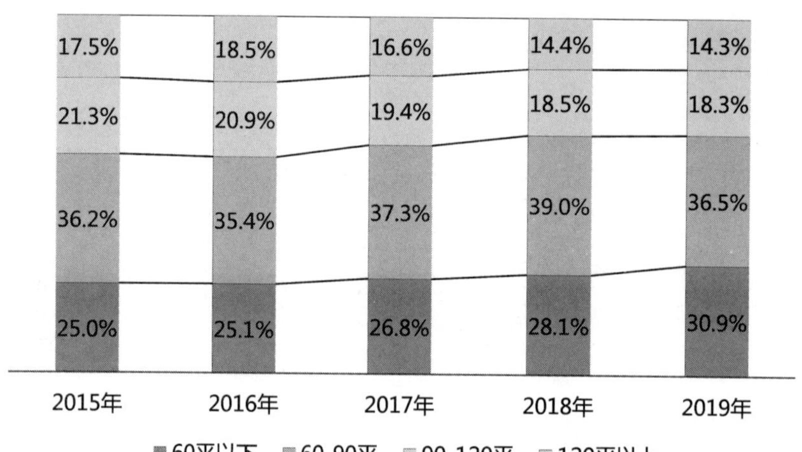

附图 1-13　2015—2019 年北京全市不同面积段二手住宅成交占比变化

数据来源：北京链家研究院

2. 房价总体平稳，外围城区价格跌幅较大

2019 年北京二手房成交均价 60762 元/平方米①，与 2018 年基本持平。年内二手房成交均价呈现先升后降复又趋稳的走势，前 5 月房价呈上涨态势，6 月后市场成交持续下滑，均价亦由涨转跌，年末均价止跌趋稳。

分区域看，2019 年西城及东城两区均价同比上涨，涨幅分别为 3.9%和 1.2%。外围城区跌幅较大，如门头沟及亦庄等，跌幅均在 5.5%以上。

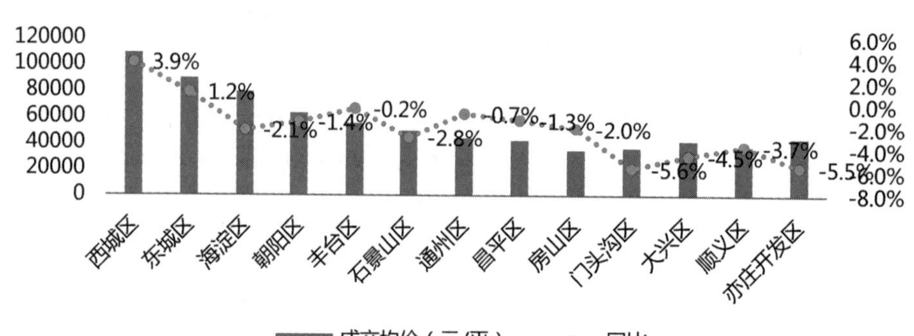

附图 1-14　2019 年北京各城区二手房成交均价及同比

数据来源：北京链家研究院

2019 年不同总价段二手房成交均价同比变动幅度基本在 1%以内，较为平稳。300 万以下低总价房源均价同比跌幅较大，为 3.3%。从户型看，各面积段房源成交均价较 2018 年基本保持平稳，60 平方米以下小户型均价上涨 1.6%。

① 受避税等因素影响，网签价偏低，故采用北京链家二手房三方签约的实际成交价格进行分析。

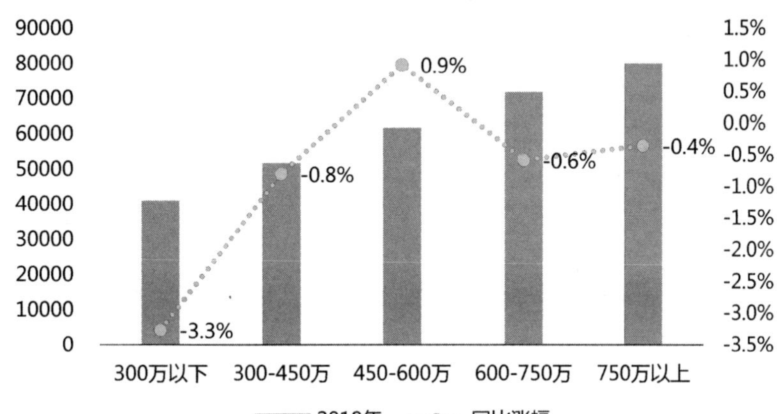

附图 1-15 2019 年北京链家不同总价二手房成交均价及同比

数据来源：北京链家研究院

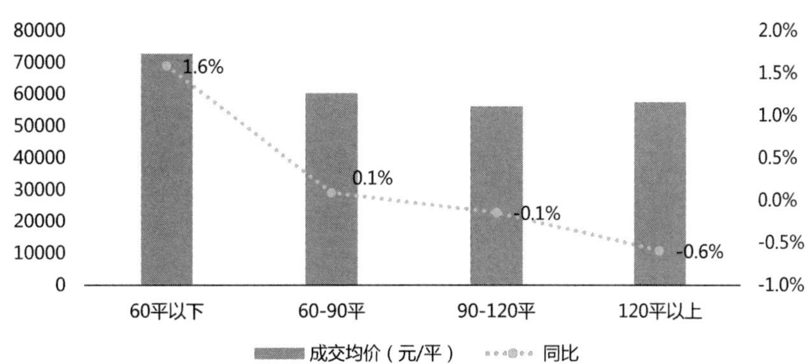

附图 1-16 2019 年北京链家不同户型二手房成交均价及同比

数据来源：北京链家研究院

3. 房源出售难度增大，交易节奏变得更慢

北京链家数据显示，2019 年 12 月二手房购房者成交周期达 92 天，比 2018 年同期延长 8 天。购房者观望态势持续蔓延，房源出售难度持续增加，2019 年 12 月房源成交周期达 121 天，比 2018 年同期延长 34 天。

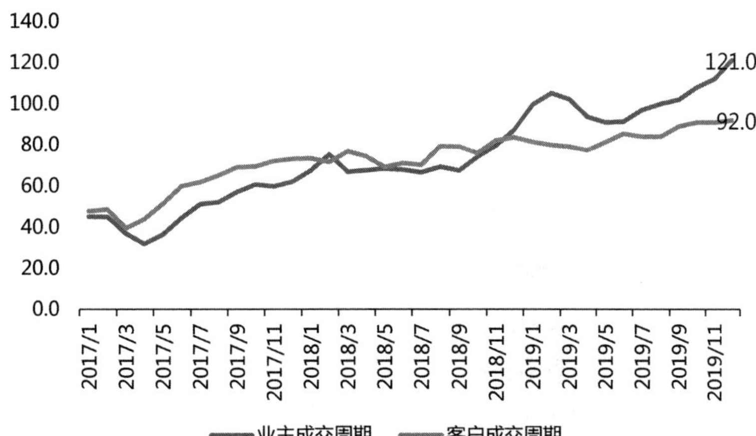

附图 1-17 2017—2019 年北京链家二手房买卖双方成交周期（天）走势

数据来源：北京链家研究院

4. 市场预期持续走低

北京链家数据显示，2019 年业主挂牌均价 60570 元/平方米，同比下跌 5%。业主为出售房源根据带看反馈下调报价，2019 年下半年调价中降价次数占比达到 90%的高位。房价横盘，购房者观望，市场上待售房源积压，出售难度大，业主预期持续走低。

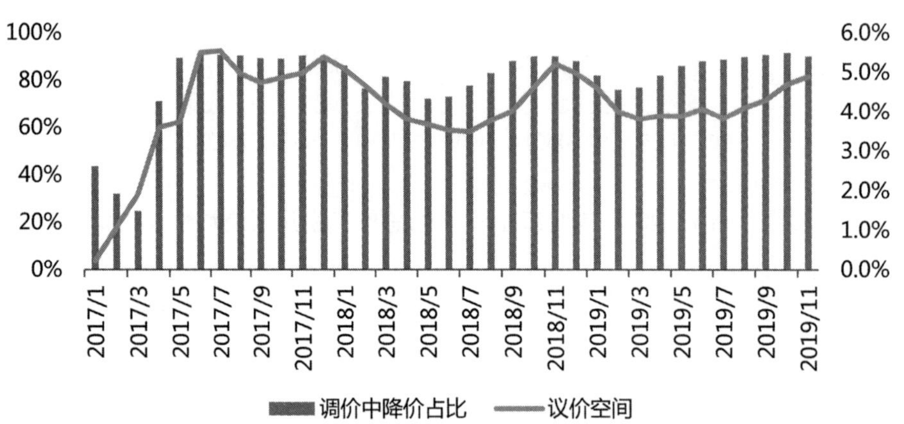

附图 1-18　2017—2019 年北京链家二手房业主调价中降价次数占比及议价空间走势

数据来源：北京链家研究院

5. 杠杆进一步下降

提高购房最低首付比例政策实施的三年来，2019 年北京链家二手房购房者中贷款成交占比为 76. 4%，比 2018 年下降 2. 5 个百分点；购房者平均贷款成数为 34%，比 2018 年下降 4. 3 个百分点。

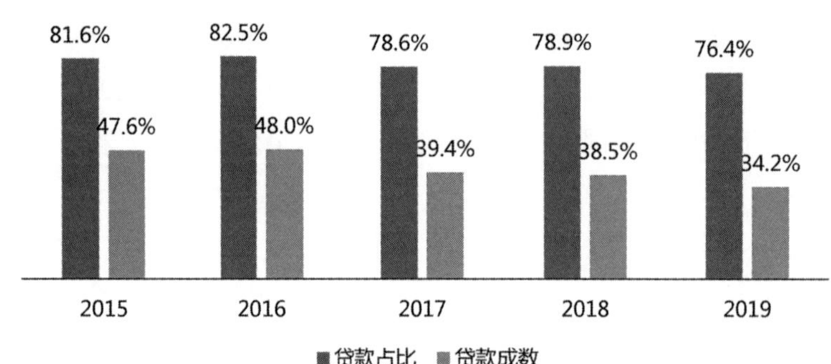

附图 1-19　2015—2019 年北京链家二手房购房客贷款占比及贷款成数变化

数据来源：北京链家研究院

2019年北京市住宅市场分析年报

北京国信达数据技术有限公司

一、土地市场分析

（一）土地交易

2019年，北京共成交土地87宗，成交规划建筑面积914.29万平方米，同比上涨6.77%。87宗土地中，住宅用地成交50宗，成交面积641.91万平方米，同比2018年小幅上涨2.79%；商业/办公用地成交8宗，成交面积91.87万平方米，同比下降42.11%；工业用地成交28宗，成交面积172.46万平方米，同比上涨135.65%。

从住宅用地成交看，2019年整体依旧延续低温，住宅土地市场成交量与2018年相比基本持平。

2019年北京住宅用地上半年成交量明显高于下半年。年初房企拿地预算充足，各家房企做好充足的土地储备，其中成交面积最多的是1月，共成交13宗地块，成交面积多达167.13万平方米。进入下半年，房企资金压力较大，拿地谨慎，即使性价比高的土地也避免不了底价成交。

从成交区域分布来看，2019年各区住宅用地成交差异较大。成交面积排名前三的区域为大兴、通州、丰台，占比分别为18.5%、14.8%、13.9%。今年以来住宅用地成交多位于近郊，大兴、通州、房山、顺义成为成交热点区域，成交地块占比近半。东城、西城、昌平、延庆2019年无住宅用地成交。

（二）土地交易价格

2019年，北京坚持调控力度不放松，房企融资渠道全面收紧，房企拿地愈加理性，北京土地市场热度持续低迷。住宅用地成交楼面价为23292元/平方米，同比2018年的23499元/平方米微降0.88%。成交总金额共计176.95亿元，同比下降15.91%。从北京历年住宅用地成交楼面价来看，从2016年起成交楼面价逐渐走高，到2017年达到历史峰值，2018年价格出现回调，2019年小幅下滑。

分区域来看，2019年石景山区成交楼面价最高，达35140元/平方米，作为城六区的石景山区，区域住宅用地供应一直较少，加之年内供应的4宗地块较为优质，成交楼面价随之上涨，同比涨幅11.09%。成交楼面价排在第二、三位的是朝阳和丰台，价格分别为30196元/平方米和28771元/平方米。平谷区住宅用地成交楼面价不足万元/平方米。

（三）土地溢价率

2019年，北京住宅用地平均溢价率为10.36%，较2018年下降5.05个百分点，为近5年最低水平。从历年数据来看，北京住宅用地溢价率从2015年起呈现下滑趋势，年内成交的50宗宅地中，有22宗土地溢价率0%成交。总体来看，2019年以来北京土地市场呈现出较为冷淡的现象，一方面是因为2019年整体市场下行，房企信心不足；另一方面年内土地供应还是以限竞房用地为主，房企盈利空间有限，再加之年底房企资金压力大，即使性价比较高的地块也避免不了底价成交。

区域溢价率方面，大兴、密云、通州和丰台溢价率高于北京平均溢价率，住宅用地市场热度相对较高，海淀、怀柔、平谷溢价率均为0。另外，2019年仅石景山溢价率同比上涨，其余行政区宅地成交溢价率均较2018年出现不同程度回落，整体宅地市场降温明显。

（四）土地成交结构

2019年北京成交的50宗住宅用地中，限竞房用地成交21宗，占比42%，是市场的主流产品。共有产权房用地成交14宗，占比28%，不限价地块成交14宗，占比28%，北京不限价地块供应量明显增加，这也是北京土地市场2019年的一个重要结构转变，这将给予开发商在产品上更大的自主性，刺激开发商拿地热情。

（五）土地成交情况

在2019年北京住宅用地成交总金额TOP10中，中海地产以79.4亿竞得丰台区花乡造甲村地块位居第一，创下了2019年北京市各区宅地出让总价的纪录。该地块楼面地价36683元/平方米，规划建筑面积21.6万平方米，溢价率18.79%。成交总价在70亿以上的还有电建+华润联合拿到的石景山区古城南街地块，楼面地价34277元/平方米。

（六）房企拿地排行

2019年房企成交总金额排行榜中，中海地产居全年住宅用地成交总金额首位，拿地总金额197.3亿元。京投发展以98.34亿元位居第二位，万科以85.8亿元位居第三位。

二、新建商品住宅市场

（一）交易情况

2019年，北京新建商品住宅共计成交700.7万平方米，较2018年的478.77万平方米增长46.35%，创下近三年以来的纪录。2019年北京新房供应增加，相匹配的购房需求释放，另外大量价格相对较低并且地段较好的限竞房项目的入市，吸引了部分客户由二手房市场转向新房市场，促使成交量上涨。

2019年新建商品住宅月均销售面积53.89万平方米，高于2017年和2018年。上半年销售面积高于下半年，其中5月成交120.97万平方米达到全年最多。

从成交区域分布来看，2019年朝阳区成交量最大，成交102.34万平方米，占全市总量的14.6%。其次是大兴区和丰台区，占比分别为14.5%和13.7%。与2018年相比，怀柔、延庆、丰台、石景山四个区域成交量同比涨幅较高，均超过100%。

（二）供给情况

2019年，北京新建商品住宅批准上市面积共计967.1万平方米，较2018年的977.89万平方米下降1.1%。

2019年新建商品住宅月均上市面积80.59万平方米，低于2018年。从单月来看，2019年前两月新批上市面积较小，之后波动上升，并于12月达到全年供应峰值，批准上市面积达到182.96万平方米。四季度北京推地节奏加快，带动整体供应规模提升。

从供应区域分布来看，2019年新盘多集中在顺义区、丰台区、大兴区。随着北京成交区域不断外移，新批上市项目也逐渐在五环外及近郊区。2019年顺义供应量最大，批准上市面积159.55万平方米，占全市总量的16.5%。其次是丰台区和大兴区，占比分别为13.2%和11.3%。16个行政区中仅西城区零供应。与2018年相比，远郊区怀柔区供应量同比涨幅最高，为260.46%。

（三）供求对比

2019年，北京新建商品住宅销供比为0.72，市场处于供大于求的状态。2019 年大量商品住宅批准上市，而调控政策不放松，需求端受限，市场供大于求矛盾突出。从近五年销供比情况来看，近三年北京新建商品住宅销供比均低于 1。

从区域供求关系来看，10 个行政区供大于求，西城、朝阳、密云、东城、延庆、大兴 6 区销供比大于 1，市场呈现供不应求。其中西城区销供比由 2018 年的 2.3 增长至 12.74，供不应求状态加重。

（四）库存

2019 年，北京新建商品住宅可售面积呈上扬趋势，创下近几年新高。12 月末达 1090.21 万平方米，与上年同期相比提高 10.14%，去库存压力上涨。其中，限竞房供应是主力，但由于限竞房去化速度较慢，导致库存刷新了历史纪录。截至 12 月末，北京新建商品住宅出清周期为 19.05 个月。

（五）价格

2019 年，北京新建商品住宅销售价格继续稳步增长，创近 10 年历史新高。价格为 45856 元/平方米，较 2018 年上涨 6.91%；成交总金额 3213.11 亿元，同比上涨 56.47%。受年初豪宅"限签"政策放松影响，前期高价楼盘集中签约抬高整体成交均价，同时受部分优质限竞房入市影响整体成交均价有所提升。

从年度价格变化趋势来看，从 2016 年底调控持续收紧，2017 年和 2018 年新建商品住宅的整体价格差异不大。2019 年上半年北京新建商品住宅销售价格低位徘徊，下半年受成交结构影响，部分高价楼盘入市，成交均价有所提升。其中 11 月销售均价为全年最高，达到 55975 元/平方米。

2019 年销售价格排名前三的行政区分别为西城区、东城区、丰台区。另外，8 个行政区销售价格同比上涨，朝阳区领涨，涨幅为 44.37%。丰台、海淀、通州区等 8 个行政区销售价格同比下滑，通州降幅明显，为 27.30%。

（六）成交结构

从面积段看，2019 年 60~90 平方米面积区间新建商品住宅成交占比最大，共计成交 316.55 万平方米，占比 45.2%，较 2018 年增长 11 个百分点。2019 年大量限竞房和共有产权房集中上市交易，中低面积段刚需户型成交上涨。

从环线分布看，2019 年五六环间新建商品住宅成交占比最大，共计成交 395.72 万平方米，占比达 56.5%。商品住宅成交区域逐渐向五环外延展，五环外是现阶段新房销售和供应的主力市场。而目前五环内市场基本饱和，占比由 2010 年的 32.9%逐渐缩减至 2019 年的 17.0%。

附图 1-20　2015—2019 年北京新建商品住宅各环线成交占比结构

数据来源：中指数据库

（七）年度热销项目

2019年北京新建商品住宅成交面积TOP10项目中，顺义区的博裕雅苑以2575套22.68万平方米位居榜首，朝阳区的锦安家园以及海淀的永靓家园分别以19.25万平方米和18.81万平方米夺得亚、季军。

在TOP10榜单中，共有产权房占据6席，主力户型均为90平方米以下刚需小户型。从2017年，国家已经大幅增加了共有产权房用地的供应，随着这些项目的入市，共有产权房在北京新房市场上占有很高的成交比重。中海寰宇天下作为纯商品住宅在2018年夺得销冠，本年度排名第四；泰禾·金府大院在TOP10中套均总价最高，超过千万。

（八）房企成交

2019年，北京市销售额前10房企总销售额为2110.14亿元，同比上涨66.18%。首开股份连续5年排在第一，中海地产在北京市场的低位稳步上升，本年度排行第二。

排名前10的房企销售额均同比上涨，其中远洋集团销售额增长最快，同比增长达258.27%，其次是天恒房地产、首创置业，分别增长176.51%和114.14%。

三、二手房市场

（一）交易情况

2019年，北京二手房共计成交1257.32万平方米，较2018年的1323.91万平方米减少5.03%。随着北京房地产市场进入存量房时代，二手房市场活跃度高于新建商品住宅市场，2019年二手房成交面积1257.32万平方米远高于新建商品住宅的700.7万平方米。

2019年北京二手房月均销售面积104.78万平方米，远低于2018年的110.33万平方米。2月份受春节假期影响，成交量较低；随后的“金三银四”传统销售旺季，拉动成交量大幅回升，其余月份成交量总体较稳定。其中3月成交135.21万平方米达到全年最多。

由于区位、交通、配套等方面优势明显，朝阳、海淀、丰台、昌平4区二手房市场较为活跃，2019年二手房成交面积均在100万平方米以上。其中朝阳区成交面积达318.47万平方米，占所有行政区成交面积的25.6%。而平谷、怀柔、门头沟、延庆4个郊区成交面积占比均在1.5%以下。

（二）二手房挂牌量价指数

2019年北京二手房市场遇冷，挂牌价指数由2019年1月的183.10降至12月的180.80，累计跌幅1.26%。2017年最严调控“3·17”新政出台后，北京迎来两年多的横盘时代，房价趋稳态势明显。挂牌量方面，2019年挂牌量高于2017年和2018年，2019年上半年挂牌量月均环比涨幅达2.52%，挂牌量上涨至历史最高位。在中央定调房住不炒的背景下，在楼市全面降温期越来越多的业主选择将手中的房源抛售。

（三）挂牌价格

经历了2016年、2017年房价大幅上涨后，2018年、2019年北京二手房市场进入调整期。2019年北京二手房均价为62818元/平方米，较2018年上涨2.30%，房价趋稳成新常态。

2019年北京二手房挂牌价走势整体平稳。受春节假期影响，一季度挂牌均价61462元/平方米，为全年最低水平；节后小阳春出现，二季度挂牌均价升至63542元/平方米，其中全年挂牌均价最高点为2019年6月的64026元/平方米；三季度房价趋稳；四季度临近年底，二手房市场进入淡季，挂牌均价降至62819元/平方米。

分区域来看，西城和东城两区二手房挂牌价最高，分别为118457元/平方米、95149元/平方米，其次是海淀和朝阳两区，挂牌价分别为89631元/平方米、73538元/平方米，而远郊的延庆、密云、平谷挂牌价均不足30000元/平方米。2019年北京各行政区挂牌价跌多涨少，除西城区微涨，其余15个行政区挂牌价均下跌，其中延庆区同比跌幅高达8.19%，是北京楼市跌幅最大的地区。在楼市下行期，郊区楼市抗跌能力较弱，房价下滑明显。

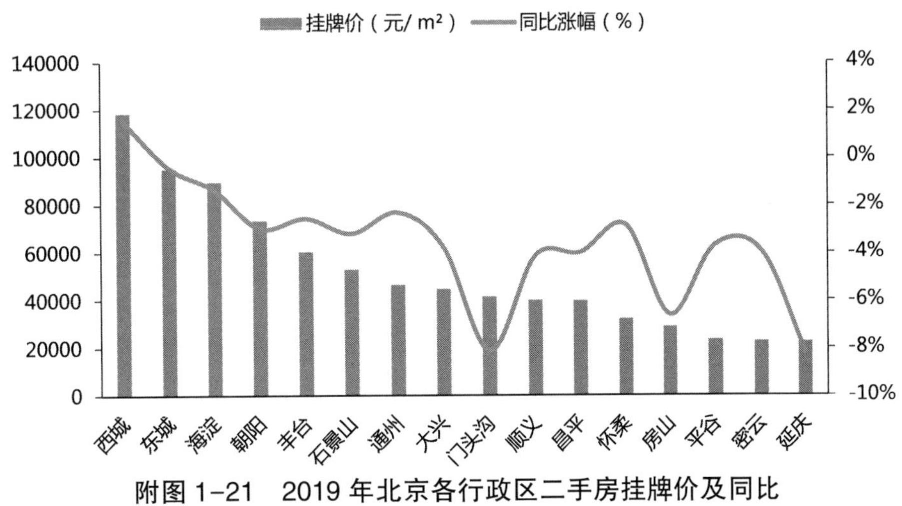

附图1-21　2019年北京各行政区二手房挂牌价及同比

数据来源：国信达数据

四、租赁市场

（一）租赁量价指数

2019年北京住房租赁市场稳中有升，租金继续保持近几年的上扬态势。出租挂牌价指数由2019年1月的147.96升至12月的149.58，累计上涨1.10%。挂牌量方面，2019年挂牌量低于2017年和2018年。与出售市场相比，出租市场季节性更为明显，春节节后以及毕业季，出租挂牌量价上涨明显，而临近年底，大量务工人员返乡，租赁市场则进入传统淡季。

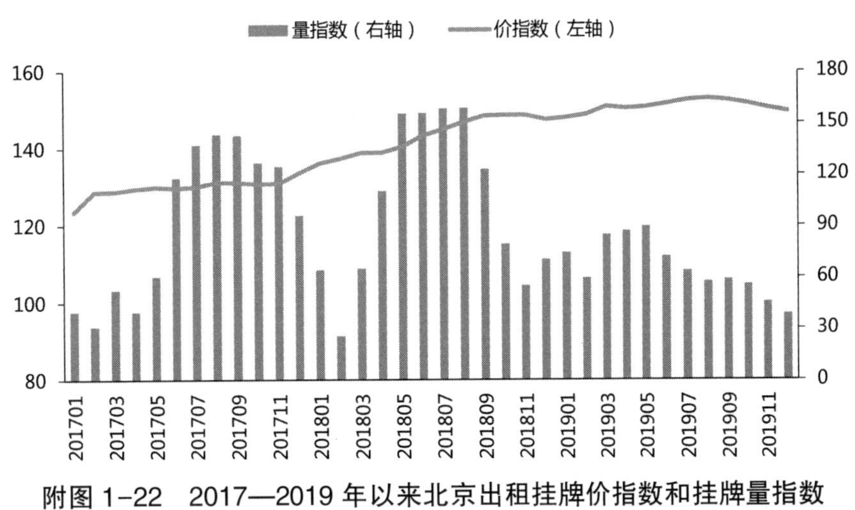

附图1-22　2017—2019年以来北京出租挂牌价指数和挂牌量指数

数据来源：国信达数据

（二）租赁价格

2019 年北京租金均价为 86.33 元/月·平方米，较 2018 年上涨 6.12%。2015 年以来，北京租金呈持续上扬态势，其中 2016、2017 年同比涨幅均保持在 10%以上，近两年同比涨幅增速放缓。

2019 年北京住房租金整体走势平稳。春节节后以及毕业季为租赁市场旺季，租金较高；而临近年底的第四季度为租赁市场淡季，租金较低。2019 年租金最高的月份为 7 月 87.67 元/月·平方米，租金最低的月份为 12 月 83.17 元/月·平方米，呈现较强的季节性。

分区域来看，各行政区租金差异较大，其中西城和东城两区租金最高，分别为 119.29 元/月·平方米、118.25 元/月·平方米；平谷、密云两个远郊区垫底，租金均不足 30 元/月·平方米。2019 年北京各行政区租金涨多跌少，西城、东城两区涨幅领衔各行政区，其租金涨幅均在 3%以上，怀柔、延庆、房山、密云、通州、顺义 6 个行政区租金小幅下滑。

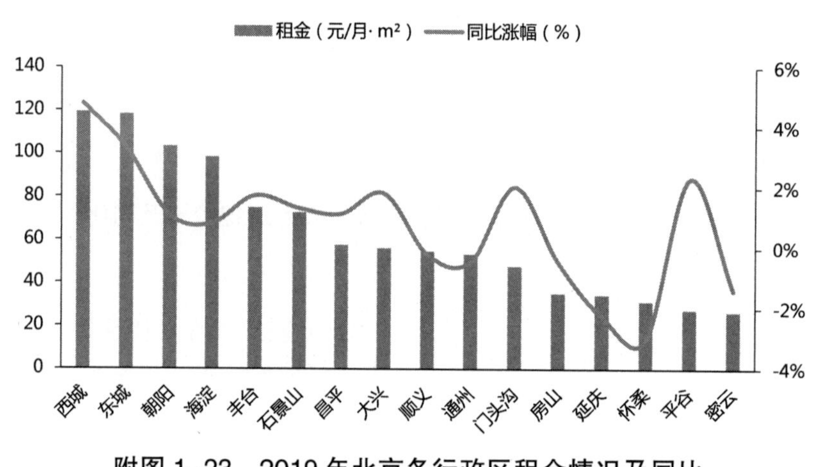

附图 1-23　2019 年北京各行政区租金情况及同比

数据来源：国信达数据

（三）租金回报率

租金回报率指的是年化租金与房价的比值，是国际上用来衡量房地产市场健康状况的重要指标。租金回报率越低表明房价相对水平越高，越有可能存在房价泡沫风险。2019 年北京租金回报率仅为 1.65%。这意味着，一套房子如果仅靠出租，至少需要 61 年才能回本。分区域看，北京市 16 个行政区的租金回报率均不足 2%，西城、海淀、通州等 10 个行政区的租金回报率均低于 1.5%，昌平、延庆 2 个行政区的回报率相对较高。

2019年北京市商业地产市场回顾与展望

国际金融地产联盟研究中心

第一部分：北京零售物业市场

一、需求结构持续优化，服务类消费和升级类产品消费增速明显

2019年北京市经济发展势头良好，人民生活水平和质量均继续提升，价格走势温和，需求结构持续优化，服务类消费和升级类产品消费增速明显。北京统计局数据显示，2019年北京市全市人均可支配收入同比增长8.7%，达到67756元，是全国人均可支配收入的2.2倍；全市居民人均消费支出同比增幅8%，达到43038元，是全国平均水平的2倍。

需求结构持续优化促使全市2019年服务性消费占比继续保持上升势头。根据北京市统计局数据显示，2019年全市市场总消费额达到27318.9亿元，同比增长7.5%；其中服务性消费总额占比超过55%，达到15048.8亿元，连续第三年超过社会消费品零售总额，服务性消费同比增速10.2%，连续第五年实现两位数增长。而2019年北京市社会消费品零售总额为12270.1亿元，同比增长4.4%。其中升级类商品消费活跃，可穿戴智能设备类、智能家电类商品零售额增速均达到20%以上。

附表1-2 2016—2019年北京市市场主要消费指标

历年经济指标	2019年	2018年	2017年	2016年
市场总消费额（亿元）	27318.90	25405.9	23789	19926.2
市场总消费额同比增速	7.5%	7.4%	8.5%	8.1%
服务性消费额（亿元）	15048.80	13658.2	12213.6	8921.1
服务性消费额同比增速	10.2%	11.8%	11.8%	10.1%
服务性消费占比总消费额	55.1%	53.8%	51.3%	44.8%

良好的经济发展势头和居民收入持续稳步增长使北京市消费者的消费信心充足。北京市统计局数据显示，2019年四季度北京消费者信心指数为119.3，环比上升1.2个百分点，同比上升6个百分点，与第一季度指数相同，均为2009年北京市统计局有消费者信心指数调查以来的最高值，充分显示了北京市消费市场的乐观前景和巨大的市场潜力。

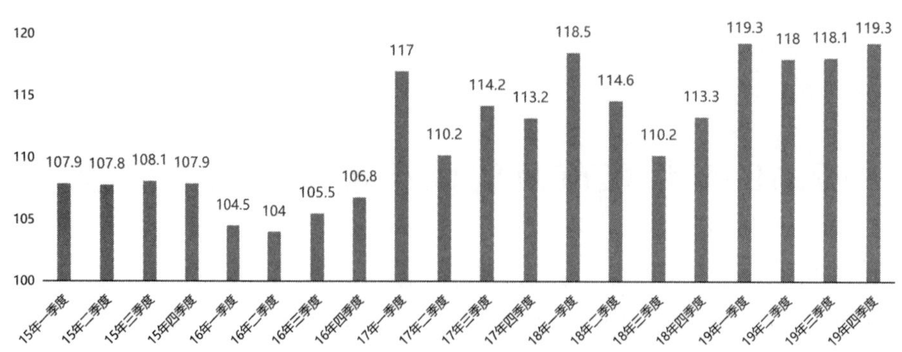

附图 1-24 2015—2019 年北京市消费者信心指数

二、首店经济战略成绩显著

北京市推广促进的“首店经济战略”收获颇丰，助力品牌选址、提升品牌引进效率、开通绿色通道等多方面的大力支持都深受品牌商的青睐。据北京市商务局数据显示，2019 年总计有 878 家品牌商的首店落户北京，其中全球首店 12 家，亚太首店 9 家，中国首店 201 家，华北首店 115 家，北京首店 541 家。这 878 家店中，包含来自 13 个国家和地区的 150 个国际化品牌。而中央商务区商圈、三里屯商圈、王府井商圈这 3 个重要核心商圈仍然是各品牌入驻首选区域，其中仅第四季度位于中央商务区商圈的 SKP 和 SKP 南馆就分别吸引了 20 家和 11 家品牌首店落户。

在 878 家品牌首店中，餐饮品牌占比最高，达到 54%，其次零售品牌为 25%。

三、非核心商圈存量超过核心商圈，租金差距明显

根据国际金融地产联盟研究中心数据显示，截止到 2019 年年末，北京优质零售物业存量达到 1400 万平方米，其中非核心商圈的存量占比已经达到总体量的一半以上。研究中心数据显示，2019 年新增入市了共超过 45 万平方米的 7 个项目，其中只有约 3 万平方米的 SKP 南馆和约 6 万平方米的国贸商场南区东段位于核心商圈中央商务区，其余 5 个项目均位于非核心区域，其中昌平万优汇和路劲世界广场为昌平区带来共计约 15 万平方米的商业面积；另外 3 个项目分别是靠近南四环的马家堡新荟购物中心，体量近 7 万平方米，房山奥特莱斯二期，体量接近 9 万平方米，以及位于门头沟的龙湖长安天街，商业面积 5.2 万平方米。

由于核心商圈优质项目依然稀缺，受品牌方追捧，因此一直处于租金高、空置低的状况。根据世邦魏理仕研究部数据显示，北京市核心商圈购物中心首层月平均租金为每平方米 1687 元，平均空置率为 3.7%，其中中央商务区商圈、三里屯商圈、王府井商圈和西单商圈的购物中心首层月平均租金分别达到 1645 元、1667 元、1660 元和 2300 元，而空置率则分别只有 1.9%、5.8%、6.3%和 1.9%。而市区内其他非核心商圈租金水平为 1062 元，仅为核心商圈的六成左右，空置率则是核心商圈的两倍以上，达到 7.7%。

四、核心区域老旧项目升级改造势在必行

预计到 2022 年的未来 3 年里，还将有近 300 万平方米的零售物业项目入市，除了三里屯太古里西区、王府井海港城和中央商务区正大中心商业部分，其他 90% 的新增供应项目均在非核心商圈，其中通州未来 3 年将迎来预计超过 60 万平方米的新增供应。

盘活存量是北京城市更新的重要环节，近年来快速失去市场份额的传统百货商场的闭店潮一直在持续，大部分项目地处传统核心区域。长安商场、蓝岛大厦西区、甘家口大厦、天桥

百货等曾经的知名项目均在2019年完成闭店，而赛特购物中心和爱琴海购物公园也预计将于2020年关停，加入改造升级大军。其中既有零售物业升级的项目如蓝岛大厦、长安商场等，也有改造成办公等其他用途的项目，如爱琴海、复兴门百盛北楼、北辰购物中心等。

2019年录得的交易额在20亿元以上的北京投资市场零售物业的大宗交易有4宗，均为股权交易，分别是华联集团将安贞门华联商厦以20.5亿元对价出让给远洋资本，光耀东方以68亿元对价将中关村购物中心出让给光大安石，北京双全房地产开发公司将位于太阳宫的爱琴海购物公园以42亿元对价出让给高和资本，北京八达岭奥莱商业有限公司将位于昌平的八达岭奥莱以23.5亿元的对价出让给北京华联贸易信托。其中安贞门华联商厦和爱琴海购物公园预计都将被改造为办公用途。

五、高性价比将成新消费趋势，本土品牌将迎来更多机遇

国际金融地产联盟研究中心认为，虽然受2019年年末暴发的新冠疫情影响，短期内实体零售业、餐饮业、休闲娱乐业及线下培训等行业将受到较大影响，但随着疫情被有效控制，预计将会有鼓励消费的相关政策及时出台，有效引导大众积极合理消费。从长期看，人们经历了近些年来的炫耀式消费和扩张性消费，越来越多的消费者开始注重性价比，对各类消费的品质更加看重，合理价格下的高品质将会成为消费者的新追求，同时伴随着儿时本土老品牌的良好记忆和情怀，预计将为高质量的本土品牌营造出巨大的市场机会。

第二部分：北京写字楼市场

一、经济发展稳中求进，经济结构持续优化

2019年北京市全年实现地区生产总值35371.3亿元，同比增长6.1%。其中现代服务业占比持续上升，达到83.5%，比2018年增加2.5个百分点。全市人均地区生产总值达到16.4万元，是全国人均国内生产总值的2.3倍。产业发展质量保持提升势头，新一代信息技术、人工智能和新材料产业快速发展，高技术产业和战略性新兴产业占比持续增加，分别达到24.4%和23.8%。高技术制造业固定资产投资占制造业投资的比重继续排名首位，达到54.0%。

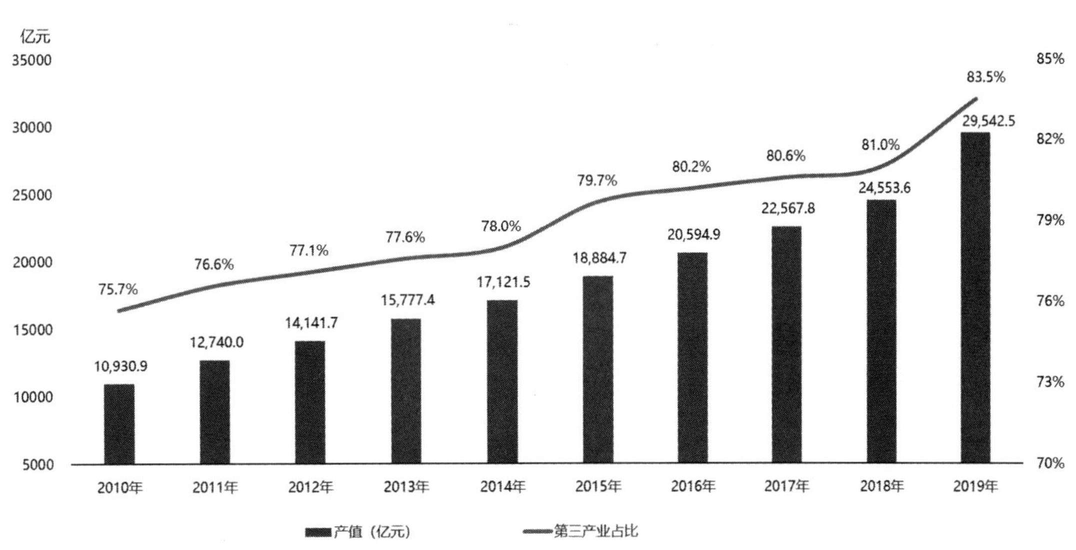

附图1-25　2010—2019年北京第三产业产值及占地区生产总值比例

二、高科技和现代服务业租赁需求持续旺盛

根据国际金融地产联盟研究中心数据显示，2019 年北京写字楼租赁市场成交中，高科技企业租赁的面积接近全部交易面积的 1/3，而现代服务业租赁面积占比超过六成，其中金融服务业占比 18.6%，律所会计师事务所咨询等其他服务业占比超过 12%，媒体文化类和批发零售类占比分别为 6.7%和 6.5%。

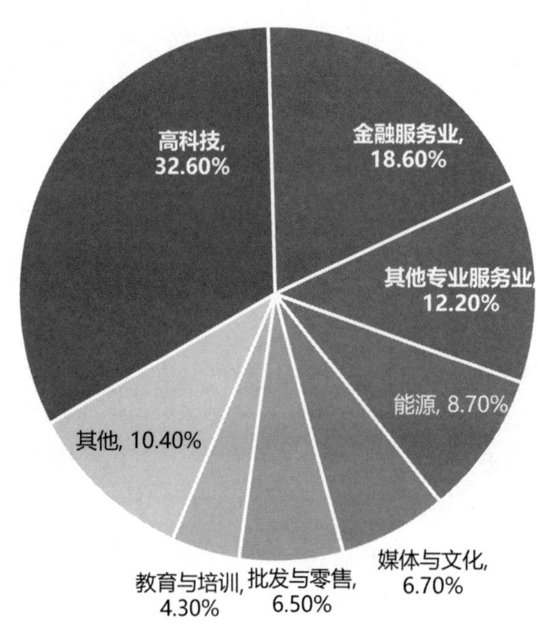

附图 1-26　2019 年北京写字楼租赁成交租户行业分析

三、核心商圈优质写字楼存量继续增加

根据国际金融地产联盟研究中心数据显示，截止到 2019 年年末，北京甲级（含顶级）写字楼市场总存量约 1100 万平方米，其中 79%位于核心商圈，21%位于非核心商圈。核心商圈中，中央商务区商圈和金融街商圈分别以 305 万平方米和 158 万平方米的存量占到总存量的 27.7%和 14.3%，亚奥商圈和中关村商圈则分别以 97 万平方米和 95 万平方米占到 8.8%和 8.6%，亮马河商圈以 84 万平方米存量占比总存量的 7.6%，东二环商圈和长安街商圈分别以 66 万平方米和 62 万平方米的存量各占 6%和 5.6%。在非核心商圈中，望京/酒仙桥商圈是相对最成熟的商圈，甲级写字楼存量达到 93 万平方米，占全市甲级写字楼总存量的 8.4%，丽泽商务区、亦庄开发区及其他区域的甲级写字楼存量共约占总存量的 13%。

2019 年全市共有 16 个新增写字楼项目入市，其中包含顶级写字楼——北京新地标中国尊和比邻的正大中心、中国人寿金融中心等 12 个甲级写字楼项目，总新增可租赁面积达到 102 万平方米，其中 84 万平方米位于核心商圈。

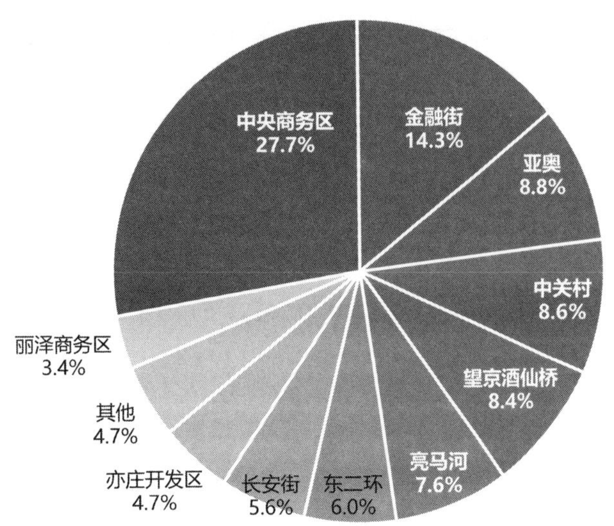

附图 1–27　2019 年北京甲级（含顶级）写字楼新增可租赁面积分布

四、新增项目四季度集中入市，利好租户市场

2019 年年末北京市整体甲级（含顶级）写字楼平均有效净租金为 380 元每月每平方米，与 2018 年同期相比下降了 3.3%，而空置率达到 14%，为近年来较高水平。其中核心商圈平均有效净租金为 418 元每月每平方米，与 2018 年同期相比下降了 1.6%，空置率为 10.5%。空置率上升至两位数主要是由于第四季度新项目集中入市造成的。2019 年第四季度共新增入市了 7 个项目，可租赁面积达到 68 万平方米，其中 6 个项目总共超过 62 万平方米可租赁面积都是甲级和顶级写字楼项目，短期内市场难以迅速消化。除此，受全球经济大环境不稳定和中美贸易争端的影响，以及 12 月暴发新冠疫情的影响，部分行业和企业需求受到不同程度的抑制，也影响了写字楼面积的吸纳。不少甲级写字楼项目持有方为了顺应市场趋势也纷纷给出更有利于租户的租赁条件，包括调低租金报价等等。

五、非核心商圈写字楼项目受投资者青睐

2019 年录得北京 50000 平方米以上的大宗写字楼交易共有 5 宗，除了金隅投资以 51.9 亿元通过法拍获取的位于亚奥商圈的盘古大观，其他四宗均位于非核心商圈。其中两宗位于北京行政副中心通州区的运河核心区，分别为复地中心 AC 座和通州富力中心，买家分别为工商银行和中银集团，对价分别为 34.9 亿元和 29.5 亿元，均为资产交易；另外两宗交易分别是平安人寿以 58.3 亿元对价，股权收购了位于丽泽商务区的中国铁物大厦，和安联不动产/首峰基金以 78.2 亿元对价收购了位于望京/酒仙桥商圈的融新科技中心 85% 的股权。以上 5 宗交易资金来源均为内资。

六、大量在建项目将陆续入市，优质资管将成为制胜法宝

根据国际金融地产联盟研究中心数据显示，包含中服地块内三星大厦、清华美院项目、阳光保险大厦和位于丽泽商务区的远洋丽泽项目、丽泽平安金融中心、平安人寿项目等诸多甲级写字楼将于未来两到三年内陆续入市，预计总体量超过 100 万平方米。而在需求端，作为写字楼主力租户构成的现代服务业则因全球整体经济下行、中美贸易争端持续以及新冠疫情导致的经济活动减少，而需求放缓甚至萎缩。在可预见的未来，写字楼持有运营方将面临租金下行而空置上升的挑战。如何能在众多硬件设施同样优秀的写字楼项目中脱颖而出，赢得高品质目标租户的青睐？国际金融地产联盟通过对国内外商业地产界不同领域的200多位专业资深人士进行了采访和问卷调查，发现专业、高效、优质的资产管理至关重要，其中提升智能办公管理水平及能力、提升楼宇应急预案服务水平、加强楼宇新风健康系统建设等则是企业租户和投资机构最为重视的。

2019 年北京市存量住宅市场监测报告

北京首佳顾问

一、北京存量住宅总体情况

2019 年 12 月北京市存量住宅市场监测均价 57704 元/平方米，环比下降 0. 08%，较 2018 年同期下降 1. 21%；住宅网签面积 125. 00 万平方米，环比上涨 15. 58%，同比上涨 19. 19%。

12 月份存量住宅网签套数为 14167 套，环比上涨 15. 22%，同比上涨 21. 86%，网签套数持续上涨。（详见附图 1-28）。

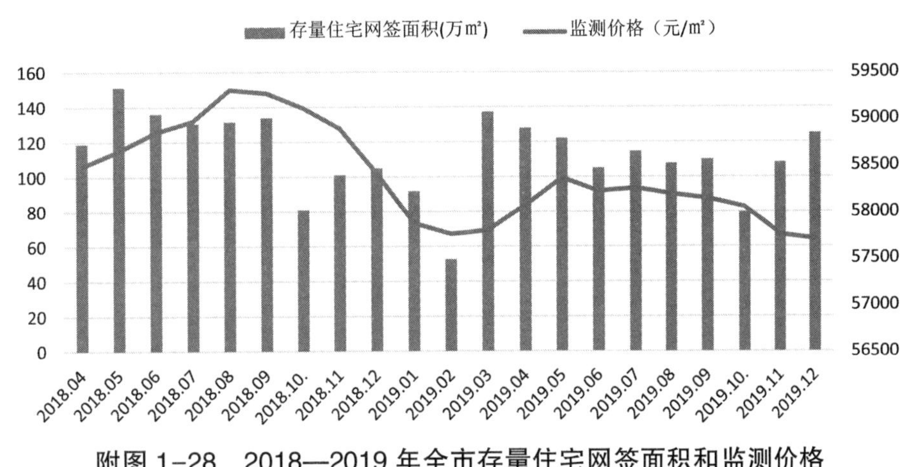

附图 1-28　2018—2019 年全市存量住宅网签面积和监测价格

数据来源：北京市住房和城乡建设委员会

二、北京存量住宅各区情况

2019 年 12 月，城六区中存量住宅均价最高的是西城区，监测均价为 105223 元/平方米，环比下降 0. 04%；其次是东城区，监测均价为 89663 元/平方米，环比上涨 0. 47%；海淀区监测均价为 76299 元/平方米，环比上涨 0. 23%。

远郊区存量住宅均价最高的是经济技术开发区（亦庄开发区），监测均价为 43654 元/平方米，环比上涨 0. 41%；其次，通州区监测均价为 37292 元/平方米，环比下降 1. 13%。远郊区中均价最低的是延庆区，监测均价为 19939 元/平方米，环比下降 2. 20%；其次是平谷区，监测均价为 20085 元/平方米，环比上涨 1. 67%（详见附图 1-29、附图 1-30）。

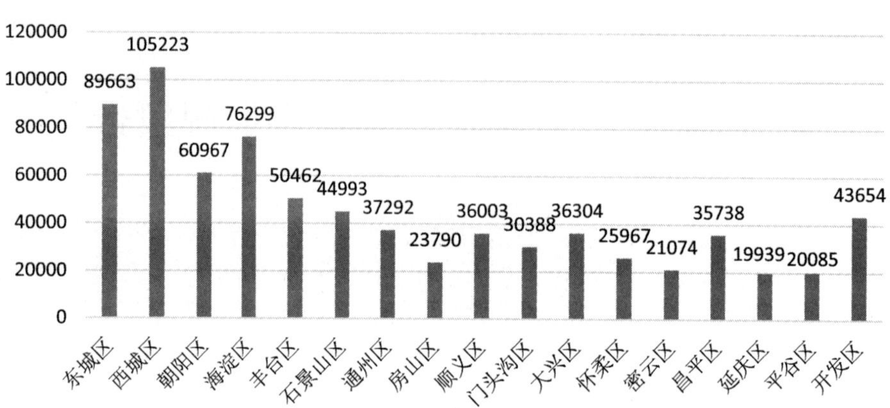

附图 1-29　2019 年 12 月北京市各区存量房监测均价

数据来源：V 估价系统

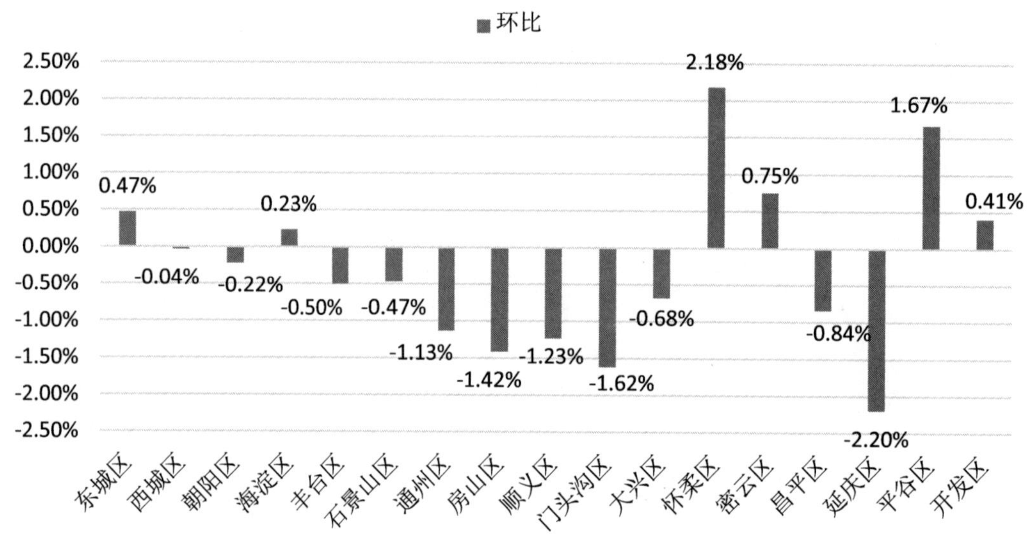

附图 1-30　2019 年 12 月北京市各区存量房均价环比

数据来源：V 估价系统

三、北京存量住宅楼盘及板块情况

板块：将近六成监测板块均价下降

根据板块监测情况显示，2019 年 12 月，近六成监测板块均价下降。涨幅分布在 0%～1%的所占比重为 30. 36%；涨幅分布在 1%～2%的所占比重为 6. 25%；涨幅分布在 2%及以上的所占比重为 3. 57%。监测板块中降幅在-1%～0%之间的板块所占比重为 41. 96%，降幅在-2%～1%之间的板块所占比重为 13. 39%，降幅超过 2%的板块所占比重为 4. 46%（详见附图 1-31）。

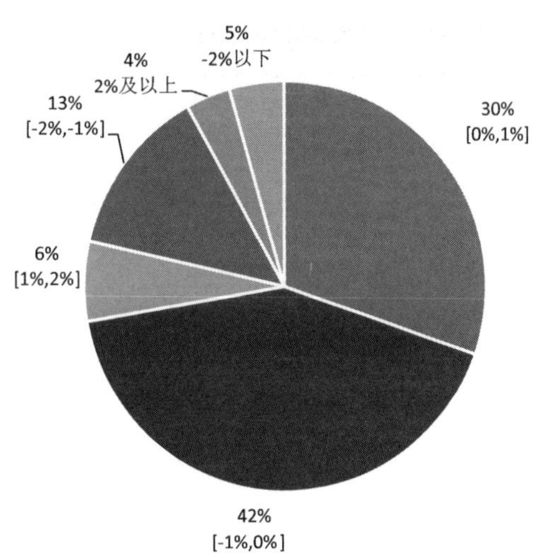

附图 1-31　2019 年 12 月 114 个监测区片均价变化占比分布图

数据来源：V 估价系统

楼盘：本月楼盘均价环比涨幅在-1%～1%之间居多，占 46%。

根据监测数据显示，2019 年 12 月，涨幅在-1%～1% 的楼盘占比为 46%，涨幅在-3%～-1%之间的比例为 14%。（详见附图 1-32）。

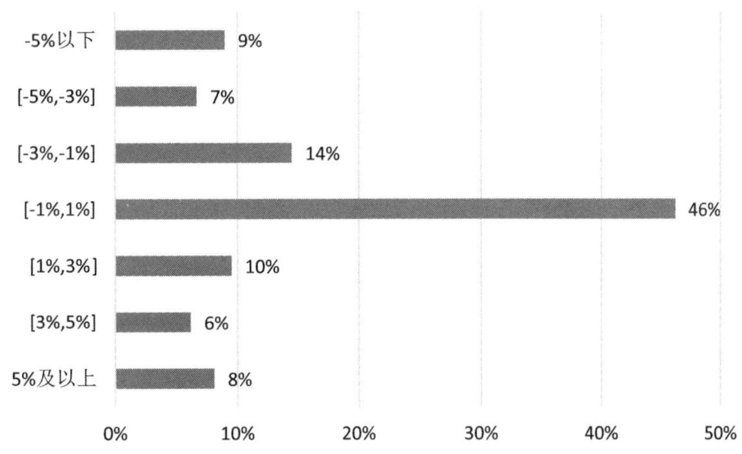

附图 1-32　2019 年 12 月楼盘均价变化占比分布图

数据来源：V 估价系统

四、热点楼盘

供应热点楼盘：从挂牌情况来看，热点楼盘主要分布在昌平、顺义和朝阳 3 个区。从均价分布来看，中低价位的楼盘居多（详见附表 1-3）。

附表 1-3　2019 年 12 月存量住宅热点楼盘（Top10）一览（挂牌）

排名	小区名称	所在区	均价（元）	环比	案例数
1	御汤山	昌平区	35803	1.39%	698
2	龙湾别墅	顺义区	61234	-0.03%	666
3	温哥华森林	昌平区	38414	-1.63%	571
4	润泽庄园	朝阳区	80276	-1.77%	411
5	翠成馨园	朝阳区	48645	-0.47%	378
6	保利垄上	昌平区	32835	-0.61%	368
7	丽来花园誉天下	顺义区	39241	1.47%	357
8	天通苑北一区	昌平区	39110	2.63%	314
9	天通东苑一区	昌平区	36928	-0.92%	297
10	龙湖滟澜山	顺义区	88076	0.36%	291

成交热点楼盘：从成交情况来看，热点楼盘主要分布在朝阳、房山和丰台 3 个区。从均价分布来看，中等价位楼盘占比居多（详见附表 1-4）。

附表 1-4　2019 年 12 月存量住宅热点楼盘（Top10）一览（成交）

排名	小区名称	所在区	均价（元）	环比
1	北京新天地东区	朝阳区	51625	-0.16%
2	加州水郡	房山区	31386	-2.42%
3	建工双合家园	朝阳区	40227	-1.18%
4	翠成馨园	朝阳区	44103	-2.21%
5	北苑家园莲葩园	朝阳区	47137	1.05%
6	石佛营西里	朝阳区	57951	1.46%
7	梵谷水郡	朝阳区	56333	-2.33%
8	广安康馨家园	丰台区	43210	0.03%
9	沿海赛洛城	朝阳区	58421	-1.34%
10	华威西里	朝阳区	58309	1.40%

五、均价上涨幅度较大板块

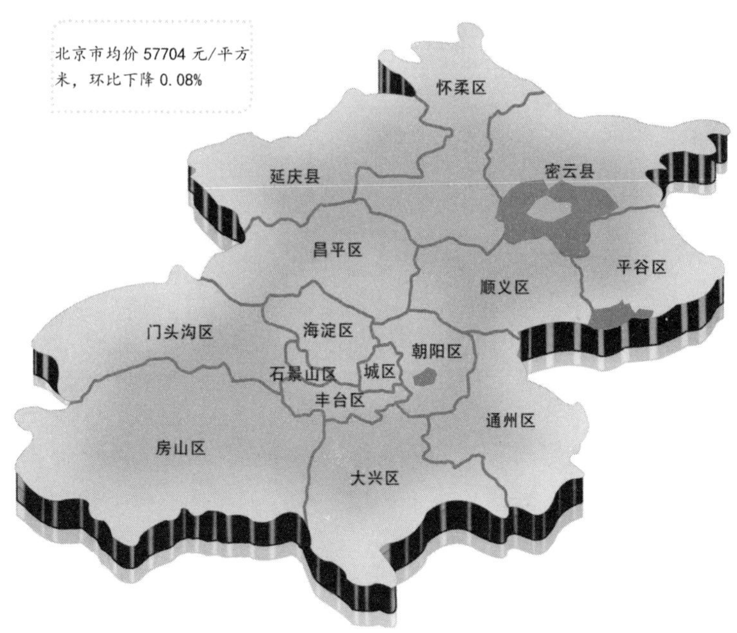

1. 平谷区南部

该板块位于北京市的东北部，西距北京市区 70 公里。平谷区是北京市主要的农副产品生产基地之一。全区粮经比例达到 2∶8，平谷区农业资源丰富，无污染，生产条件优越，是北京市重要的农副产品基地。同样属于远郊的平谷城区，因其自身远离北京中心，教育、交通等配套设施不及城六区，所以相对于城六区而言，对市场更加敏感，本轮监测中房价上涨幅度较大。

该板块房价环比上 3.80%，均价 18675 元/平方米。

2. 姚家园

该板块位于朝阳区中部，东起平房村，西北豆各庄，北起东崔各庄，东南至亮马厂。邻近地铁 14 号线、6 号线，交通便利。板块内有北京第二中学朝阳学校、朝阳体育中心、北京妇产医院；板块内商业配套设施、医疗设施比较完备；地理位置优越、居住设施完备，本轮监测该板块涨幅比较明显。

该板块房价环比上涨 2.07%，均价 67952 元/平方米。

3. 密云城区周边

密云区位于北京东北部，距首都机场 35 千米。面积 229.45 平方千米，是北京面积最大的区。交通依托首都国际机场、密云站、密云东站等交通枢纽。密云区为暖温带季风型大陆性半湿润半干旱气候。冬季受西伯利亚、蒙古高压控制，夏季受大陆低压和太平洋高压影响，四季分明，干湿冷暖变化明显。年平均气温为 10.8℃。本地房价一直处于相对较低的位置，房价抗跌性较强。

该板块房价环比上涨 1.75%，均价 16287 元/平方米。

报告说明

存量住房均价：根据V估价系统监测的北京市114个住宅板块，共计8716个存量住宅小区均价，采用定基定权重的方式计算得出，以保证各期价格的可比性。

V估价系统是由中估联行研发的在线批量评估系统。该系统充分集成信息技术与估价师经验，为房地产估价业务提供全新方式的在线评估数据支持。

免责声明

本报告中的意见和内容仅供参考，并不构成对所述市场交易的出价或评估。我司及其雇员对使用本报告内容所引发的任何直接或间接损失概不负责。

除非另有说明，所有本报告的版权属于首佳顾问。未经首佳顾问事先书面授权许可，任何机构或个人不得更改或以任何方式发送、传播或复印本报告，否则由此造成的一切不良后果及法律责任由私自发送、传播或复印本报告者承担。

附录二

附表

附表 2-1　2019 年北京市发放预售许可证工程

序号	项目名称	销售证号	开发商	地址
1	桃岸嘉园	京房售证字(2019)187 号	北京金谷创展置业有限责任公司	平谷区金海湖镇
2	瀛川嘉园	京房售证字(2019)185 号	北京中海盈达房地产开发有限公司	大兴区瀛海镇
3	瑞悦家园	京房售证字(2019)189 号	北京正德丰泽房地产开发有限公司	朝阳区孙河乡西甸村
4	樾熙府	京房售证字(2019)184 号	中交富力和美(北京)置业有限公司	延庆区延庆新城 03 街区
5	畅茜园馥霞里	京房售证字(2019)186 号	北京市龙鼎华源房地产开发有限责任公司	海淀区田村
6	锦樾居嘉园	京房售证字(2019)181 号	北京城谷恒泰房地产开发有限公司	平谷区府前街旧城
7	合景汇苑	京房售证字(2019)183 号	北京瑜景房地产开发有限公司	门头沟区永定镇
8	永丰智慧谷中心	京房售证字(2019)188 号	北京恒合悦兴置业有限公司	海淀区永丰产业基地
9	璞景如苑	京房售证字(2019)182 号	北京住总房地产开发有限责任公司	大兴区采育镇区
10	创采嘉园	京房售证字(2019)180 号	北京兴创中和房地产开发有限公司	大兴区采育镇区
11	梧桐湾嘉苑	京房售证字(2019)179 号	北京景盛诚泰置业有限公司	朝阳区豆各庄乡马家湾村
12	悦锦苑	京房售证字(2019)178 号	北京金安兴业房地产开发有限公司	石景山区古城南街东侧
13	珠光御景嘉园	京房售证字(2019)177 号	北京全营房地产开发有限公司	丰台区长辛店镇张家坟村
14	星采嘉园	京房售证字(2019)176 号	北京兴创中和房地产开发有限公司	大兴区采育镇区
15	瑞晖嘉苑	京房售证字(2019)173 号	北京建恒润和房地产开发有限公司	朝阳区东坝乡单店村
16	悦创佳苑	京房售证字(2019)170 号	北京悦创房地产开发有限公司	石景山区西黄村
17	融悦中心	京房售证字(2019)171 号	北京融晟置业有限公司	门头沟区永定镇
18	城志畅悦园	京房售证字(2019)174 号	北京城志置业有限公司	朝阳区管庄乡塔营村
19	科盛中心	京房售证字(2019)175 号	中铁房地产集团北京海丰置业有限公司	海淀区环保科技园
20	璞景如苑	京房售证字(2019)172 号	北京住总房地产开发有限责任公司	大兴区采育镇区
21	天峰家园	京房售证字(2019)169 号	北京骏辉房地产开发有限公司	门头沟区永定镇曹各庄桥户营村
22	万平家园	京房售证字(2019)168 号	北京万平立通房地产开发有限公司	通州区台湖镇
23	运潮馨苑	京房售证字(2019)167 号	北京金海鸿业房地产开发有限公司	通州区西集镇金各庄村
24	金茂鎏金家园	京房售证字(2019)164 号	北京鎏庄房地产开发有限公司	丰台区南苑乡石榴庄村
25	水映兰苑	京房售证字(2019)163 号	北京致顺房地产开发有限公司	顺义区顺义新城第 13 街区
26	锦钰府	京房售证字(2019)162 号	北京紫光科城科技发展有限公司	海淀区西北旺镇亮甲店村
27	蓝境佳园	京房售证字(2019)160 号	中建一局智地(北京)房地产开发有限公司	顺义区后沙峪镇
28	顺颐名苑	京房售证字(2019)165 号	北京建邦顺怡房地产开发有限公司	顺义区后沙峪镇马头庄村

（续附表 2-1）

序号	项目名称	销售证号	开发商	地址
29	未来茂悦嘉园	京房售证字(2019)166 号	北京城茂未来房地产开发有限公司	昌平区北七家镇未来科学城南区
30	云湖佳苑	京房售证字(2019)161 号	北京万筑国青房地产有限公司	丰台区王佐镇魏各庄
31	华樾东园	京房售证字(2019)158 号	北京金开祯泰房地产开发有限公司	朝阳区崔各庄乡
32	梧桐浅山嘉园	京房售证字(2019)154 号	北京润谷置业有限公司	平谷区夏各庄镇
33	湖畔馨苑	京房售证字(2019)156 号	北京青龙湖盛通房地产开发有限公司	丰台区王佐镇怪村
34	燕西华府家园	京房售证字(2019)157 号	北京西海龙湖置业有限公司	丰台区王佐镇
35	幸福雅园	京房售证字(2019)159 号	北京通智房地产开发有限公司	通州区台湖镇
36	华顺家园	京房售证字(2019)155 号	北京澜鑫置业有限公司	顺义区顺义新城第 13 街区
37	誉宽家园	京房售证字(2019)149 号	北京城建新城投资开发有限公司	大兴区采育镇区
38	当代西府	京房售证字(2019)151 号	北京宏华伟业房地产开发有限公司	昌平区阳坊镇阳坊村
39	和怡嘉园	京房售证字(2019)150 号	北京中铁华兴房地产开发有限公司	大兴区旧宫镇
40	湖畔馨苑	京房售证字(2019)153 号	北京青龙湖盛通房地产开发有限公司	丰台区王佐镇怪村
41	诺德和苑	京房售证字(2019)152 号	北京中铁诺德房地产开发有限公司	丰台区花乡白盆窑村
42	华瀚福园	京房售证字(2019)经 1 号	华瀚投资集团有限公司	朝阳区东坝乡
43	观悦苑	京房售证字(2019)144 号	北京龙万华开房地产开发有限公司	顺义区高丽营于庄
44	庆峪嘉园	京房售证字(2019)147 号	北京金开辉泰房地产开发有限公司	顺义区后沙峪镇顺义新城第 19 街区
45	依云佳苑	京房售证字(2019)145 号	北京空港富视国际房地产投资有限公司	顺义区天竺镇天竺村西南
46	金通阳光苑	京房售证字（2019）定 10625 号	北京首钢二通建设投资有限公司	丰台区梅市口路
47	丰茂大厦	京房售证字(2019)148 号	北京洺润置业有限公司	丰台区卢沟桥乡小瓦窑村
48	苏锦商业中心	京房售证字(2019)146 号	北京中海兴良房地产开发有限公司	房山区西潞街道
49	瑞锦苑	京房售证字(2019)142 号	北京金安兴业房地产开发有限公司	石景山区古城南街东侧
50	创誉嘉园	京房售证字(2019)139 号	北京新城金郡房地产开发有限公司	顺义区顺义新城第 13 街区
51	瑞锦苑	京房售证字(2019)143 号	北京金安兴业房地产开发有限公司	石景山区古城南街东侧
52	西山燕庐家园	京房售证字(2019)138 号	北京绿城中交房地产开发有限公司	门头沟区永定镇
53	新悦雅苑	京房售证字(2019)140 号	北京万平立通房地产开发有限公司	通州区台湖镇
54	九晟商业广场	京房售证字(2019)141 号	北京祥筑房地产开发有限公司	房山区长阳镇
55	远洋一品家园	京房售证字(2019)137 号	北京远洋一品房地产开发有限公司	朝阳区北土城路

（续附表 2-1）

序号	项目名称	销售证号	开发商	地址
56	金辰府佳苑	京房售证字(2019)135 号	北京宸宇房地产开发有限公司	昌平区北七家镇
57	兴宏雅苑	京房售证字(2019)134 号	北京三元德宏房地产开发有限公司	大兴区黄村镇
58	晟品景园	京房售证字(2019)133 号	北京首开中晟置业有限责任公司	顺义区仁和镇胡各庄村
59	山语澜廷	京房售证字(2019)132 号	中铁建设集团北京容晟房地产有限公司	房山区青龙湖镇
60	西府海棠雅苑	京房售证字(2019)136 号	北京景西房地产开发有限公司	石景山区五里坨
61	润昌科创中心	京房售证字(2019)129 号	北京未来科技城润昌置业有限公司	昌平区小汤山镇(未来科技城北区)
62	万观云城中心	京房售证字(2019)131 号	北京市中盛兴建房地产开发有限公司	昌平区回龙观镇
63	稻香悦家园	京房售证字(2019)127 号	北京稻香四季房地产开发有限公司	房山区长阳镇 02 街区
64	通州紫光科技园	京房售证字(2019)128 号	北京通州商务园开发建设有限公司	通州区永顺镇商务园 D1 北区
65	橡悦嘉园	京房售证字(2019)130 号	北京怡和置业有限公司	昌平区沙河镇七里渠南北村
66	京粮悦谷家园	京房售证字（2019）定 10602 号	北京京粮置业有限公司	丰台区南苑槐房路 175 号
67	融顺园	京房售证字(2019)126 号	北京祐泰通达房地产开发有限公司	顺义区高丽营镇
68	文澜苑	京房售证字（ 2019 ）开 6 号	北京昊远置业有限公司	开发区河西区 X89 街区
69	沙锦苑	京房售证字(2019)125 号	北京中海宏业房地产开发有限公司	昌平区沙河镇丽春湖
70	富禧良商业中心	京房售证字(2019)124 号	北京华正房地产开发有限公司	房山区拱辰街道梅花庄村
71	金亦家园	京房售证字（ 2019 ）开 5 号	北京金隅兴大房地产开发有限公司	开发区河西区
72	润和逸园	京房售证字（2017）限 7 号	北京房地天锐鑫洋房地产开发有限公司	通州区西集镇
73	都会尚苑	京房售证字(2019)123 号	北京招商局铭嘉房地产开发有限公司	昌平区南邵镇
74	荟悦嘉苑	京房售证字(2019)120 号	北京华发永盛置业有限公司	房山区拱辰街道
75	瀛锦苑	京房售证字(2019)121 号	北京海盈房地产开发有限公司	大兴区瀛海镇 C4 组团
76	樾熙府	京房售证字(2019)122 号	中交富力和美(北京)置业有限公司	延庆区延庆新城 03 街区
77	永丰智慧谷中心	京房售证字(2019)118 号	北京恒合悦兴置业有限公司	海淀区永丰产业基地
78	金旭雅苑	京房售证字(2019)119 号	北京辉盛房地产开发有限公司	大兴区黄村镇三合庄村
79	博裕雅苑	京房售证字(2019)117 号	北京中铁顺兴房地产开发有限公司	顺义区后沙峪镇
80	诺德和苑	京房售证字(2019)116 号	北京中铁诺德房地产开发有限公司	丰台区花乡白盆窑村

（续附表 2-1）

序号	项目名称	销售证号	开发商	地址
81	庆峪嘉园	京房售证字(2019)114 号	北京金开辉泰房地产开发有限公司	顺义区后沙峪镇顺义新城第 19 街区
82	亦城亦景家园	京房售证字（2019）开 4 号	北京博大新元房地产开发有限公司	开发区 II-6 街区
83	复地金融中心	京房售证字(2019)115 号	北京复地通达置业有限公司	通州区运河核心区
84	阅德尚苑	京房售证字(2019)112 号	北京中铁诺德隆兴置业有限公司	顺义区后沙峪镇
85	百贤苑	京房售证字(2019)111 号	北京中海全盛房地产开发有限公司	朝阳区崔各庄乡马泉营村
86	恒泰家园	京房售证字(2019)113 号	北京恒泰致远房地产开发有限公司	通州区台湖镇北神树组村
87	榆滨锦苑	京房售证字(2019)110 号	北京海港房地产开发有限公司	通州区宋庄镇东海花园项目
88	花溪语家园	京房售证字(2019)109 号	北京升和房地产开发有限公司	昌平区兴寿镇半壁店村
89	水岸翠园	京房售证字(2019)105 号	北京京雁置业有限责任公司	怀柔区雁栖湖柏崖厂村
90	天汇青竹苑	京房售证字(2019)108 号	北京颐景房地产开发有限公司	顺义区顺义新城牛栏山组团
91	经开·壹广场	京房售证字（2019）开 3 号	北京亦庄数字显示产业管理有限公司	开发区路东区 E2 街区
92	熙源商业中心	京房售证字(2019)107 号	北京首开龙湖盈泰置业有限公司	房山区长阳镇
93	翡翠科创家园	京房售证字(2019)106 号	北京北科置地有限责任公司	怀柔区怀柔镇张各长村
94	侨禧名苑	京房售证字(2019)102 号	北京侨禧投资有限公司	丰台区南苑乡槐房村和新宫村
95	将台水岸家园	京房售证字(2019)104 号	北京亮马置业有限公司	朝阳区将台乡驼房营村
96	将台水岸家园	京房售证字(2019)103 号	北京亮马置业有限公司	朝阳区将台乡驼房营村
97	兴盛怡景苑	京房售证字(2019)99 号	北京兴园置业发展有限公司	朝阳区东坝南区
98	翡翠山晓家园	京房售证字(2019)94 号	北京万越辉置业有限公司	石景山区五里坨
99	珑祥府	京房售证字(2019)100 号	北京碧晟凤盈房地产开发有限公司	延庆区延庆新城世园会二期
100	金悦景苑	京房售证字(2019)101 号	北京远和置业有限公司	大兴区黄村镇饮马井、义和庄村
101	万平家园	京房售证字(2019)98 号	北京万平立通房地产开发有限公司	通州区台湖镇
102	和云雅苑	京房售证字(2019)97 号	京合保成（北京）房地产开发有限公司	丰台区西四环中路 83 号
103	平悦园	京房售证字(2019)95 号	北京城建兴顺房地产开发有限公司	顺义区仁和镇
104	金瑞裕雅苑	京房售证字(2019)96 号	北京金隅空港开发有限公司	顺义区天竺镇第 22 街区

（续附表 2-1）

序号	项目名称	销售证号	开发商	地址
105	润昌科创中心	京房售证字(2019)93 号	北京未来科技城润昌置业有限公司	昌平区小汤山镇(未来科技城北区)
106	兴盛怡景苑	京房售证字(2019)92 号	北京兴园置业发展有限公司	朝阳区东坝南区
107	西山天璟家园	京房售证字(2019)91 号	北京骏宇房地产开发有限公司	门头沟区龙泉镇
108	天竺花园	京房售证字(2019)90 号	北京天竺万科房地产开发有限公司	顺义区天竺镇薛大人庄村
109	锦安家园	京房售证字(2019)89 号	北京厚泰房地产开发有限公司	朝阳区东坝乡驹子房村
110	九龙阅璟园	京房售证字(2019)87 号	北京西局置业有限公司	丰台区城乡一体化西局村
111	阅德尚苑	京房售证字(2019)84 号	北京中铁诺德隆兴置业有限公司	顺义区后沙峪镇
112	九龙阅璟园	京房售证字(2019)88 号	北京西局置业有限公司	丰台区城乡一体化西局村
113	首创天阅嘉苑	京房售证字(2019)83 号	北京旭嘉置业有限公司	海淀区中关村永丰产业基地
114	石园北区	京房售证字(2019)85 号	北京市迈宇房地产开发有限公司	顺义区石园北区
115	永靓家园	京房售证字(2019)86 号	北京建邦中铁房地产开发有限公司	海淀区西北旺镇亮甲店村
116	通州富力中心	京房售证字(2019)82 号	北京富力通达房地产开发有限公司	通州区运河核心区
117	菁萃雅园	京房售证字(2019)81 号	北京万永房地产开发有限公司	海淀区永丰产业基地
118	兴汇媒体中心	京房售证字(2019)80 号	北京金地兴晟房地产开发有限公司	大兴区黄村镇
119	檀香嘉园	京房售证字(2019)79 号	北京京投瀛德置业有限公司	门头沟区潭柘寺
120	熙畔嘉园	京房售证字(2019)78 号	北京首都开发股份有限公司	房山区青龙湖镇
121	动感嘉园	京房售证字（2019）定 10505 号	北京城建投资发展股份有限公司	朝阳区来广营乡来广营村
122	华萃西山家园	京房售证字(2019)73 号	北京西元祥泰房地产开发有限公司	门头沟区永定镇岢罗坨、秋坡、石佛村
123	湖畔佳苑	京房售证字(2019)77 号	北京青龙湖盛通房地产开发有限公司	丰台区王佐镇怪村
124	悦锦苑	京房售证字(2019)74 号	北京金安兴业房地产开发有限公司	石景山区古城南街东侧
125	兴念雅苑	京房售证字(2019)75 号	北京融筑房地产开发有限公司	大兴区黄村镇
126	未来时代中心	京房售证字(2019)76 号	北京未来科学城昌融置业有限公司	昌平区北七家镇(未来科技城南区)
127	金地盛通中心	京房售证字(2019)72 号	北京金地盛通房地产开发有限公司	朝阳区金盏乡楼梓庄村
128	画眉庭院	京房售证字(2019)71 号	北京万沣房地产开发有限公司	海淀区翠湖科技园
129	龙之湾嘉园	京房售证字(2019)70 号	北京英才房地产开发有限公司	顺义区天竺开发区 21 号地
130	恒盛华庭	京房售证字(2019)69 号	恒盛阳光鑫地(北京)置业有限公司	海淀区玉泉路玉海园小区四区

（续附表 2-1）

序号	项目名称	销售证号	开发商	地址
131	大湖风华嘉园	京房售证字(2019)68 号	北京金地兴远房地产开发有限公司	房山区青龙湖镇
132	东庭嘉园	京房售证字(2019)67 号	北京黄海房地产开发有限公司	通州区永顺镇永顺村永顺西街
133	北街家园	京房售证字(2019)66 号	北京罗顿沙河建设发展有限公司	昌平区沙河镇高教园区三期 B 区
134	庆峪嘉园	京房售证字(2019)65 号	北京金开辉泰房地产开发有限公司	顺义区后沙峪镇顺义新城第 19 街区
135	玫瑰东筑家园	京房售证字(2019)64 号	北京君合百年房地产开发有限公司	通州区梨园镇小街村东
136	融华嘉园	京房售证字（2019）定 10472 号	北京市保障性住房建设投资中心	通州区潞城镇(武夷花园东区)
137	湖岸嘉园	京房售证字(2019)63 号	北京腾泰亿远置业有限公司	平谷区金海湖镇韩庄村
138	金辰府佳苑	京房售证字(2019)61 号	北京宸宇房地产开发有限公司	昌平区北七家镇
139	天悦名苑	京房售证字(2019)62 号	北京悦恒置业有限公司	丰台区南苑乡槐房村和新宫村
140	泉赢苑	京房售证字(2019)59 号	北京中海全盛房地产开发有限公司	朝阳区崔各庄乡马泉营村
141	兴景苑	京房售证字(2019)60 号	北京绿地京翰房地产开发有限公司	大兴区黄村镇四街、五街、六街村项目
142	城茂未来佳苑	京房售证字(2019)58 号	北京城茂未来房地产开发有限公司	昌平区北七家镇未来科学城南区
143	熙湖悦著家园	京房售证字(2019)57 号	北京滨湖恒兴房地产开发有限公司	房山区青龙湖镇
144	智谷大厦	京房售证字(2019)56 号	北京龙湖京佰置业有限公司	海淀区中关村环保科技园
145	西钓鱼台嘉园	京房售证字(2019)54 号	北京市御水苑房地产开发有限责任公司	海淀区西钓鱼台村 2 号地
146	万橡家园	京房售证字(2019)55 号	北京紫麟置业有限公司	昌平区沙河镇七里渠
147	洺润嘉园	京房售证字(2019)52 号	北京洺润置业有限公司	丰台区卢沟桥乡小瓦窑村
148	紫苑嘉园	京房售证字(2019)48 号	北京唯逸房地产开发有限公司	丰台区花乡樊家村
149	溪水花园	京房售证字(2019)51 号	北京市潮云房地产开发有限公司	密云区溪翁庄镇溪翁庄村
150	和悦园	京房售证字(2019)53 号	北京知泰房地产开发有限责任公司	朝阳区东坝南区
151	悦锦苑	京房售证字(2019)50 号	北京金安兴业房地产开发有限公司	石景山区古城南街东侧
152	尚润嘉园	京房售证字(2019)49 号	北京华垣盛兴置业有限公司	顺义区赵全营镇镇中心区
153	晟品景园	京房售证字（2017）限 14 号	北京首开中晟置业有限责任公司	顺义区仁和镇胡各庄村顺泰路西侧
154	首开缇香雅园	京房售证字(2019)46 号	北京首都开发股份有限公司	通州区于家务乡

（续附表 2-1）

序号	项目名称	销售证号	开发商	地址
155	和锦园	京房售证字(2019)47 号	北京致泰房地产开发有限公司	朝阳区常营乡
156	悦府家园	京房售证字(2019)45 号	北京京投银泰尚德置业有限公司	昌平区东小口镇
157	燕西华府家园	京房售证字(2019)43 号	北京西海龙湖置业有限公司	丰台区王佐镇(怪村村北 A 地块)
158	绿地慧谷中心	京房售证字(2019)44 号	北京远腾置业有限公司	昌平区北七家镇(未来科技城南区)
159	亦庄逸家园	京房售证字(2019)开 2 号	北京方兴拓赢房地产开发有限公司	开发区河西区 X91 街区
160	海棠苑	京房售证字(2019)开 1 号	北京首开住总房地产开发有限公司	开发区河西区 X13 街区
161	柏雅景苑	京房售证字(2019)42 号	北京兴拓置业有限公司	大兴区魏善庄镇
162	华萃西山家园	京房售证字(2019)41 号	北京西元祥泰房地产开发有限公司	门头沟区永定镇岢罗坨、秋坡、石佛村
163	东方蓝海中心	京房售证字(2019)40 号	北京东方蓝海置业有限责任公司	昌平区北七家镇(未来科技城南区)
164	平悦园	京房售证字(2019)39 号	北京城建兴顺房地产开发有限公司	顺义区仁和镇
165	西山荟景嘉园	京房售证字(2019)37 号	北京建恒汇景房地产开发有限公司	石景山区东下庄
166	世园村	京房售证字(2019)36 号	北京世园投资发展有限责任公司	延庆区延庆新城
167	珑祥府	京房售证字(2019)38 号	北京碧晟凤盈房地产开发有限公司	延庆区延庆新城世园会二期
168	翡萃家园	京房售证字(2019)35 号	北京昌业房地产开发有限公司	昌平区北七家镇
169	西华府大厦	京房售证字(2019)32 号	北京京投银泰置业有限公司	丰台区郭公庄车辆段项目五期
170	翡翠华庭家园	京房售证字(2019)33 号	北京北科置地有限责任公司	怀柔区怀柔镇张各长村
171	景玉苑	京房售证字(2019)34 号	北京安泰兴业置业有限公司	石景山区北辛安棚户区改造 A 区
172	温泉倚翠嘉苑	京房售证字(2019)31 号	北京锐达置业有限公司	海淀区翠湖科技园
173	通州富力中心	京房售证字(2019)30 号	北京富力通达房地产开发有限公司	通州区运河核心区
174	财金中心	京房售证字(2019)28 号	北京朝金房地产开发有限公司	朝阳区金盏乡楼梓庄村
175	侨禧名苑	京房售证字(2019)29 号	北京侨禧投资有限公司	丰台区南苑乡槐房村和新宫村
176	远洋五里雅苑	京房售证字(2019)27 号	北京景西房地产开发有限公司	石景山区五里坨
177	金成裕雅苑	京房售证字(2019)26 号	北京金隅地产开发集团有限公司	顺义区后沙峪镇后沙峪村

（续附表 2-1）

序号	项目名称	销售证号	开发商	地址
178	沙锦苑	京房售证字(2019)25 号	北京中海宏业房地产开发有限公司	昌平区沙河镇丽春湖
179	观承文园	京房售证字(2019)24 号	北京万龙华开房地产开发有限公司	顺义区高丽营镇于庄
180	洺润嘉园	京房售证字(2019)23 号	北京洺润置业有限公司	丰台区卢沟桥乡小瓦窑村
181	黄庄九雅嘉园	京房售证字(2019)22 号	北京瑞茂房地产开发有限公司	丰台区卢沟桥乡小瓦窑村
182	紫翠兰园	京房售证字(2019)19 号	葛洲坝(北京)发展有限公司	海淀区翠湖科技园
183	温泉倚翠嘉苑	京房售证字(2019)20 号	北京锐达置业有限公司	海淀区翠湖科技园
184	画眉庭院	京房售证字(2019)21 号	北京万沣房地产开发有限公司	海淀区翠湖科技园
185	远创合景苑	京房售证字(2019)18 号	北京远创兴城置业有限公司	朝阳区孙河乡北甸西村、北甸东村、西甸村
186	万家商厦	京房售证字(2019)16 号	北京五和万科房地产开发有限公司	房山区长阳镇
187	金丽嘉苑	京房售证字(2019)15 号	北京融丰置业有限公司	丰台区卢沟桥乡城乡一体化周庄子村
188	悦璟嘉园	京房售证字(2019)17 号	北京融嘉房地产开发有限公司	房山区良乡镇中心区
189	慧园	京房售证字(2019)13 号	北京鑫博置业有限公司	房山区韩村河镇
190	博裕雅苑	京房售证字(2019)14 号	北京中铁顺兴房地产开发有限公司	顺义区后沙峪镇
191	华润智慧中心	京房售证字(2019)12 号	北京未来科技城润昌置业有限公司	昌平区小汤山镇(未来科技城北区)
192	金逸嘉园	京房售证字(2019)11 号	北京平筑房地产开发有限公司	平谷区马坊镇梨羊村
193	碧桂园中心	京房售证字(2019)10 号	北京京碧置业发展有限公司	怀柔区怀柔镇张各长村
194	东方瑞平家园	京房售证字(2019)定 10374 号	北京东方瑞平房地产开发有限公司	朝阳区崔各庄乡崔各庄村
195	通和家园	京房售证字(2019)8 号	北京住总通和房地产开发有限公司	通州区台湖镇
196	黄庄九雅嘉园	京房售证字(2019)9 号	北京瑞茂房地产开发有限公司	丰台区卢沟桥乡小瓦窑村
197	都汇中心	京房售证字(2019)7 号	北京未来科技城保昌置业有限公司	昌平区北七家镇(未来科技城南区)
198	悦享和苑	京房售证字(2019)6 号	北京和信兴泰房地产开发有限公司	大兴区旧宫镇
199	锦悦府	京房售证字(2019)4 号	北京京投兴檀房地产有限公司	密云区檀营乡
200	湖畔佳苑	京房售证字(2019)5 号	北京青龙湖盛通房地产开发有限公司	丰台区王佐镇怪村
201	铂悦湾佳苑	京房售证字(2019)3 号	北京顺开房地产开发有限公司	通州区芙蓉西路东侧
202	侨禧名苑	京房售证字(2019)2 号	北京侨禧投资有限公司	丰台区南苑乡槐房村和新宫村
203	景逸苑	京房售证字(2019)1 号	北京安泰兴业置业有限公司	石景山区北辛安

（续附表 2-1）

序号	项目名称	销售证号	开发商	地址
204	美澜苑	京房售证字（2019）定10353号	北京首创华业房地产开发有限公司	大兴区团河
205	正商明苑	京房售证字(2018)209号	北京上阳置业有限公司	丰台区城乡一体化槐房村新宫村
206	金茂城苑	京房售证字(2018)210号	北京鋆庄房地产开发有限公司	丰台区南苑乡石榴庄村

＊ 本表预售证发证时间以确认时间为依据

附表 2-2　2019 年北京市住房租赁分区域成交均价

区	区域编号	监测区域	均价(元/平方米)			
			第一季度	第二季度	第三季度	第四季度
东城区	1	安定门外	120	122	125	121
	2	东直门外	143	143	143	141
	3	东北二环内	133	138	140	136
	4	花市、前门	117	118	118	118
	5	天坛、龙潭、体育馆路	104	105	108	104
	6	永定门外	88	91	94	92
西城区	7	新街口、什刹海	143	142	146	140
	8	金融街	162	170	171	168
	9	德胜门外	123	128	133	129
	10	展览路、月坛	132	138	156	138
	11	大栅栏、广内	129	129	133	129
	12	陶然亭、白纸坊	108	109	112	109
	13	广外	100	102	104	101
朝阳区	14	孙河	/	/	/	/
	15	来广营、清河营	102	102	102	101
	16	机场高速五环外沿线	70	75	72	60
	17	北苑	90	89	90	87
	18	奥运场馆周边	107	107	109	110
	19	亚运村	116	119	121	120
	20	望京、酒仙桥	110	111	111	109
	21	太阳宫	134	133	134	129
	22	柳芳、左家庄	114	115	118	116
	23	CBD	132	133	134	129
	24	朝阳公园	121	123	124	122
	25	姚家园	126	128	125	125
	26	东八里庄、青年路	104	102	103	101
	27	四惠、甘露园	97	96	96	95
	28	东坝	77	77	76	79
	29	定福庄、管庄	78	78	78	76
	30	双桥农场	65	62	61	57
	31	双井	122	124	122	119
	32	劲松	94	95	96	93

（续附表 2-2）

区	区域编号	监测区域	均价（元/平方米）			
			第一季度	第二季度	第三季度	第四季度
朝阳区	33	东南三至四环	102	99	97	95
	34	松榆、磨房	105	104	106	103
	35	东南四至五环沿线	76	75	73	72
	36	豆各庄、黑庄户	59	59	61	58
海淀区	37	上庄、苏家坨	68	67	69	67
	38	温泉	68	65	65	62
	39	西三旗	85	86	88	86
	40	清河	92	93	94	93
	41	上地	104	106	103	105
	42	马连洼	94	94	95	90
	43	西北旺	74	74	77	76
	44	圆明园、颐和园	110	122	120	115
	45	香山	92	127	118	89
	46	杏石口路	92	94	95	94
	47	学清路	106	106	111	104
	48	学院路	126	127	129	129
	49	万柳	120	124	126	120
	50	中关村	136	146	149	149
	51	北太平庄	119	120	125	123
	52	紫竹院、甘家口	124	128	130	127
	53	羊坊店、五棵松	111	113	112	114
	54	定慧寺	106	107	108	105
	55	永定路	92	94	96	95
丰台区	56	方庄	97	98	98	96
	57	菜户营、西罗园	83	83	84	83
	58	六里桥	86	87	87	85
	59	京石高速三四环沿线	75	78	78	77
	60	梅市口路	69	70	69	66
	61	丰台镇	76	77	77	76
	62	马家堡、西马场	81	83	83	81
	63	刘家窑、大红门	81	82	83	81
	64	南苑	64	64	64	63

（续附表 2-2）

区	区域编号	监测区域	均价（元/平方米）			
			第一季度	第二季度	第三季度	第四季度
丰台区	65	新发地	64	61	63	65
	66	世界公园、宛平	76	74	74	72
	67	长辛店、王佐	49	65	48	47
石景山区	68	鲁谷、八宝山、老山	81	84	85	79
	69	苹果园、八角、金顶街	72	74	73	71
	70	五里坨	56	55	54	49
昌平区	71	昌平城区	48	49	49	49
	72	回龙观镇	74	75	74	72
	73	东小口镇	72	72	71	69
	74	温榆河周边地区	51	49	49	48
	75	昌平城区南侧	48	51	52	51
	76	昌平西北部	/	/	/	/
	77	昌平东北部	/	/	/	/
大兴区	78	西红门	57	58	59	57
	79	旧宫	58	58	59	57
	80	大兴城区	56	55	54	52
	81	大兴东部	49	51	50	47
	82	大兴南部	51	49	50	48
通州区	83	新华、中仓、永顺	55	54	53	52
	84	通州北苑、玉桥、梨园	57	56	56	55
	85	马驹桥、台湖	48	49	49	46
	86	通州东南部	45	39	42	41
	87	宋庄、潞城	47	47	46	44
顺义区	88	顺义城区	48	49	47	46
	89	后沙峪、天竺	74	69	76	66
	90	马坡、牛栏山、高丽营	43	42	41	41
	91	赵全营、北石槽	/	/	/	/
	92	顺义东南部	41	40	40	38
	93	顺义东北部	30	32	29	/
房山区	94	良乡	38	39	38	38
	95	长阳	44	44	44	43
	96	京周路周边	27	28	28	27

（续附表 2-2）

区	区域编号	监测区域	均价（元/平方米）			
			第一季度	第二季度	第三季度	第四季度
房山区	97	房山东南部	25	24	25	25
	98	房山西部	27	37	48	49
门头沟区	99	大峪、龙泉、城子	45	42	40	42
	100	门头沟城区周边	46	45	44	47
	101	门头沟西部	/	/	/	/
怀柔区	102	怀柔城区	32	30	30	31
	103	怀柔城区周边	30	27	28	30
	104	怀柔北部	/	/	/	/
平谷区	105	平谷城区	/	/	/	/
	106	平谷南部	/	/	/	/
	107	平谷城北部	/	/	/	/
密云区	108	密云城区	26	27	25	32
	109	密云城区周边	17	22	17	15
	110	密云北部	/	/	/	/
延庆区	111	延庆城区	/	/	/	/
	112	京包铁路沿线	/	/	/	/
	113	延庆东北部	/	/	/	/
北京经济技术开发区	114	亦庄	71	74	69	67

附表 2–3　2019 年北京市备案项目商品住房情况

辖区	企业名称	项目推广名	本年度申请规模（万平方米）
东城	北京大前门投资经营有限公司	天街苑	2.0
朝阳	北京泰禾锦绣置业有限公司	泰和丽景家园	1.8
	北京春光置地房地产开发有限公司	润景茗苑	3.7
	北京亮马置业有限公司	壹・亮马	3.0
	北京亮马置业有限公司	将台水岸家园	3.2
	北京城志置业有限公司	城志畅悦园	1.7
	北京中海全盛房地产开发有限公司	望京府	5.8
	北京远洋一品房地产开发有限公司	远洋一品家园	2.0
	北京金开祯泰房地产开发有限公司	华樾北京	8.9
海淀	北京锐达置业有限公司	山屿湖	4.5
	北京恒海天诚房地产有限公司	瀚学雅居	0.9
	国泰土地整理集团有限公司	世茂江山和府	5.1
	国泰土地整理集团有限公司	西山龙胤	3.6
	恒盛阳光鑫地（北京）置业有限公司	欧洲公馆	3.1
	北京雕刻时空房地产开发有限公司	紫御香山	1.5
	北京万永房地产开发有限公司	箐笨雅园	8.6
	北京紫光科城科技发展有限公司	锦钰府	14.0
	北京市龙鼎华源房地产开发有限责任公司	大苑海淀府	2.1
丰台	北京西海龙湖置业有限公司	燕西华府	6.1
	北京洺润置业有限公司	橡树澜湾	12.2
	北京侨禧投资有限公司	侨禧名苑	5.4
	北京中铁诺德房地产开发有限公司	诺德和苑	16.9
	北京万筑国青房地产有限公司	雲庐	11.9
	北京悦恒置业有限公司	天悦壹号	4.6
	北京中铁诺德盛兴置业有限公司	诺德逸府	12.7
	北京京投丰德房地产有限公司	臻御府	3.7
石景山	北京景西房地产开发有限公司	远洋五里雅苑	4.3
	北京景西房地产开发有限公司	西府海棠雅苑	2.5
	北京安泰兴业置业有限公司	中海寰宇天下	14.8
	北京金安兴业房地产开发有限公司	中海首钢・长安云锦	8.1
	北京金安兴业房地产开发有限公司	金裕雅苑	6.8
	北京万越辉置业有限公司	翡翠山晓家园	7.0
	北京悦创房地产开发有限公司	禧悦学府	11.3

（续附表 2-3）

辖区	企业名称	项目推广名	本年度申请规模（万平方米）
门头沟	北京西元祥泰房地产开发有限公司	华萃西山家园	4.0
	北京绿城中交房地产开发有限公司	西山燕庐家园	10.1
	北京京投瀛德置业有限公司	檀香府	2.6
	北京骏辉房地产开发有限公司	中骏天峰	4.2
	北京瑜景房地产开发有限公司	领汇长安	1.5
房山	北京昊远隆基房地产开发总公司	长海御墅	0.5
	北京金地兴远房地产开发有限公司	大湖风华嘉园	6.9
	北京金地兴远房地产开发有限公司	金地.大湖风华	0.7
	北京首都开发股份有限公司	首开熙悦观湖	5.9
	北京滨湖恒兴房地产开发有限公司	熙湖悦箸	17.2
	汇豪实业投资有限公司	汇豪公园里	4.2
	北京华发永盛置业有限公司	华发中央公园	10.4
	中铁建设集团北京容晟房地产有限公司	中国铁建・山语澜廷	6.5
通州	北京武夷房地产开发有限公司	融御	6.0
	北京海港房地产开发有限公司	格拉斯小镇	3.7
	北京万平立通房地产开发有限公司	城市之光・东望	8.2
	北京万平立通房地产开发有限公司	台湖金茂悦	5.7
	北京金海鸿业房地产开发有限公司	泰晤士・印象	1.7
	北京恒城房地产开发有限公司	合景万汇中心	0.6
	北京宇盛宏利房地产开发有限公司	京澜誉府	6.3
	北京禹茂房地产开发有限公司	禹洲朗廷湾	2.0
	北京黄海房地产开发有限公司	北京东湾	2.5
顺义	北京城建兴顺房地产开发有限公司	北京城建・北京合院	5.8
	北京天竺万科房地产开发有限公司	天竺悦城	1.6
	北京金隅大成开发有限公司	金成雅苑	4.6
	北京金隅地产开发集团有限公司	上城庄园	2.6
	北京中铁诺德隆兴置业有限公司	阅德尚苑	14.9
	北京香醍房地产开发有限公司	天汇银杏苑	5.1
	北京空港富视国际房地产投资有限公司	依云佳苑	2.4
	北京金开辉泰房地产开发有限公司	公园十七	20.2
	北京建邦顺怡房地产开发有限公司	建邦・顺颐府	6.5
	北京颐景房地产开发有限公司	天汇青竹苑	3.8

（续附表 2-3）

辖区	企业名称	项目推广名	本年度申请规模（万平方米）
顺义	北京新城金郡房地产开发有限公司	国誉府	10.7
	北京龙万华开房地产开发有限公司	观承望溪	5.8
	北京澜鑫置业有限公司	橡树珑湾	3.8
	北京万龙华开房地产开发有限公司	观承·大家	14.0
昌平	北京中海宏业房地产开发有限公司	中海沙锦苑	6.6
	北京中海宏业房地产开发有限公司	中海丽春湖墅	5.4
	国瑞兴业(北京)投资有限公司	国瑞熙院家园	5.9
	北京京投银泰尚德置业有限公司	悦府家园	9.6
	北京宸宇房地产开发有限公司	金辰府	17.1
	北京招商局铭嘉房地产开发有限公司	都会尚苑	6.0
	北京紫麟置业有限公司	万橡华府	4.0
	北京未来科技城润昌置业有限公司	润昌科创中心	4.5
	北京升和房地产开发有限公司	凯德麓语	7.5
	北京罗顿沙河建设发展有限公司	北街家园	4.6
	北京城茂未来房地产开发有限公司	未来金茂府	14.2
	北京城茂未来房地产开发有限公司	未来金茂府·悦公馆	2.4
	北京新领域房地产开发有限公司	紫金新干线	13.4
	北京怡和置业有限公司	万橡悦府	9.2
	北京宏华伟业房地产开发有限公司	西山上品湾 moma	7.4
大兴	北京兴拓置业有限公司	大兴金茂悦	10.8
	北京中铁华兴房地产开发有限公司	中铁华侨城·和园	6.4
	北京融德房地产开发有限公司	万和颐景雅苑	0.2
	北京兴创中和房地产开发有限公司	兴创榕墅	9.0
	北京兴创中和房地产开发有限公司	兴创荣墅	8.6
	北京城建新城投资开发有限公司	誉宽家园	5.7
	北京辉盛房地产开发有限公司	江山风华	6.2
	北京爱达星房地产开发有限公司	隆盛北园	15.0
	北京住总房地产开发有限责任公司	住总·如院	13.3
	北京中海盈达房地产开发有限公司	寰宇时代	12.0
怀柔	北京北科置地有限责任公司	翡翠华庭	5.0
	北京北科置地有限责任公司	北科建翡翠华庭	4.3
	北京京雁置业有限责任公司	水岸雁栖	15.0

（续附表 2-3）

辖区	企业名称	项目推广名	本年度申请规模（万平方米）
怀柔	北京京粮泰宇房地产有限公司	悦谷新城家园	9.9
	北京新兴联华房地产开发有限公司	长城璞院	1.2
平谷	北京腾泰亿远置业有限公司	和棠瑞著	2.5
	北京城谷恒泰房地产开发有限公司	樾府	3.0
	北京金谷创展置业有限责任公司	禧瑞金海	4.6
密云	北京森宇房地产开发有限公司	樾山湖畔	2.0
	北京市潮云房地产开发有限公司	奥园·北京源墅	9.1
	北京宁溪房地产开发有限责任公司	弗农小镇	3.3
	北京臻德兴云置业有限公司	阳光城·溪山悦	2.0
延庆	北京世园投资发展有限责任公司	世园村	7.2
	北京碧晟凤盈房地产开发有限公司	珑祥府	12.2
	中交富力和美(北京)置业有限公司	樾熙府	6.7
开发区	北京博大新元房地产开发有限公司	亦城亦禧家园	8.7
	北京金隅兴大房地产开发有限公司	X89	9.5
	北京昊远置业有限公司	中国铁建国际公馆	11.1

附表 2-4 2019 年北京市备案项目保障房情况

辖区	企业名称	项目推广名	本年度申请规模（万平方米）
朝阳	北京亮马置业有限公司	将台水岸家园	2.1
	华瀚投资集团有限公司	华瀚福园	23.4
顺义	北京金隅大成开发有限公司	金成雅苑	7.8
平谷	北京城谷恒泰房地产开发有限公司	樾府	5.6

附表 2-5　2019 年北京市备案项目共有产权住房情况

辖区	企业名称	项目推广名	本年度申请规模（万平方米）
朝阳	北京景盛诚泰置业有限公司	梧桐湾嘉苑	7.4
	北京建恒润和房地产开发有限公司	瑞晖嘉苑	8.7
	中交世茂（北京）置业有限公司	上东郡	12.2
石景山	北京建恒汇景房地产开发有限公司	西山荟景嘉园	7.0
门头沟	北京中铁诺德东兴置业有限公司	北京诺德彩园	7.9
房山	北京融嘉房地产开发有限公司	悦景嘉园	10.7
通州	北京恒泰致远房地产开发有限公司	恒泰家园	8.9
	北京通智房地产开发有限公司	中建幸福里	5.1
	北京首开新奥置业有限公司	尚城家园	15.9
	北京住总通成房地产开发有限责任公司	通成家园	16.8
顺义	北京中铁顺兴房地产开发有限公司	博裕雅苑	26.0
	北京金隅大成开发有限公司	金成雅苑	4.6
	北京致顺房地产开发有限公司	水映兰庭	7.0
	中建一局智地（北京）房地产开发有限公司	十里湖光	12.6
大兴	北京三元德宏房地产开发有限公司	兴宏雅苑	3.4
昌平	北京未来科学城昌泰置业有限公司	未来砚园	11.2
	北京未来科学城昌和置业有限公司	未来逸园	9.3
平谷	北京润谷置业有限公司	中国铁建梧桐浅山	11.1
密云	北京隽成房地产开发有限公司	云河上苑	5.6

附表 2-6　2019 年北京市备案项目商业、办公情况

辖区	企业名称	项目推广名	本年度申请规模（万平方米）
朝阳	北京金地盛通房地产开发有限公司	金地盛通中心/启汇中心	11.9
	北京亮马置业有限公司	将台水岸家园	1.4
	北京城志置业有限公司	城志畅悦园	3.1
	华瀚投资集团有限公司	华瀚福园	3.7
	北京展拓置业有限公司	朝阳金茂广场	8.8
	北京正德丰泽房地产开发有限公司	瑞悦府	0.1
	北京兆泰集团股份有限公司	兆泰中心	4.7
	北京金开祯泰房地产开发有限公司	华樾北京	1.9
	北京金开连泰房地产开发有限公司	华樾北京	1.1
	中交世茂(北京)置业有限公司	上东郡	3.5
海淀	北京龙湖京佰置业有限公司	智谷大厦	6.5
	北京恒合悦兴置业有限公司	E.Z1KOO 智慧谷	11.1
	北京紫光科城科技发展有限公司	锦钰府	1.4
丰台	北京洺润置业有限公司	橡树澜湾/丰茂大厦	5.9
	北京丰合联物资供销有限公司	欧泰大厦	1.7
	北京南悦房地产开发有限公司	槐新雅筑丰台大悦春风里	2.5
	北京通用时代房地产开发有限公司	通用时代中心	24.4
石景山	北京建恒汇景房地产开发有限公司	西山荟景嘉园	0.5
门头沟	北京京投瀛德置业有限公司	檀香府	3.5
	北京融晟置业有限公司	金融街融悦中心	5.7
房山	北京五和万科房地产开发有限公司	万家商厦	2.4
	北京星华蓝光置业有限公司	悦来商务中心	4.6
	北京首都开发股份有限公司	熙悦观湖广场	0.8
	北京首开龙湖盈泰置业有限公司	首开龙湖熙悦天街	10.8
	汇豪实业投资有限公司	汇豪公园里	0.9
	北京稻香四季房地产开发有限公司	稻香悦家园	2.7
	北京祥筑房地产开发有限公司	九晟商业广场	0.3
	北京华发永盛置业有限公司	华发中央公园	5.0
	中铁建设集团北京容晟房地产有限公司	中国铁建・山语澜廷	2.1
	北京基金小镇胜泉湖有限公司	北京基金小镇商务中心	4.7

（续附表 2-6）

辖区	企业名称	项目推广名	本年度申请规模（万平方米）
通州	北京通州商务园开发建设有限公司	通州紫光科技园	9.5
	北京武夷房地产开发有限公司	融御	0.1
	北京恒泰致远房地产开发有限公司	恒泰家园	1.0
	北京顺开房地产开发有限公司	珠江阙	32.2
	北京复鑫置业有限公司	复地时代中心	1.2
	北京万平立通房地产开发有限公司	台湖金茂悦	0.0
	北京金海鸿业房地产开发有限公司	泰晤士·印象	3.0
	北京通智房地产开发有限公司	中建幸福里	0.1
	北京恒城房地产开发有限公司	合景万汇中心	6.2
	北京京鑫置业有限公司	无	9.5
	北京禹茂房地产开发有限公司	禹洲朗廷湾	2.0
	北京友泰房地产开发有限公司	云创天地	1.5
顺义	北京中铁顺兴房地产开发有限公司	博裕雅苑	2.6
	北京金宝房地产开发有限公司	金宝鑫园	2.7
	北京正德瑞祥房地产开发有限公司	云赋家园	2.3
	北京东投置业有限公司	北京东航中心	7.7
	北京空港富视国际房地产投资有限公司	依云佳苑	0.1
	北京祐泰通达房地产开发有限公司	十号国际	13.0
	北京裕新特房地产开发有限公司	金联汇航大厦	2.5
	北京北汽恒盛和顺置业有限公司	恒顺嘉园	7.7
	北京和信凯迪房地产开发有限公司	凯睿中心	7.1
	北京财懋房地产开发有限公司	尚岸御境	3.1
昌平	国瑞兴业(北京)投资有限公司	国瑞熙院家园	2.2
	北京紫麟置业有限公司	万橡华府	9.5
	北京未来科技城润昌置业有限公司	润昌科创中心	0.6
	北京市中盛兴建房地产开发有限公司	多特蒙德	4.8
	北京远腾置业有限公司	绿地中央广场2期	13.1
	北京城茂未来房地产开发有限公司	未来金茂府·悦公馆	5.2
	北京中关村国际商城发展有限公司	峯汇国际中心	13.3
	北京新领域房地产开发有限公司	紫金新干线	3.5
	北京泰禾嘉兴房地产开发有限公司	承文家园	6.0

（续附表 2–6）

辖区	企业名称	项目推广名	本年度申请规模（万平方米）
大兴	北京宜化恒业科技发展有限公司	兴创总部公园	6.8
	北京融德房地产开发有限公司	万和颐景雅苑	1.7
	北京金地兴晟房地产开发有限公司	兴韵雅苑	15.3
	北京城建新城投资开发有限公司	誉宽家园	0.0
	北京三元德宏房地产开发有限公司	兴宏雅苑	0.1
	北京永源兴置业有限公司	首创光合中心	11.5
怀柔	北京北科置地有限责任公司	北科建翡翠华庭	5.5
	北京京雁置业有限责任公司	水岸雁栖	1.5
平谷	北京润谷置业有限公司	中国铁建梧桐浅山	0.2
	北京城谷恒泰房地产开发有限公司	樾府	0.1
密云	绿地集团北京京纬置业有限公司	绿地朗山	6.2
	北京市潮云房地产开发有限公司	奥园·北京源墅	0.8
延庆	北京世园投资发展有限责任公司	世园村	7.9
	北京碧晟凤盈房地产开发有限公司	珑祥府	0.4
	北京京西天合房地产开发有限公司	文成国际	1.7
开发区	北京昊远置业有限公司	中国铁建国际公馆	0.1

附表 2–7　2019 年北京市房地产开发企业名录

序号	企业名称	资质等级
1	北京中筑置业有限公司	一级
2	北京三元嘉业房地产开发有限公司	一级
3	北京京铁房地产开发公司	一级
4	北京龙湖中佰置业有限公司	一级
5	北京瑞雪春堂房地产有限公司	一级
6	北京腾航房地产开发有限公司	一级
7	中国葛洲坝集团房地产开发有限公司	一级
8	北京富力城房地产开发有限公司	一级
9	北京金源鸿大房地产有限公司	一级
10	茂华控股集团有限公司	一级
11	北京泰福恒投资发展有限公司	一级
12	北京科技园建设(集团)股份有限公司	一级
13	北京国锐房地产开发有限公司	一级
14	当代节能置业股份有限公司	一级
15	北京润丰房地产开发有限公司	一级
16	北京市华远置业有限公司	一级
17	京能置业股份有限公司	一级
18	泛海控股股份有限公司	一级
19	保利(北京)房地产开发有限公司	一级
20	北京嘉源置业投资有限公司	一级
21	北京顺义新城建设开发有限公司	一级
22	中国新型房屋集团有限公司	一级
23	北京新华联置地有限公司	一级
24	北京鸿坤伟业房地产开发有限公司	一级
25	北京佰嘉置业集团有限公司	一级
26	隆泰实业(北京)有限公司	一级
27	北京首城置业有限公司	一级
28	中国房地产开发集团公司	一级
29	北京融创恒基地产有限公司	一级
30	北京首都开发股份有限公司	一级
31	北京城市开发集团有限责任公司 ?	一级
32	远洋地产有限公司	一级
33	北京城建房地产开发有限公司	一级

（续附表 2-7）

序号	企业名称	资质等级
34	北京金隅大成开发有限公司	一级
35	北京正阳恒瑞置业公司	一级
36	北京通州房地产开发有限责任公司	一级
37	华通置业有限公司	一级
38	华纺房地产开发公司	一级
39	北京城建兴华地产有限公司	一级
40	北京金隅嘉业房地产开发有限公司	一级
41	金融街控股股份有限公司	一级
42	北京万通地产股份有限公司	一级
43	北京天鸿置业有限公司	一级
44	北京万科企业有限公司	一级
45	华瀚投资集团有限公司	一级
46	北京翔峰房地产开发有限公司	一级
47	和泓置地集团有限公司	一级
48	永泰房地产(集团)有限公司	一级
49	中冶置业集团有限公司	一级
50	北京城建投资发展股份有限公司	一级
51	中国电建地产集团有限公司	一级
52	北京金泰房地产开发有限责任公司	一级
53	京汉置业集团股份有限公司	一级
54	北京金远房地产开发集团有限公司	一级
55	北京天润置地房地产开发(集团)有限公司	一级
56	中核房地产开发有限公司	一级
57	北京中建地产有限责任公司	一级
58	北京金第房地产开发有限责任公司	一级
59	北京华融金晖置业有限公司	一级
60	北京威凯建设发展有限责任公司	一级
61	北京京投银泰尚德置业有限公司	一级
62	北京乾景房地产开发有限公司	一级
63	北京电子城有限责任公司	一级
64	中铁嘉业(北京)投资有限公司	一级
65	中昂地产(集团)有限公司	一级
66	北京中铁诺德房地产开发有限公司	一级

（续附表 2-7）

序号	企业名称	资质等级
67	北京北辰实业股份有限公司	一级
68	北京弘轩鼎成房地产开发有限公司	二级
69	北京住总集团有限责任公司	二级
70	北京世纪鸿城置业有限公司	二级
71	北京腾龙嘉华房地产开发有限公司	二级
72	北京长安置地房地产开发有限公司	二级
73	旭阳置业有限公司	二级
74	顺天通房地产开发集团有限公司	二级
75	北京国安东坝投资有限公司	二级
76	北京市昌平房地产开发有限责任公司	二级
77	茂华控股集团有限公司	二级
78	恒大地产集团北京有限公司	二级
79	北京昊远隆基房地产开发有限公司	二级
80	北京东方瑞平房地产开发有限公司	二级
81	北京城乡房屋建设开发有限责任公司	二级
82	北京东方依水源房地产开发有限公司	二级
83	北京春光置地房地产开发有限公司	二级
84	北京博大新元房地产开发有限公司	二级
85	中铁建设集团房地产有限公司	二级
86	北京路劲隽御房地产开发有限公司	二级
87	北京城建兴云房地产有限公司	二级
88	北京润泽庄苑房地产开发有限公司	二级
89	北京房开控股集团有限公司	二级
90	北京正浩置业有限公司	二级
91	北京远东新地置业有限公司	二级
92	泛华城市投资有限公司	二级
93	北京天旭运河房地产开发有限责任公司	二级
94	国测地理信息科技产业园集团有限公司	二级
95	北京泰益德置业集团有限公司	二级
96	凤凰城科技集团有限公司	二级
97	北京经开投资开发股份有限公司	二级
98	北京懋源房屋开发有限公司	二级
99	北京市文化置业有限公司	二级

（续附表 2-7）

序号	企业名称	资质等级
100	北京龙冠房地产开发有限责任公司	二级
101	北京市天竺房地产开发公司	二级
102	北京盛创恒达房地产开发有限公司	二级
103	北京北控城市开发有限公司	二级
104	北京市基础设施投资有限公司(原北京地铁集团有限责任公司)	二级
105	北京城市副中心投资建设集团有限公司	二级
106	北京科技园置地有限公司	二级
107	北京鹏睿房地产开发有限公司	二级
108	北京江南投资集团有限公司	二级
109	北京远坤房地产开发有限公司	二级
110	山水文园凯亚房地产开发有限公司	二级
111	首都机场地产集团有限公司	二级
112	北京安宝房地产开发有限公司	二级
113	北京仁和日升房地产有限公司	二级
114	首创置业股份有限公司	二级
115	中车科技园发展有限公司	二级
116	北京世纪鸿房地产开发有限责任公司	二级
117	北京东亚新华投资集团有限公司	二级
118	北京崇文·新世界房地产发展有限公司	二级
119	北京昆泰房地产开发集团有限公司	二级
120	北京海开房地产集团有限责任公司	二级
121	北京兴创房地产开发有限公司	二级
122	中建一局集团房地产开发有限公司	二级
123	北京合生绿洲房地产开发有限公司	二级
124	北京京投置地房地产有限公司	二级
125	北京景旭房地产开发有限公司	二级
126	北京房地置业发展有限公司	二级
127	北京顺华房地产开发有限公司	二级
128	北京隆泰祥房地产开发有限公司	二级
129	北京联合置业有限公司	二级
130	北京建工地产有限责任公司	二级
131	北京市广厦房地产开发公司	二级
132	北京新华联伟业房地产有限公司	二级

（续附表 2-7）

序号	企业名称	资质等级
133	北京佳源投资经营有限责任公司	二级
134	北京龙庆房地产开发有限公司	二级
135	北京市丰台区鸿华房地产开发经营有限公司	二级
136	北京方兴亦城置业有限公司	二级
137	北京裕昌置业股份有限公司	二级
138	北京北控置业集团有限公司	二级
139	中信置业有限公司	二级
140	北京天利海房地产开发有限公司	二级
141	中信和业投资有限公司	二级
142	北京正宏置业集团有限公司	二级
143	北京亚通房地产开发有限责任公司	二级
144	北京兴创置地房地产开发有限公司	二级
145	北京国际商务中心区开发建设有限公司	二级
146	中合置业有限公司	二级
147	北京华油房地产开发有限公司	二级
148	长城国富置业(北京)有限公司	二级
149	北京京投银泰置业有限公司	二级
150	中奥(北京)房地产开发有限公司	二级
151	北京华清安平置业有限公司	二级
152	北京永同昌房地产开发集团有限公司	二级
153	北京盛邦基业房地产开发有限公司	二级
154	国开东方城镇发展投资有限公司	二级
155	北京华恒兴业房地产开发有限公司	二级
156	北京市大龙房地产开发有限公司	二级
157	北京润通房地产开发有限责任公司	二级
158	中铁二十二局集团房地产开发有限公司	二级
159	中铁十六局集团置业投资有限公司	二级
160	北京顺鑫佳宇房地产开发有限公司	二级
161	北京国信嘉业房地产开发有限公司	二级
162	北京西海龙湖置业有限公司	二级
163	北京金科展昊置业有限公司	二级
164	北京牛栏山房地产开发有限责任公司	二级
165	北京碧桂园凤凰置业发展有限公司	二级

（续附表 2-7）

序号	企业名称	资质等级
166	北京市保障性住房建设投资中心	二级
167	北京中鑫源房地产开发集团有限公司	二级
168	北京京西北发展集团有限公司	二级
169	北京林河兴业房地产开发有限公司	二级
170	北京城建兴顺房地产开发有限公司	二级
171	江河创新地产股份有限公司	二级
172	中和正茂置业发展有限公司	二级
173	北京怡昌投资有限公司	二级
174	中交置业有限公司	二级
175	北京枫树置业有限公司	三级
176	北京新领域房地产开发有限公司	三级
177	北京天正华特房地产开发有限公司	三级
178	北京未来科学城发展集团有限公司	三级
179	北京中关村软件园发展有限责任公司	三级
180	北京亦庄移动硅谷有限公司	三级
181	北京东隆房地产开发有限公司	三级
182	北京中关村石景山园发展有限公司	三级
183	北京柏豪置业有限公司	三级
184	北京香园大道实业有限公司	三级
185	北京君合百年房地产开发有限公司	三级
186	北京万年基业房地产开发有限公司	三级
187	北京盛达兴业房地产开发有限公司	三级
188	北京住总首开置业有限公司	三级
189	北京通瑞兴盛置业有限公司	三级
190	北京首开仁信置业有限公司	三级
191	中铁建公寓管理有限公司	三级
192	北京绿地京华置业有限公司	三级
193	北京华贸奥苑房地产开发有限公司	三级
194	北京经开工大投资管理有限公司	三级
195	北京合生愉景房地产开发有限公司	三级
196	北京中关村国际商城发展有限公司	三级
197	北京珠江房地产开发有限公司	三级
198	北京香江盛富房地产开发有限公司	三级

（续附表 2-7）

序号	企业名称	资质等级
199	北京京投兴业置业有限公司	三级
200	北京城建兴业置地有限公司	三级
201	北京城建远东地产投资有限公司	三级
202	北京天庆房地产开发有限公司	三级
203	北京住总置地有限公司	三级
204	北京静水园房地产开发有限公司	三级
205	北京建升房地产开发有限公司	三级
206	北京金隅程远房地产开发有限公司	三级
207	北京京创投资有限公司	三级
208	北京市东湖房地产有限公司	三级
209	北京市永联房地产开发有限责任公司	三级
210	招商局嘉铭(北京)房地产开发有限公司	三级
211	北京德成兴业房地产开发有限公司	三级
212	北京雍锦房地产开发有限公司	三级
213	北京众美房地产开发有限公司	三级
214	北京天伦房地产有限公司	三级
215	北京京发房地产开发有限公司	三级
216	北京韩建房地产开发有限公司	三级
217	北京复地通盈置业有限公司	三级
218	北京首创华业房地产开发有限公司	三级
219	北京紫石房地产开发有限公司	三级
220	新能(北京)国际房地产开发有限公司	三级
221	北京世纪景房地产开发有限公司	三级
222	北京军洋鑫业房地产有限公司	三级
223	北京市密云区房地产开发总公司	三级
224	北京建工置地有限责任公司	三级
225	北京中关村科学城建设股份有限公司	三级
226	北京天资置业集团有限公司	三级
227	北京北汽恒盛达顺置业有限公司	三级
228	北京英才房地产开发有限公司	三级
229	中铁房地产集团北京丰昊置业有限公司	三级
230	北京高顺投资有限公司	三级
231	北京万方置业有限公司	三级

（续附表 2-7）

序号	企业名称	资质等级
232	中铁房地产集团创新产业投资有限公司	三级
233	北京玉泉新城房地产开发有限公司	三级
234	北京北汽恒盛和顺置业有限公司	三级
235	北京合生北方房地产开发有限公司	三级
236	北京市新时特房地产开发有限公司	三级
237	金融街(北京)置地有限公司	三级
238	北京国隆置业有限公司	三级
239	北京星光拓诚投资有限公司	三级
240	北京富华房地产开发有限公司	三级
241	北京兴集房地产开发有限公司	三级
242	北京青远房地产开发有限公司	三级
243	中铁房地产集团北京金达世纪房地产开发有限公司	三级
244	北京珠江投资开发有限公司	三级
245	北京首开亿信置业股份有限公司	三级
246	北京福环房地产开发有限公司	四级
247	北京海港房地产开发有限公司	四级
248	中天房地产有限公司	四级
249	北京盛玺置业有限公司	四级
250	北京盛荣房地产开发有限公司	四级
251	北京山水绿洲房地产开发有限责任公司	四级
252	北京高盛华房地产开发有限公司	四级
253	北京金创发达投资有限公司	四级
254	北京燕广置业有限责任公司	四级
255	北京顶秀置业有限公司	四级
256	北京三基房地产开发有限公司	四级
257	北京地杰昌盛置业投资有限公司	四级
258	北京建工新城投资发展有限公司	四级
259	北京中北岳森房地产开发有限公司	四级
260	北京中粮万科置业有限公司	四级
261	首创朝阳房地产发展有限公司	四级
262	北京天鸿鸿程房地产有限公司	四级
263	北京阳光四季房地产开发有限公司	四级
264	北京谊建信置业有限公司	四级

（续附表 2-7）

序号	企业名称	资质等级
265	北京双全房地产开发有限公司	四级
266	天通泰文化数码科技园有限公司	四级
267	金融街长安(北京)置业有限公司	四级
268	北京正旭晶典房地产开发有限公司	四级
269	北京福兴晟房地产开发有限公司	四级
270	中铁房地产集团北京金郡兴盛置业有限公司	四级
271	北京京基房地产开发有限公司	四级
272	北京上和致远房地产开发有限公司	四级
273	北京世豪房地产开发有限责任公司	四级
274	北京恒隆兴置业有限公司	四级
275	融科智地房地产股份有限公司	四级
276	北京百邑纪元房地产开发有限公司	四级
277	北京八家嘉苑房地产开发有限公司	四级
278	北京丰铭置业有限公司	四级
279	北京海港置业发展有限公司	四级
280	北京华忆园房地产开发有限公司	四级
281	北京神州数码置业发展有限公司	四级
282	北京东方蓝海置业有限责任公司	四级
283	北京宏远航城房地产开发有限公司	四级
284	北京中建方程投资管理有限公司	四级
285	鹏瑞利美融加六(北京)置业有限公司	四级
286	北京新通源远房地产开发有限公司	四级
287	北京东泰房地产开发有限公司	四级
288	北京富华千辉房地产开发有限公司	四级
289	北京联东金桥置业有限责任公司	四级
290	北京世涛基业房地产开发有限公司	四级
291	北京青云祥合建设发展有限公司	四级
292	北京德胜投资有限责任公司	四级
293	北京京西阳光投资有限公司	四级
294	北京争创崇维房地产开发有限公司	四级
295	北京住总正华开发建设集团有限公司	四级
296	北京城建亚泰房地产开发有限公司	四级
297	北京九华房地产开发有限公司	四级

（续附表 2-7）

序号	企业名称	资质等级
298	中冶地(北京)房地产开发有限公司	四级
299	北京麟联置业有限公司	四级
300	北京檀州房地产开发有限公司	四级
301	北京嘉德新源置业有限公司	四级
302	北京鸿昌房地产开发有限责任公司	四级
303	北京航丰园科技发展有限责任公司	四级
304	北京首都机场太扬置业有限公司	四级
305	华润置地发展(北京)有限公司	四级
306	北京安德力房地产有限责任公司	四级
307	北京建华置地有限公司	四级
308	北京盛兴建通房地产开发有限公司	四级
309	恒盛阳光鑫地(北京)置业有限公司	四级
310	北京华润健翔房地产开发有限公司	四级
311	华航置业有限责任公司	四级
312	北京市开源易通仓储有限公司	四级
313	北京首地兴业置业有限公司	四级
314	北京北大科技园建设开发有限公司	四级
315	北京韩建伟业房地产开发有限公司	四级
316	北京中基信和置业有限公司	四级
317	北京东亚信元国际会展中心有限公司	四级
318	北京久润房地产开发有限公司	四级
319	北京大万房地产开发有限责任公司	四级
320	北京振邦承基开发建设有限公司	四级
321	北京日月房地产开发有限公司	四级
322	北京赫华恒瑞房地产开发有限公司	四级
323	北京国尊房地产有限责任公司	四级
324	北京金第润鸿房地产开发有限公司	四级
325	北京泽华宇成投资有限公司	四级
326	北京市朝阳城市建设综合开发公司	四级
327	北京住总实业投资控股有限公司	四级
328	北京海开房地产股份有限公司	四级
329	天宝同泰国际实业发展有限公司	四级
330	北京天恒立信置业有限公司	四级

（续附表 2-7）

序号	企业名称	资质等级
331	北京恒兴博达房地产开发有限公司	四级
332	北京合成房地产开发有限责任公司	四级
333	北京冠城新泰房地产开发有限公司	四级
334	北京奥林匹克置业投资有限公司	四级
335	北京中鸿天房地产开发有限公司	四级
336	北京源鑫房地产开发有限公司	四级
337	葛洲坝(北京)投资有限公司	四级
338	北京泰浩盛垣置业有限公司	四级
339	北京三合嘉逸置业有限公司	四级
340	北京安地房地产开发有限责任公司	四级
341	北京东方信远房地产开发有限公司	四级
342	中合联宇房地产开发有限公司	四级
343	北京住总圣世源房地产开发有限公司	四级
344	北京王府井置业投资有限公司	四级
345	北京极地房地产开发有限公司	四级
346	北京京北鑫民房地产开发有限公司	四级
347	嘉铭置地有限公司	四级
348	北京仪兴联房地产开发有限公司	四级
349	北京恒联房地产开发有限公司	四级
350	北京怡合投资管理有限公司	四级
351	北京香山旅游文化发展有限公司	四级
352	北京丽来房地产开发有限公司	四级
353	亚太房地产开发集团股份有限公司	四级
354	北京榆树庄园房地产开发有限公司	四级
355	北京昊泰房地产开发有限公司	四级
356	北京实兴腾飞置业发展公司	四级
357	北京捷海房地产开发有限公司	四级
358	北京海意联房地产开发有限公司	四级
359	北京金泰中阳房地产开发有限公司	四级
360	北京富华铂荣房地产开发有限公司	四级
361	北京建雄房地产开发有限责任公司	四级
362	北京大宅房地产开发中心	四级
363	北京中泽房地产开发有限公司	四级

（续附表 2-7）

序号	企业名称	资质等级
364	北京福洲房地产开发有限公司	四级
365	北京首开万科房地产开发有限公司	四级
366	北京京都商业中心管理有限公司	四级
367	北京丰苑阁房地产开发有限责任公司	四级
368	北京沃基房地产开发有限公司	四级
369	北京太平洋城房地产开发有限公司	四级
370	北京亿本房地产开发有限公司	四级
371	北京汉邦房地产开发有限公司	四级
372	北京石榴房地产开发有限公司	四级
373	北京城建新城投资开发有限公司	四级
374	北京市安达房地产开发有限公司	四级
375	富华置地有限公司	四级
376	北京良工房地产开发有限公司	四级
377	北京宁坤房地产开发有限责任公司	四级
378	北京科豪汇佳置业有限公司	四级
379	北京万年花城房地产开发有限责任公司	四级
380	北京市泰华房地产开发集团有限公司	四级
381	北京中海地产有限公司	四级
382	北京未来科学城置业有限公司	四级
383	中粮地产投资(北京)有限公司	四级
384	北京中关村永丰产业基地发展有限公司	四级
385	北京金石联合置地房地产开发有限公司	四级
386	北京中基恒通房地产开发有限公司	四级
387	北京龙湖天行置业有限公司	四级
388	北京东方置地投资发展有限公司	四级
389	北京运石建龙房地产开发有限责任公司	四级
390	北京建院建筑设计创意有限公司	四级
391	北京东华虹湾房地产开发有限公司	四级
392	北京嘉和利华科贸发展有限公司	四级
393	北京中稷新华投资有限公司	四级
394	北京光谷创新置业有限公司	四级
395	北京鼎基房地产开发有限公司	四级
396	北京中实恒业房地产开发有限责任公司	四级

（续附表 2-7）

序号	企业名称	资质等级
397	北京鎏金置业有限责任公司	四级
398	中房京贸房地产开发有限公司	四级
399	北京北控国际会都房地产开发有限责任公司	四级
400	北京未来科技城保昌置业有限公司	四级
401	北京万置房地产开发有限公司	四级
402	北京财懋房地产开发有限公司	四级
403	北京锦昊万华置业有限公司	四级
404	北京方兴拓赢房地产开发有限公司	四级
405	北京秀水街房地产开发有限责任公司	四级
406	北京市怀柔区旅游房地产开发总公司	四级
407	北京中投创展置业有限公司	四级
408	北京万利房地产开发有限公司	四级
409	北京友谊置业有限公司	四级
410	永创兴业（北京）置业有限公司	四级
411	北京京投阳光房地产开发有限公司	四级
412	北京和平伟业房地产开发有限公司	四级
413	北京金水兴业房地产开发有限公司	四级
414	北京天燕房地产开发有限公司	四级
415	北京市裕鑫房地产开发有限公司	四级
416	北京住总科贸控股集团有限公司	四级
417	北京亚宏房地产开发有限责任公司	四级
418	北京景山房地产开发有限公司	四级
419	北京运通博远房地产开发有限公司	四级
420	北京慧远通广科技发展有限公司	四级
421	北京中天城市更新投资有限公司	四级
422	北京新恒基创业房地产开发有限责任公司	四级
423	北京小月河科技园有限责任公司	四级
424	北京中加商务会馆有限公司	四级
425	北京倚基土地开发有限公司	四级
426	北京益恒房地产开发有限责任公司	四级
427	北京亿科置地房地产开发有限公司	四级
428	北京千禧福临房地产开发有限公司	四级
429	北京正华永升房地产开发有限公司	四级

（续附表 2-7）

序号	企业名称	资质等级
430	北京富丰高科技发展总公司	四级
431	北京泰禾嘉华房地产开发有限公司	四级
432	北京实创高科技发展有限责任公司	四级
433	北京春晖园投资有限责任公司	四级
434	北京鑫海碧波房地产开发有限公司	四级
435	北京正江房地产开发有限公司	四级
436	北京天城永泰置业有限公司	四级
437	北京王府井置业有限公司	四级
438	北京中铁润丰房地产开发有限公司	四级
439	北京富恒房地产开发有限公司	四级
440	北京中建兴华房地产开发有限公司	四级
441	北京昆泰嘉恒房地产开发有限公司	四级
442	北京金水永业房地产开发有限公司	四级
443	国泰土地整理集团有限公司	四级
444	北京紫园新城投资发展有限公司	四级
445	鹏瑞利美融加二（北京）置业有限公司	四级
446	北京旭日房地产开发有限责任公司	四级
447	北京世安住房股份有限公司	四级
448	北京天成天房地产开发有限公司	四级
449	北京长阳兴业投资发展有限责任公司	四级
450	北京长乐房地产开发有限公司	四级
451	清山（北京）房地产开发有限公司	四级
452	北京市宝斯特房地产开发有限公司	四级
453	北京绿丰兴业房地产开发有限公司	四级
454	北京市房山城市投资发展有限责任公司	四级
455	北京华和房地产开发有限公司	四级
456	北京丰台科技园建设发展有限公司	四级
457	北京达成光远置业有限公司	四级
458	北京市鲁艺房地产开发有限责任公司	四级
459	北京岳恒房地产开发有限公司	四级
460	中信长安置业（北京）有限公司	四级
461	泰康之家瑞城置业有限公司	四级
462	北京昭泰房地产开发有限公司	四级

（续附表 2-7）

序号	企业名称	资质等级
463	金融街（北京）商务园置业有限公司	四级
464	北京前门天市置业发展有限公司	四级
465	华凯投资集团有限公司	四级
466	北京太合嘉园房地产开发有限责任公司	四级
467	北京极富房地产开发有限公司	四级
468	北京贵源房地产开发有限公司	四级
469	北京盛世双辉房地产开发有限公司	四级
470	北京亚林西房地产开发有限公司	四级
471	北京奥宸房地产开发有限公司	四级
472	北京实创上地佳园房地产开发有限公司	四级
473	华远地产股份有限公司	四级
474	北京六建集团有限责任公司	四级
475	北京豆各庄金丰置业有限公司	四级
476	北京旭辉阳光置业有限公司	四级
477	北京国电房地产开发有限公司	四级
478	北京鼎兴房地产开发有限公司	四级
479	中铁六局集团北京置业有限公司	四级
480	北京丰科万达广场有限公司	四级
481	北京香江兴利房地产开发有限公司	四级
482	北京未来科技城昌金置业有限公司	四级
483	中基宏业（北京）房地产开发有限公司	四级
484	北京市开原房地产开发有限责任公司	四级
485	北京嘉润鸿达置业有限公司	四级
486	北京隆鹤置业有限公司	四级
487	北京翔达运输有限责任公司	四级
488	北京雕刻时空房地产开发有限公司	四级
489	北京万城置地房地产开发有限公司	四级
490	北京华纺京轻房地产开发有限公司	四级
491	北京悦居绿洲房地产开发有限公司	四级
492	绿地集团北京京腾置业有限公司	四级
493	北京华都饭店有限责任公司	四级
494	北京星河房地产开发有限责任公司	四级
495	北京新龙房地产开发有限公司	四级

（续附表 2-7）

序号	企业名称	资质等级
496	北京商务中心区开发建设有限责任公司	四级
497	北京腾琪房地产开发有限公司	四级
498	北京银宴禄辰房地产开发有限公司	四级
499	北京朝外搜候房地产有限公司	四级
500	北京林兴房地产开发有限公司	四级
501	北京市龙鼎华源房地产开发有限责任公司	四级
502	绿地集团北京京尚置业有限公司	四级
503	北京秋海旭荣房地产开发有限公司	四级
504	北京亦庄盛元投资开发有限公司	四级
505	北京天地助房地产开发有限公司	四级
506	北京安和嘉邦房地产有限责任公司	四级
507	北京中苑盛世投资管理有限公司	四级
508	北京通号北房置业有限公司	四级
509	北京京城置业房地产开发经营有限公司	四级
510	北京建昊宏基房地产开发有限公司	四级
511	北京顺通房地产开发有限责任公司	四级
512	北京三义房地产开发有限公司	四级
513	北京星华智本投资有限公司	四级
514	北京凯润联合投资有限公司	四级
515	北京丰运世纪房地产开发有限公司	四级
516	北京京投兴平置业有限公司	四级
517	北京保利兴房地产开发有限公司	四级
518	北京国兴建业房地产开发有限公司	四级
519	北京长龙房地产开发有限公司	四级
520	北京北控京闽投资有限公司	四级
521	北京潭柘投资发展有限公司	四级
522	北京京师大房地产开发有限责任公司	四级
523	北京旺众房地产开发有限公司	四级
524	石榴置业集团股份有限公司	四级
525	北京金丰润鸿置业有限公司	四级
526	北京香海会展房地产开发有限公司	四级
527	北京联立房地产开发有限责任公司	四级
528	北京北控物业管理有限责任公司	四级

（续附表 2-7）

序号	企业名称	资质等级
529	北京东华房地产开发有限公司	四级
530	北京银科房地产开发有限公司	四级
531	北京国投方诚资产管理有限公司	四级
532	北京国世通房地产开发有限公司	四级
533	北京祈连房地产开发有限公司	四级
534	北京匠心置业有限公司	四级
535	北京华润京通房地产开发有限公司	四级
536	北京永济恒业房地产开发有限公司	四级
537	北京海润房地产开发有限公司	四级
538	北京中冶名弘置业有限公司	四级
539	嘉裕房地产开发有限公司	四级
540	北京润丰源房地产开发有限公司	四级
541	北京新润致远房地产开发有限公司	四级
542	北京亦庄数字显示产业管理有限公司	四级
543	北京市嘉鸿房地产开发有限公司	四级
544	北京集达房地产开发有限公司	四级
545	北京安旺房地产开发有限责任公司	四级
546	北京金成华房地产开发有限公司	四级
547	北京远河房地产开发有限公司	四级
548	北京创远亦程置业有限公司	四级
549	北京华海金宝房地产开发有限公司	四级
550	北京枫露皇苑房地产开发有限公司	四级
551	北京天鸿安信房地产开发有限公司	四级
552	北京英蓝置业有限公司	四级
553	北京中关村东升科技园有限责任公司	四级
554	中矿宏业(北京)房地产开发有限公司	四级
555	北京创展房地产开发有限公司	四级
556	银谷控股集团有限公司	四级
557	北京金地科创置业有限公司	四级
558	新华联控股有限公司	四级
559	北京升和房地产开发有限公司	四级
560	北京市天地祥房地产开发有限公司	四级
561	北京铭通房地产开发有限公司	四级

（续附表 2-7）

序号	企业名称	资质等级
562	北京国测瑞安置业有限公司	四级
563	绿地集团北京京永置业有限公司	四级
564	北京丰南嘉业房地产开发有限公司	四级
565	北京诺德置业有限公司	四级
566	北京光华建业房地产开发有限公司	四级
567	北京信驰置业有限公司	四级
568	北京城建兴泰房地产开发有限公司	四级
569	北京城建兴润置业开发有限公司	四级
570	北京亿城山水房地产开发有限公司	四级
571	北京中地房地产开发有限公司	四级
572	北京旭嘉置业有限公司	四级
573	北京兴源创成房地产开发有限公司	四级
574	北京东君房地产开发有限公司	四级
575	北京燕金源置业有限公司	四级
576	北京顺奥投资中心	四级
577	北京冠城新纪房地产开发有限公司	四级
578	北京依云房地产开发有限责任公司	四级
579	北京嘉里锦华房地产开发有限公司	四级
580	中铁房地产集团北京浩达置业有限公司	四级
581	北京中铁永兴房地产开发有限公司	四级
582	北京永兴达房地产开发有限公司	四级
583	北京利山房地产开发有限公司	四级
584	北京东方京海投资有限公司	四级
585	北京中加伟业房地产开发有限公司	四级
586	北京中恒瑞通房地产开发有限公司	四级
587	北京东泽房地产投资有限公司	四级
588	北京中坤长业房地产开发有限公司	四级
589	北京天翔房地产开发有限公司	四级
590	北京亚林东房地产开发有限公司	四级
591	北京浩德房地产开发有限公司	四级
592	北京桓丰苑投资管理有限公司	四级
593	北京宁溪房地产开发有限责任公司	四级
594	北京千秋营宸房地产开发有限公司	四级

（续附表 2-7）

序号	企业名称	资质等级
595	北京绿地京源房地产开发有限公司	四级
596	北京银港房地产开发有限公司	四级
597	国奥(北京)文化产业投资有限责任公司	四级
598	中交住总联合置业(北京)有限公司	四级
599	中投汇沣置业有限公司	四级
600	北京星宇昊经济技术发展有限公司	四级
601	北京阳光绿城房地产开发有限公司	四级
602	北京奥竺房地产开发有限公司	四级
603	北京富河房地产开发有限责任公司	四级
604	北京怀柔科学城建设发展有限公司	四级
605	北京元龙房地产开发有限责任公司	四级
606	北京万通正远置业有限公司	四级
607	北京房地集团有限公司	四级
608	北京广安融通置业有限公司	四级
609	北京摩林房地产开发有限公司	四级
610	北京和祥恒房地产开发有限公司	四级
611	北京将台房地产开发有限公司	四级
612	北京万国城酒店运营管理有限公司	四级
613	北京临空城投置业有限公司	四级
614	北京市四合庄兴鹏投资管理中心	四级
615	北京顺长房地产开发有限公司	四级
616	北京宏泰旸投资有限公司	四级
617	北京卓正置业有限公司	四级
618	北京金第万科房地产开发有限公司	四级
619	北京城谷恒泰房地产开发有限公司	四级
620	北京万华置业有限公司	四级
621	北京城建金元投资发展有限公司	四级
622	北京华荣建业房地产开发有限公司	四级
623	北京邦达房地产开发有限公司	四级
624	北京东方天成房地产开发有限公司	四级
625	北京北方昊天科技有限公司	四级
626	北京万方安和投资有限责任公司	四级
627	北京懋源宏展房地产开发有限公司	四级

（续附表 2-7）

序号	企业名称	资质等级
628	北京海淀科技园建设股份有限公司	四级
629	北京龙湖兴润置业有限公司	四级
630	北京飞勇恒基置业有限责任公司	四级
631	北京建机房地产有限责任公司	四级
632	北京辉煌益境房地产开发有限公司	四级
633	北京金色朝阳房地产开发有限公司	四级
634	中关村兴业（北京）高科技孵化器股份有限公司	四级
635	北京首开美驰房地产开发有限公司	四级
636	北京玫瑰园别墅有限公司	四级
637	北京丽富房地产开发有限公司	四级
638	北京汇金房地产开发有限公司	四级
639	北京森宇房地产开发有限公司	四级
640	北京联东永乐投资管理有限公司	四级
641	北京东方文华国际置业有限公司	四级
642	北京华夏燕赵房地产开发有限公司	四级
643	北京恒城房地产开发有限公司	四级
644	北京天润福源房地产开发有限公司	四级
645	北京正华永旭房地产开发有限公司	四级
646	北京野力房地产开发有限公司	四级
647	北京雅宝房地产开发有限公司	四级
648	北京紫玉山庄房地产开发有限公司	四级
649	北京市丰台区城市建设综合开发集团有限公司	四级
650	北京瞰融房地产开发有限公司	四级
651	北京金厦园房地产开发有限公司	四级
652	北京寅丰房地产开发有限责任公司	四级
653	北京懋源置业有限公司	四级
654	北京仁和联安房地产开发有限责任公司	四级
655	国瑞兴业（北京）投资有限公司	四级
656	北京创誉房地产开发有限公司	四级
657	汇豪实业投资有限公司	四级
658	北京绿城银石置业有限公司	四级
659	北京亚能鸿业房地产开发有限公司	四级
660	北京金麟置业有限公司	四级

（续附表 2-7）

序号	企业名称	资质等级
661	北京天景泰房地产开发有限公司	四级
662	北京东方鑫岳房地产开发有限公司	四级
663	北京鑫苑万众置业有限公司	四级
664	北京润博房地产开发有限公司	四级
665	泰康伟业投资有限公司	四级
666	北京安华世纪房地产开发有限公司	四级
667	北京文鹏金瑞房地产开发有限公司	四级
668	北京兴亚置业有限公司	四级
669	北京枫嘉房地产开发有限公司	四级
670	北京宝嘉恒基础设施投资有限公司	四级
671	北京京通投资有限公司	四级
672	华电工程集团创业投资有限公司	四级
673	北京城建长阳投资发展有限公司	四级
674	北京爱达星房地产开发有限公司	四级
675	北京昊坤嘉业房地产开发有限公司	四级
676	北京通瑞万华置业有限公司	四级
677	北京中骏房地产开发有限公司	四级
678	北京中筑鑫盛置业有限公司	四级
679	北京蓝华宇房地产开发有限公司	四级
680	北京颐德房地产开发有限公司	四级
681	北京鑫福海房地产开发有限公司	四级
682	北京城建和泰房地产开发有限责任公司	四级
683	北京佳兴园房地产开发有限公司	四级
684	北京招商局铭嘉房地产开发有限公司	四级
685	北京天运房地产综合开发经营有限责任公司	四级
686	北京彩俸房地产开发有限公司	四级
687	正元置业有限公司	四级
688	北京金盛顺鑫置业投资有限公司	四级
689	北京海天房地产开发有限公司	四级
690	北京八达岭工发新能源科技企业孵化器有限公司	四级
691	北京睿博大正投资有限公司	四级
692	北京成泰房地产开发有限公司	四级
693	北京富饶房地产开发有限公司	四级

（续附表 2-7）

序号	企业名称	资质等级
694	海航(北京)物流有限公司	四级
695	北京嘉轩房地产开发有限公司	四级
696	北京青龙湖国际会展有限公司	四级
697	东方巴黎房地产开发(北京)有限公司	四级
698	北京利通房地产开发有限公司	四级
699	北京市金天企业发展公司	四级
700	北京银信兴业房地产开发有限公司	四级
701	北京新华联宏石商业地产有限公司	四级
702	北京大洋房地产开发有限公司	四级
703	北京东昱房地产开发有限公司	四级
704	北京长实东方置业有限公司	四级
705	北京太阳城房地产开发有限公司	四级
706	北京金隅置业有限公司	四级
707	北京正圆房地产开发有限公司	四级
708	北京金瑞通房地产开发有限公司	四级
709	北京中铁泰博房地产开发有限公司	四级
710	北京八方房地产开发有限公司	四级
711	鸿基伟业(北京)房地产开发有限公司	四级
712	北京三元德宏房地产开发有限公司	四级
713	北京天缘伟业房地产开发有限公司	四级
714	北京京发置业有限公司	四级
715	北京市东翔房地产开发有限责任公司	四级
716	北京兴海创业投资管理有限公司	四级
717	北京和盈置业有限公司	四级
718	北京天元广建房地产开发有限公司	四级
719	北京天街集团有限公司	四级
720	北京顺开房地产开发有限公司	四级
721	北京天方房地产开发有限责任公司	四级
722	北京鑫旺盛房地产开发有限公司	四级
723	北京华垣盛兴置业有限公司	四级
724	北京恒睿宏达房地产开发有限公司	四级
725	北京红金荣科技发展有限公司	四级
726	北京财富花园房地产开发有限公司	四级

（续附表 2-7）

序号	企业名称	资质等级
727	北京旭丰置业有限公司	四级
728	北京金唐天润置业发展有限公司	四级
729	北京中宸房地产开发有限公司	四级
730	北京世纪顺龙房地产开发有限公司	四级
731	北京世纪今创房地产开发有限公司	四级
732	北京永翌置业有限公司	四级
733	北京润诚嘉信置业有限公司	四级
734	北京星湖投资开发公司	四级
735	北京市圆梦园房地产开发有限公司	四级
736	北京市利锦荣房地产开发有限公司	四级
737	北京华润新镇置业有限责任公司	四级
738	中国航空集团建设开发有限公司	四级
739	北京市中盛兴建房地产开发有限公司	四级
740	北京和兴东华投资发展有限公司	四级
741	北京保利成房地产开发有限公司	四级
742	北京新航城控股有限公司	四级
743	北京润锦房地产开发有限公司	四级
744	北京大兴榆垡房地产开发有限责任公司	四级
745	中建新牧(北京)置业发展有限公司	四级
746	北京骏洋时代置业有限公司	四级
747	北京紫金世纪置业有限责任公司	四级
748	北京石龙经济开发区投资开发有限公司	四级
749	北京鸿安兴业房地产开发有限公司	四级
750	中期国际投资管理中心有限公司	四级
751	华润置地弘景(北京)房地产开发有限公司	四级
752	北京电控阳光房地产开发有限公司	四级
753	北京长赢企业汇投资有限公司	四级
754	永峰房地产开发有限公司	四级
755	北京融新创达投资开发有限公司	四级
756	北京鑫博泰来房地产开发有限公司	四级
757	北京市燕兴达房地产开发有限公司	四级
758	北京中加恒业房地产开发有限公司	四级
759	北京熠都房地产开发有限公司	四级

（续附表 2-7）

序号	企业名称	资质等级
760	北京峻成房地产开发有限责任公司	四级
761	北京市兴地房地产经营开发公司	四级
762	北京福源丽景房地产开发有限公司	四级
763	北京博大国盛投资有限公司	四级
764	北京首钢二通建设投资有限公司	四级
765	北京远奥置业有限公司	四级
766	北京远洋一品房地产开发有限公司	四级
767	北京龙鑫房地产开发集团有限公司	四级
768	北京三维筑建置业发展有限公司	四级
769	北京鑫隆源房地产开发有限公司	四级
770	绿地集团北京京坤置业有限公司	四级
771	北京城建兴合房地产开发有限公司	四级
772	北京冠海房地产有限公司	四级
773	北京同创顺达置业有限责任公司	四级
774	北京东方祥瑞置业有限公司	四级
775	北京富华乌兰房地产开发有限公司	四级
776	北京富力通达房地产开发有限公司	四级
777	北京绿地京瑞房地产开发有限公司	四级
778	北京嘉源京大房地产开发有限公司	四级
779	中赫置地投资控股有限公司	四级
780	北京三九建业房地产开发有限公司	四级
781	北京懋源鸿业房地产开发有限公司	四级
782	北京安华图房地产开发有限公司	四级
783	北京市都城物业发展有限公司	四级
784	北京宁科置业有限责任公司	四级
785	北京天福恒置业有限公司	四级
786	北京八通房地产开发有限公司	四级
787	北京聚源置业有限公司	四级
788	北京鼎湖房地产开发有限公司	四级
789	北京兆泽房地产开发有限责任公司	四级
790	北京市神州百戏文化产业有限公司	四级
791	北京京北双龙房地产开发有限公司	四级
792	北京世纪华盛时代科技文化发展有限公司	四级

（续附表 2-7）

序号	企业名称	资质等级
793	北京京顺房地产有限责任公司	四级
794	北京福发房地产开发有限公司	四级
795	北京顺景园房地产开发有限公司	四级
796	北京万顺达房地产开发有限公司	四级
797	北京东坝基础设施开发建设有限公司	四级
798	北京天泰兴业置业发展有限公司	四级
799	北京正华永旺房地产开发有限公司	四级
800	北京石开房地产开发有限公司	四级
801	北京未来科学城置地有限公司	四级
802	北京福星惠誉房地产有限公司	四级
803	北京恒安房地产开发有限公司	四级
804	北京大前门投资经营有限公司	四级
805	北京富愉房地产开发有限公司	四级
806	北京中关村生物医药产业投资发展有限公司	四级
807	中铁置业集团北京有限公司	四级
808	北京华侨城斋堂文旅发展有限公司	四级
809	北京创瑞祥安置业有限公司	四级
810	北京雨硕房地产开发有限公司	四级
811	北京京盛房屋建设开发总公司	四级
812	北京蓝天家园房地产开发有限公司	四级
813	北京金胜嘉谊房地产开发有限公司	四级
814	北京力天斯瑞国际投资集团有限公司	四级
815	北京绿都基础设施投资有限公司	四级
816	北京尚泰信华房地产开发有限公司	四级
817	北京龙湖时代置业有限公司	四级
818	北京丽泽金都置业有限公司	四级
819	北京金恒通房地产开发有限公司	四级
820	北京永安兴业房地产开发有限公司	四级
821	北京富通基业房地产有限责任公司	四级
822	北京慧华东方置业有限公司	四级
823	北京鹏辉房地产开发有限公司	四级
824	招商局地产(北京)有限公司	四级
825	北京大成房地产开发有限责任公司	四级

（续附表 2-7）

序号	企业名称	资质等级
826	北京古城房地产开发有限公司	四级
827	北京望京搜候房地产有限公司	四级
828	北京稻香四季房地产开发有限公司	四级
829	北京市永顺房地产开发有限公司	四级
830	密之云(北京)呼叫产业基地有限公司	四级
831	北京正华致远房地产投资有限公司	四级
832	北京金隅长阳嘉业房地产开发有限公司	四级
833	国奥韵兴置地有限公司	四级
834	北京中恒伟业房地产开发有限公司	四级
835	北京东兴联房地产开发有限责任公司	四级
836	北京中昂地产有限公司	四级
837	北京新京润房地产有限公司	四级
838	北京全营房地产开发有限公司	四级
839	北京远腾置业有限公司	四级
840	北京世纪华盛科技发展有限公司	四级
841	北京怡景城房地产开发有限公司	四级
842	北京兴业万发房地产开发有限公司	四级
843	北京昂内中天置业有限公司	四级
844	北京天石基业房地产开发有限公司	四级
845	北京优龙国际旅游度假村投资有限公司	四级
846	北京如日嘉和房地产开发有限公司	四级
847	北京千禧房地产开发有限公司	四级
848	北京金坤丽泽置业有限公司	四级
849	北京天安科创置业有限公司	四级
850	北京山水居房地产开发有限公司	四级
851	北京富华运通房地产开发有限公司	四级
852	北京龙洋房地产开发有限责任公司	四级
853	北京开元盛世房地产开发有限公司	四级
854	北京隆源建业房地产开发有限公司	四级
855	北京中农金房地产开发有限公司	四级
856	北京天润诚泽房地产开发有限公司	四级
857	北京汽车城投资管理有限公司	四级
858	北京中海豪景房地产开发有限公司	四级

（续附表 2-7）

序号	企业名称	资质等级
859	北京腾利达房地产开发经营有限公司	四级
860	北京九城进出口电子商务软件有限公司	四级
861	北京住总骏洋置业有限公司	四级
862	北京泰乐房地产开发有限公司	四级
863	北京东和伟业房地产开发有限公司	四级
864	北京润通鸿业房地产开发有限责任公司	四级
865	北京融科阳光房地产开发有限公司	四级
866	北京城奥置业有限公司	四级
867	北京中兴京澳房地产开发有限公司	四级
868	北京万霖房地产开发有限责任公司	四级
869	北京市云建房地产开发有限责任公司	四级
870	北京中关村延庆园建设发展有限公司	四级
871	北京古城兴业置业有限公司	四级
872	北京绿地京融房地产开发有限公司	四级
873	北京金地惠达房地产开发有限公司	四级
874	北京九鼎房地产开发有限责任公司	四级
875	北京兴泰吉成置业有限公司	四级
876	北京九源富春房地产开发有限公司	四级
877	北京市东升农工商总公司	四级
878	北京空港天瑞置业投资有限公司	四级
879	北京永源兴置业有限公司	四级
880	北京绿地京懋房地产开发有限公司	四级
881	北京市京环房地产开发公司	四级
882	北京天源房地产开发有限公司	四级
883	中铁房地产集团北京海丰置业有限公司	四级
884	北京恒成伟业房地产开发有限公司	四级
885	北京锦绣大地房地产开发有限公司	四级
886	北京斯贝兰房地产开发公司	四级
887	北京盟科置业有限公司	四级
888	北京香山麒麟健身休闲有限公司	四级
889	锋创科技发展(北京)有限公司	四级
890	北京市凯龙房地产开发有限公司	四级
891	北京新航城开发建设有限公司	四级

（续附表 2-7）

序号	企业名称	资质等级
892	北京玺萌置业有限公司	四级
893	北京博泰佳兴房地产开发有限公司	四级
894	北京亿来置业有限公司	四级
895	北京实创环保发展有限公司	四级
896	北京宏基源房地产开发有限公司	四级
897	北京国实置业有限公司	四级
898	鹏瑞利美融加五(北京)置业有限公司	四级
899	花万里投资(北京)有限公司	四级
900	英皇(北京)房地产开发有限公司	四级
901	北京金阳置业有限公司	四级
902	北京首政置业集团有限公司	四级
903	北京西都地产发展有限公司	四级
904	北京浩博基业房地产开发有限公司	四级
905	北京居业置业有限公司	四级
906	北京华风腾龙房地产开发有限公司	四级
907	北京兴荣基房地产开发有限公司	四级
908	北京金时代置业有限公司	四级
909	北京永乐花园发展有限公司	四级
910	北京紫都置业发展集团有限公司	四级
911	北京精功开拓投资开发有限公司	四级
912	北京国美商都建设开发有限公司	四级
913	北京紫金长宁房地产开发有限责任公司	四级
914	北京丰科建投资有限公司	四级
915	北京祥居房地产开发有限公司	四级
916	中建一局集团京西房地产开发建设有限公司	四级
917	北京仁和燕都房地产开发有限公司	四级
918	北京市花乡白盆窑房地产开发有限公司	四级
919	北京昊天万福房地产开发有限公司	四级
920	北京恒乐置业有限公司	四级
921	北京金嘉房地产开发有限公司	四级
922	北京创瑞华安置业有限公司	四级
923	北京旭辉顺欣置业有限公司	四级
924	北京天鸿铭基房地产开发有限公司	四级

（续附表 2-7）

序号	企业名称	资质等级
925	北京锦泰房地产开发有限公司	四级
926	华龙置业房地产开发有限公司	四级
927	北京振海房地产开发有限责任公司	四级
928	北京泽信地产有限公司	四级
929	北京广安融丰投资有限公司	四级
930	北京都市岳华房地产开发有限公司	四级
931	北京房开置业股份有限公司	四级
932	北京信远筑诚房地产开发有限公司	四级
933	北京方宏置业有限责任公司	四级
934	北京傲祺房地产开发集团有限公司	四级
935	北京昕启龙房地产开发有限公司	四级
936	北京德隆泰房地产开发有限公司	四级
937	北京鸿润成业房地产开发有限责任公司	四级
938	北京红石建外房地产开发有限公司	四级
939	北京东方太阳城房地产开发有限责任公司	四级
940	北京天创世缘房地产开发有限公司	四级
941	中关村医疗器械园有限公司	四级
942	北京泓源投资集团有限公司	四级
943	北京东海民德房地产开发有限公司	四级
944	北京上城永泰置业有限公司	四级
945	远大置业集团有限责任公司	四级
946	北京市瑞景园房地产开发有限公司	四级
947	北京中港国际房地产开发有限公司	四级
948	北京金丰置业有限公司	四级
949	北京市顺义大龙城乡建设开发总公司	四级
950	北京金地惠远房地产开发有限公司	四级
951	北京华融基础设施投资有限责任公司	四级
952	北京华正房地产开发有限公司	四级
953	北京未来科技城昌信置业有限公司	四级
954	北京万德兴业科技有限公司	四级
955	北京日兴房地产发展有限公司	四级
956	北京珠江华北置业有限公司	四级
957	北京诺升置业有限公司	四级

（续附表 2-7）

序号	企业名称	资质等级
958	北京龙湖兴顺置业有限公司	四级
959	北京天翔嘉业房地产开发有限公司	四级
960	北京兰格加华置业有限公司	四级
961	北京昆泰嘉豪房地产开发有限公司	四级
962	北京新兴联华房地产开发有限公司	四级
963	北京中关村生命科学园发展有限责任公司	四级
964	北京同创嘉业建设开发有限公司	四级
965	北京天梓翔房地产开发有限公司	四级
966	北京中信新城房地产有限公司	四级
967	北京武夷房地产开发有限公司	四级
968	北京市御水苑房地产开发有限责任公司	四级
969	北京建工长阳房地产开发有限公司	四级
970	绿地集团北京京凯置业有限公司	四级
971	北京东投置业有限公司	四级
972	北京古北水镇房地产开发有限公司	四级
973	北京市汇金益远投资有限公司	四级
974	北京新牧置业发展有限公司	四级
975	北京恒兴盛房地产开发有限公司	四级
976	北京峪秀瑞得房地产开发有限公司	四级
977	北京天洋基业投资有限公司	四级
978	北京华嬉云游文化产业有限公司	四级
979	北京建谊投资发展(集团)有限公司	四级
980	北京振兴亚北土地开发有限公司	四级
981	北京保利营房地产开发有限公司	四级
982	北京知泰房地产开发有限责任公司	四级
983	北京星火房地产开发有限责任公司	四级
984	北京融创嘉业房地产开发有限公司	四级
985	北京旭天恒置业有限公司	四级
986	北京铭锐通博社区服务有限公司	四级
987	北京天恒致远置业有限公司	四级
988	和记黄埔地产(北京朝阳)有限公司	四级
989	北京坤源房地产开发有限公司	四级
990	北京晟通置业发展有限公司	四级

（续附表 2-7）

序号	企业名称	资质等级
991	北京荣邦房地产开发有限责任公司	四级
992	金泰利置业（北京）有限公司	四级
993	北京正华永兴房地产开发有限公司	四级
994	北京绿地京创置业有限公司	四级
995	北京金建迪房地产开发有限公司	四级
996	北京钰苑房地产开发有限公司	四级
997	北京颐泉房地产开发有限公司	四级
998	中交四公局城市建设发展有限公司	四级
999	御马坊置业有限公司	四级
1000	北京智晟置业有限公司	四级
1001	北京双新硅谷科技发展有限公司	四级
1002	北京中泽林萃置业有限公司	四级
1003	北京中科创新置业有限公司	四级
1004	北京天安天地房地产开发有限公司	四级
1005	北京市公交房地产开发公司	四级
1006	北京龙熙顺景房地产开发有限责任公司	四级
1007	北京象地房地产开发有限公司	四级
1008	北京泰禾嘉盈房地产开发有限公司	四级
1009	北京正圆世嘉房地产开发有限公司	四级
1010	北京北方宏达房地产有限公司	四级
1011	北京常业盛景房地产开发有限公司	四级
1012	北京和骏投资有限责任公司	四级
1013	北京市怀东伟业房地产开发有限公司	四级
1014	中润信投（北京）房地产开发有限公司	四级
1015	北京恒星意达科技有限公司	四级
1016	北京兰华房地产开发有限公司	四级
1017	北京尚居置业有限公司	四级
1018	北京韩村河房地产开发有限公司	四级
1019	北京融科景元房地产开发有限公司	四级
1020	北京经开张湾置业有限公司	四级
1021	北京住总众邦地产有限公司	四级
1022	北京旭辉兴腾置业有限公司	四级
1023	北京银地房地产开发有限责任公司	四级

（续附表 2-7）

序号	企业名称	资质等级
1024	北京骐骥龙腾房地产开发有限公司	四级
1025	北京昊璟时代置业有限公司	四级
1026	北京实创科技园开发建设股份有限公司	四级
1027	北京万柳置业集团有限公司	四级
1028	北京龙德海威房地产开发中心	四级
1029	北京首创奥特莱斯房山置业有限公司	四级
1030	北京金海鸿业房地产开发有限公司	四级
1031	北京万科汇通置业有限公司	四级
1032	北京汇海昌房地产开发有限公司	四级
1033	北京安居住房股份有限公司	四级
1034	北京中鼎基业房地产开发有限公司	四级
1035	北京万城永辉置业有限公司	四级
1036	北京金都伟业房地产开发有限公司	四级
1037	北京京冠房地产开发有限公司	四级
1038	北京京雁置业有限责任公司	四级
1039	北京信远置业有限公司	四级
1040	北京利京置地房地产开发有限责任公司	四级
1041	北京远创置业有限公司	四级
1042	北京周口店投资有限公司	四级
1043	北京五矿万科置业有限公司	四级
1044	北京嘉铭房地产开发有限责任公司	四级
1045	北京市宛平房地产开发有限责任公司	四级
1046	北京歌华美创空港置业有限公司	四级
1047	北京华兴金谷科技有限公司	四级
1048	北京都市圣景房地产开发有限公司	四级
1049	正大侨商房地产开发有限公司	四级
1050	北京融科卓越房地产开发有限公司	四级
1051	北京正光房地产开发有限公司	四级
1052	北京通用时代房地产开发有限公司	四级
1053	北京城建胜茂房地产开发有限责任公司	四级
1054	北京怀胜青春广场置业有限公司	四级
1055	北京京泰鸿地产开发有限公司	四级
1056	北京博宏房地产开发有限公司	四级

（续附表 2-7）

序号	企业名称	资质等级
1057	北京首开晟安置业有限责任公司	四级
1058	北京烨庆房地产开发有限公司	四级
1059	北京望京新兴产业区综合开发有限公司	四级
1060	北京颢世中鸿科技发展有限公司	四级
1061	北京亿天龙房地产开发有限公司	四级
1062	北京建铭房地产开发有限公司	四级
1063	北京兴延置业有限公司	四级
1064	北京市八仙房地产开发有限责任公司	四级
1065	北京军建利司达房地产开发有限公司	四级
1066	北京中维泰禾房地产开发有限公司	四级
1067	北京博兴众业房地产开发有限公司	四级
1068	北京兴佰君泰房地产开发有限公司	四级
1069	北京石泰基础设施投资有限公司	四级
1070	北京尚都嘉业置业有限公司	四级
1071	北京住总绿都投资开发有限公司	四级
1072	北京爽利兴业房地产开发有限公司	四级
1073	北京国测顺祥置业有限公司	四级
1074	北京天银誉房地产开发有限公司	四级
1075	北京丰科建房地产开发有限公司	四级
1076	北京祥云世纪房地产开发有限公司	四级
1077	北京远新房地产开发有限公司	四级
1078	北京正成房地产开发有限责任公司	四级
1079	中谷置地置业(北京)有限公司	四级
1080	北京盛通绿色家园房地产开发有限公司	四级
1081	北京骏宇房地产开发有限公司	四级
1082	北京天圆祥泰置业有限公司	四级
1083	北京泰禾置业有限公司	四级
1084	北京中筑安居置业有限公司	四级
1085	北京京伯房地产开发有限公司	四级
1086	北京房地谊联置业有限公司	四级
1087	北京正和恒泰置业有限责任公司	四级
1088	北京市潮云房地产开发有限公司	四级
1089	北京东城区历史文化名城保护建设有限公司	四级

（续附表 2-7）

序号	企业名称	资质等级
1090	中国海洋置业有限公司	四级
1091	北京荣丰房地产开发有限公司	四级
1092	中铁建设集团北京佳景晟房地产有限公司	四级
1093	北京亚雄房地产开发有限公司	四级
1094	中信金盏(北京)投资有限公司	四级
1095	北京五河房地产开发有限公司	四级
1096	北京地铁置业有限公司	四级
1097	北京新松房地产开发有限公司	四级
1098	北京紫峰房地产开发有限公司	四级
1099	北京亮马置业有限公司	四级
1100	北京丰科致远置业有限公司	四级
1101	北京星泰建恒房地产开发有限公司	四级
1102	北京青龙湖建业投资有限公司	四级
1103	北京方兴葛洲坝房地产开发有限公司	四级
1104	北京富润万嘉房地产开发有限公司	四级
1105	北京东方长安房地产开发有限公司	四级
1106	北京嘉翼宸房地产开发有限责任公司	四级
1107	北京首开住总房地产开发有限公司	四级
1108	北京嘉富龙房地产开发有限公司	四级
1109	绿地集团北京京浩置业有限公司	四级
1110	北京万兆房地产开发有限公司	四级
1111	北京同马房地产开发有限公司	四级
1112	北京华富新业房地产开发有限公司	四级
1113	北京侨禧投资有限公司	四级
1114	北京庄胜房地产开发有限公司	四级
1115	北京农产品中央物流园有限公司	四级
1116	北京金天恒置业有限公司	四级
1117	北京良乡高教园区建设发展公司	四级
1118	北京中交兴昌置业有限公司	四级
1119	北京金隅房地置业有限公司	四级
1120	北京广厦富城置业有限公司	四级
1121	北京以太物业开发有限公司	四级
1122	北京京南住房开发有限责任公司	四级

（续附表 2-7）

序号	企业名称	资质等级
1123	北京正华永达房地产开发有限公司	四级
1124	北京复地通达置业有限公司	四级
1125	北京政兴房地产开发有限公司	四级
1126	北京宏顺兴房地产开发有限公司	四级
1127	北京市西郊腾飞房地产开发有限责任公司	四级
1128	北京宇达房地产开发有限公司	四级
1129	北京昂内亚太置业有限公司	四级
1130	北京兆泰集团股份有限公司	四级
1131	北京金石融景房地产开发有限公司	四级
1132	北京宝鸿天城房地产开发有限公司	四级
1133	北京京房为民置业有限公司	四级
1134	北京锦绣置业有限公司	四级
1135	北京市大苑天地房地产开发有限公司	四级
1136	北京金宝房地产开发有限公司	四级
1137	北京中天华瑞科技发展有限公司	四级
1138	北京精达房地产开发有限公司	四级
1139	北京首开中晟置业有限责任公司	四级
1140	北京庄维房地产开发有限责任公司	四级
1141	北京中城辉煌房地产开发有限公司	四级
1142	北京房地新城置业有限公司	四级
1143	北京开泰房地产开发有限公司	四级
1144	北京京茂房地产开发有限公司	四级
1145	北京坤鼎台铭投资管理有限公司	四级
1146	北京永辉博亚科技开发有限公司	四级
1147	北京盛华夏房地产开发有限公司	四级
1148	北京东方融新房地产开发有限责任公司	四级
1149	北京金房房地产开发有限公司	四级
1150	北京万瑞房地产开发有限公司	四级
1151	华润置地开发（北京）有限公司	四级
1152	富力（北京）地产开发有限公司	四级
1153	北京华智亨房地产开发有限公司	四级
1154	北京恒基世纪房地产开发有限公司	四级
1155	中国电子产业开发有限公司	四级

（续附表 2-7）

序号	企业名称	资质等级
1156	北京天城永元置业有限公司	四级
1157	北京龙湖置业有限公司	四级
1158	北京祥业房地产有限公司	四级
1159	北京屹泰房地产开发有限公司	四级
1160	北京东部绿城置业有限公司	四级
1161	北京子轶房地产开发有限公司	四级
1162	北京瑞坤置业有限责任公司	四级
1163	北京华大基业房地产开发有限责任公司	四级
1164	北京兴琦房地产开发有限公司	四级
1165	北京世纪开元房地产开发有限公司	四级
1166	首创天顺基础设施投资有限公司	四级
1167	中梁江洲房地产开发有限公司	四级
1168	北京富华长城房地产开发有限公司	四级
1169	北京金正东方置业有限公司	四级
1170	北京嘉云发房地产开发有限责任公司	四级
1171	北京鼎春德房地产开发有限公司	四级
1172	北京俊泰房地产开发有限公司	四级
1173	北京中联置地房地产开发有限公司	四级
1174	北京鸿发房地产开发有限公司	四级
1175	北京京能天泰房地产开发有限公司	四级
1176	北京北郊联合房地产开发有限公司	四级
1177	北京锦昊方圆置业有限公司	四级
1178	北京海城房地产开发集团有限公司	四级
1179	北京地业房地产开发有限公司	四级
1180	北京裕泽房地产开发有限责任公司	四级
1181	北京鑫丰物业发展有限公司	四级
1182	北京安顺园房地产开发有限公司	四级
1183	北京物美置地房地产开发有限公司	四级
1184	北京龙乡房地产开发有限责任公司	四级
1185	北京金通港房地产开发有限公司	四级
1186	北京首开晟馨房地产开发有限责任公司	四级
1187	北京天江通睿置业有限公司	四级
1188	北京星泰盛港置业有限公司	四级

（续附表 2-7）

序号	企业名称	资质等级
1189	金融街(北京)置业有限公司	四级
1190	北京绿地京城置业有限公司	四级
1191	北京恒帝隆房地产开发有限公司	四级
1192	北京金丰万晟置业有限公司	四级
1193	北京市民望房地产开发有限责任公司	四级
1194	北京鼎昌源房地产开发有限公司	四级
1195	北京朝来世纪房地产开发有限公司	四级
1196	北京广安融盛投资有限公司	四级
1197	北京冠德房地产开发有限责任公司	四级
1198	北京西潞东方投资管理有限公司	四级
1199	北京优达置业有限公司	四级
1200	北京宏城房地产开发有限公司	四级
1201	北京金汉房地产开发有限公司	四级
1202	北京北辰当代置业有限公司	四级
1203	保福(北京)科技园投资开发集团有限公司	四级
1204	北京天方世城房地产开发有限公司	四级
1205	北京大地城建房地产开发有限公司	四级
1206	北京祥筑房地产开发有限公司	四级
1207	北京津华通达房地产开发有限公司	四级
1208	北京万科东方置业有限公司	四级
1209	北京耀辉置业有限公司	四级
1210	北京石海兴业置业发展有限公司	四级
1211	北京博成房地产有限公司	四级
1212	北京医物园置业有限公司	四级
1213	北京强龙房地产开发有限公司	四级
1214	北京绿地京翰房地产开发有限公司	四级
1215	北京新安能置业有限公司	四级
1216	北京市京合房地产开发公司	四级
1217	北京中融物产有限责任公司	四级
1218	北京金科弘居置业有限公司	四级
1219	北京杰宝房地产开发有限责任公司	四级
1220	北京亚奥先科房地产开发有限公司	四级
1221	北京华松房地产开发有限责任公司	四级

（续附表 2-7）

序号	企业名称	资质等级
1222	北京新程愿景房地产开发有限公司	四级
1223	北京亚奥绿城房地产开发有限公司	四级
1224	北京广厦京都置业有限公司	四级
1225	北京恒龙置业有限公司	四级
1226	北京大旸置业房地产开发有限公司	四级
1227	北京云城华腾房地产开发有限责任公司	四级
1228	北京天成基业房地产开发有限公司	四级
1229	北京金丰科华房地产开发有限公司	四级
1230	北京宝苑房地产开发有限公司	四级
1231	北京鸿天泽房地产开发有限公司	四级
1232	北京旺晟房地产开发有限公司	四级
1233	北京京通天泰房地产开发有限公司	四级
1234	北京实力房地产开发有限公司	四级
1235	北京世纪光华房地产开发有限公司	四级
1236	北京方恒源阳房地产开发有限公司	四级
1237	中化方兴置业（北京）有限公司	四级
1238	北京马坊工业基础设施开发建设有限公司	四级
1239	鹏瑞利美融加三（北京）置业有限公司	四级
1240	北京世纪中珠置业有限公司	四级
1241	北京京西新远房地产经营开发有限公司	四级
1242	北京凯恒房地产有限公司	四级
1243	北京葛洲坝龙湖置业有限公司	四级
1244	北京观远房地产开发有限公司	四级
1245	北京市明瑛发展有限公司	四级
1246	宝联勇久（北京）工贸有限公司	四级
1247	北京新跃成投资有限公司	四级
1248	北京龙熙房地产开发有限责任公司	四级
1249	北京昌信回龙园别墅有限公司	四级
1250	北京金力达房地产开发有限公司	四级
1251	北京宣城金开房地产开发有限公司	四级
1252	北京京成远东房地产开发有限公司	四级
1253	北京首开万科和泰置业有限公司	四级
1254	北京华怡房地产开发有限公司	四级

（续附表 2-7）

序号	企业名称	资质等级
1255	北京新华联悦谷商业地产有限公司	四级
1256	北京嘉运金丰投资有限公司	四级
1257	北京温阳昊业房地产开发有限公司	四级
1258	北京昌基鸿业房地产开发有限公司	四级
1259	北京首农供应链管理有限公司	四级
1260	北京惠通华远国际会展中心有限公司	四级
1261	北京天恒正合置业有限公司	四级
1262	北京承乾房地产开发有限责任公司	四级
1263	北京星宝宏房地产开发有限公司	四级
1264	北京丰业房地产开发有限公司	四级
1265	北京嘉逸置业有限公司	四级
1266	北京合景房地产开发有限公司	四级
1267	北京中铁东兴房地产开发有限公司	四级
1268	北京理想产业发展集团有限公司	四级
1269	北京东洲房地产开发有限公司	四级
1270	北京大地林肯房地产开发有限公司	四级
1271	北京兆北中恒房地产开发有限公司	四级
1272	北京兴广厦房地产开发有限责任公司	四级
1273	北京保利通房地产开发有限公司	四级
1274	北京创合丰威房地产开发有限公司	四级
1275	北京宁昌房地产开发有限公司	四级
1276	北京宏泰房地产开发有限公司	四级
1277	北京市大龙伟业房地产开发股份有限公司	四级
1278	北京金瑞房地产开发有限公司	四级
1279	北京远豪置业有限公司	四级
1280	北京远联置地房地产开发有限公司	四级
1281	北京瑞丰恒泰房地产开发有限公司	四级
1282	北京方泽融坤投资发展有限公司	四级
1283	北京运达通汇文化产业有限公司	四级
1284	北京山语湖房地产开发有限公司	四级
1285	北京市燕顺保障性住房投资有限公司	四级
1286	北京山天置业有限公司	四级
1287	北京军凯房地产开发有限公司	四级

（续附表 2-7）

序号	企业名称	资质等级
1288	北京正鹏房地产开发有限公司	四级
1289	北京骏洋房地产开发有限公司	四级
1290	北京中佰龙置业有限公司	四级
1291	北京凤翔房地产开发有限公司	四级
1292	北京融创兴业地产有限公司	四级
1293	北京万联中天房地产开发有限公司	四级
1294	北京万亨房地产开发有限公司	四级
1295	北京茂丰置业有限公司	四级
1296	北京歌华美文置业有限公司	四级
1297	北京华瑞兴业房地产开发有限公司	四级
1298	北京万通龙山天地置业有限公司	四级
1299	北京麦金利房地产开发有限公司	四级
1300	北京宝星置业有限公司	四级
1301	北京城建正裕达房地产开发有限公司	四级
1302	中铁建置业有限公司	四级
1303	北京广明兴华房地产开发有限公司	四级
1304	北京未来科学城昌融置业有限公司	四级
1305	北京保达房地产开发有限公司	四级
1306	北京泰禾嘉兴房地产开发有限公司	四级
1307	北京兴创中和房地产开发有限公司	四级
1308	北京正华永欣房地产开发有限公司	四级
1309	北京市富源恒达科技有限公司	四级
1310	北京达义兴业房地产开发有限公司	四级
1311	北京首都机场房地产有限公司	四级
1312	北京龙泽源置业有限公司	四级
1313	北京兴联安置业有限公司	四级
1314	北京恒旭房地产开发有限公司	四级
1315	北京中北长城房地产开发有限公司	四级
1316	北京市朝阳万科房地产开发有限公司	四级
1317	北京天翌房地产开发有限责任公司	四级
1318	北京启迪和谐投资发展有限公司	四级
1319	北京汇超房地产开发有限公司	四级
1320	北京硕日新宇投资有限公司	四级

（续附表 2-7）

序号	企业名称	资质等级
1321	北京世纪华侨城实业有限公司	四级
1322	北京轻工房地产开发有限公司	四级
1323	北京融创恒裕地产有限公司	四级
1324	北京中诚信房地产开发有限公司	四级
1325	北京绿洲园房地产开发有限责任公司	四级
1326	北京慧友房地产开发有限责任公司	四级
1327	北京天正中广北苑置业有限公司	四级
1328	北京龙腾投资开发有限责任公司	四级
1329	北京鸿基世业房地产开发有限公司	四级
1330	北京夏都融侨贸易有限公司	四级
1331	北京九城软件有限公司	四级
1332	中贸置业有限公司	四级
1333	民福置业集团有限公司	四级
1334	北京中商房地产开发有限公司	四级
1335	北京兴泉置业开发建设有限公司	四级
1336	北京胜策房地产开发有限公司	四级
1337	北京黄海房地产开发有限公司	四级
1338	北京坤佳瑞房地产开发有限公司	四级
1339	北京龙湖京佰置业有限公司	四级
1340	北京玉亭房地产开发有限公司	四级
1341	北京朝方科技发展有限公司	四级
1342	北京文华盛达房地产开发有限公司	四级
1343	北京水木天成房地产开发有限责任公司	四级
1344	北京中长合源置业有限公司	四级
1345	北京三海房地产开发有限责任公司	四级
1346	北京太极人居置业有限公司	四级
1347	北京夏都房地产开发有限公司	四级
1348	北京祥瑞城建设开发有限公司	四级
1349	北京丽泽金都开发建设有限公司	四级
1350	北京科源房地产开发有限公司	四级
1351	北京中筑乐融置业有限公司	四级
1352	北京富阳物业发展有限责任公司	四级
1353	北京金合置地房地产开发有限公司	四级

（续附表 2-7）

序号	企业名称	资质等级
1354	北京航投置业有限公司	四级
1355	北京菜篮子集团有限公司	四级
1356	北京鑫拓房地产开发有限公司	四级
1357	北京龙泉恒毅建筑工程有限责任公司	四级
1358	北京创意西山投资有限公司	四级
1359	北京万湖房地产开发有限公司	四级
1360	北京东环望京房地产有限公司	四级
1361	北京昌业房地产开发有限公司	四级
1362	北京市迈宇房地产开发有限公司	四级
1363	北京同创金龙置业有限公司	四级
1364	北京中维房地产开发有限公司	四级
1365	北京兆通置地集团股份有限公司	四级
1366	北京金隅成业房地产开发有限公司	四级
1367	北京南宫恒业房地产开发有限公司	四级
1368	北京仟禧为民置业有限责任公司	四级
1369	北京新通致远房地产开发有限公司	四级
1370	北京大成昌润置业有限公司	四级
1371	北京华凡地产集团有限责任公司	四级
1372	北京搜候房地产有限责任公司	四级
1373	北京华汇房地产开发中心	四级
1374	北京慧眼置业有限公司	四级
1375	北京江南绿城房地产开发有限公司	四级
1376	北京绿州博园投资有限公司	四级
1377	北京中顺德房地产开发有限公司	四级
1378	北京亚之杰置业房地产开发有限公司	四级
1379	北京市亘各庄资产运营管理有限公司	四级
1380	北京良乡城市建设开发有限公司	四级
1381	北京国宾花园房地产开发有限责任公司	四级
1382	北京金融街奕兴置业有限公司	四级
1383	北京珠江中天和置业有限公司	四级
1384	北京卓丰投资有限公司	四级
1385	北京中关村丰台园道丰科技商务园建设发展有限公司	四级
1386	北京丰联房地产开发经营有限公司	四级

（续附表 2-7）

序号	企业名称	资质等级
1387	北京广盈房地产开发有限公司	四级
1388	北京城建集团有限责任公司	四级
1389	北京三元置业有限公司	四级
1390	北京福泉投资有限公司	四级
1391	北京晟世达房地产开发有限公司	四级
1392	北京崇裕房产开发有限公司	四级
1393	北京京鑫置业有限公司	四级
1394	北京富兴金地置业有限公司	四级
1395	北京市看丹投资管理中心	四级
1396	北京天恒乐活城置业有限公司	四级
1397	北京拱辰兴业房地产开发有限公司	四级
1398	北京空港富视国际房地产投资有限公司	四级
1399	北京世纪正源房地产开发有限公司	四级
1400	北京华诚达房地产开发有限公司	四级
1401	北京市小井房地产开发有限责任公司	四级
1402	北京百环房地产实业有限公司	四级
1403	北京远山置业有限公司	四级
1404	北京新铭房地产开发有限公司	四级
1405	北京世园投资发展有限责任公司	四级
1406	北京市乾景百合房地产开发有限公司	四级
1407	北京瑞和房地产开发有限责任公司	四级
1408	北京银座合智房地产开发有限公司	四级
1409	北京市碧桂园房地产开发有限公司	四级
1410	北京百思特迅安房地产开发有限公司	四级
1411	北京景欣世纪房地产开发有限公司	四级
1412	北京功成科技投资有限公司	四级
1413	北京城建天麓房地产开发有限公司	四级
1414	瑞云云计算研发建设有限公司	四级
1415	北京复鑫置业有限公司	四级
1416	中航投资大厦置业有限公司	四级
1417	国奥投资发展有限公司	四级
1418	北京恒亿盛世酒业有限公司	四级
1419	北京中言房地产开发有限公司	四级

（续附表 2-7）

序号	企业名称	资质等级
1420	北京怡海花园房地产开发有限公司	四级
1421	北京华润曙光房地产开发有限公司	四级
1422	北京五棵松文化体育中心有限公司	四级
1423	国寿远通置业有限公司	四级
1424	北京燕房新城投资有限公司	四级
1425	北京东方融成房地产开发有限责任公司	四级
1426	北京首开中阳政泰置业有限公司	四级
1427	北京信息基础设施建设股份有限公司	四级
1428	北京绿岛置业房地产开发有限公司	四级
1429	北京罗顿沙河建设发展有限公司	四级
1430	北京新纪房地产开发有限责任公司	四级
1431	北京万年长兴置业有限责任公司	四级
1432	北京首创阳光房地产有限责任公司	四级
1433	北京裕顺通房地产开发有限公司	四级
1434	北京房开创意港投资有限公司	四级
1435	北京天海房地产开发有限公司	四级
1436	北京华宇天宏置业有限公司	四级
1437	北京歌华美华置业有限公司	四级
1438	北京京泰德诚房地产开发有限公司	四级
1439	北京东方瑞达房地产开发有限公司	四级
1440	北京北建陆港国际物流有限公司	四级
1441	北京俊华房地产开发有限公司	四级
1442	中铁房地产集团北方有限公司	四级
1443	北京大本营房地产开发有限责任公司	四级
1444	北京宏展投资管理有限公司	四级
1445	长青有限公司	四级
1446	北京金贸置地房地产开发有限公司	四级
1447	北京小红门房地产开发有限责任公司	四级
1448	北京万筑房地产开发有限责任公司	四级
1449	北京长河金梦圆房地产开发有限公司	四级
1450	北京宏华伟业房地产开发有限公司	四级
1451	北京梓韵房地产开发有限公司	四级
1452	北京密狮房地产开发有限责任公司	四级

（续附表 2-7）

序号	企业名称	资质等级
1453	北京东福房地产开发有限公司	四级
1454	北京金隅朝新天地置业有限公司	四级
1455	北京亦展置业有限公司	四级
1456	北京宜化恒业科技发展有限公司	四级
1457	北京首开天成房地产开发有限公司	四级
1458	北京田家园新城房地产开发有限公司	四级
1459	北京悦恒置业有限公司	四级
1460	北京上地房地产开发有限责任公司	四级
1461	北京一方房地产开发有限公司	四级
1462	北京顺苑房地产开发有限公司	四级
1463	北京兴都房地产开发有限公司	四级
1464	北京檀营房地产开发有限公司	四级
1465	北京新世界华美房地产开发有限公司	四级
1466	北京宏济创业房地产开发有限公司	四级
1467	北京大东钰城置业有限公司	四级
1468	华润置地禄源（北京）房地产开发有限公司	四级
1469	北京春晖园文化娱乐有限责任公司	四级
1470	北京悦居盛景房地产开发有限公司	四级
1471	北京中铁华升置业有限公司	四级
1472	北京市华泰房地产经营开发公司	四级
1473	北京鑫一德房地产开发有限公司	四级
1474	北京五和万科房地产开发有限公司	四级
1475	北京住总万科房地产开发有限公司	四级
1476	北京万毓房地产开发有限公司	四级
1477	北京中弘弘庆房地产开发有限公司	四级
1478	国能置业有限公司	四级
1479	北京泰禾房地产开发有限公司	四级
1480	北京东亚信安国际会展中心有限公司	四级
1481	北京中蓝置业有限公司	四级
1482	北京天盛元景房地产开发有限公司	四级
1483	北京斋城置业有限公司	四级
1484	北京泰格经济开发公司	四级
1485	北京庄兴房地产开发有限公司	四级

（续附表 2-7）

序号	企业名称	资质等级
1486	北京沙河恒大置业有限公司	四级
1487	北京丰裕房地产开发有限公司	四级
1488	北京元邑房地产开发有限责任公司	四级
1489	北京鑫阳房地产开发有限公司	四级
1490	北京鸿坤新业房地产开发有限公司	四级
1491	北京大宗房地产开发有限公司	四级
1492	北京祥辉房地产开发有限公司	四级
1493	北京远恒置业有限公司	四级
1494	北京山石房地产有限责任公司	四级
1495	北京东宝融坤置业有限公司	四级
1496	北京通惠房地产开发有限责任公司	四级
1497	北京泓恩房地产开发有限责任公司	四级
1498	北京方恒集团有限公司	四级
1499	北京联东金平投资管理有限公司	四级
1500	北京京洋房地产开发有限公司	四级
1501	北京香山双新房地产有限公司	四级
1502	北京幸福汇置业有限公司	四级
1503	北京京辰房地产开发有限公司	四级
1504	北京金龙永辉置业有限公司	四级
1505	北京京大昆仑房地产开发有限公司	四级
1506	北京宝龙蓝德房地产开发有限公司	四级
1507	北京仟禧创新投资管理集团有限公司	四级
1508	北京恒昌房地产开发有限公司	四级
1509	北京西矿建设有限公司	四级
1510	北京东方华建房地产开发有限公司	四级
1511	北京珠光御景房地产开发有限公司	四级
1512	北京天竺万科房地产开发有限公司	四级
1513	北京宇丰房地产开发有限责任公司	四级
1514	北京金和万盛房地产开发有限公司	四级
1515	北京五和万科置业有限公司	四级
1516	北京兆福房地产开发有限公司	四级
1517	北京昱通房地产开发有限公司	四级
1518	北京丰泰新房地产开发有限责任公司	四级

（续附表 2-7）

序号	企业名称	资质等级
1519	鹏瑞利美融加四（北京）置业有限公司	四级
1520	北京顺桥房地产开发有限公司	四级
1521	北京市玉龙吉胜房地产开发有限公司	四级
1522	中矿宏业锦泰（北京）房地产开发有限公司	四级
1523	北京安泰兴业置业有限公司	四级
1524	北京首伦房地产开发有限公司	四级
1525	北京盛达房地产开发有限公司	四级
1526	北京中冶名祥置业有限公司	四级
1527	北京建工四建房地产开发有限公司	四级
1528	北京博润嘉业房地产开发有限公司	四级
1529	北京京润房地产有限公司	四级
1530	北京鹏程房地产开发有限公司	四级
1531	北京东方梅地亚置业有限公司	四级
1532	北京潞城建设开发有限公司	四级
1533	北京联港置业有限公司	四级
1534	北京林河工业开发有限公司	四级
1535	北京金马四方房地产开发有限公司	四级
1536	北京草堂置业有限公司	四级
1537	北京凯瑞房地产开发有限公司	四级
1538	北京万信房地产开发有限公司	四级
1539	北京东方旺盛置业有限公司	四级
1540	北京天台山房地产开发有限公司	四级
1541	北京空港亿兆地产开发有限公司	四级
1542	山水文园凯湖房地产开发有限公司	四级
1543	北京丽辉房地产开发有限公司	四级
1544	北京兴昌达博房地产开发有限公司	四级
1545	北京运兴房地产开发有限公司	四级
1546	北京紫霞房地产开发有限公司	四级
1547	北京中冶京诚置业有限公司	四级
1548	北京荟宏房地产开发有限责任公司	四级
1549	北京绿福缘房地产开发有限公司	四级
1550	北京远盛置业有限公司	四级
1551	北京房地鑫洋房地产开发有限公司	四级

（续附表 2-7）

序号	企业名称	资质等级
1552	北京城建兴瑞置业开发有限公司	四级
1553	北京永利信丰房地产开发有限公司	四级
1554	北京聚名汇房地产开发有限公司	四级
1555	北京金水房地产开发有限公司	四级
1556	北京正宏众创房地产开发有限公司	四级
1557	北京振兴华房地产开发有限公司	四级
1558	北京云海房地产开发有限公司	四级
1559	北京市聚鑫城房地产开发有限责任公司	四级
1560	北京渔阳房地产开发有限公司	四级
1561	北京世博宏业房地产开发有限公司	四级
1562	北京玉泉房地产开发中心	四级
1563	北京宏东房地产开发有限公司	四级
1564	北京杨镇房地产开发有限责任公司	四级
1565	北京未来科技城润昌置业有限公司	四级
1566	北京富国基业房地产开发有限公司	四级
1567	北京汇江亨通房地产开发有限责任公司	四级
1568	北京鑫红海房地产开发有限公司	四级
1569	北京富源盛达房地产开发有限公司	四级
1570	北京祥业万科房地产开发有限公司	四级
1571	北京广安融达置业有限公司	四级
1572	北京中海金石房地产开发有限公司	四级
1573	凤凰东方（北京）置业有限公司	四级
1574	北京联创盛业房地产开发有限公司	四级
1575	中电建西元（北京）房地产开发有限公司	四级
1576	北京首开万科置业有限公司	四级
1577	北京南湖花园公寓有限公司	四级
1578	北京今典鸿运房地产开发有限公司	四级
1579	北京中信新城逸海房地产开发有限公司	四级
1580	北京中集宏达房地产开发有限公司	四级
1581	北京市天鸿基业房地产开发有限公司	四级
1582	北京黄金实业有限公司	四级
1583	北京华恒业房地产开发有限公司	四级
1584	北京绿城中交房地产开发有限公司	四级

（续附表 2-7）

序号	企业名称	资质等级
1585	北京海赋兴业房地产开发有限公司	四级
1586	北京天时房地产开发有限公司	四级
1587	中国通用新兴地产有限公司	四级
1588	北京天美佳烨房地产开发有限公司	四级
1589	北京未来博海花园置业有限公司	四级
1590	北京地源达房地产开发有限公司	四级
1591	北京京汉邦信置业有限公司	四级
1592	明发集团北京房地产开发有限公司	四级
1593	北京城建长泰房地产开发有限责任公司	四级
1594	北京韩建运潮林海置业有限公司	四级
1595	北京宝驰通置业有限公司	四级
1596	北京北大资源产业发展有限公司	四级
1597	北京阳光融和置业有限公司	四级
1598	北京广利腾辉房地产开发有限公司	四级
1599	北京皇都房地产开发有限公司	四级
1600	北京鸿博万福投资管理有限公司	四级
1601	北京市方圆房地产开发有限责任公司	四级
1602	北京富源通房地产开发有限责任公司	四级
1603	北京珠江温泉房地产开发有限公司	四级
1604	北京运潮和房地产开发有限公司	四级
1605	北京中腾房地产开发有限公司	四级
1606	北京天相房地产开发有限公司	四级
1607	北京城建东华房地产开发有限责任公司	四级
1608	北京泰达立行置业投资有限公司	四级
1609	北京世纪泰丰国际会展中心有限公司	四级
1610	北京泰斗通房地产开发有限公司	四级
1611	北京新康房地产发展有限公司	四级
1612	北京光谷科技园开发建设有限公司	四级
1613	北京鑫麒置业有限公司	四级
1614	北京锦绣大地农业股份有限公司	四级
1615	北京龙熙丽景房地产开发有限公司	四级
1616	北京天喜陆恒房地产开发有限公司	四级
1617	北京星华蓝光置业有限公司	四级

（续附表2-7）

序号	企业名称	资质等级
1618	鹏瑞利美融加一(北京)置业有限公司	四级
1619	北京博源包装制品有限公司	四级
1620	北京鎏庄房地产开发有限公司	四级
1621	中经茂国际房地产开发有限公司	四级
1622	北京鸿坤理想投资管理有限公司	四级
1623	北京世颂房地产开发有限公司	四级
1624	北京城建万科天运置业有限公司	四级
1625	北京保利首开兴泰置业有限公司	四级
1626	北京东亚信中国际会展中心有限公司	四级
1627	北京天润同泰置业有限公司	四级
1628	北京金隅万科房地产开发有限公司	四级
1629	北京建都置地房地产开发有限公司	四级
1630	北京市丰台区综合投资集团有限公司	四级
1631	北京伟特房地产开发有限公司	四级
1632	北京政华恒信投资有限公司	四级
1633	北京奕环天和置业有限公司	四级
1634	北京中实鸿安房地产有限责任公司	四级
1635	北京华中园房地产开发有限公司	四级
1636	北京靖夏仲清房地产开发有限公司	四级
1637	北京宇盛宏利房地产开发有限公司	四级
1638	北京丹霞房地产开发有限公司	四级
1639	北京实地房地产开发有限责任公司	四级
1640	北京兴展宏业投资有限公司	四级
1641	北京西郊悦居房地产开发有限责任公司	四级
1642	北京新博城房地产开发有限公司	四级
1643	北京房开韩建置业有限公司	四级
1644	北京兴展房地产开发有限公司	四级
1645	北京隆通房地产开发有限责任公司	四级
1646	北京北大创业园有限公司	四级
1647	北京骏达房地产开发有限公司	四级
1648	北京首创中北基础设施投资有限公司	四级
1649	北京富华东方房地产开发有限公司	四级
1650	北京中赫万柳投资管理有限公司	四级

(续附表 2-7)

序号	企业名称	资质等级
1651	北京佳永欣房地产开发有限公司	四级
1652	北京中天万达房地产开发有限公司	四级
1653	北京德顺富兴投资有限公司	四级
1654	北京翰达金晟置业有限公司	四级
1655	北京德福祥房地产开发有限公司	四级
1656	北京中铁悦诚投资管理有限公司	四级
1657	北京金兰甫房地产开发有限公司	四级
1658	北京东润投资集团有限公司	四级
1659	北京泰禾嘉信房地产开发有限公司	四级
1660	北京中航油置业有限公司	四级
1661	北京京城置地有限公司	四级
1662	北京花乡联丰房地产开发中心	四级
1663	北京蓬莱房地产开发中心	四级
1664	北京建安经营开发有限公司	四级
1665	北京五方嘉和房地产开发有限公司	四级
1666	北京中天恒远房地产开发有限公司	四级
1667	北京兴昌高科技发展有限公司	四级
1668	北京金地兴业房地产有限公司	四级
1669	联合置地房地产开发有限公司	四级
1670	北京市庄宇房地产开发有限公司	四级
1671	北京新城基业投资发展有限公司	四级
1672	北京京投万科房地产开发有限公司	四级
1673	北京首特钢园区开发经营有限公司	四级
1674	北京锦秋知春房地产开发有限公司	四级
1675	北京中海新城置业有限公司	四级
1676	北京城投地下空间开发建设有限公司	四级
1677	北京勤和房地产开发有限公司	四级
1678	北京润地置业有限公司	四级
1679	德润房地产开发集团有限公司	四级
1680	北京天正中广置业有限公司	四级
1681	北京熹泰房地产开发有限公司	四级
1682	北京强佑房地产开发有限公司	四级
1683	北京京西百灵房地产开发有限公司	四级

（续附表 2-7）

序号	企业名称	资质等级
1684	北京慧诚房地产开发有限公司	四级
1685	北京绿地京宏置业有限公司	四级
1686	北京华冠房地产开发有限公司	四级
1687	中建京西建设发展有限公司	四级
1688	北京恒银房地产开发有限公司	四级
1689	北京安苑住房股份有限公司	四级
1690	北京鑫地盛源房地产开发有限公司	四级
1691	北京万通龙山置业有限公司	四级
1692	北京林河景盛房地产开发有限公司	四级
1693	北京旷怡园房地产有限公司	四级
1694	北京太和保兴房地产开发有限公司	四级
1695	北京硕和房地产开发有限公司	四级
1696	北京京香伟业房地产开发公司	四级
1697	北京姚家园特易购置业有限公司	四级
1698	北京国际建设集团有限公司	四级
1699	北京青松房地产开发有限公司	四级
1700	北京金缔园房地产开发有限公司	四级
1701	北京华富金宝房地产开发有限公司	四级
1702	北京天竺万科置业有限公司	四级
1703	北京北辰房地产开发股份有限公司	四级
1704	北京中关村国际种业科技有限公司	四级
1705	北京京投瀛德置业有限公司	四级
1706	北京舜禹工贸有限责任公司	四级
1707	北京国韵置业有限责任公司	四级
1708	北京金科纳帕置业有限公司	四级
1709	北京城建兴胜房地产开发有限公司	四级
1710	北京东方阳光房地产开发有限公司	四级
1711	北京众智房地产开发有限公司	四级
1712	北京京西景荣置业有限公司	四级
1713	北京潞河房地产开发有限公司	四级
1714	北京广恒房地产开发有限责任公司	四级
1715	北京绿林双泉房地产开发有限公司	四级
1716	北京晓松房地产开发有限公司	四级

（续附表 2-7）

序号	企业名称	资质等级
1717	北京君龙达星房地产开发有限公司	四级
1718	北京裕发嘉瑞投资有限公司	四级
1719	北京金唐博国置业发展有限公司	四级
1720	北京东安恒新房地产开发有限公司	四级
1721	北京中维泰禾置业有限公司	四级
1722	北京宏利房地产开发有限公司	四级
1723	北京中铁华兴房地产开发有限公司	四级
1724	北京致泰房地产开发有限公司	四级
1725	北京三峡大厦房地产有限公司	四级
1726	北京宋庄文化创意产业集聚区投资开发有限公司	四级
1727	北京营基房地产开发有限公司	四级
1728	北京金源时代房地产开发有限公司	四级
1729	北京京粮置业有限公司	四级
1730	北京嘉德创展房地产开发有限责任公司	四级
1731	北京太阳宫房地产开发有限公司	四级
1732	北京昊华房地产开发有限公司	四级
1733	北京龙建诚信房地产开发有限公司	四级
1734	北京房地天锐鑫洋房地产开发有限公司	四级
1735	北京东方地景房地产开发有限公司	四级
1736	北京中阳奥华国际房地产有限公司	四级
1737	北京宝晟住房股份有限公司	四级
1738	北京法政实业集团有限公司	四级
1739	北京电子城投资开发集团股份有限公司	四级
1740	北京新天麓房地产开发有限公司	四级
1741	北京天智盈置业有限公司	四级
1742	北京富景文化旅游开发有限责任公司	四级
1743	北京科技园文化教育建设有限公司	四级
1744	北京融创嘉信房地产开发有限公司	四级
1745	北京姜庄湖园林别墅开发有限公司	四级
1746	北京绿地京驰置业有限公司	四级
1747	北京冠城正业房地产开发有限公司	四级
1748	北京天海顺工程公司	四级
1749	北京盛弘基房地产开发有限责任公司	四级

（续附表 2-7）

序号	企业名称	资质等级
1750	北京鸿祥兴泰房地产开发有限公司	四级
1751	北京万年基业长阳置业有限公司	四级
1752	北京朗泰房地产开发有限公司	四级
1753	北京新都致远房地产开发有限公司	四级
1754	北京新唐兴业地产有限公司	四级
1755	北京裕发房地产开发有限公司	四级
1756	北京宝成置业有限责任公司	四级
1757	北京兴业盈富房地产开发有限公司	四级
1758	北京朝来绿色家园房地产开发有限公司	四级
1759	北京中信房地产有限公司	四级
1760	北京中天顺通房地产开发有限公司	四级
1761	北京国门金桥置业有限公司	四级
1762	北京国轩房地产开发有限公司	四级
1763	北京首开保利仁泰置业有限公司	四级
1764	北京樊家村鼎业房地产开发有限公司	四级
1765	北京旭科置业有限公司	四级
1766	北京新城兴业房地产开发有限公司	四级
1767	北京金融街奕兴天宫置业有限公司	四级
1768	北京贵佳茂置业有限公司	四级
1769	北京首开荣泰置业有限公司	四级
1770	北京琅昊勃域房地产开发有限公司	四级
1771	北京宝业恒基投资有限公司	四级
1772	北京首侨创新置业有限公司	四级
1773	绿地集团北京京纬置业有限公司	四级
1774	北京圣运通达房地产开发有限公司	四级
1775	北京德成置地房地产开发有限公司	四级
1776	北京市宏远置业房地产开发有限公司	四级
1777	北京都城置业有限公司	四级
1778	北京睿豪荣通房地产开发有限公司	四级
1779	北京市西达房地产开发有限责任公司	四级
1780	北京京朝房地产开发有限公司	四级
1781	北京诚通华亿房地产有限公司	四级
1782	北京旭弘旺业房地产开发有限公司	四级

（续附表 2-7）

序号	企业名称	资质等级
1783	北京东方康泰房地产开发经营有限责任公司	四级
1784	北京远通房地产开发有限公司	四级
1785	北京盛业房地产开发有限公司	四级
1786	北京亦庄博润置业有限公司	四级
1787	北京华阳房地产发展有限责任公司	四级
1788	北京联成房地产开发有限公司	四级
1789	北京鼎轩基业科技发展有限公司	四级
1790	北京利星房地产开发有限公司	四级
1791	北京东银燕华置业有限公司	四级
1792	北京西山产业投资有限公司	四级
1793	北京旭辉当代置业有限公司	四级
1794	北京宝华地产有限公司	四级
1795	北京正德兴合房地产开发有限公司	四级
1796	北京盛世兆业房地产开发有限责任公司	四级
1797	北京京投新兴投资有限公司	四级
1798	北京隆华广厦房地产开发有限公司	四级
1799	北京红石新城房地产有限公司	四级
1800	北京九合创业房地产开发有限公司	四级
1801	北京金地融侨房地产开发有限公司	四级
1802	北京沃坤经城投资有限公司	四级
1803	北京天民房地产开发有限公司	四级
1804	北京华恩房地产开发有限公司	四级
1805	北京和信凯迪房地产开发有限公司	四级
1806	北京唯逸房地产开发有限公司	四级
1807	北京益凯优置业有限公司	四级
1808	北京森润房地产开发有限公司	四级
1809	北京通润博园房地产开发有限公司	四级
1810	北京中天富通房地产开发有限公司	四级
1811	北京联星房地产开发有限责任公司	四级
1812	北京红石实业有限责任公司	四级
1813	北京尊宝成置业有限公司	四级
1814	北京创辉房地产开发有限公司	四级
1815	北京市欣达园房地产开发有限公司	四级

（续附表 2-7）

序号	企业名称	资质等级
1816	北京温碧源住宅有限公司	四级
1817	北京经开光谷置业有限公司	四级
1818	北京方兴融创房地产开发有限公司	四级
1819	北京中粮万科房地产开发有限公司	四级
1820	北京柏基置业有限公司	四级
1821	北京世纪城市房地产开发有限公司	四级
1822	北京通州商务园开发建设有限公司	四级
1823	北京首开住总安泰置业有限公司	四级
1824	北京名都房地产开发有限公司	四级
1825	北京新崇基置业有限公司	四级
1826	北京通盈房地产开发有限公司	四级
1827	北京市华强奇苑房地产开发有限责任公司	四级
1828	北京全程房地产开发有限公司	四级
1829	北京碧水源房地产开发有限公司	四级
1830	北京丰益房地产开发有限公司	四级
1831	北京兴园置业发展有限公司	四级
1832	北京富华运河房地产开发有限公司	四级
1833	北京融辉置业有限公司	四级
1834	北京春光伟业置业有限公司	四级
1835	北京天正海高房地产开发有限公司	四级
1836	北京天劲房地产开发有限公司	四级
1837	北京原创住业房地产开发有限公司	四级
1838	北京友泰房地产开发有限公司	四级
1839	北京新丰泰博奥商贸有限责任公司	四级
1840	北京国伦房地产开发有限公司	四级
1841	北京建房房地产开发有限公司	四级
1842	北京顺建房地产开发有限公司	四级
1843	北京楠溪房地产开发有限公司	四级
1844	北京新凯恒房地产有限公司	四级
1845	北京京威房地产开发有限公司	四级
1846	新华房地产开发公司	四级
1847	北京驰野房地产开发有限公司	四级
1848	北京中关村集成电路设计园发展有限责任公司	四级

（续附表 2-7）

序号	企业名称	资质等级
1849	北京城建嘉业房地产开发有限公司	四级
1850	北京城建中天置业有限责任公司	四级
1851	首创嘉铭新城镇投资发展有限公司	四级
1852	北京东方双龙时代置业有限公司	四级
1853	北京鸿高置业发展有限公司	四级
1854	北京建谊置业有限公司	四级
1855	北京市鸿翔房地产开发有限责任公司	四级
1856	北京林伟房地产开发有限公司	四级
1857	北京兴福临空产业发展有限公司	四级
1858	北京三星置业有限公司	四级
1859	晋商信融（北京）实业发展有限公司	四级
1860	北京恒世同方房地产开发有限公司	四级

附表 2-8　2019 年度房产测绘备案单位名录

序号	测绘企业名称	资质等级	资质证书编号
1	北京市房地产勘察测绘所	甲级	甲测资字 11002001
2	建设综合勘察研究设计院有限公司	甲级	甲测资字 11002032
3	中兵勘察设计研究院	甲级	甲测资字 11001014
4	北京时正兴测绘工程技术有限公司	甲级	甲测资字 11001033
5	北京鼎春德正测绘中心	甲级	甲测资字 1101040
6	北京新兴华安智慧科技有限公司	甲级	甲测资字 11001042
7	北京华星勘查新技术有限公司	甲级	甲测资字 1100264
8	航天建筑设计研究院有限公司	甲级	甲测资字 1100453
9	中航勘察设计研究院有限公司	甲级	甲测资字 11001024
10	苍穹数码技术股份有限公司	甲级	甲测资字 11001008
11	北京市地质工程勘察院	甲级	甲测资字 11001022
12	北京金房兴业测绘有限公司	甲级	甲测资字 1101272
13	北京城建勘测设计研究院有限责任公司	甲级	甲测资字 11001019
14	北京市测绘设计研究院	甲级	甲测资字 11001010
15	北京帝测科技股份有限公司	甲级	甲测资字 1100140
16	北京国政恒信测绘技术服务有限公司	甲级	甲测资字 1101158
17	北京道济测绘有限公司	甲级	甲测资字 11002111
18	北京力佳图科技有限公司	甲级	甲测资字 1100237
19	北京勘察技术工程有限公司	甲级	甲测资字 11000660
20	北京海地人资源咨询有限责任公司	甲级	甲测资字 1111030
21	中勘天成(北京)科技有限公司	甲级	甲测资字 1101194
22	九成空间科技有限公司	甲级	甲测资字 1100017
23	北京伟泽测绘股份有限公司	甲级	甲测资字 1101301
24	沐城测绘(北京)有限公司	甲级	甲测资字 1101310
25	北京市通州区住房和城乡建设委员会测绘所	乙级	乙测资字 11012001
26	北京京密鸿图测绘有限公司	乙级	乙测资字 11016001
27	北京中瑞嘉业测绘有限公司	乙级	乙测资字 11005007
28	北京龙泰经纬测绘有限公司	乙级	乙测资字 11005011
29	北京威远图易数字科技有限公司	乙级	乙测资字 11007011
30	北京京昌工程测绘技术有限公司	乙级	乙测资字 11013002
31	北京通图信息科技有限公司	乙级	乙测资字 1110022
32	北京大地宏图勘测有限公司	乙级	乙测资字 11000009
33	北京中天路通工程勘测有限公司	乙级	乙测资字 11013005

（续附表 2-8）

序号	测绘企业名称	资质等级	资质证书编号
34	北京中海地理信息测绘有限公司	乙级	乙测资字 1112126
35	北京大地万川测绘有限公司	乙级	乙测资字 1111409
36	北京富地勘察测绘有限公司	乙级	乙测资字 11012004
37	北京地矿工程建设有限责任公司	乙级	乙测资字 11007013
38	北京同创达勘测有限公司	乙级	乙测资字 11020003
39	北京三友宇天测绘有限公司	乙级	乙测资字 11009003
40	北京市勘察设计研究院有限公司	乙级	乙测资字 11005045
41	北京市房山区测绘所	乙级	乙测资质 11010002
42	北京新兴环宇测绘有限公司	乙级	乙测资字 1111686
43	北京国测信息科技有限责任公司	乙级	乙测资字 11005088
44	中兆恒基(北京)工程管理有限公司	乙级	乙测资字 1110281
45	北京亿科瑞土规划设计有限公司	乙级	乙测资字 1110777
46	北京瀚博林遥感测图信息工程研究院	乙级	乙测资字 1111300
47	中测新宇(北京)测绘技术有限公司	乙级	乙测资字 1111596
48	北京万兴宏盛建筑勘测技术有限公司	乙级	乙测资字 1110957
49	北京汇达城数科技发展有限公司	乙级	乙测资字 1112315
50	北京意诚远耀勘测设计有限公司	乙级	乙测资字 1110362
51	北京华测测绘有限公司	乙级	乙测资字 1112592
52	北京奥腾岩石科技有限公司	乙级	乙测资字 1112135
53	众信成勘测设计(北京)有限公司	乙级	乙测资字 1112321
54	北京市通州区城乡测绘所	乙级	乙测资字 1112144
55	北京迅联图业科技有限公司	乙级	乙测资字 1112664
56	北京鑫测科技有限公司	乙级	乙测资字 1113001
57	北京万维世创测绘科技有限公司	乙级	乙测资字 1111389
58	北京市朝阳区房屋测绘事务所	乙级	乙测资字 1111706
59	北京天时地利测绘科技有限公司	乙级	乙测资字 1113314
60	北京京建元勘测科技有限公司	乙级	乙级资字 1112862
61	北京国电天瑞工程勘测设计有限公司	乙级	乙测资字 1113348
62	北京七彩风景科技发展有限公司	乙级	乙测资字 1113456
63	北京市西城区房地产测绘一所	丙级	丙测资字 11002001
64	北京市东城区房屋管理局测绘二所	丙级	丙测资字 11004001
65	北京市丰台区房屋经营管理中心测绘队	丙级	丙测资字 11006001
66	北京市海淀区房屋土地经营管理中心测绘队	丙级	丙测资字 11007001

(续附表 2-8)

序号	测绘企业名称	资质等级	资质证书编号
67	北京市石景山区房地产测绘队	丙级	丙测资字 11008001
68	北京市顺义区住房和城乡建设委员会测绘所	丙级	丙测资字 11014001
69	北京市大兴区房地产测绘所	丙级	丙测资字 11011001
70	北京天地鸿图测绘有限公司	丙级	丙测资字 11010001
71	北京京怀信房产测绘有限公司	丙级	丙测资字 11017001
72	北京华夏经纬测绘技术有限公司	丙级	丙测资字 11005002
73	北京中兴兆业房屋面积测绘有限公司	丙级	丙测资字 11007012
74	北京昌房房地产测绘技术服务有限责任公司	丙级	丙测资字 11013001
75	北京京恒实测绘技术有限公司	丙级	丙测资字 11011002
76	北京首益佳房地产经纪有限公司	丙级	丙测资字 11019005
77	北京赛博时代测绘有限公司	丙级	丙测资字 11010003
78	北京慧智蓝图测绘有限公司	丙级	丙测资字 11017004
79	北京首佳联诚房地产测量有限公司	丙级	丙测资字 11019002
80	北京望唐数码测绘有限公司	丙级	丙测资字 11017003
81	北京华夏合众土地科学技术有限公司	丙级	丙测资字 1120557
82	北京鑫海厦测绘有限公司	丙级	丙测资字 11007007
83	北京浩宇天地测绘科技发展有限公司	丙级	丙测资字 11007028
84	北京智环成测绘有限公司	丙级	丙测资字 11011008
85	中泽嘉汇(北京)测绘中心	丙级	丙测资字 11006004
86	北京檀州经纬测绘有限公司	丙级	丙测资字 1120520
87	北京粤富华测绘测量有限责任公司	丙级	丙测资字 11005015
88	北京经纬久度测绘有限公司	丙级	丙测资字 11005034
89	北京泾渭冠宇测绘有限公司	丙级	丙测资字 11009004
90	北京市怀柔测绘所	丙级	丙测资字 11017002
91	北京君仁慧智测绘有限公司	丙级	丙测资字 1120539
92	中材地质工程勘查研究院有限公司	丙级	丙测资字 1120223
93	北京智慧宏图勘察测绘有限公司	丙级	丙测资字 1120505
94	北京宇达同盛勘测技术有限公司	丙级	丙测资字 1120476
95	北京京电文华勘测设计有限公司	丙级	丙测资字 1120604
96	北京科远广宇勘测技术有限责任公司	丙级	丙测资字 1120737
97	北京红坊工程测量有限公司	丙级	丙测资字 1120674
98	北京久城测绘科技有限公司	丙级	丙测资字 1120712
99	北京市东城区房屋管理局测绘一所	丁级	丁测资字 11019004

（续附表 2-8）

序号	测绘企业名称	资质等级	资质证书编号
100	北京市西城区房地产测绘二所	丁级	丁测资字 11003001
101	北京市门头沟区房地产测绘所	丁级	丁测资字 11009001
102	北京市延庆区房地产勘察测绘所	丁级	丁测资字 11018012
103	北京市平谷区房地产测绘队	丁级	丁测资字 11015001
104	北京市房屋面积计量站	丁级	丁测资字 11005004
105	北京赛杰新时代房屋测绘有限公司	丁级	丁测资字 11005005
106	北京源恒天地测绘有限公司	丁级	丁测资字 11006003
107	北京泰达克房地产测绘咨询有限公司	丁级	丁测资字 11013004
108	北京中鼎衡测绘事务所	丁级	丁测资字 11007008
109	海天方圆(北京)科技有限公司	丁级	丁测资字 11007020
110	北京国勘房地产测绘有限公司	丁级	丁测资字 11007025
111	北京中天新图测绘有限公司	丁级	丁测资字 1130027
112	北京阳光华翰测绘有限公司	丁级	丁测资字 11004002
113	北京天天友联测绘有限公司	丁级	丁测资字 11015003
114	北京京海纵横测绘有限公司	丁级	丁测资字 11005016
115	北京荣驰测绘技术有限公司	丁级	丁测资字 11007031
116	北京永佳达测绘有限公司	丁级	丁测资字 11007042
117	北京丰华方圆测绘工程技术有限责任公司	丁级	丁测资字 11005014
118	北京欣通佳信测量有限公司	丁级	丁测资字 11012003
119	北京京建恒信房地产测量技术有限公司	丁级	丁测资字 11007044
120	北京世规测量技术咨询有限公司	丁级	丁测资字 11007047
121	北京创天烨测绘有限公司	丁级	丁测资字 11011013
122	北京百星达测绘工程有限公司	丁级	丁测资字 11010005
123	北京新兴宏图测绘有限公司	丁级	丁测资字 11005026
124	北京米拉测绘有限公司	丁级	丁测资字 11009005
125	北京顺至宏图测绘有限公司	丁级	丁测资字 1130513
126	北京金伟诚业测绘有限公司	丁级	丁测资字 1130574
127	北京森源宏勘测科技发展有限公司	丁级	丁测资字 1130199

附录三

其他文件

2019 年道路命名、调整（367 个）

东城区（12 个）：敬业西里南巷、红桥南街、金鱼池西街、革新西小街、双玉南街、双玉西街、长青南路、翠花胡同、安外西河沿路、交东小区西路、交东小区东路、南衣袍胡同

朝阳区（79 个）：利源四路、立城苑南街、速滑馆南路、速滑馆北路、三街坊北街、广宏路、南十里居北路、双康路、北岗东路、北岗北街、二道沟河路、安新路、太阳宫小街、荣平路、落田洼路、润泽路、荣晨路、怡安路、双合东路、祈安街、郭家庄路、郎辛庄东路、景晨街、天环北路、倚秀桥、东坝东桥、东坝中桥、东坝西桥、西坝街、朝运街、惠泽东街、惠泽中街、惠泽西街、东坝南二街、东坝南三街、康居北街、康居中街、康居南街、拔萃北路、聚善街、高杨树南一街、高杨树南二街、醉公村路、单店东路、通坝东路、通坝西路、松风路、运福北路、运福南路、花间路、驹子房东路、驹子房路、驹子房西路、倚秀路、养和路、三岔河南桥、景汇路、北甸南路、西甸北路、景福路、景润路、景澄路、景达东路、景达西路、景翠路、电子城东一路、电子城东二路、容创东路、祥园路、曹八里街、冬奥村街、冬奥村南街、奥园东路、奥园路、奥园西路、聚园路、萃园路、瑞园路、东八间房路

海淀区（157 个）：大牛房六巷、永润路、大牛房一环路、大牛房二环路、大牛房一巷、大牛房二巷、大牛房三巷、大牛房四巷、大牛房五巷、黛石东路、英润路、菁盈路、上庄家园东路、上庄家园路、上庄家园中街、上庄家园南街、前官园南街、东北旺南路、红枫路、北上村路、北极寺公园路、应春路、塔院北门路、冠城园西街、广润路、汇佳南街、银燕路、曙学路、头堆村路、大柳树西二街、东冉东街、冬韵街、祁家村路、北交大南门路、福文巷、红联村斜巷、明光北里北路、清文路、九街坊路、沙窝东街、永悦路、致和路、地大南路、卧虎桥南街、五道口北巷、健翔园南路、石清东路、志学路、文范路、阜光里北小街、花园村路、花园村西路、西钓鱼台路、榆槐巷、静榆巷、榆苑南街、迎夏街、丰益仓路、上河沿路、双紫北街、魏公村小街、厂洼东巷、化大北巷、慧福路、八里庄北里路、又一村南路、庄缘路、定慧北里东路、定慧北里西路、定慧东里斜街、恩济园路、永翠路、玫园北路、丽园北路、名园路、永安东里东路、永安东里西路、师缘路、五路街、阜康路、玫园南路、望福园东路、冉福路、佟家坟中路、培智路、小南庄北小街、桃花泉路、松风泉路、万泉街、万泉河东路、海润路、皇亭子东街、普会寺路、笃学路、双贝子坟路东巷、庙山前街、庙山后街、兰园南街、晏公祠路、镶黄北营路、新营路、林荫街、安河桥北路、镶黄西营路、馨香路、南辛村北街、建材城东一里路、营瑞路、前八家路、建材城南街、前八家胡同、清景路、营安路、通秀路、营信路、永泰东里路、娘娘庙街、环东巷、北外南街、崔家窑路、亮甲店东路、通善路、通元路、通庆环路、翠林街、杏林街、子林街、友林街、正林街、安河家园西路、通和路、富力桃园中街、新都东路、店南斜街、安河家园一里、安河家园二里、安河家园三里、安河家园四里、安河家园五里、安河家园六里、安河家园七里、安河家园八里、安河家园九里、石墨烯路、玉津路、聚海路、映水街、尚清路（延长）、古莲路、观禾路、小画眉街、索家园街、凝翠路、三星庄路、澄湾街、邓庄南路、玉河路

丰台区（27 个）：范家庄北街、槐顺路、金丽南路、丰台站东街、莲花河东路、莲花河西

路、端礼街、金泽东路、东管头路、万莲街、西营街、水头庄街、凤泉街、万泉寺路、椰子井路、金湾南路、范家庄东路、范家庄中街、范家庄南街、草桥滨河路、草桥站前路、阳彩街、涵春路、万泉寺东路、柳村路、北京西站南路、万泉寺北路

石景山区（32个）：石景山路（西延）、五一剧场南路、群明湖大街、群明湖西街、群明湖北路、群明湖南路、秀池西街、秀池北路、秀池南路、料仓路、动力街、动力东街、五一剧场路、西黄村北街、西黄村南街、西黄村北路、皇姑寺街、射击馆南街、悦兴街、嘉安南街、同聚街、和平西路、北辛安中路、北辛安北路、北辛安南路、天赐街、北岔街、南岔街、万成路、天和街、聚盛街、古城西路

门头沟区（6个）：泰安南路、泰安北路、龙兴北路、新桥西街东路、新桥西街、永安路

昌平区（2个）：霍营北街、科星路（南延）

大兴区（36个）：榆创路、广新街、广茂大街、胜境街、承庆街、德荣路、德吉路、德友路、德育路、龙康街、龙欣街、汇营路、凌云路、云润路、青亦大街、青顺大街、云泽路、云鼎路、青安街、云创路、青虹街、青正街、云利路、青高街、青瑞街、青康街、青昌街、青荣街、青鼎街、青润街、云盛路、云博路、云柏路、云萃路、科苑东路、源和南路

房山区（5个）：燕新北路、燕新路、燕新南路、沙岗街、仁和路

延庆区（2个）：阜康南路、百隆路

通州区（2个）：通铁西路、宝瑞二路

顺义区（4个）：天裕中路、榆观街、瑞吉路、正元南街

平谷区（1个）：北环西街

亦庄经济技术开发区（2个）：宏一路、宏二路

轨道交通车站命名（12个）

大兴机场站、大兴新城站、清河站、环球度假区站、黄厂站、郎辛庄站、黑庄户站、万盛西站、万盛东站、群芳站、高楼金站、花庄站

桥梁及隧道命名（64个）

新首钢大桥、小白楼桥、团忠路桥、团河行宫桥、正元桥、老凤河桥、新凤河桥、黄马路桥、刘二村桥、邢各庄北路桥、邢各庄南路桥、后大营桥、黄徐路桥、通武线桥、兴东路桥、西枣林桥、西青路桥、庞魏路桥、东礼路桥、庞安路桥、薛北路一号桥、薛北路二号桥、田营沟一号桥、田营沟二号桥、赵安路一号桥、赵安路二号桥、魏石路一号桥、魏石路二号桥、东白疃桥、紫各庄一号桥、紫各庄二号桥、祁各庄一号桥、祁各庄二号桥、祁各庄三号桥、祁各庄四号桥、祁各庄五号桥、祁各庄六号桥、阿苏卫西桥、大渠南桥、钥匙头桥、西白疃桥、东白疃西桥、东段家务桥、平地西桥、平地桥、平地东桥、河北头桥、小红门双丰桥、垡头东一桥、垡头东二桥、四合庄桥、口子南桥、大鲁店一桥、大鲁店二桥、口子北桥、西大庄科隧道、西羊坊桥、松山大桥、西大庄科桥、西羊坊隧道、小河屯隧道、张山营隧道、松山隧道、紫草坞西桥

中国人民银行公告〔2019〕第16号

为坚决贯彻落实“房子是用来住的，不是用来炒的”定位和房地产市场长效管理机制，在改革完善贷款市场报价利率（LPR）形成机制过程中，确保区域差别化住房信贷政策有效实施，保持个人住房贷款利率水平基本稳定，维护借贷双方合法权益，现就新发放商业性个人住房贷款利率有关事宜公告如下：

一、自2019年10月8日起，新发放商业性个人住房贷款利率以最近一个月相应期限的贷款市场报价利率为定价基准加点形成。加点数值应符合全国和当地住房信贷政策要求，体现贷款风险状况，合同期限内固定不变。

二、借款人申请商业性个人住房贷款时，可与银行业金融机构协商约定利率重定价周期。重定价周期最短为1年。利率重定价日，定价基准调整为最近一个月相应期限的贷款市场报价利率。利率重定价周期及调整方式应在贷款合同中明确。

三、首套商业性个人住房贷款利率不得低于相应期限贷款市场报价利率，二套商业性个人住房贷款利率不得低于相应期限贷款市场报价利率加60个基点。

四、人民银行省一级分支机构应按照“因城施策”原则，指导各省级市场利率定价自律机制，在国家统一的信贷政策基础上，根据当地房地产市场形势变化，确定辖区内首套和二套商业性个人住房贷款利率加点下限。

五、银行业金融机构应根据各省级市场利率定价自律机制确定的加点下限，结合本机构经营情况、客户风险状况和信贷条件等因素，明确商业性个人住房贷款利率定价规则，合理确定每笔贷款的具体加点数值。

六、银行业金融机构应切实做好政策宣传、解释和咨询服务，依法合规保障借款人合同权利和消费者权益，严禁提供个人住房贷款“转按揭”“加按揭”服务，确保相关工作平稳有序进行。

七、2019年10月8日前，已发放的商业性个人住房贷款和已签订合同但未发放的商业性个人住房贷款，仍按原合同约定执行。

八、商业用房购房贷款利率不得低于相应期限贷款市场报价利率加60个基点。公积金个人住房贷款利率政策暂不调整。